"十二五"国家重点图书出版规划项目

中国社会科学院创新工程学术出版资助项目

总主编：金 碚

经济管理学科前沿研究报告系列丛书

THE FRONTIER REPORT ON THE
DISCIPLINE OF
SERVICE ECONOMICS

陈 宪 殷 凤 主编

服务经济学学科前沿研究报告

经济管理出版社
ECONOMY & MANAGEMENT PUBLISHING HOUSE

图书在版编目（CIP）数据

服务经济学学科前沿研究报告 2013~2014/陈宪，殷凤主编. —北京：经济管理出版社，2017.1
ISBN 978-7-5096-4774-5

Ⅰ. ①服…　Ⅱ. ①陈…　②殷…　Ⅲ. ①服务经济学—研究报告—2013-2014　Ⅳ. ①F063.1

中国版本图书馆 CIP 数据核字（2016）第 285782 号

组稿编辑：张永美
责任编辑：胡　茜
责任印制：黄章平
责任校对：董杉珊

出版发行：经济管理出版社
　　　　　（北京市海淀区北蜂窝 8 号中雅大厦 A 座 11 层　100038）
网　　址：www. E-mp. com. cn
电　　话：（010）51915602
印　　刷：三河市延风印装有限公司
经　　销：新华书店
开　　本：787mm×1092mm/16
印　　张：36
字　　数：808 千字
版　　次：2017 年 5 月第 1 版　　2017 年 5 月第 1 次印刷
书　　号：ISBN 978-7-5096-4774-5
定　　价：108.00 元

《经济管理学科前沿研究报告》
专家委员会

《经济管理学科前沿研究报告》
编辑委员会

序　言

　　为了落实中国社会科学院哲学社会科学创新工程的实施，加快建设哲学社会科学创新体系，实现中国社会科学院成为马克思主义的坚强阵地、党中央国务院的思想库和智囊团、哲学社会科学的最高殿堂的定位要求，提升中国社会科学院在国际、国内哲学社会科学领域的话语权和影响力，加快中国社会科学院哲学社会科学学科建设，推进哲学社会科学的繁荣发展具有重大意义。

　　旨在准确把握经济和管理学科前沿发展状况，评估各学科发展近况，及时跟踪国内外学科发展的最新动态，准确把握学科前沿，引领学科发展方向，积极推进学科建设，特组织中国社会科学院和全国重点大学的专家学者研究撰写《经济管理学科前沿研究报告》。本系列报告的研究和出版得到了国家新闻出版广电总局的支持和肯定，特将本系列报告丛书列为"十二五"国家重点图书出版项目。

　　《经济管理学科前沿研究报告》包括经济学和管理学两大学科。经济学包括能源经济学、旅游经济学、服务经济学、农业经济学、国际经济合作、世界经济、资源与环境经济学、区域经济学、财政学、金融学、产业经济学、国际贸易学、劳动经济学、数量经济学、统计学。管理学包括工商管理学科、公共管理学科、管理科学与工程三个学科。工商管理学科包括管理学、创新管理、战略管理、技术管理与技术创新、公司治理、会计与审计、财务管理、市场营销、人力资源管理、组织行为学、企业信息管理、物流供应链管理、创业与中小企业管理等学科及研究方向；公共管理学科包括公共行政学、公共政策学、政府绩效管理学、公共部门战略管理学、城市管理学、危机管理学、公共部门经济学、电子政务学、社会保障学、政治学、公共政策与政府管理等学科及研究方向；管理科学与工程包括工程管理、电子商务、管理心理与行为、管理系统工程、信息系统与管理、数据科学、智能制造与运营等学科及研究方向。

　　《经济管理学科前沿研究报告》依托中国社会科学院独特的学术地位和超前的研究优势，撰写出具有一流水准的哲学社会科学前沿报告，致力于体现以下特点：

　　（1）前沿性。本系列报告能体现国内外学科发展的最新前沿动态，包括各学术领域内的最新理论观点和方法、热点问题及重大理论创新。

　　（2）系统性。本系列报告囊括学科发展的所有范畴和领域。一方面，学科覆盖具有全面性，包括本年度不同学科的科研成果、理论发展、科研队伍的建设，以及某学科发展过程中具有的优势和存在的问题；另一方面，就各学科而言，还将涉及该学科下的各个二级学科，既包括学科的传统范畴，也包括新兴领域。

（3）权威性。本系列报告由各个学科内长期从事理论研究的专家、学者主编和组织本领域内一流的专家、学者进行撰写，无疑将是各学科内的权威学术研究。

（4）文献性。本系列报告不仅系统总结和评价了每年各个学科的发展历程，还提炼了各学科学术发展进程中的重大问题、重大事件及重要学术成果，因此具有工具书式的资料性，为哲学社会科学研究的进一步发展奠定了新的基础。

《经济管理学科前沿研究报告》全面体现了经济、管理学科及研究方向本年度国内外的发展状况、最新动态、重要理论观点、前沿问题、热点问题等。该系列报告包括经济学、管理学一级学科和二级学科以及一些重要的研究方向，其中经济学科及研究方向15个，管理学科及研究方向45个。该系列丛书按年度撰写出版60部学科前沿报告，成为系统研究的年度连续出版物。这项工作虽然是学术研究的一项基础工作，但意义十分重大。要想做好这项工作，需要大量的组织、协调、研究工作，更需要专家学者付出大量的时间和艰苦的努力，在此，特向参与本研究的院内外专家、学者和参与出版工作的同仁表示由衷的敬意和感谢。相信在大家的齐心努力下，会进一步推动中国对经济学和管理学学科建设的研究，同时，也希望本系列报告的连续出版能提升我国经济和管理学科的研究水平。

金碚

2014 年 5 月

前　言

　　《服务经济学学科前沿研究报告 2013~2014》主要包括五个部分：国内外研究综述、期刊论文精选、出版图书和报告精选、重要会议和文献索引。

　　第一部分是国内外研究综述。与已有的文献研究相比，本报告以 2013~2014 年国内外高水平专业期刊发表的服务经济学论文作为对象，依然采用服务产业、服务贸易、服务创新的分类方法，对服务经济领域的研究成果进行分类梳理和述评。本综述还对国内外服务经济学研究的重心和差异进行了分析对比，指出了服务经济学未来可能的研究方向。

　　第二部分是期刊论文精选。本报告以上述三个分类为划分，对 2013~2014 年国内外与服务经济学有关的期刊论文进行了梳理和归纳，并按照文章的引用率和期刊的影响程度，筛选出了一些优秀文献，其中，英文期刊文章 290 篇，中文期刊文章 314 篇。再综合研究的系统性、前瞻性和实用性等方面的要求，通过专家团队的讨论，精选出 25 篇优秀中文期刊论文和 25 篇优秀英文期刊论文。

　　第三部分是出版图书和报告精选。本报告同样以上述三个部分为划分基础，对 2013~2014 年国内外与服务经济学有关的出版图书和报告进行了梳理和归纳，综合研究的系统性、前瞻性和实用性等方面的要求，通过专家团队的讨论，精选出若干优秀中文图书和优秀英文图书以及优秀报告。

　　第四部分是重要会议。本报告对 2013~2014 年重要的服务经济学会议进行梳理，并对会议内容进行了综述。共包括八场重要会议，分别是：第二届中国（北京）国际服务贸易交易会暨全球服务论坛·北京峰会、第 463 次香山科学会议——"现代服务业的科学问题与前沿技术"学术讨论会、2013 全球服务外包峰会、现代服务业国际高峰会议、第三届中国（北京）国际服务贸易交易会、2014 全球服务外包大会、第四届现代服务业发展论坛、第三届中国现代服务业学术及产业创新发展国际研讨会。

　　第五部分是文献索引。本报告的文献索引包括中文期刊和英文期刊两个部分。其中，中文期刊索引源自《中文社会科学引文索引》（CSSCI）（2012）与服务经济学学科相关的期刊论文，共 317 篇；英文期刊索引以《社会科学引文索引》（SSCI）为参考，共包括英文期刊论文 229 篇。

　　本报告由上海三所高校的教授、博士研究生和硕士研究生组成的研究团队共同完成。上海交通大学陈宪教授、复旦大学程大中教授、上海大学殷凤教授和上海交通大学谈毅副教授共同讨论和确定论文、著作、报告的选择原则以及综述的框架和内容。第一部分国内外研究综述由曹聪丽（上海交通大学博士研究生）、肖怡清（上海交通大学硕士研究生）、殷凤和陈宪负责完成；第二部分期刊论文精选由王赟赟（上海交通大学博士研究生）、王菁（上海交通大学硕士研究生）、邓师节（上海交通大学硕士研究生）和邱瑾（上海大学硕士研究生）负责完成；第三部分图书和报告精选由肖怡清负责完成；第四部分重要会议主要由邱瑾负责完成。

感谢中国社会科学院创新工程学术出版资助项目——经济管理学科前沿研究报告系列丛书的出版单位——经济管理出版社邀我主持《服务经济学学科前沿研究报告》的编撰工作，感谢经济管理出版社对本书出版所做的大量工作。

陈宪

2016 年 2 月 17 日

目　录

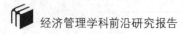

第一章 服务经济学学科 2013~2014 年研究综述

在知识、技术和全球化力量的推动下，当今世界，服务业已经成为全球经济的主导产业，这不仅表现为服务业自身的高度发展，同时表现在服务业与农业、工业乃至服务业自身的融合发展和世界经济整体的服务化，从而引起产业结构、要素结构和需求结构都在经历一场"服务革命"。继美国经济学家维克托·福克斯（Victor R. Fuchs）在 1968 年提出"服务经济"之后，国内外越来越多的学者从不同角度推进了服务经济的研究。

服务经济的发展受到国民收入水平、社会分工程度、城市化进程等因素的影响。首先，国民收入水平的提高推动了居民闲暇时间增加和社会消费结构升级，需求弹性高的精神文化娱乐等发展型和享受型服务消费需求明显增加，比重越来越大，从而拉动服务业迅速发展，以致占据主导地位并促使第一、第二产业也日益服务化；其次，社会分工的深化使产业结构由低级向高级不断演进，由此带来经济增长方式和整个社会生产方式的变革，劳动生产率空前提高，技术进步加快；最后，随着城市化进程加快，城市与服务经济发展呈现良性循环互动。在经济全球化背景下，现代城市特别是国际大都市和大经济中心城市成为引领地区和国家服务经济发展的龙头。

纵观近些年来世界产业的发展，服务经济表现出了几个重要特征。首先，在产出、就业、消费、投资和贸易等宏观经济总量中，与服务有关的比重不断上升，并逐步居于主导地位。世界主要发达国家服务业占 GDP 比重达到 71%，中等收入国家达到 61%，低收入国家达到 45%。在我国，国家统计局初步核算数据显示，2015 年我国第三产业增加值比重为 50.5%。无论从增长率还是从 GDP 贡献度的角度来看，服务业已超过第二产业，成为我国经济增长的支撑与源泉。服务业吸收劳动力占社会劳动力的比重也逐渐提高，多数国家服务业吸收就业劳动力人数已经超过第一、第二产业吸收劳动力的总和。西方发达国家服务业就业比重普遍达到 70% 左右，纽约、伦敦、中国香港等国际大都市的服务业就业比重甚至达到 90% 左右。服务消费可分为生产性服务消费和生活性服务消费，分别对应生产者服务业和消费者服务业。生产者服务业主要聚集于城市。由于城市规模和能级不同，生产者服务业占服务业的比重有较大的弹性，一般在 40%~60%，这往往是城市经济活动的精华；服务消费占全部消费的比重，在中等收入水平以上的国家也在 50% 以上；服务业投资，以 OECD 国家为例，外国直接投资中服务业投资的总额明显高于制造业投资的总额，主要集中在零售、金融、商务服务、宾馆、饭店和电信业中。服务贸易的增长速度从 20 世纪 90 年代开始快于商品贸易，这是服务的特性决定的，加之管制的存在，不可贸易的服务占较高的比重。目前在全球贸易中，服务贸易的比重为全部贸易的20%左右，越来越成为经济增长的重要推动力。

其次，服务业内部结构升级趋势明显，凸显新经济特点。第一，传统服务业加速走向现代化。随着信息技术的发展，服务业的发展呈现出以知识密集、人才密集和网络化为特征的发展态势，传统服务业通过运用不断进步的信息技术使自身的生产率水平得到前所未有的提高，即服务业的生产技术也在"知识化"和"信息化"。互联网的商业化应用、网络技术的迅速发展、各种智能终端技术的日新月异，促进了数据、信息等资源的高度共享，为远程、多点和跨区域的生产组织和商品与服务交易提供了有效的保证，促进传统服务业不断现代化。第二，新兴服务部门不断出现，成为服务业产业类型不断丰富的动力之一。新兴服务业是指伴随着信息技术的发展和知识经济的出现、伴随着社会分工的细化和消费结构的升级而新生的行业，或用现代化的新技术、新业态和新的服务方式改造提升传统服务业而产生的，向社会提供高附加值、满足社会高层次和多元化需求的服务业。伴随着知识的创造、传播、应用和科技创新活动，一批新兴服务业领域迅速形成，成为高速增长的现代经济部门，同时分工深化使企业的组织结构发生变革，从而导致管理和市场运作等与生产的信息处理有关的部门逐渐强化，并在专业分工基础上日趋独立化，成为经济的主导部门。第三，生产者服务业增加值和就业人口的比重不断上升，通信、金融、保险、物流、农业支撑服务、中介和专业咨询服务等生产者服务所占比重不断增加，在主要工业国已达50%以上。推动生产者服务业发展，是向结构调整要动力、促进经济稳定增长的重大措施，既可以有效激发内需潜力、带动扩大社会就业、持续改善人民生活，也有利于引领产业向价值链高端提升，实现服务业与农业、工业等在更高水平上有机融合。全球经济分工的深化带动了对全球服务业的中间需求，生产者服务业成为现代服务业的主要部分。

再次，从服务业的发展趋势来看，服务业集群、服务业融合和服务业创新发展正成为一种世界潮流。第一，服务业集群是指服务部门中相互关联的若干企业和机构，在地理位置上的相对集中。集群内人才、资金、技术等资源要素和竞合机制，能够形成外部集聚优势，实现规模经济和范围经济，有效地降低交易成本，增强现代服务业的竞争力。美国硅谷的超高速发展就主要得益于其完善的科技服务集群。从各国产业集群发展来看，大城市是现代服务业集群发展的重要载体。伦敦的中心区域、纽约的曼哈顿商务区、上海的陆家嘴金融商务区都集中了大量的金融服务业，专业性人才在企业间的流动性强，使得集群内的创新活动十分活跃，产业集群效应显著。第二，服务业与制造业融合趋势日益加强。随着信息技术的飞速发展和广泛应用，服务业和制造业之间出现了一体化、融合化发展，两者的边界越来越模糊，全球制造业服务化趋势非常明显。服务经济中的制造企业也越来越多地依赖服务产生差异性，并将它作为重要的竞争手段。现在的跨国公司，从通用电气、惠普、IBM到海尔，利润大多来自产品销售的企业正迅速转变为服务提供商。此外，在制造业工作的65%~76%的员工也正在从事服务工作，如研发、维修、设计等，服务成为当今全球经济的主导要素。第三，服务业成为新技术的重要促进者，服务业的发展也越来越离不开自身的创新活动。随着竞争变得日益激烈，消费者需求逐渐向个性化、多样化转变，在新一代移动互联网背景下，服务创新成为企业发展的重要引擎。国外的 Facebook 网站仅用了两年就达到 5 亿用户规模，国内的淘宝网、微信、余额宝、支付宝等创新服务产品层出不穷，制造型企业更把技术开发、系统集成和金融服务等高端服务市场，作为新的价值增长点。创新和创意成为现代服务业发展和企业竞争力的重要体现，对经济增长的贡献率日益增加。

最后，从服务业发展的机制来看，我们可以看到服务经济由多种机制交融而成。在制造业信息化、企业平台化、产业融合和产业链重构出现在工业经济向服务经济转型的过程中，服务业业态、组织模式不断更新与规范。技术的发展、物化服务的出现、产业边界的日渐模糊、产业融合程度的不断提高，使得我们很难清晰地确定服务经济学特定的研究领域和对象。因此，根据上述几方面服务经济表现出来的特征，本书将服务经济的研究分为三个方面——服务产业、服务贸易以及服务创新。这三个方面可以进一步细分：服务产业包括服务业发展、不同类型的服务业以及服务业发展影响因素；服务贸易包括服务贸易与经济发展、服务贸易壁垒与自由化、服务贸易影响因素、特定服务行业贸易；服务创新包括影响服务创新的因素、服务创新的影响、特定服务领域的创新发展。综述主要围绕这几个方面进行讨论，筛选和介绍一些国内外有代表性的文献，以展现 2013~2014 年服务经济学领域的研究成果。

第一节　服务产业

服务业是向人们提供服务的行业，而服务是指供方通过一定的载体，实现客户需要的满足。由于服务业的多样性，服务产品与其他产业产品相比，具有非实物性、不可储存性和生产与消费同时性等特征，其概念一直难以被界定。在我国国民经济核算实际工作中，将服务业视同为第三产业，即将服务业定义为除农业、工业之外的其他所有产业部门。

一、服务产业发展

服务产业的发展不仅表现为自身生产率的提高、产出的增加，还表现为对其他产业乃至整体经济的带动作用，服务业对制造业和农业增长、效率提升和产业链升级都发挥着越来越重要的作用。Arnold 等（2014）从服务业的角度研究了印度制造业的增长。对于1991 年后期印度制造业增长的现象，Arnold 等提出，之前学者们忽略了一个重要的因素：印度服务业政策改革的贡献。文章将制造企业分为内资企业和外资企业（外商所有权大于10%），将服务业分为银行、电信、运输和保险四个行业，以政策综合指数代表服务改革，以服务指数（Services Index）代表服务业与制造业之间的关系，以全要素生产率（TFP）代表制造公司业绩，同时纳入关税、所有权等因素，建立了计量经济模型，并基于

Capitaline 数据库（Capitaline Database）构造的 1993~2005 年 3771 家印度公司的非平衡面板数据实证研究了服务自由化和制造公司业绩之间的联系。结果表明，银行、电信和运输行业改革对制造企业生产率有较大的正向影响，但保险行业影响不是很大，可能因为其范围有限。服务业改革既有利于外资制造企业，也有利于内资制造企业，外资公司从服务业改革中获得的利益大于内资企业。

1. 服务业生产率

服务业生产率一直是国内外学者研究的重点，目前学界占主导地位的仍是"鲍莫尔—福克斯假说"，即认为服务业的生产率增长相较于制造业更难实现，前者的劳动报酬增长并不一定伴随着生产率的增长，其增长会造成整体经济增长的结构性减速。Young（2014）提出不同的看法，认为之前生产率的统计都是基于一个假设，即每个初入职场的新人与具有工作经验的工人有着相同的能力。假如，工人对于行业的自我选择是基于一些不可见因素，这一假设会产生系统性偏差。Young 使用了 Roy（1951）的异质性工人自我选择模型，研究发现，假如工人就业的自我选择是基于他们不同岗位生产率的比较，那么比较优势将会与绝对优势一致，工人的平均生产率会随着部门就业份额的上升而下降。这也许可以解释货物合同签订与服务业拓展的生产率差异。通过建立保障支出工具变量，文章发现，即使存在估计的偏差，工人效率的弹性与就业份额呈现出极大的负相关。这一估计表明，美国及 OECD 国家货物与服务业的相对供给是基于货物与服务生产率的相同增长，并且成本受到工人平均效率及部门就业的份额影响而上升，这是某些发达国家经济增长的一个特征。

中国经济快速发展和服务业发展滞后并存不仅与发达国家和一些新兴市场国家不同，还与发展经济学理论有很大差距。殷凤和张云翼（2014）采用随机边界前沿模型，运用 1995~2010 年和 2004~2010 年两个时间段的面板数据，对于我国服务业技术效率从行业和区域两个层面进行了测度；之后分析了影响服务技术效率的因素。研究结论认为：我国服务业主要为资本推动，技术效率总体水平偏低。同时，各行业、各区域之间还存在显著的差异。论文进一步分析了影响服务业技术效率的因素，发现造成我国服务业技术效率偏低的一个重要原因是市场化程度的低下。此外，劳动投入质量、城镇化、对外贸易、FDI 对我国服务业的技术效率也有不同程度的影响。

崔日明和张志明（2013）研究了中国服务业细分行业的生产率。文章选用 2005~2010 年行业面板数据，其中各服务行业城镇单位年底就业人数、增加值、消费价格指数、增加值指数及人民币兑美元年均汇率均来自历年《中国统计年鉴》；服务进出口额来自 WTO 国际贸易统计数据库和中国商务部；文章运用序列 DEA-Malmquist 生产率指数法，测算了中国服务业九个细分行业的技术效率、纯技术效率和规模效率增长率。在此基础上，利用 FGLS 系统和 GMM 方法从整体和分行业两个视角实证检验了进出口对技术效率及其分解的影响。结果发现，就整体服务业而言，进口对技术效率及其分解均产生了显著的正向影响，而出口的影响显著为负，进出口对技术效率的影响主要通过影响规模效率来实现。由于传统和新兴服务业在行业特征及经营管理水平等方面存在的显著差异，以上结论在两类细分行业之间的表现不尽相同。

王恕立和刘军（2014）从世界银行提供的企业层面调查（Enterprise Surveys）数据中获取了中国 1319 家服务企业 1999~2002 年的相关数据，运用半参数的 LP 方法对中国服务企业的全要素生产率（TFP）进行估计和分解，揭示中国服务业 TFP 在不同类型企业和行业间的异质性表现，以及服务业 TFP 增长的源泉和资源再配置效应。研究发现：从企业异质性视角来看，非贸易服务企业的 TFP 高于参与贸易的服务企业，外资企业和非国有企业的 TFP 和增长率高于内资企业和国有企业，中等规模企业的 TFP 和增长率高于其他规模企业。从行业层面来看，信息技术服务业 TFP 和增长率最高，由传统服务业构成的其他服务业较低，通信服务业最低，会计及金融服务业的 TFP 高于广告及宣传服务业。中国服务业 TFP 的增长主要靠企业自身 TFP 进步和外部市场需求同时拉动，但劳动力在 TFP 增长中产生了资源误置现象。在技术密集型服务行业中，国有化程度越高的行业资源再配置效应越差。与制造业企业相比，服务企业的规模、TFP 水平和增长率较低，总体上再配置效应优于制造业企业，但呈现更强的行业异质性。

2. 服务业集聚

产业集聚是指同一产业在某个特定地理区域内高度集中、产业资本要素在空间范围内不断汇聚的一个过程。集聚通过共用基础设施，降低交易成本，取得聚集经济效益；另外，空间距离的缩减降低内生交易费用，提高个人与企业专业化水平，带来专业化经济。事实上，专业服务相较于其他服务分支和经济中其他部门已经表现了较高的就业增长速率、增加值和劳动生产率。Melician 和 Savona（2014）利用空间杜宾（Spatial Dubin Model，SDM）模型，采用 1999~2003 年区域面板数据，分析了欧洲商业服务中专业化的影响因素。文章发现了商业服务中区域专业化显著的空间效应。研究结果表明，在商业服务中，除了城市化经济，中间部门的联系和创新的空间结构，特别是信息和通信技术（ICT），是专业化的重要决定因素。

城镇化与服务业集聚存在着密切的双向互动作用。一方面，城镇化为服务业集聚发展创造必要的需求空间；另一方面，服务业集聚发展是城镇化的动力源，能够提升城镇化质量。张勇、蒲勇健和陈立泰（2013）建立了一个城镇化与服务业集聚互动发展的耦合与协调模型，以 31 个省份 2002~2011 年的面板数据为样本，测算了二者互动发展的耦合度和协调度，并从空间、时间两个维度进行了对比分析。研究发现：中国城镇化与服务业集聚耦合互动状况整体不佳，二者仍处在磨合阶段，具有较强的不稳定性以及较大的地区差异，东部地区失衡现象更为突出。失衡的原因具有省际差异，总体上东部地区表现为服务业集聚发展不足，中西部地区也已由城镇化相对滞后转变为服务业集聚发展滞后；城镇化与服务业集聚的耦合互动具有逐步加强的时变特点和分布的空间变迁特点，二者已在少数省份形成了协同发展的局面。鉴于此，文章认为在深化推进新型城镇化与新型工业化道路过程中，应当加强对城镇化与服务业集聚互动发展的战略认识，在制定向服务业适度倾斜的城镇化产业配套政策同时，注重城镇化与服务业集聚发展相对滞后方面的提升，并在新一轮西部大开发过程中予以实施。

作为中间投入行业，生产性服务业是经济的黏合剂，它对经济增长的作用非常重要。从空间上看，生产性服务业具有集聚分布的显著特征。国内外的例子十分常见，如纽约的金融服务业集群、硅谷的 IT 服务业集群、上海的金融服务业集群、北京中关村 IT 服务业集群等。生产性服务业集聚是产业集聚的重要类别。盛龙和陆根尧（2013）综合行业和地区两个层面，利用中国城市数据资料，研究了中国生产性服务业集聚及其影响因素。通过对中国生产性服务业集聚的特征性事实描述，以及对生产性服务业集聚的理论解释与实证检验，文章得出以下结论：①中国生产性服务业具有较高的集聚程度与较强的集聚趋势，在空间上呈现出从我国东北、中西部地区向东部沿海地区集聚的态势；②从行业层面看，制造业需求、信息化程度、知识密集度和国有化程度均对生产性服务业集聚存在显著的影响；③从地区层面看，制造业集聚、信息化水平、人力资本和地方保护对生产性服务业集聚同样存在显著的影响，并表现出一定的区域差异性。

3. 服务业融合

20 世纪七八十年代以来，产业融合现象在全球范围内日益普遍。制造业和服务业的产业融合对于正面临着严重资源和环境约束的经济增长方式提供了一种较好的发展范式。随着我国制造业结构全面升级、生产者服务业快速发展，制造业与服务业融合的趋势日显，两业融合逐渐成为实现我国经济结构调整、产业转型升级的加速器。但是，现阶段，我国两业融合尚处于起步期，仍面临诸多问题。王晓红和王传荣（2013）基于现阶段存在的对两业融合发展认识不够、两业融合的互动机制不健全等问题，根据发达国家制造业与服务业融合的进程设计出我国两业融合的路线，进而提出应从扩大需求与供给层面加快制造业与服务业融合，推动制造业与服务业融合的发展模式、组织模式创新，把发展高端服务业作为提升制造业竞争力的关键支撑，加大财税、金融等优惠政策扶持生产性服务业发展，制定为高端服务业提供智力资源的人才战略，推动生产性服务业体制改革和对外开放，建立制造业与服务业互动融合发展机制七方面着手。

制造业与服务业融合发展过程中的一个现象是制造业服务化。服务化是指企业以顾客为中心，提供更加完整的"产品包"，包括物品、服务、支持、自我服务和知识等。如今，制造企业提供的服务越来越多，一些服务作为传统实体产品的附加，另一些则用于代替实体产品。Dachs 等（2014）首先分析欧洲制造企业服务化程度的影响因素有公司所在国家、公司规模、实体产品的复杂性和创新程度，据此提出了四个假设；其次基于欧洲制造业调查（EMS）数据，构造了庞大的企业层面样本数据，涵盖 2007~2009 年中期来自 10个欧洲国家的 3693 家公司；最后通过双变量分析法和回归分析法对假设进行了检验。实证结果表明，国家差异对服务化的影响较小，公司规模与服务化程度呈"U"形关系，实体产品的复杂性与服务化程度正相关，实体产品创新与服务化互相促进。此外，直接服务销售额不到总体服务销售额的一半，服务间接营业额高于直接营业额。从政策角度来看，提升服务化程度可以增加公司的竞争力和盈利能力。

二、不同类型的服务业

服务业种类繁多，且随着经济发展又不断催生新的门类，学者们的研究都是基于服务对象或服务的性质及功能等角度进行划分的。

1. 生产性服务业

生产者性服务业也即生产者服务业，是指在商品或其他服务产品生产过程中发挥作用的、企业为企业提供的中间服务，是为进一步生产或生产最终消费品的企业所提供的中间性服务投入，具有专业化程度高、知识密集的特点。生产性服务业一般包括交通运输业、现代物流业、金融服务业、信息服务业、高技术服务业和商务服务业等重要行业和部门，是第二、第三产业加速融合的关键环节。随着工业化和城市化的不断推进，我国产业结构逐步调整，服务业占经济总量的比重日益提高，其中生产性服务业的发展尤为突出。

袁志刚和饶璨（2014）通过对全球投入产出模型的分析，在同时考虑全球产业链关联和包含服务价值的货物贸易情况下，计算来自国内和国内生产服务业对中国各产业部门的投入变迁，同时运用结构分解分析（SDA）量化中国生产服务业发展的各主要动因，进而剖析全球化对中国生产服务业发展的塑造。文章得到如下结论：①从生产服务业对各产业部门的投入来看，全球化造成生产服务业总体对中国除焦炭和石油冶炼业和化学材料制品业外各产业部门投入的下降和停滞。在交通运输业、邮电通信业、金融中介业和商务服务业都出现国外投入对国内投入的替代，并且这一替代尤其出现在对生产服务业要求较高的中高技术含量产业部门。②从中国生产服务业发展因素分解来看，尽管全球化条件下国内最终产品生产的技术变动倾向于抑制中国除邮电通信业之外生产服务业的发展，但是国外最终产品生产，尤其是中高技术含量产业部门的技术变动、国内和国外最终需求变动都会有力地促进中国自身生产服务业增长。其中，国内最终需求变动的贡献主要在于最终需求在不同国家间的分布变化，而国外最终需求变动的贡献主要在于国外最终需求总量的变化和部门间的相对变化。

江波和李江帆（2013）构建一个包括知识—技术密集型生产服务业部门的三部门（最终产品部门、中间产品部门、生产服务业部门）内生增长模型，对政府规模非理性膨胀及劳动—资源密集型产业的扩张侵蚀生产服务业发展进行了探索性解释。在理论模型基础上，文章提出4个命题：命题1：在其他条件不变的情况下，劳动—资源密集型产业的过度扩张会阻碍生产服务业部门的发展，产生直接侵蚀效应。命题2：在其他条件不变的情况下，政府规模的非理性膨胀越大，对生产服务业部门发展的侵蚀效应越强。命题3：当其他条件不变时，政府规模越大，劳动—资源密集型产业越容易受到政府控制，从而强化劳动—资源密集型产业对生产服务业部门的侵蚀效应。命题4：当其他条件不变时，政府规模越大，劳动—资源密集型产业过度发展，将越不利于人力资本积累，从而阻碍生产服务业部门发展。文章采用了1980~2009年OECD数据，运用静态面板和动态面板估计检验了理论命题，文章的基本结论是：政府规模非理性膨胀、劳动—资源密集型产业及二者耦合直接或间接侵蚀生产服务业发展，为需求不足论和供给不足论等观点提供了深层次解释，从而针对中国生产服务业发展徘徊不前的现状提出政策思路。

由于缺少企业层面的微观统计数据，针对中国生产性服务业的研究更多集中在产业层面：如探讨生产性服务业与制造业的融合和互动、生产性服务业发展的策略和影响因素以及效率的测算。陈艳莹和鲍宗客（2013）首次利用中国第二次经济普查第三产业的 42 万余家企业数据，通过基于回归的 Shapley 值分解法，考察了中国生产性服务企业的利润率差异及其来源。结果表明，生产性服务企业的盈利能力明显高于同期的工业企业，但由于政府对不同生产性服务行业的行政垄断程度差异以及制造业对生产性服务需求的低端性，生产性服务企业间的利润率差异并非如资源基础论所认为的那样大部分由企业效应产生，而是在很大程度上归因于所处行业的不同。并且，行业效应中市场结构和需求两类外生因素对利润率差异形成的贡献率明显高于行业内生的知识密集程度的贡献率，企业效应中所有制类型、非生产性支出和融资渠道的贡献率显著高于直接影响生产性服务质量的企业规模和人力资本的贡献率。强产业效应的存在说明行政垄断已经制约了中国生产性服务企业的个体成长空间，利润率差异主要源于企业主营业务之外和产业外生变量的现象则暴露出中国生产性服务企业在经营中过度依赖外部因素，对核心竞争力的培育和投入不足。要想切实改变中国生产性服务业发展迟缓的状况，必须采取措施纠正生产性服务企业在利润率差异形成机制上的扭曲。

2. 消费性服务业

消费性服务业主要是指为适应居民消费结构升级趋势，主要面向消费者，满足居民多样化需求的服务业。其内容主要包括商贸服务业、房地产业、旅游业、市政公用事业、社区服务业、体育产业。随着城镇化进程的加快，不断扩大的人口城镇化为消费性服务业发展释放了巨大的潜力。杨碧云、张凌霜和易行健（2014）基于新消费者行为理论，利用中国较具代表性的六个省份与直辖市的年城镇住户调查数据，对家庭总服务性消费与各分项服务性消费的决定因素进行实证检验与扩展分析，主要得出以下结论：家庭收入、家庭生命周期阶段、家庭人口性别结构及家庭其他特征变量和城镇人口规模等因素均对我国居民家庭总服务性消费需求和分项服务性消费需求有显著影响，但我国潜在的服务性消费需求还远没有转化为现实需求。文章认为，应通过促进产业结构转型升级，改善服务消费条件和环境，提高居民消费意愿，形成一批人口规模适度的城镇，以此促进家庭服务性消费和消费性服务业的发展；更多关注女性的就业和受教育环境，提高女性就业机会和受教育年限，有利于促进居民服务性消费的增长。

随着收入的上涨，我国城镇居民家庭的消费水平日益提高，消费结构不断改善。张颖熙（2014）通过运用非线性近似完美需求系统（QUAIDS 模型）模拟中国城镇居民家庭服务消费需求弹性特征。实证结果表明，以"交通、通信、医疗保健、文化娱乐"为代表的服务消费富于弹性，而以"家庭服务、教育、居住"为代表的服务消费缺乏弹性。这说明，随着收入水平的提高，城镇居民家庭在交通、通信、医疗保健和文化娱乐领域的支出会明显增加。从区域比较来看，我国东、中、西三大区域的服务消费支出弹性存在一定差异，并且这种差异主要体现在"家庭服务、教育和居住"领域。此外，价格是影响城镇居民服务消费的重要因素，特别是家庭服务和医疗保健服务类支出的价格敏感性最强。结合我国城镇居民服务消费需求特点与变动趋势，文章建议未来扩大内需、提高居民消费水平的重点应从增加购买力、完善社会保障、改善消费环境等方面来着手。

3. 公共服务

公共服务是 21 世纪公共行政和政府改革的核心理念，包括加强城乡公共设施建设，发展教育、科技、文化、卫生、体育等公共事业，为社会公众参与社会经济、政治、文化活动等提供保障。公共服务以合作为基础，包括加强城乡公共设施建设，强调政府的服务性，强调公民的权利。公共服务供给与需求之间的矛盾逐渐成为各国普遍面临的突出问题，学者历来主要在"市场和政府"的关系框架内寻求应付，并由相互对立走向融合。20世纪后期以来，新兴科技发展模块化基础上的网络化成为新型生产组织方式，结合这一组织方式来探究公共服务供求变化机制，成为新的研究方向。马莉莉和张亚斌（2013）通过连接异质产品需求、模块化技术、异质企业、异质要素需求即异质产品需求间的闭合循环，得出模块化分解和联结基础上的网络化是累积循环发展的自组织机制。在此过程中，由于模块化分解带来私人品向公共品产品属性的变型，以及异质企业的专业化选择，公共服务需求攀升内生于网络化发展，特别是随着异质人力资源逐渐构成异质企业发展的主导因素，累积异质人力资本成为占据核心地位的公共服务需求。作者认为，转向公共服务模块化供给机制，是网络化发展的内在需求和必然结果，构建公共服务发展中心这一联结枢纽，通过"分层模块"、"需求拉动"、"扁平化"，以及强化"联结"，公共服务供给体系将呈现模块化生产与供给网络的结构特征，多元化的公共服务供给组织成为网络成员，共同致力于公共服务供给能力。

三、服务业发展的影响因素

服务业的发展受到经济水平、制度建设、需求拉动、城市化进程等诸多因素的影响。如果将制度也看作一种要素投入，则服务业具有很强的制度密集型特征，国内经济制度的一系列变革必然会对服务业的发展产生深远影响，并最终形成国内服务业发展的特点和路径。邵骏和张捷（2013）从服务业的制度特征出发，通过在传统的索洛增长模型中引入制度变量，提出制度对服务业增长的影响不仅体现为对服务业产出增长的直接作用，还表现在通过改变服务生产过程中的资本累积效率和全要素生产率对服务产出增长产生的间接影响。基于中国市场化改革的现实，作者从政府支配经济资源的比重、非国有经济的发育程度、知识产权保护水平、城市化进程以及行业竞争程度五个方面构建了反映中国制度变迁的指标，并实证研究了上述制度变量对 1990~2010 年全国 28 个省市自治区服务业和新旧两种行业分类标准下各细分服务行业的影响，得到以下主要结论：政府主导的资源配置结构构成国内服务业增长的阻碍；非国有经济发展和城市化进程形成对服务产品的有效需求显著促进了国内服务业的增长；高质量的知识产权保护体系和充分的市场竞争有利于国内服务业的快速增长，而糟糕的产权保护和市场竞争环境则产生显著的负效应。

林念、徐建国和黄益平（2013）从汇率制度角度研究中国服务业发展。文章选取123个国家1980~2007年国家层面的年度数据，研究服务业发展速度与实际汇率变动之间的关系。根据已有的研究经验，文章使用"服务业占的比重"作为衡量一国服务业发展水平的指标，并以其变动率代表服务业发展速度。对于本文的另一关键变量——实际汇率，文章以经济学家情报部数据库所提供的实际有效汇率表示。研究发现，实际汇率变动与服务业发展之间的关系受汇率制度的影响。在固定汇率制度下，实际汇率升值与服务业发展速度之间存在显著的正相关关系。但在浮动汇率制度下，两者的关系并不显著。静态面板数据和动态面板数据的计量模型设定均得到了相同的结论。这一现象背后的原因在于不同汇率制度下实际汇率的变动规律不同，对产业结构的影响也不同。亚洲金融危机以来，中国一直实行以钉住美元为主的汇率政策，名义价格黏性和中央银行对通货膨胀的控制制约了人民币实际汇率的调整尤其是抵制了实际汇率的升值。实际汇率升值途径的不畅通，造成了中国服务业发展的相对滞后。进一步改革人民币的汇率形成机制，形成更为市场化的实际汇率价格信号，有助于减少实际汇率扭曲，促进中国服务业的健康发展。

重视低技能服务业和劳动力开发对经济发展、社会稳定与进步意义较大。我国当前存在大量低技能人群，在一定程度上影响我国经济的可持续发展，影响社会公平正义和人力资源强国战略的实现。因此，研究低技能服务的增长因素有一定的现实意义。David和Dorn（2013）对于1980~2005年美国的就业、工资的两极分化现象以及低技能服务职业的增长进行了综合的解释和实证分析。作者将这种两极分化现象归因于消费者的多种偏好以及程序化工作的成本日益降低。文章运用空间均衡模型得出、验证并确认这一假设的四个影响因素。专注于差异化地从事程序化工作的本地市场接受了信息科技，重新将低技术含量的劳动力配置给服务部门（就业两极化），并在这种正态分布的尾部体验到了收入的增长（工资两极化）并接受来自外界的高技术劳动力。

第二节　服务贸易

随着信息化和经济全球化的不断深入发展，世界一体化速度加快，服务贸易比重大大增加，服务贸易结构也不断变化，全球贸易竞争的焦点逐渐转向服务贸易，大力发展服务贸易已经成为各国的首要目标，国际服务贸易竞争力的大小对于一国经济发展起到了举足轻重的作用。2005~2015年，我国服务贸易进出口额总体呈增长态势，除2009年存在负增长外，其他各年增长率均大于10%，说明我国服务贸易总体发展良好。"入世"以来，更是获得了显著的发展，服务贸易总额从2005年的1571亿美元增长到2015年的7130亿美元。我国提出的"一带一路"战略也为服务贸易发展提供了良好的发展机遇。据商务部公布的数据，2015年我国企业签订服务外包合同金额1309.3亿美元，执行金额966.9亿美元，分别同比增长 22.1% 和 18.9%。其中，离岸服务外包合同金额 872.9 亿美元，执行金额 646.4 亿美元，分别同比增长 21.5% 和 15.6%；在岸服务外包合同金额 436.4 亿美元，执行金额 320.6 亿美元，分别同比增长 23.3% 和 26.1%。其中承接"一带一路"沿线国家服务外包合同占较大比重，特别是与东南亚十一国的合作。承接"一带一路"沿线国家服务外包合同金额 178.3 亿美元，执行金额 121.5 亿美元，同比分别增长 42.6% 和 23.4%。其中，承接东南亚国家的服务外包合同金额 89.9 亿美元，执行金额 63.2 亿美元，同比分别增长 30.6% 和 17.3%；承接西亚北非国家的服务外包合同金额 43.5 亿美元，执行金额 25.2 亿美元，同比分别增长 113% 和 61.5%。"一带一路"沿线国家对我国发包占我国离岸外包的 18.8%，市场重要性显著提高。对外承包工程是一国服务贸易的重要组成部分，更多服务外包工程的积极开展十分有利于我国及其他沿线国家服务贸易的快速发展。充分说明借助"一带一路"战略的契机，在沿线国家更加紧密合作的条件下，中国服务贸易拥有良好的发展机遇。学界关于服务贸易的研究一直以来也具有学术和实践结合的特点，研究的热点往往是目前服务贸易发展所面临的难点问题，相关的研究结论往往对全球以及各国的服务贸易发展具有良好的指导意义和价值。

在学术上，服务贸易可以简单地定义为国与国之间互相提供服务的经济交换活动。狭义的服务贸易是指一国以提供直接服务活动形式满足另一国某种需要以取得报酬的活动，广义的服务贸易既包括有形的活动，也包括服务提供者与使用者在没有直接接触下交易的无形活动。《服务贸易总协定》（GATS）将服务贸易定义为：①从一缔约方境内向任何其他缔约方提供服务；②在一缔约方境内向任何其他缔约方消费者提供服务；③一缔约方在其他任何缔约方境内提供服务的商业存在而提供服务；④一缔约方的自然人在其他任何缔约方境内提供服务。这也就是服务贸易的四种基本形式：跨境交付、境外消费、商业存在、自然人流动。

20 世纪 80 年代中期以来，越来越多的关于服务贸易的研究开始成型，这主要是受到发展迅速的世贸组织和区域贸易协定的影响。很多文献讨论了服务自由化的影响，都或多或少地涉及了服务贸易、服务业外商直接投资、生产率增长和经济发展的一般模式之间的重要联系。Francois 和 Hoekman（2010）对于有关服务业发展与服务国际化的相关文献进行了梳理和总结。来自亚太经合组织和发展中国家的数据都表明：服务业，特别是生产者服务业，对于生产力发展有着重要的主导作用，同时也对制造业竞争力有重要影响。服务主要是通过市场细分模式、开放度以及贸易来影响生产力。作者还回顾了关于服务贸易的理论研究文章，其中包括跨境服务贸易和外国直接投资、市场结构的作用以及国际服务公司组织之间的互补性。此外，对于实证研究类文章，该文也进行了系统性的回顾。实证性研究的文章对某些理论性研究起到了补充作用。然而，将实证和理论紧密联合在一起的研究还有很大的发展空间。

一、服务贸易与经济发展

随着主流宏观经济领域中的技术拓展，宏观模型逐渐纳入服务贸易的影响，服务贸易与整体经济结构发展之间的联系也开始成为服务经济学领域的热点问题。一个国家的服务贸易对该国整体经济实力提高、经济周期、全要素生产率有多大程度的影响？不同服务业的贸易影响是否不同？不同国家或地区的这种影响是否不同？

区别于以往文献单纯讨论服务贸易与制造业发展之间的联系，曹标和廖利兵（2014）将服务贸易细分为生产者服务贸易与消费者服务贸易，并根据 2000~2010 年联合国服务贸易统计数据（UN Service Trade Statistics Database）和世界银行 WDI 数据，在借鉴 Baumol（1967）的两部门宏观经济模型以及 Ross 和 David（1992）的分析构造静态和动态面板模型的基础上，分析了这两种不同服务业的贸易对国家收入水平的影响。结果显示，消费者服务贸易会抑制国民经济增长，在收入水平较低的国家占服务贸易整体的比例较高，而生产者服务贸易会促进国民经济增长，在收入水平较高的国家占服务贸易整体的比例较高。因此，我国应该注重生产者服务贸易的发展，实现服务贸易结构的优化。

除了细分为这两种服务行业外，还有其他行业细分的讨论。Minondo 和 Asier（2014）主要研究西班牙服务企业出口与企业生产率之间的关系。作者将企业分成三类：互联网相关的服务、非互联网相关的服务、运输服务。该研究根据西班牙统计研究所（INE）服务的 2001~2007 年年度调查约 17000 家公司得出的数据进行研究，研究结果表明，服务业的出口企业比非出口企业的生产率要高 37%，非互联网相关服务的企业比互联网相关服务的企业生产率溢价更大，且在开始出口前，出口企业比非出口企业更有效率，证明了出口中的自我选择假说，但是这种积极的冲击会在出口后迅速消失。

在全球经济研究中，Barattieri 和 Alessandro（2014）在发现 20 世纪 90 年代中期服务出口专业化与 OECD 国家及发展中国家经常账户差额之间存在较强的负相关关系事实后，基于美国服务业具有比较优势和 20 世纪 90 年代中期货物贸易和服务贸易自由化进程不对称之间的相互影响解释了全球经济失衡现象，并将之称为"服务假说"。之后根据世界银行 WDI 数据、Francois 和 Pindyuk（2013）的服务贸易数据库数据和联合国贸易商品统计数据库（UN–Comtrade）数据，首先使用结构引力模型证明服务贸易自由化滞后于货物贸易自由化，并以国内偏差指数（CHB）量化不对称的程度（约为 11%）。其次使用简单的两期模型解释自由化进程不对称的情况下经常账户赤字的原因。最后基于 Backus 等（1994）的研究建立标准的两部门两国家的国际真实经济周期模型，在贸易自由化不对称的情况下，模型显示贸易赤字约为 GDP 的 5%，所以作者推断服务假说与全球经济失衡是定量相关的。

二、服务贸易壁垒与自由化

服务贸易壁垒问题的研究起始于对地理因素的研究，但随着全球经济一体化的发展以及对地理因素研究的充分性，学界开始讨论其他阻碍服务贸易自由的因素：

（1）时间。Dettmer 和 Bianka（2014）根据 2008 年 OECD 国际服务贸易统计数据，将服务业细分为商务服务（business services）和商业服务（commercial services）两个部分，采用 1999~2006 年 27 个 OECD 国家与 226 个贸易伙伴国的服务贸易数据，使用引力模型和 Tobit 模型考察时区对商务和商业服务出口的影响，以及时区与信息和通信技术 ICT 接入程度的关系。实证结果表明，商业伙伴间的时区差异能促进国际服务贸易，因为公司从营业日 24 小时连续运作中获取的利益（连续效应）超过了协调商业伙伴休息时间带来的不便（同步效应）。因此，服务提供商与时区较远的商业伙伴开展的贸易较多。时区差异对服务贸易的影响取决于国家接入 ICT 的程度。若时区差异较大（9 个小时及以上），提升 ICT 接入程度可以促进国家间商务和商业服务贸易，若时区差异较小，效果则不显著。

（2）区域贸易协定。Miroudot 和 Shepherd（2014）根据 55 个国家涉及七大行业 1999~2009 年的贸易成本数据实证分析了区域贸易一体化与服务业贸易成本的关系。区域贸易协定作用很多，但主要的目的是消除或减少贸易壁垒，但是现实情况中，尽管贸易协定越来越多，贸易成本因此而降低得却十分有限。研究发现区域贸易协定确实降低了贸易成本，但收效甚微，平均而言仅 6.5%。而且服务业区域贸易协定的优惠边际很小，因为协定似乎对成员国与非成员国起着相同的作用，所以区域贸易协定并没有导致较大的贸易优惠。这是因为在现实中，服务业协定旨在优惠捆绑，通常并非为了实际上的差异化对待服务供应方，它们有着相对自由的规则，允许第三方国家通过在成员国内建立商业活动来获得优惠政策。因此，服务业的区域贸易协定在某种程度上是存在矛盾的，它们发出了对于成员国优惠的信号，但并没有给出多大的实际优惠。从经济视角来看，这无疑增加了贸易壁垒。

除了讨论不同的影响因素之外，随着技术的发展和数据的丰富，关于服务贸易壁垒的度量也更加精确。夏天然和陈宪（2014）利用 OECD 数据库 2000~2011 年 60 个国家和地区七个不同部门的服务贸易出口面板数据，并对经典引力模型加以改进，引入双向固定效应计算了关税等值。该模型不仅可以避免由于缺少价格指数数据引起的样本数量损失问题，更解决了传统模型无法充分应用面板数据的问题。分组分析的结果显示，非发达经济体比发达经济体有更小的关税等值，即非发达经济体更加开放；服务贸易壁垒在不同经济体的不同部门之间差异很大；发达经济体的关税等值比非发达国家更分散化，即发达经济体之间的服务贸易壁垒差别较大。

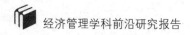

三、服务贸易影响因素

因为服务贸易逐渐成为国际竞争的重点，所以影响服务贸易的因素一直以来也是学界研究的重点问题之一。宋加强和王强（2014）基于 156 个国家 2000~2011 年的跨国面板数据对样本国家整体、发展中国家子样本和发达国家子样本分别进行计量回归分析，探究了现代服务贸易国际竞争力的影响因素。结果表明，发展中国家和发达国家现代服务贸易国际竞争力的影响因素呈现出显著差异。对于发展中国家，教育支出水平、电信发展水平和货物贸易出口的提高可以提升现代服务贸易出口竞争力，高税负水平和开放度提高则会抑制竞争力。对于发达国家，经济规模、网络发展水平、开放水平的提高可以提升现代服务贸易出口竞争力，较高的法律保护水平则会抑制现代服务贸易发展。所以，作为发展中国家，我国应增加教育投入、提升电信技术水平、降低税收、增加货物贸易出口，从而促进我国现代服务贸易的发展，实现贸易结构的优化，不断缩小与发达国家的差距。

林念、徐建国和黄益平（2013）根据经济学家情报部所提供的 123 个国家 1980~2007 年实际有效汇率年度数据，研究服务业发展速度与实际汇率变动之间的关系，文章发现服务业发展受汇率制度的影响。在固定汇率制度下，实际汇率升值与服务业发展速度之间存在显著的正相关关系。但在浮动汇率制度下，二者的关系并不显著。静态面板数据和动态面板数据的计量模型设定均得到了相同的结论。这一现象背后的原因在于不同汇率制度下实际汇率的变动规律不同，对产业结构的影响也不同。亚洲金融危机以来，中国一直实行以钉住美元为主的汇率政策。名义价格黏性和中央银行对通货膨胀的控制制约了人民币实际汇率的调整，尤其是抵制了实际汇率的升值。实际汇率升值途径的不畅通，造成了中国服务业发展的相对滞后，故而应该进一步改革人民币的汇率形成机制，形成更为市场化的实际汇率价格信号，有助于减少实际汇率扭曲，促进中国服务业的健康发展。

Karam 和 Zaki（2013）主要研究了中东和北非地区服务贸易的影响因素。作者基于 21 个国家 2000~2009 年共 10 个行业的面板数据，应用调整后的引力模型——在模型中加入对双边贸易产生影响的单边变量，探讨了影响中东和北非国家服务贸易流的决定因素，特别是加入世贸组织（WTO）带来的影响，包括国家（地区）在 WTO 中做出的限制性承诺的数目以及这些承诺在供给模式下的有效性。研究结果表明，作为 WTO 成员国会对一国的服务贸易有促进作用；限制性承诺的数目越多越能促进进出口服务贸易的增加。

四、特定行业服务贸易研究

由于服务行业内部存在不同的细分行业，而这些细分行业之间又具有不同的行业特点、发展阶段等，所以学界开始讨论特定的、对经济发展具有重要作用的服务行业的贸易状况。

行业一：IT 行业。黄烨菁、权衡和黎晓寅（2014）基于产业价值链的视角，从多个层面刻画印度 IT 产业以外包为载体的国际价值链发展形态，然后针对产业国内市场需求、作为投入的中间需求与基础设施水平三个方面的表现，从国内产业链发展的视角解读 IT 服务业长期发展的影响因素。研究结果发现，印度 IT 行业具有高度出口倾向，紧跟国际市场的外包业务创新，属于外向型的发展方式。印度 IT 产业国际价值链的发展表现在两方面：一方面是 IT 服务外包内容创新构成的价值链专业化分工加深；另一方面则是外包与海外投资相结合提升全球资源配置能力，推进价值链组织方式创新。同时，从市场因素、产业关联因素和基础设施因素这三个方面考察，与外包为载体的国际价值链发展对照，印度 IT 外包的国内价值链存在以下问题：国内需求对价值链的市场支撑不足、作为中间投入的信息服务需求制约产业价值链、国内信息化基础设施的支撑不足，而这些问题对于 IT 服务业的长期发展显然是不利的。

行业二：金融行业。传统理论认为服务是不能贸易的，但有一个典型的例外就是金融服务，银行提供金融中介服务、外汇服务和其他跨国境的其他金融服务。随着全球化发展，金融在全球资本流动、资源分配上起到了越来越重要的作用，成为连接国家资本市场的离岸货币市场以及其他金融活动的重要基础。因此，金融贸易中的价值创造以及发展情况便成为学界关注的重点。Miroudot Sébastien、Sauvage Jehan 和 Shepherd Ben（2013）研究总结了以下四种度量方式：①对于一个封闭的经济体而言，新的 SNA 方法比原有的 SNA 方法好很多，但是尽管运用了新的 SNA 方法，个人贷款仍被视为最终产品计入 GDP，而非中间产品；②在一个开放的经济体中，即使是对于非本国企业的银行服务也要被纳入最终产品的范畴内；③对于某些特殊的国家（如新加坡），对于金融服务贸易的度量可以完全由其离岸外汇市场上的投资收入来进行度量；④对于其他国家而言，可以通过收集来自外汇贸易边际的数据等来度量金融服务贸易。

行业三：银行业。银行作为国家最重要的金融中介机构，一直是资源分配的主要承担者，所以对银行业的研究也一直是学界的热点。VanHoose（2013）基于不完全竞争市场建立了一个国际银行服务业产业内贸易的模型，并利用该模型进行了以下预测：如果贷款服务的产生是劳动力密集型的而存款业务的供给是实物资本密集型的，那么设在劳动力禀赋相对较高的国家的银行将出口贷款业务，而设在实物资本禀赋相对较高的本国国内银行将出口存款业务。这些以效率为基础的贸易流动表明，国内的贷款者和存款者将分别成为净贷款接受方和净存款接受方，相应地，拥有资金的外国银行则允许他们通过在国际大规模银行同业市场上向国内银行借钱，以此来为国内企业充当净借款人，成为净贷方。因此，这个模型的一个重要的应用在于，通过银行间市场的便捷无障碍运作，从而实现银行服务业产业内贸易的利润最大化。

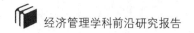

第三节 服务创新

服务创新有多种形式,包括新技术发明、新模式引入和不同行业融合等。关于服务创新,学界关注的重点一般在于影响创新的因素以及服务创新的发展可能产生的影响。随着互联网等技术的发展,服务行业的营销模式有了突破性的转变,此时制约服务行业企业创新发展的往往不局限于原来的技术限制,还在于企业对市场需求的把握以及对科学技术的运用;同时,企业的创新发展是企业能够独立于其他企业存在的重要根本,是企业提高效率和质量的关键因素,所以企业的创新发展又会影响到企业的整体发展。

一、影响服务创新的因素

现如今市场竞争日益激烈,创新成为企业长期生存发展的关键因素,而影响服务行业企业创新发展的因素有很多。Michitaka Kosaka 和 Kunio Shirahada(2014)详细分析了随着互联网技术和信息环境的不断发展,系统科学和知识科学如何推动服务创新。

目前,生产性服务业因为其高附加值的显著特点在全世界许多国家,特别是发达国家,占有了相当重要的地位,故而影响其创新发展的因素也受到了广泛的关注。杨以文和郑江淮(2013)以生产性服务业为主要研究对象,通过构建生产性服务创新发展的概念模型发现,企业家精神与市场需求是最关键的影响因素。文章根据长三角地区企业的微观调研数据(2011 年 2~6 月对昆山产业转型与升级(生产性服务业部分)的调查问卷)对影响生产性服务业企业创新发展的因素进行了实证检验。检验结果表明,企业家精神与市场需求对于生产性服务企业的创新水平提升具有显著的正向作用;另外,企业规模、研发投入规模、技术人员与管理人员的教育程度、是否有上下游企业集群等因素也对生产性服务企业创新具有影响。因此,推动生产性服务业的创新发展,一方面要培养生产性服务企业的企业家精神,另一方面要不断加快"两化融合",促进生产性服务从制造业分离,扩大生产性服务的需求,提升生产性服务的可贸易性,使生产性服务能够像制造业产品一样,实现专业化与规模化发展。

二、服务创新的影响

服务行业中企业的创新发展不仅会受到企业其他因素的影响,反之也会影响企业其他情况的表现,进而影响到企业的整体发展。Meliciani Valentina 和 Savona Maria(2014)根据 1999~2003 年欧洲地区区域面板数据库数据,实证研究了影响商务服务中部门专业化的因素,包括集聚经济、中间部门联系的特定区域结构、技术创新、知识强度和空间距离。

文章的研究结果表明，在商业服务中，除了城市化经济，中间部门的联系和创新的空间结构，特别是信息和通信技术（ICT），是专业化的重要决定因素。John Bessant、Claudia Lehmann 和 Kathrin M. Moeslein（2014）根据机场、酒店、医疗保健和专业服务行业等案例研究详细分析了服务效率和服务创新未来对于服务生产力提高有着重要的影响。21 世纪以来，创新型发展一直被全世界认为是未来经济发展的核心力量，国家只有利用目前有限的资源进行合理投资以促进创新发展，才能够在未来激烈的国际竞争中占有一席之地。

三、特定服务领域的创新发展

如今服务经济的学术研究一方面着重于讨论宏观上服务与整体经济的联系，另一方面着重于研究特定服务领域的发展，毕竟创新发展对于每个服务行业的企业而言都具有重要的战略意义，同时也是个严峻的挑战。针对自身行业特点而言，如何进行合适的创新发展一直是学界的研究重点，所以近年来特定服务领域创新发展的方式和方法一直是研究的热点和重点。Anita Goyal（2013）针对服务行业企业如何妥善管理资产并保持与客户的有效关系研究分析了相应的服务营销创新方法；Faiz Gallouj、Luis Rubalcaba 和 Paul Windrum（2013）探讨了欧洲各地不同服务行业公共和私人服务机构网络创新案例，分析归纳了公共及私人服务网络的技术与非技术创新方法。这些学术成果一般基于实践经验，加上计量分析得出指导性结果，为之后的创新发展提供意见和建议。

第四节　简要评述

有关服务、服务业、服务贸易，以及服务经济一般原理和方法的研究起步较晚，所以，相关文献没有经济学其他学科那么丰富，但在 2013~2014 年这两年，相较于 2010~2012 年，国内外学者还是贡献出了很多高质量、高水平的论文。从研究主题分布上来看，涵盖的范围较宽，主要包括服务业增长、服务业集聚、服务业融合、生产性服务业、生活性服务业、公共服务、服务业发展影响因素、服务贸易与经济发展、服务贸易壁垒与自由化、服务贸易影响因素、特定服务行业贸易，影响服务创新的因素、服务创新的影响、特定服务领域的创新发展等。

我们将这些主题的研究分别归结在"服务产业"、"服务贸易"和"服务创新"三个部分中。相较于 2011 年和 2012 年，讨论服务产业的文献依然非常多，在全球经济一体化的背景下，国内外学者在"鲍莫尔成本病"假说之下对服务产业的生产率进行了不同层面、更加深入的研究。服务业集聚以及制造业与服务业融合正成为服务业发展的一种模式，促进了服务业自身的发展，同时也有力地带动了农业和工业的发展，也越来越引起学者的广泛关注。在服务贸易方面，由于服务贸易地位提升，对国际经济的拉动力显著增强，随着主流宏观经济领域中的技术拓展，宏观模型逐渐纳入服务贸易的影响，学者们利用日渐完善的数据库和新的模型，对服务贸易壁垒与自由化以及服务贸易的影响因素展开更加深入的研究，且随着服务业的发展，对某些现代服务业如 IT、金融、银行业服务贸易的研究逐渐丰富。相较于 2011 年和 2012 年，国内研究服务贸易的文献显著增多，在借鉴国外学者的成果基础上，国内的经济学者努力探索着中国服务业及中国服务贸易发展的路径选择。

此外，我们还发现，相较于 2011 年和 2012 年，服务创新越来越受到国内外学者的关注。服务创新的概念逐渐被量化，学者们对影响服务创新的因素，甚至针对不同服务行业特点、如何进行合适的创新发展展开了更为深入的研究。随着全球一体化经济时代的到来和竞争的日益激烈，我们预期在服务创新领域会有更丰富的成果。

在各种条件的约束下，我们整理了 2013 年和 2014 年服务经济学的主要文献，并进行了深度筛选。然而，受限于编者的知识水平和学术偏好，难以保证覆盖范围的全面性和观点的公正性。我们力图通过这些精选的文献给读者提供一个接触和了解服务经济学研究的窗口，也为专业学者进行该领域的深入研究提供一个参考。

参考文献

[1] Arndt H. W. Measuring trade in financial services [J]. PSL Quarterly Review, 2013, 37 (149).

[2] Arnold Jens Matthias J. B. L. M. Services reform and manufacturing performance: Evidence from India [J]. The Economic Journal, 2014.

[3] Barattieri A. Comparative advantage, service trade, and global imbalances [J]. Journal of International Economics, 2014, 92 (1): 1–13.

[4] Bernhard Dachs S. B. M. B. Servitisation of European manufacturing: Evidence from a large scale database [J]. The Service Industries Journal, 2014, 34 (1): 5–23.

[5] Castellani D., Meliciani V., Mirra L. The determinants of inward foreign direct investment in business services across European regions [J]. Regional Studies, 2014: 1–21.

[6] Chawla S. FDI in service sector–some policy issues [J]. International Journal of Research in Economics & Social Sciences, 2013, 3 (3): 116–125.

[7] Dash R. K., Parida P. C. FDI, services trade and economic growth in India: empirical evidence on causal links [J]. Empirical Economics, 2013, 45 (1): 217–238.

[8] David H., Dorn D. The growth of low–skill service jobs and the polarization of the US labor market [J]. The American Economic Review, 2013, 103 (5): 1553–1597.

[9] Dettmer B. International service transactions: Is time a trade barrier in a connected world? [J]. International Economic Journal, 2014, 28 (2): 225–254.

[10] Duggan V., Rahardja S., Varela G. J. Service sector reform and manufacturing productivity: Evidence from Indonesia [J]. World Bank Policy Research Working Paper, 2013 (6349).

[11] Ferro E., Portugal Perez A., Wilson J. S. Aid to the services sector: Does it affect manufacturing exports? [J]. The World Economy, 2014, 37 (4): 530–541.

[12] Foster–Mcgregor N., Isaksson A., Kaulich F. Importing, exporting and the productivity of services firms in sub–Saharan Africa[J]. The Journal of International Trade & Economic Development, 2014: 1–24.

［13］ Fukunaga Y., Ishido H. Assessing the progress of services liberalization in the ASEAN-China Free Trade Area (ACFTA) ［J］. ERIA, 2013.

［14］ Karam F., Zaki C. On the determinants of trade in services: Evidence from the MENA region ［J］. Applied Economics, 2013, 45 (33): 4662-4676.

［15］ Lodefalk M. The role of services for manufacturing firm exports ［J］. Review of World Economics, 2014, 150 (1): 59-82.

［16］ Meliciani V., Savona M. The determinants of regional specialisation in business services: Agglomeration economies, vertical linkages and innovation ［J］. Journal of Economic Geography, 2014: 38.

［17］ Minondo A. The Relationship between export status and productivity in services: A firm-level analysis for Spain ［J］. Bulletin of Economic Research, 2014.

［18］ Miroudot S., Sauvage J, Shepherd B. Measuring the cost of international trade in services ［J］. World Trade Review, 2013, 12 (4): 719-735.

［19］ Miroudot S., Shepherd B. The Paradox of "Preferences": Regional Trade Agreements and Trade Costs in Services ［J］. The World Economy, 2014, 37 (12): 1751-1772.

［20］ Nikolaj Malchow-Møller J. R. M. J. Services trade, goods trade and productivity growth: Evidence from a population of private sector firms ［J］. Review of World Economics, 2014: 1-33.

［21］ Pan C., Lv J. The development of China's service trade in recent years ［J］. Journal of Service Science and Management, 2013.

［22］ Shepherd B. Export and FDI premia among services firms in the developing world ［J］. Applied Economics Letters, 2014, 21 (3): 176-179.

［23］ Vanhoose D. A Model of international trade in banking services ［J］. Open Economies Review, 2013, 24 (4): 613-625.

［24］ Wagner J. Exports, foreign direct investments and productivity: Are services firms different?［J］. The Service Industries Journal, 2014, 34 (1): 24-37.

［25］ Young A. Structural transformation, the mismeasurement of productivity growth, and the cost disease of services ［J］. The American Economic Review, 2014, 104 (11): 3635-3667.

［26］ 蔡宏波，周成华，蒙英华. 服务进口与工资差距——基于中国服务业企业数据的实证检验 ［J］. 国际贸易问题, 2014 (11): 144-153.

［27］ 曹标，廖利兵. 服务贸易结构与经济增长 ［J］. 世界经济研究, 2014 (1): 46-51.

［28］ 陈艳莹，鲍宗客. 行业效应还是企业效应? ——中国生产性服务企业利润率差异来源分解 ［J］. 管理世界, 2013 (10): 81-94.

［29］ 崔日明，张志明. 服务贸易与中国服务业技术效率提升——基于行业面板数据的实证研究 ［J］. 国际贸易问题, 2013 (10): 90-101.

［30］ 戴翔，金碚. 服务贸易进口技术含量与中国工业经济发展方式转变 ［J］. 管理世界, 2013 (9): 21-31.

［31］ 黄烨菁，权衡，黎晓寅. 印度 IT 服务外包产业的可持续发展——产业价值链为视角的分析［J］. 世界经济研究, 2014 (5): 81-86.

［32］ 江波，李江帆. 政府规模、劳动—资源密集型产业与生产服务业发展滞后: 机理与实证研究 ［J］. 中国工业经济, 2013 (1): 64-76.

［33］ 林念，徐建国，黄益平. 汇率制度、实际汇率与服务业发展: 基于跨国面板数据的分析 ［J］. 世

界经济，2013（2）：78-92.

　　[34] 马莉莉，张亚斌.网络化时代的公共服务模块化供给机制 [J].中国工业经济，2013（9）：95-107.

　　[35] 邵骏，张捷.中国服务业增长的制度因素分析——基于拓展索洛模型的跨地区、跨行业实证研究 [J].南开经济研究，2013（2）：132-152.

　　[36] 盛龙，陆根尧.中国生产性服务业集聚及其影响因素研究——基于行业和地区层面的分析 [J].南开经济研究，2013（5）：115-129.

　　[37] 宋加强，王强.现代服务贸易国际竞争力影响因素研究——基于跨国面板数据 [J].国际贸易问题，2014（2）：96-104.

　　[38] 孙耀吾，翟翌，顾荃.服务主导逻辑下移动互联网创新网络主体耦合共轭与价值创造研究 [J].中国工业经济，2013（10）：147-159.

　　[39] 王恕立，刘军.中国服务企业生产率异质性与资源再配置效应——与制造业企业相同吗？[J].数量经济技术经济研究，2014（5）：37-53.

　　[40] 王晓红，王传荣.产业转型条件的制造业与服务业融合 [J].改革，2013（9）：40-47.

　　[41] 夏天然，陈宪.基于双向固定效应引力模型的服务贸易壁垒度量 [J].世界经济研究，2014（10）：34-39.

　　[42] 杨碧云，张凌霜，易行健.家庭服务性消费支出的决定因素——基于中国城镇住户调查数据的实证检验 [J].财贸经济，2014（6）：122-136.

　　[43] 杨以文，郑江淮.企业家精神、市场需求与生产性服务企业创新 [J].财贸经济，2013（1）：110-118.

　　[44] 姚海棠，方晓丽.金砖五国服务部门竞争力及影响因素实证分析 [J].国际贸易问题，2013（2）：100-110.

　　[45] 殷凤，张云翼.中国服务业技术效率测度及影响因素研究 [J].世界经济研究，2014（2）：75-80.

　　[46] 袁志刚，饶璨.全球化与中国生产服务业发展——基于全球投入产出模型的研究 [J].管理世界，2014（3）：10-30.

　　[47] 张艳，唐宜红，周默涵.服务贸易自由化是否提高了制造业企业生产效率 [J].世界经济，2013（11）：51-71.

　　[48] 张颖熙.中国城镇居民服务消费需求弹性研究——基于 QUAIDS 模型的分析 [J].财贸经济，2014（5）：127-135.

　　[49] 张勇，蒲勇健，陈立泰.城镇化与服务业集聚——基于系统耦合互动的观点 [J].中国工业经济，2013（6）：57-69.

　　[50] 张月友，刘丹鹭.逆向外包：中国经济全球化的一种新战略 [J].中国工业经济，2013（5）：70-82.

第二章　服务经济学学科 2013~2014 年 期刊论文精选

第一节

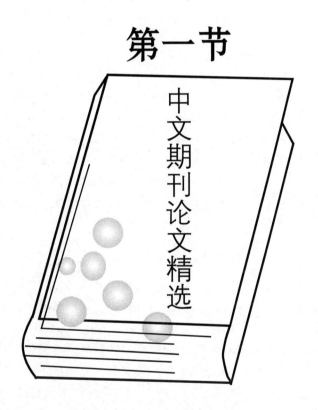

中文期刊论文精选

2013~2014 年，中国学者在服务经济学领域贡献了很多有价值的文章和研究，不仅有理论方面的文章，实证性文章更多。与 2012 年相比，2013~2014 年更多地出现了服务业生产率、生产者服务业、服务业集聚、服务贸易与增长等方面的研究，这也代表了处于转型时期的中国特色。经过专家组的讨论，精选出 25 篇优秀的文章，供读者参考。

服务进口与工资差距[*]

——基于中国服务业企业数据的实证检验

蔡宏波　周成华　蒙英华

【摘　要】本文以 2008 年外资或外资控股的服务业企业为样本，借鉴 Feenstra 和 Hanson（1999）采用的估计高技能员工相对需求的方法建立回归模型，分行业和地区考察中国服务进口对工资差距的影响。结论表明，无论对全国、东部地区还是中西部地区，全行业、现代服务业还是传统服务业，服务进口的增加都会导致工资差距的扩大。此外，企业利润、员工受教育水平等企业特征与工资差距存在正向关系，而企业中高级职称员工占比的提高会缩小工资差距。因此，从缩小企业内部工资差距出发，应注重员工技能水平的提升，而非对高学历的一味追求。

【关键词】服务进口；工资差距；服务业企业

加入世界贸易组织以来，贸易壁垒的进一步削减、外贸经营权管理权下放和人民币汇率市场化改革，都极大降低了企业的出口门槛，释放了对外贸易的规模效应，使中国迅速成为全球最重要的贸易体，2013 年对外贸易额首破 4 万亿美元，位居世界第一（海关总署，2014）。其中，中国对外服务贸易顺应世界服务贸易蓬勃兴起和发展的趋势，在全球服务贸易以及中国对外贸易中的地位快速上升，服务贸易总额从 1982 年的 44 亿美元增长到 2012 年的 4706 亿美元，30 年增长超过 100 倍，占全球服务贸易的比重由 0.6%提升到 5.6%，排名也从 2001 年的十名之外上升到 2012 年的第三位。不过，中国服务贸易长期逆差，并有进一步扩大的趋势，2012 年服务进口 2801.4 亿美元，同比增长 18.2%；出口 1904.4 亿美元，同比增长 4.6%。不过，和以上对外贸易的繁荣发展形成鲜明对比的是，中国居民的收入差距不仅没有缩小，反而持续扩大。中国的基尼系数从 1980 年的 0.32 上

---

* 基金项目：北京市教育科学"十二五"规划 2012 年度重点课题"建设世界城市背景下北京扩大留学生规模的路径与对策研究"，项目编号：ADA12057。

本文作者：蔡宏波，北京师范大学经济与工商管理学院，电子信箱 hongbocai@bnu.edu.cn；周成华，北京大学软件与微电子学院；蒙英华，上海立信会计学院。

本文引自《国际贸易问题》2014 年第 11 期。

升到 1990 年的 0.36,再到 2001 年的 0.45 和 2012 年的 0.474。城镇可比样本的基尼系数和泰尔指数分别由 1995 年的 0.35 和 0.23 增长至 2007 年的 0.42 和 0.33(李宏兵和蔡宏波,2013)。面对收入差距明显扩大的局面,如何才能让劳动者公平地享受经济发展的成果,实现"居民收入增长和经济发展同步、劳动报酬增长和劳动生产率提高同步"的收入倍增目标?

毫无疑问,同一时期出现的贸易开放与收入差距的扩大具有千丝万缕的联系,其实作为国际经济学的重要命题,国际贸易如何影响收入分配历来备受关注但难有定论。新古典贸易理论的 Stolper-Samuelson 定理提供了分析这一问题的理论框架,而自 20 世纪 90 年代以来,无论在发展中国家还是发达国家,"全球化是否加剧了收入不平等?"(Goldberg and Pavcnik,2007)已经成为最热门的实证问题之一。以往多数研究认为,针对不同的观测样本贸易开放对工资差距产生的影响存在差异,而且就技能、性别或地区等层面工资差距受到的影响而言也有不同。但是,这些研究大多集中在货物贸易和制造业上,较少选取服务贸易作为考察对象,出于数据可得性和分类的限制国内学者更是极少针对服务贸易影响中国工资差距进行全面而深入的实证分析。本文将以第二次全国经济普查服务业企业数据为基础,选取外资或外资控股的服务业企业作为样本,借鉴 Feenstra 和 Hanson(1999)采用的估计高技能员工相对需求的方法建立回归模型,分行业和地区考察中国服务进口对工资差距的影响。

一、文献综述

国际贸易理论研究一直以来试图厘清国际贸易与收入分配的关系。古典贸易理论认为,两国的工资水平介于两国各个部门相对劳动生产率之间:技术优势越明显,可生产的商品种类越多,该国相对工资水平就越高。由于古典贸易理论简单地假设单一要素投入,因此只涉及贸易双方的工资差距问题。新古典贸易理论从要素禀赋视角出发,将商品市场与要素市场联系起来,建立了国际贸易一般均衡分析框架。根据 Stolper 和 Samuelson(1941)的研究,如果一国高技能劳动力相对丰裕,贸易开放会增加高技能劳动力的工资,从而扩大工资差距;如果一国低技能劳动力相对丰裕,贸易开放会增加低技能劳动力的工资,从而缩小工资差距。20 世纪 70 年代末以来新贸易理论兴起和蓬勃发展,Dinopoulos、Syropoulos 和 Xu(1999)在 Krugman(1979)模型的基础上,引入高技能劳动力和低技能劳动力两种生产要素,考察两国产业内贸易对工资差距的影响,结论发现产业内贸易有助于提高高技能劳动力的相对工资,从而扩大工资差距。另外,随着外包形式的国际贸易快速发展和地位上升,新新贸易理论也开始取代新古典贸易理论和新贸易理论成为解释外包这种产品内贸易的主流理论。Feenstra 和 Hanson(1996)研究发现,外包形式的产品内贸易同时提高了发包国(发达国家)和承包国(发展中国家)中间产品的技术密集度,也扩大了双方的工资差距。

由以往理论研究可知，发展中国家低技能劳动力相对丰裕，国际贸易有助于提高低技能劳动力的工资水平，从而缩小高技能与低技能劳动力的工资差距，然而实证研究大多得出与此相反的结论。Wood（1994，1999）和 Leamer（1996，1998，2000）等均指出与发展中国家的贸易降低了发达国家对低技能劳动力的需求，使得这部分劳动力失业增加，工资降低，工资差距扩大。Goldberg 和 Pavcnik（2004）则发现贸易自由化在短期和中期会降低发展中国家低技能劳动力的收入。Hsieh 和 Woo（2005）检验了中国香港 1976~1996 年工资差距与外包的关系，结果表明，香港熟练与非熟练劳动力工资差距的扩大主要归因于对大陆的外包。喻美辞（2008）的实证分析认为，在不考虑制造业行业特征时，对外贸易导致工资差距扩大；在考虑制造业行业特征时，对外贸易会由于行业要素密集度的不同对工资差距产生不同的影响。滕瑜和朱晶（2011）研究发现，中间品贸易占总体贸易比重的增加会加剧中国熟练和非熟练劳动力工资差距的扩大。陈怡等（2011）还考察了贸易开放对中国不同地区工资差距的影响，认为贸易开放对中西部地区制造业熟练与非熟练劳动力工资差距存在正向作用，对东部地区影响不显著。陈波和贺超群（2013）在异质性企业贸易模型中引入两阶段生产模式，模型分析显示当出口企业利润上升，技术工人会由于绩效工资的相对上升而拉大与非技术工人的工资差距，其实证分析验证了这一结论。

不过，有关国际贸易影响工资差距的实证研究尚未给予服务贸易以足够的关注。Mehta 和 Hasan（2012）考察了贸易自由化和服务业改革对印度工资差距的影响，二者约能解释工资差距扩大的一半，且服务业改革的影响比贸易自由化大得多。蔡宏波等（2012）从中国发包方的视角，整体和分组检验了材料外包、服务外包和狭义材料外包对中国 28 个制造业行业工资差距的影响。结果表明，材料外包和狭义材料外包显著提升了制造业熟练劳动力的工资份额，而服务外包的影响不显著。范爱军和卞学字（2013）引入多个控制变量的实证分析显示，服务贸易的发展会使中国工资差距先扩大后缩小。综合来看，以往的实证研究似乎对国际贸易扩大工资差距达成了基本共识，同时对工资差距进行区域和行业层面的考察，将国际贸易细化至制造业或外包，也都能够得到相似的结论。然而，对于服务贸易如何影响国内工资差距研究较少，而单独考虑服务进口对工资差距影响的文献就更加匮乏。

二、中国服务贸易发展现状：以进口为例

（一）中国服务贸易发展基本概况

根据商务部《中国服务贸易统计 2013》数据表组，中国服务贸易总额从 1982 年的 44 亿美元增长到 2012 年的 4706 亿美元，30 年增加了 100 多倍，年增长率为 16.85%。从表

1 可以看出，2009 年全球金融危机使中国服务贸易总额首次出现下降，服务贸易总额占全球的比重却不降反增，从 4.2% 上升到 4.4%，服务进口也表现出小幅增长。

表1 1982~2012 年中国服务贸易发展

单位：亿美元、%

年份	服务进出口总额			服务进口额		
	金额	同比增长	占世界比重	金额	同比增长	占世界比重
1982	44	—	0.57	19	—	0.47
1983	43	−2.27	0.58	18	−5.26	0.47
1984	54	25.58	0.71	26	44.44	0.66
1985	52	−3.70	0.66	23	−11.54	0.57
1986	56	7.69	0.62	20	−13.04	0.44
1987	65	16.07	0.60	23	15.00	0.42
1988	80	23.08	0.65	33	43.48	0.53
1989	81	1.25	0.60	36	9.098	0.53
1990	98	20.99	0.61	41	13.89	0.50
1991	108	10.20	0.64	39	−4.88	0.46
1992	183	69.44	0.98	92	135.90	0.97
1993	226	23.50	1.19	116	26.09	1.21
1994	322	42.48	1.55	158	36.21	1.52
1995	430	33.54	1.83	246	55.70	2.08
1996	430	0	1.72	224	−8.94	1.80
1997	522	21.40	2.02	277	23.77	2.17
1998	504	−3.45	1.90	265	−4.53	2.02
1999	572	13.49	2.07	310	16.99	2.27
2000	660	15.38	2.25	359	15.80	2.46
2001	719	8.99	2.43	390	8.85	2.65
2002	855	18.86	2.71	461	18.06	2.96
2003	1013	18.48	2.80	549	19.04	3.08
2004	1337	31.98	3.08	716	30.54	3.38
2005	1571	17.50	3.24	832	16.16	3.53
2006	1917	22.02	3.51	1003	20.62	3.80
2007	2509	30.88	3.86	1293	28.83	4.13
2008	3045	21.36	4.15	1580	22.24	4.47
2009	2867	−5.843	4.46	1581	0.07	5.08
2010	3624	26.41	5.05	1922	21.55	5.48
2011	4191	15.64	5.20	2370	23.33	6.10
2012	4706	12.29	5.60	2801	18.20	6.80

资料来源：商务部《中国服务贸易统计 2013》数据表组。

1982 年中国服务进出口总额为 44 亿美元，1991 年增长到 108 亿美元，年增长率为 9.4%。其中，1982 年服务进口 19 亿美元，1991 年增长到 39 亿美元，年增长率为 7.5%。1983 年和 1985 年服务进出口总额分别下降 2.27% 和 3.70%，服务进口在 1983 年、1985 年、1986 年和 1991 年分别下降 5.26%、11.54%、13.04% 和 4.88%。1982~1991 年，中国服务贸易一直保持顺差，1991 年顺差规模扩大到 30 亿美元。

随着 1991 年中国恢复关贸总协定缔约国地位谈判的深入，中国逐渐提升服务市场的开放水平，直接推动了服务贸易的更快发展。1992 年中国服务进出口总额 183 亿美元，服务进口 92 亿美元。2001 年，中国服务进出口总额达到 719 亿美元，年增长率 14.7%，服务进口 390 亿美元，年增长率 15.5%。特别地，这段时期服务进口增长大大快于出口。1992 年中国服务贸易首次出现逆差，1994 年转变为顺差，1995 年开始出现持续大量逆差，2001 年逆差规模达到 61 亿美元。显然，这与中国服务业对外开放的进一步扩大以及服务业发展水平与发达国家差距较大有关。

2001 年中国加入世界贸易组织，无论是货物贸易还是服务贸易都出现了新一轮的增长高潮。服务进出口总额从 2002 年的 855 亿美元增长到 2012 年的 4706 亿美元，增幅超过 5 倍，年增长率为 16.8%。其中，服务进口从 2002 年的 461 亿美元增长到 2012 年的 2801 亿美元，增幅达 6 倍，年增长率为 17.8%。这一时期服务贸易逆差不断扩大，从 2002 年的 67 亿美元增长到 2012 年的 897 亿美元，增幅 13 倍。2009 年，全球金融危机影响了中国服务贸易发展，服务进出口总额出现了近十年来首次下跌，降幅 5.8%，同时服务进口却稳中有升，基本维持在 2008 年的水平。2010 年，世界经济扭转下滑势头，整体保持温和增长，中国服务进出口总额 3624 亿美元，比 2009 年增长 26.4%。其中，服务出口 1702 亿美元，同比增长 32.4%；服务进口 1922 亿美元，同比增长 21.5%，远远超过世界服务贸易的平均增幅。

（二）服务进口的行业表现

如表 2 所示，中国服务进口以传统服务贸易为主，现代服务贸易快速发展。传统服务贸易中旅游、运输、其他商业服务一直居于主导地位，占服务总进口的近 70%。2002~2009 年，传统服务部门的进口占服务总进口的比重均在 70% 左右，但比重逐年下降，2010~2012 年比重逐年上升，从 2010 年的 70% 增长到 2012 年的 74%。现代服务部门的进口出现了较快的增长：保险、金融、咨询服务的进口比重增长较快，分别较 2002 年提高了 0.4 个、0.5 个、1.4 个百分点；计算机及信息，专利使用费和特许费基本保持稳定水平。这在一定程度上反映出服务进口结构正在优化，随着中国服务业市场的进一步开放，金融、保险、咨询服务等处于劣势的现代服务部门将持续扩大进口。

（三）服务进口的地区表现

中国服务进口表现出明显的地区发展不平衡，当前服务进口集中于中国沿海发达地区。根据商务部的统计，2007 年上海、北京和广东的服务贸易总额分别以 611 亿美元、

表 2　2002~2012 年中国服务进口的行业结构

单位：%

部门 ＼ 年份	2002	2003	2004	2005	2006	2007	2008	2009	2010	2011	2012
运输	29.3	33	34.3	34.2	34.3	33.5	31.9	29.5	32.9	33.9	30.6
旅游	33.1	27.5	26.7	26.2	24.2	23.0	22.9	27.6	28.6	30.6	36.4
通信	1.0	0.8	0.7	0.7	0.8	0.8	1.0	0.8	0.5	0.6	0.6
建筑	2.1	2.1	1.9	1.9	2.0	2.3	2.8	3.7	2.6	1.6	1.3
保险	7.0	8.3	8.6	8.7	8.8	8.3	8.1	7.1	8.2	8.3	7.4
金融	0.2	0.4	0.2	0.2	0.9	0.4	0.2	0.4	0.7	0.3	0.7
计算机及信息	2.4	1.9	1.7	2.0	1.7	1.7	2.0	2.0	1.5	1.6	1.4
专利使用费和特许费	6.7	6.4	6.3	6.4	6.6	6.3	6.5	7.0	6.8	6.2	6.3
咨询	5.7	6.2	6.6	7.4	8.4	8.4	8.6	8.5	7.9	7.8	7.1
广告宣传	0.9	0.8	1.0	0.9	1.0	1.0	1.2	1.3	1.1	1.2	1.0
电影音像	0.2	0.1	0.2	0.2	0.1	0.1	0.2	0.2	0.2	0.2	0.2
其他商业服务	10.6	11.7	11.8	11.3	11.2	14.1	14.6	11.9	8.9	7.7	7.0

资料来源：商务部《中国服务贸易统计 2013》数据表组、世界贸易组织《2010 年世界贸易报告》。

503 亿美元和 407 亿美元居全国前三位，合计占全国总额的 60.60%，特别是在运输、保险、计算机及信息、咨询服务等领域这些地区具有明显的竞争优势。由于难以获得中国各个省市服务进口的具体数据，本文基于第二次全国经济普查服务业企业数据，加总外资或外资控股服务业企业在华主营业务收入作为各个省市商业存在形式的服务进口，如表 3 所示。

表 3　2008 年中国服务进口的国内地区分布

地区		企业数量（家）	进口额（美元）	比重（%）
东部地区	北京	4472	260563299	29.67
	天津	556	6180853	.0.70
	河北	85	21757053	2.48
	辽宁	1187	26978024	3.07
	上海	5042	172656220	19.66
	江苏	1139	40729162	4.64
	浙江	821	23942909	2.73
	福建	554	8270446	0.94
	山东	524	16775460	1.91
	广东	4116	133032891	15.15
	海南	80	266844	0.03
中西部地区	山西	43	12050118	1.37
	内蒙古	48	48792334	5.56
	吉林	81	5548905	0.63

续表

地区		企业数量（家）	进口额（美元）	比重（%）
中西部地区	黑龙江	81	4823918	0.55
	安徽	98	10583970	1.21
	江西	84	1081663	0.12
	河南	86	10529632	1.20
	湖北	208	10626749	1.21
	湖南	134	9076694	1.03
	广西	107	3620884	0.41
	重庆	166	9210022	1.05
	四川	264	22058205	2.51
	贵州	34	2295356	0.26
	云南	125	1436263	0.16
	西藏	4	48382	0.01
	陕西	156	8731820	0.99
	甘肃	32	1016870	0.12
	青海	13	19460	0.002
	宁夏	10	2641539	0.30
	新疆	52	2891900	0.33

资料来源：根据第二次全国经济普查服务业企业数据计算整理。

从 2008 年外资或外资控股的服务业企业数量来看，上海、北京和广东分别以 5042 家、4472 家和 4116 家企业位居全国前三，遥遥领先于其他省市。从服务进口额（外资或外资控股的服务业企业在华主营业务收入）占比来看，北京、上海和广东分别以 29.7%、19.7% 和 15.2% 位居全国前三，共占全国服务进口总额的 64.5%。具体可以看出，服务进口主要集中在东部地区，东部 11 个省市的服务进口占全国服务进口总额的 81%，中西部 20 个省市所占份额仅为 19%。

三、服务进口影响工资差距的实证检验

（一）模型设定

借鉴 Feenstra 和 Hanson（1999）在研究美国工资差距扩大时采用的估计行业内高技能劳动力相对需求变化的方法，在高技能和低技能劳动力相对供给不变的情况下，工资差距的变化主要取决于对这两类劳动力的需求，即只要获知高技能对低技能劳动力的相对需求变化就能推知工资差距的变化。假定企业生产商品 i 需要投入三种要素：资本 K_i、高技能劳动力 H_i 和低技能劳动力 L_i，企业的生产函数为：

$$Y_i = f_i(K_i, H_i, L_i, Z_i)$$

其中，Z_i 表示影响产出的外生变量，如商品价格、技术进步和企业特征等，资本存量在短期内是给定的，$K_i = K$，那么此时企业的最优决策是通过劳动力投入组合使得总成本最小。企业的成本函数为：

$$C_i = c_i(w_H, w_L, K_i, Y_i, Z_i)$$

w_H 为高技能劳动力工资，w_L 为低技能劳动力工资。根据企业的生产函数和成本函数，可以计算企业的劳动力需求函数：

$$C_i = c_i(w_H, w_L, K_i, Y_i, Z_i) = \min(w_H H_i + w_L L_i), \; s.t. \; Y_i = f_i(K_i, H_i, L_i, Z_i) \tag{1}$$

$w_i = w_i(w_H, w_L)$，$x_k = x_k(K_i, Y_i, Z_i)$。对式（1）进行对数泰勒级数二次展开，可以得到线性超对数成本函数，再对其求 $\ln w_i$ 的偏导得到：

$$S_{Hi} = \alpha_i + \sum_{j=1}^{M} \beta_{Hj}^i \ln w_j + \sum_{k=1}^{MK} \gamma_{Hk}^i \ln x_k, \; i = 1, 2, \cdots, M \tag{2}$$

$S_{Hi} = \dfrac{w_H H_i}{w_H H_i + w_L L_i}$ 是企业 i 支付给高技能劳动力的工资占劳动力总成本的比重。在高技能劳动力和低技能劳动力相对工资不变的情况下，S_{Hi} 的增加意味着高技能劳动力相对需求的增加，因此用它来反映企业 i 对高技能劳动力相对需求的变化。

对式（2）进行差分可得：

$$\Delta S_{Hi} = \varphi_0 + \varphi_K \Delta \ln K_i + \varphi_Y \Delta \ln Y_i + \varphi_Z \Delta \ln Z_i, \; i = 1, 2, \cdots, N \tag{3}$$

这里，考虑的外生变量 Z_i 包括技术因素和个体特征。技术因素会导致企业生产函数和成本函数的变化，从而影响高技能和低技能劳动力的需求。由于本文的研究对象是高技能劳动力和低技能劳动力的工资差距，采用企业中高级职称员工占所有员工的比重、年末使用计算机数量作为技术因素的衡量指标。另外，作为国际贸易主体的企业，其行为会对工资水平产生影响。企业通过对外贸易扩大了市场需求，更容易产生规模效应，从而提高产量、就业和工资。在此，使用主营业务利润作为企业的个体特征。当然，也有必要引入劳动力个体特征，由于受教育程度对工资水平存在显著影响，使用大专学历以上员工占所有员工的比重作为劳动力个体特征的衡量指标。

综上所述，最终的回归模型可以表示为：

$$\ln\left(\frac{w_i}{w}\right) = \beta_0 + \beta_1 \ln trade_i + \beta_2 \ln K_i + \beta_3 \ln tech_i + \beta_4 \ln compt_i + \beta_5 \ln profit_i +$$
$$\beta_6 \ln edu_i + \mu_i \tag{4}$$

其中，$\dfrac{w_i}{w}$ 为企业 i 工资与平均工资之比，$trade_i$ 为外资或外资控股的服务业企业在华主营业务收入，作为商业存在形式的服务进口，K_i 为企业总资产，$tech_i$ 为企业中高级职称员工占所有员工的比重，$compt_i$ 为企业年末使用计算机数量，$profit_i$ 为企业主营业务利润，edu_i 为大专学历以上员工占所有员工的比重，μ_i 为误差项。

（二）变量和数据说明

本文采用的数据主要来自国家统计局 2008 年第二次全国经济普查外资或外资控股的服务业企业数据。

$\frac{w_i}{w}$ 表示企业 i 工资与平均工资之比。由"职工工资和福利"计算企业 i 工资 w_i，同时根据《2013 中国统计年鉴》全国城镇职工平均工资 w，计算 31 个省市区外资或外资控股服务业企业的工资与全国城镇职工平均工资之比。

$trade_i$ 表示外资或外资控股的服务业企业在华主营业务收入，作为商业存在形式的服务进口。

K_i 表示企业总资产，$tech_i$ 为企业中高级职称员工占所有员工的比重。具体地，通过加总服务业企业数据得到具有中高级职称的员工数量，进而获得企业中高级职称员工占所有员工的比重。$compt_i$ 表示企业年末使用计算机数量。$profit_i$ 为企业主营业务利润。edu_i 为大专学历以上员工占所有员工的比重。具体地，通过加总服务业企业数据得到大专学历以上员工数量，进而获得企业大专学历以上员工占所有员工的比重。

（三）回归分析和讨论

1. 行业层面

从表 4 可以看出，就全行业数据的回归结果而言，服务进口对工资差距的影响是显著的。同样显著的还有企业总资产、中高级职称员工占比、年末使用计算机数量、主营业务利润、大专学历以上员工占比。就现代服务业而言，与全行业回归结果相似，各个解释变量都会显著影响我国工资差距。对传统服务业来说，企业总资产、年末使用计算机数量对工资差距的影响不显著，但服务进口、中高级职称员工占比、大专学历以上员工占比的系数都在 10% 的置信水平上显著。

表 4　分行业回归结果

变量	全行业		现代服务业		传统服务业		行业虚拟变量	
	系数（标准误）	P 值	系数（标准误）	P 值	系数（标准误）	P 值	系数（标准误）	P 值
$intrade_i$	0.0451 (0.020)	0.025	0.0155 (0.026)	0.547	0.0593 (0.033)	0.072	0.0451 (0.020)	0.024
lnK_i	0.0182 (0.010)	0.080	0.0369 (0.013)	0.005	−0.0046 (0.080)	0.797	0.0180 (0.010)	0.082
$lntech_i$	−0.1190 (0.013)	0.000	−0.1500 (0.019)	0.000	−0.0647 (0.019)	0.001	−0.1209 (0.014)	0.000
$lncompt_i$	0.0413 (0.016)	0.009	0.1112 (0.022)	0.000	0.0104 (0.024)	0.664	0.0587 (0.016)	0.000
$lnprofit_i$	0.0842 (0.019)	0.000	0.1297 (0.025)	0.000	0.0448 (0.026)	0.088	0.0805 (0.019)	0.000

续表

变量	全行业		现代服务业		传统服务业		行业虚拟变量	
	系数(标准误)	P值	系数(标准误)	P值	系数(标准误)	P值	系数(标准误)	P值
$lnedu_i$	0.4568 (0.031)	0.000	0.4435 (0.033)	0.000	0.4971 (0.086)	0.000	0.4655 (0.031)	0.000
industry							0.1232 (0.032)	0.000
R^2	0.2109		0.3020		0.1217		0.2150	

在分别对全行业和传统服务业的分析中，服务进口都表现出对工资差距的正向影响，而对现代服务业的分析中，服务进口对工资差距影响则不显著。企业总资产对工资差距在现代服务业和传统服务业上的影响存在差异。对于现代服务业，企业总资产的增加会扩大工资差距；对于传统服务业，企业总资产的增加会缩小工资差距。综观全行业，企业总资产的增加总体上会拉大工资差距。衡量技术因素的两个变量对工资差距的作用正好相反：衡量员工技能水平的中高级职称员工占比对工资差距的影响为负，这无论在全行业、现代服务业还是传统服务业都是显著的；衡量企业高技术水平的年末使用计算机数量对工资差距的影响为正，这在全行业和现代服务业都是显著的，而在传统服务业影响则不显著。衡量个体特征的变量对工资差距的影响都为正向：无论在全行业、现代服务业还是传统服务业，衡量企业个体特征的主营业务利润和衡量劳动力个体特征的大专学历以上员工占比都会扩大工资差距，而且影响十分显著。

将行业变量（industry）以二元赋值的形式（现代服务业取值1，传统服务业取值0）引入模型，回归结果如表4所示。服务进口会显著扩大工资差距，同时中高级职称员工占比会显著缩小工资差距，企业总资产、年末使用计算机数量、主营业务利润、大专学历以上员工占比都会显著扩大工资差距。而且，在现代服务业中各个变量对工资差距的扩大作用大于传统服务业。

2. 地区层面

从表5可以看出，对于全国数据而言，各个解释变量对工资差距都有显著影响。对于东部地区，与全国数据相似，各个变量都会显著影响我国工资差距。对于中西部地区，企业中高级职称员工占比、主营业务利润对工资差距的影响并不显著，而服务进口、企业总资产、年末使用计算机数量和大专学历以上员工占比的影响都在5%的置信水平上显著。

在分别对全国、东部地区和中西部地区的分析中，服务进口表现出对工资差距的正向影响。我们发现，服务进口对工资差距的影响从大到小依次为中西部、全国、东部地区。企业总资产对工资差距在不同地区的影响并不一致。在东部地区，企业总资产的增加会扩大工资差距；在中西部地区，企业总资产的增加会缩小工资差距。综观全国，企业总资产的增加还是会拉大工资差距。衡量技术因素的两个变量对工资差距的作用正好相反：衡量员工技能水平的中高级职称员工占比对工资差距的影响为负，这在东部地区和全国都是显

表5 分地区回归结果

变量	全国		东部地区		中西部地区		地区虚拟变量	
	系数 (标准误)	P值	系数 (标准误)	P值	系数 (标准误)	P值	系数 (标准误)	P值
$lntrade_i$	0.0451 (0.020)	0.025	0.0396 (0.020)	0.049	0.2064 (0.083)	0.014	0.0512 (0.020)	0.010
lnK_i	0.0182 (0.010)	0.080	0.0287 (0.011)	0.007	−0.0657 (0.033)	0.050	0.0234 (0.010)	0.022
$lntech_i$	−0.1190 (0.013)	0.000	−0.1146 (0.014)	0.000	0.0278 (0.044)	0.527	−0.1030 (0.013)	0.000
$lncompt_i$	0.0413 (0.016)	0.009	0.0514 (0.016)	0.002	−0.0978 (0.042)	0.020	0.0371 (0.016)	0.017
$lnprofit_i$	0.0842 (0.019)	0.000	0.0911 (0.019)	0.000	−0.0237 (0.066)	0.722	0.0803 (0.018)	0.000
$lnedu_i$	0.4568 (0.031)	0.000	0.4482 (0.031)	0.000	0.3386 (0.130)	0.010	0.4379 (0.031)	0.000
district							0.6788 (0.057)	0.000
R^2	0.2109		0.2384		0.1411		0.2480	

著的；衡量企业高技术水平的年末使用计算机数量对工资差距的影响为正，这在东部地区和全国也都是显著的。但在中西部地区结果则恰恰相反：中高级职称员工占比对工资差距的影响为正，年末使用计算机数量对工资差距的影响为负。衡量个体特征的变量对工资差距都有正向影响，无论在东部还是中西部地区，衡量企业个体特征的主营业务利润和衡量劳动力个体特征的大专学历以上员工占比都会扩大工资差距，而且这些影响都是显著的。

将地区变量（district）以二元赋值的形式（东部地区取值1，中西部地区取值0）引入模型，回归结果如表5所示。服务进口会显著扩大工资差距，企业中高级职称员工占比会显著缩小工资差距，企业总资产、年末使用计算机数量、主营业务利润、大专学历以上员工占比都会显著扩大工资差距。而且，东部地区各个变量对工资差距的扩大作用大于中西部地区。

四、结论

本文采用第二次全国经济普查服务业企业数据，针对其中外资或外资控股的服务业企业，借鉴 Feenstra 和 Hanson（1999）采用的估计高技能员工相对需求的方法建立回归模型，分行业和地区考察中国服务进口对工资差距的影响。结论表明，无论对全国、东部地区还是中西部地区，全行业、现代服务业还是传统服务业，服务进口的增加都会导致工资差距的扩大。此外，企业总资产、主营业务利润、高技术使用水平、大专学历以上员工占比等会扩大工资差距，而企业中高级职称员工占比的提高会缩小工资差距。

在全球贸易发展的重心逐渐转向服务业的时候，服务贸易作为新的生力军对一国经济增长的重要性不言而喻。中国服务贸易长期处于逆差，服务进口增速远远快于出口，这在一定程度上反映出本国服务业发展无法满足对服务产品的旺盛需求。就目前发展水平来看，这种供给缺口及其造成的服务贸易逆差在相当长的时期内还将一直存在。根据本文结论，由于服务进口会不断扩大工资差距，政府在制定对外贸易政策时需要对服务进口加强引导和管理，在进一步扩大国内服务业市场开放的背景下，减少进口那些本国能够提供的低端服务，增加对本国无法或较少提供的优质服务的进口。例如，可以利用建立上海自贸区这一重要契机，通过在贸易便利化、投资自由化、金融国际化等领域寻找新一轮开放的突破口，来打破我国服务贸易发展重低端、轻高端的不利局面。目前，上海自贸区实施和正在拟定的金融、贸易、航运等领域的开放政策，对港口、物流、地产、金融等服务行业构成的长期利好值得期待。另外值得一提的是，本文发现大专学历以上员工占比会显著扩大工资差距，而中高级职称员工占比对工资差距有减小作用，因此应该鼓励企业更加注重对在职员工技能的培养和提升，而非对求职者高学历的一味追求。

参考文献

[1] 蔡宏波，张湘君，喻美辞. 外包与行业工资差距——基于中国制造业数据的经验分析 [J]. 北京师范大学学报（社会科学版），2012 (6).

[2] 陈波，贺超群. 出口与工资差距：基于我国工业企业的理论与实证分析 [J]. 管理世界，2013 (8).

[3] 陈怡，王洪亮，王晓青. 对外开放与中国制造业工资差距——基于劳动力供需模型的实证检验 [J]. 财贸研究，2011 (1).

[4] 范爱军，卞学字. 服务贸易与货物贸易对我国收入差距扩大的影响及比较 [J]. 国际贸易问题，2013 (6).

[5] 李宏兵，蔡宏波. 出口开放扩大了技能工资差异吗？——基于中国城镇住户调查数据的再检验 [J]. 经济管理，2013 (11).

[6] 滕瑜，朱晶. 中间产品贸易对我国熟练和非熟练劳动力收入分配的影响 [J]. 国际贸易问题，2011 (5).

[7] 喻美辞. 国际贸易、技术进步对相对工资差距的影响——基于我国制造业数据的实证分析 [J]. 国际贸易问题，2008 (4).

[8] Dinopoulos, E., Syropoulos, C., and Xu, B.. Intra-Industry Trade and Wage Income Inequality [Z]. Paper Presented to the Fall 1999 Midwest International Economics Meetings, University of Illinois at Urbana-Champaign, Champaign, Illinois, 1999.

[9] Feenstra, R. and Hanson, G.. The Impact of Outsourcing and High-Technology Capital on Wages: Estimates for the United States, 1979–1990 [J]. Quarterly Journal of Economics, 1999, 114 (3): 907-940.

[10] Goldberg, P. K. and Pavcnik, N.. Distributional Effects of Globalization in Developing Countries [J]. Journal of Economic Literature, 2007, 45 (1): 39-82.

[11] Hsieh, C. T. and Woo, K. T.. The Impact of Outsourcing to China on Hong Kong's Labor Market [J]. American Economic Review, 2005, 95 (5): 1673-1687.

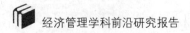

经济管理学科前沿研究报告

[12] Mehta, A. and Hasan, R.. The Effects of Trade and Services Liberalization on Wage Inequality in India [J]. International Review of Economics & Finance, 2012, 23: 75–90.

Service Import and Wage Gap: Evidence from Chinese Enterprises in Service Sectors

Cai Hongbo   Zhou Chenghua   Meng Yinghua

Abstract: Based on the estimation of relative demand for high-skilled workers by Feenstra and Hanson (1999), this paper empirically studies the effect of service import on wage gap in China, using the data of foreign or foreign-owned enterprises in service sectors. The results show that, in the whole country, no matter in eastern or western regions and regardless of all the sectors, modern service or traditional service sectors, the increase of service import can lead to the expansion of the wage gap. In addition, some enterprise features, such as enterprise profit, educational level of workers, can also play a positive role on the wage gap, while the increase of the proportion of skilled workers will narrow the wage gap. Hence, the paper indicates that to narrow the wage gap within enterprises, it is vital to improve the workers' skill levels instead of blindly pursuing advanced degrees.

Key Words: Service Import; Wage Gap; Enterprises in Service Sectors

服务贸易结构与经济增长 *

曹 标 廖利兵

【摘 要】 服务贸易可以分为生产者服务贸易和消费者服务贸易,二者对各国经济增长有着不同的影响。本文分别采用静态和动态面板模型对它们的影响进行分析发现,生产者服务贸易能提升经济增长率,而消费者服务贸易则对经济增长率有抑制作用,且这一趋势随着国家收入水平的提高愈加明显。因此,我国在进行服务贸易的时候应该优先发展生产者服务贸易。

【关键词】 服务贸易;贸易结构;经济增长;动态面板模型

当前国际贸易的一个重要趋势就是服务贸易的规模不断扩大。服务贸易有许多货物贸易无法比拟的优势,因此世界各国越来越重视服务贸易的发展。

我国的"十二五"规划明确强调了要大力推进服务业的发展,提高服务业比重和水平。以服务业的发展为契机,再加上近年来我国货物贸易频频遭遇各种纠纷,亟须转换贸易方式,因此,发展服务贸易已经成为我国国民经济发展的重大战略,其对于我国实现外贸增长方式和经济发展方式的转变具有重要的意义。

一、文献综述

相比货物贸易而言,针对服务贸易与经济增长关系的研究比较少。早期在这个领域的研究主要是集中在某些具体的服务贸易部门,如 Goldsmith(1969)认为,金融服务业对于经济的发展有促进作用,Levine(1997)更具体地论证了上述观点;也有学者试图从服务业生产率的角度来研究服务贸易如何影响经济增长。

---

* 本文作者:曹标、廖利兵,南开大学国际经济研究所。

本文引自《世界经济研究》2014 年第 1 期。

还有一部分研究者从服务贸易结构的角度来研究服务贸易与经济增长的关系，他们将整个服务业分为若干个大类，其中最典型的分类就是生产者服务业与消费者服务业。生产者服务业的概念最早由 Greenfield（1966）提出，他认为，这种主要向生产者而不是向最终消费者提供服务产品的服务业相当于服务业中的中间投入品。

生产者服务业的跨国交易产生了生产者服务贸易，服务贸易结构是指生产者服务贸易占服务贸易总额的比重。Markusen（1989）在中间品贸易模型的基础上建立了生产者服务贸易模型理论，他认为，与资本密集型的制造业中间品贸易一样，知识密集型的生产者服务贸易也能增加贸易收益，同时他还强调了服务贸易自由化对经济发展的好处。在他后来的一篇文章（Markusen，2005）中，Markusen 又从微观的角度进一步说明了一国进行生产者服务贸易对于本国经济增长的重要性。Jones 和 Ruane（1990）运用特定要素模型，分析了要素禀赋在服务贸易中的作用以及对于服务贸易方式选择的影响。Francois（1990）认为，生产者服务部门的外部专业化有助于各国尤其是发展中国家提高国内的专业化水平，其后 Francois（1996）结合多国数据分析了服务在经济发展中的作用，他认为发展生产者服务贸易能促进一国的经济增长。

国内对于服务贸易结构的研究起步较晚，而且基本都是研究我国服务贸易的情况，鲜有对世界范围内的服务贸易结构问题进行研究。尹忠明和姚星（2009）通过建立 VAR 模型，考察了 1982~2007 年中国服务贸易结构与经济增长的长期动态影响，认为在这一时期传统服务贸易的出口对我国经济增长有重要促进作用。余道先和刘海云（2010）通过对服务贸易各部门竞争力的测算表明，我国服务贸易结构不尽合理，缺乏国际竞争力。舒燕和林龙新（2011）运用误差修正模型对 1982~2009 年中国服务贸易结构、物质资本积累、人力资本积累和技术进步之间的关系进行分析，认为中国服务贸易结构应该向以知识技术密集型为基础的现代服务贸易转变。

以上研究都存在一个突出的问题，即没有考虑处于不同发展阶段的国家在服务贸易结构与经济增长关系这一问题上的差异性。事实上，发达国家与发展中国家在这一问题上的表现截然不同。国内的学者由于只关注中国的情况，就更缺乏这种比较了。出于这一考虑，本文根据世界银行的分类，将样本中的 127 个国家分为低收入国家、中等收入国家、高收入国家三类[①]，通过对总体样本和三组子样本的比较分析，系统地研究服务贸易结构与经济增长之间的关系。

---

① 世界银行根据全世界各国人均年收入将所有国家分为五类：低收入国家（人均年收入在 1005 美元以下）、中下收入国家（人均年收入在 1006~3975 美元）、中上收入国家（人均年收入在 3976~12275 美元）、高收入非 OECD 国家（人均年收入在 12276 美元以上的非 OECD 国家）以及高收入 OECD 国家（经济合作与发展组织国家，人均年收入在 12276 美元以上）。为简化分析，本文将上述标准中的低收入国家和中下收入国家统称为低收入国家，将中上收入国家称为中等收入国家，将高收入非 OECD 国家和高收入 OECD 国家统称为高收入国家。

二、研 究 背 景

1. 各国服务贸易结构现状

IMF 将服务贸易分为运输、旅游、通信服务、建筑服务、保险服务、金融服务、计算机和信息服务、专利权使用费和特许费、其他商业服务、个人文化和娱乐服务以及别处未提及的政府服务 11 个大类。其中,其他商业服务包括会计、法律、咨询和广告等。

关于生产性服务贸易的分类并没有统一的标准,本文采取大多数文献的做法,将通信服务、保险服务、金融服务、计算机和信息服务、专利权使用费和特许费、其他商业服务(会计、法律、咨询和广告等)六类归为生产性服务贸易(Producer Service Trade),相应地将剩下的运输、旅游、建筑服务、个人文化和娱乐服务以及别处未提及的政府服务五类统称为消费性服务贸易(Consumer Service Trade)。

根据前文的分类,本文在低收入国家、中等收入国家、高收入国家三组中分别选取两个国家(如表 1 所示),比较各国服务贸易出口结构的异同。

表 1　不同发展阶段国家服务贸易出口结构比较(2010 年)

单位:%

国家	低收入国家		中等收入国家		高收入国家	
	摩洛哥	乌克兰	俄罗斯	中国	日本	美国
通信服务	5.68	3.04	3.05	0.71	0.52	1.94
保险服务	1.22	0.19	1.04	1.01	0.9	2.67
金融服务	0.29	2.78	2.38	0.78	2.55	10.66
计算机与信息服务	2.37	2.51	3.06	5.41	0.74	2.54
专利权使用费和特许费	0.03	0.77	1.41	0.49	18.86	17.6
其他商业服务	15.89	17.23	27.06	35.77	30.08	18.46
生产者服务贸易	25.48	26.52	38	44.17	53.65	53.87
运输	17.16	45.74	33.63	19.98	27.54	13.06
旅游	53.42	22.2	20.23	26.76	9.35	24.36
建筑服务	0.4	1.37	5.92	8.47	7.54	1.26
个人文化和娱乐服务	0.29	0.66	1.07	0.07	0.11	2.68
别处未提及的政府服务	3.24	3.5	1.16	0.56	1.83	4.15
消费者服务贸易	74.51	73.47	62.01	55.84	46.37	45.51

资料来源:根据联合国服务贸易统计数据(UN Service Trade Statistics Database)计算而得。

由表 1 可以看出,人均收入越高的国家往往生产者服务贸易的比重越高,服务贸易结构越合理,服务贸易越集中于资本密集型、技术密集型领域。

2. 理论模型

本文的理论部分借鉴 Baumol（1967）的两部门宏观经济模型，将一个服务贸易出口国的服务部门分为两类，即消费者服务贸易部门和生产者服务贸易部门，两者的生产函数分别为：$Y_{ct} = aL_{ct}$、$Y_{pt} = bL_{pt}e^{\gamma t}$（$Y$ 为产出，L 为劳动投入，a、b 为技术参数，γ 为生产者服务贸易部门的劳动生产率增长率且 $\gamma > 0$）。

考虑两部门的成本。假设两部门的工资相等，均为 W_t。由于生产者服务贸易部门的"生产性"，故 W_t 的变化取决于生产者服务贸易部门的生产率，$W_t = We^{\gamma t}$（W 为常数），则两部门的单位产出成本分别为：

$$C_c = \frac{W_t L_{ct}}{Y_{ct}} = \frac{We^{\gamma t} L_{ct}}{aL_{ct}} = \frac{We^{\gamma t}}{a}$$

$$C_p = \frac{W_t L_{pt}}{Y_{pt}} = \frac{We^{\gamma t} L_{pt}}{bL_{pt}e^{\gamma t}} = \frac{W}{b}$$

则相对成本为：

$$\frac{C_c}{C_p} = \frac{\dfrac{L_{ct}}{Y_{ct}}}{\dfrac{L_{pt}}{Y_{pt}}} = \frac{be^{\gamma t}}{a}$$

该值趋于无穷大，表明消费者服务贸易部门的单位产出成本将随时间推移不断上升直至无穷大。

考虑两部门的产出。如果消费者服务贸易部门的产出富有价格弹性，不妨假设两部门产出的名义消费支出相对比重不变，即 $\dfrac{C_c Y_c}{C_p Y_p} = \dfrac{We^{\gamma t} L_{ct}}{We^{\gamma t} L_{pt}} = \dfrac{L_{ct}}{L_{pt}} = A$，那么实际消费支出相对比重 $\dfrac{Y_c}{Y_p} = \dfrac{aL_{ct}}{bL_{pt}e^{\gamma t}} = \dfrac{aA}{be^{\gamma t}}$ 就会趋于 0，而消费者服务贸易部门的相对产出趋于 0，这意味着该部门将退出整个服务贸易体系；如果消费者服务贸易部门的产出缺乏价格弹性，不妨假设两部门产出的实际消费支出相对比重不变，即 $\dfrac{aL_{ct}}{bL_{pt}e^{\gamma t}} = \dfrac{L_{ct}}{L_{pt}e^{\gamma t}} = K$，且劳动的总供给 $L = L_c + L_p$，则 $L_c = \dfrac{LKe^{\gamma t}}{1 + Ke^{\gamma t}}$，故 $L_p = L - L_c = \dfrac{L}{1 + Ke^{\gamma t}}$ 趋于 0，最终劳动力将完全从生产者服务贸易部门转移到消费者服务贸易部门，生产者服务贸易部门退出整个服务贸易体系。

由以上成本与产出两方面的分析可以看出生产者服务贸易能促进服务贸易的良性发展，而消费者服务贸易则会导致服务贸易的不良发展。由此不难推测，生产者服务贸易在服务贸易中的比重越高，服务贸易整体对于经济发展的作用越积极；反之亦然。

三、实证检验

Ross 和 David（1992）在研究了大量关于经济增长的文献基础上，把这些文章实证部分涉及的几十种可能对经济增长有影响的解释变量进行归纳分析，建立了如下方程：

$$Y = \beta_1 I + \beta_m M + \beta_z Z + \mu$$

他们发现，不论如何设置其他变量，投资占 GDP 的比重以及贸易占 GDP 的比重对于平均经济增长率具有正的促进作用，而且这个结论是稳健的，其他的经济指标和贸易政策则不具备这种稳健性。同时 Ross 和 David（1992）还指出，在跨国研究经济增长问题时，用出口额占 GDP 的比重与用进口额或者进出口总额占 GDP 的比重作为解释变量，结论几乎完全一致。

基于以上分析，本文在实证检验部分采用投资的增长率（lnGDI）、服务贸易结构（生产者服务贸易出口额占 GDP 的比重 $\frac{PS}{GDP}$、消费者服务贸易出口额占 GDP 的比重 $\frac{CS}{GDP}$、服务贸易出口额占 GDP 比重 $\frac{SER}{GDP}$）以及不失一般性地加入各国人口总额的变化率（lnPOP）作为解释变量，被解释变量为经济增长率（lny），i 代表国别，t 代表年份，得到计量模型如式（1）、式（2）：

$$\ln y_{i,t} = \beta_1 \ln GDI_{i,t} + \beta_2 \ln POP_{i,t} + \beta_4 \left(\frac{PS}{GDP}\right)_{i,t} + \beta_5 \left(\frac{CS}{GDP}\right)_{i,t} + \mu \tag{1}$$

$$\ln y_{i,t} = \beta_1 \ln GDI_{i,t} + \beta_2 \ln POP_{i,t} + \beta_3 \left(\frac{SER}{GDP}\right)_{i,t} + \mu \tag{2}$$

为了解决变量的内生性问题及保证结论的稳健性，对应于上面的静态面板模型，本文进一步设置动态面板模型如式（1）*、式（2）*：

$$\ln y_{i,t} = \alpha_1 \ln y_{i,t-1} + \beta_1 \ln GDI_{i,t} + \beta_2 \ln POP_{i,t} + \beta_4 \left(\frac{PS}{GDP}\right)_{i,t} + \beta_5 \left(\frac{CS}{GDP}\right)_{i,t} + \mu \tag{1*}$$

$$\ln y_{i,t} = \alpha_1 \ln y_{i,t-1} + \beta_1 \ln GDI_{i,t} + \beta_2 \ln POP_{i,t} + \beta_3 \left(\frac{SER}{GDP}\right)_{i,t} + \mu \tag{2*}$$

式（1）*、式（2）*分别在式（1）、式（2）的基础上加入了被解释变量的一阶滞后项，此时需要用到广义矩（Generalized Methods of Moments，GMM）估计方法。为了进一步提高结果的稳健性，本文分别采用了一阶差分 GMM 与系统 GMM 方法。

模型回归的结果如表 2 至表 5 所示。

四、结果分析

表 2 至表 5 中 Hausman 检验的结果确定各自的静态面板模型均采用固定效应估计。AR(2) 及 Sargan 检验均满足要求，证明动态面板模型的设置是合理的。同时，回归结果均表明增加投资能促进经济增长，而人口的增加则会抑制经济增长。下面分别探讨服务贸易结构对经济增长的影响。

1. 全球层面

由表 2 可得，就全球范围而言，生产者服务贸易能提升经济增长率，而消费者服务贸易会抑制经济增长，这与前文的结论是一致的。但是服务贸易整体对国民经济有怎样的影响并不确定，静态面板的结果不显著而动态面板的结果表明服务贸易抑制了经济增长。

表 2　服务贸易结构与经济增长：全球层面（2000~2010 年）

被解释变量	lny							
解释变量	固定效应		随机效应		一阶差分 GMM		系统 GMM	
	模型（1）	模型（2）	模型（1）	模型（2）	模型（1）	模型（2）	模型（1）	模型（2）
L. lny					0.736*** (0.005)	0.846*** (0.008)	0.864*** (0.003)	0.844*** (0.003)
lnGDI	0.703*** (0.011)	0.738*** (0.010)	0.803*** (0.008)	0.843*** (0.007)	0.611*** (0.006)	0.668*** (0.005)	0.627*** (0.002)	0.683*** (0.002)
lnPOP	−0.064 (0.096)	−0.192** (0.091)	−0.815*** (0.017)	−0.857*** (0.014)	−3.689*** (0.392)	−2.422*** (0.573)	−3.176*** (0.174)	−1.669*** (0.083)
PS	0.813*** (0.178)		0.974*** (0.158)		−0.120 (0.098)		0.305*** (0.052)	
CS	−0.616*** (0.234)		−0.214 (0.205)		−0.521*** (0.082)		−0.699*** (0.049)	
SER		0.032 (0.081)		0.088 (0.061)		−0.307*** (0.051)		−0.168*** (0.011)
常数项	−6.696*** (1.385)	−5.461*** (1.317)	3.052*** (0.241)	2.812*** (0.205)	0.034 (0.573)	−0.412 (0.601)	1.576*** (0.080)	0.875*** (0.063)
组内 R²	0.879	0.897	0.873	0.893				
Hausman			0.000	0.000				
AR（1）					0.000	0.000	0.000	0.000
AR（2）					0.199	0.757	0.196	0.780
Sargan 检验					99.541 (0.118)	94.954 (0.194)	117.846 (0.310)	116.071 (0.352)

注：①***、**、*分别表示通过 1%、5%、10%显著性水平的检验。②括号内数值为标准差，Hausman 检验、AR(1)、AR(2) 与 Sargan 检验括号内为对应的 P 值。③L. lny 为被解释变量 lny 的一阶滞后项。表 3、表 4、表 5 与此类同。

资料来源：根据联合国服务贸易统计数据（UN Service Trade Statistics Database）和世界银行 WDI 数据整理计算。

2. 低收入国家

由表 3 可得，在低收入国家中，服务贸易整体与消费者服务贸易都会抑制国民经济增长，该结果比较稳健，而生产者服务贸易对于国民经济的影响则并不确定，静态面板的结果不显著而动态面板的结果表明生产者服务贸易抑制了经济增长。

表 3　服务贸易结构与经济增长：低收入国家（2000~2010 年）

被解释变量	lny							
解释变量	固定效应		随机效应		一阶差分 GMM		系统 GMM	
	模型（1）	模型（2）	模型（1）	模型（2）	模型（1）	模型（2）	模型（1）	模型（2）
L. lny					0.517*** (0.007)	0.401*** (0.010)	0.477*** (0.010)	0.374*** (0.003)
lnGDI	0.583*** (0.018)	0.651*** (0.016)	0.705*** (0.013)	0.751*** (0.012)	0.336*** (0.005)	0.426*** (0.003)	0.400*** (0.008)	0.497*** (0.004)
lnPOP	0.646*** (0.149)	0.260* (0.134)	−0.715*** (0.029)	−0.777*** (0.024)	0.191*** (0.032)	0.112** (0.049)	−0.344*** (0.010)	−0.460*** (0.008)
PS	−0.844 (0.612)		−0.290 (0.626)		−1.935*** (0.314)		−1.458*** (0.215)	
CS	−1.191*** (0.374)		−0.384 (0.332)		−0.772*** (0.202)		−0.393*** (0.125)	
SER		−0.859*** (0.145)		−0.339*** (0.098)		−0.631*** (0.032)		−0.324*** (0.071)
常数项	−15.927*** (2.123)	−11.159*** (1.911)	3.302*** (0.401)	3.336*** (0.340)	−6.830*** (0.539)	−6.727*** (0.806)	0.664*** (0.070)	1.163*** (0.075)
组内 R²	0.862	0.905	0.837	0.890				
Hausman			0.000	0.000				
AR（1）					0.000	0.001	0.000	0.001
AR（2）					0.241	0.271	0.234	0.388
Sargan 检验					48.888 (0.283)	47.175 (0.344)	50.423 (0.575)	46.563 (0.721)

3. 中等收入国家

由表 4 可得，在中等收入国家中，生产者服务贸易与消费者服务贸易对于国民经济的影响都不确定，静态面板的结果不显著，而服务贸易整体则会抑制国民经济增长。

表 4　服务贸易结构与经济增长：中等收入国家（2000~2010 年）

被解释变量	lny							
解释变量	固定效应		随机效应		一阶差分 GMM		系统 GMM	
	模型（1）	模型（2）	模型（1）	模型（2）	模型（1）	模型（2）	模型（1）	模型（2）
L. lny					0.263*** (0.012)	0.244*** (0.009)	0.324*** (0.012)	0.298*** (0.015)
lnGDI	0.762*** (0.015)	0.759*** (0.015)	0.798*** (0.012)	0.790*** (0.012)	0.590*** (0.009)	0.597*** (0.007)	0.566*** (0.011)	0.588*** (0.011)

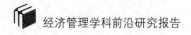

被解释变量	lny							
解释变量	固定效应		随机效应		一阶差分 GMM		系统 GMM	
	模型（1）	模型（2）	模型（1）	模型（2）	模型（1）	模型（2）	模型（1）	模型（2）
lnPOP	−0.170 (0.187)	−0.246 (0.192)	−0.822*** (0.025)	−0.845*** (0.024)	−0.272** (0.122)	−0.287*** (0.045)	−0.642*** (0.020)	−0.694*** (0.018)
PS	−1.276 (0.959)		−1.636* (0.906)		−1.668*** (0.342)		−2.840*** (0.440)	
CS	−0.238 (0.435)		−0.428 (0.326)		0.573*** (0.100)		−2.012*** (0.210)	
SER		−1.015*** (0.280)		−0.946*** (0.208)		−0.946*** (0.106)		−2.067*** (0.107)
常数项	−6.535** (2.847)	−5.052* (2.943)	3.371*** (0.363)	4.018*** (0.359)	−3.140* (1.857)	−2.673*** (0.637)	3.255*** (0.273)	3.964*** (0.327)
组内 R²	0.931	0.931	0.929	0.929				
Hausman			0.001	0.001				
AR（1）					0.043	0.101	0.038	0.061
AR（2）					0.328	0.723	0.662	0.308
Sargan 检验					28.803 (0.963)	32.127 (0.908)	32.012 (0.990)	30.484 (0.995)

4. 高收入国家

由表 5 可得，在高收入国家中，服务贸易整体与生产者服务贸易均能促进国民经济的发展，该结果比较稳健，而消费者服务贸易对国民经济的影响则不确定，静态面板结果不显著，动态面板两种估计方法的结果虽然显著，但一阶差分 GMM 结果表明消费者服务贸易与经济增长是正相关关系，系统 GMM 结果则显示二者是负相关关系。

表 5　服务贸易结构与经济增长：高收入国家（2000~2010 年）

被解释变量	lny							
解释变量	固定效应		随机效应		一阶差分 GMM		系统 GMM	
	模型（1）	模型（2）	模型（1）	模型（2）	模型（1）	模型（2）	模型（1）	模型（2）
L. lny					0.432*** (0.009)	0.439*** (0.008)	0.443*** (0.009)	0.458*** (0.008)
lnGDI	0.822*** (0.019)	0.826*** (0.019)	0.836*** (0.017)	0.844*** (0.016)	0.497*** (0.003)	0.493*** (0.002)	0.482*** (0.005)	0.475*** (0.004)
lnPOP	−0.870*** (0.158)	−0.798*** (0.156)	−0.815*** (0.025)	−0.807*** (0.025)	−0.567*** (0.047)	−0.531*** (0.038)	−0.545*** (0.007)	−0.537*** (0.006)
PS	1.057*** (0.178)		0.720*** (0.133)		0.432*** (0.060)		0.407*** (0.041)	
CS	0.115 (0.354)		−0.182 (0.288)		0.219*** (0.031)		−0.205*** (0.043)	

续表

被解释变量	lny							
解释变量	固定效应		随机效应		一阶差分 GMM		系统 GMM	
	模型（1）	模型（2）	模型（1）	模型（2）	模型（1）	模型（2）	模型（1）	模型（2）
SER		0.587*** (0.098)		0.358*** (0.071)		0.171*** (0.022)		0.127*** (0.020)
常数项	3.762* (2.248)	2.455 (2.197)	2.610*** (0.303)	2.208*** (0.273)	2.570*** (0.632)	2.033*** (0.565)	2.535*** (0.053)	2.411*** (0.060)
组内 R²	0.879	0.878	0.878	0.876				
Hausman			0.001	0.000				
AR（1）					0.073	0.053	0.053	0.039
AR（2）					0.219	0.193	0.176	0.115
Sargan 检验					40.446 (0.625)	40.705 (0.614)	40.556 (0.895)	40.480 (0.896)

综上所述，消费者服务贸易会抑制国民经济增长，因其在收入水平较低的国家占服务贸易整体的比例较高，所以会导致这些国家服务贸易整体也抑制了国民经济增长。而生产者服务贸易会促进国民经济增长，其在收入水平较高的国家占服务贸易整体的比例较高，使得这些国家服务贸易整体也能促进国民经济增长。当然由于各国国情不同，具体对某一国而言，以上关于服务贸易结构的特点可能会有所不同。

我国正在大力倡导发展服务贸易，在提高服务贸易"量"的同时，我们也应该提升服务贸易的"质"，注重生产者服务贸易的发展，实现服务贸易结构的优化。

参考文献

［1］舒燕，林龙新. 我国服务贸易结构的特征和影响因素研究［J］. 经济经纬，2011（4）：76-80.

［2］尹忠明，姚星. 中国服务贸易结构与经济增长的关系研究——基于 VAR 模型的动态效应分析［J］. 云南财经大学学报，2009（5）：25-33.

［3］余道先，刘海云. 中国生产性服务贸易结构与贸易竞争力分析［J］. 世界经济研究，2010（2）：49-55.

［4］Baumol W. J.. Macroeconomics of Unbalanced Growth：The Anatomy of Urban Crisis［J］. The American Economic Review，1967，57：415-426.

［5］Francois J.. Trade in producer Services and Returns due to Specialization under Monopolistic Competition［J］. Canadian Journal of Economics，1990，23（1）：109-124.

［6］Francois J.，Reinert K.. The Role of Services in the Structure of Production and Trade Stylized facts from Cross-Country Analysis［J］. Asia-Pacific Economic Review，1996，2（1）：35-43.

［7］Goldsmith R. W.. Financial Structure and Development［M］. New Haven：Yale University Press，1969.

［8］Greenfield H.. Manpower and Growth of Producer Services［M］. New York：Columbia University Press，1966.

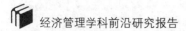

[9] Jones R. W., Ruane F.. Appraising the options forinternational trade in services [J]. Oxford Economic Papers, 1990, 42: 672–687.

[10] Levine R., Financial Development and Economic Growth: Views and Agenda [J]. Journal of Economic Literature, 1997, 35 (2): 688–726.

[11] Markusen J.. Trade in Producer Services and in Other Specialized Intermediate Inputs [J]. The American Economic Review, 1989, 79: 85–95.

[12] Markusen J.. Thomas F. Rutherford and David Tarr, Trade and direct investment in producer services and the domestic market for expertise [J]. Canadian Journal of Economics, 2005, 38: 758–777.

[13] Ross, David. A Sensitivity Analysis of Cross–Country Growth Regressions [J]. The American Economic Review, 1992, 82 (4): 942–963.

Service Trade Structure and Economic Growth

Cao Biao   Liao Libing

Abstract: Service trade can be divided into two types: producer service trade and consumer service trade. They affect economic growth of a country in different ways. By analyzing their influences in static and dynamic panel models individually, the paper finds that producer service can boost economic growth while consumer service may inhibit growth. This trend is more obvious with the national income level improvement. So, we think it necessary for China to give priority to the development of producer service tradein future.

印度 IT 服务外包产业的可持续发展*
——产业价值链为视角的分析

黄烨菁　权　衡　黎晓寅

【摘　要】本文将印度 IT 服务外包产业置于价值链的分析框架下，对 IT 服务部门的外向型发展做全面和深入研判。根据产业价值链的理论视角，本文首先从多个层面刻画印度 IT 产业以外包为载体的国际价值链发展形态，然后针对产业国内市场需求、作为投入的中间需求与基础设施水平三个方面的表现，从国内产业链发展的视角解读 IT 服务业长期发展的影响因素。本文提出，印度 IT 产业依托承接外包形成的外向型发展道路对产业国际价值链的分工与组织方式创新形成了积极的推动力，但是来自国内市场、产业关联与基础设施发展等层面的因素导致该产业国内价值链的专业化分工不足，对于产业长期发展构成了挑战。

【关键词】印度；IT；服务外包；产业价值链

IT 产业是印度国际竞争力最强的产业，在其国民经济中占据主导地位。以 IT 离岸服务外包为载体的服务贸易出口构成印度对外经济的主动力。自 20 世纪末以来，印度企业承接海外 IT 服务外包不仅直接推动软件与信息服务业规模扩大，也深刻影响着该行业的技术发展形态与创新模式。印度 IT 服务业的收入占比接近发达国家的水平，是唯一在服务贸易上实现出口顺差的国家，远远领先于其他新兴经济体，一批领先 IT 企业在世界服务外包市场中已经形成"印度外包"的品牌地位。在研究报告中，印度的服务外包作为新兴经济体发展服务经济的样本，需要向中国等新兴大国推广（景瑞琴，2008；朱胜勇，2008）。

在认识印度服务外包的国际竞争力的同时，我们要冷静思考该行业在印度国民经济中的作用。与该国整体的工业化发展水平相比，印度 IT 部门的发展是"超前"的。认识印度 IT 行业的着眼点不仅在于其对印度国际竞争优势的贡献，还需要将产业置于该

---

* 本文作者：黄烨菁，上海社科院世界经济研究所；权衡，上海社科院经济研究所；黎晓寅，上海社科院研究生院。
本文引自《世界经济研究》2014 年第 5 期。

国经济现代化进程升级的视角下，对该行业的中长期发展动力加以研判。我们需要深入思考承接外包为基础的"外向型"产业价值链对印度这样一个新兴大国而言带来了怎样的影响，要以国内市场为取向考察其产业分工与升级表现，从而全面地研判该行业的长期发展动力。

目前对于印度 IT 外包的研究大多来自欧美国家大型咨询机构，相关研究主要从服务外包市场和服务外包模式两方面分析了印度服务外包的竞争优势而较少有研究从经济学视角辨析印度 IT 产业依托外包模式的外向型发展格局。本文旨在超越外包竞争力的传统分析视角，应用产业价值链的新视角，从市场培育、产业关联度以及人力资源发展等多个角度来考察影响 IT 行业的深层次因素。

在这个分析框架下，论文从产业价值链的分工和组织形态考察 IT 行业产业价值链的特征，通过对照其产业跨国价值链与国内价值链的发展形态，从深层次因素上提出印度 IT 行业面临的挑战。

一、印度 IT 行业的外向型发展

印度长期以来一直享有全球"最佳服务外包承接地"的美誉，过去十多年来印度企业承接的离岸信息技术外包占到全球离岸市场份额的 70%，一批 IT 服务企业成为全球服务外包市场重要的国际服务供应商，并引领全球范围内离岸服务外包的业务创新与模式创新。印度 IT 行业的外包接包能力在新兴市场中处于领先地位，其服务经济也因此被视为新兴经济体的"领头羊"。

毫无疑问，印度在国际服务外包市场上的国际竞争优势已经获得广泛认可，但进一步的研究需要着眼于产业的国内支撑条件对该行业作客观的研判，我们要将印度 IT 服务业置于产业长期竞争力的视野下，从国内市场与国际市场的互动关系研判培育 IT 服务需求的多方面因素，思考来自国际市场的外部动力究竟对印度的 IT 产业发展带来怎样的影响。

1. 印度 IT 行业的高度出口倾向

印度 IT 服务产业在过去十多年时间中以承接外包为主要增长动力，在国际服务外包市场上开创了多种离岸 IT 外包模式。根据印度国家软件和服务公司协会（NASSCOM）统计，2013 年印度整个 IT 服务部门收入约达到 10470 亿卢比，较 2012 年增长了 14.1%，其中以离岸外包和软件出口为方式的 IT 服务收入为 758 亿美元，同比增长 10.2%，占 IT 服务部门总收入近七成。其中软件与信息管理开发服务出口收入为 439 亿美元，占总出口比重近 58%，其余是工程同比增长 9.9%。在该部门从业人员中的专业工程师与技术人员达到 296 万人，其中超过 140 万专业人员工作于承接海外软件与信息系统开发服务（Information Technology Outsourcing，ITO）的岗位，而大约 92 万名专业人员从事承接海外商业流程管理服务外包（Business Processing Outsourcing, BPO）的岗位工作，该行业内只有 64 万名专业人员从事针对本国市场的信息技术服务工作。可见，在 IT 部门内有近 80% 的专业人员工作与 IT 服务出口直接相关，承接外包[①]。

IT 服务部门的产值在过去十多年增长了六倍，而该部门出口占行业总收入的比重则基本维持在 70% 左右（见图 1），体现了出口对于该行业的支撑作用。在出口的微观模式中包含外包项目下的出口以及非外包形式的出口，外包为载体的出口又占了其中过半的比重。

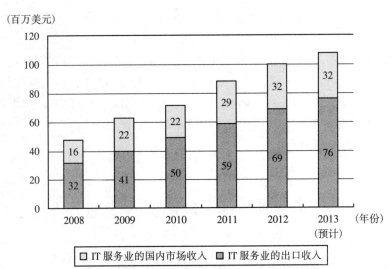

（百万美元）

图 1　印度 IT 服务部门国内市场收入与出口收入的对比

资料来源：Nasscom IT–BPM Sector in India（Strategic Review，2013），经笔者计算整理所得。

2. 紧跟国际市场的外包业务创新

在印度服务外包产业发展中，来自美国市场的持续需求是该产业发展的决定性因素。美国市场是离岸服务外包市场最大的消费国，在全球服务外包市场上，来自美国发包方的外包项目占比最高，金额占比达到 42%。以美国企业为对象的 IT 服务占据全球服务外包市场的近一半，而印度则是美国客户服务外包发包最重要的目的国，发包规模占美国企业海外发包业务的近 90%。

印度企业与美国服务外包市场之间的紧密关系得益于海外印度裔的贡献。不少印度人在硅谷担当着高层职位，拥有一定的管理和分包权，掌握了先进的研发技术和西方商业规则，他们了解欧美客户的需求并与之保持着良好的合作关系，能为印度企业出谋划策，提供商业信息或直接回国投资，为印度开展离岸和反向外包服务提供了极大的便利。

---

① 数据来源于 Nasscom IT–BPM Sector in India（Strategic Review，2013）。

由于对美国市场的高度依赖，印度企业承接来自美国发包方的外包项目在业务和交付方式上也高度跟随美国企业的需求。第一阶段开始于 1999 年，在由美国国内计算机系统"千年虫"问题引发的大规模数据录入和编程业务的外包项目中，印度 IT 企业充分发挥了其熟练 IT 工程师资源的竞争优势，自此形成了与美国市场的紧密纽带，该阶段的服务交付方式以远程交付方式为主；第二阶段的发展与美国企业信息化管理转型高度相关，当地以互联网技术全面渗透为导向的企业信息化管理升级转化为新一轮 IT 外包需求，"跨界"式的 IT 业务创新成为领先企业自身外包战略的升级取向，以此适应客户全面而长期的 IT 解决方案需求。外包项目的业务内容从针对特定业务的单一形态服务转变为一揽子"整体解决方案"，而业务的技术属性从信息技术服务发展为信息技术与业务流程服务的综合体。

印度一批领先 IT 服务企业成为 IT 业的跨国公司，Infosys 公司在海外近 20 个国家和地区设有办事处或分公司向全球客户提供咨询与软件等 IT 服务，在全球大约有 8 万名雇员，全球合作伙伴有微软、Tibco、Seibel、Intel、Workadia 等。而 Tata 集团作为印度最大的企业已经从 IT 服务商转型为跨越制造、服务和能源开发的综合性集团，成为新兴经济体范围内最成功的跨国公司。

二、国际价值链下的印度 IT 外包产业

印度 IT 服务外包以国际服务外包市场需求为导向，发展了具有"印度"特点的离岸外包模式，是印度 IT 产业国际价值链节点跨境安排的表现。这个国际价值链的发展表现在两方面：一方面是 IT 服务外包内容创新构成的价值链专业化分工加深，另一方面则是外包与海外投资相结合提升全球资源配置能力，推进价值链组织方式创新。

1. IT 服务外包业务创新推动价值链专业化分工加深

印度企业提供的 IT 技术服务从早期的程序编码服务发展为门类繁多的信息技术服务，包含信息管理服务价值链中从高端的知识型"头脑"服务到具体实施方案开发的各类业务，能满足企业几乎所有的内部信息管理需求。外包供应商针对客户的需求提供越来越专业化的服务，形成高度专业化的"子行业"分类（见表 1）。

表 1　印度 IT 服务外包领域的专业化分工特点

印度 IT 服务产业	服务行业分类	提供的服务内容
基于 IT 技术的 信息服务外包 （ITO）	项目导向型的服务	● 客户信息管理开发设计
		● IT 服务咨询
		● 软件测试
		● 系统集成
		● 网络开发咨询与集成

续表

印度 IT 服务产业	服务行业分类	提供的服务内容
基于 IT 技术的 信息服务外包 (ITO)	支持与培训型服务	● 硬件开发与支持 ● 软件开发与支持 ● IT 技术应用培训
	外包型的 IT 服务 (ITO)	● 信息管理架构设计、网络服务电子商务开发 ● IT 服务应用的管理 ● 信息系统开发
综合信息服务与商务 流程服务的外包 (BPO)		● 客户交互服务 ● 知识服务 ● 融资与会计服务 ● 人力资源管理 ● 其他服务 ● 流程现场实现服务

资料来源："Indian IT industry Exports"，http：//www.indiastat.com。经笔者整理所得。

2. 外包纽带与海外资本运作结合创新价值链组织方式

伴随着外包项目在业务内容上专业化分工的加深，一批领先企业积极发展外包契约与直接投资相结合的跨国经营网络，推动印度 IT 产业跨国价值链在组织方式上的升级。在现实中，印度 Tata 集团推出了"全球交付模式"战略，本质上就是 IT 服务组织方式的创新。该模式的运作既需要传统外包项目的市场纽带，也需要以资本双向流动为载体的资本纽带。两类纽带相互交织形成的组织方式创新提高了 IT 行业价值链的综合效率导向，也更深刻地影响企业对于研发资源、营销资源和人力资源等多元化资源的全球配置能力。

印度 IT 国际价值链的服务主体高度多元，主要的三大主体分别是本地服务供应商、跨国公司在印度的分支机构与各类国际性企业在印度设立的数据处理中心（GIC）。印度本土服务供应商专注于离岸外包项目下传统的远程服务交付，海外企业在印度分公司则在跨国公司网络下以内部交易开展服务供应，而基于全球的内部处理中心则为海外机构在印度当地设立的专属服务基地。后两类主体超越了传统的外包服务交付方式，是立足于外商直接投资基础上的商业存在方式的服务供应，如表 2 所示。

表 2　IT 服务部门三大主要企业在 IT 细分行业内的收入结构（2008~2013 年的平均比重）

外包类型供应商主体	IT 服务	业务流程管理	工程研发和软件产品	总体水平
本土服务供应商（ISP）	73%~75%	45%~50%	35%~40%	67%~70%
海外跨国公司在印度分公司（MNC）	10%~15%	15%~20%	5%~10%	12%~14%
国际机构全球内部业务中心（GIC）	10%~12%	21%~23%	53%~55%	16%~18%

注：GIC 的全称是 Global In-house Center，这类机构是离岸外包市场特有的模式，是海外企业与国际机构将自身的数据（后台）处理中心设在印度，利用印度当地的人力资源完成相关数据处理与加工的服务，这类机构在国际化经营属性上接近离岸自控中心，是海外企业通过投资（参股）等多种方式在印度建立的服务供应基地，这类基地的经营战略高度受控于海外机构，与当地企业合作有限。

资料来源：Nasscom IT-BPM Sector in India（Strategic Review，2013）。

与国外企业在印度投资相并行的是印度 IT 企业通过境外投资提高资源全球配置水平，获得全球范围的服务交付能力。企业通过境外设立分支机构或者与海外当地机构合作，以资本运作来"撬动"海外战略性资源配置，是 IT 产业国际价值链功能节点向印度之外的"延伸"。

在现实中，IT 服务价值链组织方式创新的实践不断涌现，最为典型的是在发包方所在国家设立服务开发中心和接单中心。例如，与美国当地大型 IT 集成商投资建立合作研发中心，与当地专业 IT 研发机构签订契约式研发合约等，后者是典型的"反向外包"的载体。这些海外研发基地作为 IT 国际价值链特定功能的节点为支撑企业实现高端要素的跨国配置，大大提高了企业服务外包跨国网络运作的效率。

三、印度服务外包产业面临的挑战——国内价值链的制约

印度 IT 外包的外部条件必然是国际外包市场，但是从产业的支撑条件看，该行业面向国内市场的价值链形态无疑将深刻影响行业的技术升级与要素培育。从印度整体工业化进程看，印度制造业与信息化建设进程的结合相对薄弱，导致以服务外包为载体的高端服务出口与整个国家的现代经济社会发展存在一定的脱节。

以产业价值链为分析框架，我们通过市场因素、产业关联因素和基础设施因素三个方面对 IT 行业国内产业价值链的形态加以考察，从而阐明印度 IT 行业竞争力面临的挑战，这是我们思考印度 IT 产业促进战略必须正视的现状。

1. 国内需求对价值链的市场支撑不足

印度国内的经济信息化程度与其 IT 服务外包的服务定位之间存在明显的"脱节"。其国内对 IT 产业的需求还是以 IT 硬件设备购置为主，IT 服务对于国内市场的贡献不到60%，这反映了国内企业与机构的 IT 需求集中于补充基础设施投资，是信息化进程的初级阶段。在出口市场中，IT 服务部门的收入贡献高达 99.47%（见表3）。这个数字反映了印度国内企业的信息化建设还处于"粗放型"的发展阶段，在"软要素"投入上不足，IT 国内需求水平尚无法支撑国内产业价值链的升级达到与国际价值链相当的水平，形成产业长期发展的一大挑战。

IT 行业在发达国家与新兴经济体中都属于国民经济信息化的主导性产业，是产业投资的重点保持较高的产业增长贡献。我们进一步通过国际比较来研判 IT 行业在印度国民经济中的作用。从产业收入贡献和消费贡献的角度对照印度与美国、日本和中国 IT 行业（见表4）可以发现，IT 行业对于印度国民经济增加值贡献和出口贡献相对较高，与此形成对比的是，该行业在最终需求中的占比非常低，不仅低于发达国家的水平也落后于中国，这反映了印度 IT 业国内市场需求基础薄弱，产值贡献很大程度来自国际市场，而未获得足够的国内市场支撑。

表3 印度IT服务产业与IT硬件制造业国内市场收入与出口收入的对比

两大子部门及其细分行业	国内市场（百万美元）	占比（%）	出口（百万美元）	占比（%）
IT服务与软件开发部门	19.3	59.94	75.8	99.47
IT技术服务	12.4	38.51	43.9	57.61
企业商务流程管理服务	3.1	9.63	17.8	23.36
工程研发和软件产品开发	3.8	11.80	14.1	18.50
IT硬件设备与外围产品制造部门	12.9	40.06	0.4	0.52
合计	32.2	100.00	76.2	100.00

资料来源：Nasscom，转引自 Nasscom IT-BPM Sector in India（Strategic Review，2013）。

表4 印度与美国、日本、中国信息产业发展一览

单位：%

		美国（2007年）	日本（2011年）	印度（2007年）	中国（2010年）
产业增加值贡献	信息产业增加值占GDP的比重	5.91	6.32	5.39	4.36
	电子信息制造业占比	1.40	0.84	0.29	2.15
	信息服务业占比	4.51	5.48	5.11	2.20
作为最终需求的贡献	信息产业消费占总消费比重	3.28	4.62	1.82	3.02
	电子信息制造业占比	0.76	1.25	1.02	1.27
	信息服务业占比	2.52	3.37	0.80	1.74
	信息产业投资占总投资比重	16.61	11.95	5.07	4.20
	电子信息制造业占比	8.86	4.14	3.31	3.84
	信息服务业占比	7.75	7.81	1.76	0.36
	信息产业出口占总出口比重	9.65	10.70	17.59	29.16
	电子信息制造业占比	8.22	10.24	2.53	21.56
	信息服务业占比	1.43	0.46	15.06	7.60

注：这里的信息产业是包括信息技术产品制造、信息技术服务与信息内容开发的广义信息产业。
资料来源：《衡量2013年信息社会》。

可见，虽然印度在信息外包上竞争优势较强，但是国内消费者对于信息产业的总体消费与其国际市场水平之间的差距较大，显然不利于IT行业价值链的市场基础发展。

2. 作为中间投入的信息服务需求制约产业价值链

信息产业国内价值链的发育需要依托信息服务市场主体之间的专业化分工，同时也依赖于信息服务在整个国家服务经济中较高的投入。目前印度IT服务业国内价值链在国民经济中作为中间需求的发展水平还较低。

从国民经济投入产出表的宏观数据来看，应用相关国家投入产出表内电子信息产业作为中间投入规模的测算可以看到，印度信息业在国民经济的中间需求率是四个国家中最低的，不仅落后于发达国家也落后于中国（见表5）。

表 5　印度信息产业中间需求率和增加值率与中国、美国、日本的比较

单位：%

	美国（2012 年）	日本（2011 年）	印度（2005 年）	中国（2010 年）
信息产业中间需求率		50.12	44.34	52.66
电子信息制造业的中间需求率		39.36	52.58	53.48
信息服务业的中间需求率		56.21	38.09	49.07
信息产业增加值率	34.56	44.38	47.19	23.94
电子信息制造业的增加值率	33.99	20.33	11.10	15.38
信息服务业的增加值率	34.75	54.26	74.53	52.66

注：由于美国 2012 年的投入产出表仅公布了直接消耗系数矩阵和全部消耗系数矩阵，中间需求率无法算出，故此处没有计算，但根据 2007 年投入产出表基础流量表计算的结果与日本 2007 年的情况大致类似。

资料来源：相关各国统计局公布的国民经济投入产出表。

印度信息服务业的中间需求率仅为 38.09%，通过比较，该行业作为中间投入的水平远低于发达国家与中国，但对电子信息制造业的中间需求率均超过了 50%，这表明印度对信息产业的需求集中于信息技术硬件设施的需求，充分反映了该国较低的信息化程度。印度信息服务业的发展并没有有效地作为中间投入进入印度国内其他产业的发展过程中去，这极大地制约了 IT 国内价值链纵向分工的深化。

从现实中外包供应商的合作与市场表现也进一步印证了 IT 服务业作为产业中间需求的发展不足：一方面，在服务外包的企业主体中大型企业与中小企业的分工合作不足；另一方面，本土企业推进外包战略的意识薄弱，意愿不强。

在印度 IT 服务业的国内价值链下，行业内不同类型企业之间的专业化合作相对松散。印度的大企业与中小企业形成的转包与分包的合作纽带相对较弱，导致 IT 网络内部的专业分工程度不高。领先企业更多倾向于向海外寻求高端资源，谋求服务外包价值链的升级，企业通过海外离岸中心和国际研发中心而在海外布局国际化网络节点，并未与国内中小企业之间形成紧密的合作关系。因此，领先企业的全球服务外包对印度当地 IT 的市场生产要素发育和市场发展的积极影响并不突出。这个格局必然对印度的服务外包升级带来很大约束。

另外，印度本土企业推进外包战略的理念尚待推广。印度当地的企业调查结果显示，只有 26% 的本土企业会外包一部分业务（见表 6）。印度本土的中小型企业大多还是固守以"内部化"方式开展 IT 业务的观念，企业采取 IT 外包战略的理念尚未普及，采取外包战略尚未在企业文化中获得认可。国内 IT 外包战略的普及程度远远滞后于印度承接离岸外包在国际市场上的水平，市场的制约导致分工水平不高和业务创新动力不足，也不利于人才资源的积累，这是导致国内 IT 服务市场发育滞后的一个重要背景。

3. 国内信息化基础设施的支撑不足

IT 行业价值链发展的一个重要外部条件就是良好的信息化基础设施，通过国际比较可以看到，印度在互联网和移动电话等方面的通信基础设施的发展水平远远落后于美国与中国（见表 7）。

表 6　印度国内企业采取 IT 服务外包战略的意愿及其原因

	采取分包战略的企业占比	不采取分包战略的企业占比
被调研企业选择的占比	26%	74%
相关选项的原因	主要动因：降低成本	原因一：企业自有增长模式
		原因二：更好地控制服务质量

资料来源：企业实地调研，转引自 India's Export of BPO Services：Understanding Strengths，Weaknesses and Competitorts。

表 7　信息基础设施发展水平的国际比较

		2001 年	2010 年	2011 年	2012 年
宽带互联网用户 （每百人）	印度	0.00	0.90	1.08	1.14
	中国	0.03	9.42	11.61	12.97
	美国	4.48	26.66	27.35	28.03
互联网用户 （每百人）	印度	0.7	7.5	10.1	12.6
	中国	2.6	34.3	38.3	42.3
	美国	49.1	74.0	77.9	81.0
移动电话用户 （每百人）	印度	1	61	72	69
	中国	11	64	73	81
	美国	45	92	95	98
安全性互联网服务器 （每百万人）	印度	0	2	3	4
	中国	0	2	2	3
	美国	274	1445	1563	1474

资料来源：世界银行。

由于印度整体的工业化水平相对低下，国内手机与互联网的用户增长缓慢，对互联网需求不足，手机与互联网用户增长速度缓慢制约了其消费价格的下降。基于信息技术基础设施投入的回报高度依赖用户规模的规律，基础设施投入—产出的模式呈现高度的"用户—成本"负相关模式，国内大型 IT 与互联网基础设施的项目很难获得足够的投资，相关产业引入陷入恶性循环。印度国内基础设施的落后已经严重影响印度国内 IT 服务市场的发育。

在印度城市中，很难保证全天候 24 小时的城市供电，其饮用水供应系统建设也有待完善。即使在经济相对发达的德里地区，每天仍然存在 4 个小时的断电时间，加尔各答和孟买的情况虽然略好，但是还是无法提供互联网通信充分的物理保障条件，城市的用电价格基本上在 4 卢比/度左右的水平，相对于城市的综合物价而言处于较高水平，这在一定程度上制约了信息服务供应的持续性。

不仅如此，印度工业领域的资本品生产能力还比较弱，相关行业（重型电子机械、纺织机械、机器工具、挖掘和建筑设备、采矿设备、道路建筑设备、印刷机械等）的生产呈现不稳定的态势。印度的电子机械类产业在 2010 年经历了 14% 的高增长后，于 2011 年和 2012 年都呈现产能下降态势，2012 年下降幅度达到 6.3%。2013 年该行业的出口额为 23 亿美元，增长了 0.5%。进口则达到 38 亿美元，比 2012 年增长 6.7%[①]，这反映了印度电子机械制造业本土制造能力的相对下降，这对通信基础设施设备供应也构成不利影响。

近年来与其他新兴经济体面临的国际市场格局类似，印度也经历了经济增长的放缓和 FDI 增速的回落，FDI 的规模为 343 亿美元，为 2007~2012 年来的最低水平。印度制造业贸易的逆差在 2012 年度为 1910 亿美元，比上年增加了 83 亿美元，GDP 增速为 5.0%，相比上年的 6.2% 有明显的下降[②]。虽然其在服务贸易上仍然有顺差，但是顺差的相对增长在近五年来不断缩小，结合制造业领域的收支状况，印度的经常项目国际收支呈现逆差扩大的态势，这无疑也对国内基础设施的持续投入带来不确定性，对于国内 IT 价值链的深化发展构成了负面影响。

综上所述，我们需要充分认识印度外包产业面临的国内市场的制约，这个制约本质上是产业国内价值链发育的不足，与外包为载体的国际价值链发展相比，IT 行业的国内价值链专业化分工不充分，在宏观经济中的产业关联度较弱，未能在国内市场形成 IT 专业服务的稳定需求与全面的人力资源积累，这些问题对于 IT 服务业的长期发展显然是不利的。

参考文献

[1] 景瑞琴. 印度承接软件外包的经验研究 [J]. 生产力研究，2008（9）.
[2] 朱胜勇. 印度服务外包发展现状及我国的比较与借鉴 [J]. 国际经贸探索，2008（6）.

The Sustainable Development of IT Service Outsourcing Industry in India from Perspective of Industry Value Chain

Huang Yejing　　Quan Heng　　Li Xiaoyin

Abstract：This paper analyzes Indian IT industry with outward orientation under the framework of industry value chain. First, the nature of international value chain of Indian IT industry is introduced. Second, the paper is furthered on the research on domestic value chain

---

① 数据来源于 Export-Import Bank of India Annual Report 2012-2013。
② 数据来源于 Handbook of Statistics，2013，Reserve Bank of India。

performance of IT industry. Third, three aspects including domestic market scale, intermediate input level and national infrastructure are given as evidence to the insufficient development of IT industry on local market aspect. The paper concludes that Indian IT industry presents unbalanced development in the world market and local market, which challenges the long term upgrading of the industry.

现代服务贸易国际竞争力影响因素研究*
——基于跨国面板数据

宋加强　王　强

【摘　要】本文基于 156 个国家 2000~2011 年的跨国面板数据，分析了近年来世界现代服务贸易的发展趋势及国际竞争力情况，并实证研究了现代服务贸易国际竞争力的影响因素。结果表明，发展中国家和发达国家现代服务贸易国际竞争力的影响因素呈现出显著差异，各国应根据实际情况采取有针对性的政策措施使本国现代服务贸易更好、更快地发展。

【关键词】现代服务贸易；国际竞争力；影响因素；面板数据

引　言

现代服务业是指那些依靠高新技术和现代管理方法、经营方式及组织形式发展起来的、主要为生产者提供中间投入的知识技术信息密集型服务的部门（刘志彪，2005）。现代服务业是伴随着信息技术和知识经济的发展而产生的，具有高附加值、高层次、知识型、技术型的特性。目前，现代服务业已成为许多西方发达国家的支柱产业，在世界经济发展和国际竞争中的地位日益显著。而我国的现代服务业还处于起步阶段，发展相对滞后，与发达国家相比，我国现代服务贸易的国际竞争力不强。因此，加快现代服务业的发展，对提升我国第一、第二产业竞争力，促进经济发展具有重要意义。

中共十八大报告提出，要适应国内外经济形势新变化，加快形成新的经济发展方式，

* 基金项目：本研究受到教育部人文社科基金（10YJA630152）、对外经济贸易大学研究生科研创新基金重点项目资助（A2012006）。

本文作者：宋加强，对外经济贸易大学国际经济贸易学院，邮箱 songjiaqianguibe@126.com；王强，对外经济贸易大学国际经济贸易学院。

本文引自《国际贸易问题》2014 年第 2 期。

着力构建现代产业发展新体系，着力培育开放型经济发展新优势，使经济发展更多依靠现代服务业和战略性新兴产业带动。推动服务业特别是现代服务业发展壮大，发展服务贸易，推动对外贸易平衡发展。国家"十二五"规划纲要强调，要把推动服务业大发展作为产业结构优化升级的战略重点，营造有利于服务业发展的政策和体制环境。国务院《服务业发展"十二五"规划》提出重点培育通信、金融、会计、资产评估、计算机和信息服务、传媒、咨询、会展等现代服务产业。

服务业的重要性不言而喻，但服务业和服务贸易方面的研究滞后于制造业和货物贸易。这主要是由于服务业和服务贸易的统计在世界范围内都是一个难题，其数据很难精确统计。根据联合国服务贸易数据库和国际货币基金组织的分类，结合现代服务业的知识技术信息密集特性，本文主要研究通信服务、保险服务、金融服务、计算机和信息服务、专有权利使用费和特许费服务五类现代服务业。

国内外对服务业和服务贸易整体方面的研究比较多，主要从三个方面展开：

第一，服务业发展的影响因素研究。裴长洪（2010）总结服务业发展的经验，探讨我国发展现代服务业的可选路径。李娟（2010）用服务业增加值比重衡量服务业发展水平，通过回归分析探讨了我国现代服务业发展的一些影响因素。Martin（2006）使用瑞典 81 个地区的数据，运用联立方程组方法，验证了制造业与生产性服务业存在共生性。汪德华、张再金和白重恩（2007）认为，人均国内生产总值、城市化水平、居民受教育水平、政府规模和法治水平会影响服务业发展水平。江静、刘志彪和于明超（2007）认为，生产者服务业与制造业的整体效率存在着较强的正相关关系。李杨和郝刚（2013）的研究结果显示，中国服务业税收收入的比例逐年上涨，其上涨幅度超过服务业增加值提升的比例，且呈现出东重西轻的区域格局，整体税负程度过重，应该建立完善的调整中国服务业发展格局的财税体系，加快服务业行业格局调整的财税优惠政策。

第二，服务贸易及其竞争力的影响因素研究。Paolo 和 Valentina（2005）使用 OECD 11 个国家 1992~1999 年的数据，实证研究发现信息和通信技术对一国的生产性服务业竞争力具有显著的正向影响。Worz（2008）研究发现，服务产业规模、劳动力生产率、开放度和教育水平都是提高服务贸易竞争力的决定因素。殷凤和陈宪（2009）研究认为，国内生产总值、人均国民收入、服务业增加值占国内生产总值的比重、商品出口额、服务开放度是影响服务贸易的因素。张云和李秀珍（2010）认为，服务业外国直接投资在全球直接投资总量中的比重不断增加，对服务业国际转移及服务业全球化起着重要的推动作用。王恕立和刘军（2011）用 lnRXA 指数和 RC 指数衡量整体服务贸易国际竞争力，对服务业FDI 等影响因素进行了实证检验，结果表明：总体上，FDI 流入不会提高一国服务贸易国际竞争力，但是对不同发展水平国家的影响是不一样的。裴长洪和杨志远（2012）研究发现，科技创新、国际直接投资和服务业市场开放是造成服务贸易快速增长的主要原因。黄健青和张娇兰（2012）对京津沪渝服务贸易竞争力的影响因素进行了实证研究，结果表明服务贸易竞争力与服务贸易开放度、外商直接投资、人才储备水平、科研投入水平、第三产业比重、货物出口比重及国内生产总值等有关。姚海棠和方晓丽（2013）研究了"金砖五国"服务贸易竞争力，并定量分析了影响服务贸易竞争力的因素，认为教育环境、基础设施、法律环境水平等对服务贸易竞争力提升有重要影响。

第三，服务贸易升级研究。Paul 和 Mark（1999）对比了英国、德国、荷兰和日本四国的知识密集型服务业的国际竞争力，知识密集型服务业具有很强的溢出效应，日本、荷兰和德国尤其明显，德国并不是服务业落后的国家；相反，其竞争力高于荷兰和日本。戴翔（2011）计算了我国服务贸易出口技术复杂度，利用跨国面板数据对服务贸易出口复杂度与经济增长的关系进行了实证检验，结论表明，服务贸易出口技术复杂度对经济有显著的积极影响，发展服务贸易更应注重服务贸易质的提升。张雨（2012）从我国服务贸易出口技术含量角度，计量分析得出我国服务业发展水平的提高并未显著带动我国服务贸易出口技术含量的提升，经济发展水平、人力资本积累、服务业外商直接投资、服务贸易开放度以及货物贸易出口规模均对我国服务贸易出口技术含量提升具有显著积极影响。于立新和杨晨（2013）认为，服务贸易可作为我国创新开放模式战略突破口，我国要积极推进新兴服务贸易发展，重点加强金融、保险、计算机及信息服务等的出口能力，提升我国服务贸易水平，满足对高端服务日益增长的需求。

文献回顾显示，虽然近几年已有学者开始研究服务贸易升级等相关内容，但直接研究现代服务贸易的文献仍相对较少。本文利用全球面板数据对现代服务贸易进行纵向和横向的比较研究，对影响现代服务贸易出口竞争力的因素进行实证分析，探讨现代服务贸易发展的决定性因素以及我国与世界现代服务贸易领先国家之间的差距，为加快我国现代服务贸易发展与产业结构提升提出相应的政策建议。

一、世界现代服务贸易的发展现状及趋势

1. 现代服务贸易快速增长、占服务贸易的比重逐步提升

2012 年世界现代服务贸易出口总额达到 10700 亿美元，相比 2000 年增长了 4.08 倍，年平均增长率为 12.43%，高于同期世界货物贸易出口 9.01% 和服务贸易出口 9.33% 的年平均增长率，以及运输服务贸易出口 8.61% 和旅游服务贸易出口 7.52% 的增长率。现代服务贸易的快速增长使其占服务贸易的比重不断提升。2000 年，现代服务贸易出口占总服务贸易出口的比重只有 17.59%；2012 年，其比重已上升至 24.60%（见表 1）。

表 1　2000~2012 年世界服务贸易出口分行业发展情况

单位：十亿美元

年份	世界服务贸易出口金额	现代服务出口		运输服务出口		旅游服务出口		其他服务出口	
		金额	份额（%）	金额	份额（%）	金额	份额（%）	金额	份额（%）
2000	1491	262	17.59	330	22.13	465	31.19	434	29.09
2001	1493	293	19.64	340	22.77	465	31.15	395	26.44

续表

年份	世界服务贸易出口金额	现代服务出口		运输服务出口		旅游服务出口		其他服务出口	
		金额	份额（%）	金额	份额（%）	金额	份额（%）	金额	份额（%）
2002	1601	324	20.25	350	21.87	480	29.99	446	27.89
2003	1828	388	21.24	405	22.15	525	28.72	510	27.89
2004	2186	466	21.34	500	22.87	625	28.59	594	27.19
2005	2414	515	21.33	570	23.61	685	28.37	644	26.69
2006	2831	625	22.08	630	22.25	745	26.32	831	29.35
2007	3408	795	23.33	750	22.01	855	25.09	1008	29.58
2008	3842	880	22.90	890	23.16	950	24.72	1122	29.21
2009	3386	810	23.92	700	20.67	870	25.69	1006	29.71
2010	3693	905	24.51	785	21.26	940	25.46	1063	28.77
2011	4170	1015	24.34	860	20.62	1065	25.54	1230	29.50
2012	4350	1070	24.60	890	20.46	1110	25.52	1280	29.43

资料来源：根据世界贸易组织《2001~2013 年国际贸易统计》计算得到。

2. 现代服务贸易各分项增长迅速，计算机和信息服务增长领先

2001~2012 年，现代服务贸易各项发展都比较迅速。虽然金融服务贸易出口增长率最低，但仍达到 10.94%。保险和金融服务贸易出口在 2008 年金融危机时受到的冲击较大。计算机和信息服务贸易出口增长率一直保持在较高水平，达到 21.94%，且多数年份增长率高于其他类型的现代服务业（见图 1）。

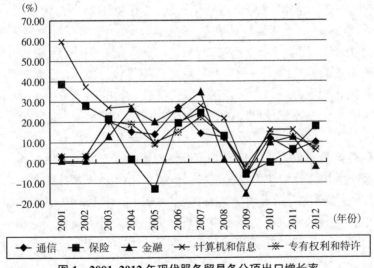

图 1　2001~2012 年现代服务贸易各分项出口增长率

资料来源：根据世界贸易组织 2001~2013 年《国际贸易统计》计算得到。

3. 发达国家是现代服务贸易的主体、具有较强的国际竞争力

衡量一国贸易竞争力的主要指标有贸易出口额、国际市场占有率（MOR）、竞争优势指数（TC）、显示性比较优势指数（RCA）等。国际市场占有率（MOR）是一国或地区出口产品总额占世界出口总额的比例，即：$MOR = X_{ij}/X_{wj}$[①]。它可以较为直观地反映一国某产业出口的整体竞争力，国际市场占有率越高，表示该产业的国际竞争力越强；国际市场占有率越低，表示该国此产业竞争力越弱。贸易竞争优势（TC）指数是指一国某一贸易产品的进出口贸易差额占进出口贸易总额的比重，即：$TC = (X_j - M_j)/(X_j + M_j)$。TC 的取值范围为 [-1, 1]，当取值接近 0 时，竞争优势接近平均水平；当取值大于 0 时，表示该产业的生产效率高于国际水平，并且越接近 1，竞争优势越强；如果 TC<0，则表示该国是净进口国，生产效率低于国际水平，处于竞争劣势。TC 指数考虑了一国自身的进出口贸易状况，能够反映本国该行业相对世界其他国家同行业来说是否具有竞争优势。显示性比较优势（RCA）指数，表示一个国家某行业产品出口值占该国出口总值的份额与该种产品的世界总值占所有产品的世界出口总值的份额的比率，即：$RCA = (X_{ij}/X_{it})/(X_{wj}/X_{wt})$。RCA 考虑到国际层面的比较，反映该国某产业在世界出口贸易中的竞争强度和专业水平。一般来说，如果 RCA 指数大于 2.5，表示该产业具有极强的国际竞争力；如果指数介于 1.25~2.5，表明该国服务贸易具有较强的国际竞争力；指数介于 0.8~1.25，表明该产业具有中度国际竞争力；指数小于 0.8，则表明该产业国际竞争力弱。

如表 2 所示，发达国家牢牢占据世界现代服务贸易出口的前列位置。美国是世界上最大的现代服务贸易出口国，其出口额高出排名第二的英国接近一倍，在现代服务贸易领域中处于绝对领导地位。我国现代服务贸易出口额排名第 12 位[②]，但我国服务贸易出口额仅为美国的 7.76%。在现代服务贸易出口额排名前 12 位的国家中，我国国际市场占有率、贸易竞争优势指数和显示性比较优势指数都是最低的。我国贸易竞争优势（TC）指数为 -0.37，表明我国是现代服务贸易净进口国，生产效率低于国际水平，在主要现代服务贸易大国中处于明显的劣势地位。我国的显示性比较优势（RCA）指数仅为 0.20，表明我国现代服务贸易国际竞争力较弱。综合各竞争力指数，与美国、英国、爱尔兰等发达国家相比，发展中国家现代服务贸易出口竞争力仍相对滞后，缩小同发达国家之间的差距依然任重而道远。

4. 金砖四国等发展中国家现代服务贸易出口发展迅速

随着世界经济的周期性变化，各国现代服务贸易出口增长率有较大的波动，特别是在2008 年金融危机中各国均受到重创（见图 2）。2009 年，主要国家中，仅有德国、中国等国保持了小幅增长，其他国家都出现了负增长，如日本、俄罗斯等国增长率在 -15% 左右。但从整体来看，近几年金砖四国的现代服务贸易出口增长率还是明显高于主要发达国家，

---

① 本部分公式中，X 和 M 分别代表出口和进口，i 代表国家，j 代表产业，t 代表总贸易，w 代表世界。
② 截至 2013 年 9 月 30 日，印度 2011 年的服务贸易出口数据尚未公布，这里排名不包含印度（2010 年印度现代服务贸易出口额仅次于英国，排名第三）。本文中所有我国数据均没有包括中国香港、中国澳门及中国台湾地区。

表2　2011年现代服务贸易主要出口国竞争力对比①

国家	现代服务贸易出口额 （百万美元）	世界排名 （按出口额）	国际市场占有率 （MOR）（%）	竞争优势指数 （TC）	显示性比较优势 指数（RCA）
美国	238755	1	23.52	0.25	2.53
英国	120637	2	11.89	0.5	3.47
爱尔兰	70480	3	6.94	0.1	6.48
德国	59722	4	5.88	0.08	0.76
卢森堡	48757	5	4.80	0.31	11.58
荷兰	45414	6	4.47	0.13	1.31
瑞士	43847	7	4.32	0.26	2.93
法国	38163	8	3.76	0.18	1.03
日本	36821	9	3.63	0.03	0.84
新加坡	20831	10	2.05	−0.1	0.88
瑞典	19587	11	1.93	0.38	1.66
中国	18519	12	1.82	−0.37	0.20
俄罗斯	5636	20	0.56	0.33	0.22
巴西	4313	21	0.42	0.32	0.32

资料来源：根据世界贸易组织《2012年国际贸易统计》和联合国服务贸易统计数据库计算得到。

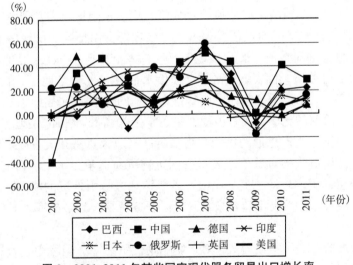

图2　2001~2011年某些国家现代服务贸易出口增长率

资料来源：根据联合国服务贸易统计数据库数据计算得到。

---

① 截至2013年11月1日，2012年数据仅有少数国家公布，本文中的国家数据都使用2011年数据，但一些国家2011年数据仍尚未公布，此处排名不包括印度、中国香港地区、挪威、澳大利亚、以色列。如前所述国家或地区2010年的数据作为参考，中国实际排名下降1位，俄罗斯下降3位，巴西下降5位。

中国、印度和巴西近两年增长率都超过了 20%，俄罗斯 2011 年增长率也达到 16.19%，超过了美、英、德等发达国家的增长率。

二、现代服务贸易国际竞争力影响因素的实证模型

综上所述，衡量一国贸易国际竞争力的主要指标有贸易出口额、国际市场占有率（MOR）、竞争优势指数（TC）、显示性比较优势指数（RCA）等，其中影响各竞争力指标测算最基本的因素是贸易出口额。本文用一国现代服务贸易出口额作为被解释变量，用来衡量一国现代服务贸易国际竞争力水平。影响一国现代服务贸易国际竞争力的因素有很多，本文综合汪德华、张再金、白重恩（2007），江静、刘志彪、于明超（2007），殷凤、陈宪（2009），王恕立、刘军（2011），李杨、郝刚（2013），姚海棠、方晓丽（2013）等的研究结果，选择影响一国现代服务贸易国际竞争力的因素如下：经济总量、教育支出、网络电信发展状况、法律、税收、开放程度、货物贸易、外资。本文建立的计量模型如下：

$$\text{lnmservice}_{it} = c_0 + c_1 \ln\text{GDP}_{it} + c_2 \text{lnedu}_{it} + c_3 \text{lnint}_{it} + c_4 \text{lncell}_{it} + c_5 \text{lnleg}_{it} + c_6 \text{tax}_{it} + c_7 \text{open}_{it} + c_8 \text{lngood}_{it} + c_9 \text{FDI}_{it} + \varepsilon_{it}$$

其中，lnmservice_{it} 是地区 i 在第 t 年现代服务贸易出口额的对数值，作为被解释变量。$\ln\text{GDP}_{it}$ 是地区 i 在第 t 年国内生产总值的对数值，代表该地区经济总量水平。lnedu_{it} 是地区 i 在第 t 年教育支出总额的对数值，表示该地区教育支出情况。lnint_{it} 是地区 i 在第 t 年安全网络服务器数量的对数值，表示该地区互联网发展水平。lncell_{it} 是地区 i 在第 t 年移动手机用户数量的对数值，代表该地区移动通信水平。lnleg_{it}[①] 是地区 i 在第 t 年法定权利强度得分的对数值，表示该地区法律对借贷行为权利的保护强弱程度。tax_{it} 是地区 i 在第 t 年税收占国内生产总值的比例，表示该地区税负水平的高低。open_{it} 是地区 i 在第 t 年国际贸易进出口总值与国内生产总值的比例，用来衡量该地区贸易开放程度。lngood_{it} 是地区 i 在第 t 年货物贸易出口额的对数值，表示一国货物贸易竞争力水平。FDI_{it} 是地区 i 在第 t 年对外直接净投资占国内生产总值的比值，表示该地区吸引外资的能力。ε_{it} 是误差项，c_i 为待估计参数。现代服务贸易出口额来自联合国服务贸易统计数据库，其他数据来自世界银行数据库。

处于不同发展阶段的国家或地区，对于影响现代贸易服务国际竞争力的因素可能会存在差异。世界银行将全球各经济体划分为低收入国家、中低收入国家、中高收入国家和高收入国家四类，其中前三类又被称为发展中国家，高收入国家又被称为发达国家。通过对

---

① 世界银行对法定权利强度指数的打分范围为 0~10，数值越大说明法律对产权的保护程度更强。本文使用的各国得分介于 1~10，并无 0 值出现。

发展中国家和发达国家分别进行计量回归分析，一方面可以找出不同发展阶段影响因素的特点，另一方面可以通过对比发现两者的相同点或不同之处。本文对样本国家整体、发展中国家和发达国家分别进行实证分析。

三、实证结果分析

本文使用的各变量描述性统计如表 3 所示，发展中国家税收占国内生产总值比例的平均值为 0.529，高于世界平均的 0.489 和发达国家的 0.409，说明发展中国家税负较高。其他变量都是发达国家高于世界平均水平，发展中国家低于世界平均水平。

表 3　主要变量的描述性统计

变量名	全部国家			发展中国家			发达国家		
	样本数	均值	标准差	样本数	均值	标准差	样本数	均值	标准差
mservice	1716	4.29E+09	4.14E+08	1140	6.74E+08	1.29E+08	576	1.14E+10	1.15E+09
GDP	1716	3.18E+11	2.96E+10	1140	1.06E+11	1.28E+10	576	7.38E+11	8.17E+10
edu	1716	1.34E+10	1.34E+09	1140	3.24E+09	3.18E+08	576	3.34E+10	3.82E+09
int	1716	3505	614	1140	162	21	576	10121	1800
cell	1716	1.87E+07	1.53E+06	1140	1.73E+07	2.12E+06	576	2.16E+07	1.79E+06
leg	1716	5.572	0.058	1140	5.001	0.067	576	6.703	0.094
tax	1716	0.489	0.009	1140	0.529	0.013	576	0.409	0.006
open	1716	0.923	0.013	1140	0.835	0.012	576	1.096	0.031
good	1716	7.02E+10	4.31E+09	1140	2.66E+10	3.38E+09	576	1.56E+11	1.00E+10
FDI	1716	0.049	0.002	1140	0.044	0.001	576	0.060	0.006

资料来源：mservice 数据根据联合国服务贸易统计数据库计算得来，其他数据来自世界银行数据库。

使用 Stata 12.0 软件进行回归，表 4 给出了计量模型的回归结果。回归模型（1）是用混合普通最小二乘法估计的结果，回归模型（2）是使用面板数据随机效应估计的结果，回归模型（3）、回归模型（4）和回归模型（5）都是使用固定效应方法估计的结果。在进行面板回归的过程中，对不同国家分类都分别进行了随机效应回归和固定效应回归，并进行了 Hausman 检验。Hausman 检验显示，固定效应和随机效应两种方法所得的系数存在显著性差异，在 1% 的显著性水平下接受固定效应。

回归模型（3）表明，一国的国内生产总值、教育支出、安全网络服务器数量、移动手机用户数量和货物贸易出口额对该国现代服务贸易出口有显著的正影响，说明一国经济规模、教育支出水平、网络电信发展水平及货物贸易出口的提升可以提高其现代服务贸易出口竞争力。税收占国内生产总值的比例对现代服务贸易出口有着显著的负效应，说明一国降低税收水平可以有效提高其现代服务贸易出口竞争力。开放度、法定权利强度得分和国

表 4　现代服务贸易出口影响因素的估计结果

解释变量	被解释变量：各国现代服务贸易出口额的对数值 lnmservice				
	全部国家			发展中国家	发达国家
	（1）Pooled	（2）RE	（3）FE	（4）FE	（5）FE
lnGDP	0.6544（8.47）***	0.3157（3.05）***	0.3881（3.36）***	0.0239（0.17）	1.2299（5.73）***
lnedu	0.3554（6.26）***	0.3838（4.84）***	0.3409（3.78）***	0.4154（4.11）***	−0.2531（−1.34）
Lnint	0.2331（12.80）***	0.1252（6.76）***	0.0875（4.28）***	−0.0327（−1.29）	0.2930（9.26）***
lncell	−0.0130（−0.61）	0.0506（3.32）***	0.0454（2.54）***	0.1183（5.57）***	0.0105（0.18）
lnleg	−0.0441（−0.81）	0.01699（0.19）	−0.1091（−1.01）	−0.0250（−0.21）	−0.4073（−1.65）*
tax	−0.4329（−6.49）***	−0.5786（−5.78）***	−0.5415（−4.80）***	−0.5741（−4.89）***	0.75816（1.27）
open	1.0479（15.61）***	0.3974（4.15）***	0.0986（0.89）	−0.3099（−2.07）**	0.2984（2.03）**
lngood	−0.2201（−4.69）***	0.1374（2.49）**	0.2503（4.21）***	0.4452（5.85）***	−0.1007（−1.21）
FDI	0.5590（1.91）*	0.0001（−0.00）	−0.0422（−0.27）	−0.0966（−0.21）	0.0863（0.63）
constant	−0.4501（−0.75）	−0.9004（−0.97）	−3.6216（−2.66）***	−1.4233（−0.87）	−4.1058（−1.80）*
R	0.8546	0.8311	0.8222	0.7357	0.7513
F 值	1114.09	2971.66	231.43	148.23	138.89
样本量	1716	1716	1716	1140	576

注：括号内为 t 统计量；*、** 和 *** 分别表示在 10%、5%和 1%的水平上显著。

外直接净投资占国内生产总值的比值三个变量的影响不显著。

发展中国家模型（4）的回归结果显示，教育支出、移动手机用户数量和货物贸易出口额都可以通过 1%的显著性检验，具有显著的正效应，说明教育支出水平、电信发展水平和货物贸易出口的提高可以显著提升发展中国家现代服务贸易出口竞争力。税收占国内生产总值的比例也可以通过 1%的显著性检验，但具有负效应，说明高税负水平会显著降低发展中国家现代服务贸易出口竞争力。开放度回归系数为负，并能通过 5%的显著性检验，说明发展中国家开放度的提高对本国的现代服务贸易出口竞争力可能有抑制作用。国内生产总值、安全网络服务器数量、法定权利强度得分和国外直接净投资占国内生产总值的比值四个变量的影响不显著。

发达国家模型（5）的回归结果显示，国内生产总值和安全网络服务器数量两个解释变量可以通过 1%的显著性检验，开放度可以通过 5%的显著性检验，这三个解释变量对发达国家现代服务贸易出口额都有正影响，说明经济规模、网络发展水平、开放水平的提高可以显著提升发达国家现代服务贸易出口竞争力。法定权利强度得分可以通过 10%的显著性检验，具有负效应，说明较高的法律保护水平可能会抑制现代服务贸易发展。移动手机用户数量、税收占国内生产总值的比例、国外直接净投资占国内生产总值的比值、教育支出额和货物贸易出口额五个变量的影响不显著。

四、结论与政策建议

通过计量结果分析可以得出以下结论：发展中国家和发达国家现代服务贸易国际竞争力的影响因素呈现出显著差异。经济规模是影响发达国家现代服务出口的重要因素，发达国家国内生产总值每提高 1 个百分点，其现代服务贸易出口额会增加约 1.23 个百分点，但对发展中国家来说，经济规模对现代服务出口的影响并不显著。这可能是由于发达国家产业结构层次较高，经济规模的扩大可以显著提升其现代服务贸易竞争力，但发展中国家由于产业结构层次低，因此经济规模的扩大并不必然提升其现代服务贸易竞争力。教育支出的提高是发展中国家现代服务贸易出口增加的重要因素，但是对发达国家的影响并不显著。从样本数据描述性统计表 3 可以看出，发达国家平均教育支出是发展中国家平均教育支出的 10 倍多，与发达国家相比，发展中国家教育支出明显不足。因此，发展中国家增加教育支出可以带动现代服务贸易的增长。同样，电信技术是发展中国家现代服务贸易出口增加的重要因素，但是对发达国家的影响不显著。网络发展是影响发达国家现代服务出口的显著正向因素，但是对发展中国家的影响并不显著。这说明，相比网络技术，电信技术的发展对提高发展中国家的现代服务贸易出口竞争力更为重要，而对于发达国家来说，电信设备和技术已基本完善，互联网发展对提升其现代服务贸易更为重要。法定权利强度得分对于发展中国家现代服务贸易的影响不显著，对发达国家的影响可以通过 10% 的显著性检验，且回归系数为负，表明法律对借贷行为权利的保护强弱程度并不是影响发展中国家现代服务贸易竞争力的重要因素，而发达国家可能已存在过度法律保护的现象，甚至会抑制现代服务贸易发展。税负水平对发展中国家的现代服务贸易具有显著的负向作用，但对发达国家的影响是不显著的。发展中国家税收占国内生产总值的比例平均为 52.9%，比发达国家平均值 40.9% 高出 12 个百分点，发展中国家偏高的税负水平成为发展现代服务贸易的阻碍因素。贸易开放度是影响发达国家现代服务贸易的重要驱动因素，但对发展中国家来说，影响是负向的，这说明发达国家的现代服务贸易在贸易自由化过程中受益最多，而发展中国家的现代服务贸易由于竞争力不强，在自由化过程中可能会受到损害。货物贸易出口是驱动发展中国家现代服务贸易出口的重要因素，但是对发达国家的影响作用不明显，这说明发展中国家现代服务贸易产业与货物贸易产业联系更密切，而发达国家的现代服务贸易受货物贸易影响不大。国外直接净投资占国内生产总值的比值对发达国家和发展中国家的影响都不显著，一国吸引外资的能力并不能显著提升其现代服务贸易的出口竞争力。

作为世界第二大经济体，与主要现代服务贸易大国相比，我国现代服务贸易国际竞争力处于明显的劣势地位，要缩小同发达国家现代服务贸易国际竞争力的差距依然任重而道远。目前，我国仍处于发展中国家阶段，应增加教育投入、提升电信技术水平、降低税收、增加货物贸易出口，才能促进我国现代服务贸易的发展，实现贸易结构的优化，不断缩小与发达国家之间的差距。

参考文献

[1] 戴翔. 服务贸易出口复杂度与经济增长——基于跨国面板数据的实证分析 [J]. 南开经济研究，2011 (3).

[2] 黄健青，张娇兰. 京津沪渝服务贸易竞争力及其影响因素的实证研究 [J]. 国际贸易问题，2012 (5).

[3] 江静，刘志彪，于明超. 生产者服务业发展与制造业效率提升：基于地区和行业面板数据的经验分析 [J]. 世界经济，2007 (8).

[4] 李杨，郝刚. 调整中国服务业发展格局的财税政策探析 [J]. 国际贸易，2013 (2).

[5] 刘志彪. 现代服务业的发展：决定因素与政策 [J]. 江苏社会科学，2005 (6).

[6] 裴长洪. 我国现代服务业发展的经验和理论分析 [J]. 中国社会科学院研究生院学报，2010 (1).

[7] 裴长洪，杨志远. 2000 年以来服务贸易与服务业增长速度的比较分析 [J]. 财贸经济，2012 (11).

[8] 汪德华，张再金，白重恩. 政府规模、法治水平与服务业发展 [J]. 经济研究，2007 (6).

[9] 汪素琴，胡玲玲. 我国生产性服务贸易的发展及国际竞争力分析 [J]. 国际商务——对外经济贸易大学学报，2007 (6).

[10] 王恕立，刘军. 外商直接投资与服务贸易国际竞争力——来自 77 个国家的经验证据 [J]. 国际贸易问题，2011 (3).

[11] 姚海棠，方晓丽. 金砖五国服务部分竞争力及影响因素实证分析 [J]. 国际贸易问题，2013 (2).

[12] 殷凤，陈宪. 国际服务贸易影响因素研究与我国服务贸易国际竞争力研究 [J]. 国际贸易问题，2009 (2).

[13] 于立新，杨晨. 新阶段我国服务贸易发展战略路径研究 [J]. 国际贸易，2013 (1).

[14] 张雨. 我国服务贸易出口技术含量升级的影响因素研究 [J]. 国际贸易问题，2012 (11).

[15] Andersson M.. Co-location of Manufacturing & Producer Services-A Simultaneous Equation Approach [M]. Entrepreneurship and Dynamics in the Knowledge Economy, Routledge, 2006.

[16] Guerrieri P., Meliciani V.. Technology and International Competitiveness: The Interdepe -ndence between Manufacturing and Producer Services [Z]. Structural Change and Economic Dynamics, 2005.

[17] Windrum P., Tomlinson M.. Knowledge-intensive Services and International Competiti -veness: A Four Country Comparison [J]. Technology Analysis & Strategic Management, 1999, 11 (3).

[18] Worz J.. Austria's Competitiveness in Trade in Services [Z]. FIW Research Report No. 003, 2008 (6).

Influencing Factors of International Competitiveness of Modern Services Trade: A Study Based on Transnational Panel Data

Song Jiaqiang   Wang Qiang

Abstract: This paper summarizes the recent development trend of global modern services trade. Based on panel date of 156 countries in recent 12 years, the paper also studies the factors influencing international competitiveness of modern services trade. The results show that influential factors for developing and developed countries are different and therefore one country should adopt appropriate measures to boost tits modern services trade according to its actual conditions.

Key Words: Modern Services Trade; International Competitiveness; Influential Factors; Panel Data

中国服务企业生产率异质性与资源再配置效应 *
——与制造业企业相同吗？

王恕立　刘　军

【摘　要】本文采用世界银行提供的企业调查数据，运用半参数的 LP 方法测算了中国服务企业的全要素生产率（TFP），并进一步考察了服务业 TFP 的资源再配置效应。结果表明：中国服务企业 TFP 总体上呈现上升态势；不同类型企业和行业的 TFP 水平及增长率存在较大差异。TFP 分解后发现，中国服务业 TFP 的增长主要是靠外部市场需求和企业自身进步同时拉动的；但劳动力资源产生了误置，且国有化程度越高的技术密集型服务行业的资源再配置效应越差。与制造业企业的比较显示：中国服务企业的规模、TFP 水平和增长率普遍偏低；总体上服务企业间的再配置效应优于制造业企业，但再配置效应在各服务行业上表现出更强的异质性。

【关键词】服务企业；全要素生产率；增长源泉；再配置效应

引　言

全要素生产率（TFP）是反映生产过程中各种投入要素转化为最终产出的总体性效率指标。早期针对 TFP 的研究主要是从国家和行业层面展开的，但由于劳动、资本等要素的边际生产力在行业间和企业间都存在着很大的差距，宏观分析的结果不能直接反映企业的特征，也无法直接测算企业在一定政策以及市场环境下的技术选择倾向（袁堂军，2009）；同时，由于同一行业内企业之间的 TFP 存在较大差异（White et al., 2012），行业 TFP 水

* 本文获得教育部人文社科基金项目（12YJA790138）和国家社科基金项目（13BJY008）的资助。
本文作者：王恕立、刘军，武汉理工大学经济学院。
本文引自《数量经济技术经济研究》2014 年第 5 期。

平的提高并不一定意味着行业内的企业 TFP 产生进步，这是因为企业间存在市场资源的再配置效应，当劳动力、资本等投入要素能够从 TFP 较低的企业转向较高企业时，甚至在每家企业 TFP 都下降时也可能出现行业层面 TFP 上升的现象。因此，在忽略了行业内企业之间的异质性、产业组织状态和企业行为特征等微观变量的前提下，仅依据国家和行业层面数据获得的 TFP 测算结果，其政策和福利方面的含义都是有限的。比较而言，依据微观层面的数据来反映行业层面的 TFP 水平是更为理想的选择。虽然宏观的 TFP 水平并不能简单地理解为微观企业 TFP 的线性加总，但是将微观层面的数据信息运用于分析行业内各投入要素的贡献程度、TFP 水平及其增长源泉以及市场和资源的再配置效应，更具有经济学意义上的充分性和有效性。遗憾的是，由于受限于各种微观数据的可得性和准确性，基于微观视角研究行业层面 TFP 的成果并不多见，而国内已有文献主要集中于对制造业领域的研究，对服务领域涉及较少。在制造业领域，基于企业层面对 TFP 水平、增长源泉和资源再配置效应的研究发现，制造业企业的 TFP 水平和增速都表现出较强的异质性，企业自身 TFP 进步和资源的再配置效应同时对制造业 TFP 增长率做出了贡献，但行业内部资源误置的程度较高（聂辉华和贾瑞雪，2011）。

那么，在服务领域，哪种投入要素对服务企业产出的贡献程度最大？不同类型服务企业及服务业各部门之间的 TFP 水平及增长率是否存在较大差异？服务业总体及各服务行业 TFP 增长的主要源泉是企业自身进步，还是外部市场需求或资源的再配置效应？中国各服务行业是否也存在市场资源的误置现象？为了回答这些问题，本文采取世界银行提供的企业调查数据，运用半参数的 LP 方法对中国服务企业的 TFP 进行估计和分解，揭示中国服务业 TFP 在不同类型企业和行业间的异质性表现，以及服务业 TFP 增长的源泉和资源再配置效应。

本文其余部分安排如下：第一部分是文献综述；第二部分是 TFP 估计方法与数据描述；第三部分是服务企业 TFP 估计结果；第四部分是服务企业 TFP 的分解；第五部分是结论。

一、文献综述

随着统计数据的逐步完善，现有生产率研究的文献中针对中国服务业 TFP 的分析日益增多，综观已有的研究成果，主要集中在服务业总体和行业的层面上，且服务业 TFP 随时间的演变趋势和在区域间的差异性是多数学者关注的重点。例如，在服务业总体层面上，杨勇（2008）采取时序数据对中国服务业 TFP 的演变态势进行了研究；杨青青等（2009）从区域差异视角考察了服务业 TFP 在各省份之间的异质性表现。在行业层面的研究上，徐盈之和赵玥（2009）、杨少华和李再杨（2010）分别研究了中国信息服务业和电信业 TFP 的演变态势及区域差异；王恕立和胡宗彪（2012）基于行业异质性视角，对中国各服务行业 TFP 的变迁和异质性进行了测算，发现中国服务业 TFP 的增长表现出较大的行业异质性。

但是，限于服务企业数据的可得性，从企业层面考察中国服务业 TFP 的相关文献较少，已有成果大多集中在银行业 TFP 的研究上，但未得到一致结论。蔡跃洲和郭梅军（2009）对 11 家中国上市商业银行在 2004~2008 年的 TFP 指数进行了测算和分解，发现上市商业银行 TFP 指数总体略有下降，其中技术变化出现下降，而纯技术效率和规模效率略有提高。但王兵和朱宁（2011）得出了相反的结论，他们采取 2004~2009 年中国 27 家商业银行数据的研究结果显示，中国银行业的 TFP 是进步的，且纯技术进步是 TFP 增长的主要动力，但纯技术效率变化和规模效率变化不明显。张健华和王鹏（2010）对 1999~2008 年中国 166 家银行 TFP 的分解结果显示，在中国银行业 TFP 的增长中，技术效率增长和技术进步的贡献较大，规模效率的贡献较低，这一结论与侯晓辉等（2011）对 2001~2008 年 18 家中国商业银行 TFP 的测算和分解结果较为一致，他们发现中国商业银行 TFP 的年均增长率为 2.75%，其中技术效率提高了 1.66%，年均技术进步为 1.41%，而规模效率年均变化值为-0.21%。除银行业外，部分学者还从企业层面对中国保险业和电信业的 TFP 水平进行了研究。吕秀萍（2009）对 1999~2006 年中国 24 家保险企业的研究显示，中国保险业的 TFP 有明显的提高，年均增长率为 9.8%，主要得益于技术进步和技术创新，规模效率则出现衰退；而黄薇（2008）在相同样本期内对中国 28 家保险企业 TFP 的分解发现，保险业 TFP 增长的主要贡献者是效率变动，技术变动的作用尚不显著。此外，顾成彦和胡汉辉（2008）采取 2001~2005 年中国四大基础电信运营商（中国电信、中国网通、中国移动和中国联通）的数据对电信业的 TFP 进行了测算和分解，发现中国电信业总体上是无效率的，规模因素是导致这一现象的主要原因，且技术效率的改善是中国电信业 TFP 增长的源泉，而竞争是改善技术效率的有效手段。

可以看出，目前从企业层面对中国服务业 TFP 的研究呈现出以下特点：一是采取的样本主要是单一行业内规模较大、市场占有率较高的上市企业；二是所研究的行业集中在银行业、保险业和电信业，对其他服务行业的涉及较少；三是对 TFP 的测算和分解采取的都是数据包络分析（DEA）和随机前沿分析（SFA）等前沿分析方法，关注的重点是 TFP 的演变趋势以及 TFP 增长中技术进步、技术效率和规模效率的贡献。

与已有研究相比，本文的贡献主要在于：第一，在研究样本上，采取不同规模、不同类型和不同行业的上千家中国服务企业作为样本，突破之前的研究样本局限于三类行业上市企业的局面；第二，在研究方法上，摒弃目前学者们普遍采取的 DEA 和 SFA 等前沿分析法，运用半参数的 LP 方法测算中国服务企业的 TFP，在明晰各投入要素对服务企业产出贡献率的同时，比较分析不同类型服务企业和各服务行业之间 TFP 的异质性表现；第三，在研究视角上，将已有研究普遍基于 Malmquist 指数分解的技术进步、技术效率和规模效率的视角转移至再配置效应上，从服务企业自身 TFP 进步和市场资源再配置效应的视角解析中国服务业总体及各服务行业 TFP 的增长源泉，并对 TFP 增长中再配置效应的优劣（资源误置程度）进行分析；第四，为中国服务业与制造业在企业规模、TFP 水平及增长率、企业及行业间的 TFP 差异度、再配置效应等方面的比较分析提供了企业层面的经验证据。

二、TFP 估计方法与数据描述

1. 估计方法选择

企业生产率的衡量涉及投入产出的数量和质量两个方面（Rutkauskas and Paulaviciene，2005），这使得服务企业 TFP 的测算要比制造业企业更加复杂。因为采取数量单位衡量的制造业企业的投入产出量与其所代表的质量相差较小，故其 TFP 衡量只涉及企业组织自身；而服务企业 TFP 的测算不仅涉及投入产出数量层面的企业自身，还涉及能够反映服务质量的一个最重要的外部因素——消费者。由于涉及消费者感知等无形要素，使得服务产品投入产出的质量测度比有形产品更具有挑战性。因此，我们关于服务企业 TFP 的测算是从投入产出的数量层面进行的，未涉及其质量层面。

基于数量层面的 TFP 测算，传统的测算方法也适用于服务企业，这些方法主要有前沿分析法和非前沿分析法两类。其中，前沿分析法是在现存生产技术不完全利用的假设下对 TFP 进行测算，主要目的是考察 TFP 变动以及技术效率和技术进步的作用；非前沿分析法则更多地关注 TFP 水平与各投入要素的贡献[1]。鉴于本文研究的重点是各投入要素对服务企业产出的贡献率以及 TFP 增长的源泉和市场资源的再配置效应，故采取非前沿分析法测算服务企业的 TFP。在估计之前，我们先要对生产函数形式进行设定，Cobb-Douglas 生产函数（C–D 函数）由于其结构简约易用，且对规模经济的测度直观和符合常理，在实际应用中成为最常用的函数（鲁晓东和连玉君，2012），其函数形式通常为：

$$Y_{it} = A_{it} K_{it}^{\beta_k} L_{it}^{\beta_l} M_{it}^{\beta_m} \tag{1}$$

Y_{it} 代表企业 i 在 t 时期的实际产出，通常用增加值、产值或者销售额衡量；$K_{it}^{\beta_k}$、$L_{it}^{\beta_l}$ 和 $M_{it}^{\beta_m}$ 分别代表资本、劳动和中间投入；A_{it} 就是企业 i 在 t 时期的 TFP。通过对式（1）取对数，将其转换为线性形式：

$$y_{it} = \beta_0 + \beta_k k_{it} + \beta_l l_{it} + \beta_m m_{it} + \varepsilon_{it} \tag{2}$$

y_{it}、k_{it}、l_{it} 和 m_{it} 是取对数后的企业产出、资本、劳动和中间投入。此外有：

$$\ln A_{it} = \beta_0 + \varepsilon_{it} \tag{3}$$

β_0 衡量的是企业的平均效率水平，ε_{it} 是随机扰动项。通过对式（2）的估计可以得到 TFP 的绝对水平值，进而得到企业的 TFP 估计值（$\hat{A}_{it}$）：

---

[1] Gatto 等（2008）对目前 TFP 测算的前沿及非前沿分析法进行了较好的评述，限于篇幅，本文将不再详细讨论。

$$\hat{A}_{it} = \exp(\hat{y}_{it} - \hat{\beta}_k k_{it} + \hat{\beta}_l l_{it} + \hat{\beta}_m m_{it}) \tag{4}$$

但是，若采取简单的线性回归方法（OLS方法）进行估计时，得到的TFP估计值是有偏的，因为OLS方法假设生产函数中的要素投入是外生的，即要素投入组合与企业效率之间是不相关的。Marschak和Andrews（1944）指出生产函数中的要素投入不是独立存在的，要受包括效率在内的企业特征的影响，也就是存在同时性偏差（Simultaneity Bias）。Loecker（2011）认为，这种同时性偏差是由于企业要素投入组合与不可观测生产率冲击之间的相关性所带来的，即残差项与回归项是相关的。同时性偏差可能会导致劳动要素和中间投入的产出弹性发生高估，而低估了资本要素的产出弹性，使得所测算的TFP出现偏差。

此外，另一个容易产生的问题就是选择性偏差（Selection Bias），这一问题早在1965年已经被Wedervang（1965）提出。Hopenhayn（1992）指出，企业退出市场的行为在很大程度上是由企业生产率之间的差异所决定的，拥有较高生产率的企业退出市场的概率较低。但是，如果企业在退出市场之前能够获取其生产率水平的信息，就会导致资本要素投入和误差项产生相关性，因为相对于较低资本投入的企业，资本要素投入较大的企业在低生产率水平条件下更易生存，使得企业在面对低效率冲击时，退出市场的概率与其资本存量呈现负相关关系，导致对资本要素产出弹性的低估，所测算的TFP发生向上偏差。针对以上问题，可以将残差项拆分为可以观测（或预测）和不可观测两个部分来解决。此时，式（2）变为：

$$y_{it} = \beta_0 + \beta_k k_{it} + \beta_l l_{it} + \beta_m m_{it} + v_{it} + \mu_{it} \tag{5}$$

v_{it} 是企业可以观测并影响当期要素投入的部分；μ_{it} 是由衡量误差、外部环境等因素导致的误差，是真正的误差项。

在估计方法上，为了克服估计偏差，学者们提出了多种估计方法，概括起来，主要有固定效应估计法、GMM工具变量法、OP方法和LP方法四种。其中，固定效应（FE）方法是在假设 v_{it} 因企业而异，但跨时不变的基础上进行估计的（Pavcnik，2002），通过在式（5）中纳入企业个体虚拟变量，来解决同时性偏差引起的内生性问题。此外，企业的退出决定在一定程度上也受 v_{it} 的影响。因此，固定效应估计方法也能够消除企业退出市场内生性所引起的选择性偏差（Beveren，2012）。但是，Ackerberg等（2007）指出，固定效应方法会造成资本要素投入弹性的不合理低估，且Olley和Pakes（1996）发现采取固定效应方法对平衡面板数据和非平衡面板数据估计得出的估计值存在较大差异，并指出该方法潜在假设是无效的。此外，GMM工具变量法受限于合适工具变量的缺乏以及较长样本期的要求，在实际微观层面TFP的测算中的应用难度也较大[1]。

针对以上方法在估计过程中存在的问题，Olley和Pakes（1996）提出了一致的半参数估计方法（OP方法）。该方法采取企业投资决策作为不可观测生产率冲击的代理变量来消

---

[1] 这也是我们在后文的分析中未采取GMM工具变量法的原因。关于该方法的评述，详见Beveren（2012），在此不再赘述。

除同时性偏差，同时，通过引入企业退出规则来解决选择性偏差。通过构建一个在特定生产率冲击和进出市场下企业行为的动态模型，OP 方法兼顾了对同时性偏差和选择性偏差的分析。但是，Levinsohn 和 Petrin（2003）指出，OP 方法在 TFP 的估计过程中要求投资与总产出始终保持单调关系，意味着只有那些每年投资额都为正的样本才能够在估计过程中保留，导致样本损失量较大。此外，若企业在较多年份没有进行投资，那么 OP 方法的单调性条件的有效性就会大大降低。为此，Levinsohn 和 Petrin（2003）提出了采取企业中间投入而不是投资作为不可观测生产率冲击的代理变量（LP 方法），因为企业在生产过程中每一年的中间投入都为正，在保留了大量样本的同时，也保证了单调性条件的有效性。LP 方法采取中间投入（m_{it}）作为代理变量，意味着中间投入可以看作 k_{it} 和 v_{it} 的函数，即 $m_{it} = m_t(k_{it}, v_{it})$。在单调性条件满足的假设下，$m_{it}$ 函数可以进行转化，将 v_{it} 看作可观测变量 k_{it} 和 m_{it} 的函数，即 $v_{it} = v_t(k_{it}, m_{it})$，将其代入式（5），得到：

$$y_{it} = \beta_0 + \beta_k k_{it} + \beta_l l_{it} + \beta_m m_{it} + v_t(k_{it}, m_{it}) + \mu_{it} \qquad (6)$$

通过对式（6）的估计可以得出企业的 TFP。可以看出，在企业 TFP 的四种非前沿分析方法中，OP 方法和 LP 方法是最为有效的方法，能够克服生产函数估计过程中可能产生的同时性偏差和选择偏差（鲁晓东和连玉君，2012）。但是，由于 OP 方法将企业的投资作为中间投入变量，会导致本文样本的损失量较大[1]。因此，我们采取 LP 方法对中国服务企业的 TFP 进行估计。与非参数方法相比，LP 方法能够在克服估计偏差的同时，得出企业各投入要素的产出贡献以及具体的 TFP 水平值，进而能够明确行业内企业间的资源再配置效应。此外，为了对不同估计方法的有效性进行比较，我们也采取 OLS 方法和 FE 方法进行估计。

2. 样本数据说明

本文针对中国服务企业 TFP 的测算，所需数据来源于世界银行提供的企业层面调查（Enterprise Surveys）数据，该调查数据是世界银行在不同国家随机抽取部分企业进行调查汇总而成，其涵盖了包括制造业和服务业在内的 137 个国家 14 多万家企业的调查数据。我们选取了其中针对中国服务企业的调查数据作为样本，给出了 1319 家服务企业 1999~2002 年的相关数据[2]，包括企业的经营销售、从业人数、进出口、所有权结构以及所属行业等信息，使得服务企业 TFP 的测算和分解以及从企业和行业层面的比较分析成为可能。

在各投入要素产出弹性估计所需的数据上，我们采取如下指标进行衡量。在实际产出方面，借鉴 Saliola 和 Seker（2011）等学者采取世界银行企业调查数据测算 TFP 时的普遍做法，采用企业的销售收入进行衡量。在资本要素投入方面，采取企业机器与设备年末的账面净值衡量。在劳动要素投入方面，可利用的指标有从业人员和劳动报酬两个，杨勇（2008）指出，劳动报酬在市场经济发达的国家能够较为合理地反映劳动要素投入，但在

---

① 在我们的样本中，每年都报告了正投资的服务企业所占的比重仅为 25.6%。

② 世界银行分别于 2002 年和 2003 年对中国企业前三年的经营状况进行了随机抽样调查，较早的样本期可能会弱化结论的政策含义，但仍具体较强的现实现象的发现与解释能力。

经济管理学科前沿研究报告

发展中国家，由于收入分配体制不合理、市场调节机制不完善等因素，劳动报酬并不能较好地反映劳动要素投入的变化，故我们采取从业人员来衡量企业的劳动要素投入。在中间投入方面，采取除资本、劳动力、原材料和能源投入外的其他中间投入衡量，包括企业的管理费、设计费和通信费等，这是因为，一方面，在本文的样本中，各年都给出原材料和燃料投入数据的服务企业较少，占总样本的比重分别仅为 11.7% 和 7.0%，对样本的损失程度较大，但多数服务企业报告了正的管理、设计和通信等投入；另一方面，相对于制造业企业的原材料和燃料投入，管理、设计和通信等投入在服务产品的生产过程中显得更为重要，是多数服务企业所必需的，且与原材料和燃料不同，管理、设计和通信等投入不易存储，使得这些投入与其生产率高度相关，是一个较理想的代理变量。

此外，为了结果的可靠，我们剔除了销售收入、从业人员、资本要素投入和中间投入等变量值为 0 和缺失的样本，并删除了从业人员小于 5 的样本企业[1]。同时，为得到经济学意义上的 TFP，分别采取《中国统计年鉴（2012）》公布的商品零售价格指数、固定资产价格指数和服务业增加值指数对各服务企业的销售收入、资本要素投入和中间投入进行平减[2]。

三、服务企业 TFP 估计结果

1. 各投入要素的产出贡献率

各投入要素在服务企业产出中的贡献程度是我们在测算 TFP 之前的关注重点，表 1 给出了分别采取 OLS 方法、FE 方法和 LP 方法的估计结果。其中，在 OLS 方法和 FE 方法中，第 2 列和第 4 列报告了未控制行业、年份、规模和企业年龄等特定因素的估计结果；第 3 列和第 5 列则给出了控制上述特定因素之后的估计结果。可以看出，加入控制变量之后，两种估计方法下劳动要素的系数未发生改变，资本要素的系数显著降低，而中间投入的系数却显著增大，说明资本要素和中间投入的产出弹性受企业自身因素（年龄、规模和所在行业）以及那些无法观测的随时间变动的外部因素的影响较大。在采取 LP 方法估计的过程中，我们将 GMM 方法融入，采用资本要素的当期值和中间投入的一阶滞后值作为工具变量，并考虑到本文由于样本期较短可能造成资本要素变量和中间投入变量的变动较小，我们在估计过程中采用格点搜索（Grid Search）方法而不是一般的非线性最小二乘法。

---

① 在制造业企业 TFP 的估计中，学者们一般剔除了从业人员小于 10 的样本企业，如 Levinsohn 和 Petrin（2003）等，但由于服务企业规模要小于制造业企业的规模（Shepherd, 2014），因此，我们只剔除了从业人员小于 5 的样本企业。
② 所有平减指数均是以 1999 年为基期的。由于未公布与服务产品中间投入相关的平减指数，采取服务业增加值指数平减。

表 1 不同估计方法下各投入要素的产出弹性

变量	OLS 方法		FE 方法		LP 方法
	（1）	（2）	（1）	（2）	
lnK	0.172***	0.168***	0.196***	0.136***	0.370***
lnL	0.275***	0.275***	0.171***	0.171***	0.286***
lnM	0.493***	0.534***	0.577***	0.591***	0.430***
sum（Wald 检验）	0.940***	0.977	0.944	0.898	1.086

注：*** 表示在 5% 水平下显著；（1）和（2）分别是指未控制和控制行业、年份、规模和企业年龄等特定因素的估计结果；Wald 检验的原假设为"规模报酬不变"，即各要素产出弹性系数等于 1。

根据表 1 给出的估计结果，与 OLS 方法所得结果相比，FE 方法估算的资本要素和劳动要素的产出弹性系数都小于 OLS 方法，而中间投入的产出弹性则增大，说明 FE 方法并没有较好地克服传统 C-D 函数估计中的同时性偏差和选择性偏差，只是消除了同时性偏差导致的劳动要素产出弹性高估现象，对中间投入产出弹性的高估以及选择性偏差造成的资本要素产出弹性的低估都未能很好地解决。LP 方法得出的要素产出弹性中，资本要素的产出弹性显著高于传统 OLS 方法的估算结果；中间投入的产出弹性则显著低于传统 OLS 方法的估计结果；劳动要素的产出弹性虽然高于传统 OLS 方法所得结果，但变动较小，仅从 0.275 增加至 0.286，增幅远远小于资本要素和中间投入产出弹性的变动幅度，说明 LP 方法较之传统的 OLS 方法，能够较好地处理传统估计中存在的内生性问题。根据 LP 方法的估计结果，管理、广告和通信等中间投入在服务企业产出中的贡献率是最高的，而劳动要素所起的作用是最小的，说明服务企业的发展更多地依赖企业自身的管理、外部市场的需求以及与顾客之间的沟通等要素，而不是劳动力和资本要素投入的增长。

此外，表 1 还给出了各投入要素产出弹性的系数之和，以及规模报酬不变的 Wald 检验结果。可以看出，除未控制特定因素的 OLS 方法呈现显著的规模报酬递减现象，其他估计方法都在 5% 的显著性水平上无法拒绝规模报酬不变的原假设。从加总的系数来看，LP 方法在克服了估计过程中的内生性问题之后，服务企业呈现一定的规模报酬递增态势，但不显著。这一结论证实了江小涓（2011）提出的"服务业没有规模经济"的观点。

2. 服务企业 TFP：企业异质性视角

不同类型服务企业之间的生产率可能存在一定的差异，因此，我们基于企业异质性视角，分别从贸易与否、股权结构和企业规模等几个方面考察中国服务企业 TFP 的特定表现。

此外，在计算各类服务企业的加总 TFP（Aggregate TFP）时，我们采取服务企业产出（销售额）进行加权，即产出越高的服务企业对总体 TFP 的贡献越大（Saliola 和 Seker，2011）。加权方法为首先对每个服务企业的 TFP 赋予其所在类别中的销售权重，得出每一年各类服务企业的加权 TFP 值，然后对各年的加权 TFP 值进行几何平均。同样，各类服务企业的加权 TFP 增长率也采取上述方法进行赋权。为了比较分析加权前后的变化，我们也报告了未加权的 TFP 值和增长率，如表 2 所示。需要说明的是，目前多数学者在测算和比较企业层面的 TFP 时，为了使 TFP 更符合正态分布以及降低样本个体之间的异方差等，对 TFP 进行了对数化操作，如 Saliola 和 Seker（2011）、谢千里等（2008）、Beveren（2012）等。但是，我们发现在对 TFP 值取对数时存在一定的问题：若企业上一年的 TFP 在 1 左右，取对数后测算的 TFP 增长率可能会出现较大失真现象[1]，如果该类型企业的数目在某一类别企业（行业）中占有一定的比重，或者所占权重较大，会导致加总 TFP 增长率出现较大偏差。因此，我们在接下来将采取所测算的服务企业 TFP 原值，而不是取对数后的 TFP 水平值进行分析。

表 2　各类服务企业的 TFP 及增长率

服务企业类型	OLS 方法				FE 方法				LP 方法			
	未加权		加权		未加权		加权		未加权		加权	
	TFP	增长率	TFP	增长率	TFP	增长率	TFP	增长率	TFP	增长率	TFP	增长率
总体层面	28.48	0.31	50.98	0.17	40.46	0.30	99.44	0.17	12.80	0.28	13.26	0.15
出口企业	16.95	0.13	21.33	0.23	25.74	0.13	38.92	0.24	5.50	0.10	3.71	0.20
非出口企业	29.12	0.32	53.78	0.15	41.28	0.32	105.4	0.15	13.23	0.30	14.20	0.14
进口企业	24.99	0.21	24.36	0.10	36.44	0.21	47.41	0.10	9.52	0.19	4.23	0.08
非进口企业	30.26	0.28	89.62	0.23	43.23	0.28	165.4	0.23	13.73	0.26	28.38	0.20
外资企业	26.60	0.33	61.71	0.20	40.95	0.33	112.5	0.20	9.16	0.33	14.83	0.18
内资企业	28.75	0.29	41.92	0.16	40.04	0.29	72.95	0.16	13.44	0.27	12.80	0.14
国有企业	25.82	0.25	33.72	0.14	40.84	0.25	65.87	0.15	8.71	0.19	5.93	0.11
非国有企业	29.27	0.33	84.63	0.22	40.14	0.32	150.6	0.22	14.13	0.31	29.48	0.21
小规模	25.76	0.28	78.56	0.16	29.97	0.29	90.67	0.16	14.50	0.21	42.07	0.10
中等规模	28.76	0.24	121.8	0.26	36.84	0.24	147.0	0.25	15.16	0.21	73.04	0.25
大规模	28.57	0.35	43.81	0.16	47.82	0.35	93.86	0.16	9.01	0.33	7.43	0.14

注：在不同类别企业的界定上，我们采取世界银行在企业调查中的统一标准，其中，出口（进口）服务企业是指直接和间接出口（进口）额所占比重大于等于 10% 的企业；非出口（进口）企业则是比重小于 10% 的企业。国有（外资）服务企业是指政府（国外拥有者）股权比重大于 50% 的企业。服务企业的规模是根据从业人数界定的：小规模企业（5≤从业人数<20）、中等规模企业（20≤从业人数<100）、大规模企业（从业人数≥100）。

根据表 2，三种估计方法都得出了较高的 TFP 值和增长率[2]，其中，总体层面及各类服务企业的 TFP 值以 FE 方法最大，LP 方法最小，即 FE 方法对 TFP 估计值具有放大效应，而 LP 方法降低了 TFP 的水平值，再次说明 LP 方法能够较好地克服传统 C-D 函数估计中造成的内生性问题，纠正了 OLS 方法带来的 TFP 高估偏差[3]。此外，OLS 方法和 FE

---

① 例如，若某一企业连续两年的 TFP 为 1.005 和 1.451，该企业实际 TFP 增长率为 44.39%，而取自然对数后的 TFP 增长率达到 7363.66%，将增长率放大了近 166 倍。

② 这一现象出现的主要原因是所采取的是服务企业的 TFP 原值，根据前文给出的取对数后的 TFP 和增长率，除 LP 方法所得 TFP 增长率出现严重失真外，其他结论与目前部分学者采取半参数方法对制造业企业 TFP 的估计结果相比是处于合理范围的，如聂辉华和贾瑞雪（2011）、鲁晓东和连玉君（2012）。

③ 这一结论与 Beveren（2012）采取不同估计方法所测算的企业 TFP 水平值的大小关系是一致的。

方法所得结论均显示，采取加权后的 TFP 值会增大，说明产出相对越高的服务企业，其 TFP 水平也越高。但在 LP 方法中，部分类别企业的 TFP 值在赋权后降低，以出口企业、进口企业和国有企业的下降幅度最大，表明在这些类型的服务企业中，产出相对较高的企业所拥有的 TFP 水平存在较大的高估偏差，在克服了同时性偏差和选择性偏差之后，TFP 值大幅下降。在 TFP 增长率方面，三种估计方法得出的 TFP 增长率大致相同，只是 LP 方法下测算的增长率出现小幅下降，但幅度较小，证实了在本文的样本中，LP 方法下采取对数形式 TFP 测算的增长率是存在严重偏差的。此外，除出口企业和中等规模企业外，总体层面和其他类型服务企业的加权 TFP 增长率都低于未加权的增长率，说明产出相对越高的服务企业，其 TFP 增长的空间越小，与现实状况是相符的；而出口企业和中等规模企业却呈现产出相对越高，TFP 增长率越大的现象。其中，中等规模企业的 TFP 增长率变动的幅度较小；出口企业的 TFP 增长率在赋权后的上涨幅度较大，可能的原因是，21 世纪初中国的出口促进政策和加入 WTO 使得那些产出规模相对较高的出口企业能够并且愿意使用更多的资本投入来加快 TFP 增长的步伐。

由上述分析可知，LP 方法下加权后得出的结论是较为可靠的，故我们采取该方法下加权的 TFP 值和增长率进行分析。从总体层面看，中国服务企业的 TFP 和增长率分别为 13.26% 和 15%，呈现较快的增长速度。在不同类型服务企业之间的异质性表现上，首先，贸易企业和非贸易企业的比较。出口（进口）服务企业的 TFP 要低于非出口（进口）服务企业，即不存在贸易的生产率溢价（Productivity Premium），这一现象出现的可能原因在于，中国的服务贸易主要是以运输和旅游两个传统服务行业为主[①]，而这些传统服务行业仍处于低水平、低附加值的发展阶段，且企业规模普遍较小，技术平不高，管理相对落后，导致在服务领域显现出贸易的"生产率悖论"现象。但是，金融、咨询、计算机信息等知识密集型服务贸易企业在近年来呈现出的快速发展势头以及国内的出口促进政策，带动了服务出口企业 TFP 的增长，使得出口企业 TFP 的增长率超过了非出口企业。其次，根据股权结构分类的服务企业之间的比较。第一，外资企业较之内资企业呈现更高的 TFP 水平和增长率，说明"以市场换技术"策略在中国是有效的；第二，与国有企业相比，非国有企业拥有较高的 TFP 水平和增长率，这主要是由于国有企业的低效率导致的，也折射出国企改革的势在必行。最后，不同规模服务企业的比较。中等规模企业 TFP 和增长率是最高的；小规模企业的 TFP 次之；大规模企业的 TFP 水平最低，但增长率要高于小规模企业。一个可能的解释是：一方面，与大规模企业相比，中小规模企业更加关注研发项目的应用前景和作用效果，企业的管理和决策更为灵活高效，能够迅速应对市场需求变化，因而表现出较高的资源利用效率；另一方面，相对于小规模企业，中等规模企业在资金、人才、信息等方面具有一定的优势，且来自大规模企业的竞争压力更大，通过创新赢得竞

---

① 根据中国国家外汇管理局公布数据，在本文的样本期内两个行业出口和进口所占的平均比重分别达到 65% 和 63%。

争的意愿更为强烈。但是，较之小规模企业，大规模企业的创新资金较为充裕且占有较大的市场份额，能够在进行应用研究和基础研究的同时，有效地分摊研发的固定成本，故拥有较高的 TFP 增长率。

3. 服务企业 TFP：行业视角

王恕立和胡宗彪（2012）指出中国服务业各行业的 TFP 存在较大的异质性，为此，我们进一步从行业视角考察中国各服务行业 TFP 及其增长率的特定表现。

表 3 给出了分别采取三种估计方法得出的各服务行业 TFP 和增长率，可以看出，OLS 方法和 FE 方法下各服务行业加权后的 TFP 值与加权前相比变大，这与企业层面的测算结果是相同的，说明市场份额越大的服务企业，其 TFP 越高。LP 方法下通信服务业和其他服务业加权后的 TFP 值出现了一定的下降，且通信服务业 TFP 下降的幅度最大，表明在通信服务业中市场占有率较高的企业，其 TFP 在传统估计方法下被高估的偏差较大。在TFP 增长率方面，与前文测算结果较为一致，除 LP 方法下部分服务行业的 TFP 出现小幅变动外，其他两种估计方法测算的 TFP 增长率大致相同。其中，信息技术服务业、通信服务业、会计及金融服务业和其他服务业的 TFP 增长率在赋权之后变小，表明在这些服务行业中，服务企业的市场占有率越高，所拥有的 TFP 增长空间越小；而广告及宣传服务业的加权 TFP 增长率高于未加权的增长率，说明该行业中市场占有率较高的服务企业也拥有较高的 TFP 增长率。这是因为，自 1979 年中国首次出现商品广告以来，广告及宣传服务业随着改革开放的深入和经济的高速增长取得了快速的发展，但目前该行业的服务企业在国内的发展过度集中，主要集中在部分东部核心城市，对中西部城市和中小型城市的开发程度较低。因此，广告及宣传服务业仍然存在着较大的市场潜力，市场占有率越高的广告服务企业表明其 TFP 增长率越高。

表 3　不同服务行业的 TFP 及增长率

估计方法	权重	TFP 指标	服务行业				
			(1)	(2)	(3)	(4)	(5)
OLS 方法	未加权	水平值	45.09	14.65	25.54	26.59	19.49
		增长率	0.57	0.06	0.27	0.18	0.21
	加权	水平值	150.50	23.52	104.70	47.91	41.06
		增长率	0.37	0.02	0.21	0.32	0.19
FE 方法	未加权	水平值	59.05	21.65	37.94	34.37	32.45
		增长率	0.58	0.05	0.24	0.19	0.22
	加权	水平值	195.10	46.46	167.10	55.55	91.44
		增长率	0.37	0.03	0.21	0.32	0.20
LP 方法	未加权	水平值	23.49	5.37	10.19	12.81	6.36
		增长率	0.58	0.02	0.30	0.13	0.17
	加权	水平值	81.24	3.08	35.82	22.54	6.00
		增长率	0.37	0.01	0.19	0.29	0.16

注：（1）~（5）列分别代表信息技术服务业、通信服务业、会计及金融服务业、广告及宣传服务业、其他服务业。

接下来，我们仍然以 LP 方法下加权后的测算结果为分析基础，考察不同服务行业的 TFP 和增长率的异质性表现。根据表 3 的结果，TFP 值和增长率排名前三的服务行业分别是信息技术服务业、会计及金融服务业和广告及宣传服务业。其中，信息技术服务业拥有着最高的 TFP 水平和增长率，这与全球信息化的不断普及以及良好的国内政策环境息息相关。随着信息化程度的深入，国家和各地政府对信息技术服务业的发展给予大力支持，且作为知识、智力和资金密集的服务行业，信息技术服务业在国内有着一批高素质的人才储备、广阔的发展空间以及巨大的潜在市场，使得该行业在呈现较高 TFP 水平的同时，也具有较高的 TFP 增长率。会计及金融服务业的 TFP 水平要高于广告及宣传服务业，但前者的 TFP 增长率却低于后者，这是因为：一方面，改革开放伊始，中国就开始着手对国内的金融体系进行改革，目前已初步形成了银行、证券、保险等功能较为齐全的金融机构体系，而广告及宣传服务业是改革开放后才逐步形成和发展起来的，虽然发展速度较快，但企业规模普遍较小，缺乏产业化经营；另一方面，相较于会计及金融服务业，广告及宣传服务业拥有更为广阔的市场潜力和发展空间，且中国加入 WTO 之后对国内广告市场的开放程度较大[1]，大量外资企业的进入在给本土广告服务企业带来竞争压力的同时，也会通过示范模仿效应、竞争效应、人员流动效应等路径带动国内广告服务企业的发展，使得广告及宣传服务业有着更高的 TFP 增长率。

此外，通信服务业的 TFP 水平和增长率是所有服务行业中最低的，分别为 3.08 和 1%，这一现象出现的原因在于，虽然中国于 20 世纪 90 年代初开始对通信服务业进行改革，但由于一些重大改革是在本文样本期内进行的，如 1999 年中国移动的成立、2001 年中国电信的南北拆分，而这些大垄断集团在短期内是无法摆脱之前的低效率状态。同时，由于中国通信服务业一直以来处于几家大型集团的高度垄断局面，且对外开放程度较低，所面临的外部竞争压力较小，使得这些企业提高自身生产和服务效率的动力较小[2]。

四、服务企业 TFP 的分解

根据 Olley 和 Pakes（1996）、Bartelsman 和 Dhrymes（1998）等学者的观点，行业 TFP 增长的源泉主要有两个方面：一是行业内的企业通过"干中学"效应或者采取更为先进的生产技术，使得企业自身的 TFP 产生进步，进而带来整个行业 TFP 的增长；二是行业内的企业之间通过投入和产出的再配置效应发挥作用。若行业内的市场机制较为完善，TFP

---

[1] 在本文样本期内，广告及宣传服务业中外资企业的销售额所占比重为 61.6%，远远大于会计及金融服务业 30.2% 的比重。

[2] 通信服务业销售额中国有企业和外资企业所占的比重在本文样本期内为 80% 和 6.9%，分别是比重最高和最低的行业。

越高的企业能够拥有更多的市场份额和劳动力资源，导致 TFP 较低的企业逐渐退出市场，这一现象也称为行业合理化（Industry Rationalization）过程；但是，若行业内的市场机制不合理，企业无法自由进入和退出市场，此时的市场资源再配置效应较差，甚至可能存在资源误置现象。因此，行业 TFP 出现增长，既可能是由企业自身 TFP 的进步或者市场资源的再配置效应导致，也可能是两者同时发挥作用带来的。

由前文分析可知，中国服务业总体及各服务行业的 TFP 均呈现出一定的增长趋势，为了探究服务业 TFP 的增长源泉，本文进一步将 TFP 进行分解，以考察中国服务业总体及各行业 TFP 的增长主要来源于服务企业自身 TFP 进步还是服务企业之间的市场和要素的再配置效应，并且判断中国服务市场是否存在资源误置现象[①]。在分解方法上，我们采取 Olley 和 Pakes（1996）提出的方法将 TFP 分解为企业自身项和再配置项，具体公式为：

$$A_t^w = \overline{A}_t + \sum_{i=1}^{N_t} (w_{it} - \overline{w}_t)(A_{it} - \overline{A}_t) \tag{7}$$

A_t^w 是 t 时期加权的 TFP；$\overline{A}_t$ 是 t 时期未加权的 TFP 均值，反映的是企业自身 TFP 提升在总体 TFP 增长中的作用；式(7) 右边第二项测算的是服务企业 TFP 与 w_{it} 的样本协方差，用来反映服务企业之间在 TFP 增长过程中再配置效应作用和资源误置程度[②]。为了能够同时考察在 TFP 增长过程中劳动力资源再配置的作用和效应，我们也会将就业权重指标纳入接下来的分析中。在估计方法的选择上，根据前文对几种估计方法的比较，LP 方法克服了内生性问题，获得了较为可靠的估计结果。因此，我们以 LP 方法所得估计结果对中国服务业总体及各行业 TFP 增长背后的市场和就业再配置的作用和效应进行分析。

1. 服务企业 TFP 的分解：总体层面

考虑到企业之间的再配置现象主要是在行业内产生的，我们借鉴 Loecker 和 Konings（2006）的方法，先对各服务行业 TFP 进行分解，然后采取行业分解后的中位数来分析服务业总体 TFP 增长的源泉以及市场和就业的再配置效应。在对各服务行业的 TFP 分解时，为了能够反映出各行业加总 TFP 随时间的演进态势，我们将所测算的 TFP 值折算成以 1999 年为基期的 TFP 指数，并根据式（7）计算未加权的 TFP 均值和再配置项在 TFP 指数中的构成。表 4 给出了服务业总体层面 TFP 指数的变迁与分解结果。

表 4　服务业总体 TFP 增长的源泉及再配置效应

权重	指标	1999 年	2000 年	2001 年	2002 年	平均值
销售额权重	TFP 指数	1.00	1.21	1.40	1.12	1.19
	TFP 均值	0.61	0.50	0.51	0.78	0.60
	再配置项	0.39	0.71	0.89	0.34	0.59

[①] 为了便于分析，我们将同一行业内企业之间的市场份额转移视为市场再配置。

[②] 聂辉华和贾瑞雪（2011）通过对 TFP 分解研究了中国制造业的资源误置现象，指出协方差项越低，资源误置越严重，或资源再配置效应越差。

续表

权重	指标	1999 年	2000 年	2001 年	2002 年	平均值
就业权重	TFP 指数	1.000	0.94	1.04	1.61	1.15
	TFP 均值	1.54	1.50	1.45	0.72	1.30
	再配置项	−0.54	−0.56	−0.41	0.89	−0.15

根据表 4 的结果可知，采取销售额权重得出的 TFP 均值和再配置项的平均值大致相等，分别为 0.60 和 0.59，表明在中国服务业 TFP 的增长中，企业自身 TFP 进步和市场的再配置作用是相等的；而根据就业权重得到的 TFP 均值和再配置项的平均值可知，服务企业之间的劳动力再配置也会对总体 TFP 的增长起到作用，但要小于企业自身 TFP 进步带来的增长效应。因此，从总体层面来看，中国服务业 TFP 的增长主要是由服务企业自身 TFP 进步和市场的再配置效应共同拉动的，劳动力的再配置也做出了一定贡献，但贡献程度较小。

从再配置项的系数符号来看，市场再配置项的符号为正，而就业再配置项的符号为负，这表明，一方面，服务业总体 TFP 的增长是靠外部市场需求拉动的，TFP 越高的服务企业，其市场份额越大，导致 TFP 较低的服务企业的市场份额逐渐减小，最终退出市场，实现优胜劣汰；另一方面，服务业总体 TFP 的增长是符合熊彼特的创造性破坏过程（Creative Destruction Process）的，即服务企业通过缩小从业人员规模来提升自身 TFP，导致劳动力资源呈现出从 TFP 较高服务企业流向较低服务企业的误置现象。

2. 服务企业 TFP 分解：行业层面

前文分析可知，不同服务行业的 TFP 增长率呈现出一定的异质性，那么各服务行业 TFP 增长的源泉和再配置效应是否也存在差异？为了解答这一问题，我们进一步从行业层面对 TFP 分解结果进行分析。为了使不同服务行业的分解结果具有可比性，我们将两种权重下所得的未加权 TFP 均值和再配置项的平均值以比重形式表示，结果如图 1 和图 2 所示。

我们将图 1 和图 2 结合起来进行分析，首先，通信服务业 TFP 增长的主要源泉是企业自身 TFP 的提升，虽然市场和就业再配置的绝对效应是所有行业中最大的，但从再配置效应的方向来看，两者的系数符号均为负，说明一方面，通信服务业的市场和资源误置现象是最严重的，TFP 较低的企业，却拥有较高的市场占有率和从业人数，这一现象与目前中国通信服务行业的状况是较为符合的，几家大型集团拥有着较高的市场占有率和就业人数，但高度垄断的市场结构使得这些企业一直处于低效状态；另一方面，通信服务企业能够通过减少市场份额和从业规模来提升自身 TFP 水平，这与顾成彦和胡汉辉（2008）针对中国电信业 TFP 的研究所得结论较为相似。其次，其他服务业的 TFP 增长主要是靠市场和就业的再配置拉动的，企业自身 TFP 提升的贡献较小，且在再配置效应的作用方向上，市场和劳动力资源的优化配置发挥了显著的正面作用，企业通过扩大市场份额和从业规模来提高自身 TFP，使得 TFP 越高的服务企业，其市场份额和从业规模越大。这一现象也是

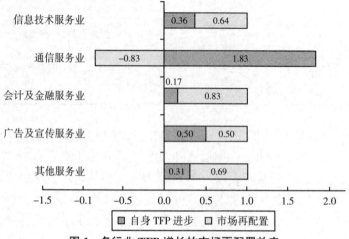

图1　各行业 TFP 增长的市场再配置效应

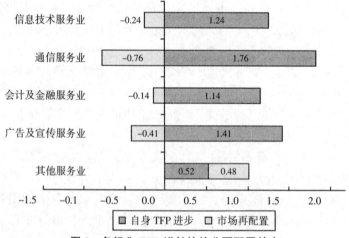

图2　各行业 TFP 增长的就业再配置效应

符合中国实际的，因为根据世界银行企业调查数据库中的服务行业分类，其他服务业主要由批发和零售业、住宿和餐饮业、交通运输业等传统服务业组成，这些行业的 TFP 水平较低，仅为 6.0，且主要以劳动密集型为特征，导致 TFP 的增长是以加大劳动力投入和产出为主的粗放型增长方式。最后，信息技术服务业、会计及金融服务业和广告及宣传服务业 TFP 增长的主要源泉是外部市场的需求拉动，其次是企业自身 TFP 的进步，企业之间的就业再配置效应也会带动行业 TFP 的增长，但是通过劳动力资源的误置发挥作用的，其中，广告及宣传服务业的资源误置程度最大，其次是信息技术服务业，最小的是会计及金融服务业，这可能与行业内国有企业所占比重有关，因为国有企业是资源误置的主要因素（聂辉华和贾瑞雪，2011），且这三个行业中国有企业销售额的比重分别为 0.17、0.15 和 0.11。此外，结合通信服务业 0.80 的国有企业销售额比重，可以看出国有化程度越高的技术密集型服务行业，其资源再配置效应越差，也反映出国有企业改革重组的必要性。

3. 与制造业企业的比较

为了增强与制造业企业的可比性，我们采取世界银行提供的同期内中国制造业企业的调查数据作为比较分析的样本。在测算过程中，除中间投入变量采取工业增加值指数平减外，其他方面，包括指标选取、TFP 估计及分解方法等都与服务业企业相同，测算结果见表 5。

表 5　中国服务业企业 TFP 与制造业企业的对比

		服务业	制造业			服务业	制造业
企业特征	平均规模	50.3	456.7	企业特征	人均资本	230.6	92.8
要素 产出弹性	资本	0.37	0.55	总体层面 生产率	TFP 水平	13.3	13.4
	劳动	0.29	0.20		TFP 增长率	0.15	0.44
	中间投入	0.43	0.34		劳动生产率	314.6	296.7
各类企业 TFP	水平差异度	15.1	5.8	行业 TFP	水平差异度	31.7	3.2
	增长率差异度	0.06	0.19		增长率差异度	0.14	0.30
TFP 分解 （市场权重）	TFP 均值	0.60	0.89	TFP 分解 （就业权重）	TFP 均值	1.30	1.39
	再配置项	0.59	0.24		再配置项	−0.15	−0.22
	行业差异度	0.68	0.25		行业差异度	0.46	0.27

注：平均规模采取企业平均从业人员人数衡量；差异度采取标准差来反映。

可以看出，相对于国内制造业企业，服务企业的规模普遍较小，但拥有较高的资本密集度。在要素产出弹性方面，管理、设计和通信等中间投入对于服务企业的增长比制造业企业显得更为重要，而对制造业企业产出贡献率最高的是资本要素的投入。此外，制造业企业的资本和劳动要素的弹性系数之和为 0.75，表明了制造业企业的发展更多地依赖要素投入的增长，尤其是较高的投资率。在生产率的比较上，服务业总体 TFP 和增长率要低于制造业[①]，说明中国服务业 TFP 增长是滞后的（王恕立和胡宗彪，2012）；但从劳动生产率来看，服务业要高于制造业，这与 Shepherd（2014）采取 119 个发展中国家企业层面的数据所得结论是一致的，但违背了鲍莫尔（Baumol）和富克斯（Fuchs）分别提出的"服务业劳动生产率增长滞后"等假说。这一结果的出现，一是由世界银行企业调查数据的结构和构成造成的；二是服务部门之间较强的异质性带来的（Shepherd，2014）；三是由于现行统计体系无法体现技术进步对服务业增长的贡献（江小涓，2008）。因此，数据微观化处理和统计方法的修正更有利于对服务业劳动生产率变化的准确测定。

在各类企业和不同行业上，服务业都呈现更强的 TFP 水平差异，但增长率的差异程度要小于制造业，说明服务业 TFP 具有更强的水平异质性和增长率趋同性。在 TFP 增长的

---

① 在 TFP 值上，服务业和制造业之间的差异较小，但如果采取对数形式 TFP 测算的话，两者的差异就显现出来了，分别是 1.47 和 2.16，且所得出的制造业 TFP 值与谢千里等（2008）对中国工业企业 TFP 估计得出的结论较为一致。

源泉上，与服务企业不同的是，制造业企业自身 TFP 进步在总体 TFP 的增长中起到了主要作用，但在市场和就业的再配置作用和效应上，二者是一致的，都是通过市场份额的扩大和就业规模的降低来促进企业 TFP 的增长，存在劳动力资源的误置现象。同时，在服务业 TFP 的增长中，市场优化配置的效应大于制造业，而劳动力资源误置的程度小于制造业，总体上服务业的再配置效应要优于制造业。但是，在不同行业的表现上，服务业的再配置效应再次呈现出较为明显的行业异质性，这可能是由于现代信息技术对不同服务企业资源配置的异质影响，以及中国服务业体制改革的渐进式道路所决定的（王恕立和胡宗彪，2012）。

五、结　论

本文采取世界银行提供的中国服务企业层面的调查数据，分别运用参数和半参数的估计方法测算了服务企业的 TFP 水平及增长率，并从不同视角进行了加总和分解，为中国服务业 TFP 的演变态势、增长源泉以及市场资源的再配置效应提供了企业层面的经验证据。本文得到的结论主要可以归纳为以下几点。

第一，在估计方法上，相对于 OLS 方法，FE 方法并不能有效地解决传统的 C-D 函数估计中存在的内生性问题，而以中间投入作为工具变量的 LP 方法能够较好地克服传统估计中的同时性偏差和选择性偏差，纠正了 OLS 方法带来的 TFP 高估现象。估计结果显示，管理、广告和通信等中间投入在中国服务企业发展中的作用是最大的，而劳动要素的投入贡献率是最低的。

第二，基于企业异质性视角的分析发现，中国服务企业存在"生产率悖论"现象，即非贸易服务企业的 TFP 要高于参与贸易的服务企业，这与中国服务贸易中传统服务行业占据主导地位有着较大的关系；从股权结构来看，与内资企业和国有企业相比，外资企业和非国有企业拥有着较高的 TFP 和增长率，说明服务业市场开放策略和国有企业重组改革政策的实施是有效的；在企业规模上，中等规模服务企业的 TFP 和增长率是最高的，主要是由中等规模企业在管理、决策上的灵活性以及在技术创新上的优势所决定的。

第三，从行业层面来看，在信息全球化和国家信息化产业优惠政策的助推下，信息技术服务业拥有着最高的 TFP 和增长率，而通信服务业高度垄断的市场结构使其 TFP 和增长率是最低的；会计及金融服务业的 TFP 高于广告及宣传服务业，但增长率低于后者，说明虽然国内金融体系改革已经取得较好成效，但广告及宣传服务业与之相比有着更为广阔的市场潜力和发展空间；由传统服务业构成的其他服务业呈现出较低的 TFP 和增长率，仅高于通信服务业，这主要是由传统服务业的劳动密集型特征决定的，且有些行业（如餐饮、住宿等）本身很难产生技术进步。

第四，根据 TFP 分解结果，中国服务业 TFP 的增长主要是靠企业自身 TFP 进步和外部市场需求同时拉动的，但劳动力在 TFP 增长中产生了资源误置现象。细分行业后发现，通信服务业的市场和就业的再配置效应是最差的；以传统服务业为主的其他服务业发挥了市场和劳动力资源的优化配置作用；其他三类服务行业（信息技术服务业、会计及金融服务业、广告及宣传服务业）的 TFP 分解结果与总体服务业基本一致，即 TFP 越高的企业，其市场占有率越高，且市场再配置效应为这些行业的 TFP 增长做出了主要贡献，但就业再配置是一个"创造性破坏"过程。此外，本文还发现在技术密集型服务行业中，国有化程度越高的行业，其资源再配置效应越差。因此，要大力发展高技术服务业，提升技术密集型服务企业的 TFP 水平，应该继续推进国有企业的民营化改革，完善资源优化配置的市场机制。

第五，与制造业企业相比，服务企业的规模普遍较小，且 TFP 水平和增长率也低于制造业企业，但在不同企业和行业上，服务业 TFP 呈现更强的水平异质性和增长率趋同性；TFP 分解后发现，制造业 TFP 增长的主要贡献者是企业自身，且市场和就业的再配置效应与服务业是一致的。总体上服务业的再配置效应要优于制造业，但呈现更强的行业异质性。

由于中国服务企业层面的统计与调查较为滞后，使得国内有关服务业的生产率分析和资源误置的研究非常匮乏（聂辉华和贾瑞雪，2011），本文限于服务产品的特性和数据的可得性，只是对中国服务企业的 TFP 水平进行了初步分析，有待研究的方面仍较多，如将企业进入退出市场的行为纳入，从更为细致的层面分析服务企业 TFP 增长的源泉和资源配置效应，以及服务业市场资源再配置过程中的福利效应研究等。这些研究对于提升中国服务企业竞争力、纠正国内服务市场的资源配置扭曲和完善服务市场机制等有着重要的意义，也是我们进一步研究的方向。

参考文献

［1］Ackerberg D., Benkard C. L., Berry, S. and Pakes A.. Econometric Tools for Analyzing Market Outcomes［A］// J. Heckman, J. & Learner, E. Handbook of Econometrics［M］. Amsterdam: North-Holland, 2007.

［2］Bartelsman E. J. and Dhrymes P. J.. Productivity Dynamics: U. S. Manufacturing Plants, 1972~1986［J］. Journal of Productivity Analysis, 1998, 9（1）: 5-34.

［3］Beveren I. V.. Total Factor Productivity Estimation: A Practical Review［J］. Journal of Economic Surveys, 2012, 26（1）: 98-128.

［4］Gato M D., Liberto A. D, and Petraglia C.. Measuring Productivity［R］. Contributi Di Ricerca Cenos Working Paper, 2008.

［5］Hopenhayn H. A.. Entry, Exit and Firm Dynamics in Long Run Equilibrium［J］. Econometrica, 1992, 60（5）: 1127-1150.

［6］Levinsohn J. and Petrin A.. Estimating Production Functions Using Inputs to Control for Unobservables［J］. Review of Economic Studies, 2003, 70（2）: 317-341.

［7］Loecker J. D.. Product Differentiation, Multiproduct Firms, and Estimating the Impact of Trade

经济管理学科前沿研究报告

Liberalization on Productivity [J]. Econometrica，2011，79（5）：1407-1451.

[8] Marschak J., Andrews J. and William H.. Random Simultaneous Equations and the Theory of Production [J]. Econometrica, 1944, 12 (3/4): 143-205.

[9] Olley S. G. and Pakes A.. The Dynamics of Productivity in the Telecommunications Equipment Industry [J]. Econometrica, 1996, 64 (6): 1263-1297.

[10] Pavcnik N.. Trade Liberalization, Exit, and Productivity Improvements: Evidence from Chilean Plants [J]. Review of Economic Studies, 2002, 69 (1): 245-276.

[11] Rutkauskas J. and Paulaviciene E.. Concept of Productivity in Service Sector [J]. Engineering Economics, 2005, 43 (3): 29-34.

[12] Saliola F. and Seker M.. Total Factor Productivity across the Developing World [R]. World Bank Working Paper-Enterprise Note Series, 2011.

[13] Shepherd B.. Export and FDI Premia among Services Firms in the Developing World [J]. Applied Economics Letters, 2014, 21 (3): 176-179.

[14] Syrquin M.. Productivity Growth and Factor Reallocation [A]// H. B. Chenery. Industrialization and Growth [M]. Oxford: Oxford University Press, 1986.

[15] Wedervang F.. Development of a Population of Industrial Firms; the Structure of Manufact-uring Industries in Norway [M]. Oslo: Scandinavian University, 1965.

[16] White T. K., Reiter J. P. and Petrin A.. Plant-level Productivity and Imputation of Missing Data in U. S. Census Manufacturing Data [R]. NBER Working Paper, 2012.

[17] 蔡跃洲，郭梅军. 我国上市商业银行全要素生产率的实证分析 [J]. 经济研究，2009（9）.

[18] 顾成彦，胡汉辉. 基于 Malmquist 指数的我国电信业动态效率研究 [J]. 软科学，2008（4）.

[19] 侯晓辉，李婉丽，王青. 所有权、市场势力与中国商业银行的全要素生产率 [J]. 世界经济，2011（2）.

[20] 黄薇. 中国保险业全要素生产率研究 [J]. 当代经济科学，2008（11）.

[21] 江小涓. 服务全球化的发展趋势和理论分析 [J]. 经济研究，2008（2）.

[22] 江小涓. 服务业增长：真实含义、多重影响和发展趋势 [J]. 经济研究，2011（4）.

[23] 吕秀萍. 中国保险业全要素生产率变动的 Malmquist 指数分析个新的视角 [J]. 保险研究，2009（9）.

[24] 鲁晓东，连玉君. 中国工业企业全要素生产率估计：1999-2007 [J]. 经济学（季刊），2012（2）.

[25] 聂辉华，贾瑞雪. 中国制造业企业生产率与资源误置 [J]. 世界经济，2011（7）.

[26] 王兵，朱宁. 不良贷款约束下的中国银行业全要素生产率增长研究 [J]. 经济研究，2011（5）.

[27] 王恕立，胡宗彪. 中国服务业分行业生产率变迁及异质性考察 [J]. 经济研究，2012（4）.

[28] 徐盈之，赵玥. 中国信息服务业全要素生产率变动的区域差异与趋同分析 [J]. 数量经济技术经济研究，2009（10）.

[29] 谢千里，罗斯基，张铁凡. 中国工业企业生产率的增长与收敛 [J]. 经济学（季刊），2008（3）.

[30] 杨勇. 中国服务业全要素生产率再测算 [J]. 世界经济，2008（10）.

[31] 杨青青，苏秦，尹琳琳. 我国服务业生产率及其影响因素分析——基于随机前沿生产函数的实证研究 [J]. 数量经济技术经济研究，2009（12）.

[32] 杨少华，李再扬. 中国电信业生产率变动及其分解：基于 DEA-Malmquist 指数法的分析 [J]. 经济学家，2010（10）.

[33] 袁堂军. 中国企业全要素生产率水平研究 [J]. 经济研究，2009（6）.

[34] 张健华，王鹏. 中国银行业广义 Malmquist 生产率指数研究 [J]. 经济研究，2010（8）.

Productivity Heterogeneity of Service Enterprises and Factor Reallocation in China

Wang Shuli   Liu Jun

Abstract：Based on the micro-level data from the World Bank Enterprise Survey, this paper measures the total factor productivity (TFP) of China's ervice enterprises using semi-parametric estimator of LP, and then, analyzes effect of reallocation in TFP growth. The results show that the aggregate service TFP shows a rising trend, and there are great heterogeneities among the different types of enterprises and sub-industry. The service TFP has increased mainly due to the external market demand increases and the with-firm productivity growth, but there is a positive correlation between labor misallocation and the proportion of state firms in technology-intensive services. Compared with manufacturers, service providers are smaller, and have lower TFP and growth rate, but the reallocation effect is better. However, there are larger variations in reallocation effect across the various service sectors.

Key Words：Service Firms；TFP；Sources of Growth；Reallocation Effect

行业效应还是企业效应?*

——中国生产性服务企业利润率差异来源分解

陈艳莹　　鲍宗客

【摘　要】企业利润率差异的形成机制能够折射出企业的生存环境和产业的未来发展态势。本文首次利用中国第二次经济普查第三产业的 42 万余家企业数据，通过基于回归的 Shapley 值分解法，考察了中国生产性服务企业的利润率差异及其来源。结果表明，生产性服务企业的盈利能力明显高于同期的工业企业，但由于政府对不同生产性服务行业的行政垄断程度差异以及制造业对生产性服务需求的低端性，生产性服务企业间的利润率差异并非如资源基础论所认为的那样大部分由企业效应产生，而是很大程度上归因于所处行业的不同，并且，行业效应中市场结构和需求两类外生因素对利润率差异形成的贡献率明显高于行业内生的知识密集程度的贡献率，企业效应中所有制类型、非生产性支出和融资渠道的贡献率显著高于直接影响生产性服务质量的企业规模和人力资本的贡献率。强产业效应的存在说明行政垄断已经制约了中国生产性服务企业的个体成长空间，利润率差异主要源于企业主营业务之外和产业外生变量的现象则暴露出中国生产性服务企业在经营中过度依赖外部因素，对核心竞争力的培育和投入不足。要想切实改变中国生产性服务业发展迟缓的状况，必须采取措施纠正生产性服务企业在利润率差异形成机制上的扭曲。

【关键词】生产性服务企业；利润率；Shapley 值分解法；行业效应；企业效应

一、引言

利润率是企业经营绩效的一个综合反映，企业间利润率差异的形成机制能够折射出企业的生存环境和产业的未来发展态势。为加快经济结构转型，中国政府从"十五"计划起

---

* 本文作者：陈艳莹、鲍宗客，大连理工大学经济学院。
本文引自《管理世界》（月刊）2013 年第 10 期。

就加大了对生产性服务业的扶持力度，经济个体投资生产性服务业的激励也显著上升。2011 年生产性服务业的城镇固定资产投资达到 36167.4 亿元，投资额比 2003 年扩大约 4 倍，年均增长率达到 39.46%。然而，在政策倾斜的背景下，中国生产性服务企业的盈利能力究竟如何？企业间的利润率是否存在明显的差异，导致差异的原因又是什么？对这些问题的回答既可以检验中国政府过去一系列扶持政策的有效与否，也是将来中国生产性服务业政策走向的重要依据。

一直以来，由于缺少企业层面的微观统计数据，针对中国生产性服务业的研究更多集中在产业层面，探讨生产性服务业与制造业的融合和互动（顾乃华，2010；高觉民和李晓慧，2011；陈建军和陈菁菁，2010）、生产性服务业发展的策略和影响因素（程大中，2008；陈建军等，2009），以及效率的测算（原毅军等，2009；张自然，2010；黄莉芳等，2011）。对于中国生产性服务企业的盈利能力问题，目前只有葛建军和韩龙（2010）利用中国第一次经济普查数据中的第三产业企业样本，通过分层线性模型考察了第三产业中的行业因素对企业利润率水平的影响。不过，该研究的重点是比较分层线性模型与最小二乘法的估计效果，仅随机选取了 11 个行业中的 211 个企业样本，即没有考察中国生产性服务企业的总体利润率差异，更没有涉及利润率差异的来源问题。为更细致揭示中国生产性服务业微观层面的企业盈利能力状况，本文将首次使用中国第二次经济普查中的服务业企业大样本数据，全面考察中国生产性服务企业的利润率差异，并运用最近发展起来的一种基于回归的 Shapley 值分解法（Shorrocks，1999）来揭示生产性服务企业利润率差异的形成机制，以及这种形成机制在市场化进程存在较大差异的各地区间是否存在变化。

本文的结构安排如下：第一部分为引言；第二部分为文献回顾与理论假说；第三部分为样本选择与初步统计分析；第四部分为企业利润率决定模型与估计结果；第五部分为 Shapley 值分解结果和稳健性检验；第六部分为结论与政策建议。

二、文献回顾与理论假说

企业的利润率为什么存在差异一直是经济学和管理学关注的热点问题。在早期的基于产业组织理论的研究中，行业的市场结构被视为决定企业绩效的主要因素，因此，企业之间在利润率上的差异也就被认为是由企业所处的行业不同所导致的。后期的资源基础论则从企业内部独特的资源组织过程来解释企业间的利润率差异，该观点认为，企业是由一系列的资源组成的集合，企业的竞争优势和盈利能力虽然与行业有关，但更主要取决于企业所拥有的那些稀缺的、难以被模仿和替代的异质性资源，如人力资本、商誉以及政治关系等。

对于现实中的企业利润率差异到底源于异质性资源导致的"企业效应"还是与行业市

场结构相关的"行业效应"，Schmalensee（1985）最早进行了经验研究，其将影响企业利润率差异的主要因素归结为三个方面：与市场结构相关的行业效应、与企业管理水平相关的企业效应以及公司业务单元的效率因素。通过对美国1975年465个制造企业数据的利润方差分解发现，产业效应所占比重非常大，大约能够解释75%的企业利润率差异，而企业效应对利润率差异的贡献只有20%。Schmalensee（1985）的研究开创了运用方差分解、方差分量等统计手段进行企业利润率差异来源分解的经典研究范式，不过，其模型的解释程度很低，残差所占的比重较高。Rumelt（1991）对Schmalensee（1985）的模型进行了较大修正，增加了公司的年度效应，用以反映利润长期效应的持续性冲击，较大提高了模型的解释程度，并利用美国制造业1974~1977年的面板数据发现，企业效应可以解释利润率差异的46.37%，而产业效应只能解释8.32%。Mcgahan和Porter（1999，2002）以美国全部上市公司1981~1994年的58132个观测值为样本的研究表明，对于企业间利润率的差异，企业效应、产业效应与年度效应的影响都是显著的，企业效应的解释程度最高，为29.57%；其次是产业效应17.32%，年度效应为4.39%。随后的研究对实证样本的范围进行了扩张，如丹麦的企业（Eriksen and Knudsen，2003）、英国的制造业（Goddard et al.，2009）、澳大利亚的制造业（Galbreath and Galvin，2008）、中国台湾地区的制造业（Chen and Lin，2006）、巴基斯坦的上市公司数据（Syed and Nadeem，2011），这些研究基本都证实，企业效应是导致企业间利润率差异的主要原因。Misangyi等（2006）则在估计方法上进行了改进，使用分层线性模型的方法对美国制造企业1980~1999年的数据进行了回归分析，结果表明，不同企业的利润率差异中，来自企业效应和行业效应的部分大致相等。

　　总体上看，现有的经验研究结论多数都支持了资源基础论的观点，认为企业间的利润率差异主要源于异质性资源所导致的企业效应，行业效应所起的作用较弱。不过，需要注意的是，资源基础论本身暗含着市场机制完全的基本假设，上述经验研究普遍使用的也都是发达国家及地区制造业的样本，这些国家和地区的市场化程度较高，产业的竞争较为充分，政府对企业微观决策的影响微乎其微。然而，在新兴经济体中，尤其是在中国转轨发展的背景下，由于宏观经济环境的较大波动和产业政策干预力度较大，当某一行业出现阶段性的利好政策时，产业资本便迅速做出响应，大量的投资者同时进入这一行业，而不管自己是否拥有相对于其他企业的竞争优势。这很可能会加大中国企业的利润率差异中，来自行业效应的部分所占的比重。

　　对现阶段中国的生产性服务业来说，行业效应对企业间利润率差异的影响更加不容忽略。一方面，中国现阶段生产性服务业的行政垄断程度比制造业更为严重。政府凭借其对经济的强大干预能力，既可以制定行业准入标准，发放行业特许经营牌照，也可以通过诸如拖延、刁难、提高标准等方式加大企业进入行政垄断行业的成本。即使投资者能够进入行政垄断的生产性服务行业，政府也可以通过限制贷款、差异化税负等方式压榨其收益，如在融资租赁业中，经中国人民银行批准经营融资租赁业务的单位所从事的融资租赁业务，增收5%差额营业税，而其他未经批准的单位则增收17%增值税，这也就在较大程度上增加了未经批准企业的经营成本。一些不具有行政关联的企业逐渐被驱逐出行业，潜在的进入者也调整了行业的进入预期，开始将视线转移至进入管制较少的行业。如此一来，行业的行政进入规制、市场管制等制度障碍直接控制了整个产业的在位企业数量，企业数量不再是单纯的市场内生变量，行政性进入壁垒通过控制行业中的企业数量从而直接影响着中国生产性服务业的市场结构。邮电通信、金融保险、地质勘探等部分生产性服务业由于管制的程度较高而呈现具有垄断特征的产业格局，而另一些管制程度较低的生产性服务业，如计算机服务业、软件业和商务服务业等，则企业规模普遍偏小，缺乏具有绝对影响力的大企业，市场结构极其分散，呈现过度竞争的态势。按照产业组织理论的"结构—行为—绩效"传导机制，不同生产性服务行业在市场结构上的明显差异自然会加大行业效应对中国生产性服务企业利润率差异的贡献。

另一方面，目前中国制造业中占主导地位的仍然是劳动密集型产业，相当数量的企业还停留在传统甚至陈旧的生产模式上，竞争策略主要依赖成本优势和价格竞争，技术创新和产品开发的速度较为缓慢，加之中国尚不健全的法制环境不利于高端服务交易的开展，客观上造成了制造企业对生产性服务的需求以低技术的基本活动外包为主。生产性服务企业也就普遍集中在低技术的传统生产性服务的供给上，生产过程主要依赖对同质性资源的获取，对不可替代、难以模仿的异质性资源的获取存在不足，同质化竞争弱化了生产性服务企业利润率差异来源中的企业效应，也就相对增强了产业效应的作用。

从上面的分析可以看出，中国生产性服务企业在行业间市场结构上的较大差异增大了行业效应对企业利润率差异的影响；而制造企业对生产性服务的低层次需求使得生产性服务企业没有足够的动力在差异化的异质性资源上进行更多的投入，弱化了企业效应的同时也相对增强了产业效应对企业利润率差异形成的贡献。因此，我们有理由预期，在现阶段中国的生产性服务业中，企业利润率差异的来源并非如资源基础论所认为的那样大部分由企业效应所产生，行业效应可能会占较大比重。

总的来说，本文主要在以下三个方面有新的贡献：第一，扩宽了企业利润率差异形成机制的研究范围，现有研究普遍以工业或者制造业的数据为样本，本文借助于来自中国第二次经济普查的大样本企业数据将该领域的研究扩展到生产性服务行业；第二，研究方法上的创新，本文使用最近发展起来的基于回归方程的 Shapley 值分解法，不仅能够估计出行业效应和企业效应对中国生产性服务企业利润率差异的总体贡献程度，还能分解出两类效应所包含的各种具体因素的单独贡献；第三，放宽了企业资源基础论的研究假设，考察了企业盈利能力的形成机制在市场化程度不同区域之间的差异。

三、样本选择与初步统计分析

（一）样本选择与数据来源

目前，理论界对生产性服务业的界定并无统一、严格的标准，本文在确定中国生产性服务业的样本范围时，参照国际上标准的方法，将服务业中的中间需求率高于 50% 的部门界定为生产性服务业，由此得到了如表 1 所示的 12 个细分行业。

在数据来源上，我们使用的是 2008 年中国第二次经济普查第三产业部分的企业数据[①]。这次经济普查的对象是在中国境内从事第二产业和第三产业的全部法人单位、产业活动单位和个体经营户，从该数据库中我们获得了除内蒙古以外的涵盖中国内地 30 个省市区共计 565226 家生产性服务企业的大样本数据集，包括企业成立时间、主营业务收入、从业人数等 60 多个指标集合。

虽然普查的时间点是 2008 年，但该数据在普查年鉴出版之后的 2012 年才对外公布，因此是目前所能得到的有关中国服务企业最新、最全面的一个数据集，其特有的大样本性质能够很好地满足我们全面考察企业间利润差异形成机制的需要。此外，与张杰等（2011）利用由企业财务报表生成的中国工业企业年度数据库进行的中国工业企业利润率差异决定机制的研究对比，普查数据与企业的纳税没有直接关系，企业填报的利润数据通常会比财务报表更为真实，利用普查数据考察企业利润率差异的准确性也要更高。

尽管数据库包含了丰富的信息，但其中有些样本数据存在错误和缺失，为提高估计结果的准确性，我们对样本进行了如下筛选：①删除在统计逻辑上明显错误的样本，如企业总产值为负，从业人数为负，总资产小于所有者权益；②删除统计信息不全的样本；③删除非正常营业的样本；④删除销售利润率大于 100% 的样本；⑤删除资产负债率大于 100% 的样本。

此外，数据库中还存在部分无法使用上述四项筛选程序剔除的异常样本，如销售利润率为-10000%，为克服这些异常样本所形成的离群值对经验研究结果准确性的影响，我们对本文使用的销售利润率和人均创造利润这两个用来衡量生产性服务企业盈利能力的主要指标进行了头尾各 5% 的 Winsorized 缩尾处理。经过筛选后的样本企业数量为 423114 家，其中的 363425 家企业有盈利，占样本总量的 85.89%。12 个细分行业具体的样本企业数量及盈利企业占比信息见表 1。

---

① 截至目前，中国只进行了两次经济普查，第一次为 2004 年，第二次为 2008 年。

表 1 本研究包括的细分行业及样本数

行业代码	行业名称	样本(筛选前)	样本(筛选后)	盈利企业数(家)	盈利企业百分比(%)
52	道路运输业	11568	10315	7633	74.00
57	装卸搬运和其他运输服务业	12488	10113	7883	77.95
58	仓储业	12490	10154	8221	80.96
60	电信和其他信息传输服务业	16629	11933	8999	75.41
61	计算机服务业	78395	61430	59732	97.24
62	软件业	34219	24515	15579	63.55
71	其他金融活动	6219	4363	3861	88.49
73	租赁业	14994	11258	3343	29.69
74	商务服务业	292233	203206	201343	99.08
75	研究与实验发展	10887	7742	7198	92.97
76	专业技术服务业	51122	46647	18748	40.19
77	科技交流和推广服务业	23982	21438	20885	97.42
合计	12行业	565226	423114	363425	85.89

注：①样本（筛选后）一栏为按照销售利润率 Winsorized 缩尾处理后的样本；②由于数据差距较小，本表并未列出按照人均利润率 Winsorized 缩尾处理后的样本数量。

(二) 中国生产性服务企业利润率的统计分析

在衡量企业利润率时，现有研究一般单纯采用销售利润率（张杰等，2011）或资产利润率（曲玥，2008）等财务盈利能力指标，在需要大量固定资产投资及有形产品投入的工业部门，这种衡量方式能够较好地反映企业的盈利能力，但在生产性服务业中，企业的主要投入并非实物资产，而是品牌、技能、知识以及人脉关系等凝结在员工身上的无形资产，利润的创造主要来自人力资本的投入及其质量。考虑到生产性服务企业有别于工业企业的这一特点，本文使用盈利能力和盈利效率两方面指标来衡量中国生产性服务企业的利润率，所选盈利能力指标为企业的销售利润率（Sales-margin），即营业利润与销售收入之比，以反映业务活动的利润创造能力。盈利效率指标为人均创造利润（Pprofit），即营业利润与企业平均从业人数的比值，以反映人力资本的劳动效率。

按照这两个指标，表 2 分行业报告了 2008 年中国生产性服务企业的盈利状况。整体上看，全部生产性服务业企业的平均销售利润率和人均利润分别达到 11.44% 和 2.243 万元，明显高于同期工业企业的销售利润率 6.11% 和人均创造利润 3.46 千元[①]，表明现阶段中国生产性服务企业比工业企业具有更强的利润创造能力。销售利润率的上四分位数为 25.01%，下四分位数为 1.85%，四分位距接近 24%；人均创造利润的上四分位数为 3.399

[①] 工业销售利润率和人均创造利润来源于《中国统计年鉴（2009）》，并经作者计算得出。

万元，下四分位数为 1.6 千元，四分位距超过 3.2 万元，由此可以看出，中国生产性服务企业无论在总体盈利能力还是在盈利效率上都存在较大差异。此外，两个指标的总体均值都大于中位数，特别是人均创造利润的均值是中位数的 2 倍，利润率的分布呈现典型右偏及长尾特征，表明中国生产性服务行业中仅有少数企业的盈利能力显著高于平均水平。

表 2　2008 年不同行业生产性服务企业销信利润率和人均创造利润

行业名称	销售利润率（%）				人均创造利润（千元/人）			
	25th	50th	Mean	75th	25th	50th	Mean	75th
道路运输业	3.44	14.58	15.26	27.64	4.00	18.98	37.41	56.72
装卸搬运和其他运输服务业	0.86	9.67	10.63	23.26	1.00	8.80	23.71	31.02
仓储业	1.94	11.35	12.57	25.64	3.24	16.19	31.98	45.59
电信和其他信息传输服务业	1.44	12.55	12.92	28.48	1.40	10.75	23.21	31.50
计算机服务业	7.33	19.86	19.41	33.50	4.67	15.20	27.14	36.00
软件业	−1.71	4.22	4.12	17.56	−1.33	4.00	17.40	23.39
其他金融活动	5.72	16.67	16.38	31.21	4.21	17.90	34.09	49.17
租赁业	1.75	11.54	12.11	26.60	1.00	10.00	23.57	32.50
商务服务业	0.62	9.58	10.24	24.11	0.50	7.71	21.49	29.07
研究与实验发展	0.00	6.50	6.25	20.00	−0.16	5.92	18.19	25.00
专业技术服务业	0.69	7.89	9.12	21.08	0.51	7.00	19.05	25.60
科技交流和推广服务业	0.16	7.23	8.23	21.00	0.20	5.71	17.57	22.33
平均	1.85	10.97	11.44	25.01	1.60	10.68	22.43	33.99

分行业来看，计算机服务业、其他金融活动和道路运输业三个行业的企业销售利润率最高，均值分别为 19.41%、16.38% 和 15.26%，分别比生产性服务业的整体均值高了 69.67%、43.18% 和 33.34%；道路运输业、其他金融活动和仓储业三个行业的人均创造利润最高，均值分别为 3.741 万元、3.409 万元和 3.198 万元，分别比整体均值高了 66.79%、51.98% 和 42.58%。软件业和研究与发展实验两个行业的企业销售利润率最低，均值仅为 4.12% 和 6.25%，分别比整体均值低了 63.99% 和 45.37%；软件业和科技交流与推广服务业的人均利润最低，人均利润分别为 1.740 万元和 1.757 万元，但与整体均值相差不大，只比平均值低了 20% 左右。

为确定这种直观显现的行业差异是否在统计意义上显著，我们对销售利润率和人均利润进行了 Kruskal–Wallis 非参数检验[1]，结果在 5% 的显著性水平下拒绝了两个指标在不同行业间分布相同的原假设。这进一步表明，中国生产性服务企业的利润率在行业之间存在明显的差异性。

---

① 我们按照樊纲等（2011）的《中国市场化指数》和地理位置两个方面将样本划分为东部地区和中西部地区，其中东部地区包括：上海、北京、天津、浙江、江苏、安徽、黑龙江、吉林、辽宁、山东、福建、广东和安徽 13 个省份；中西部地区包括：湖南、湖北、河南、山西、河北、云南、广西、海南、重庆、宁夏、甘肃、贵州、四川、山西、青海、新疆和西藏 17 个省份。基本而言，东部地区的每个省份的市场化程度都比中西部地区高（除重庆外）。

四、企业利润率决定模型与估计结果

在研究企业利润率差异的方法上，方差分量和方差分解是资源基础派所推崇的方法，其优势是能够尽可能减少模型的设定误差，可以准确地解释企业利润率差异是由行业原因所致还是企业原因所致。不过，方差分析只是总体上的分解，没有聚焦到两类效应的具体作用机制，无法揭示诸如企业所有制、规模、行业竞争程度等构成企业效应和行业效应的具体因素对企业利润率差异的贡献程度。鉴于此，本文使用 Shorrocks（1999）提出的基于回归分析的 Shapley 值分解法，该方法的优点在于既能解释具体影响因素对因变量差异的单独贡献，又能合并分解出某一大类影响因素的总体贡献，并能很好地处理残差项的影响（Wan，2004），目前已被广泛运用于收入差距影响因素的分解（Wan and Zhang，2006；Wan at el.，2007；赵剑治和陆铭，2009）。

按照 Shapley 值分解法对中国生产性服务企业利润率差异的影响因素进行分解包含两个步骤：第一，通过构建企业利润率的形成模型，估计出各解释变量的系数和显著性，剔除不显著的变量，分离出企业利润率的决定方程；第二，将利润率差异的计算指标运用到利润率决定方程，从而得到各解释变量对企业利润率差异的贡献度。因此，接下来，我们先进行企业利润率决定方程的估计。

（一）中国生产性服务企业利润率形成模型的设定

现有关于企业利润率差异分解的研究所设定的企业利润率决定模型通常包括行业效应、企业效应和年度效应三个部分，不过，在传统的方差分析方法下，这 3 个效应往往被作为虚拟变量来对待。为应用 Shapley 值分解法，我们的利润率决定模型为一个多元计量模型，由于所使用的样本是 2008 年的截面数据，无法分离出年度效应，最终设定的利润率形成模型如式（1）所示。

$$profit_{ij} = a + \beta \times industry(x_j) + \gamma \times firm(y_{ij}) + \varepsilon_{ij} \tag{1}$$

其中，下标 i 表示企业，j 表示企业所属的行业，profit 表示企业利润率，我们分别使用销售利润率（Sales-margin）和人均创造利润的对数（lnPprofit）来衡量；industry 和 firm 分别表示行业效应和企业效应的变量集合，具体包括的指标如下。

1. 行业效应

结合中国生产性服务业的实际，选择三方面指标。

（1）产业集中度（CR）。作为产业组织理论中影响企业利润率最重要的行业因素之一，产业集中度已经被一些研究证实对中国制造企业的利润率存在显著影响（戚聿东，1998；戴魁早，2007；张杰等，2011）。考虑到生产性服务企业多数规模较小的特点，在检验其对中国生产性服务企业利润率的影响时，我们具体使用 CR50，即行业中前 50 位企业的规模占行业规模的比重，企业规模用年末企业从业人员数量的对数来衡量。

（2）市场需求的扩张程度（demand）。企业的利润率与行业整体市场需求的变化直接相关（杨公朴和夏大慰，2006），目前由于承接国际服务外包和本土制造业中间需求增长的差异，中国不同生产性服务行业的市场需求扩张程度不同，企业的盈利能力很可能受此影响。在具体衡量指标上，交通运输和其他运输服务业、仓储业、计算机服务业、软件业、租赁业、商业服务业、交流与推广服务业以及电信与其他信息传输服务业以营业收入增长率来衡量，道路运输业以货物周转量增长率来衡量，专业技术服务业以各地区市场成交额增长率来衡量，研究与实验发展业以研发全时当量增长率来衡量，其他金融活动以收入增长率来衡量，相关数据来自 2009 年中国第三产业统计年鉴。

（3）行业知识密集程度（intellect）。知识越密集的生产性服务对制造企业竞争力的提升作用越大，附加值越高，因此，所处行业的知识密集程度通常会与服务企业的利润率正相关（Buera et al.，2012）。借鉴原毅军和陈艳莹（2011）的做法，我们以行业中间品投入来自高技术制造业的比重来衡量不同生产性服务行业的知识密集程度，数值越大表明该行业的知识密集程度越高，数据来源于 2007 年中国投入产出表。

2. 企业效应

以 Szymanski 等（1993）利用相关文献的元分析所确定的企业绩效常规驱动因子为基础，我们选择以下七个指标来衡量影响中国生产性服务企业利润率的企业层面因素。

（1）企业规模（size）。规模大的企业可以利用规模经济和范围经济，对于生产性服务这种经验品来说，企业规模大还会被买方视为高质量的信号从而增强企业的溢价能力（杜创，2009），两方面作用都会提高企业的利润率。在指标选择上，针对生产性服务企业的劳动密集特点，以年末企业从业人员数量的对数来衡量。

（2）人力资本（human）。人力资本的高低会通过作用于生产性服务企业的服务质量而直接影响企业的利润率，以具有大学本科以上学历的员工占企业从业人员的比重来衡量。

（3）多元化经营程度（diversity）。目前中国的生产性服务企业多元化经营现象较为普遍，如软件公司混业经营硬件销售、会计师事务所混业经营管理咨询、人力资源服务等。多元化经营既可以实现战略性资源的共享，也会加大企业内部管理的难度，对企业利润率的净影响存在不确定性（Sirmon et al.，2007；Giachetti，2012）。考虑到企业一般采用部门分离或成立子公司的方式来开展多元化，我们以企业活动单位数的对数来衡量。

（4）融资渠道（financing）。不同的融资渠道意味着不一样的融资效率，因而会影响到企业的利润率。由于无法准确衡量企业的融资渠道，使用企业的融资成本（cost）和资产负债率（debt-asset）作为融资渠道的代理变量，以利息支出占权益资本总额来衡量企业的融资成本。

（5）企业的成立年限（age）。用企业成立年数的对数来衡量，以反映企业进入市场时间的早晚。很多研究都证实，进入市场早的企业可以通过资源占先、顾客转换成本等获得先动优势，从而较后进入市场的企业获得更好的经营绩效（Szymanski et al.，1995；

Jakobsen，2007）。生产性服务是高度专业化的服务，其所依赖的技能、经验等隐性知识以及声誉都需要时间的积累，因此，先动优势可能在生产性服务业中会表现得更突出，从而使得成立时间较早的企业利润率会更高。

（6）所有制类型（owner）。在中国特殊的制度背景下，所有制因素对企业利润率的形成有直接影响（贺俊，2007；张杰等，2011），我们引入三个虚拟变量来反映企业是否为外商投资企业（foreign）、港澳台投资企业（HK）和国有企业（state）。

（7）非生产性支出（unproductive）。由于中国行政权力和人情关系配置社会资源的色彩并未褪尽，企业普遍倾向于通过各种形式向政府进行寻租或与客户、供应商建立关系网络。这种发生在生产活动之外的非生产性支出可以使企业获取更多正常情况下无法获得的资源或者降低资源的获取成本，形成"四两拨千斤"式的收益回报，因而很可能会有助于企业利润率的提升。参照万华林和陈信元（2010）的做法，以企业营业管理费用的对数来衡量。

中国各区域的市场化进程存在显著的差异，东部地区的市场化已经取得决定性的进展，而西部地区一些省份的市场化进程还处于初步的阶段。由于市场环境的健全与否直接影响行业效应和企业效应在企业利润率差异来源中的相对贡献，式（1）中的各解释变量显著性及系数符号在东部地区和中西部地区之间很可能会发生变化。因此，在总体回归之外，我们还将样本企业按地区进行了分组，以全面考察中国生产性服务企业利润率差异的形成机制。

各变量的描述性统计如表3所示。

表3　主要变量的描述性统计

变量	全部样本		按地区市场化进程分组			
			东部		中西部	
	均值	标准差	均值	标准差	均值	标准差
被解释变量						
销售利润率（Sales-margin）	11.30	0.23	9.58	0.23	16.28	0.22
人均创造利润对数（lnPprofit）	2.47	1.61	2.49	1.65	2.43	1.50
解释变量						
行业效应						
市场结构（CR50）	0.27	0.08	0.26	0.07	0.29	0.09
市场需求扩张程度（demand）	0.19	0.04	0.19	0.04	0.20	0.04
行业知识密集程度（intellect）	0.27	0.06	0.27	0.06	0.27	0.06
企业效应						
企业规模（size）	2.06	1.03	2.02	1.13	2.04	1.05
人力资本（human）	0.28	0.31	0.28	0.32	0.27	0.31
多元化程度（diversity）	0.04	0.25	0.03	0.21	0.03	0.23
资产负债率（debt-asset）	0.29	0.49	0.30	0.53	0.21	0.36
融资成本（cost）	0.02	1.26	0.01	1.41	0.02	0.69

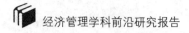

变量	全部样本		按地区市场化进程分组			
			东部		中西部	
	均值	标准差	均值	标准差	均值	标准差
企业成立年限（age）	1.47	0.79	1.46	0.79	1.42	0.81
所有制类别（owner）	1.93	0.43	1.94	0.43	1.90	0.35
非生产性支出（unproductive）	5.10	1.97	5.11	1.90	4.28	1.87

（二）对内生性问题的处理

由于式（1）的回归中包括多个解释变量，为避免变量之间存在相关性，我们对全部解释变量进行了 Pearson 相关性系数检验[1]，结果发现，除变量 size 和 unproductive 之间的相关系数为 0.59 以外，其他各个变量之间的相关系数都在 0.4 以下，这表明解释变量之间的相关性并不严重。但是，我们使用的普查数据是典型的截面数据，在企业效应所包括的各个变量中，很可能会有部分变量与企业的利润率存在双向因果关系，即它们不仅是影响企业利润率的原因，还可能是由企业利润率导致的某种结果。例如，人力资本高的企业服务质量更高因而利润率会更高，但也可能是因为企业的利润率高所以才能出高薪来招聘高素质的员工，从而提升了企业的人力资本水平。这种双向因果关系会导致内生性问题，使得回归结果存在偏误。

为此，我们对式（1）的销售利润率模型和人均创造利润模型分别进行了解释变量的内生性检验。根据每个解释变量与被解释变量之间的内在经济联系，初步假定企业规模、人力资本、企业成立年限、非生产性支出和多元化程度五个变量可能存在内生性问题，然后对这些变量逐个进行了 Hausman 检验。具体做法分为两步：第一，通过估计可能的内生解释变量与外生变量的方程估计出残差的结果；第二，将残差的估计结果代入式（1）进行估计，若残差的估计系数通过显著性检验，则相应变量即为内生解释变量。两步的内生性检验方程如式（2）和式（3）所示：

$$\text{Enfirm}(y_{ij}) = \theta + \kappa \times \text{industry}(x_j) + \pi \times \text{Exfirm}(y_{ij}) + \varepsilon_{ij} \tag{2}$$

$$\text{profit}_{ij} = \phi + \varphi \times \text{industry}(x_j) + \lambda \times \text{firm}(y_{ij}) + \eta \times \text{resid}_i + \varepsilon_{ij} \tag{3}$$

式（2）中，Enfirm 指可能的内生企业效应变量，包括企业规模、人力资本、企业成立年限、非生产性支出和多元化程度，Exfirm 指外生的企业效应变量，式（3）中的 resid 为式（2）中估计的残差。

最终的估计结果表明[2]，在销售利润率模型中，企业规模、人力资本和非生产性支出

的 resid 的估计系数分别为 1.351、0.164 和 2.163，在 1%、5% 和 1% 的显著性水平通过检验；在人均创造利润模型中，人力资本和非生产性支出的 resid 的估计系数分别为 1.743 和 3.644，且均在 1% 的显著性水平通过检验。这说明，我们的估计模型确实存在由因果关系导致的内生性问题，企业规模、人力资本和非生产性支出为销售利润率模型的内生解释变量，人力资本和非生产性支出为人均创造利润模型的内生解释变量。

对于截面数据内生性问题的处理，多数文献都采用工具变量法（范建勇，2006；黄玖立和李坤望，2013）。不过，本文的研究中存在多个内生解释变量，在现有的数据集合中很难找到多个满意的外生工具变量，因此，我们使用两阶段最小二乘法（TSLS）来解决模型的内生性问题。两阶段最小二乘法是间接最小二乘法与工具变量法的结合与推广，其基本思想是：首先利用最小二乘法（OLS）估计简化式方程，得到内生解释变量的估计值；然后以内生变量的估计值为工具变量，对原始的结构式方程应用 OLS 法，得到结构参数的估计值（萧政，2012）。从工具变量选择的角度来说，简化式方程的估计量是全体外生变量的线性组合，既排除了与原始方程中随机扰动项的相关性，又与自身存在高度相关性，因此，将内生解释变量的估计值作为两阶段最小二乘法的工具变量是比较合适的。而且，两阶段最小二乘法的整个计算过程没有涉及结构方程中内生解释变量和外生解释变量的数目，所以与方程的识别状态无关，既适用于恰好识别的结构方程，又适用于过度识别的结构方程。

在构建针对各内生解释变量的简化式方程时，我们依据 Pearson 相关性系数的检验结果来选择相应的外生解释变量。具体的估计方程如下所示：

$$\text{human}_{ij} = a_0 + a_1 \times \text{profit}_{ij} + a_2 \times \text{owner}_{ij} + a_3 \times \text{diveristy}_{ij} + a_4 \times \text{intellect}_j + a_5 \times \text{demand}_j + \varepsilon_i \tag{4}$$

$$\text{umproductive}_{ij} = c_0 + c_1 \times \text{profit}_{ij} + c_2 \times \text{diveristy}_{ij} + c_3 \times \text{financing}_{ij} + c_4 \times \text{age}_{ij} + c_5 \times \text{demand}_j + \varepsilon_i \tag{5}$$

$$\text{size}_{ij} = b_0 + b_1 \times \text{profit}_{ij} + b_2 \times \text{owner}_{ij} + b_3 \times \text{diveristy}_{ij} + b_4 \times \text{financing}_{ij} + b_5 \times \text{age}_{ij} + b_6 \times \text{intellect}_j + \varepsilon_i \tag{6}$$

其中，式（4）和式（5）中的变量 profit 分别使用销售利润率和人均创造利润，式（6）中的 profit 只使用销售利润率。此外，对于截面数据的回归分析必须考虑的异方差性问题，本文通过报告稳健标准误来进行修正。

（三）利润率决定方程的估计结果

1. 利润率决定方程的全样本估计结果

表 4 为针对全部样本的估计结果[①]，其中，前五列的被解释变量为销售利润率，第（6）~（9）列的被解释变量为人均创造利润。为便于比较，我们同时给出了普通最小二乘法

---

① 同时，我们也估计了单独企业效应或者行业效应的估计结果，其结果并没有出现较大变化。

（OLS）和两阶段最小二乘法（TSLS）的回归结果，可以看出，后者的估计结果与前者有明显差别，这说明，本文模型中的内生性问题是较为严重的，如果不考虑内生性问题按照普通最小二乘法的估计结果进行利润率差异的来源分解，必然会导致偏误。因此，接下来的分析和分解均使用两阶段最小二乘法的估计结果。

表4 利润率决定方程的全样本估计结果

变量	销售利润率（Sales-margin）					人均创造利润对数（lnPprofit）			
	OLS	TSLS				OLS	TSLS		
		第一阶段			第二阶段		第一阶段		第二阶段
	（1）	（2）	（3）	（4）	（5）	（6）	（7）	（8）	（9）
profit		0.134*** (0.0012)	0.082*** (0.0001)	0.311*** (0.0122)			0.713*** (0.0077)	1.219*** (0.1034)	
C	0.041*** (0.0034)	2.846*** (0.0147)	0.351*** (0.0042)	6.651*** (0.0256)	−0.087*** (0.0064)	1.476*** (0.0330)	0.351*** (0.0042)	6.649*** (0.0256)	5.250*** (0.135)
行业效应									
CR50	0.171*** (0.0047)				0.215*** (0.0048)	1.203*** (0.0452)			5.157*** (0.173)
demand	0.404*** (0.0087)		−1.198** (0.0113)	−4.96*** (0.0684)	0.571*** (0.0089)	2.110*** (0.0856)	−2.03*** (0.0119)	−4.67*** (0.0655)	7.392*** (0.238)
intellect	0.050*** (0.0060)	−2.298*** (0.0271)	0.602*** (0.0078)		0.039*** (0.0072)	0.240*** (0.0620)	0.600*** (0.0078)		3.789*** (0.238)
企业效应									
size	0.023*** (0.0004)				0.012*** (0.0016)	−0.160*** (0.0039)			−0.125*** (0.0035)
human	−0.065*** (0.0012)				0.036*** (0.6000)	−0.314*** (0.0117)			−0.820*** (0.038)
diversity	−0.014*** (0.0015)	−1.40*** (0.0392)	0.018*** (0.0004)	0.141*** (0.0090)	−0.019*** (0.0015)	−0.25*** (0.0182)	0.018*** (0.0004)	0.141*** (0.0090)	−0.082*** (0.0038)
debt−asset	−0.007*** (0.0002)	0.259*** (0.0033)		0.508*** (0.0058)	−0.015*** (0.0009)	0.070*** (0.0100)		0.525*** (0.0061)	0.091*** (0.0096)
cost	−0.0002 (0.0003)					0.0023 (0.0026)			0.006** (0.135)
age	0.008*** (0.0011)	0.292*** (0.0022)		0.481*** (0.0038)	0.003*** (0.0005)	0.001** (0.0006)		0.433*** (0.0031)	0.053*** (0.0047)
state	0.004*** (0.0012)	−0.339*** (0.0054)	0.033*** (0.0016)		0.003** (0.0015)	0.048*** (0.0109)	−0.339*** (0.0054)		−0.322*** (0.020)
HK	−0.059*** (0.0039)	0.633*** (0.0180)	0.111*** (0.0052)		−0.103*** (0.0040)	0.130*** (0.0532)	0.633*** (0.0180)		0.770*** (0.0546)
foreign	−0.048*** (0.0029)	0.624*** (0.0136)	0.146*** (0.0039)		−0.098*** (0.0031)	0.257*** (0.0381)	0.624*** (0.0136)		1.451*** (0.0588)
unproductive	−0.021*** (0.0007)				0.007*** (0.0010)	0.130*** (0.0019)			−0.561*** (0.026)

变量	销售利润率（Sales-margin）					人均创造利润对数（lnPprofit）			
	OLS	TSLS				OLS	TSLS		
		第一阶段			第二阶段		第一阶段		第二阶段
	(1)*	(2)	(3)	(4)	(5)	(6)	(7)	(8)	(9)
R^2	0.048	0.021	0.140	0.231	0.021	0.038	0.140	0.233	0.015
IV 工具	size，human 和 unpraductive 的估计值					human 和 unproductive 的估计值			
N	423111	423111	423111	423111	423111	423111	423111	423111	423111

注：①*、** 和 *** 分别表示在 10%、5% 和 1% 水平下显著，括号内为稳健标准误，下同；②第（2）、第（3）和第（4）列估计结果的被解释变量分别是企业规模、人力资本和非生产性支出，第（7）和第（8）列估计结果的被解释变量分别是人力资本和非生产性支出，系数值均为剔除了不显著的解释变量之后的估计结果。

由表 4 中回归（5）和回归（9）的估计结果可以看出，在行业效应的具体构成因素方面，变量 CR50、demand 和 intellect 的估计系数无论在对销售利润率还是人均创造利润的回归中都为正，且都通过 1% 的显著性检验，这表明生产性服务业的行业市场集中度、需求增长幅度和知识密集程度均与行业当中企业的盈利能力正相关。

在企业效应的具体构成因素方面，变量 age 的回归系数在两组回归中均显著为正，diversity 的回归系数则在两组回归中均显著为负，这说明中国生产性服务业存在先入优势，进入较早的企业无论销售利润率还是人均创造利润均好于后进入的企业，而多元化却会系统地降低企业的盈利能力。变量 size、human、state 和 unproductive 的回归系数均在销售利润率的回归中显著为正而在人均创造利润的回归中显著为负，说明企业规模的扩大、人力资本的提升和非生产性支出的增加有助于中国生产性服务企业销售利润率的形成，但却不利于企业人均利润的创造，国企的总体盈利能力高于民营企业，但盈利效率却较低。变量 debt-asset、HK 和 foreign 的估计系数均在销售利润率的回归中显著为负而在人均创造利润的回归中显著为正，表明资产负债率的上升会降低中国生产性服务企业的销售利润率但有助于提高企业的人均利润水平，港澳台和外资企业的总体利润水平较私营企业低，但人均创造利润更高。变量 cost 只在人均创造利润的回归中显著为正，在销售利润率的回归中则没有通过显著性检验。

2. 按区域分组的利润率决定模型估计结果

表 5 报告了式（1）按区域分组后的估计结果，由于篇幅的限制，我们省略了 TSLS 估计中第一阶段的估计结果。可以看出，多数解释变量的估计结果在东部和中西部地区之间存在较大差异。例如，在对销售利润率的回归中，变量 age 在中西部地区显著而在东部地区不显著，HK 和 foreign 的估计系数在东部地区显著为负而中西部地区显著为正。在对人均创造利润的回归中，变量 demand、HK 的估计系数在东部地区显著为正而在中西部则显著为负，diversity 的估计系数在东部地区显著为负而在中西部显著为正，state 则只在东部地区显著。这表明，生产性服务企业的利润率决定模型在市场化程度不同的各区域间确实存在差异，这对随后将要进行的 Shapley 值分解至关重要。

表 5　利润率决定方程的地区分组估计结果

变量	销售利润率 (Sales-margin)				人均创造利润对数 (lnPprofit)			
	东部		中西部		东部		中西部	
	OLS	TSLS	OLS	TSLS	OLS	TSLS	OLS	TSLS
	(1)	(2)	(3)	(4)	(5)	(6)	(7)	(8)
C	0.059*** (0.0038)	−0.039*** (−0.0076)	0.053*** (0.0068)	−0.013*** (0.0123)	1.635*** (0.0291)	2.101*** (0.038)	1.365*** (0.0407)	1.921*** (0.0568)
行业效应								
CR50	0.077*** (0.0056)	0.096*** (0.0057)	0.290*** (0.0089)	0.363*** (0.0092)	0.700*** (0.0428)	1.318*** (0.0822)	1.976*** (0.0736)	5.910*** (0.2140)
intellect	0.017*** (0.0066)	−0.010*** (0.0082)	0.080*** (0.0124)	0.135*** (0.0147)	0.510*** (0.0536)	−1.961*** (0.102)		−3.508*** (0.1398)
demand	0.324*** (0.0103)	0.451*** (0.0102)	0.404*** (0.0177)	0.620*** (0.0181)	1.896*** (0.0785)	0.500*** (0.175)	1.256*** (0.1538)	−3.619*** (0.2804)
企业效应								
size	0.022*** (0.0005)	0.016*** (0.0019)	0.011*** (0.0009)	0.008*** (0.0031)	−0.287*** (0.0042)	−0.010*** (0.0042)	−0.422*** (0.0083)	−0.197*** (0.0069)
human	−0.068*** (0.0014)	0.056*** (0.7029)	−0.052*** (0.0019)	0.093*** (1.125)	−0.391*** (0.0113)	−0.058*** (0.0048)	−0.260*** (0.0201)	−0.157*** (0.0067)
diversity	−0.017*** (0.0018)	−0.013*** (0.0018)	−0.007*** (0.0026)	−0.029*** (0.0026)	−0.110*** (0.0177)	−0.008*** (0.0214)		0.164*** (0.0274)
debt−asset	−0.005*** (0.0017)	−0.011*** (0.0010)	−0.004*** (0.0005)	−0.020*** (0.0021)	0.107*** (0.0097)	0.232*** (0.0163)	0.117*** (0.0176)	0.560*** (0.0241)
cost		0.0045*** (0.0006)		0.002*** (0.0009)		0.047*** (0.0057)		0.065*** (0.008)
age	0.006*** (0.0005)		0.008*** (0.0009)	0.023*** (0.0027)		0.359*** (0.0265)	0.050*** (0.0076)	0.749*** (0.0378)
state		0.103*** (0.0042)	0.014*** (0.0022)	0.037*** (0.0031)	−0.008 (0.0107)	−0.125*** (0.086)		
HK	−0.071*** (0.0045)	−0.098*** (0.0032)	0.027** (0.0129)	0.014** (0.0151)	0.085** (0.0355)	0.291*** (0.0795)		−0.029* (0.1207)
foreign	−0.060*** (0.0032)	−0.009*** (0.0011)	0.039*** (0.0096)	0.005*** (0.0019)	0.173*** (0.0258)	0.396*** (0.0325)	0.227* (0.1265)	0.970*** (0.0458)
unproductice	−0.015*** (0.0003)	0.039*** (−0.0076)	−0.025*** (0.0006)	0.013*** (0.0123)	0.215*** (0.0022)	−2.101*** (0.038)	0.234*** (0.0042)	−1.921*** (0.0568)
R^2	0.033	0.012	0.074	0.038	0.047	0.011	0.086	0.035
N	314433	314433	108553	108553	310208	314433	112898	108553

注：销售利润率模型中的工具变量为 size、human 和 unproductive 的估计值，人均创造利润模型中的工具变量为 human 和 unproductice 的估计值。

五、Shapley 值分解结果与稳健性检验

由上一部分对企业利润率决定方程的回归结果可以看出，中国生产性服务企业利润率差异的形成机制中，既存在行业层面的因素也存在企业层面的因素，那么，中国生产性服务企业的利润率差异来源于行业效应和企业效应的部分到底有多大，特别是，行业效应是否会如我们预期的那样占较大的比重？在市场化水平差异巨大的中国各区域间，这两种效应的贡献程度是否会发生变化？接下来，我们将运用 Shapley 值分解法估算利润率决定模型中各解释变量对于利润率差异的影响，据此测算行业效应和企业效应的具体贡献度。

(一) 具体分解方法

Shapley 值分解法的主要思想是将利润率决定方程中的某一解释变量 x 的样本取其均值，然后将 x 的平均值和其他变量的样本实际值一起代入利润率决定方程计算出利润率数据，记为 Y^1，其差异系数记为 $f(Y^1)$。我们可以根据 $f(Y^1)$ 与通过真实数据计算出的差异系数 $f(Y^0)$ 之间的差作为解释变量 x 对于利润率差异形成的贡献，贡献率即为 $[(fY^0) - (fY^1)]/(fY^0)$，若该值大于 0，表明 x 对利润率差异形成有正的贡献，是扩大利润率差异形成的因素，反正则是利润率差异缩小的因素。

由表 5 和表 6 可知，部分解释变量在某些分组回归中并没有通过模型的显著性检验，鉴于此，我们的分解方程只选择显著的变量来分解，待分解的方程为：

$$profit_{ij} = a + \beta \times industry(x_i^*) + \gamma \times firm(y_{ij}^*) + \varepsilon_{ij} \tag{7}$$

其中，x^* 和 y^* 分别表示企业效应和行业效应中显著的因素。常数项 a 可以通过利润率差异指标的替换从方程中去掉而不会对结果产生影响 (wan, 2004)。残差 ε_{ij} 表示利润率决定方程中解释变量未能解释的部分，其所占比重可以从侧面反映利润率决定模型设计的合理程度。

由于 Shapley 值分解方法适合于任何差异度量的指标，因此我们选择刻画变量差异度较为全面的基尼系数作为企业间利润率差异的衡量指标。基尼系数的具体计算方法有多种，其原理基本一样，因而计算结果差别不大。我们参考曲玥 (2008) 的做法，通过协方差方法利用 Eviews 软件计算基尼系数。具体做法是，将样本企业的利润率取值由低到高进行排序，产生序列 $\chi_1 < \chi_2 < \cdots < \chi_i < \cdots < \chi_n$，i = 1, 2, $\cdots$, n，基尼系数为 $\chi_1 < \chi_2 < \cdots < \chi_i < \cdots < \chi_n$ 与 i 的协方差与样本均值 $\bar{\chi}$ 的函数：$G = 2cov(\chi_i, i)/n \times \bar{\chi}$。

在差异分解的算法方面，我们采用联合国世界发展经济学研究院 (UNU-WIDER) 的 Java 程序，这个程序考虑了全部可能的变量取值组合，将各种组合下解释变量的平均值作为最终结果。由于本文的样本容量较大，无法一次性在 Java 程序得到每个解释变量的分解结果，我们具体采用如下办法：第一，将各个解释变量的全部实际取值代入估计出的利润

率决定模型，计算出利润率的估计值，其基尼系数与真实利润率基尼系数的比值即为利润率决定模型的解释程度；第二，通过对企业层面和行业层面的各因素总体取均值的方式，整体上估计出总的行业效应和总的企业效应；第三，将总企业效应的估计结果单独分离出来，将总企业效应所包含的基尼系数通过其解释变量的均值和估计系数分配给各个解释变量，这里的计算量巨大，我们合并了所有制因素的三个虚拟变量和融资渠道的两个变量，行业效应各具体因素的分解过程与企业效应一致。

（二）利润率差异的分解结果

表 6 报告了基于利润率决定模型的 Shapley 值分解结果，可以看出，反映中国生产性服务企业业务活动总体盈利能力的销售利润率模型的解释程度无论在总体样本中还是在分地区的样本中都达到49%以上，反映盈利效率的人均创造利润模型的解释程度则在16%~30%。由于销售利润率模型和人均创造利润模型反映了中国生产性服务企业利润率形成的两个方面，具有互补的性质，因此说明我们对利润率决定模型设定的拟合程度是较高的。

表 6 中的第（1）和第（2）列为针对总体样本的分解结果。在模型所能解释的部分中，对于销售利润率和人均创造利润的差异，行业效应的贡献值分别为58.53%和53.08%，均大于企业效应的贡献值。这说明，不同于以发达国家制造业企业为样本的研究所得到的弱行业效应，现阶段中国生产性服务企业利润率差异的形成除企业自身的原因之外，很大程度上确实如我们所预期的那样是由所处行业的不同导致的。

表 6　中国生产性服务企业利润率差异的 Shapley 值分解结果

变量	全部样本		分组样本			
			东部		中西部	
模型解释度	Sales-margin	Pprofit	Sales-margin	Pprofit	Sales-margin	Pprofit
	（1）	（2）	（3）	（4）	（5）	（6）
	50.57%	18.36%	58.41%	27.22%	49.16%	16.25%
行业效应						
市场结构（CR50）	19.11%（2）	21.98%（1）	12.57%（2）	15.09%（2）	24.83%（2）	24.08%（2）
行业知识密集程度（intellect）	6.22%（3）	10.43%（3）	8.42%（3）	12.51%（3）	1.51%（3）	4.04%（3）
市场需求扩张程度（demand）	33.20%（1）	20.67%（2）	21.97%（1）	19.55%（1）	34.71%（1）	26.54%（1）
合计	58.53%	53.08%	42.96%	47.15%	61.05%	54.66%
企业效应						
企业规模（size）	2.29%（4）	6.44%（4）	4.27%（5）	10.03%（5）	-1.31%（5）	4.17%（5）
人力资本（human）	2.16%（5）	6.16%（5）	9.13%（3）	12.51%（2）	-4.99%（7）	-1.03%（6）
多元化程度（diversity）	-6.53%（7）	4.05%（6）	1.32%（6）	-4.90%（7）	-6.88%（6）	5.05%（4）
融资渠道（financing）	6.91%（3）	7.93%（3）	5.19%（4）	10.21%（3）	7.07%（3）	5.78%（3）
企业成立年限（age）	-2.18%（6）	-0.80%（7）	—	-0.31%（6）	4.88%（4）	-4.81%（7）
所有制类别（owner）	20.65%（1）	9.03%（2）	17.81%（1）	15.14%（1）	21.34%（1）	8.13%（2）

变量	全部样本		分组样本			
			东部		中西部	
模型解释度	Sales-margin	Pprofit	Sales-margin	Pprofit	Sales-margin	Pprofit
	（1）	（2）	（3）	（4）	（5）	（6）
	50.57%	18.36%	58.41%	27.22%	49.16%	16.25%
企业效应						
非生产性支出（unproductive）	18.17%（2）	14.11%（1）	15.32%（2）	10.17%（4）	18.84%（2）	18.05%（1）
合计	41.47%	46.92%	57.04%	52.85%	38.95%	35.34%
总计	100%	100%	100%	100%	100%	100%

注：①为减少估计的计算量，将所有制因素合并估计，融资成本与资本负债率合并估计；②人均创造利润的模型为采用 e 次幂调整后的结果；③括号内的数字为变量的贡献率排序，下同。

从具体构成因素来看，在行业效应中，对于中国生产性服务企业销售利润率差异的形成，三个因素按贡献率由高至低的排序为市场需求扩张程度、市场结构和行业知识密集程度，对于人均创造利润的差异，相应的排序则为市场结构、市场需求扩张程度和行业知识密集程度。可以看出，无论是总体盈利能力还是盈利效率，中国生产性服务企业在利润率上的差异都主要源于企业所处行业市场需求和结构的不同，与行业自身的知识密集程度关联较小，特别是对销售利润率的差异，行业知识密集程度的贡献率仅为 6.22%。正常情况下，生产性服务的附加值与其知识密集程度正相关，在欧美等发达国家，不同生产性服务行业在知识密集程度上的差异往往是导致该类企业盈利能力差异的最主要因素（原毅军和陈艳莹，2011）。在中国，知识密集程度这一行业因素对企业利润率差异的影响显然被市场结构和市场需求这两个因素所弱化了。

市场结构对中国生产性服务企业利润率差异形成的影响机理无须赘述，市场需求成为影响企业利润率差异形成的主要因素则是因为，在市场化转轨的过程中，中国企业对行业未来发展机会的判断往往"英雄所见略同"，当某一行业出现政策性利好或出现阶段性的发展条件时，企业会表现出极强的机会主义行为，潮涌般地过度进入某一行业，在经营模式上则相互复制（林毅夫，2007），企业间的利润率差异也就更多体现在产业外生的需求状况上。由于中国当前不同生产性服务行业在市场结构上的差异主要是由政府对这些行业的行政管制程度不同所导致的，与市场需求一样基本都是产业的外生变量。因此，在中国生产性服务企业利润率差异形成的强产业效应中，这两个外生因素成为主导，最能引起生产性服务行业整体竞争力提升的知识密集程度却没有在利润率差异中得到完全体现，说明中国生产性服务业当前的发展在一定程度上背离了产业发展的正常路径，这种由外生因素所主导的强产业效应的存在本身也是非合意的。

企业效应除了总体上在中国生产性服务企业利润率差异的形成中发挥的作用小于行业效应之外，其内部各构成因素的贡献率排序也折射出了一些问题。在导致中国生产性服务企业销售利润率差异的企业效应中，排在第一位的是企业的所有制类别，贡献率高达

20.65%。这一结果颇为出人意料，不过如果结合表5中用来表示企业所有制类型的三个虚拟变量在利润率决定方程中的回归系数符号就会发现，现阶段中国生产性服务业中不同所有制企业的销售利润率由高至低的排序为国有、民营、外资和港澳台。国有企业的高利润来自行政垄断，外资和港澳台企业虽然技术和服务水平较高，但却普遍无法适应中国生产性服务交易的关系密集型特点，主要为在华的跨国企业服务（杨锐等，2011），相对有限的市场空间和偏高的内部运营成本使其盈利能力整体上低于更为灵活的民营企业。因此，所有制类别之所以会成为企业层面导致中国生产性服务企业总体盈利能力差异的首要因素，实质正是行业市场分割的结果；排在第二位的是非生产性支出，贡献率为18.17%；处在第三位的是融资渠道，贡献率为6.91%；企业规模和人力资本的贡献率排在第四位和第五位，分别为2.29%和2.16%。非生产性支出和融资渠道对中国生产性服务企业销售利润率差异的贡献明显大于人力资本和企业规模，人力资本理论上应当是决定生产性服务企业竞争力的最重要因素，实际的贡献率却最低。非生产性支出主要反映的是企业用于建立外部关系的花费，Cai等（2011）的研究表明，中国企业的餐饮、招待等非生产性支出除建立与客户和供应商之间的联系外，还被用来支付政府官员的"贿金"。融资渠道主要反映的是企业的外部融资规模和成本，中国当前金融市场存在制度性的分割，正规金融市场的融资成本远低于非正规市场，能否进入正规金融市场进行融资直接影响企业的资金供应和竞争力。这两个因素的贡献率明显高于企业规模和人力资本说明现阶段在中国生产性服务业中，企业间的销售利润率差异更主要源于人脉关系和融资等外部因素，而不是规模和人力资本等与服务产品的生产直接相关的企业内部因素。此外，企业成立年限和多元化程度的贡献率均为负，分别为–2.18%和–6.53%，是企业效应中缩小中国生产性服务企业销售利润率差异的两个因素。

当把利润率的衡量指标换成人均创造利润时，企业效应所包括的上述七个因素贡献率的排序发生了变化。非生产性支出的贡献率由原先的第二位上升至第一位，为14.11%；所有制类型的贡献程度下降到第二位，为9.03%；融资渠道的贡献率仍然排在第三位，但与排在第四位和第五位的企业规模和人力资本两个因素的贡献率差距较销售利润率差异的分解结果要小。多元化程度的贡献率由销售率利润中的负值变为4.05%，企业成立年限的贡献率仍然为负，是七个因素中唯一能够缩小人均创造利润差异的因素。可以看出，不同所有制间的市场分割对中国生产性服务企业盈利效率差异形成的相对贡献比对总体盈利能力的贡献要小，经由非生产性支出所维系的外部人脉关系对企业间盈利效率差异的相对贡献则变大，虽然企业内部因素的相对贡献整体上有所上升，但中国生产性服务企业的盈利效率差异仍然主要源于外部因素，这一点与总体盈利能力差异的形成是一样的。

当把样本按地区分组之后，由表6第（3）~（6）列可以发现，无论是生产性服务企业的销售利润率差异还是人均创造利润差异，行业效应的贡献在中西部地区均大于企业效应，前者的贡献值分别为61.05%和54.66%，比后者高出近20个百分点；而在东部地区，行业效应的贡献值分别为42.96%和47.15%，均低于企业效应。这符合我们之前的理论预期，中国中西部地区的市场化程度整体上低于东部地区，生产性服务业的行政垄断更严重，制造业的发展水平更低，在市场结构异质性和需求低端性的双重作用下，企业的利润率差异自然会更多来自行业效应。这一分解结果也间接验证了资源基础论所强调的企业效应对企业间利润率差异形成的主导作用确实需要以完善的市场机制为依托。在两类效应具体构成因素的贡献率排序方面，东部和中西部地区之间也存在区别，但与总体样本分解结果一致的是，企业的利润率差异均主要源于产业的外生变量和企业在主营业务之外的积累，说明中国生产性服务企业的发展过度依赖外部因素、对核心竞争力培育不足是各地区普遍存在的一个系统性问题。

（三）稳健性检验

在上面的分解中，我们用 CR50 所代表的市场集中度来衡量不同生产性服务行业的市场结构有可能因厂商数量选择的随意性而导致误差，考虑到市场结构是我们所考察的行业效应中的主要因素，为保证分解结果的稳健性，我们改用行业的行政进入壁垒 Barrier，即某一行业中国有企业销售收入占行业销售收入的比值来重新衡量中国生产性服务行业间的市场结构差异，然后重复上面的计算过程。限于篇幅，我们没有列出变量替换后的利润率方程估计结果，仅给出利润率差异的分解结果，具体如表 7 所示。

表 7 以行政进入壁垒重新衡量市场结构的 Shapley 值分解结果

变量	全部样本		分组样本			
			东部		中西部	
模型解释度	Sales-margin (1)	Pprofit (2)	Sales-margin (3)	Pprofit (4)	Sales-margin (5)	Pprofit (6)
	42.67%	16.95%	44.36%	24.17%	42.11%（1）	10.84%
行业效应						
行政进入壁垒（Barrier）	16.19%（2）	21.81%（3）	13.88%（2）	18.08%（2）	19.08%（2）	25.99%（2）
行业知识密集程度（intellect）	6.98%（3）	7.28%（2）	9.43%（3）	10.21%（3）	5.05%（3）	6.35%（3）
市场需求扩张程度（demand）	31.01%（1）	26.74%（1）	20.03%（1）	22.43%（1）	33.67%（1）	33.46%（1）
合计	54.18%	55.83%	43.34%	50.72%	57.80%	65.80%
企业效应						
企业规模（size）	3.01%（4）	9.93%（2）	5.04%（5）	5.62%（5）	−3.34%（5）	5.12%（4）
人力资本（human）	2.43%（5）	6.77%（5）	12.13%（3）	6.25%（4）	−5.08%（6）	2.62%（6）
多元化程度（diversity）	−6.17%（7）	1.21%（6）	1.84%（6）	0.95%（6）	−6.91%（7）	—
融资渠道（financing）	8.05%（3）	9.54%（3）	5.17%（4）	12.44%（2）	11.18%（3）	7.33%（2）
企业成立年限（age）	−2.11%（6）	−3.36%（7）	0.38%（7）	—	4.97%（4）	4.08%（5）
所有制类别（owner）	22.50%（1）	8.96%（4）	16.61%（1）	11.69%（3）	22.61%（1）	7.11%（3）
非生产性支出（unproductive）	18.11%（2）	11.12%（1）	15.49%（2）	12.33%（1）	18.77%（2）	7.94%（1）
合计	45.82%	44.17%	56.66%	49.28%	42.20%	34.20%
总计	100%	100%	100%	100%	100%	100%

由表7可以看出，与表6的分解结果相比，模型的总体解释程度略微有所下降，但各变量贡献率的特征没有发生变化。在针对总体样本的中国生产性服务企业销售利润率差异和人均创造利润率差异来源的分解中，行业效应的贡献率分别为54.18%和55.83%，仍然显现出强产业效应的特征。产业效应和行业效应所包括的具体因素的贡献率排序以及东部和中西部地区的分组分解结果也都与表6基本一致。这说明，我们关于中国生产性服务企业利润率差异来源的分解结果是稳健的。

六、结论与政策建议

本文利用中国第二次经济普查第三产业的大样本企业数据，通过基于回归的 Shapley 值分解法，首次考察了中国生产性服务企业的利润率差异及其来源。结果表明，中国生产性服务企业的盈利能力明显高于同期的工业企业，但由于政府对不同生产性服务行业的行政垄断程度差异以及制造业对生产性服务需求的低端性，生产性服务企业间的利润率差异并非如资源基础论所认为的那样大部分由企业效应产生，而是很大程度上归因于所处行业的不同，并且行业效应中市场结构和需求两类外生因素对利润率差异形成的贡献率明显高于行业内生的知识密集程度的贡献率，企业效应中的所有制类型、非生产性支出和融资渠道的贡献率显著高于直接影响生产性服务质量的企业规模和人力资本两个因素的贡献率。

强产业效应的存在说明行政垄断已经制约了中国生产性服务企业的个体成长空间，利润率差异主要源于企业主营业务之外和产业外生变量的现象则暴露出中国生产性服务企业在经营中过度依赖外部因素，对核心竞争力的培育和投入不足。从这两个微观事实入手，就不难理解为什么2011年中国生产性服务业的增加值仅增长了8.5%，不但低于第二产业10.6%的增速，甚至比 GDP 的增速9.2%还低了0.7个百分点。要想切实改变中国生产性服务业发展迟缓的状况，必须采取措施纠正生产性服务企业在利润率差异形成机制上的扭曲。

第一，取消制约生产性服务业发展的制度障碍，打破行业的行政垄断和市场分割。只有这样才能为生产性服务企业提供正常的发展空间，弱化行业效应对企业利润率差异形成的影响，改变目前"出身决定命运"的状况。对于行业中外资企业和本土企业的市场分割，应重点采取措施鼓励外资服务企业与本土服务企业进行合作，为本土企业加入跨国企业的服务产业链创造条件。

第二，进一步加大要素市场化改革，完善服务企业的融资机制。在中国生产性服务企业利润率差异的形成中，人脉关系和融资等外部因素的作用之所以会超过规模和人力资本等与服务产品的生产直接相关的企业内部因素，根源在于现阶段政府主导的要素分配模式人为加大了生产性服务企业的要素获取成本，企业为了获得资金和市场进入资格等不得不事事求人。这既直接扭曲了企业的经营策略，又通过降低企业对长期发展的预期而削弱了其扩张生产规模和进行人力资本投资的激励。只有加大要素市场化改革的力度，特别是结合服务企业的特点进行服务企业融资机制的创新，才可能使中国生产性服务企业的盈利模式由外源型向内源型转变。

第三，在促进制造业升级的过程中，降低制造企业外购服务的交易成本，提高制造企业服务外包的技术含量，鼓励制造企业在核心业务上与生产性服务企业构建长期、稳定的服务网络。通过对高端生产性服务需求的培育，促使生产性服务企业加大对异质性资源的投入，通过核心竞争力的提升来获取利润增长。

需要指出的是，受数据可获性的限制，本文使用的数据是 2008 年的截面数据，由于截面数据计量的限制，我们未能对利润率形成机制的动态变化进行分析，希望后续的研究能解决这一问题。

参考文献

[1] 程大中. 中国生产性服务业的水平、结构及影响——基于投入—产出法的国际比较研究 [J]. 经济研究，2008（1）.

[2] 陈建军，陈菁菁. 生产性服务业与制造业的协同定位研究——以浙江省 69 个城市和地区为例 [J]. 中国工业经济，2010（5）.

[3] 陈建军，陈国亮，黄洁. 新经济地理学视角下的生产性服务业集聚及其影响因素研究——来自中国 222 个城市的经验证据 [J]. 管理世界，2009（4）.

[4] 戴魁早. 产业集中度与利润率的关系研究——来自钢铁产业的实证检验 [J]. 当代经济科学，2007（6）.

[5] 杜创. 信誉、市场结构与产品质量——文献综述 [J]. 产业经济评论，2009（3）.

[6] 范剑勇. 产业集聚与地区间劳动生产率差异 [J]. 经济研究，2006（11）.

[7] 高觉民，李晓慧. 生产性服务业与制造业的互动机理：理论与实证 [J]. 中国工业经济，2011（6）.

[8] 葛建军，韩龙. 中国第三产业利润率的行业差异分析——基于分层线性模型与最小二乘法的比较 [J]. 贵州财经学院学报，2010（2）.

[9] 顾乃华. 生产性服务业对工业获利能力的影响和渠道——基于城市面板数据和 SFA 模型的实证研究 [J]. 中国工业经济，2010（5）.

[10] 贺俊. 关于企业利润率差异的经验研究：问题、方法和结论 [J]. 产业经济评论，2007（1）.

[11] 黄玖立，李坤望. 吃喝、腐败与企业订单 [J]. 经济研究，2013（6）.

[12] 黄莉芳，黄良文，洪琳琳. 基于随机前沿模型的中国生产性服务业技术效率测算及影响因素探讨 [J]. 数量经济技术经济研究，2011（6）.

[13] 林毅夫. 潮涌现象与发展中国家宏观经济理论的重新构建 [J]. 经济研究，2007（1）.

[14] 戚聿东. 中国产业集中度与经济绩效关系的实证分析 [J]. 管理世界，1998（4）.

[15] 曲玥. 中国工业产业差异及其决定因素——2000~2004 年中国工业企业的经验证据 [J]. 山西财经大学学报，2008（12）.

[16] 万华林，陈信元. 治理环境、企业寻租与交易成本：基于中国上市公司非生产性支出的经验证据 [J]. 经济学（季刊），2010（2）.

［17］萧政，李杰译.面板数据分析（第 2 版）［M］.北京：中国人民大学出版社，2012.

［18］原毅军，陈艳莹.中国高端服务业发展研究［M］.北京：科学出版社，2011.

［19］原毅军，刘浩，白楠.中国生产性服务业全要素生产率测度——基于非参数 Malmquist 指数方法的研究［J］.中国软科学，2009（1）.

［20］杨公朴，夏大慰.现代产业经济学教程［M］.上海：上海财经大学出版社，2006.

［21］杨锐，张洁，芮明杰.基于主体属性差异的生产性服务网络形成及双重结构［J］.中国工业经济，2011（3）.

［22］赵剑治，陆铭.关系对农村收入差距的贡献及其地区差异—— 一项基于回归的分解分析［J］.经济学（季刊），2009（1）.

［23］张自然.考虑人力资本的中国生产性服务业的技术进步［J］.经济学（季刊），2010（1）.

［24］张杰，黄泰岩，芦哲.中国企业利润来源于差异的决定机制研究［J］.中国工业经济，2011（1）.

［25］樊纲，王小鲁，朱恒鹏.中国市场化指数［M］.北京：经济科学出版社，2010.

［26］Buear, F. J. and kaboski, K. J.. The Rise of the Service Economy［J］. American Economic Review, 2012, 102（6）: 2540-2569.

［27］Cai, H., Fang, H. and Xu, L. C.. Eat, Drink, Firms and Government: An Investigation of Corruption from Entertainment Expenditures of Chinese Firms［J］. Journal of Law and Economics, 2011, 54: 55-78.

［28］Chen, Y. M. and Lin, F. J.. Sources of Superior Performance: Industry Versus Firm Effects among Firms in Taiwan［J］. European Planning Studies, 2006, 14（6）: 651-671.

［29］Eriksen, B. and Knudsen, T.. Industry and Firm Level Interaction: Implications for Profitability［J］. Journal of Business Research, 2003, 56（10）: 497-531.

［30］Galbreath, J. and Galvin, P.. Firm Factors, Industry Structure and Performance Variation: New Empirical Evidence to a Classic Debate［J］. Journal of Business Research, 2008, 61（8）: 159-183.

［31］Giachetti, C.. A Resource-Based Perspective on the Relationship between Service Diversifi-cation and Firm Performance: Evidence from Italian Facility Management Firms［J］. Journal of Business Economics and Management, 2012, 13（3）: 567-585.

［32］Goddard, J., Tavakoli, M. and Wilson, J. O. S.. Sources of Variation in Firm Profitability and Growth［J］. Journal of Business Research, 2009, 62（12）: 185-203.

［33］Jakobsen, K.. First Mover Advantages in Central and Eastern Europe: A Comparative Analysis of Performance Measures［J］. Journal of East-West Business, 2007, 13（1）: 35-61.

［34］Mcgahan, A. M. and Porter, M. E.. What Do we Know about Variance in Accounting Profitability［J］. Management Science, 2002, 48（7）: 321-328.

［35］Mcgahan, A. M. and Porter, M. E.. The Persistence of Shocks to Profitability［J］. Review of Economics and Statistics, 1999, 81（1）: 143-153.

［36］Misangyi, V. F., Elms, H. and Greckhamer, T.. A New Perspective on a Fundamental Debate: A Multilevel Approach to Industry, Corporate and Business Unit Effect［J］. Strategic Management Journal, 2006, 12（3）: 115-142.

［37］Rumelt, R.. How Much Does Industry Matter?［J］. Strategic Management Journal, 1991, 12（3）: 15-30.

［38］Sirmon, D. G., Hitt, M. A. and Ireland, R. D.. Managing Firm Resources in Dynamic Environments to Create Value: Looking Inside the Black Box [J]. Academy of Management Review, 2007, 32 (1): 273-292.

[39] Schmalensee, R.. Do Markets Differ Much? [J]. American Economic Review, 1985, 75 (3): 1531-1584.

[40] Shorrocks, A. F.. Decomposition Procedures for Distribution Analysis: A Unified Framework Based on the Shapley Value [M]. University of Essex, Essex, 1999.

[41] Syed, A. R., Shoaib, F. and Nadeem, K.. Firm and Industry Effects on Firm Profitability: An Empirical Analysis of KSE [Z]. MPRA Working Paper, 2011.

[42] Szymanski, D. M., Bharadwaj, S. G. and Varadarajan, P. R.. An Analysis of the Market Share-Profitability Relationship [J]. Journal of Marketing, 1993, 57 (7): 1-18.

[43] Szymanski, D. M., Troy, L. C. and Bharadwa, S. G.. Order of Entry and Business Performance: An Empirical Synthesis and Reexamination [J]. Journal of Marketing, 1995, 59 (4): 17-33.

[44] Wan, G.. Accounting for Income Inequality in Rural China: A Regression Based Approach [J]. Journal of Comparative Economics, 2004, 32 (2): 348-363.

[45] Wan, G., Lu, M. and Chen, Z.. Globalization and Regional Income Inequality: Empirical Evidence from within China [J]. Review of Income and Wealth, 2007, 53 (1): 35-59.

[46] Wan, G. and Zhang, Y.. The Impact of Growth and Inequality on Rural Poverty in China [J]. Journal of Comparative Economics, 2006, 34 (4): 694-712.

服务贸易与中国服务业技术效率提升*
——基于行业面板数据的实证研究

崔日明　张志明

【摘　要】本文运用序列 DEA-Malmquist 生产率指数法，基于 2005~2010 年行业面板数据，测算了中国服务业九个细分行业的技术效率、纯技术效率和规模效率增长率。在此基础上，利用 FGLS 和系统 GMM 方法从整体和分行业两个视角实证检验了进出口对技术效率及其分解的影响。结果发现，就整体服务业而言，进口对技术效率及其分解均产生了显著的正向影响，而出口的影响显著为负，进出口对技术效率的影响主要通过影响规模效率来实现。由于传统和新兴服务业在行业特征及经营管理水平等方面存在的显著差异，以上结论在两类细分行业之间的表现不尽相同。

【关键词】服务贸易；技术效率；纯技术效率；规模效率

一、引言

加快转变经济发展方式是当前中国经济发展面临的重要任务，而发展服务业是实现经济发展方式转变的重要途径，国内学术界和政策决策部门对此已取得广泛共识[①]。因此，如何发展服务业（尤其是现代服务业）已成为中国经济发展的一个重大课题。根据新增长理论，全要素生产率改善既是经济长期增长的重要因素，也是核心竞争力提高的关键（刘

* 基金项目：本文受国家社科基金项目《中国绿色贸易转型研究》（批准号：12BJY119）和教育部人文社会科学青年基金项目《中国服务贸易结构失衡与优化路径研究》（批准号：13JYC790066）的支持。

本文作者：崔日明，辽宁大学经济学院，电子信箱 jjcrmsy@163.com；张志明，辽宁大学经济学院。

本文引自《国际贸易问题》2013 年第 10 期。

① 国内学术界的研究成果有：陈自芳（2001）认为我国服务业发展滞后阻碍了经济增长质量的提高；吴敬琏（2006）明确指出服务业特别是现代服务业的发展是提高整体经济效率的基本手段。政策决策部门的认同体现为，中共十七大明确提出，要加快转变经济发展模式推动经济结构的优化升级，促进经济中只有依靠第二产业带动向依靠第三产业协调发展转变，大力发展现代服务业。

兴凯等，2010)。服务业（尤其是现代服务业）作为国民经济的重要组成部分，要实现持续增长，除增加要素投入外，更重要的是提高全要素生产率[1]。而全要素生产率提高是通过技术效率提升和技术进步来实现。相关研究（顾乃华，2008；刘兴凯等，2010 等）表明我国服务业技术效率偏低，利用技术效率的改善促进服务业增长存在较大的空间。因此，对于转型期的中国而言，发展服务业的关键是如何充分挖掘投入要素潜力和提升技术效率。

加入 WTO 以来，随着中国服务业对外开放的稳步扩大，服务贸易发展取得重大成就。服务贸易进口额、出口额由 2004 年的 838 亿美元和 744.1 亿美元增加到 2009 年的 2380.7 亿美元和 1828.4 亿美元，分别增长了 1.9 倍和 1.7 倍。大量的理论和经验研究认为国际贸易是一国经济增长的重要动力源，这一结论同样适用于服务业，即服务贸易是一国服务业发展的重要动力源。服务贸易对一国服务业发展的促进效应主要体现在规模经济效应、竞争优势效应、经济刺激效应、经济资源充分利用效应、学习效应、人力资本积累效应及制度创新效应等方面（陈宪，2007)，其实，这些效应正是提升服务业技术效率的重要渠道[2]。因此，通过开展服务贸易来提升服务业技术效率，进而促进服务业快速、持续发展，是中国实现经济发展方式转变的一条重要路径选择。鉴于此，本文利用序列 DEA-Malmquist 生产率指数法，基于 2005~2010 年[3] 服务业行业面板数据测算中国服务业行业技术效率及其分解，在此基础上，实证检验了服务贸易对服务业行业技术效率及其分解的影响。本文研究对于认识和把握"入世"以来中国服务业技术效率的演进轨迹及其行业间差异并探析出产生该差异的原因，客观认清服务业出口和进口对整体服务业及其细分行业技术效率的影响状况具有重要的现实意义，对于中国如何通过开展服务贸易来提升服务业技术效率水平，促进服务业持续、快速发展也具有一定的政策性指导意义。

二、文献综述

目前，国内学术界主要从技术效率测算和技术效率影响因素两个方面对中国服务业技术效率展开研究。

---

[1] 杨青青（2009）指出，国内外众多研究表明，劳动生产率的提高是最终影响服务业增长的决定要素。

[2] 至于服务出口贸易和进口贸易如何通过这些渠道来促进一国服务业技术效率提升，由于篇幅所限，本文就不再做深入分析。此外，国内学者蒋昭乙（2008）、方慧（2009）和孔令丞（2009）等通过实证研究证实了我国服务贸易具有显著的技术外溢效应。

[3] 之所以将样本时期控制在 2005~2010 年，其原因为，2011 年服务业各行业增加值的数据仍未公布，所以只能将样本时期截至 2010 年；根据我国政府在《中国加入 WTO 议定书》中的承诺，我国在加入世贸组织 3~6 年内逐步开放服务业市场，因此，这段时期是我国服务贸易快速发展期，且以该段时期为样本来研究服务贸易对我国服务业技术效率的影响具有更强的说服力。

1. 有关中国服务业技术效率测算的研究

徐弘毅等（2004）利用超越对数随机前沿模型对中国服务业生产率进行了实证研究，发现中国服务业全要素生产率的增长主要是由技术进步引起的，而技术效率的贡献很小。杨向阳（2006）和顾乃华等（2006）都采用随机前沿生产函数法，对中国服务业技术效率的变化状况、区域差异及收敛性进行了深入分析，得出结论，我国服务业技术效率存在显著的区域差异，这加剧了我国服务业区域发展失衡现象；随后，顾乃华（2008）又利用DEA方法，进一步分析了我国服务业的效率特征，认为我国服务业发展技术效率较低，现有资源和技术的潜力没有被充分挖掘。在前人的研究基础之上。谷彬（2009）利用超越对数生产函数的随机前沿模型对1978~2006年中国服务业技术效率进行了测算，结果发现，中国服务业技术效率演进过程存在以1992年为断点的阶段性特征，且1992年后表现出显著的区域差异特征，这同杨向阳（2006）和顾乃华等（2006）的研究结果相似。与谷彬将整体服务业作为研究对象不同，吴晓云（2010）借助Malmquist指数法，测算了我国生产性服务业综合技术效率、纯技术效率和规模效率，发现我国生产性服务业仍走的是粗放型经营模式，技术效率存在地区性差异。但张自然（2010）认为，这种地区差异存在着收敛性，即生产性服务业技术效率低的省市的技术效率提升速度要高于技术效率高的省市。在吴晓云（2010）和张自然（2010）的研究基础上，黄莉芳等（2011）进一步测算了1993~2008年中国生产性服务业的技术效率，发现样本期间的技术效率不断降低，技术效率的地区差异主要表现在东部和中西部之间。黄森等（2011）认为，以往对服务业技术效率的研究均未能有效剔除环境变量和随机效应对样本投入的影响，这使分析结果可能会出现偏误，所以，他们利用Friedetal（2002）提出的三阶段DEA模型对我国各省市区2003~2007年服务业技术效率进行了测算，发现我国服务业技术效率不尽理想，其原因为纯技术效率的负向影响大于规模效率的正向影响。

2. 有关中国服务业技术效率影响因素的研究

顾乃华等（2006）首次利用省际面板数据，对服务业技术效率影响因素进行了实证检验，发现市场化进程和人力资本差别是导致我国服务业技术效率区域差异的重要因素。谷彬（2009）和杨青青等（2009）认为，顾乃华等（2006）并未全面地考虑影响服务业技术效率的因素，于是，谷彬在顾乃华等（2006）研究的基础上，考虑了对外贸易、外商投资、政府对经济的影响及工业化等影响因素，杨青青等（2009）则考虑了制度环境、信息技术和社会资本等影响因素。在谷彬（2009）的研究基础上，胡朝霞（2010）在随机前沿模型的技术效率中加入FDI因素，专门研究了服务业FDI对服务业技术效率的影响，结果发现，FDI对服务业的技术效率提升有促进作用。与前人研究对象不用，黄莉芳等（2011）对生产性服务业技术效率的影响因素进行了分析，结果发现，专业化水平、规模经济和市场化水平是影响生产性服务业技术效率的重要因素。

通过文献回顾不难发现，国内学者已对中国服务业技术效率测算及影响因素进行了较深入的研究，但两个方面的研究仍需做进一步拓展：

第一，以往研究都是利用省际面板数据测算中国整体服务业（或生产性服务业）技术效率并对其影响因素进行分析。其实，中国服务业技术效率及其影响因素的作用状况不仅在不同省份间存在差异，在服务业内部的不同行业间也存在显著差异，因此，有必要对服务业各行业技术效率进行测算，并对技术效率的影响因素进行比较分析。尽管黄莉芳等（2011）进行了分部门研究，但其仅涉及生产性服务业的三个部门[1]，尚未对服务业其他部门展开分析。

第二，现有文献就服务贸易对服务业技术效率影响的研究不够深入。除谷彬（2009）研究了服务贸易对服务业技术效率的影响外，其他相关文献并未对此进行过研究。该文也仅分析服务贸易总额对整体服务业技术效率的影响，并未就服务进口、出口分别对服务业各行业技术效率的影响做深入研究。

基于以上考虑，本文先运用序列 DEA–Malmquist 生产率指数法对中国服务业九个细分行业的技术效率及其分解进行测算，然后采用面板数据模型就服务进口和出口对中国服务业行业技术效率提升的影响展开深入研究，以求在相关研究方面能有所贡献。

三、计量模型设定与数据说明

1. 计量模型设定

本文借鉴黄莉芳等（2011）的计量模型，构建服务贸易对服务业技术效率提升影响的计量方程为[2]：

$$g_{it} = a_0 + a_1 \ln EX_{it} + a_2 \ln IM_{it} + a_3 \ln KL_{it} + a_4 \ln S_{it} + \omega_{it} \tag{1}$$

其中，g 表示服务业技术效率，用 DEA 方法测算的技术效率指数（CE）及其分解——纯技术效率指数（VE）和规模效率指数（SE）表示，其具体数据借鉴王恕立等（2012）的方法计算所得。

EX 和 IM 分别表示出口与增加值之比、进口与增加值之比。

K 为资本密集度，用固定资产存量与劳动人数之比表示。其中，劳动人数用服务业行业从业人员年底数表示；对于各行业固定资产存量，本文根据国际通用的永续盘存法进行估计，即：

$$K_{it} = I_{it} + (1 - \delta) \times K_{it-1} \tag{2}$$

其中，K_{it} 为行业 i 在第 t 年的资本存量，I_{it} 为行业 i 在第 t 年的实际投资额，δ 为资本年折旧率，我们采用中国服务业核算中常采用的 4%（原毅军等，2009）。按此法进行

---

① 这三个部门分别是交通运输、仓储及邮电通信业，批发和零售贸易餐饮业，金融保险业。

② 与黄莉芳等（2011）的模型相比，本文多考虑了进口和出口对技术效率的影响，而并未考虑市场化水平因素，其原因为，现实中在较大程度上，进出口规模大小决定着市场化水平高低，如果将进出口同市场化水平因素同时纳入到模型，势必会产生多重共线性问题，进而使模型回归结果发出偏误。

测算之前需要确定初始资本存量和年折旧率。为了顾及资本存量的初始值，本文采用 Kohli（1982）[1]的方法，即：

$$K_{i2005} = \frac{I_{i2005}}{(r+\delta)} \tag{3}$$

其中，K_{i2005} 和 I_{i2005} 分别表示 2005 年服务业 i 行业的资本存量和固定资产投资额；r 为各服务业行业固定资产投资的实际增长率；δ 为折旧率，设定为 4%[2]。

现实中，任何产品的生产通常都由多种投入要素共同作用来完成，在技术水平既定的条件下，各投入要素均存在着最优的组合，而处于最优组合下的各投入要素都实现了生产的帕累托最优，即技术效率是有效的。目前，我国的劳动力资源比较充裕，而资本和技术相对匮乏，在服务业尤其是新兴服务业中，该问题尤为突出，这势必导致在服务生产中投入要素组合不合理（劳动投入过度而资本投入不足）和投入要素尚未被有效使用。因此，资本密集度提高对优化服务业投入要素组合，即投入要素更有效地使用，会产生积极的促进作用；通常来说，高资本密集度行业的人力资本积累也较充裕，而人力资本是影响服务业技术效率的重要因素（顾乃华等，2006；杨青青等，2009）。基于以上原因，本文将资本密集度纳入模型。

S 表示企业规模，以平均每个法人单位的增加值来表示。通常来说，企业规模越大，越有可能产生规模经济，规模经济是促进技术效率提升的一个重要因素（黄莉芳等，2011），但同时，企业规模越大代表行业垄断程度越高，而垄断往往会导致技术效率的下降。因此，本文也考虑了每个行业的企业规模因素对技术效率的影响，我们认为企业规模对技术效率增长的估计系数符号难以确定。

ω 为残差项。

2. 数据说明

（1）服务业和服务贸易的行业划分。由于 WTO 对服务贸易的行业分类标准同中国对服务业行业的分类标准存在较大差异，我们将两种不同分类标准下的服务行业进行了重新分类整理，以实现各服务行业的统计口径一致。具体的分类方法为：将运输服务贸易对应于国内服务业的交通运输、仓储和邮政业，将旅游服务贸易对应于国内的住宿与餐饮业，将保险和金融服务贸易合并为金融服务贸易与国内服务业的金融业相对应，通信与计算机服务贸易和信息服务贸易合并，与国内的信息传输、计算机服务和软件业相对应，建筑服务贸易与国内房地产业相对应，专有权利使用费、特许费和咨询服务贸易与国内科学研究、技术服务和地质勘查业相对应，电影和影像服务贸易合并为文体娱乐服务贸易与文体娱乐业相对应，别处未提及的政府服务贸易与公共管理与社会服务业相对应，广告、宣传和其他商业服务贸易对应于租赁和商务服务业。

（2）按照技术水平对服务行业的分类。借鉴国际的通行方法，我们利用平均工资将服

---

[1] 原毅军等（2009）在估计中国生产性服务业资本存量的初始值时，也是按照类似的方法。
[2] 王恕立等（2012）在测算中国服务业资本存量时也将固定资本存量的折旧率设定为 4%。

务业各行业划分为中高技术行业和中低技术行业两大类[1]，其中，中高技术行业（五个）包括信息传输、计算机服务和软件业，金融业，科学研究、技术服务和地质勘查业，文体娱乐业及租赁与商务服务业；中低技术行业（五个）包括交通运输、仓储和邮政业，住宿和餐饮业，房地产业，公共管理和社会组织服务业，租赁和商务服务业。由于中高技术行业大都具有技术、资本和知识密集型特征，其实这些大多是新兴服务业的主要特征，而中低技术行业则多为劳动和资源密集型行业，这些也大都为传统服务业所有，所以，我们用中高技术行业来代表新兴服务业，而用中低技术行业来代表传统服务业。

（3）数据来源与处理。劳动力需求用城镇单位年底就业人数表示；服务业各行业实际增加值由名义增加值被以 1990 年为基期的各行业增加值指数平减所得；服务业各行业进出口额用人民币对美元年均汇率折算为人民币值。各服务行业城镇单位年底就业人数、增加值、消费价格指数、增加值指数及人民币对美元年均汇率均来自历年《中国统计年鉴》；服务进出口额来自 WTO 国际贸易统计数据库和中国商务部。

四、实证结果与分析

对于短面板样本，由于时间跨度较短，每个个体的信息较少，难以讨论扰动项是否存在自相关，故通常假定不存在组内自相关问题（陈强，2010），但短面板样本无法避免组间异方差和截面相关的困扰，且这些问题会使 POLS、FEM、REM 和 GLS 估计结果产生偏误（Wooldridge，2002），通过组间异方差和截面相关检验发现，本文样本数据存在着显著的组间异方差和截面相关现象，所以，我们采用可同时处理组间异方差和截面相关现象的可行广义最小二乘法（FGLS）来估计（见表 1、表 2 和表 3）。鉴于服务贸易与技术效率之间相互影响引发的内生性问题，FGLS 估计可能是有偏的。为此，本文采用 Arellano 和 Bond（1991）提出的广义矩估计（GMM）方法来对模型进行回归分析（见表 1、表 2 和表 3），由各回归结果可知，Sargan 检验的 P 值均大于 0.01，说明在 1% 的显著性水平下，各组样本系 GMM 估计中所使用的工具变量在整体上是有效的；AR（2）检验的 P 值均大于 0.05，说明在 5% 水平下显著，差分残差不存在二阶序列相关性。基于此，本文使用系统 GMM 估计得到的回归结果是有效的，下面将以此回归结果为基准进行分析。

1. 服务贸易对中国整体服务业技术效率的影响

由表 1 的 GMM 估计结果可知：①整体服务业滞后一期的纯技术效率和规模效率均对当期的纯技术效率和规模效率具有显著的促进作用，这说明它们可能存在着"集聚效应"，但技术效率的滞后一期值对当期值并未产生显著的影响。②出口贸易对技术效率、纯技术

---

[1] 高于各服务行业平均工资的算术平均值的行业为中高技术行业；反之亦然。

效率和规模效率均具有显著的抑制作用。可能的解释是，首先，中国的劳动力供给长期处于过剩状态，出口规模的扩大主要表现为消除大量的剩余劳动力，而并未通过加剧竞争来提升纯技术效率；其次，中国的服务出口得以快速增加主要源于劳动力的低成本优势，特别是劳动密集型行业，劳动密集型服务业出口扩张使服务业生产陷入低技术效率陷阱；最后，由于服务业本身具有生产消费的时空一致性、不易运输等特征，使得服务业生产企业很难实现规模经济效应。所以，服务出口规模的扩大可能会扰乱企业的有效生产秩序，进而抑制了规模效率的提升。③服务进口贸易对技术效率、纯技术效率和规模效率均具有显著的促进作用，其中进口贸易对规模效率和技术效率的促进作用大于纯技术效率。说明进口贸易主要通过影响规模效率来实现对技术效率的提升作用。进口贸易的技术溢出效应是一国实现技术进步的重要途径（尤其对于低收入和技术落后的国家来说）[1]，这已被国内外学术界大量的理论和实证研究所证实。

表 1　服务贸易与整体服务业技术效率提升

	CE		VE		SE	
	FGLS	GMM	FGLS	GMM	FGLS	GMM
因变量滞后一期值		0.15 (1.17)		0.25** (2.48)		0.4*** (2.6)
lnS	−0.08** (−2.24)	−0.07* (−1.66)	−0.08 (−1.35)	−0.07** (−1.35)	0.0001 (0.03)	0.01** (2.1)
lnKL	0.012*** (5.13)	0.009*** (4.12)	0.005*** (4.39)	0.002 (1.14)	0.006*** (4.92)	−0.004 (−0.83)
lnIM	0.018*** (2.71)	0.019*** (3.69)	0.012*** (3.35)	0.007* (1.78)	0.008** (2.37)	0.019** (2.5)
lnEX	−0.028*** (−4.46)	−0.029*** (−5.29)	−0.021*** (−3.46)	−0.011*** (−2.61)	−0.009*** (2.69)	−0.02*** (−2.71)
C	1.08*** (61.4)	0.92*** (6.44)	1.05*** (36.9)	0.76*** (7.21)	1.03*** (48.3)	0.58*** (3.44)
Wald test：Prob > chi2	0.00	0.00	0.00	0.00	0.00	0.00
AR（2）	—	0.70	—	0.47	—	0.88
Sargan	—	0.13	—	0.02	—	0.15
样本	54	54	54	54	54	54

注：括号内为估计系数 t 值，***、** 和 * 分别表示在 1%、5% 和 10% 水平上显著。以下各表与此相同。

从回归结果还可看出：①企业规模显著地抑制了纯技术效率和技术效率提升，但促进了规模效率提升，由于企业规模对纯技术效率的抑制作用大于对规模效率的促进作用，所以，其对技术效率的总影响为负。产生以上现象的可能原因是，企业规模越大，导致行业的垄断程度越高，而垄断往往会导致纯技术效率损失；企业规模扩大会使企业产生规模经

---

① Coe D. T.，Helpman E.. International R&D Spillovers［J］. European Economic Review，1995，1（39）：859–887.

济效应，进而促进了规模效率的提升。②资本密集度与技术效率、纯技术效率及规模技术效率显著正相关①，这符合预期与一般逻辑。同时，资本密集度提高对规模效率的促进作用略大于纯技术效率，说明资本密集度通过规模效率途径对技术效率所产生的促进作用更强。

2. 服务贸易对中国传统服务业和新兴服务业技术效率的影响

由于服务业包含众多细分行业，且许多细分行业的特征存在着较大差异，其中，尤以新兴和传统服务业最为显著。与传统服务业相比，新兴服务业普遍具有知识技术密集型、人力资本密集型、可储存性和易于实现规模经济效应等特征，而且新兴服务业进出口贸易在现代信息技术的应用程度和贸易方式等方面也存在较大差异。因此，服务贸易对这两类细分服务业的技术效率及其分解的影响也可能存在较大差异，为了解这种差异性，本文利用服务进口和出口分别对传统服务业和新兴服务业的技术效率及其分解做回归分析，具体结果如表 2 和表 3 所示。

表 2　服务贸易与传统服务业技术效率提升

	CE		VE		SE	
	FGLS	GMM	FGLS	GMM	FGLS	GMM
因变量滞后一期值		−0.1 (−0.31)		0.3 (1.31)		0.15 (0.93)
lnS	−0.03*** (−8.16)	−0.026* (−1.85)	−0.03*** (−3.85)	−0.026** (−2.11)	−0.012*** (−4.24)	−0.03*** (−2.82)
lnKL	0.007*** (5.12)	0.01* (1.91)	0.0066*** (3.67)	0.01*** (2.98)	−0.004*** (−3.46)	−0.006** (−2.06)
lnIM	0.036*** (4.33)	0.037*** (3.24)	−0.03*** (−3.47)	−0.02* (−1.73)	0.058*** (13.1)	0.06*** (5.5)
lnEX	−0.05*** (−7.26)	−0.055*** (−4.09)	0.01 (1.27)	0.026** (2.27)	−0.059*** (12.1)	−0.079*** (−6.51)
C	1.18*** (67.6)	1.29*** (3.44)	1.16*** (33)	0.57** (2.06)	1.06*** (73)	1.04*** (5.7)
Wald test: Prob > chi2	0.00	0.00	0.00	0.00	0.00	0.00
AR (2)	—	0.78	—	0.76	—	0.084
Sargan	—	0.07	—	0.631	—	0.252
样本	30	30	30	30	30	30

---

① 需要注意的是，尽管 GMM 估计下资本密集度与纯技术效率和规模效率不存在显著相关关系，但在 FGLS 估计下非常显著，对此，我们认为 FGLS 估计是合理的。

表3 服务贸易与新兴服务业技术效率提升

	CE		VE		SE	
	FGLS	GMM	FGLS	GMM	FGLS	GMM
因变量滞后一期值		0.08 (0.36)		−0.014 (−0.08)		−0.42** (−2.43)
lnS	−0.01*** (−4.75)	−0.012 (−1.08)	−0.014*** (−9.37)	−0.008 (−0.92)	0.0008 (0.27)	−0.017* (−1.74)
lnKL	0.004*** (2.62)	0.01** (2.39)	−0.0001 (−0.12)	−0.001 (−0.3)	0.004*** (5.62)	−0.0009 (−0.22)
lnIM	0.008*** (3.85)	0.02** (2.16)	0.014*** (14.03)	0.016** (2.07)	−0.006** (−2.23)	−0.03*** (−2.78)
lnEX	−0.02*** (−11.01)	−0.026*** (−3.02)	−0.02*** (−18.3)	−0.022** (−2.43)	−0.001 (−0.48)	0.02* (1.85)
C	1.08*** (85.4)	0.98*** (4.24)	1*** (199)	1*** (5.72)	1.07*** (89)	1.5*** (8.28)
Wald test：Prob > chi2	0.00	0.00	0.00	0.00	0.00	0.00
AR（2）	—	0.98	—	0.38	—	0.435
Sargan	—	0.22	—	0.062	—	0.071
样本	30	30	30	30	30	30

（1）服务贸易对中国传统服务业技术效率的影响。表2给出了服务贸易对传统服务业技术效率的影响估计。由GMM估计下的结果可知，技术效率、纯技术效率和规模效率的一期滞后值对当期值均未产生显著的影响，说明传统服务业不存在技术效率、纯技术效率和规模效率的"积聚效率"。进口对传统服务业技术效率和规模效率的影响显著为正，但对纯技术效率的影响显著为负，说明进口有助于传统服务业规模效率及技术效率的提升，而对纯技术效率具有抑制作用，其原因可能为，由于我国传统服务业的管理水平较为落后，进口对国内传统服务业企业的经营管理和资源整合均产生了负面冲击，如此，导致了纯技术效率的下降。同时，我国传统服务业企业的整体规模可能偏大，这使由规模经济效应等规模因素所产生的规模效率无法奏效，进口可以适度缩小企业规模，进而有助于规模效率的提升。与进口相反，出口对传统服务业技术效率和规模效率的影响显著为负，但对纯技术效率的影响显著为正，而且这种负向作用远大于对整体服务业的影响，说明出口有利于传统服务业更好地发挥自身的劳动力和资源禀赋优势，促进资源的有效利用及纯技术效率的提升，但出口通过扩大企业规模抑制了规模效率提升，且这种抑制作用远大于对纯技术效率的促进作用。可见，我们在鼓励传统服务出口时，应该适度控制出口企业规模的过度膨胀，以免垄断程度过高造成整体服务业技术效率的下降。

资本密集度的提高显著促进了传统服务业技术效率和纯技术效率的提高，且作用强度大于整体服务业。其原因可能为交通、旅游、餐饮和住宿及公共管理和社会组织等传统服务业都属于劳动或自然资源密集型行业，而且这些行业都缺少资本投入，因而，通过增加资本投入提高这些行业的资本密集度，可以促使资源得到更有效的使用，纯技术效率就会随之提升；资本密集度提高和企业规模扩大对传统服务业的规模效率产生了显著的负向影响，可能是由于资本密集度提高和企业规模扩大都会促使行业垄断程度提高，进而对规模效率产生了不利影响。另一种可能的解释是，目前，我国传统服务业企业的规模已超出最优规模水平，处于规模经济报酬递减区间，所以，随着企业规模的扩大，其由规模经济效应所产生的规模效率不升反降；企业规模扩大也不利于传统服务业纯技术效率的提升，其可能的原因是，通常来说，传统服务业的有效经营规模较小，企业的管理水平也相对落后，因此，企业规模太大既不利于企业有效管理，也会降低企业的资源利用效率。

（2）服务贸易对中国新兴服务业技术效率的影响。表3给出了服务贸易对新兴服务业技术效率影响的估计结果。由表3可知，第一，进口对新兴服务业技术效率和纯技术效率产生显著的正向影响，但对规模效率的影响显著为负，在FGIS估计下，进口渗透率每提高1个百分点，可促使技术效率和纯技术效率分别提高0.008个和0.014个百分点，而规模效率会下降0.06个百分点，可见，进口对技术效率的提升作用主要是通过对纯技术效率的影响来实现，且新兴服务业进口对纯技术效率和规模效率的影响方向与传统服务业完全相反。可能的解释是：其一，新兴服务业属于技术、知识和人力资本密集型行业，其经营管理水平较高，人力资本积累丰富，因此，通过向服务业发展水平较高国家进口新兴服务，本国服务企业既可以学习国外先进的管理经验，还可吸收和消化先进的生产技术，以此实现企业技术效率的提高；其二，我国进口的新兴服务产品大都具有较高的知识技术含量和较强的竞争力，这迫使国内服务企业不断改进管理，提高资源使用效率和获利能力，进而实现纯技术效率提升和自身竞争力的增强；其三，由于在生产和销售中大量使用现代信息技术，通常来说，与传统服务业相比，新兴服务业具有更强的规模经济效应。如此，进口势必会使国内新兴服务生产企业的市场份额下降，生产规模缩减，规模经济效应也随之下降。第二，出口对新兴服务业技术效率和纯技术效率均具有显著的负向影响，且GMM估计下负向影响程度更严重，但出口对新兴服务业规模效率具有显著的正向影响。与进口相似，出口对传统服务业和新兴服务业的纯技术效率与规模效率的估计系数符号也完全相反。可能的解释是，一方面，中国的要素禀赋优势在于劳动力和自然资源，而新兴服务出口可能难以发挥企业自身所有的比较优势，由此导致了资源错配引发的纯技术效率损失；另一方面，由于我国新兴服务业的市场进入壁垒较高，所以我国企业与别国不同，进入国际市场的国内企业大都纯技术效率较低，而纯技术效率较高的企业会在国内经营，如此便出现了出口与纯技术效率负相关的现象。

从表3还可以看出，在GMM估计下，企业规模对新兴服务业技术效率和纯技术效率未能产生显著影响，但对规模效率的影响显著为负，这说明新兴服务业企业在扩大经营规模的同时，其驾驭资源和管理企业的能力却并未随之改进，且单纯的规模扩张并不利于企业规模效率的提升。资本密集度对新兴服务业技术效率增长具有显著的促进作用，但对纯技术效率和规模效率增长的影响不显著。这说明资本密集度对新兴服务业技术效率的影响主要是通过纯技术效率和规模效率之外的渠道来实现。它对纯技术效率和规模效率提高并未产生显著影响，这同理论常识不太相符，可能的原因有：其一，新兴服务业大都属于知识技术密集型行业，因而，其对新知识和新技术的要求较高。一般认为，资本密集度越高的行业，其技术含量也越高，技术进步也越快[1]。中国经济过去经历了粗放型增长模式，同样，新兴服务业也是如此，尽管资本密集度在不断提高，但是资本品内含的知识技术水平并未随其快速提高，因此，资本密集度提高对中国新兴服务业纯技术效率增长的贡献很有限。其二，新兴服务业的资本密集度水平可能还较低且增长速度较慢[2]，所以难能对纯技术效率和规模效率产生显著影响。

五、结论与政策性启示

本文首先对中国服务业及细分行业的技术效率及其分解进行测算，然后采用 FGLS 和 GMM 方法分别就服务出口和进口对技术效率及分解的影响进行了实证检验。得出以下几点结论：

（1）就整体服务业而言，进口对技术效率、纯技术效率和规模效率具有显著的促进作用，而出口则具有显著的抑制作用。进口对整体服务业纯技术效率和规模效率的正向影响分别是由进口对新兴服务业纯技术效率和传统服务业规模效率所产生的正向影响决定；与进口相似，出口对整体服务业纯技术效率和规模效率的负向影响分别是由出口对新兴服务业纯技术效率和传统服务业规模效率所产生的负向影响决定。进口对新兴服务业纯技术效率的正向影响强于对传统服务业的负向影响，对新兴服务业规模效率的负向影响弱于对传统服务业的正向影响，出口的情形与进口恰好相反。

（2）企业规模对整体服务业和传统服务业技术效率和纯技术效率具有显著的抑制作用，而对新兴服务业的影响不显著，同时，企业规模对整体服务业的规模效率具有显著的促进作用，但对传统和新兴服务业的影响显著为负，总体来看，企业规模扩大均不利于服务业技术效率的提升。资本密集度对整体服务业及其两类细分行业的技术效率均具有显著的促进作用，但对技术效率两个分解项的影响作用存在较大的行业差异性，在 GMM 估计下，资本密集度对整体服务业和新兴服务业的纯技术效率和规模效率均未产生显著影响，对传统服务业纯技术效率和规模效率的影响虽显著但作用方向完全相反。

基于上述所得结论，本文认为：由于传统服务业和新兴服务业在许多特征方面存在较大差异，且各影响因素对它们的技术效率及其分解的影响也不尽相同，所以，我国针对这两类服务业所实施的经济贸易政策应有所差别。①对于传统服务业来说，首先，我国应该采取各种政策措施鼓励进口贸易，以此促进传统服务业技术效率提升，同时，还应支持企

---

① 李小平等.国际贸易、技术进步和中国工业行业的技术效率增长 [J].经济学（季刊），2008（2）：558-559.
② 2005~2010 年，新兴服务业资本密集度的平均值及年均增长率分别为 29.3 和 0.45%，远低于传统服务业的 122.2 和 7.8%。

业不断改进管理水平，提高资源使用效率，以尽可能削弱进口对传统服务业纯技术效率的负面影响；其次，在鼓励传统服务业企业通过出口来提升资源配置效率的同时，政府还应制定各种法律法规来控制出口企业规模，以此来减小出口企业规模扩张所导致的规模效率损失；最后，积极引导资本流向传统服务业，适度提高投资速度，以提高各投入要素的使用效率。②对于新兴服务业来说，在维持或扩大现有企业经营规模的情形下，应采取各种优惠政策积极鼓励进口贸易，以充分发挥进口贸易对纯技术效率的提升作用；在不断提高企业经营管理水平的同时。积极鼓励出口贸易，扩大新兴服务出口所占比重，以充分挖掘规模经济带来的动态收益；有步骤地放开新兴服务业市场，但对于某些高知识技术密集型且关系到国家安全的新兴服务业，我国仍需在一定时期内给予有效保护，以免遭到外部产业的强烈冲击；加大对新兴服务业的投资力度，为社会资本流向新兴服务业创造各种有利条件，以不断提高新兴服务业的资本密集度，提升投入要素的使用效率。

参考文献

[1] 陈宪. 服务贸易与经济增长：理论及实证研究 [D]. 上海社会科学院博士学位论文，2007.

[2] 方希桦，包群，赖明勇. 国际技术溢出：基于进口传导机制的实证研究 [J]. 中国软科学，2004 (7).

[3] 顾乃华，李江帆. 中国服务业技术效率区域差异的实证分析 [J]. 经济研究，2006(1).

[4] 顾乃华. 我国服务业发展的效率特征及其影响因素——基于 DEA 方法的实证研究 [J]. 财贸研究，2008 (4).

[5] 胡朝霞. FDI 对中国服务业全要素生产率的影响——基于随机前沿面板数据模型的分析 [J]. 厦门大学学报（哲学社会科学版），2010 (4).

[6] 黄莉芳，黄良文，洪琳琳. 技术效率测算及影响因素探讨——基于随机前沿模型的中国生产性服务业 [J]. 数量经济技术经济研究，2011 (6).

[7] 黄森，蒲勇健. 基于三阶段模型的我国服务业效率研究 [J]. 山西财经大学学报，2011 (7).

[8] 蒋昭乙. 服务贸易与中国经济增长影响机制实证研究 [J]. 国际贸易问题，2008 (3).

[9] 孔令丞，马忠旺. 中国服务贸易推动经济增长效应研究 [J]. 当代经济管理，2009 (7).

[10] 李小平，卢现祥，朱钟棣. 国际贸易、技术进步和中国工业行业的技术效率增长 [J]. 经济学（季刊），2008 (2).

[11] 刘兴凯，张诚. 中国服务业全要素生产率增长及其收敛分析 [J]. 数量经济技术经济研究，2010 (3).

[12] 佟家栋，彭支伟. 从"干中学"到"加工中学" [J]. 南开学报（哲学社会科学版），2007 (6).

[13] 王恕立，胡宗彪. 中国服务业分行业生产率变迁及异质性考察 [J]. 经济研究，2012 (4).

[14] 吴敬琏. 中国增长模式抉择 [M]. 上海：上海远东出版社，2006.

[15] 徐宏毅，欧阳明德. 中国服务业生产率的实证研究 [J]. 工业工程与管理，2004(5).

[16] 杨青青，苏秦，尹琳茹. 我国服务业生产率及其影响因素分析——基于随机前沿生产函数的实证研究 [J]. 数量经济技术经济研究，2009 (12).

[17] 杨向阳，徐翔. 中国服务业全要素生产率增长的实证分析 [J]. 经济学家，2006 (3).

[18] 于光，安海岗，董铁柱. 基于 Web 的矿产资源可持续利用信息服务研究 [J]. 资源与产业，2011 (1).

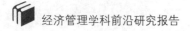

[19] 原毅军，刘浩，白楠. 中国生产性服务业全要素生产率测度——基于非参数 Malmquist 指数方法的研究 [J]. 中国软科学，2009（1）.

[20] 张自然. 中国生产性服务业的技术进步研究——基于随机前沿分析法 [J]. 贵州财经学院学报，2010（12）.

[21] Arellano, M.and S.Bond.. Some Tests of Specification for Panel Data: Monte Carlo Evidence and An Application to Employment Equations [J]. The Review of Economic Studies, 1991, 58 (2): 77-97.

Services Trade and Technical Efficiency Enhancement of China's Service Industry: An Empirical Study with Industrial Panel Data

Cui Riming   Zhang Zhiming

Abstract: By adopting DEA –Malmquist productivity index, this paper measures and calculates the growth rate of overall technical elfciency, pure technical efficiency, and scale efficiency of nine sub-divided service industries in China based on panel data from 2005 to 2010.On this basis, this paper further applies FGLD and system GMM to test the effects of export and import on technical elfciency from the perspectives of entire industry and sub-divided industries, The fndings suggest that, in terms of the entire service industry, imports have a significant positive effect on technical efficiency and its decomposition, while the effeet of export is negative; the effect of both import and expoa on technical efficiency is realized by scale efficiency; due to the significant difference of industrial characteristics and economic management levels between traditional and newly-emerged services, the above conclusions are not identical between two sub-di-vided service industries.

Key Words: Trade Service; Technical Efficiency; Pure Technical Efficiency; Scale Efficiency

服务贸易进口技术含量与中国工业
经济发展方式转变 *

戴 翔 金 碚

【摘 要】本文采用最新测度服务贸易进口技术含量的方法，并以全要素生产率对工业总产值增长贡献率作为我国工业经济发展方式衡量指标，分别从总体、服务贸易进口分部门以及工业行业分组三个层面，实证研究了2004~2011年服务贸易进口技术含量对我国工业经济发展方式的影响。计量检验结果显示：服务贸易进口技术含量对我国工业经济发展方式转变具有显著的促进作用；并且，具有更高技术含量的诸如计算机和信息等新型服务贸易进口的促进作用要强于技术含量较低的诸如运输等传统服务贸易进口；而从工业行业的分组来看，服务贸易进口技术含量对我国技术密集型工业行业发展方式转变的影响最大，其次是资本密集型工业行业，最后是资源密集型和劳动密集型工业行业。转变中国工业经济发展方式，不应脱离全球分工体系。在全球服务业呈"碎片化"发展趋势的大背景下，中国应抓住全球服务贸易发展的重要契机，在实现服务贸易"数量"扩张的同时，更应注重服务贸易进口"质量"的提升，以更好地服务于工业经济发展方式转变的需要。

【关键词】服务贸易；进口技术含量；工业经济发展方式

一、问题提出

20世纪80年代以来，得益于经济全球化快速发展和国际产品内分工演进所带来的重

* 本文研究得到中国博士后科学基金面上项目"服务贸易发展促进长三角国际分工地位提升研究"（2013M530809）、安徽省高等学校省级人文社会科学研究重大项目"增创安徽开放型经济新优势对策研究"（SK2013ZD01）、国家社科基金项目"非股权安排对中国企业海外投资的影响及政策研究"（12BGJ039）以及教育部人文社科研究项目"基于产品内分工的我国对外直接投资模式转变研究"（12YJC790288）资助。

本文作者：戴翔，安徽财经大学国贸学院、中国社会科学院工业经济研究所；金碚，中国社会科学院工业经济研究所。

本文引自《管理世界》（月刊）2013年第9期。

要战略机遇，中国主要凭借人口红利、土地红利、政策红利以及较低环境规制成本等传统低成本优势，承接来自发达国家产业和产品价值增值环节的国际梯度转移，并借助于发达经济体的巨大需求市场为依托，快速而深度地融入经济全球化分工体系，带动了工业的快速扩张，实现了令世界瞩目甚至"不可思议"的巨大成就。然而，在改革开放之初由于要素禀赋等现实条件的约束，中国在产业国际竞争力十分低下的条件下只能采取弱势者的竞争方式，低端嵌入全球价值链分工体系，工业化扩张主要走的是一条"血拼"式竞争的道路。这在特定的历史发展阶段具有合理性和存在的理由。但是这种"粗放式"的发展模式是高代价的和不可持续的，尤其是面临着当前国内国际环境的深刻变化，其弊端日益凸显，转变发展方式已是迫在眉睫。也正是在此背景下，中共十八大报告再次强调要加快转变经济发展方式，而作为转变经济发展方式重要内容的工业经济发展方式转变，显然具有极为关键的意义。针对如何推进中国工业经济发展方式转变，学术界进行了大量研究并提出了一些富有启发意义的政策建议，包括加快技术改造和发展战略性新兴产业（金碚，2011；郭晓丹和宋维佳，2011）、加大人力资本投资和技能型人才培育（孙文杰和沈坤荣，2009；叶振宇和叶素云，2010）、提高要素资源配置效率（樊纲等，2011；陈德球等，2012）以及大力发展生产者服务业尤其是高级生产者服务业（裴长洪，2010；刘志彪，2011）等。

我们认为，改革开放以来，中国工业化发展的快速推进与发挥比较优势融入经济全球化是密不可分的。尤其是我国东南沿海等开放型经济较为发达的地区，工业化发展的国际化程度很高，已经深度融入全球产业链分工体系，因此，中国工业经济发展方式转变不可能脱离全球分工体系。一方面，从世界产业结构演进和基于比较优势的全球分工角度来看，以欧、美、日等为代表的发达经济体产业结构逐渐向服务经济倾斜，而诸如中国等发展中经济体仍然处于工业化发展的重要时期；另一方面，工业化发展和服务经济尤其是生产者服务业之间融合发展的趋势越来越强，融合的程度越来越深。正如日本学者并木信义所指出的，虽然国际竞争的舞台中相互角逐的是制成品，但服务业却在背后间接地规定着制造业产业的国际竞争力，这是因为作为中间投入品的服务业把其内含的技术、信息以及人力资本等高级生产要素，以飞轮的形式导入了制成品生产过程。结合上述两个方面我们似乎可以得出如下推断：诸如中国这样的发展中经济体，在服务经济尤其是生产者服务业发展相对不足的情况下，通过进口技术复杂度较高的服务商品以弥补自身的比较劣势，从而可以起到推动工业经济发展方式转变的作用。遗憾的是，这却是一个鲜见研究的重要命题，尤其是缺乏来自中国数据的实证支撑。

二、简要的文献回顾

针对服务贸易进口技术含量是否影响我国工业经济发展方式转变问题，从已有的相关研究文献来看，直接研究还比较缺乏。但是现有关于贸易开放的技术进步效应和经济增长效应的研究，为我们对上述问题提供了间接认识。

Romer（1986）首次将国际贸易纳入到新增长理论的分析框架，并指出对外贸易的技术扩散效应能够促进本国技术进步进而带动经济增长。Grossman 和 Helpman（1991）则用理论模型分析了外国研发资本通过中间产品贸易能够产生技术溢出进而促使经济增长。上述理论观点提出后，得到了大量实证研究的支撑（Coe and Helpman，1995；Keller，2002）。之后对进口贸易的技术进步效应和经济增长效应的实证研究越来越关注商品种类，尤其是中间品进口效应。例如，Fernandes（2006）利用企业微观层面的数据对哥伦比亚制造业产业进行研究后发现，中间产品的进口能够显著提高企业全要素生产率；Dulleck（2007）利用 55 个发展中国家的跨国面板数据实证检验了中间品进口和经济增长之间的关系；Kasahara（2008）利用智利制造业企业层面的微观数据进行实证研究，结果发现从国外进口中间产品的企业要比没有进口国外中间品企业，具有更为显著的生产率提高能力。Halpern 等（2011）基于匈牙利企业层面的微观数据分析发现，中间品进口种类增加能够通过质量和互补两种机制促进企业全要素生产率的提升。

具体到中国而言，许多学者也进行了大量研究。朱春兰和严建苗（2006）的研究发现，初级产品进口对全要素生产率提升的促进作用较小，而进口工业制成品对全要素生产率提升的促进作用较大；许和连等（2006）认为贸易开放主要通过人力资本的积累效应影响全要素生产率并最终促进经济增长；包群（2008）认为，贸易开放通过产出效应与技术外溢效应两条渠道影响了我国经济增长；余淼杰（2010）通过使用 1998~2002 年中国制造业企业层面上的面板数据和高度细化的贸易数据，研究发现，贸易自由化显著地促进了企业生产率的提高；高凌云和王洛林（2010）、Herreriasa 和 Orts（2011）等的实证分析均得出了类似的结论；赵文军和于津平（2012）则首次分析了贸易开放与 FDI 对我国工业经济增长方式的影响，并发现进口对工业经济增长方式转型具有推动作用。

上述关于对外贸易技术进步和经济增长效应的研究主要还是集中于货物贸易的视角，对服务贸易的研究较少，或者说没有单独区分服务贸易的作用。已有从服务贸易视角进行的研究文献，主要集中于服务贸易进口对制造业效率影响层面上（Segerstrom，2000；Hoekman，2006；Francois and Woerz，2007；尚涛和陶蕴芳，2009；蒙英华和尹翔硕，2010；樊秀峰和韩亚峰，2012），较少涉及服务贸易进口对工业经济发展方式转变的影响分析。

现有研究无疑对我们深化服务贸易进口技术含量对我国工业经济发展方式转变影响的认识，具有重要的参考意义和价值，但仍有待进一步深化，这突出表现在：①直接研究服务贸易进口技术含量与工业经济发展方式转变关系的文献还十分缺乏。况且，从贸易视角研究的技术进步、效率提升以及经济增长等问题，也并非等同于发展方式转变。因为转变经济发展方式的本质是提高全要素生产率对经济增长的贡献（于津平和许小雨，2011），如果技术进步的同时引致大规模投资扩张和环境污染等，发展方式可能与技术进步呈现反向变化。②即便有少量文献从生产者服务贸易进口的角度研究了其对制造业效率提升的影响，但这一方面的研究文献仍然缺乏对服务贸易进口技术含量的区分和测度，也没有直接分析其对工业经济发展方式转变的分析。③从生产者服务贸易进口角度研究其对制造业效率影响的文献，并未考虑服务进口在"质"的方面所产生的影响，也没有从服务贸易进口技术含量的角度细分不同类型的服务贸易进口对工业经济发展方式转变的影响。

伴随国际生产分割技术的快速进步以及信息通信科技的突飞猛进和广泛应用，以及由此推动的国际产品内分工快速发展背景下，如同制造业的全球非一体化生产一样，服务业也是一个"碎片化"快速发展的行业，其不同服务环节和流程同样具有"高端"和"低端"之分，其所内含的知识、信息、技术等高级生产要素也会大相径庭，因而对工业经济发展方式的影响也应该大不相同。然而，目前相对"宏观"的服务贸易分项统计数据，却很难准确反映某一类别服务贸易项下可能呈现的"亚结构"演进，也就是说，相对"宏观"的统计数据难以准确反映"亚结构"演进对服务贸易进出口"质量"所产生的潜在影响。鉴于此，本文力图采用测度服务贸易进口技术含量的最新方法，并基于评价工业经济发展方式的客观指标，即采用全要素生产率对工业产出的贡献率作为发展方式的衡量指标，实证研究服务贸易进口技术含量对我国工业经济发展方式转变的影响，以期在上述几个方面对现有研究进行补充和拓展。

三、理论机制

服务贸易进口技术含量如何影响工业经济发展？显然，如果我们将全要素生产率对经济增长的贡献率作为工业经济发展方式转变度量指标的话，那么，上述问题就意味着，服务贸易进口技术含量是否对工业部门技术效率的提高产生了显著影响，从而决定了工业生产是否能够朝着集约化方向发展。结合现有研究文献，我们认为，服务贸易进口技术含量对工业经济发展方式转变的影响，至少存在以下三个方面的可能渠道和作用机制。

第一，直接效应。现有研究文献已经揭示，服务作为中间投入品，对工业生产部门的效率水平乃至全要素增长率具有重要影响。伴随当前社会分工的细化，服务环节从制造业环节中分离出来的趋势越来越明显，从而使得制造业环节的生产效率和技术水平更多地依赖于作为中间投入品的服务，而其中重要的作用机制之一就在于，服务所内含的各种无形的隐性知识、技术和信息，能够有效降低工业生产的投入成本和促进技术进步。显然，如果这一逻辑成立，那么，越是高级的服务，或者说内含的知识、信息和技术越是高级的服务，其作为中间投入品，在降低工业生产部门的投入成本，尤其是促进工业部门的技术进步从而提高全要素增长率方面，或者说在提高全要素生产率增长率对工业产出增长率的贡献度方面，就会产生更为显著的积极影响。从这一意义上来说，在当代全球分工格局下，服务贸易进口，尤其是更为先进的、技术含量更高的服务进入中国市场，能够为中国工业发展提供更多种效率更高以及质量更优的服务，从而推动着工业化朝着更为集约化的方向发展。这是服务贸易进口技术含量影响工业经济发展方式的可能作用机制之一。

第二，要素重组效应。实际上，之所以越来越多的服务环节从工业生产过程中"脱胎"，正是因为工业部门在生产过程中，从外部市场购买作为中间投入品的专业化服务，不仅质量更优，而且成本更低。因此，当工业部门决定将服务投入外包给外部市场时，其实质就是舍弃了效率相对较低的"自给自足"式服务提供，从而可以将生产资源集中到更为有效的生产环节和过程中来，产生了所谓的要素重组效应。这种要素重组效应带来的资源优化配置无疑会促进效率提升和全要素生产率增长。Amiti 和 Wei（2005）以及 Gorg 和 Hanley（2008）的研究就曾指出，与实物中间品的外包相比，作为中间投入品的服务外包（如咨询、计算机服务等）对全要素生产率的提升具有更为重要的意义。因此，从当代全球分工格局来看，中国工业发展能够在全球范围内"外包"其服务需求，由此带来的要素重组效应会推动工业化朝着更为集约的方向发展。更为重要的是，要素重组效应不仅表现为生产部门可以将生产资源集中到更为有效的生产环节和过程中来，还表现为要素的"质量比配"上。正如华民教授（2006）的研究所指出，生产过程中如果发生要素质量不匹配，往往会导致投资效率低下甚至失败。因此，"质量比配"下的要素重组效应同时意味着，服务贸易进口技术含量越高，其内含的知识、技术和信息等要素就越高级，这必然要求工业部门投入更高级的要素或迫使其不断进行技术、管理等创新，从而推动工业更为集约化的发展。这是服务贸易进口技术含量影响工业经济发展方式的另一种可能作用机制。

第三，技术溢出效应。作为中间投入品的服务，由于其内含较高的人力资本和技术，更容易通过产业的前向联系和后向联系而产生"技术溢出"效应，并通过竞争与示范效应，不断推动工业部门调整结构从而向先进的技术前沿靠近。Clemes 等（2003）的一项实证研究曾发现，劳动密集型和资本密集型服务贸易品的进口，对进口国（地区）的全要素生产率并不能产生显著的正向影响，文章对此给出的可能解释认为，劳动密集型和资本密集型服务贸易品的进口缺乏技术含量，因而所能产生的全要素生产率提升效应不明显；相反，技术和知识密集型服务贸易品的进口，则对全要素生产率和技术进步产生了显著正面影响，其重要原因就在于技术和知识密集型服务贸易品内含更高的技术含量。Clemes 等（2003）的研究发现可能说明了两个层面的重要效应：一是具有不同技术含量的服务贸易品进口本身对全要素生产率的不同提升作用，二是具有不同技术含量的服务贸易品进口所可能产生的不同技术溢出效应。针对后者，唐保庆等（2011）的研究给予了证实：知识和技术密集型服务进口通过国外 R&D 溢出效应显著地促进了全要素生产率提升和技术进步，而劳动和资本密集型服务进口则并未显示类似显著效应。在我们看来，劳动和资本密集型服务贸易品进口，由于其本身技术含量水平低，因而其被模仿的空间极其有限，所能产生的技术溢出相应地也就十分有限；相反，知识和技术密集型服务贸易品进口，由于其本身技术含量高，因而被模仿的空间相对而言就会更大，所能产生的技术溢出相应地也就更显著。虽然上述两篇文献对服务贸易进口技术溢出效应的研究，仍然是基于传统分类法而不是直接测算服务贸易进口技术含量，但其背后的逻辑思想能让我们意识到：服务贸易进口技术含量由于其外溢效应的存在而对工业经济发展方式产生影响。这是服务贸易进口技术含量影响工业经济发展方式的又一可能作用机制。

四、变量选取、模型设定与数据说明

(一) 被解释变量及其测度方法

本文着重研究服务贸易进口技术含量对我国工业经济发展方式转变的影响，不言而喻，工业经济发展方式转变的指标即为被解释变量（RTY）。工业经济发展方式转变的测度，或者说其指数的估算，本文借鉴赵文军和于津平（2012）的做法，即以全要素生产率对经济增长的贡献率作为工业经济发展方式的衡量指标，用 RTY_{it} 表示工业行业 i 在第 t 期全要素生产率对本行业产出增长的贡献率，则有：

$$RTY_{i,t} \equiv g_{Ait}/g_{Yit} \tag{1}$$

其中，g_{Ait} 表示工业行业 i 在第 t 期全要素生产率增长率，g_{Yit} 表示工业行业 i 在第 t 期的产出增长率。为了测度我国工业经济发展方式的转变情况，需要首先测度各工业行业在样本期内各期的全要素生产率水平以及产值水平。本文采用 DEA-Malmquist 生产率指数方法测度各工业行业全要素生产率。在具体测算过程中，将每个工业行业作为决策单元，将各工业行业的各期总产值作为产出变量，以各工业行业的各期劳动投入、资本投入以及中间投入作为投入变量。其中，各工业行业的各期劳动投入，我们采用的是全部从业人员年平均人数（万人）；各工业行业的各期资本投入，我们采用的是固定资产净值年平均余额（亿元）；各工业行业的各期中间投入，我们采用的是各工业行业的各期总产值与增加值之差。在此基础上，我们可以利用式（1）计算出在样本期内各工业行业的全要素生产率对其产出增长的贡献率。

(二) 解释变量及其测度方法

本文关注的关键解释变量即为服务贸易进口技术含量（IS）。Haussmann 等（2005）曾提出一个测度制成品出口技术含量的方法，由于其内在原理及其逻辑同样适用于服务贸易领域，因此，本文将借鉴这一方法测度中国服务贸易进口技术含量。根据李嘉图的比较优势原理可知，开放条件下分工和贸易模式取决于比较成本。这一原理意味着低技术含量的服务贸易品将由低工资的国家和地区进行生产，而高技术含量的服务贸易品将由技术、知识、信息等丰裕的高工资国家进行生产。如此一来，从比较优势所决定的贸易模式来看，不同国家和地区出口具有不同技术含量的服务贸易，很大程度上与其工资水平有关。因此，计算某一项服务贸易品的技术含量，可从比较优势所决定的全球服务贸易出口视角进行测度，即使用出口该项服务贸易品的各个国家或地区工资水平按照该国或地区出口额在世界出口总额中所占比重进行的加权平均。这一计算方法的实质是用各国或地区某一项服务贸易品出口的显示性比较优势指数为权重，测度的各国和地区的平均工资水平，作为服务贸易出口分项技术含量的替代指标。由于工资水平通常由一国或地区人均 GDP 所决定，因此在计算全球服务贸易出口分项中某一项服务商品的技术含量时，可以使用人均 GDP 来代替一国或地区的工资水平。其具体的计算公式如下：

$$\text{TSI}_k = \sum_j \frac{x_{jk}/X_j}{\sum_j(x_{jk}/X_j)} Y_j \tag{2}$$

其中，TSI_k 即为服务贸易分项 k 的技术含量指数。x_{jk} 是国家或地区 j 出口服务贸易分项 k 的出口额，X_j 是国家或地区 j 的服务贸易出口总额，Y_j 为该国家或地区 j 的人均 GDP 水平。需要指出的是，本文在测算服务贸易分项技术含量指数时则采用动态方法，即 TSI 值采取的是各年度测算出来的实际值，由于不同年份的 TSI 值并不相同，而这种差异性则恰恰可以在很大程度上内含了服务贸易分项下"亚结构"的演进和变化。

显然，依据式（1）测度出服务贸易各分项技术含量指数后，我们可以借助于下述式（3），测度我国进口服务贸易总体技术含量，或具有不同特征的服务贸易部门总体进口技术含量：

$$\text{IS} = \sum_k \frac{m_k}{M} \text{TSI}_k \tag{3}$$

其中，IS 即为服务贸易进口总体技术含量指数，m_k 为服务贸易进口分项 k 的进口额，M 为服务贸易进口总额，TSI_k 为服务贸易分项 k 的技术含量指数。

（三）其他控制变量

除了本文最为关注的服务贸易进口技术含量指数外，各工业行业的研发投入、人力资本、行业出口渗透率、FDI 利用额、环境规制等，也是影响工业经济发展方式转变的重要因素（蔡昉等，2008；涂正革和肖耿，2009；张友国，2010；李玲玲和张耀辉，2011）。为此，我们将考虑上述因素，作为控制变量纳入本文计量分析中来。关于研发投入，我们采用样本期内各工业行业研发投入经费与总产值之比（RD）；关于人力资本，我们采用样本期内各工业行业研发人员全时当量（人/年）与全部从业人员年平均人数之比（HU）；关于行业出口渗透率，我们采用样本期内各工业行业出口交货值与总产值之比（EX）；关于 FDI 利用额，我们采用样本期内各工业行业中外资企业的固定资产净值年平均余额与整个行业的固定资产净值年平均余额之比（FDI）；关于环境规制，我们采用样本期内各工业行业工业废水排放达标量（万吨）、工业二氧化硫去除量（万吨）、工业粉尘去除量（万吨）、工业烟尘去除量（万吨）之和与总产值之比（PW）。

据此，本文设定的计量模型如下：

$$\text{RTY}_{i,t} = \alpha_0 + \alpha_1 \text{LnIS}_t + \alpha_2 \text{RD}_{i,t} + \alpha_3 \text{HU}_{i,t} + \alpha_4 \text{EX}_{i,t} + \alpha_5 \text{FDI}_{i,t} + \alpha_6 \text{PW}_{i,t} + \varepsilon_{i,t} \tag{4}$$

其中，下标 i 表示工业部门各细分行业，下标 t 表示年份，RTY 表示全要素生产率对本行业产出增长贡献率，LnIS 表示服务贸易进口技术含量的自然对数（考虑到其他指标的取值均采用比值形式，而 IS 的水平值较大，因此我们对其采取了自然对数形式），ε 为误差项，其他各变量符号的含义如上文所述。

（四）数据来源及说明

由于计算服务贸易分项的技术含量指数要使用到全球各国（地区）的服务贸易数据，考虑到统计数据的可获性，本文在计算过程中选取了 2011 年服务贸易出口额在全球服务贸易中排名前 147 位的国家（地区）为样本对象，计算各服务商品分项的技术含量指数。但是，由于这 147 个国家（地区）中的部分国家（地区）在本文选取的样本区间内（本文选取的样本区间为 2004~2011 年），缺乏服务贸易出口分项统计数据，因此，最终选定的国家（地区）的样本数为 139 个。这 139 个国家（地区）2011 年服务贸易出口总额占当年世界服务贸易出口总额的比重为 97%，据此计算出来的技术含量指数应该具有较高的可靠性和准确性。此外，从本文所设定的整个样本期间来看，所选取的 139 个国家（地区）在任何一个年度的服务贸易出口额之和，在世界服务贸易出口总额中的占比均不低于95%，因此，本文所选取的 139 个国家（地区）在整个样本期间已经具有很高的代表性，符合我们的研究需要。计算中所使用到的样本国家（地区）服务贸易出口额及人均 GDP数据均来自联合国贸发会议的统计数据（UNCTAD Statistics），据此可利用式（2）测算出2004~2011 年全球服务贸易各分项的技术含量指数，然后再利用式（3）计算中国服务贸易在样本期间内的进口技术含量指数。[①]

工业经济发展方式转变的度量指标（RTY）涉及各工业行业全要素生产率的计算以及工业总产值增长率，计算方法如前文所述。选取的行业为《中国国民经济行业分类（GB/T 4754—2002)》二位码下除其他采矿业，废弃资源和废旧材料回收加工业，电力、热力的生产和供应业，燃气生产和供应业，水的生产和供应业之外的剩余 34 个工业行业，样本期间为 2004~2011 年。计算中所使用到的各工业行业各期总产值、增加值、劳动投入、资本投入、中间投入等，均来自样本期内历年《中国统计年鉴》；控制变量中涉及的研发投入变量指标、人力资本变量指标、行业出口渗透率变量指标、FDI 利用额变量指标也来自样本期内历年《中国统计年鉴》，而环境规制变量的相关指标来自国研网统计数据库。

---

① 联合国贸发会议统计数据库（UNCTAD Statistics）中对服务贸易分项的分类是按照 IMF 国际收支平衡表中的分类方法进行的，主要包括运输、旅游、通信服务、建筑服务、保险服务、金融服务、计算机和信息服务、专利和特许费、其他商业服务、个人文化和娱乐服务、政府服务共 11 类。在实际计算过程中，由于我们主要关注的是商业服务，因此在计算过程中剔除了政府服务，此外，其他商业服务由于分类太泛，也将之剔除，而采取了余下九类分项。

五、实证结果及分析

（一）总样本单位根及协整检验

在对计量方程（4）进行估计之前，我们先对计量方程（4）中各序列之间的单位根过程及其协整关系进行检验，以明晰上述变量之间是否存在长期均衡关系。为保证总样本单位根检验结果的稳健性，我们此处采用了三种常用的面板数据单位根检验方法：IPS 检验、ADF-Fisher 检验以及 PP-Fisher 检验，结果如表 1 所示。表 1 中的检验结果表明，各原始序列变量经过一阶差分后的三种单位根检验结果均在 1%显著性水平下拒绝原假设，不存在单位根过程，是平稳序列，满足进一步协整检验的要求。

为了检验各序列之间是否存在着稳定的长期关系，我们采用了 Pedroni 协整检验法，检验结果如表 2 所示。从表 2 的检验结果可以看出，Pedroni 协整检验中四种统计量基本表明，六个变量系统均存在协整关系。

表 1　单位根检验结果

检验方法	检验统计量	概率	截面个数	观测值个数
零假设：各截面序列各有一个单位根（一阶差分）				
IPS W 统计量	−10.1537	0.0000	238	1597
ADF-Fisher 卡方统计量	955.158	0.0000	238	1597
PP-Fisher 卡方统计量	1282.94	0.0000	238	1666

表 2　总样本 Pedroni 协整检验结果

变量系统	Pedroni 检验统计量			
	Panel v 统计量	Panel rho 统计量	Panel PP 统计量	Panel ADF 统计量
RTY、IS	5.077975*** (0.0000)	−2.131899** (0.0411)	−11.20576*** (0.0000)	−9.868939*** (0.0000)
RTY、IS、RD	1.786709* (0.0809)	0.896840* (0.0668)	−4.439591*** (0.0000)	−4.445773*** (0.0000)
RTY、IS、RD、HU	−1.090801* (0.0692)	2.856124*** (0.0068)	−3.894120*** (0.0002)	−3.726639*** (0.0004)
RTY、IS、RD、HU、EX	−1.802353* (0.0786)	4.282074*** (0.0000)	−8.547120*** (0.0000)	−6.842054*** (0.0000)
RTY、IS、RD、HU、EX、FDI	−2.768727*** (0.0086)	6.082191*** (0.0000)	−9.782487*** (0.0000)	−6.123300*** (0.0000)
RTY、IS、RD、HU、EX、FDI、PW	−4.603282*** (0.0000)	6.862452*** (0.0000)	−26.41971*** (0.0000)	−13.89947*** (0.0000)

注：表中各检验的原假设是变量间不存在协整关系，"*"、"**"、"***"分别表示在 10%、5%和 1%的水平下拒绝原假设而接受备择假设，其中括号内的数字为检验 P 值。

（二）总样本 FMOLS 检验

考虑到变量间可能存在的内生性关系，我们采用 Pedroni（2001）提出的完全修正最小二乘法（FMOLS）对总样本的面板数据进行拟合。考虑到估计结果的稳定性，本文以服务贸易进口技术含量指数作为基础变量，然后依次加入其余变量进行回归，结果见表 3。

表 3　全样本 FMOLS 回归结果

解释变量	模型 1	模型 2	模型 3	模型 4	模型 5	模型 6
LnIS	0.02481*** (14.8194)	0.0184*** (5.5847)	0.0135*** (3.6189)	0.0246*** (5.7813)	0.0194*** (3.0630)	0.0169** (2.3545)
RD	—	19.7515** (2.4011)	17.8731** (2.2185)	14.9347* (1.9082)	16.7157* (1.71278)	17.3111* (1.7368)
HU	—	—	8.2315** (2.5781)	7.3371** (2.3723)	7.62353** (2.15545)	8.47784** (2.2309)
EX	—	—	—	−0.7308*** (−4.9368)	−0.6921*** (−4.01150)	−0.69812*** (−3.9365)
FDI	—	—	—	—	0.1571 (0.74599)	0.1601 (0.7447)
PW	—	—	—	—	—	14.096* (1.8606)
DW 统计量	1.9415	1.8936	2.0153	2.0039	2.1458	2.1179
调整后 R^2	0.2186	0.22149	0.2319	0.2384	0.2401	0.2436

注：估计系数下方括号内的数字为系数估计值的 t 统计量，其中"*"、"**"和"***"分别表示在 10%、5%和 1%的水平显著。

对表 3 的回归结果进行分析，我们可以得出以下几点结论。从第（1）行的计量检验结果来看，服务贸易进口技术含量与我国工业经济发展方式转变之间呈正相关关系，具体而言，服务贸易进口技术含量的系数估计值为 0.02481，并且在 1%的水平下显著。由于计量模型中对服务贸易进口技术含量变量取了自然对数，这一结果也就意味着服务贸易进口技术含量相对变化 0.02481 时，我国工业经济发展方式转变，即全要素生产率对产出增长的贡献率将会相应地绝对变化 0.02481 个单位。显然，服务贸易进口技术含量越高，工业经济发展方式转变的程度也就越高。在依次纳入其他控制变量后，如第（2）列至第（6）列的结果所示，虽然服务贸易进口技术含量的系数估计值的大小有所改变，但其与工业经济发展方式转变指数变量之间的正相关关系没有改变，并且都至少在 5%的水平下具有显著性。这一结果支持了我们上文的逻辑推断：服务贸易进口技术含量的提升对我国工业经济发展方式的转变具有促进作用。

就其他的控制变量而言，从第（2）列至第（6）列的回归结果可见，研发投入变量的系数估计为正，并且至少在 10%的水平下具有显著性影响，这意味着研发投入的增加是促进工业经济发展方式转变的重要因素。这一结果与现有理论是相吻合的，与我们的预期也是一致的。从第（3）列至第（6）列的回归结果可见，人力资本变量的回归系数估计值为正，并且至少在5%的水平下具有显著性影响，这意味着增加人力资本投入能够加快转变我国工业经济发展方式。从第（4）列至第（6）列的回归结果来看，行业出口渗透率变量的系数估计值为负，并且在1%的水平下具有显著性影响，这意味着出口贸易的扩张对工业经济发展方式的转变具有不利影响。当然，导致这一结果并非一定意味着我国对外贸易不存在"出口中学习"效应，而更可能是说明了出口贸易的扩张会带来资本和劳动的大量投入，从而使得出口部门的增长更具有粗放型特征，从而表现为即便在全要素生产率不断提升的情况下，相比工业产值增长主要受资本和劳动大量投入驱动的情形，全要素生产率对工业产值增长率的作用被相对弱化了。从第（5）列至第（6）列的回归结果来看，工业行业部门的外资利用额变量的系数回归结果虽然为正，但并不具备显著性影响。这一结果说明外资企业对我国工业经济发展方式转变具有一定程度的推动作用，但这种作用尚不明显。可能的原因在于进入的外资企业可能更多地还是集中于劳动密集型领域或者高端产业的劳动密集型等低端环节，因此，虽然在同一领域相比于内资企业而言可能具有更高的生产率，但综合而言，整体上对推动工业经济发展方式转变的作用不显著。这可能在一定程度上也证实了学术界关于我国利用外资的一个基本评价，即"以市场换技术"的成效并不十分显著。此外，从外资企业的溢出效应来看，Moran（2011）对现有研究文献进行总结归纳后得出，总体而言中国利用外资对于内资企业而言并不存在显著的溢出效应，甚至具有显著的挤出效应。这也可能是导致其对我国工业经济发展方式转变未能呈现显著影响的重要原因。从第（6）列的回归结果来看，环境规制变量的回归系数为正且在10%的水平下对我国工业经济发展方式转变具有显著影响，在一定程度上说明了环境规制在转变工业经济发展方式中的作用。

（三）服务贸易进口分部门 FMOLS 检验

仅从总体层面计算的我国服务贸易进口技术含量，并以此作为基础解释变量进行回归分析，实证考察其对我国工业经济发展方式转变的影响，还无法反映具有不同特征的服务贸易部门所可能产生的差异性影响。这是因为，作为知识、信息、技术等高级要素的重要载体，传统服务业和服务贸易与新型服务业和服务贸易相比，二者所内含的知识、技术等高级生产要素应该是不尽相同的。尤其是将服务贸易进口当作中间投入品时，不同服务贸易部门甚至是同一服务贸易部门不同"环节"对推动工业经济发展方式转变的作用肯定是不尽相同的。由于服务贸易包含的子类很多，不一定全是用于中间投入品，因此，在本文选定的九类服务贸易分项中，我们着重分析具有中间投入特征的运输（TSI_1）、建筑服务（TSI_2）、通信服务（TSI_3）、金融服务（TSI_4）、保险服务（TSI_5）、专利和特许（TSI_6），以及计算机和信息服务（TSI_7），对工业经济发展方式转变的影响，以此识别哪些是工业生产及其发展方式转变中的更为重要的中间投入。虽然这七项数据中也有部分是消费服务的，但总体来看是为生产过程服务的。将上述七个变量分别作为核心解释变量依次纳入上述计量方程（4）中进行回归分析，所得结果如表4所示。

表 4　服务贸易分部门 FMOLS 回归结果

解释变量	模型 1	模型 2	模型 3	模型 4	模型 5	模型 6	模型 7
$LnTSI_1$	0.0525 (1.2184)	—	—	—	—	—	—
$LnTSI_2$	—	0.0336 (1.3159)	—	—	—	—	—
$LnTSI_3$	—	—	0.0538* (1.9359)	—	—	—	—
$LnTSI_4$	—	—	—	0.1013** (2.5127)	—	—	—
$LnTSI_5$	—	—	—	—	0.1108** (2.2136)	—	—
$LnTSI_6$	—	—	—	—	—	0.8416** (2.3617)	—
$LnTSI_7$	—	—	—	—	—	—	0.9374*** (5.0315)
RD	16.3628** (2.0185)	17.0128** (2.1259)	16.7436** (2.6639)	16.9637** (2.1635)	16.0121** (2.3166)	16.0328** (2.7436)	17.1315** (2.5216)
HU	7.8355** (2.3764)	7.0124** (2.2317)	6.8326** (2.3945)	6.9886** (2.5216)	6.0132** (2.3126)	7.1135** (2.3219)	6.8958** (2.5136)
EX	−0.9328*** (−4.3632)	−1.0321*** (−5.0133)	−1.1135*** (−3.8736)	−0.9976*** (−4.0328)	−0.6032*** (−3.8569)	−0.9326*** (−5.1219)	−1.0124*** (−4.3657)
FDI	0.2029 (0.7984)	0.3126 (1.0128)	0.2149 (1.4137)	0.3318 (0.8355)	0.2158 (1.1326)	0.2311 (1.2617)	0.3018 (1.3115)
PW	14.2154** (2.0326)	13.9351* (1.8938)	11.1425** (2.1352)	12.7845** (2.3124)	13.2317** (2.0122)	12.5139** (2.0328)	12.8944** (2.5126)
DW 统计量	1.9326	1.8935	2.1014	1.9588	1.9637	2.0125	2.1137
调整后 R^2	0.2436	0.2518	0.2327	0.2135	0.2518	0.2417	0.2358

注：同表 3。

　　在表 4 的回归结果中，在控制了其他可能的影响因素后，即在计量方程中同时纳入其他控制变量后，我们通过依次纳入 $TSI_1\sim TSI_7$ 这七个核心变量，分别考察服务业各子行业的进口技术含量对工业经济发展方式的影响。从表 4 的回归结果可以发现：第一，就影响的显著性而言，模型 1 至模型 7 的回归结果显示，此处选定的七类服务贸易分项中，七个核心变量对工业经济发展方式的影响存在差异。具体而言，运输服务以及建筑服务进口技术含量对工业经济发展方式转变的影响，其系数估计值虽然为正，但基本上不具备显著性，主要原因可能还在于作为中间投入，运输和建筑服务本身技术含量较低，因而其作用机制并不显著。通信服务进口技术含量的系数估计值为正，并且基本上通过了 10% 的显著性检验，表明其对工业经济发展方式转变已具有正向显著影响。然后是金融服务、保险服务以及专利和特许，其进口技术含量对工业经济发展方式转变的影响，其系数估计值也均为正，并通过了 5% 的显著性检验。对工业经济发展方式转变影响最为显著的是计算机和信息服务，其系数估计值为正，且在 1% 的显著性水平下具有显著影响。第二，就影响的程度而言，我们可以通过不同服务贸易分项的进口技术含量系数估计值大小加以粗略比较。在此处选定的七类服务贸易分项中，系数估计值为正且最大的是计算机和信息服务以及专利和特许，其次是金融和保险服务，最后为通信服务、运输服务以及建筑服务。综合以上两点不难看出，具有不同特征的服务贸易进口，由于其内含的技术含量存在差异，因而对工业经济发展方式的影响的确存在较大差异。这进一步补充验证了本文的理论机制假说，即具有更高技术含量的服务贸易进口，作为中间投入，因其更具直接效应、更具要素重组效应、更具技术溢出效应等，因而对工业经济发展方式转变产生更大、更显著的影响。第三，就其他控制变量而言，在各组模型的回归结果中，与表 3 的回归结果进行比较可以发现，其系数估计值显示的对我国工业经济发展方式影响的方向及其显著性，均没有呈现实质性变化。

（四）工业行业分部门 FMOLS 检验

在运用所有 34 个工业行业的数据来估计服务贸易进口技术含量，对工业经济发展方式转变的影响，意味着各工业行业具有相同的生产技术，包括控制变量在内的各变量系数估计值在各工业行业中是相同的，从而忽略了这些变量之间关系在不同工业行业部门之间可能存在的差异性影响。显然，行业要素密集度特征是行业差异的重要表现之一。为此，我们将选取的 34 个工业行业划分为资源和劳动密集型行业、资本密集型行业以及技术密集型行业三大组别。其中，资源和劳动密集型行业包括：煤炭开采和洗选业，黑色金属矿采选业，石油和天然气开采业，非金属矿采选业，有色金属矿采选业，食品制造业，农副食品加工业，饮料制造业，纺织服装、鞋、帽制造业，烟草加工业，皮革、毛皮、羽毛（绒）及其制品业，纺织业，木材加工及木、家具制造业，造纸及纸制品业，竹、藤、棕、草制品业，文教体育用品制造业，印刷业，记录媒介的复制、橡胶制品业和塑料制品业，共 19 个行业。资本密集型行业包括：石油加工、非金属矿物制品业，炼焦及核燃料加工业，有色金属冶炼及压延加工业，黑色金属冶炼及压延加工业，通用设备制造业，金属制品业，仪器仪表及文化办公用机械制造业和专用设备制造业共八个行业。技术密集型包括：化学原料及化学制品制造业，医药制造业，交通运输设备制造业，化学纤维制造业，通信设备计算机及其他电子设备制造业，电气机械及器材制造业，工艺品及其他制造业共七个行业。

由于基于不同服务贸易进口部门计算的技术含量指数，对我国工业经济发展方式转变的影响大小虽然略有差别，但在影响的方向性及其显著性上基本一致。因此，此处按照工业行业的要素密集度特征进行分组回归分析时，我们不再区分不同服务贸易部门的进口技术含量，而是仅使用服务贸易进口总体技术含量作为基础变量，然后再依次纳入其他控制变量进行回归，所得结果见表 5。

根据表 5 的回归结果，我们可以得到如下几点基本结论：

第一，无论是资源密集型和劳动密集型行业组，还是资本密集型行业组，以及技术密

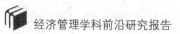
表 5　工业行业分组 FMOLS 回归结果

解释变量	模型 1	模型 2	模型 3	模型 4	模型 5	模型 6
资源密集型和劳动密集型行业组						
LnIS	0.0184*** (3.5085)	0.0071** (2.0826)	0.0104** (2.3323)	0.0195** (2.8569)	0.0161*** (6.3594)	0.0095*** (5.1671)
RD	—	13.1041** (2.7294)	16.5809*** (2.9881)	15.9549*** (3.4997)	10.6129* (1.9073)	10.3061* (1.9615)
HU			37.4431*** (3.8528)	48.4018*** (4.4823)	43.2075*** (3.912)	40.3827*** (3.4227)
EX				−1.0808*** (−3.2308)	−0.9787** (−2.6901)	−0.8213*** (−2.2201)
FDI					2.3093 (7.0426)	2.2739 (6.7306)
PW						19.5007* (1.9243)
DW 统计量	2.1035	1.9942	1.8937	2.1056	2.2155	2.0739
调整后 R²	0.2136	0.2203	0.2314	0.2343	0.2508	0.2563
资本密集型行业组						
解释变量	模型 1	模型 2	模型 3	模型 4	模型 5	模型 6
LnIS	0.0341*** (28.0113)	0.0287*** (38.9569)	0.0227*** (18.9627)	0.0241** (2.5931)	0.0217*** (5.2091)	0.0339*** (3.2814)
RD	—	14.9033*** (9.3618)	18.0844*** (11.4685)	19.7652*** (8.4934)	16.3119*** (6.101)	15.5125*** (10.3605)
HU	—	—	0.9199** (2.2443)	4.3147*** (6.536)	4.6974*** (6.4268)	1.9484** (2.5366)
EX	—	—	—	−2.2389*** (−9.6061)	−2.3434*** (−9.5052)	−3.6215*** (−17.0697)
FDI	—	—	—	—	0.1921 (1.4551)	0.0877 (1.2718)
PW	—	—	—	—	—	17.2795*** (2.5349)
DW 统计量	2.1152	2.0315	1.9786	2.1328	2.1005	2.2137
调整后 R²	0.2312	0.2387	0.2405	0.2468	0.2503	0.2541
技术密集型行业组						
解释变量	模型 1	模型 2	模型 3	模型 4	模型 5	模型 6
LnIS	0.0454*** (33.7638)	0.0359** (2.1097)	0.0432*** (23.7864)	0.0359*** (16.7488)	0.0357** (2.6481)	0.0492*** (3.7728)
RD	—	17.2217*** (5.9701)	18.8979*** (5.9081)	17.0402*** (4.1701)	19.2599* (1.9871)	26.7861** (2.1754)
HU	—	—	9.1954*** (13.4433)	9.4471*** (14.5514)	6.6551** (2.3628)	8.0514** (2.1482)
EX	—	—	—	−0.4087** (2.6095)	−0.4201** (−2.1856)	−0.1977** (−2.8678)

续表

	技术密集型行业组					
解释变量	模型 1	模型 2	模型 3	模型 4	模型 5	模型 6
FDI	—	—	—	—	1.8623*** (5.3721)	1.8039*** (5.3404)
PW	—	—	—	—	—	10.7855** (1.9114)
DW 统计量	1.9326	2.0139	1.9938	2.1257	2.2014	2.1359
调整后 R^2	0.2451	0.2513	0.2586	0.2604	0.2711	0.2832

注：同表 3。

集型行业组，在纳入各控制变量后，并不改变服务贸易进口技术含量这一基础变量的回归系数的符号及其显著性，说明服务贸易进口对工业经济发展方式转变的影响具有较好的稳健性。

第二，从服务贸易进口技术含量对不同工业行业分组的影响来看，基本遵循着对技术密集型工业行业发展方式转变的影响程度最大，其次是资本密集型工业行业，最后是资源密集型和劳动密集型工业行业的变化。对此可能的解释在于，具有不同要素密集度特征的各工业行业，对生产性服务需求尤其是高级生产性服务投入需求不同，更具资本和技术密集型的行业发展方式转变，对生产性服务投入需求强度可能会更大，从而表现为服务贸易进口技术含量越高，对资本和技术密集型行业发展方式转变的推动作用也就越大。

第三，从其他控制变量的系数回归结果来看，研发投入和人力资本变量对各分组行业发展方式转变的影响差异性，与服务贸易进口技术含量变量的影响差异性类似，其内在原因可能也基本一致，在此不再赘述。

从行业出口渗透率变量的系数回归结果来看，其对技术密集型行业组发展方式转变的负向作用要显著弱于对资源密集型和劳动密集型行业组以及资本密集型行业组的影响。可能的原因在于技术密集型产品的出口可能主要依靠的不是大规模的资本和劳动投入，而是依托于技术进步，从而表现为出口扩张对工业经济发展方式转变的负向作用相应地"弱化"。类似地，外资利用额变量对各分组工业行业发展方式转变的影响，在技术密集型行业表现得最为显著，这可能既与流入的 FDI 质量有关，也与处于同一行业的内资企业从而能够从更高质量的 FDI 获取溢出效应有关，从而表现为 FDI 在推动技术密集型行业发展方式转变中具有显著的积极作用。从环境规制变量的影响来看，各组的系数估计值表明，环境规制对资源密集型和劳动密集型行业组以及资本密集型行业组的影响，要强于对技术密集型行业组的影响。这一结果显然是源于前述两个分组的工业行业发展对自然环境的依赖更强，发展方式与"环境要素"的投入状况密切相关。相比较而言，技术密集型行业与"环境要素"之间的关系可能显得相对不那么密切。这一结论也就意味着加强环境规制更有利于促进前述两个分组中工业行业发展方式的转变。

六、简 要 结 论 及 启 示

本文采用基于非参数 DEA-Malmquist 指数方法，测度了我国 2004~2011 年各工业行业全要素生产率，并采用最新测度服务贸易进口技术含量的方法，估算了同期我国服务贸易进口技术含量水平。以全要素生产率对工业总产值增长的贡献率作为我国工业经济发展方式的衡量指标，分别从总体层面、服务贸易进口分部门层面以及工业行业分组层面，实证研究了服务贸易进口技术含量对我国工业经济发展方式转变的影响。计量检验结果揭示：

（1）从总体层面来看，服务贸易进口技术含量对我国工业经济发展方式转变具有显著的促进作用，换言之，提高服务贸易进口技术含量有助于加快我国工业经济发展方式的转变。

（2）从不同特性的服务贸易部门来看，其进口技术含量对我国工业经济发展方式转变的影响存在差异性，具体而言，技术含量相对较低的诸如运输服务和建筑服务等传统服务贸易进口，对我国工业经济发展方式转变的影响相对"较弱"，而技术含量相对较高的诸如计算机和信息服务、专利和特许等新兴服务贸易进口，对我国工业经济发展方式转变的影响则相对"较强"。

（3）从具有不同要素密集度特征的工业行业组别来看，服务贸易进口技术含量对其发展方式的影响也不尽相同，具体而言，服务贸易进口技术含量的变化，对我国技术密集型工业行业发展方式转变的影响程度最大，其次是资本密集型工业行业，最后是资源密集型和劳动密集型工业行业。

（4）从其他影响因素来看，研发投入和人力资本对我国工业经济发展方式转变具有推动作用，这一点在上述三个层面的计量结果中均是成立的；出口扩张对工业经济发展方式的转变总体而言存在着负向作用，且这种负向作用对资源密集型和劳动密集型行业组以及资本密集型行业组的影响，要显著强于对技术密集型行业组的影响；FDI 对我国工业经济发展方式转变具有正向作用，但在总体层面上看这种作用尚不显著，而从工业行业分组来看，其在推动技术密集型行业发展方式转变中表现出显著的积极作用；环境规制总体而言对我国工业经济发展方式转变具有推动作用，并且对资源密集型和劳动密集型行业组以及资本密集型行业组的影响，要强于对技术密集型行业组的影响。

我国正处于工业化发展的重要时期，工业是我们的比较优势产业，但从绝对精致化程度来看，我们与许多优秀工业强国相比仍然存在较大差距（金碚，2012）。在经济全球化发展的大趋势下，我国工业经济发展方式转型升级不能脱离全球分工体系，而应正确把握国际分工演进所带来的重要机遇，通过充分发挥自身的比较优势，在参与全球竞争与合作中实现我国工业经济发展方式转型升级。尤其是伴随着工业发展和服务经济特别是高级生产者服务业发展之间的融合程度越来越深，提升中国工业经济发展水平，要注重利用全球市场资源，主要是利用发达经济体在服务业方面所具有的优势，依托服务贸易进口特别是提高服务贸易进口技术含量来加快推进我国工业经济发展方式转变。特别是在服务业发展呈"碎片化"趋势的新型国际分工体系下，我们要注重发挥服务贸易进口政策对我国工业经济发展方式转变的推动作用，这就要求在服务贸易进口政策的目标定位上，要着眼于充分利用全球优质服务资源服务于我国工业经济发展方式转变进程；在服务贸易进口内容上，要着重于具有高溢出性、高关联性以及有助于推动自主创新的服务产品和高端服务环节的进口，通过服务贸易进口带动我国服务业尤其是高端生产者服务业发展；在进口的方式上，要注重服务贸易进口技术含量提升与高级生产者服务业 FDI 之间的互动，从而充分利用全球服务贸易发展的重要战略机遇，通过提升服务贸易进口技术含量，服务于我国工业经济发展方式转变进程。当然，强调服务贸易进口技术含量对工业经济发展方式转变的重要影响，并非意味着我们只应把服务贸易仅仅看作是促成其发展的一个环节。实际上，展望中国经济未来的走势，服务业在中国经济发展中的重要性将日益凸显，我们不仅面临着工业经济发展方式转型升级的需要，也面临大力发展服务业尤其是现代服务业的紧迫任务，以及二者的协同发展问题。许多研究已经表明，服务贸易发展对服务业尤其是现代服务业发展具有重要的反向拉动作用（王子先，2012；隆国强，2012），因此，从这一意义上来说，注重发挥服务贸易进口政策作用还有利于促进我国服务业尤其是现代服务业发展及其与工业经济的协同发展。当然，如何更好地提升我国服务贸易进口技术含量，从而更好地服务于我国工业经济发展方式转变的需要，以及促进服务业与工业之间的协同发展，进一步的分析已经超出本文探讨范围，需要专文研究，这也是我们今后研究的努力方向。

参考文献

[1] 包群. 贸易开放与经济增长：只是线性关系吗 [J]. 世界经济，2008（9）.

[2] 陈德球，李思飞，钟昀珈. 政府质量、投资与资本配置效率 [J]. 世界经济，2012（3）.

[3] 樊纲，王小鲁，马光荣. 中国市场化进程对经济增长的贡献 [J]. 经济研究，2011（9）.

[4] 樊秀峰，韩亚峰. 生产性服务贸易对制造业生产效率影响的实证研究——基于价值链视角 [J]. 国际经贸探索，2012（5）.

[5] 高凌云，王洛林. 进口贸易和工业行业全要素生产率 [J]. 经济学（季刊），2010（2）.

[6] 郭晓丹，宋维佳. 战略性新兴产业的进入时机选择：领军还是跟进 [J]. 中国工业经济，2011（5）.

[7] 华民. 我们究竟应当怎样来看待中国对外开放的效益 [J]. 国际经济评论，2006（1）.

[8] 金碚. 全球竞争新格局与中国产业发展趋势 [J]. 中国工业经济，2012（5）.

[9] 金碚. 中国工业的转型升级 [J]. 中国工业经济，2011（7）.

[10] 刘志彪. 为什么我国发达地区的服务业比重反而较低？[J]. 南京大学学报，2011（3）.

[11] 隆国强. 我国服务贸易的结构演化与未来战略 [J]. 国际贸易，2012（10）.

[12] 蒙英华，尹翔硕. 生产者服务贸易与中国制造业效率提升 [J]. 世界经济研究，2010（7）.

[13] 裴长洪. 先进制造业与现代服务业如何相互促进 [J]. 中国外资，2010（10）.

［14］尚涛，陶蕴芳. 中国生产性服务贸易开放与制造业国际竞争力关系［J］. 世界经济研究，2009（5）.

［15］孙文杰，沈坤荣. 人力资本积累与中国制造业技术创新效率的差异性［J］. 中国工业经济，2009（3）.

［16］唐保庆，陈志和，杨继军. 服务贸易进口是否带来国外 R&D 溢出效应［J］. 数量经济技术经济研究，2011（5）.

［17］王子先. 服务贸易新角色：经济增长、技术进步与产业升级的综合性引擎［J］. 国际贸易，2012（6）.

［18］许和连，元朋，祝树金. 贸易开放度、人力资本和全要素生产率：基于中国省级面板数据的经验研究［J］. 世界经济，2006（12）.

［19］叶振宇，叶素云. 要素价格与中国制造技术效率［J］. 中国工业经济，2010（11）.

［20］于津平，许小雨. 长三角经济增长方式与外资利用效应研究［J］. 国际贸易问题，2011（1）.

［21］余淼杰. 中国贸易的自由化与制造业企业生产率［J］. 经济研究，2010（12）.

［22］赵文军，于津平. 贸易开放、FDI 与中国工业经济增长方式［J］. 经济研究，2012（8）.

［23］朱春兰，严建苗. 进口贸易与经济增长：基于我国全要素生产率的测度［J］. 商业经济与管理，2006（5）.

［24］Amiti M., Wei S. J.. Service Offshoring, Productivity and Employment: Evidence from the United States［Z］. MF Working Paper, 2005.

［25］Clemes M. D., Arifa A. and Gani A.. An Empirical Investigation of the Spillover Effects of Services and Manufacturing Sectors in Asean Countries［J］. Asia-Pacific Development Journal, 2003, 10（2）.

［26］Coe, D. T., Helpman, E.. International R&D Spillovers［J］. European Economic Review, 1995（5）.

［27］Dulleck, U., Foster, N.. Imported Equipment, Human Capital and Economic Growth in Developing Countries［Z］. NECR Working Paper, 2007.

［28］Fernandes, A. M.. Trade Policy, Trade Volumes and Plant-level Productivity in Colombian Manufacturing Industries［Z］. W. B. Policy Research Working Paper Series, 2006.

［29］Francois, J. F., Woerz, J.. Producer Service, Manufacturing Linkages and Trade［Z］. Tinbergen Institute Discussion Paper, 2007.

［30］Gorg H., Hanley A. and Strobl E.. Productivity Effects of International Outsourcing: Evidence from Plant-level Data［J］. Canadian Journal of Economics, 2008, 41（2）.

［31］Grossman, G. M., Helpman, E.. Endogenous Innovation in the Theory of Growth［J］. The Journal of Economic Perspectives, 1991（8）.

［32］Halpern, L., Koren M. and Szeidl, A.. Imported Inputs and Productivity［Z］. CEFIG Working Papers, 2011.

［33］Herreriasa, M. J. and Orts, V.. Imports and Growth in China［J］. Economic Modelling, 2011（6）.

［34］Hoekman, Bernard. Trade in Services, Trade Agreements and Economic Development: A Survey of the Literature［Z］. CEPR Discussion Paper, 2006.

［35］Kasahara, H., Rodrigue, J.. Does the Use of Imported Intermediates Increase Productivity? Plant-level Evidence［J］. Journal of Development Economics, 2008（87）.

［36］Keller, W.. Trade and Transmission of Technology［J］. Journal of Economic Growth, 2002（7）.

［37］Moran T. H.. Foreign Manufacturing Multinationals and the Transformation of the Chinese Economy: New Measurements, New Perspectives［Z］. PIIE Working Paper, 2011.

［38］ R. Hausmann, Y. Huang and D. Rodrik.. What You Export Matters ［Z］. NBER Working Paper, 2005.

［39］ Romer, P. M.. Increasing Returns and Longrun Growth ［J］. Journal of Political Economy, 1986 （94）.

［40］ Segerstorm, P. S.. The Long-Run Growth Effects of R&D Subsidies ［J］. Journal of Economic Growth, 2000 （3）.

［41］ Pedroni P.. Fully Modified OLS for Heterogeneous Cointegrated Panels ［J］. Advances in Econometrics, 2001 （15）.

The Change in Technical Content of the Import in the Service Trade and in the Way of the Development of China's Industrial Growth

Dai Xiang   Jin Bei

Abstract: By the use of the newest method of measuring the technical content of the service trade import （STI）, and taking the contribution rate of all-factor productivity to the contribution rate of the growth of the industrial total production value as the measurement index of the development way of China's industrial economy （DWOCIE）, from three aspects – the whole, the sub-department of the import of the service trade and the grouping of the industrial line, we have made a case study on the impact of the technical content of the STI on DWOCIE from 2004 to 2011. The results of the quantitative illustrate that the promotion function of the measures with still higher technical content such as computers and information is stronger than that of the traditional STI such as transportation, which has lower technical content, that, therefore, from the view of the grouping of the industrial line, the technical content of the STI has the greatest impact on the change of the development way of China's technology-intensive industrial line, then, the impact on the capital-intensive industrial line, then, the resources-intensive industrial line and the labor-intensive industrial line. To change DWOCIE, we should not disregard the system of the global division of work. Under the great background under which the global service industry tends to "become fragments", China should grab the important opportunity of the development of the global service trade to increase "the number" of the service trade, and at the same time, she still should pay attention to the upgrade of the "quality" of the STI in order to still better serve the needs of the change of the DWOCIE.

政府规模、劳动—资源密集型产业与生产服务业发展滞后：机理与实证研究 *

江　波　李江帆

【摘　要】本文构建一个包括知识—技术密集型生产服务业部门的三部门内生增长模型，对政府规模非理性膨胀及劳动—资源密集型产业的扩张侵蚀生产服务业发展进行了探索性解释。均衡分析的基本结论：政府规模非理性膨胀、劳动—资源密集型产业及二者耦合直接或间接侵蚀生产服务业发展，为需求不足论和供给不足论等观点提供了深层次解释，以 1980~2009 年 OECD 数据运用静态面板和动态面板估计检验了理论命题，针对中国生产服务业发展徘徊不前的现状提出政策思路。

【关键词】政府规模；政治资源诅咒；资源诅咒；生产服务业

一、问　题　提　出

生产服务是"向中间生产者而不是最终消费者提供"的服务（Greenfield，1966），或称"服务形式的生产资料"，它"直接构成第一、第二、第三产业的生产要素"（李江帆，1986，1990）。广义生产服务指在三次产业生产实物产品和服务产品过程中被作为生产要素投入的服务。生产服务业是为三次产业生产实物产品和服务产品提供服务形式生产要素的行业。20 世纪 80 年代以来，世界经济结构向服务业为主转型，研发、设计、金融、信息等生产服务业发展迅速，成为发达国家的支柱产业，通过占领高端环节控制全球价值链。在初级阶段，生产服务业主要为第二产业的实物产品生产者提供管理控制、产品研

* 基金项目：教育部哲学社会科学研究重大课题攻关项目"加快发展我国生产性服务业研究"（批准号 11JZD023）；国家社会科学基金项目"服务业发展与城市群演进的互动机制研究"（批准号 11BJL063）。
本文作者：江波，湖南桃源人，中山大学管理学院博士研究生，中山大学中国第三产业研究中心经济师；李江帆，广东台山人，中山大学管理学院教授，博士生导师，中山大学中国第三产业研究中心主任。
本文引自《中国工业经济》2013 年第 1 期。

发、流程设计等生产服务，称为第二产业生产服务（马风华，2011）。在高级阶段，生产服务业越来越多地向第三产业的服务生产者提供服务，称为第三产业生产服务（李江帆，2008；朱胜勇，2009）。生产服务业在经济发展中充当"知识提供者"，向其他行业提供知识和技术，通过"迂回生产"和"循环累积"提高生产率，成为经济发展过程中不可或缺的重要元素。

数据显示，发达国家生产服务业发展迅速。1980年，近1/2的发达国家生产服务业增加值占服务业比重达40%；1995年后，绝大部分发达国家的比重开始向50%逼近。与此相比较，1992~2008年中国生产服务业增加值占比一直在38%~40%徘徊，始终难以突破40%。关于中国生产服务业发展不足或服务业比重偏低的原因，剔除统计因素可能导致的偏差与低估外，主要有"供给不足论"（张月友和刘志彪，2012；江波和李美云，2012）、"需求不足论"（杨玉英，2010；谭洪波和郑江淮，2012），以及"体制机制论"（江小涓和李辉，2004；汪德华等，2007；杨玉英，2010）三种代表性观点，认为资本、劳动等生产要素投入不足导致中国生产服务业不能提供满足需求的服务产品。现阶段中国的生产服务需求主要是批发贸易、交通、仓储等传统产业，对研发、商务服务等高端服务需求较少。服务业领域存在的垄断、政企不分等体制性障碍和制度瓶颈也影响生产服务业发展。

对于中国生产服务业比重徘徊不前的谜团，以上观点从不同角度揭示出重要的理论价值和政策意义。但是，中国生产服务需求为什么主要是传统服务需求？生产服务业的生产要素为什么投入不足？已有文献不能很好地回答这些问题。本文拟从新的视角进行研究：一是考虑政府的作用。"最优规模论"（Barro and Redlick，2011）认为政府规模与经济增长间存在"倒U"形关系。当政府部门非理性膨胀超过最优规模时，政府运行的低效率使经济系统增加过多成本和负担，不利于经济稳态增长。生产服务业作为工业化时期的重要经济部门，其产品的无形性、不可分割性等使其"契约密集型"属性相当明显，影响契约规制的政府部门与生产服务业部门之间的关系更加密切。二是考虑劳动—资源密集型产业。从产业发展历程看，劳动密集型制造业和资源密集型产业为经济增长发挥过重要作用，但它们处于产业发展的初级阶段，缺乏技术创新，技能水平要求低，具有规模报酬不变或递减的特点；进入工业化甚至服务经济时代以来，分工深化使生产迂回度提高，全球生产网络和"碎片化"生产模式使新的国际分工格局形成，在服务输出能力较弱的情况下，大量位于价值链低端的劳动—资源密集型产业由于自身的"低"生产迂回度会抑制生产服务需求的有效释放。三是考虑政府与劳动—资源密集产业的特殊关系。一方面，发展中国家在经济发展初期的要素禀赋及其"发展饥渴症"，使劳动密集型制造业和资源密集型产业很容易受到政府青睐；另一方面，资源密集型产业固有的高"资源租"属性使政府在短期内获得高收益和额外的支出预期，导致"过度自信"甚至政府规模非理性膨胀与寻租，陷入"政治资源诅咒"与"资源诅咒"的耦合困境。这样，产业结构被锁定在价值链低端，直接或间接挤出生产服务业部门的实物资本投资与人力资本积累，进而抑制生产服务充当"黏合剂"，更不用说作为生产要素参与价值创造了。

基于以上考虑，本文对政府规模、劳动—资源密集型产业与生产服务业发展之间的联系建立一个动态分析框架，为探寻生产服务业发展的阻碍因素提供一个补充性的研究视角。

二、理论模型与机理分析

假设经济是由三部门组成的分散经济：最终产品部门、中间产品部门、生产服务业部门。经济中的最终产品部门提供实物消费品和服务消费品，其产出用 Y 表示。人力资本（H）有两个用途，一是投入生产服务业部门进行研发、设计（H_S），二是直接投入最终产品部门进行生产（H_Y）。假定人力资本总量给定，即 $H = H_S + H_Y$。整个经济系统的运行机制可以表述为：生产服务业部门使用人力资本结合已有的知识—技术存量进行研发、设计，提供新的生产服务产品；中间产品部门购买这些新的研发、设计方案并结合实物资本进行生产同时出售给下游的最终产品部门；最终产品部门使用采购来的中间产品同时投入人力资本和劳动来生产一种满足某种效用的最终产品。

1. 技术

（1）最终产品部门。最终产品部门的生产函数采用扩展的 C–D 形式：

$$Y = H_Y^{\alpha} \cdot L^{\beta} \int_0^S x_i^{1-\alpha-\beta} di \qquad (1)$$

其中，Y 表示最终产品的产量。H_Y 和 L 分别表示投入最终产品部门的人力资本和劳动，x_i 表示投入到最终产品部门的第 i 种中间产品。S 表示生产服务业部门提供的生产服务类型数量，并假定 S 满足连续非离散，α、β 分别表示相应投入的产出弹性，其中 $0 < \alpha + \beta < 1$。用 K 和 C 表示实物资本存量和消费，实物资本投资表示为：$\dot{K} = Y - C$。

（2）中间产品部门。区间 [0，S] 有无数个生产中间产品的企业，假定每家企业生产一种中间产品，且产品间不存在直接替代或互补关系，相应的企业拥有垄断性，垄断力量来自企业拥有生产中间实物产品的设计方案。不考虑折旧，设计方案由生产服务业部门提供，生产一单位中间实物产品正好需要一单位最终产品，因而其生产函数是线性的，经济系统中的实物资本存量表示为：

$$K = \int_0^S x_i di \qquad (2)$$

（3）生产服务业部门。模型中的生产服务业部门主要指提供研发、设计等高端生产服务要素的知识—技术密集型部门，其产出取决于投入该部门的人力资本和已有的知识—技术存量。另外，政府规模的非理性膨胀与劳动—资源密集型产业由于"政治资源诅咒"和"资源诅咒"等消极作用使生产服务业发展受到侵蚀，产生所谓的"侵蚀效应"，具体机理见后文分析。生产函数可表达为：

$$\dot{S} = \gamma Hs \cdot [1 - E(Lr, GOV)]S \tag{3}$$

其中，$\dot{S}$ 为生产服务业部门的知识—技术增量，衡量提供生产服务的增量；γ 是生产率参数，H_S 为投入到该部门的人力资本，S 为该部门已有的知识—技术存量。$E(Lr, GOV)$ 是劳动—资源密集型产业和政府部门产生的"侵蚀效应"，用 Lr 和 GOV 表示各自规模。假定 $\partial E(Lr, GOV)/\partial Lr > 0$，$\partial E(Lr, GOV)/\partial GOV > 0$ 表示劳动—资源密集型产业和政府部门产生的侵蚀效应与其规模正相关。

2. 消费者偏好

假定代表性家庭生活在无限期界的经济环境，具有标准的固定弹性效用函数：

$$U(C) = \int_0^\infty \frac{C^{1-\sigma} - 1}{1 - \sigma} e^{-\rho t} dt \tag{4}$$

其中，C 为消费者在某时刻的瞬时消费，σ 是边际效用弹性，等于跨期替代弹性的倒数，假定 $\sigma \geq 0$ 和 $\rho \geq 0$ 代表消费者的主观时间偏好率。根据假设，人力资本和劳动是两种不同的生产要素，它们的拥有者不仅从最终产品部门获得劳动报酬（假设一单位劳动 L 的报酬为 W_L）和人力资本报酬（假设一单位人力资本 H_Y 在最终产品部门的报酬为 W_{H_Y}），而且从生产服务业部门获得相应的人力资本报酬（假设一单位人力资本 H_S 在该部门的报酬为 W_{H_S}），另外，他们还获得租金收入（假设一单位财富总量 A 的报酬为 r）。因此，消费者的预算约束可以表示为：

$$\dot{A} = W_L \cdot L + W_{H_Y} \cdot H_Y + W_{H_S} \cdot H_S + A \cdot r - C \tag{5}$$

3. 均衡分析

假设最终产品市场、劳动力市场和资本市场是完全竞争的。由于生产服务业部门为中间产品部门提供研发、设计等生产服务产品，这些新的生产服务产品被下游的中间产品部门购买后进行垄断性生产；同时，企业可以自由进入或退出中间产品的生产。因此，中间产品市场是垄断竞争的。将最终产品的价格标准化为 1，$P_Y = 1$，并设定中间产品、生产服务产品的价格分别为 P_i 和 P_s。

（1）最终产品部门。最终产品部门投入一定数量的劳动 L、人力资本 H_Y 以及各种类型的中间实物产品 x_i，产出一定数量的最终产品 Y，为实现利润最大化须满足：

$$\max_{H_Y, L, x_i} \pi_Y = H_Y^\alpha \cdot L^\beta \cdot \int_0^S x_i^{1-\alpha-\beta} di - W_{H_Y} \cdot H_Y - W_L \cdot L - \int_0^S p_i \cdot x_i di \tag{6}$$

对于式（6），分别根据 H_Y、L 和 x_i 对 π_Y 的一阶条件可得：$W_{H_Y} = \dfrac{\alpha Y}{H_Y}$，$W_L = \dfrac{\alpha Y}{L}$。

$$p_i = (1 - \alpha - \beta) H_Y^\alpha \cdot L^\beta x_i^{-\alpha-\beta} \tag{7}$$

（2）中间产品部门。该部门从生产服务业部门购买研发、设计方案等生产服务所耗费的支出为固定成本，生产 x_i 单位的中间实物产品所耗费的可变成本为 $r \cdot x_i$，出售中间实物产品获得的收入为 $p_i \cdot x_i$，为实现利润最大化条件须满足：$\max_{x_i} \pi_x = p_i \cdot x_i - r \cdot x_i$。将式（7）代入该式，可得：

$$p_i = \frac{r}{1-\alpha-\beta}, \quad r = (1-\alpha-\beta)^2 H_Y^{\alpha} \cdot L^{\beta} x_i^{-\alpha-\beta} \tag{8}$$

由此可知，在均衡条件下，中间产品部门企业的垄断定价与 i 无关，即所有中间产品以相同的价格对称地投入到最终产品部门的生产，因而上式中 x_i 的下标 i 均可以去掉，表明中间产品部门具有相同的需求函数和利润水平。进一步地，中间产品部门的垄断利润可以表示为：$\pi_x = \frac{\alpha+\beta}{1-\alpha-\beta} rx$。

由于中间产品市场能够自由进入和退出，该部门无数企业竞相购买生产服务业部门提供的研发、设计等生产服务方案。因而，在竞争性均衡条件下，在某一点 t，中间产品部门所获的垄断利润的贴现值等于生产服务业部门提供研发、设计等生产服务方案的价格 P_s，即：

$$\int_0^{\infty} e^{\int_t^{\tau} r(s)dt} \pi(\tau)d\tau = P_s(t) \tag{9}$$

在均衡条件下，P_s 为常量，由式（9）对 t 求导，并代入 P_s 可得：

$$\pi(t) = r(t) \cdot P_s \tag{10}$$

（3）生产服务业部门。根据前文假设，生产服务业部门提供的研发、设计等生产服务方案的价格为 P_s，投入的人力资本报酬率为 W_{H_s}。根据利润最大化条件，可得：

$$W_{H_s} = \gamma P_s \cdot [1 - E(Lr, \ GOV)]S \tag{11}$$

在均衡条件下，必然满足实物资本市场出清条件可知，式（2）变为：$K = \int_0^S x_i d_i = S \cdot X$，结合式（1），最终产品部门均衡时的产出变为：

$$Y = H_Y^{\alpha} \cdot L^{\beta} \cdot \int_0^S x_i^{1-\alpha-\beta} d_i = S^{\alpha+\beta} \cdot H_Y^{\alpha} \cdot L^{\beta} \cdot K^{1-\alpha-\beta} \tag{12}$$

将式（8）、式（10）和式（12）联立，可解出生产服务业部门提供研发、设计等生产服务的价格为：

$$P_s = \frac{(\alpha+\beta)(1-\alpha-\beta)}{rS} Y \tag{13}$$

（4）分散经济均衡增长路径。假设在分散经济中，人力资本可以在各部门之间无摩擦地自由流动，均衡时，人力资本在最终产品部门和生产服务业部门获得相等的人力资本报酬，即 $W_{H_Y} = W_{H_s}$，并结合式（11）、式（12）及式（13），可以得到：$H_Y = \frac{\alpha}{(\alpha+\beta)(1-\alpha-\beta)} \cdot \frac{r}{\gamma[1-E(Lr, \ GOV)]}$。

在均衡增长路径上，可得各变量的增长率：$g_Y = g_K = g_c = g_s = \gamma[1-E(Lr, \ GOV)]H_s$。

另外，根据 $H_s = H - H_Y$，并由 H_Y 的表达式，可知：

$$g_Y = g_K = g_c = g_s = \gamma[1-E(Lr, \ GOV)]H_s = \gamma[1-E(Lr, \ GOV)] - \Delta r \tag{14}$$

其中，$\Delta = \frac{\alpha}{(\alpha+\beta)(1-\alpha-\beta)}$。

4. 比较静态分析和机理阐述

根据式（14），在技术参数 γ、α、β 及偏好参数 ρ、σ 既定的情况下，生产服务业的长期均衡增长取决于两个因素：一是政府部门和劳动—资源密集型产业对其发展的侵蚀程度 E；二是人力资本存量 H。为厘清阻碍生产服务业发展的深层次原因，综合前面分析，得到以下命题并解析其机理。

命题 1： $\partial g_S/\partial Lr < 0$。即在其他条件不变的情况下，劳动—资源密集型产业的过度扩张会阻碍生产服务业部门的发展，产生直接侵蚀效应。

由式（14），$\partial g_S/\partial E(Lr，GOV) < 0$ 意味着侵蚀效应直接影响生产服务业部门的稳态增长；同时，根据假定 $\partial E(Lr，GOV)/\partial Lr > 0$，侵蚀效应 $E(Lr，GOV)$ 又是劳动—资源密集型产业扩张的递增函数，劳动—资源密集型产业的扩张由于降低了生产服务业部门的人力资本投资回报率而使得人力资本从生产服务业部门转移到劳动—资源密集型产业，或者其扩张导致生产服务业部门的人力资本投资回报预期降低而使得人力资本积累缓慢甚至停止，直接侵蚀生产服务业发展，影响其稳态增长。

命题 2： $\partial g_S/\partial GOV < 0$。即在其他条件不变的情况下，政府规模的非理性膨胀越大，对生产服务业部门发展的侵蚀效应越强。

一方面，政府规模不仅影响资源配置，还反映社会运行成本。关于政府规模影响经济增长的理论观点一直存在分歧，各自主张政府在经济发展过程充当"守夜人"或"有形之手"。Armey（1995）则认为政府规模与经济增长之间存在着类似 Laffer 曲线的"倒 U"形关系，力图主张以"适度规模"的政府弥补市场机制的不足，赞同有限的政府干预。以布坎南为代表的公共选择学派等持有的观点不同于"守夜型政府论"和"干预型政府论"，批评了以市场失灵作为理由将经济社会发展中的问题交给政府来解决，认为政府也会失灵，而且政府干预的累积性质会导致政府规模的膨胀和效率低下，政府失灵导致的损失甚至远大于市场失灵，主张回归市场，缩小政府规模。另一方面，生产服务业部门提供的服务产品具有非实物性、生产交换同时性等特征（李江帆，1984），而且随着该部门在经济发展过程中发挥日益重要的"黏合剂"作用，在发展的高级阶段，生产服务业部门已成为新型技术和创新的主要提供者。其功能嬗变使得生产服务业的"契约密集型"属性表现得更明显，从而影响社会博弈规则、契约执行制度及契约执行环境等方面的政府部门对生产服务业部门及相关产业有着更显著的影响。如果政府规模过大，通过直接或间接的方式渗透到经济运行的各个方面，对生产服务业部门将产生更加明显的侵蚀效应，而且通过产业价值链的前后向关系进一步放大。因此，根据 $\partial E(Lr，GOV)/\partial GOV > 0$ 和 $\partial g_S/\partial E(Lr，GOV) < 0$，从而 $\partial g_S/\partial GOV < 0$ 成立。

命题 3： $\partial^2 g_S/\partial GOV\partial Lr < 0$。即当其他条件不变时，政府规模越大，劳动—资源密集型产业越容易受到政府控制，从而强化劳动—资源密集型产业对生产服务业部门的侵蚀效应。

近年来，全球产业价值链在经济社会发展中的影响日益重要，资本流动和环境污染的关系成为最具争议性的课题。Chichilnisky（1994）提出著名的"污染天堂假说"，认为发达国家通过全球产业价值链以 FDI 的方式将劳动密集型或资源密集型的污染产业、夕阳产业或相应的生产环节转移到环境管制标准低的发展中国家，而发展中国家政府在强烈的发展需求下为吸引外资有明显的降低环保标准的意图和动机，甚至为获取外资采取"竞争到底线"的行为。从而，政府规模越大，"有形之手"控制的土地、资本等生产要素就越可能不成比例地流向劳动—资源密集型产业或相应的生产环节，尤其使得资源密集型产业通过要素吸纳效应、产业家族的粘滞效应及路径锁定效应使经济发展陷入难以自拔的资源优势陷阱（张复明和景普秋，2008），严重抑制了研发、产品设计、技术服务、物流、市场营销等高端生产服务要素的需求和供给，生产服务业的发展受到阻碍和侵蚀。

资源密集型产业在经济发展中出现的这些问题不只在发展中国家出现。在一个多级政府框架下，Persson 和 Tabellini（2000）将"职业忧虑"和"潜在候选人"因素内生化到"政治代理人"模型，认为政府官员有利用控制的资源以最大化个人收益（如继任、晋升等）的动机，资源密集型产业的高收益相当于为政府部门提供了更多预算规模，从而有更大空间获取"政治租"（Political Rents），"道德风险效应"以逆向选择的方式将有能力的候选人排除，两者相互影响形成的"政治资源诅咒"（Political Resource Curse）加剧了"资源诅咒"与"荷兰病"的消极作用（Brollo et al.，2010），将阻碍高端生产服务要素在"迂回化"的生产过程中发挥新技术、新知识的推动者作用，进一步阻碍经济增长。以上分析可推出 $\partial^2 E(Lr, GOV)/\partial GOV\partial Lr < 0$，据假定 $\partial g_s/\partial E(Lr, GOV) < 0$，因此 $\partial^2 g_s/\partial GOV\partial Lr < 0$。

命题 4：$\partial^2 g_s/\partial GOV\partial H < 0$；$\partial^2 g_s/\partial Lr\partial H < 0$。即当其他条件不变时，政府规模越大，劳动—资源密集型产业过度发展，将越不利于人力资本积累，从而阻碍生产服务业部门发展。

内生增长理论揭示出人力资本积累在实现一国经济的长期稳定增长过程中发挥着关键性的作用。在经济全球化背景下，实物资本和金融资本主导价值创造的时代已近尾声，人力资本或智力资本在经济发展过程中耦合先进技术、复杂知识不断进行创新以获取可持续的竞争优势和价值（González-Loureiro et al.，2012），生产服务业部门作为知识—技术密集型产业的典型已成为全球化时代经济发展中不可或缺的重要元素，是创新的载体、源泉和推动者。$\partial g_s/\partial E(Lr, GOV) < 0$ 意味着若生产服务业发展受到抑制，不仅使经济发展过程中这一不可或缺的关键节点或重要源泉遭受损害，更严重的是其负面效应将通过产业价值链的关联机制扩散，不利于经济长期稳定增长。

过度的政府规模，将导致效率低下和创新能力丧失，从而损害经济增长的潜力。一方面，由于政府部门内部行政管理层级和管理幅度的非理性扩张，将大大增加政府的消费性支出；另一方面，政府规模越大，其控制资源渗透到各个行业，尤其是高收益的资源密集型产业的动机就越强。其结果是，资源从各生产部门流向效率低下的政府部门，势必减少公共教育投入；或政府由于自身的产业偏好通过控制投资流向而增加劳动—资源密集型产业的实物生产性投资，造成无效率的资源配置扭曲，将进一步损害人力资本积累，尤其是严重阻碍生产服务业部门中的人力资本积累新的技术和知识。因此，$\partial^2 g_s/\partial GOV\partial H < 0$。

即使不考虑政府的发展偏好，劳动—资源密集型产业仍会"挤压"经济增长的促进因素而抑制增长（Sachs and Warner，2001）。资源密集型产业的"资源租"会吸引创新者和企业家从事技术—知识要求低的初级产业部门的生产，限制了创新者的创新行为及人力资本积累，劳动密集型产业的"人口红利"导致的后果与之类似；更严重的是，据前文分析，劳动—资源密集型产业的过度扩张势必使整个经济对生产服务的需求减少，损害了服务经济发展过程的"技能优势效应"和"技能深化效应"（Francisco and Kaboski，2012），导致生产服务业部门的创新能力弱化甚至停滞，进而抑制经济增长。Gylfason（2001）分析发现，增加资源密集型产业的投资份额会显著降低公共教育支出占比、女性受教育年限及中学入学率。他认为资源密集型产业对经济增长存在两类风险：一是太多劳动资源被锁定在低技能、资源密集型产业，使自身甚至下一代失去进一步积累人力资本的动力与机会；二是使得政府部门在经济发展过程产生"过度自信"，忽视制定和实施人力资本积累政策以及其他经济发展政策。因此，$\partial^2 g_S / \partial Lr \partial H < 0$。

三、实 证 研 究

本部分将集中检验上述模型的核心命题：政府规模的非理性膨胀、劳动—资源密集型产业的过度扩张将会侵蚀生产服务业部门的发展，从而降低经济的稳态增长率。为检验一般性，本文运用 OECD 数据进行分析。

1. 计量模型、指标和数据

根据前文的理论分析，本文建立的基本计量模型如下：

$$PS_{it} = \beta_0 + \beta_1 GOV_{it} + \beta_2 LR_{it} + \sum_{j=1}^{m} \beta_j Z_{itj} \cdot M_{itj} + \sum_{k=1}^{n} \beta_k X_{itk} + u_i + \varepsilon_{it} \tag{15}$$

其中，i 和 t 表示国家（或地区）和时间；PS_{it} 为生产服务业发展程度，GOV_{it} 为政府规模评分，LR_{it} 为劳动—资源密集型产业占比；X_{itk} 为影响生产服务业发展的其他控制变量，$\sum_{j=1}^{m} Z_{itj} \cdot M_{itj}$ 为 GOV_{it}、LR_{it} 等变量分别与其他变量的交互项；u_i、ε_{it} 分别表示个体固定效应和经济系统中不可控因素冲击造成的噪声误差，其中 ε_{it} 服从（0，σ^2）的独立同分布；β_0、β_1 等为待估参数。

生产服务业发展程度（PS_{it}）。以生产服务业增加值占服务业的百分比表示。本文遵循生产服务业的内涵属性和外延特点，结合世界经合组织的 STAN 数据库和国际标准产业分类体系（ISIC 3.0），将生产服务业界定为运输仓储与通信、金融中介和房地产与租赁及商务活动共三大类 13 小类。1980~2009 年 31 个 OECD 国家①的生产服务业增加值及服务业

---

① 31 个 OECD 国家包括澳大利亚、奥地利、比利时、加拿大、捷克、丹麦、爱沙尼亚、芬兰、法国、德国、希腊、冰岛、爱尔兰、意大利、匈牙利、日本、韩国、卢森堡、墨西哥、荷兰、新西兰、挪威、波兰、葡萄牙、斯洛伐克、斯洛文尼亚、西班牙、瑞典、瑞士、英国、美国。

增加值数据均来自 STAN 数据库。

政府规模评分（GOV$_{it}$）。该数据来自 Gwartney 等（2011）完成的"Economic Freedom of the World：2011 Annual Report"中的各国政府规模评分[①]。该报告从政府消费支出、转移支付、政府直接投资与政府企业投资以及边际税率四个方面来衡量政府规模，每一项的计算结果换算为 10 分制，政府规模评分同样以 10 分制来衡量。评分越小政府规模越大，为解释方便，本文以 10 分减去原始评分得到新的政府规模评分，新的评分越大表示政府规模越大。

劳动—资源密集型产业占比（LR$_{it}$）。以劳动密集型制造业和资源密集型产业的增加值占所有行业增加值的百分比来表示。将二者综合考虑的主要原因有：一是相对于高技术制造业，劳动密集型制造业和资源密集型产业的生产迂回度、知识—技术含量和技术进步率都低很多；高技术制造业以及生产服务业本身的产业价值链相对较长，生产迂回度高，对知识—技术的需求相对较大。二是从产业发展历程来看，劳动密集型制造业和资源密集型产业一般属于规模报酬递减或不变的产业部门，对技术—知识水平要求不高，主要是吸引低技能劳动力就业，或是由于"人才高配"导致人力资本加速折旧、人力资本的积累进程停滞[②]。因此，本文遵循国际标准产业分类体系（ISIC3.0）并参考 Francois 和 Woerz（2007）的分类方法，将食品饮料与烟草制造业、纺织业等 11 个两位数制造业界定为劳动密集型制造业[③]；将采掘和加工自然产生的固态（煤和矿石）、液态（石油）或气态（天然气）矿物的生产活动行业等九个行业界定为资源密集型产业[④]。其增加值数据来源于 STAN 数据库。

控制变量：国内外学者从不同角度对服务业和生产服务业发展的影响因素进行了诸多研究，主要有发展水平与市场规模扩张说（Francois，1990）、迂回生产说（Katouzian，1970）、协同演进论（Antonelli，1998）等代表性观点。李江帆（1990）将服务业发展的影响因素归纳为人均国内生产总值、城市化水平、人口密度和服务输出状况。江小涓和李辉（2004）进一步研究了人均收入、城市规模等因素对服务业发展的影响。之后，不少学者以不同样本进行经验验证，或将这些因素内生化从更加微观的角度解释服务业或生产服务业的发展。考虑到生产服务业的知识—技术密集型产业特征并结合汪德华等（2007）的做法，本文选择人均 GDP、城市化水平和人力资本积累状况作为控制变量进入回归模型。

① "Economic Freedom of the World：2011 Annual Report"由加拿大弗雷泽研究所（Fraser Institute）发布，第一次发布于 1996 年。2011 年度报告提供的数据期间为 1970~2009 年，本文选择 31 个 OECD 国家在 1980 年、1985 年、1990 年、1995 年、2000 年以及 2001~2009 年的政府规模评分数据。

② 主要是由于资源密集型产业的高"资源租"、高收益吸引教育水平高和潜在创新能力强的人力资本配置在技术、技能水平要求相对低的工作岗位，加速了人力资本折旧和迅速退化。

③ 根据 ISIC 3.0，将制造业中的 11 个两位数行业界定为劳动密集型制造业，同时，根据 STAN 的数据特点，这 11 个行业合并为食品饮料与烟草制造业（15–16）、纺织业（17–19）、木材加工及木/竹/藤/棕/草制品业（20）、造纸/纸制品及印刷业（21–22）、橡胶/塑料制品业（25）、家具与其他制造业（36–37）。

④ 根据 STAN 的数据特点，该九个行业合并为采掘与采矿业（10–14）、石油炼焦与加工（23）、非金属矿物制品业（26）、金属矿物制品业（27–28）。

其中，人均 GDP（$Pgdp_{it}$）以 2005 年美元表示，数据源自 STAN 数据库；城市化水平（$Urban_{it}$）以城市人口占总人口的百分比表示，数据源自世界银行；人力资本积累状况（HDI_{it}）数据源自"Human Development Report 2010"，该报告由联合国 UNDP 发布，从识字率、入学率、健康与预期寿命等全方面评价各国人力资本的积累状况，计算出人力资本发展指数[①]。

2. 实证分析结果

（1）静态面板估计。为验证前文分析的命题，首先假设回归过程中不包含被解释变量的滞后项，采用静态面板模型进行估计。以前文建立的基本计量模型为式（15）基础，逐步加入控制变量和交互项，得到回归模型（Ⅰ）~（Ⅳ），其中模型（Ⅳ）考虑了劳动—资源密集型产业各行业的个体效应，具体结果见表 1。静态面板模型估计按照 Hausman 检验在固定效应和随机效应之间进行选择，模型（Ⅰ）~（Ⅳ）各自的 Hausman 检验结果均显著通过检验[②]，拒绝原假设，选择固定效应模型。模型（Ⅱ）在模型（Ⅰ）的基础上加入人力资本、人均 GDP 和城市化水平三个控制变量后，劳动—资源密集型产业占比 LR_{it} 和政府规模评分 GOV_{it} 均为负，且在 1%的水平上显著，与命题 1 和命题 2 的理论预期一致，表明考虑国家发展水平、城市化水平和人力资本积累状况后，不仅劳动—资源密集型产业对生产服务业部门的发展具有直接侵蚀效应，而且政府规模的非理性膨胀也会直接侵蚀生产服务业的发展。

表 1　静态面板估计结果

	（Ⅰ）	（Ⅱ）	（Ⅲ）	（Ⅳ）
LR_{it}	−0.840*** (0.066)	−0.322*** (0.099)	−2.151** (0.903)	
GOV_{it}	0.013 (0.020)	−0.059*** (0.019)	−0.019 (0.050)	−0.097 (0.068)
HDI_{it}		0.915*** (0.101)	0.380** (0.170)	0.051 (0.209)
$GOVGON_{it} \times LR_{it}$			−0.002 (0.003)	−0.013** (0.005)
$INVEST_{it} \times LR_{it}$			−0.002** (0.001)	−0.003*** (0.001)
$TAX_{it} \times LR_{it}$			−0.004*** (0.001)	−0.002* (0.001)
$GOV_{it} \times HDI_{it}$			−0.001** (0.001)	−0.001** (0.001)

---

① 为直观起见，具体处理过程中将该指数结果的原始数据乘以 10。

② 对模型（Ⅰ）~（Ⅳ）与各自对应的随机效应模型进行 Hausman 检验，其结果分别为：模型（Ⅰ）的卡方检验值 $\chi(2)$ 为 20.89，模型（Ⅱ）的卡方检验值 $\chi(5)$ 为 62.38，模型（Ⅲ）的卡方检验值 $\chi(8)$ 为 42.93，模型（Ⅳ）的卡方检验值 $\chi(16)$ 为 76.50，p 值均为 0.0000，均拒绝原假设。

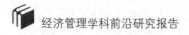

续表

	（Ⅰ）	（Ⅱ）	（Ⅲ）	（Ⅳ）
$LR_{it} \times HDI_{it}$			−0.028***	−0.048***
			(0.011)	(0.013)
$\ln Pgdp_{it}$		11.970***	11.750***	5.180*
		(1.583)	(1.647)	(2.754)
$Urban_{it}$		0.497***	0.427***	0.517***
		(0.067)	(0.078)	(0.116)
常数项	56.30***	61.240***	99.900***	46.890**
	(1.672)	(10.070)	(16.290)	(22.710)
R−squared	0.42	0.634	0.678	0.727
Observations	298	286	277	215

注：*、** 和 *** 分别表示变量通过 10%、5% 和 1% 的显著性检验，表 2 同。模型（Ⅳ）中劳动—资源密集型产业各行业的估计结果分别为：食品饮料与烟草制造业−3.178***（1.194）、纺织业−2.550**（1.108）、木材加工及木/竹/藤/棕/草制品业−6.308***（1.480）、造纸/纸制品及印刷业−2.159**（1.078）、橡胶/塑料制品业−6.370***（2.175）、家具与其他制造业−1.878（2.079）、采掘与采矿业−3.336***（1.064）、石油炼焦与加工−3.055***（1.073）、非金属矿物制品业−2.384（1.876）、金属矿物制品业−3.409***（1.109）。

模型（Ⅲ）在模型（Ⅱ）的基础上考虑政府规模、劳动—资源密集型产业占比及人力资本积累状况之间的交互作用，结果发现：①政府规模评分的估计系数仍然为负，但不具统计显著性。②政府投资（$INVEST_{it}$）、边际税率（TAX_{it}）与劳动—资源密集型产业占比的交互项的估计系数均显著为负，分别通过 5% 和 1% 的显著性检验；而政府消费支出（$GOVCON_{it}$）与其交互项的估计系数则未通过显著性检验，但系数也为负。③无论是政府规模评分还是劳动—资源密集型产业占比与人力资本积累评分的交互项均为负，且分别在 5% 和 1% 的水平上显著。模型（Ⅲ）的估计结果进一步验证了命题 3 和命题 4。前两点结果表明，发达国家主要通过政府直接投资或政府企业投资、税收方式介入和干预劳动—资源密集型产业，侵蚀了生产服务业的发展，产生滞后作用。第三点表明，由于生产服务业部门的知识—技术密集型特征，人力资本是其核心资源，政府规模的非理性膨胀和劳动—资源密集型产业的过度扩张均有可能"挤出"人力资本积累的投资，甚至由于"过度自信"而忽略人力资本的进一步积累使得其加速折旧和退化，或使人力资本锁定在技能需求低的劳动—资源密集型产业，影响到"技能优势效应"和"技能深化效应"的发挥。

模型（Ⅳ）在模型（Ⅲ）的基础上进一步考虑了劳动密集型制造业和资源密集型产业各行业对生产服务业发展影响的异质性，以考察模型估计的稳健性。由模型（Ⅳ）的估计结果可知：①除了家具与其他制造业和非金属矿物制品业的系数不具统计显著性外，食品饮料与烟草制造业、纺织业、木材加工业、造纸/纸制品及印刷业等劳动密集型制造业以及采掘与采矿业、石油炼焦与加工以及金属矿物制品业等资源密集型行业的估计系数都为负，且在 5% 或 1% 的水平上显著，相比模型（Ⅲ）中只笼统考虑劳动—资源密集型产业，其显著性更强，这说明在分析劳动—资源密集型产业对生产服务业部门的侵蚀效应过程中，更应该关注和着眼于各个具体行业的产业特点。②政府规模和劳动—资源密集型产业占比与人力资本积累状况的交互项的估计系数也均为负，分别在 5%和 1%的水平上显著，且系数绝对值相比模型（Ⅲ）的估计结果更大，这说明政府规模的非理性膨胀和劳动—资源密集型产业的过度扩张通过挤出人力资本积累进而侵蚀生产服务业部门发展的效应确实存在。③政府直接投资或政府企业投资、税收以及政府消费与劳动—资源密集型产业占比的交互项也均为负，且分别在 1%、10%和 5%的水平上显著。这进一步说明了政府通过控制资源，使得资源配置扭曲，"政府资源诅咒"和"资源诅咒"耦合导致生产服务业部门的发展更易受到侵蚀。

（2）动态面板估计。静态面板模型估计验证了前文的理论命题，但式（15）中解释变量与被解释变量间可能存在双向因果关系，使得解释变量具有潜在的内生性。为避免静态面板估计可能导致的参数估计偏误和组内估计量的非一致性（Arellano and Bond，1991），构建动态面板模型，见式（16）。据 Arellano 和 Bond 的处理方法，采用一阶差分广义矩估计法以获得参数估计的一致性。

$$PS_{it} = \beta_0 + \gamma PS_{it-1} + \beta_1 GOV_{it} + \beta_2 LR_{it} + \sum_{j=1}^{m} \beta_j Z_{itj} \cdot M_{itj} + \sum_{k=1}^{n} \beta_k X_{itk} + u_i + \varepsilon_{it} \qquad (16)$$

其中，γ 为滞后因变量的系数，其他参数含义与式（15）相同。

为检验动态面板模型设定的正确性和滞后阶的稳健性，须对式（16）进行过度识别约束检验和滞后阶数检验。表 2 模型（Ⅴ）~（Ⅷ）报告了估计结果。滞后阶检验的结果表明，AR(1) 的 p 值意味着拒绝存在一阶自相关的零假设；AR(2) 的 p 值意味着不能拒绝存在二阶自相关的零假设，因此模型（Ⅴ）~（Ⅷ）中对残差项序列存在一阶自相关而不存在二阶自相关的假设正确。Sargan 检验的 p 值显示都不能拒绝零假设，说明各模型均不存在工具变量的过度识别问题。综合结果说明动态面板模型的设定较为理想。

表 2　动态面板估计结果

	（Ⅴ）	（Ⅵ）	（Ⅶ）	（Ⅷ）
$Psit_{-1}$	0.831*** (0.068)	0.820*** (0.070)	0.839*** (0.069)	0.727*** (0.082)
LR_{it}	0.060 (0.046)	0.059 (0.052)	0.022 (0.760)	
GOV_{it}	−0.006 (0.007)	−0.013 (0.008)	−0.137** 0.065	−0.153** (0.069)
HDI_{it}		0.036 (0.074)	0.052 (0.122)	0.053*** (0.017)
$GOVGON_{it} \times LR_{it}$			−0.001 (0.001)	−0.005*** (0.002)
$INVEST_{it} \times LR_{it}$			−0.002*** (0.001)	−0.002** (0.001)
$TAX_{it} \times LR_{it}$			−0.001** (0.001)	−0.005** (0.002)
$GOV_{it} \times HDI_{it}$			−0.000 (0.001)	0.001 (0.001)

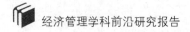

	（Ⅴ）	（Ⅵ）	（Ⅶ）	（Ⅷ）
$LR_{it} \times HDI_{it}$			−0.001 (0.009)	−0.035*** (0.013)
$lnPgdp_{it}$		1.106 (1.024)	1.259 (1.038)	2.300 (1.949)
$Urban_{it}$		−0.038 (0.068)	0.115 (0.076)	0.070 (0.117)
Sargan test–p 值	0.053	0.101	0.087	0.250
AR（1）test–p 值	0.000	0.000	0.000	0.000
AR（2）test–p 值	0.729	0.560	0.696	0.805
Observations	203	196	190	148

注：Sargan 检验为过度识别约束检验，服从卡方分布；AR（1）和 AR（2）检验残差项序列的一阶、二阶自回归。模型（Ⅷ）中劳动—资源密集型产业各行业的估计结果分别为：饮料制造业−2.416**（1.104）、纺织业−3.600***（1.220）、木材加工及木/竹/藤/棕/草制品业−5.835***（1.494）、造纸及纸制品业−2.525**（1.231）、橡胶/塑料制品业−5.448***（1.749）、家具及其他制造业−4.693***（1.310）、采掘与采矿业−3.227***（1.184）、石油炼焦与加工−2.107*（1.115）、非金属矿物制品业−1.216（1.456）、金属矿物制品业−2.806**（1.148）。

　　将模型（Ⅰ）～（Ⅳ）和模型（Ⅴ）～（Ⅷ）估计的系数对比，动态面板模型和静态面板模型的估计结果基本一致。对比模型（Ⅴ）～（Ⅵ）和模型（Ⅶ）的结果，不考虑政府规模、人力资本积累状况与劳动—资源密集型产业占比的交互作用时，无论是否引入人均GDP、城市化水平等控制变量，核心变量的系数估计均未通过显著性检验。但是，模型Ⅷ当同时考虑交互作用和劳动—资源密集型产业各行业的产业特性时，模型的估计效果较理想，符合前文的命题推理。①除非金属矿物制品业的系数不显著为负外，其他几乎所有行业的系数都在 5% 的水平上显著为负。②政府规模变量的系数在 5% 的水平上显著为负，而采用静态面板模型估计的系数虽为负，但不显著。③政府消费支出、政府直接投资或政府企业投资以及边际税率分别与劳动—资源密集型产业占比的交互项系数均为负，且都在5% 以上的水平显著。其结果显示的变化方向与静态面板估计相同，进一步说明了"政府资源诅咒"和"资源诅咒"的耦合具有相互强化的作用，对生产服务业的发展有更明显的侵蚀效应。④劳动—资源密集型产业占比与人力资本积累状况的交互项在 1% 的水平上显著为负，表明劳动—资源密集型产业使太多劳动资源"锁定"在低技能产业，造成人力资本积累的动力和机会丧失，侵蚀了生产服务业赖以发展的"人力资本池"，验证了命题 4。政府规模与人力资本积累状况的交互项系数为正，但不具统计显著性，这可能是因为发达国家劳动力市场的运行建立在完善的社会保障体系基础上，政府部门对其直接干预较少所致，这一点值得中国借鉴以建立完善的人力资本市场。

　　表 2 估计的结果显示，无论是估计系数的数值大小还是统计显著性，生产服务业发展变量的滞后期对当期的影响都非常明显，这在很大程度上反映了生产服务业的发展是一个不断积累的过程。作为知识—技术密集型产业，生产服务业的技术和人力资本投入在其积累过程中发挥着不可替代的关键作用。在此过程中，政府、低技能产业等任何影响该部门

的人力资本积累和实物资本投资的因素都会对生产服务业的发展造成侵蚀作用，阻碍生产服务业部门螺旋式的累进上升发展，进而影响到下游环节及其他关联产业能否爬上新的"品质阶梯"以获得无法复制的"理查德租金"。

为考察以上结论是否稳健，以模型（Ⅷ）为基础，用生产服务业增加值占 GDP 的比重衡量生产服务业发展程度，并加入城市化水平的平方项，其他与模型（Ⅲ）一致。结果显示模型设定不存在伪回归，各变量估计系数的变化方向和显著性基本没变，进一步证明了前文的推理[①]。此外，城市化水平的平方项的估计系数显著为负，表明生产服务业部门的发展与城市化水平呈现"倒 U"形关系。

四、结论与启示

本文从技术进步内生化的角度出发，认为技术知识的积累不仅来源于狭义研发部门，而且来源于广义的技术知识产品部门，尤其是包括科学研究、产品设计和商务服务等知识—技术密集型生产服务部门，以此为基础进行理论模型推导和实证分析，着眼于政府和劳动—资源密集型产业对技术知识的作用分析其阻碍生产服务业发展的"侵蚀效应"。主要研究结论是：①劳动—资源密集型产业的扩张与政府规模的非理性膨胀，均会直接"挤出"生产服务业的发展，生产服务业的"契约密集型"产业属性要求政府部门减少直接干预，积极维护契约制度。②"资源租"和产业偏好，政府规模的扩张使劳动—资源密集型产业更易受到政府控制，"政治资源诅咒"和"资源诅咒"的耦合使得高端生产服务要素在日益"迂回化"的产品生产过程中难以发挥推动者的作用，从而强化了生产服务业受到的侵蚀效应。③政府规模的非理性膨胀造成无效率的资源配置扭曲，进一步损害人力资本积累，从而侵蚀了生产服务业的发展源泉；"资源租"使得政府部门偏好于资源密集型产业，也会吸引创新者和企业家从事技术—知识要求低的初级产业部门的生产，从而限制了创新者的创新行为以及进一步的人力资本积累，导致生产服务业部门的创新能力弱化甚至停滞。

对于中国生产服务业比重一直徘徊不前且难以稳定地突破 40%的问题，本文运用投入产出表计算后发现，中国生产服务业向三次产业提供的生产服务全面落后于欧盟、美国、英国、日本等发达国家和地区[②]。中国向高技术制造业提供的第二产业生产服务主要是交通运输、仓储等传统服务，新兴的高端生产服务需求较少，而发达国家主要是法律、会计、管理与工程咨询、设计、研发等高端生产服务。与之形成对比的是，中国政府规模逐

---

① 限于篇幅，正文未报告该稳健性检验的具体结果。

② 本文运用中国（2007 年）、欧盟（2000 年中期）、美国（1990 年中期）、英国（2000 年中期）、日本（2000 年中期）和印度（2000 年中期）等国家和地区的投入产出表计算农业、资源密集型产业、劳动密集型制造业、高技术制造业、水电气生产与供应业、建筑业和服务业对生产服务的直接消耗系数。限于篇幅，正文未报告全部计算结果。

渐膨胀，政府消费支出持续上升，且常年居高不下；近十年财政支出的年均增长率也远远快于 GDP 增长率，而用于人力资本积累的教育支出和社会保障支出占比却相当低，用于创新平台建设与推动的科技支出占比也不到 1%。同时，中国劳动—资源密集型产业产值占第二产业比重高达 60%，剔除房地产大开发引致的建筑业产值，其比重更高；而"高生产迂回度"的高技术制造业占比偏低，远落后于发达国家水平同期水平。

对中国生产服务业发展难以跳出"40%"的魔咒，发展正常论的解释显得很苍白，简单的需求不足论和供给不足也无法给出满意的答案。本文的研究为这两大观点提供了本质性的解释，从内在机理上揭示了生产服务需求与供给不足的真正原因。对中国生产服务业发展可提供以下四点启示：

（1）产业结构层次影响生产服务需求结构层次，先进制造业为高端工业生产服务业提供需求空间，高端工业生产服务业反过来成为推动先进制造业发展的动因，二者构成互为因果，互相促进的辩证关系。中国制造业被锁定于劳动密集型和资源密集型的低层次，是中国第二产业生产服务业低端化的重要原因。生产服务业的过度低端化，特别是技术—知识密集型生产服务业发展滞后，成为制约中国制造业转型升级，甚至制约地区经济竞争力的重要因素。如不注重生产服务业在经济发展中的创新功能，中国将很有可能被发达国家"锁定"在产业价值链低端。目前，中国受土地资源趋紧、劳动力成本升高和其他生产要素成本提高等诸多因素变劣的影响，发展劳动密集型和资源密集型产业所受制约越来越大，亟须转型升级。要打破"制造业低端化—生产服务业低端化"的怪圈，须双管齐下，在寻求制造业升级换代中，实现工业生产服务的高端化。积极发展先进制造业，利用其生产过程的"高"迂回度特点，增加生产服务业需求，尤其是产品设计、研究与开发、技术服务、管理与工程咨询、会计、法律等新兴的现代生产服务业。要顺应国民经济服务化和制造业服务化的发展趋势，加大向生产服务业的投资，科学发展生产服务业，增加技术—知识密集型生产服务供给。

（2）产业偏好使劳动—资源密集型产业更易受到政府控制，"政治资源诅咒"和"资源诅咒"的耦合使高端生产服务要素在日益"迂回化"的生产过程中难以发挥推动者的作用，强化了对生产服务业的侵蚀效应。为此，政府须以新的财富观为指导，全面谋划现代产业的科学发展，放弃片面追求第二产业高增长的"单打一"发展思路。应该认识到：随着使用价值由农产品向工业品、服务产品，由实物使用价值向非实物使用价值拓展，现代社会财富越来越明显地分为以实物使用价值为内容的实物财富和以非实物使用价值为内容的非实物财富。不仅要认识工农业创造社会财富，还要充分认识第三产业也创造社会财富。根据资源优势，宜农则农，宜工则工，宜服（务）则服（务），全面协调三次产业发展。生产服务业具有显著的外溢效应，不仅直接扩大生产规模，更重要的是促进人力资本积累和技术创新。完善政府治理机制，减弱考核指标间的冲突导致的地方政府扭曲行为，淡化 GDP 增长目标在政绩考核中的权重，激励地方政府积极发展生产服务业。

（3）劳动—资源密集型产业的过度扩张有可能"挤出"人力资本投资，甚至由于"过度自信"而忽略人力资本的进一步积累使其加速折旧和退化，或使其锁定在技能需求低的劳动—资源密集型产业。为此，要推动生产服务业的发展，须有现代服务业人才工程支撑。加快推进创新平台建设，大力扶持生产服务企业的创新活动和人才培养。可借鉴发达国家经验，由地方政府承担企业专业技术人员部分报酬，为高端人才提供良好的经济社会环境；完善知识产权保护、增强产业政策有效性、构建良好的契约维护与执行机制。正视劳动—资源密集型产业技能要求低、创新能力较差的特点，结合中国当前生产要素优势消失的严峻情况，积极进行技术改造，提升技术密集度，增加生产迂回度，带动综合技术服务、设备维护与租赁、金融保险以及培训、咨询等商务服务业发展。

（4）生产服务业的"契约密集型"属性要求政府减少直接干预，积极维护契约制度。为此，解决中国生产服务业发展滞后的问题，必须转变政府职能，进一步深化市场经济体制改革，优化资源配置效率，减少政府干预经济发展，避免通过"有形之手"将资金、人力资本等要素锁定在符合其产业偏好的技术—知识要求低的初级生产部门，放大政府失灵的消极效应；加快推进金融、交通、通信等垄断性服务行业和大型资源密集型企业的改革，完善以"竞争促创新"的经济环境。

参考文献

［1］Greenfield, H.I. Manpower and the Growth of Producer Services ［M］. New York: Columbia University Press, 1966.

［2］Barro, R. J., C. J. Redlick. Macroeconomic Effects from Government Purchases and Taxes ［J］. The Quarterly Journal of Economics, 2011, 126（1）.

［3］Armey, R. The Freedom Revolution ［M］. Washington DC: Rognery Publishing, 1995.

［4］Chichilnisky, G. North-South Trade and the Global Environment ［J］. American Economic Review, 1994, 84（4）.

［5］Persson, T., G. Tabellini. Political Economics: Explaining Economic Policy ［M］. Cambridge, MA: MIT Press, 2000.

［6］Brollo, F., T. Nannicini, R.Perotti, and G. Tabellini. The Political Resource Curse ［R］. NBER Working Paper No.15705, 2010.

［7］González-Loureiro, M., J. Jose Pita-Castelo. A Model for Assessing the Contribution of Innovative SMEs to Economic Growth: The Intangible Approach ［J］. Economics Letters, 2012, 116（3）.

［8］Sachs, J.D., A.M. Warner. Natural Resources and Economic Development: The Curse of Natural Resources ［J］. European Economic Review, 2001, 45（4-6）.

［9］Castellacci, ·F. Technological Paradigms, Regimes and Trajectories: Manufacturing and Service Industries in A New Taxonomy of Sectoral Patterns of Innovation ［J］. Research Policy, 2008, 37（6-7）.

［10］Francisco, J. B., J. P. Kaboski. the Rise of The Service Economy ［J］. American Economic Review, 2012, 102（6）.

［11］Gylfason, T. Natural Resources, Education, and Economic Development ［J］. European Economic Review, 2001, 45（4-6）.

［12］Gwartney, J., R. Lawson, J.Hall. Economic Freedom of the World: 2011 Annual Report ［R］. Canada: Fraser Institute, 2011.

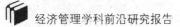

［13］Francois J., J. Woerz. Producer Services, Manufacturing Linkages, and Trade ［R］. Tinbergen Institute Discussion Paper TI 2007–045/2, 2007.

［14］Francois, J. F. Producer Service, Scale, and the Division of Labor ［J］. Oxford Economic Paper, 1990, 42（4）.

［15］Katouzian, M.A. The Development of the Service Sector: A New Approach ［J］. Oxford Economic Papers, 1970（22）.

［16］Antonelli, C. Localized Technological Change, New Information Technology and the Knowledge-based Economy: The European Evidence ［J］. Journal of Evolutionary Economics, 1998（8）.

［17］Arellano, M., S. Bond. Some Tests of Specification for Panel Data: Monte Carlo Evidence and An Application to Employment Equations ［J］. Review of Economic Studies, 1991, 58（2）.

［18］李江帆.第三产业与两大部类的关系试析［J］.体制改革探索，1986（3）.

［19］李江帆.第三产业经济学［M］.广州：广东人民出版社，1990.

［20］马风华.第二产业生产服务［M］.北京：经济科学出版社，2011.

［21］李江帆.推进广东生产服务业的发展［N］.羊城晚报，2008-08-17.

［22］朱胜勇.第三产业生产服务［D］.中山大学博士学位论文，2009.

［23］张月友，刘志彪.替代弹性、劳动力流动与我国服务业"天花板效应"——基于非均衡增长模型的分析［J］.财贸经济，2012（3）.

［24］江波，李美云.生产服务业出口贸易、创新与生产率提升：理论与实证［J］.财经研究，2012（7）.

［25］杨玉英.我国生产性服务业影响因素与效应研究：理论分析与经验证据［D］.吉林大学博士学位论文，2010.

［26］谭洪波，郑江淮.中国经济高速增长与服务业滞后并存之谜——基于部门全要素生产率的研究［J］.中国工业经济，2012（9）.

［27］江小涓，李辉.服务业与中国经济：相关性和加快增长的潜力［J］.经济研究，2004（1）.

［28］汪德华，张再金，白重恩.政府规模、法治水平与服务业发展［J］.经济研究，2007（6）.

［29］李江帆.服务消费品使用价值与价值［J］.中国社会科学，1984（3）.

［30］张复明，景普秋.资源型经济的形成：自强机制与个案研究［J］.中国社会科学，2008（5）.

Government Scale, Labor–Resource Intensive Industries and Development Lags of Producer Services: Mechanism and Empirical Research

Jiang Bo   Li Jiangfan

Abstract: By building up a three –sector endogenous growth model including knowledge-

and technology intensive producer services, this paper exploring explains the mechanism that the irrational expansion of government scale and the expansion of the labor –and resource intensive industries erode the development of producer services. This paper concludes that the irrational expansion of government scale and the labor –and resource intensive industries and their coupling effect maybe erode the development of producer services directly or indirectly, which provides profound interpretation for the view of insufficient demand and insufficient supply. This paper verifies these theoretical propositions by using the static panel and dynamic panel model with 1980~2009 OECD data, policy proposals are made aiming at the current situation of lingering and no headway of Chinese producer services.

Key Words: Government Scale; Political Resource Curse; Resource Curse; Producer Services

汇率制度、实际汇率与服务业发展：
基于跨国面板数据的分析 *

林　念　徐建国　黄益平

【摘　要】本文基于对 123 个国家 1980~2007 年的面板数据分析，发现实际汇率变动与服务业发展之间的关系受汇率制度的影响。在固定汇率制度下，实际汇率升值与服务业发展速度之间存在显著的正相关关系。但在浮动汇率制度下，二者的关系并不显著。静态面板数据和动态面板数据的计量模型设定均得到了相同的结论。这一现象背后的原因，在于不同汇率制度下实际汇率的变动规律不同，对产业结构的影响也不同。

【关键词】汇率制度；实际汇率；服务业发展；经济结构调整

一、引　言

服务业占 GDP 比重随经济发展而不断上升是一个普遍规律，得到了许多经验事实的反复验证。中国服务业的发展就体现了这一规律。但是与其他国家相比，中国服务业发展的总体水平严重偏低。图 1 显示，1970 年中国服务业增加值占国内生产总值的比重为 21.6%；到 2010 年，这一数字上升到 43.1%。尽管如此，43.1% 的服务业占比仍远低于同期其他同等收入的国家（如印度为 55%），甚至低于低收入国家 49% 的平均水平。

---

* 本文作者：林念（通信作者），北京大学国家发展研究院中国经济研究中心，邮箱 lannynian@gmail.com；徐建国，北京大学国家发展研究院，邮箱 jgxu@ccer. edu.cn；黄益平，北京大学国家发展研究院，邮箱 yhuang@ ccer. edu. cn。

作者在此特别感谢匿名审稿人对本文提出的宝贵建议和意见，感谢与张斌和张明的讨论。当然，文中的错误和不准确之处由作者完全负责。

本文引自《世界经济》2013 年第 2 期。

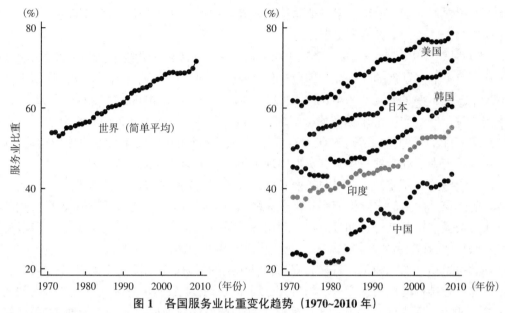

图 1　各国服务业比重变化趋势（1970~2010 年）

资料来源：世界银行世界发展指数（WDI）数据库。

　　与此同时，中国经济的开放程度已经达到了较高水平①。这意味着中国国内的产业结构变动、服务业发展会受到开放宏观变量的显著影响。在这些开放宏观变量中，最重要的就是实际汇率。一般而言，实际汇率贬值或者长期被压低，会增强一国可贸易品部门的国际市场竞争力，使国内更多的生产要素流入这些部门，更少地流入服务业等不可贸易品部门，从而阻碍服务业的发展②。反之，实际汇率升值，则很可能引起可贸易品部门的一些生产要素投入服务业的生产活动当中，进而刺激服务业的发展③。

　　那么，实际汇率变动是否会对服务业发展产生影响？本文通过对 1980~2007 年 120 多个国家的面板数据分析发现，实际汇率升值与服务业发展速度之间的关系并不显著。这一结果似乎与上面的推测不符。然而，进一步的研究发现，两者之间的关系与汇率制度密切

---

　　① 例如，2010 年中国的进出口总额达到 GDP 的 55%。作为比较，同年美国的进出口总额占比为 29%，日本为 29%，英国为 63%，法国为 53%，德国为 88%。可见，中国的外贸依存度与欧洲主要经济体整体相当，远高于美国和日本。

　　② 当本国不具备国际市场定价能力时，一国实际汇率的贬值可以通过两个渠道实现：一是名义汇率贬值，二是国内物价水平下降，后者除非发生通货紧缩，否则不会发生。通货膨胀的调整往往滞后，因而名义汇率贬值会导致实际汇率贬值。由于可贸易品价格由国际市场确定，在可贸易品国际货币价格不变的情况下，本国名义汇率贬值会造成可贸易品国内价格上升。给定国内不可贸易品价格相对稳定，那么，不可贸易品价格对可贸易品的相对价格就会下降。所以，不可贸易品相对价格和实际汇率之间存在同向变动的趋势。实际上，在理论讨论中，实际汇率常常被直接定义为不可贸易品对可贸易品的相对价格，如 Rodrik（2008）。结合服务业发展，由于实际汇率贬值意味着不可贸易品相对价格下降，这将降低不可贸易品部门的利润率，导致流入不可贸易品部门的生产要素减少，从而阻碍不可贸易品部门的发展。

　　③ 传统上，服务业一般被认为是不可贸易品部门。尽管交通、运输和电信技术的迅猛发展增强了部分服务商品的可贸易程度，但就目前而言，服务业所涵盖的绝大多数行业仍然可以视为不可贸易。

相关。在固定汇率下，实际汇率升值与服务业发展速度之间存在显著的正相关关系，但是在浮动汇率下，这一关系并不显著。

这种差异之所以产生，可能与不同汇率制度下实际汇率的变化规律有关。Mussa（1986）较早地提出了汇率制度的非中性，即由于价格黏性等原因，实际汇率的短期波动很大程度上取决于名义汇率的变动。Yougbare（2011）、Holtemöller 和 Mallick（2009）的研究发现，汇率制度越固定，实际汇率偏离均衡汇率的程度就越高。Kubota（2011）在分析不同汇率制度国家实际汇率的扭曲程度时认为，实际汇率在浮动汇率制度下会更快地向均值回归。这表明浮动汇率下的实际汇率更真实地体现了经济基本面的变化。

汇率调整的上述差异，会对服务业发展产生显著影响。在固定汇率制度下，受名义汇率固定的约束，一国的实际汇率调整需求只能通过通货膨胀或者通货紧缩来实现。倘若通货膨胀（或紧缩）不充分（如政府往往利用各种手段，包括货币和其他宏观调控手段应对通货膨胀），实际汇率的调整也就不充分，从而容易造成实际汇率的扭曲。在产业结构上，这将导致可贸易品部门和不可贸易品部门相对比例的不协调。由于在固定汇率制度下，实际汇率与产业结构的扭曲程度可能均较大，因而从数据上就会更容易地发现二者之间的相关关系。相反，在浮动汇率制度下，实际汇率的调整比较及时、充分，扭曲不容易发生，即便发生，程度也较小。在这种情况下，实际汇率的变动就较为平稳，产业结构的扭曲程度也相对较轻，导致实际汇率与产业结构变化之间在统计上也就难以发现显著的相关性。简言之，在控制住主要的宏观经济变量之后，汇率变动对服务业发展的影响在固定汇率制度下应该较为明显，而在浮动汇率下应该很小，甚至没有影响。

本文的研究对于从汇率角度理解中国服务业发展具有现实意义。亚洲金融危机以来，中国一直实行以钉住美元为主的汇率政策。名义价格黏性和中央银行对通货膨胀的控制，制约了人民币实际汇率的调整，尤其是抵制了实际汇率的升值。实际汇率升值途径的不畅通，造成了中国服务业发展的相对滞后。尽管 2005 年以来中国启动了新一轮的人民币汇率改革，但目前人民币汇率参考的"一篮子"货币中美元的权重依然很大，汇率调整仍不够灵活。为此，我们认为，进一步改革人民币的汇率形成机制，形成更为市场化的实际汇率价格信号，有助于减少实际汇率扭曲，促进中国服务业的健康发展，有利于中国经济结构的调整和改善。

下文结构安排如下：第二部分回顾已有相关文献；第三部分介绍计量模型设定、数据来源及其描述性统计；第四部分按照汇率制度的划分讨论实际汇率升贬值对服务业发展速度的影响；第五部分对全文进行小结。

二、文 献 回 顾

关于服务业发展的讨论，最早出现在对产业结构变动的研究文献中。基于经验观察，配第—克拉克定律①指出，一国就业人口从事的主要产业，将先后经历由农业转向工业、再由工业转至服务业的过程。Kuznets（1957）较早关注了服务业占国民收入比重的变化。与 Kuznets 得到的人均收入水平提高并未显著影响服务业占比的结论不同，近年来的一些研究发现，服务业占比与人均收入水平之间存在显著的正相关关系（Buera and Kaboski，2009，2012）。目前，这一点已作为经验事实被人们广泛接受。Eichengreen 和 Gupta（2009）对此做了进一步补充，指出服务业占比与人均收入水平之间的正相关性并不是简单的线性关系②。

与此同时，另一些学者则尝试从理论上对上述经验发现做出解释。一般认为，服务需求的收入弹性大于有形商品，是造成服务业比重上升的原因之一。基于这种认识，Kongsamut 等（2001）通过引入非位次的效用函数来构建理论模型，并由此推导出一国服务业规模随经济发展而不断扩大等一系列经济结构变化的基本事实。Ngai 和 Pissarides（2007）则沿用 Baumol（1967）的思路，在两部门模型的框架下，从技术进步的角度，很好地解释了一国产业结构的变化。该模型的基本思路是，在经济发展过程中，工业部门相对于服务业部门更快的技术进步，使得工业部门雇用越来越少的劳动力。在工资平价的作用下，这将导致服务业就业和产值的相对规模不断上升。此外，还有学者认为，经济发展所伴随的专业化分工，将在统计意义上扩大服务业所涵盖的经济活动，从而形成服务业比重的增加（Fuchs，1968）。

这些经典研究主要是从经济发展阶段的角度看待服务业发展。因而，它们无法回答为什么相同或类似经济发展水平的国家，会有明显不同的服务业发展水平。为了弥补这一缺陷，不少学者开始关注城市化率、人口密度等因素对一国服务业发展的影响（江小涓和李辉，2004）。汪德华等（2007）通过跨国横截面数据的回归分析，强调了政府规模和法治环境对一国服务业发展的重要性。尽管如此，这些研究仍主要是在一国内部寻找影响服务业发展的原因。

结合中国经济发展的特征，张斌和何帆（2006）在开放宏观的理论框架下讨论了外生实际汇率对一国产业结构的影响。该文指出，实际汇率低估所引起的对不可贸易品价格的压低、对不可贸易品部门利润的挤占，是导致中国服务业发展滞后的一个重要原因。Rodrik（2008）的理论模型也体现了类似的想法。在经验研究方面，徐建国（2011）通过时间序列分析方法，验证了中国服务业发展速度与人民币实际有效汇率变动之间的关系，并最终得出人民币实际汇率贬值是导致中国服务业发展出现两次"停滞"的重要原因③。

---

① 基于英国当时的经济发展状况，威廉·配第于 1691 年指出，一国劳动力将经历由农业向工业的转移，最后集中于商业（服务业）。之后，经济学家克拉克比较了不同收入水平下，劳动力份额在三次产业的变动，验证了配第的结论。

② 通过跨国比较，Eichengreen 和 Gupta（2009）发现服务业经历了两次大发展：第一次是传统服务业（如餐饮美容等）的发展，发生在人均 GDP 低于 1800 美元（2000 年不变价美元，下同）的阶段；第二次是现代服务业（如金融、电信等）的发展，大致发生于人均 GDP 达到 4000 美元的时期。

③ 徐建国（2011）指出，20 世纪 90 年代以来，中国服务业占 GDP 比重经历了两次停滞：第一次是 1992~1996 年，在此期间服务业占比由 34.8%下降到 32.8%；第二次是 2002~2008 年，这段时间服务业比重从 41.5%下降到 40%。

本文将继续从服务业发展变化速度的角度，分析服务业发展与实际汇率之间的关系。现有文献中的绝大多数都是从绝对数值角度看待服务业发展，而本文采用的以服务业发展速度为因变量的经验分析，不仅丰富了服务业发展的研究视角，而且能够避免因时间维度较长而导致的数据非平稳性问题。与徐建国（2011）相比，本文借助了面板数据分析，同时充分利用各国汇率制度的信息，能够更好地厘清实际汇率变动与服务业发展速度之间的关系，也更为清晰地指出了汇率制度在研究服务业发展与实际汇率二者关系时的重要性。

三、计量模型和数据

（一）计量模型

为了考察实际汇率变动与服务业发展速度之间的相关关系，本文首先设定如下回归方程：

$$\text{growth}_{it}^{SD} = \alpha_0 + \alpha_1 \text{growth}_{i,t-1}^{RER} + \theta X_{it} + f_t + u_i + \varepsilon_{it} \tag{1}$$

其中，growth_{it}^{SD} 表示第 i 个国家在第 t 年的服务业发展速度。growth_{it}^{SD} 越大，表明服务业发展速度越快。

$\text{growth}_{i,t-1}^{RER}$ 代表 i 国第 t-1 年的实际汇率变动率。本文使用滞后一期的汇率变动，是因为假定人们对汇率变动做出反应存在时滞。$\text{growth}_{i,t-1}^{RER}$ 上升，表示实际汇率升值加快。实际汇率升值，意味着不可贸易品相对价格上升，在这种情况下，更多的资源要素流入服务业部门，从而推动服务业相对规模的扩张。所以，我们预计 $\text{growth}_{i,t-1}^{RER}$ 前系数 α_1 的符号为正。

X_{it} 表示一组控制变量，具体包括一国人均 GDP 增长速度、出口增长速度、城市化率、贸易开放程度以及政府消费。其中，一国人均 GDP 增长速度被用来控制经济发展阶段可能对服务业发展速度产生的影响。出口增长速度则考虑了一国经济发展策略，如大力发展可贸易品部门对服务业发展速度的影响。城市化率、贸易开放程度和政府消费被用来刻画一些重要的可随时间变动的国家特征，如一国的人口密度等。

在误差项的设定上，我们引入双向固定效应。具体而言，f_t 用于控制不随国家改变的时间维度的经济冲击；u_i 表示国家固定效应，用于控制不随时间变化但影响一国服务业发展的国别因素，如法治环境等；ε_{it} 代表特定异质效应，假设其服从正态分布，即 $\varepsilon_{it} \sim N(0, \sigma^2)$。

进一步，我们将考察汇率制度是否会对实际汇率与服务业发展之间的关系产生影响。为此，我们设定以下回归式：

$$\text{growth}_{it}^{SD} = \beta_0 + \beta_1 \text{growth}_{i,t-1}^{RER} + \sum_{j=1}^{k} \delta_j \times ER_{jit} + \sum_{j=1}^{k} \rho_j \times \text{growth}_{i,t-1}^{RER} \times ER_{jit} + \partial X_{it} + f_t + u_i + \varepsilon_{it}$$

(2)

其中，ER_{jit} 表示 i 国第 t 年是否属于 j 类汇率制度类型的虚拟变量。如果一国实行 j 类型汇率制度，则该变量取值为 1，否则为 0。$\text{growth}_{i,t-1}^{RER} \times ER_{jit}$ 为实际汇率变动与汇率制度虚拟变量的交叉项。

考虑到当期服务业发展速度与上期发展速度之间很可能存在相关性，我们还将引入动态面板数据模型框架，即在回归式（2）的右边加入上期服务业发展速度 $\text{growth}_{i,t-1}^{SD}$。由于一国服务业发展速度在时间序列上很可能出现一定的收敛性，$\text{growth}_{i,t-1}^{SD}$ 前系数符号预期为负。

此计量模型的具体形式为：

$$\text{growth}_{it}^{SD} = \gamma_0 + \gamma_1 \text{growth}_{i,t-1}^{SD} + \gamma_2 \text{growth}_{i,t-1}^{RER} + \sum_{j=1}^{k} \varphi_j \times ER_{jit} + \sum_{j=1}^{k} \tau_j \times \text{growth}_{i,t-1}^{RER} \times ER_{jit} +$$

$$\partial X_{it} + f_t + u_i + \varepsilon_{it}$$

(3)

（二）数据

本文选取 1980~2007 年国家层面的年度数据，研究服务业发展速度与实际汇率变动之间的关系[①]。以 1980 年为起点，是因为国际货币体系在 20 世纪 70 年代发生了巨大变化，同时发展中国家的经济发展政策在 1980 年前后也有较大改变，而这些变化很可能给本文的经验分析带来极大的噪声干扰。时间终点的选择是由部分变量数据可得性决定的。

根据已有的经验研究，我们使用"服务业占 GDP 的比重"作为衡量一国服务业发展水平的指标，并以其变动率代表服务业发展速度[②]。这一数据取自世界银行发展指标（World Development Indicator，WDI）数据库。对于本文的另一关键变量——实际汇率，我们以经济学家情报部（Economist Intelligence Unit，EIU）数据库所提供的实际有效汇率表示[③]。

对于汇率制度的划分，我们采用 Reinhart 和 Rogoff（2004）的分类体系（以下简称 R–R)[④]。R–R 是依据各国汇率制度的实际情况而非官方所宣称的信息，将世界各国的汇率制度分为 14 类，从 1 至 14；数值越高，表明该汇率制度越浮动。为了研究方便，本文按

---

① 由于需要计算服务业发展速度，回归中本文的数据实际区间为 1981~2007 年。

② 准确地说，该指标反映的是一国服务业的相对规模，但由于缺少更好的衡量服务业发展程度的指标，本文采用了这一被广泛使用的指标。

③ EIU 数据库中关于各国实际有效汇率的数据比 WDI 数据丰富。不过二者的实际有效汇率高度相关。

④ Reinhart 和 Rogoff（2004）所构建的 R–R 分类方法的主要特点是：其一，利用平行和双重市场汇率的数据；其二，借助各国汇率制度安排及相关情形变化的详细年谱，对名义上的汇率制度和事实上的汇率制度进行区分。具体而言，这 14 类汇率制度分别为无独立法定货币的汇率安排、事先宣布的钉住汇率或货币局制度、事先宣布的水平浮动带（带宽不超出 [−2%，2%]）、事实上的钉住汇率、事先宣布的爬行钉住、事先宣布的爬行浮动带（带宽不超出 [−2%，2%]）、事实上的爬行钉住、事实上的爬行浮动带（带宽不超出 [−2%，2%]）、事先宣布的爬行浮动带（>±2%）、事实上的爬行浮动带（带宽不超出 [−5%，5%]）、移动浮动带（带宽不超出 [−2%，2%]）、管理浮动、自由浮动和自由跌落。

照 Chinn 和 Wei（2008）的汇总方式，将 R-R 的 14 类汇率制度归纳为三类①：第一类是浮动汇率制度，对应于 R-R 中的 12（管理浮动）到 14（自由跌落）；第二类是中间汇率制度，对应于 R-R 中的 5（事先宣布的爬行浮动带，带宽不超出［-2%，2%］）到 11（移动浮动带，带宽不超出［-2%，2%］）；第三类是固定汇率制度，对应于 R-R 中的 1（无独立法定货币的汇率安排）到 4（事实上的钉住汇率）。

表 1 给出了回归中主要变量的来源及定义方式，并总结了各变量的描述性统计情况。表 2 则列出了回归中各类汇率制度的分布情况。

表 1 描述性统计及数据来源

变量	样本量	均值	标准差	来源	备注
服务业发展速度	2284	0.60	6.45	WDI	服务业占 GDP 比重变动率（%）
实际汇率变动率	2284	0.20	15.05	EIU	实际有效汇率的变化率（%）
人均 GDP 增长速度	2284	2.47	4.36	WDI	一国人均 GDP（PPP）增长速度（%）
出口增长速度	2284	6.34	9.72	WDI	出口额变动率（%）
城市化率	2284	57.20	22.93	WDI	城市人口占总人口比重（%）
贸易开放程度	2284	80.44	52.36	WDI	进出口总额占 GDP 比重（%）
政府消费	2284	15.68	5.56	WDI	政府最终消费占 GDP 的比重（%）

表 2 汇率制度分布情况

汇率制度类型	观察值数	百分比（%）
浮动汇率	496	21.72
中间汇率	1072	46.94
固定汇率	716	31.35

四、检验结果

（一）基本回归结果

对于回归式（1）和式（2），本文首先采用混合最小二乘法（POLS）进行估计，然后又利用国家层面的面板数据固定效应估计方法（FE）估计了上述回归方程。表 3 给出了初步的回归结果。

---

① 与 Chinn 和 Wei（2008）稍有不同的是，本文将 R-R 体系中第 14 类（自由跌落）也列为浮动汇率制度的范围，以增加观测值数。事实上，即使将第 14 类剔除，本文关于不同汇率制度下实际汇率变动与服务业发展之间关系的基本结论也不会改变。

表 3　实际汇率变动对服务业发展速度的影响

	因变量：服务业发展速度			
	（1） POLS	（2） FE	（3） POLS	（4） FE
实际汇率变动率（−1）	0.003 (0.030)	0.012 (0.017)	−0.034 (0.054)	−0.015 (0.027)
实际汇率变动率（−1）×中间汇率			0.066 (0.052)	0.045 (0.028)
实际汇率变动率（−1）×固定汇率			0.113** (0.054)	0.087** (0.039)
人均 GDP 增速	0.048 (0.092)	−0.025 (0.069)	0.030 (0.082)	−0.028 (0.069)
出口增速	−0.071** (0.035)	−0.079 (0.050)	−0.068** (0.034)	−0.076 (0.049)
贸易开放程度	−0.003 (0.003)	−0.016 (0.010)	−0.001 (0.004)	−0.016 (0.010)
城市化率	0.001 (0.008)	−0.011 (0.044)	−0.002 (0.009)	−0.009 (0.042)
政府消费	0.084** (0.039)	0.367*** (0.105)	0.093** (0.039)	0.374*** (0.106)
汇率制度虚拟变量			是	是
年份虚拟变量	是	是	是	是
国家虚拟变量		是		是
观测值数	2284	2284	2284	2284
R^2	0.039	0.118	0.049	0.123
国家数	123	123	123	123

注：括号内为稳健性标准差。*、**、*** 分别表示在 10%、5% 和 1% 水平下显著。下表同。

从表 3 的回归（1）和回归（2）可以看到，使用固定效应估计方法和混合最小二乘法得到的主要结论非常接近，即实际汇率升值与服务业发展之间没有显著的相关关系。控制变量前参数的回归结果则表明：第一，与以服务业比重的水平值为因变量的研究不同，贸易开放程度、城市化率对服务业发展速度的影响并不显著，同时一国经济增长快慢对服务业发展速度的影响也不显著；第二，给定实际汇率变动等其他因素不变，一国出口增长越迅速，其服务业发展速度相对越慢；第三，政府消费占比越大的国家，服务业发展速度越快。前两点发现并不需要做特别解释。关于第三点发现，我们认为这很可能是因为政府消费的很大一部分被用于服务类商品的购买（Galstyan and Lane，2009）[1]。

---

[1] 需要明确的是，这与汪德华等（2007）得到的政府规模与服务业发展之间存在反向关系的结论并不完全矛盾。首先，政府消费规模越大并不必然意味着大政府；其次，两篇文章所关心的被解释变量不同，本文关心服务业发展速度，而汪德华等考察的是服务业发展水平；最后，汪德华等在解释政府规模越大，服务业占比越低时，其中的一条逻辑是政府规模越大的国家很可能采取的是出口导向的产业政策，而这一点与本文出口增速前的系数符号一致。

不难发现，回归（1）和回归（2）的主要结论与前述逻辑推断并不一致。按照前述逻辑，实际汇率升值将提高服务业的相对价格，引发资源更多地向服务业流动，从而加速服务业相对规模的扩张。那么，回归（1）和回归（2）的结果是否表明实际汇率变动与服务业发展之间理论上的正相关关系并不存在？

回归（3）和回归（4）给出的答案是，实际汇率变动与服务业发展之间的作用机制还与汇率制度密切相关。回归中，我们以浮动汇率制度国家为参照组，可以看到，在浮动汇率下，仍然没能发现实际汇率变动与服务业发展速度之间存在显著的相关关系。但在固定汇率下，这种正相关关系得到了经验证据的支持。具体地，根据回归（4）的估计结果，给定其他条件不变，实际汇率升值10%，固定汇率制度国家的服务业发展速度将提高约0.9%。

为了进一步认识并验证不同汇率制度下实际汇率对产业结构变动的影响，我们将汇率制度分类做了子样本回归。从表4可以看到，汇率制度越固定，实际汇率变动与服务业发展速度之间的正相关程度越高。这一结果支持了全样本回归得出的结论。另外，从控制变量前系数的对比中可以得出，不同汇率制度下控制变量对服务业发展速度的作用大小存在差异。

表 4　汇率制度、实际汇率与服务业发展：静态面板

	因变量：服务业发展速度（最小二乘法）		
	（1）FE 浮动汇率制度	（2）FE 中间汇率制度	（3）FE 固定汇率制度
实际汇率变动率（–1）	–0.049 (0.044)	0.034** (0.017)	0.084** (0.034)
人均 GDP 增速	0.129 (0.135)	–0.149** (0.075)	0.035 (0.116)
出口增速	–0.158 (0.201)	–0.035 (0.024)	–0.064* (0.033)
贸易开放程度	–0.010 (0.066)	0.004 (0.012)	–0.024 (0.016)
城市化率	–0.555 (0.385)	0.062 (0.063)	–0.034 (0.079)
政府消费	1.097** (0.476)	0.196** (0.077)	0.429*** (0.154)
年份虚拟变量	是	是	是
国家虚拟变量	是	是	是
观测值数	496	1072	716
R^2	0.206	0.189	0.176
国家数	54	86	59

上述回归结果均基于静态面板的模型设定。表5给出了动态面板模型即式（3）的回归结果。值得注意的是，在式（3）中，由于出现了滞后一期的被解释变量，该计量模型不可

避免地要面对内生性问题。为了保证估计值的一致性，本文采用由 Blundell 和 Bond (1998) 发展出的一步系统 GMM 估计方法[①]。在具体的回归操作中，我们将所有解释变量视为内生变量，并以这些变量的滞后项作为工具变量，对模型进行估计[②]。

表5　汇率制度、实际汇率与服务业发展：动态面板

	因变量：服务业发展速度			
	(1) 系统 GMM 全样本	(2) 系统 GMM 浮动汇率制度	(3) 系统 GMM 中间汇率制度	(4) 系统 GMM 固定汇率制度
实际汇率变动率 (-1)	0.000 (0.019)	0.022 (0.040)	0.033 (0.042)	0.091*** (0.027)
实际汇率变动率 (-1) × 中间汇率	0.028 (0.021)			
实际汇率变动率 (-1) × 固定汇率	0.083** (0.037)			
服务业发展速度 (-1)	-0.098* (0.051)	0.080 (0.142)	0.047 (0.064)	-0.173*** (0.065)
人均 GDP 增速	-0.037 (0.060)	-0.360 (0.232)	-0.148* (0.087)	0.023 (0.085)
出口增速	-0.052** (0.025)	0.072 (0.093)	-0.055*** (0.021)	-0.065*** (0.025)
贸易开放程度	0.001 (0.002)	0.043* (0.025)	0.003 (0.003)	0.002 (0.003)
城市化率	-0.003 (0.007)	-0.043 (0.037)	-0.010 (0.011)	0.006 (0.008)
政府消费	0.089*** (0.031)	0.535* (0.320)	0.067*** (0.024)	0.084* (0.046)
年份虚拟变量	是	是	是	是
国家虚拟变量	是	是	是	是
观测值数	2284	496	1072	716
国家数	123	54	86	59
AR(1) P 值	0.000	0.069	0.000	0.005
AR(2) P 值	0.589	0.894	0.110	0.179
Sargan 检验 P 值	0.758	1.000	0.260	0.101
Hensen 检验 P 值	1.000	1.000	1.000	1.000

[①] 简单而言，系统 GMM 估计方法将内生变量的滞后水平作为一阶差分的工具变量，同时又将一阶差分作为水平变量的工具变量。由此将水平回归方程和差分回归方程结合起来进行估计。与一阶差分 GMM 估计方法相比，此方法能够减轻因弱工具变量而带来估计偏误。

[②] 在应用系统 GMM 方法估计时，一般需要满足 AR(1)、AR(2) 和 Sargan 检验。因此，不同样本所选择的滞后期数并不相同。以下使用系统 GMM 估计方法的回归均是如此。

可以看到，动态面板模型设定的引入，不仅没有改变前面的结论，而且还再次证明了实际汇率变动对服务业发展速度的作用机制与汇率制度有关这一结论。此外，在全样本的回归中我们还看到，服务业发展速度具有一定的收敛性，即上期服务业发展速度越快，本期发展速度会越慢。不过在子样本回归中，这一收敛性只在固定汇率组出现。

（二）稳健性检验

为了保证回归结果的可靠性，本文做了以下稳健性检验。由于不同收入水平国家的服务业发展可能存在差异，如果高收入国家的样本点过多，将导致本文的检验结论很可能不适用于中低收入的国家。为此，我们将样本范围缩小至中低收入国家。同时考虑到中国和印度两个发展中大国的特殊性，回归样本也排除了这两个国家。表6报告了相应的回归结果。与前述结果类似，在固定汇率下，实际汇率变动与服务业发展存在显著的正相关关系，而在浮动汇率制度下，这种相关关系并不显著，甚至不表现为正相关。

表6　稳健性检验一

	因变量：服务业发展速度					
	FE			系统 GMM		
	浮动汇率	中间汇率	固定汇率	浮动汇率	中间汇率	固定汇率
实际汇率变动率（-1）	-0.074 (0.050)	0.034** (0.016)	0.093** (0.044)	-0.054 (0.058)	0.035 (0.043)	0.079** (0.034)
服务业发展速度（-1）				0.042 (0.162)	0.027 (0.082)	-0.192*** (0.061)
年份虚拟变量	是	是	是	是	是	是
国家虚拟变量	是	是	是	是	是	是
观测值数	286	709	428	286	709	428
国家数	40	57	39	40	57	36
R^2	0.254	0.189	0.183			
AR(1) P 值				0.099	0.001	0.005
AR(2) P 值				0.791	0.147	0.195
Sargan 检验 P 值				1.000	0.142	0.100
Hensen 检验 P 值				1.000	1.000	1.000

注：其他控制变量包括人均 GDP 增速、出口增速、贸易开放程度、城市化率以及政府消费。系统 GMM 估计中控制了国家虚拟变量。下表同。

考虑到实际汇率和服务业发展速度之间的关系很可能受到系统性冲击如经济危机等影响，为避免此类特殊情形对本文检验结论带来的噪声，我们剔除了样本中实际汇率变动超过50%的观察值。从表7的回归中可以看到，对样本做出的这一限制并没有改变本文的基本结论。

表 7   稳健性检验二

	因变量：服务业发展速度					
	FE			系统 GMM		
	浮动汇率	中间汇率	固定汇率	浮动汇率	中间汇率	固定汇率
实际汇率变动率（-1）	0.020 (0.040)	0.070** (0.033)	0.081** (0.035)	0.041 (0.031)	0.062** (0.026)	0.056* (0.032)
服务业发展速度（-1）				0.053 (0.131)	0.078* (0.045)	-0.186** (0.083)
年份虚拟变量	是	是	是	是	是	是
国家虚拟变量	是	是	是	是	是	是
观测值数	478	1065	714	478	1065	714
国家数	52	86	59	52	86	59
R^2	0.245	0.203	0.175			
AR（1）P 值				0.092	0.000	0.003
AR（2）P 值				0.424	0.187	0.115
Sargan 检验 P 值				0.999	0.829	0.105
Hensen 检验 P 值				1.000	1.000	1.000

需要注意的是，本文所言的服务业发展，实质是服务业的相对发展，而非服务业的绝对发展[1]。一个自然的疑问是，服务业绝对增长速度与实际汇率升值之间的关系是否也受到汇率制度的影响？表 8 的回归结果表明，与服务业相对发展一样，实际汇率升值对服务业绝对发展速度的正向影响也仅出现在固定汇率制度国家的样本中。

表 8   稳健性检验三

	因变量：服务业绝对增长速度					
	FE			系统 GMM		
	浮动汇率	中间汇率	固定汇率	浮动汇率	中间汇率	固定汇率
实际汇率变动率（-1）	-0.012 (0.017)	0.003 (0.012)	0.049** (0.020)	-0.035** (0.016)	0.044 (0.028)	0.104*** (0.031)
服务业绝对增长速度（-1）				0.210* (0.115)	0.115 (0.082)	0.212 (0.161)
年份虚拟变量	是	是	是	是	是	是
国家虚拟变量	是	是	是	是	是	是
观测值数	448	991	681	415	835	647
国家数	46	84	57	44	78	56
R^2	0.398	0.392	0.312			

---

[1] 服务业相对发展是指服务业在国民经济中相对比重的变化，而服务业的绝对发展是指服务业自身在时间维度上的延长。

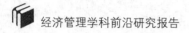

续表

	因变量：服务业绝对增长速度					
	FE			系统 GMM		
	浮动汇率	中间汇率	固定汇率	浮动汇率	中间汇率	固定汇率
AR（1）P 值				0.095	0.000	0.000
AR（2）P 值				0.300	0.222	0.303
Sargan 检验 P 值				1.000	0.995	0.104
Hensen 检验 P 值				1.000	1.000	1.000

　　以上检验结果表明，实际汇率变动对服务业发展的影响机制仅在非浮动汇率制度下存在。我们推测这其中的原因是，在浮动汇率下，灵活的汇价调整使得汇率扭曲不能显著、持续存在，因而汇率扭曲不是不同产业比例不协调的主要原因，市场中的汇率调整也不会导致产业结构的显著变化。在固定汇率下，实际汇率变动的外生成分较强，从而对产业结构变动造成的影响也更加显著。

五、小结

　　Riddle（1986）指出，国民经济增长的原动力来自服务业的发展。随着服务业在经济中占比的不断上升，厘清服务业发展的影响因素，对推动中国国民经济的发展不仅重要，而且越发必要。本文的经验研究发现：实际汇率变动会对服务业发展产生一定影响，但这种作用机制与汇率制度密切相关。在固定汇率制度下，实际汇率升值加速会促进服务业发展；而在浮动汇率制度下，尚无充分的证据表明实际汇率变动与服务业发展速度之间存在显著的相关关系。

　　需要指出的是，本文针对实际汇率变动与服务业发展之间关系的讨论仍较为粗糙。与其他研究服务业的文献类似，本文所指的服务业是除工农业以外的所有产业。这种从三次产业角度看待产业发展的研究，能够在宏观上对经济结构和经济增长有一定把握，但要真正了解服务业的发展，获取更深入的见地，还需要对服务业的不同行业进行区分，研究不同类别服务行业各自的发展规律，以增进对服务业发展的认识。

参考文献

[1] 江小涓，李辉. 服务业与中国经济：相关性与加快增长的潜力 [J]. 经济研究，2004（1）.

[2] 徐建国. 人民币贬值与服务业停滞 [J]. 世界经济，2011（3）.

[3] 汪德华，张再金，白重恩. 政府规模、法治水平与服务业发展 [J]. 经济研究，2007（6）.

[4] 张斌，何帆. 货币升值的后果 [J]. 经济研究，2006（5）.

[5] Baumol, William. Macroeconomics of Unbalanced Growth: The Anatomy of Urban Crisis [J]. American

Economic Reviewt, 1967: 415-426.

　［6］Blundell, R. and Bond S. Initial Conditions and Moment Restrictions in Dynamic Panel Data Models ［J］. Journal of Econometrics, 1998: 115-143.

　［7］Buera J. and Kaboski, P. The Rise of the Service Economy ［Z］. NBER Working Paper, 2009.

　［8］Buera J. and Kaboski, P. Scale and the Origins of Structural Change ［J］. Journal of Economic Theory, 2012: 684-712.

　［9］Chinn D. and Wei Shang-Jin. A Faith-based Initiative Meets the Evidence: Does a Flexible Exchange Rate Regime Really Facilitate Current Account Adjustment? ［Z］. NBER Working Paper, 2008.

　［10］Eichengreen, Barry and Gupta, Poonam. The Two Waves of Service Sector Growth ［Z］. NBER Working Paper, 2009.

　［11］Fuchs Victor. The Service Economy ［M］. New York: Columbia University Press, 1968.

　［12］Galstyan, Vahagn and Lane R.. The Composition of Government Spending and the Real Exchange Rate ［J］. Journal of Money, Credit and Banking, 2009: 1233-1249.

　［13］Holtemöller, Oliver and Mallick Sushanta. Exchange Rate Regime, Real Misalignment and Currency Crises ［EB/OL］. http: //ssrn.com/abstract=1344049, 2009.

　［14］Kongsamut Piyabha, Xie Danyang and Rebelo, Sergio. Beyond Balanced Growth ［Z］. IMF Working Papers, 2001.

　［15］Kuznets Simon. Quantitative Aspects of the Economic Growth of Nations II. Industrial Distribution of National Product and Labor Force ［Z］. Economic Development and Cultured Change, 1957: 1-112.

　［16］Kubota, Megumi. Assessing Real Exchange Rate Misalignments ［Z］. World Bank policy research working paper, 2011.

　［17］Mussa, Michael. Nominal Exchange Rate Regimes and the Behavior of Real Exchange Rates: Evidence and Implications ［A］// Karl Brunner and Alan Meltzer. Real Business Cycles, Real Exchange Rates and Actual Policies ［M］. Amsterdam: North Holland, 1986.

　［18］Ngai, Rachel and Pissarides Christopher. Structural Change in a Multi-Sector Model of Growth ［J］. American Economic Review, 2007: 429-443.

　［19］Reinhart C. and Rogoff K. The Modern History of Exchange Rate Arrangements: A Reinterpr-etation ［J］. Quarterly Journal of Economicst, 2004: 1-48.

　［20］Kiddle, D. Service-led Growth: The Role of the Service Sector ［M］. New York: Praeger, 1986.

　［21］Rodrik, Dani. The Real Exchange Rate and Economic Growth ［Z］. Brookings papers on economic activity, 2008.

　［22］Yougbare, Lassana. Exchange Rate Arrangements and Misalignments: Contrasting Words and Deeds ［Z］. MPRA Paper, 2011.

基于双向固定效应引力模型的
服务贸易壁垒度量*

夏天然　　陈　宪

【摘　要】本文利用 OECD 数据库构建了 2000~2011 年 60 个国家和地区七个不同部门的服务贸易出口面板数据，并对经典引力模型加以改进，引入双向固定效应计算了关税等值。我们的模型不仅可以避免由于缺少价格指数数据引起的样本数量损失问题，更解决了传统模型无法充分应用面板数据的问题。分组分析的结果显示，非发达经济体比发达经济体有更小的关税等值，即非发达经济体更加开放；服务贸易壁垒在不同经济体的不同部门之间差异很大；发达经济体的关税等值比非发达国家更分散化，即发达经济体之间的服务贸易壁垒差别较大。

【关键词】服务贸易壁垒；引力模型；双向固定效应

一、引　言

作为国际贸易的重要组成部分，服务贸易在一国的经济活动中占据着越来越重要的位置。为了正确把握世界服务贸易的发展趋势，有必要对直接影响服务贸易的壁垒进行深刻的研究。

由于服务贸易与货物贸易在内容和形式上都存在较大差异（服务的无形性、服务产品的非转移性和非贮存性），服务贸易壁垒与货物贸易壁垒也有所不同。货物贸易中最普遍的壁垒就是关税，服务贸易壁垒大多是非关税壁垒（Non-tariff Barriers）。常见的服务贸易

* 本文为国家社会科学基金重点项目"技术创新与现代产业体系发展演进机理及其对中国的启示"（项目编号：11AZD080）的阶段性成果。

本文作者：夏天然、陈宪，上海交通大学安泰经济与管理学院。

本文引自《世界经济研究》2014 年第 10 期。

壁垒包括税收歧视、直接补贴、外汇管制、限制准入资格、限制股权比例以及限制经营范围等。概括来看，服务贸易壁垒的主要特点有：以国内政策为主；灵活性强，隐蔽性强；较多地对法人和自然人采取资格和行为限制。

服务贸易壁垒的特点决定了其难以被准确观测和度量，从而服务贸易数据也不够完善。自1995年《服务贸易总协定》(GATS) 达成以来，对服务贸易壁垒度量的研究逐渐增多，但学者们在该领域所取得的进展并不显著，采用的方法也较局限。

Hoekman (1996) 等最先采用频度方法来度量服务贸易壁垒，他构建了一个服务贸易限制指数用以反映不同国家的开放程度。澳大利亚生产率委员会 (APC) 及 Dihel 和 Shepherd (2007) 等在此方法基础上做出了改进，加入了价格—成本边际，使指数更合理也更有解释力。然而这种方法存在天然的局限，即指数的构建比较主观，而且没法利用到更加丰富的数据。随着服务贸易数据的不断完善，引力模型的数量方法应运而生。

引力模型通常被用来研究货物贸易，目前越来越多的学者将其应用到服务贸易的研究中。例如，Freund 和 Weinhold (2002) 改进了引力模型，考察网络效应对服务贸易的影响；Egger 和 Lassmann (2012) 考察语言对于服务贸易量的影响。Park (2002) 首先将引力模型用于服务贸易壁垒的度量，用双边服务贸易的引力模型中产生的残差计算出相对关税等值，并通过与基准国家的对比推导出服务贸易壁垒指数。然而，这种方法也存在一定问题：传统引力模型中的两个价格指数项非常复杂且无法直接观测，因为其中包含的一些数据难以获得，比如消费商品的种类和每种商品的生产价格，并且这两个变量与贸易成本相关，它们的不可测意味着模型估计出的贸易成本是有偏的。一个好的解决方法是引入国家固定效应 (Walsh, 2006; Francois et al., 2009)，但在使用面板数据时，如果假定两个价格变量中包含的信息是随时间变化的，引入国家固定效应只能消除截面上的偏差，所以还需引入时间固定效应。本文采取了双向固定效应的方法，同时加入国家固定效应和时间固定效应，以此消除传统模型中的估计偏差问题。用此方法还可以避免因为缺乏特殊变量数据而筛减整体样本的情况。

研究服务贸易还面临着数据的问题，大部分文献都是使用服务贸易的总量数据，使用分行业数据的研究很少。近些年来，随着数据库的完善，使用分行业数据的文献也逐渐增多。Kox 和 Nordas (2009) 讨论了国内规制效应，他们的数据包含了5个服务贸易部门、42个进口国和60个出口国。Head 等 (2009) 在对距离效应的研究中包含了65个国家的4个服务贸易部门数据，时间跨度为1992~2006年。本文利用OECD的最新数据库，考察的对象包括60个进口国和115个出口国2000~2011年12年的数据，涵盖了7个不同的服务贸易部门。在数据方面的领先优势使我们能更好地理解服务贸易壁垒，也能更方便地在不同部门和不同国家之间进行对比分析。本文将样本国家和地区分为发达和非发达两类进行对比研究，更能突出特征，有针对性。

方法上的创新和新数据的运用是本文的两个特色，希望对该领域研究有所贡献。文章得出的结论可以被用于估计服务贸易自由化的影响，对于政府决策有一定的指导意义。

二、数据与趋势分析

我们的数据来自 OECD 服务贸易统计数据库（OECD Statistics on International Trade in Services），保留了样本量较大的 60 个进口国和 115 个出口国数据。其中包含七个服务贸易部门：运输服务（Transportation Services）、旅游服务（Travel Services）、通信服务（Communication Services）、建筑服务（Construction Services）、保险服务（Insurance Services）、金融服务（Finance Services）以及其他商业服务（Other Business Services）。这里统计的数据主要是对应于 GATS 规定的服务贸易模式 1——跨境交付，而模式 2——境外消费、模式 3——商业存在和模式 4——自然人流动则由于技术原因没法统计在列。为了保证数据的可获得性和质量，我们选择了 2000~2011 年共 12 年的数据。人均 GDP 数据和价格指数数据均来自世界银行（World Bank）的世界发展指数数据库（World Development Indicators，WDI）。其他控制变量数据从法国国际预测研究中心（Centre d' Etudes Prospectives et d' Informations Internationales，CEPII）获得。

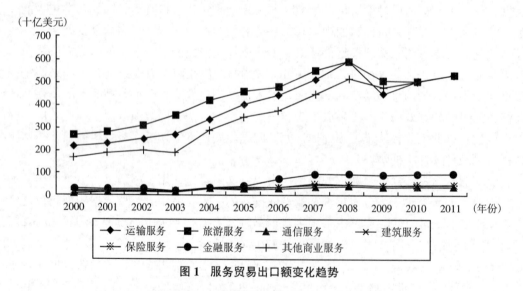

图 1　服务贸易出口额变化趋势

从我们的数据中可以很清楚地看到，2000~2011 年，除了 2008 年国际金融危机导致贸易量的短时间下滑外，长期来看服务贸易出口量不断上升，而且总量上几乎有近三倍的增幅。图 2 显示了发达国家与非发达国家服务贸易出口额中位数的变化[1]。可以看出，发

---

[1] 根据 IMF 的发达经济体列表（IMF's Advanced Economies List，April 2014），我们的 60 个进口国家（地区）包括 35 个发达经济体和 25 个非发达经济体。

达国家服务贸易出口额远超过非发达国家，并且二者在样本区间内都有一定幅度的增长。但非发达国家增速略快于发达国家，到 2011 年非发达国家和发达国家的出口总额分别达到 2000 年的 3.3 倍和 2.8 倍。

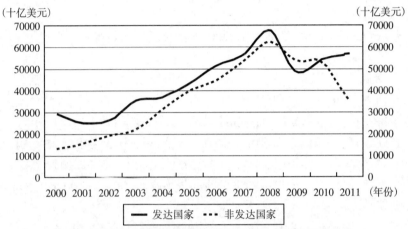

图2　发达国家与非发达国家服务贸易出口总额中位数变化
注：左坐标轴对应发达国家，右坐标轴对应非发达国家。

图 3 展示了 2000 年和 2011 年不同服务贸易部门的出口额情况，不难看出服务贸易从以运输服务、旅游服务和其他商业服务贸易为主导转向运输服务、旅游服务和金融服务贸易等全面发展。在七个部门中，金融服务、保险服务以及其他商业服务贸易增速比其他服务部门更快。

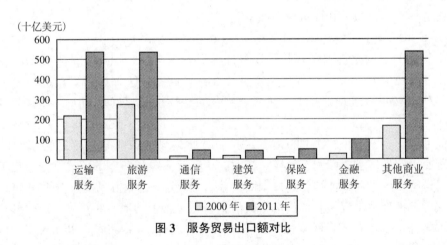

图3　服务贸易出口额对比

总的来说，世界服务贸易在这 12 年中在总量和偏向上都经历了显著的变化，这些变化是否与各国的服务贸易壁垒有关？怎样度量这些很难观测和统计的壁垒？这就是下文需要讨论的内容。

三、理 论 模 型

我们采用 Anderson 和 van Wincoop（2003）的传统引力模型：

$$x_{ij} = \frac{y_i y_j}{y^w}\left(\frac{t_{ij}}{Z_i P_j}\right)^{1-\sigma}$$

其中，$Z_i \equiv \left[\sum_j (t_{ij}/P_j)^{(1-\sigma)}\theta_j\right]^{1/(1-\sigma)}$ (1)

$$\ln x_{ij} = k + \ln y_i + \ln y_j - \ln y^W + (1-\sigma)\rho\ln d_{ij} - (1-\sigma)(\ln Z_i + \ln P_j) + (1-\sigma)\ln s_j \quad (2)$$

其中，x_{ij} 代表从 i 国出口到 j 国的跨境服务贸易额，y_i 代表出口国的 GDP，y_j 代表进口国的 GDP，y^w 代表全球 GDP 总额。t_{ij} 代表服务从 i 国出口到 j 国的贸易成本，是距离变量 d_{ij} 的函数。Z_i 和 P_j 分别是出口国和进口国的价格指数，θ_j 是 j 国 GDP 占世界 GDP 的比重，σ 是替代弹性。

除了 Z_i 和 P_j 这两个价格指数的数据没法获得外，式（2）中其他变量都是可观测的。在 Bergstrand（1985）一文中讨论到，跨国贸易中生产价格指数（Producer Price Index）可以较好地反映这两个价格指数，并且零售价格指数（Wholesale Price Index，WPI）与生产价格指数相关度极高。所以我们采用 Park（2002）的做法，用零售价格指数（WPI）代表 Z_i 和 P_j。未解释的 $(1-\sigma)\ln s_j$ 包含在残差中，在双边国家贸易的情况下 $s_j = s^{(1-\delta_j)}$，δ_j 是代表贸易进口国为 j 的哑变量。此时 $s_j - 1$ 就代表了 j 国贸易壁垒的关税等值。

我们对式（2）加以改进，引入了一些控制变量，如是否使用共同语言、是否加入同一区域协定等，所以最后的计量模型如下：

$$\ln x_{ij} = c + \alpha_1 \ln y_i + \alpha_2 \ln y_j + \alpha_3 \ln d_{ij} + \alpha_4 \ln Z_i + \alpha_5 \ln P_j + \sum \alpha_{ij} D_{ij} + \varepsilon_{ij} \quad (3)$$

这个模型的目的是得到残差并用残差计算出关税等值，但计算结果的精确度依赖于模型的设置及残差的质量。所以这个模型存在两个问题：①回归模型中的价格指数不可观测并且代表变量缺乏理论基础；②未观测到的特征可能与残差相关，所以会得到有偏的估计。

式（3）只是我们用作对比的模型，我们对此模型的改进采用了完全不同的度量方法——国家固定效应和时间固定效应。文章的目的是衡量进口国的贸易壁垒，也就是进口国的贸易保护程度，而这能够用进口国固定效应来表示，即在引力模型中加入进口国虚拟变量，这个虚拟变量不仅控制了价格指数信息，还包含了其他一些对进口产生影响的不可观测到的特征（如服务贸易额在国内经济总量中的占比）。我们同时也加入了出口国固定效应，用来控制出口国的信息。在横截面数据下，固定效应模型能够得到一致估计，但在面板数据下还需控制时间固定效应，所以我们也引入了时间虚拟变量。国家固定效应只能控制单边国家的信息，没法控制双边信息，所以我们保留了原始模型中的双边变量，如距离、共同语言哑变量等。最终模型设定为：

$$\ln x_{ij} = c + 0.8\ln y_{jt} + \alpha_1 \ln d_{ij} + \sum_{it}\beta_{it}I_{it} + \sum_j\beta_j I_j + \sum_t\beta_t I_t + \sum \alpha_{ij}D_{ij} + \varepsilon_{ijt} \qquad (4)$$

由于我们这里度量的是进口国服务贸易壁垒，对进口国的 GDP 加以限制，则进口国固定效应的系数 β_j 就只包含贸易壁垒的信息了。在这里，我们将进口国的 GDP 系数控制为 0.8[1]。在这个模型中，式（1）中的 y_i、Z_i 信息包含在出口国固定效应中，P_j、t_{ij} 的信息则包含在进口国固定效应中。

从式（4）中计算出关税等值需要将实际贸易额与理论上完全开放国家的贸易额进行对比，二者之差即为贸易壁垒。但这个理论上的国家是不存在的，Park（2002）采取的办法就是将所考察国家中最接近完全开放的国家设为基准国家（benchmark），其他国家与该国家对比，从而计算出相对关税等值。这个基准国家就是实际进口额与模型预测进口额差别最大的国家。关税等值的计算公式可以表达为：

$$\ln(s_j)^{1-\sigma} = \ln\frac{X_j^a}{X_j^p} - \ln\frac{X_b^a}{X_b^p} \qquad (5)$$

上式中的角标 a、p 和 b 分别代表实际值（actual）、预测值（predicted）和基准（benchmark）。X_j 代表 j 国的平均进口量。在式（4）模型中，上式右端两项则可用固定效应模型表示：

$$\ln(s_j)^{1-\sigma} = Fe_{\beta_j} - Fe_{\beta_b} \qquad (6)$$

这里的基准国家是固定效应系数最大的国家。

从式（6）中我们可以得到 $\ln(s_j)^{1-\sigma}$，我们需要得到的关税等值为 $s_j - 1$，还需要对替代弹性 σ 做进一步的假设。为了将两种模型进行对比，我们采用 Park（2002）的设定：$\sigma = 5.6$。Francois 等（2009）提出，替代弹性在各个部门会有很大差别，这也是引力模型的一大弱点。但需要指出的是，采用不同的替代弹性只会影响关税等值的大小，而不会影响各个国家和地区开放度的排序，所以模型的结果有参考价值。

四、实证检验

模型一基于 Park（2002）的方法，回归结果由表 1 给出。从表 1 可以看出，大部分系数都是高度显著的，且比较符合预期。服务贸易出口量与出口国和进口国的规模大小（由人均 GDP 和人口总数代表）成正比，与距离（Distance）成反比。Contiguity、Language 和 Colony 这三个变量分别代表贸易双方是否接壤、是否使用共同语言和是否曾属于同一殖民国家，结果显示三个变量都与服务贸易出口量有正向关系。GATT/WTO 代表贸易双方是否

---

① 我们遵从 Fontagne、Guillin 和 Mitaritonna（2011）的设定。

是关税贸易总协定（GATT）或世界贸易组织（WTO）成员，该变量也与服务贸易出口额成正比。出乎意料的是代表区域合作的 RTA 变量大多为负值，表示区域贸易协定并不如想象中那样促进服务贸易。

表1　模型一：混合回归结果

	TOTAL	TRN	TRL	CMN	CNS	ISR	OFI	OBS
Distance	−0.97***	−0.94***	−0.88***	−1.14***	−0.97***	−0.66***	−0.84***	−1.07***
	(0.02)	(0.02)	(0.02)	(0.02)	(0.03)	(0.03)	(0.03)	(0.02)
IMP_GDP	1.33***	1.27***	1.25***	1.25***	0.92***	1.10***	1.34***	1.32***
	(0.01)	(0.01)	(0.01)	(0.02)	(0.03)	(0.02)	(0.02)	(0.01)
EXP_GDP	1.24***	1.20***	0.78***	1.09***	0.92***	1.35***	1.74***	1.41***
	(0.01)	(0.01)	(0.01)	(0.02)	(0.03)	(0.02)	(0.02)	(0.01)
IMP_WPI	−0.62***	−0.40***	−0.83***	−0.66***	−1.36***	−0.79***	−1.13***	−0.41***
	(0.06)	(0.08)	(0.07)	(0.10)	(0.13)	(0.11)	(0.13)	(0.08)
EXP_WPI	−0.71***	−0.83***	−0.54***	−0.71***	−0.62***	−0.72***	−1.78***	−0.67***
	(0.06)	(0.07)	(0.07)	(0.09)	(0.15)	(0.12)	(0.14)	(0.07)
IMP_POP	0.85***	0.84***	0.90***	0.83***	0.86***	0.70***	0.53***	0.87***
	(0.01)	(0.01)	(0.01)	(0.01)	(0.02)	(0.01)	(0.01)	(0.01)
EXP_POP	0.80***	0.83***	0.85***	0.80***	0.81***	0.85***	0.64***	0.87***
	(0.01)	(0.01)	(0.01)	(0.01)	(0.02)	(0.01)	(0.01)	(0.01)
Contiguity	0.43***	0.18**	0.76***	0.31***	0.73***	0.42***	0.18*	0.02
	(0.05)	(0.06)	(0.05)	(0.06)	(0.09)	(0.07)	(0.09)	(0.06)
Language	0.86***	0.93***	1.37***	1.12***	−0.05	1.86***	2.37***	1.06***
	(0.04)	(0.05)	(0.04)	(0.06)	(0.10)	(0.06)	(0.07)	(0.05)
Colony	0.84***	0.86***	1.00***	1.19***	0.67***	0.36***	0.35***	0.75***
	(0.05)	(0.06)	(0.05)	(0.07)	(0.10)	(0.08)	(0.10)	(0.07)
GATT/WTO	0.31***	0.78***	0.79***	0.10	0.41***	0.43***	0.61***	0.28***
	(0.05)	(0.06)	(0.06)	(0.07)	(0.10)	(0.08)	(0.10)	(0.06)
RTA	−0.16***	−0.34***	0.41***	0.07	−0.41***	0.02	−0.76***	−0.17***
	(0.03)	(0.04)	(0.03)	(0.04)	(0.07)	(0.05)	(0.07)	(0.04)
Constant	−34.71***	−36.17***	−33.79***	−34.34***	−28.63***	−38.17***	−29.98***	−39.52***
	(0.34)	(0.41)	(0.38)	(0.50)	(0.78)	(0.63)	(0.70)	(0.42)
Obs	25999	22069	20272	14808	10503	12642	13813	19388
R^2	0.661	0.626	0.681	0.636	0.399	0.537	0.508	0.670
Adjusted R^2	0.661	0.626	0.681	0.635	0.399	0.537	0.508	0.670

注：* 表示 $p < 0.05$，** 表示 $p < 0.01$，*** 表示 $p < 0.001$；括号中为标准差。表2同。

模型二是采用了双向固定效应的引力模型，选取的数据是 2000~2011 年七个部门的面板数据，回归的结果如表2所示。由于采用了国家固定效应和时间固定效应，自变量中去除了出口国 GDP、进口国和出口国的价格指数以及进口国和出口国的人口量。对于进口国 GDP 我们做了一定的控制，即限制系数为 0.8，这样进口国固定效应就剔除了 GDP 的干扰。

表 2 模型二：面板数据回归结果

	Total	TRN	TRL	CMN	CNS	ISR	OFI	OBS
Distance	−1.15*** (0.02)	−1.38*** (0.02)	−1.40*** (0.02)	−1.40*** (0.02)	−1.50*** (0.05)	−1.10*** (0.03)	−1.32*** (0.03)	−1.32*** (0.02)
Contiguity	0.48*** (0.04)	0.37*** (0.05)	0.70*** (0.04)	0.51*** (0.05)	0.51*** (0.08)	0.69*** (0.06)	0.44*** (0.06)	0.19*** (0.05)
Language	0.23*** (0.04)	0.05 (0.04)	0.35*** (0.04)	−0.22*** (0.06)	−0.51*** (0.10)	0.18** (0.06)	−0.04 (0.06)	−0.00 (0.05)
Colony	0.83*** (0.04)	0.83*** (0.05)	0.89*** (0.04)	0.90*** (0.06)	0.20* (0.10)	0.58*** (0.07)	0.39*** (0.07)	0.65*** (0.06)
GATT/WTO	5.35*** (0.51)	6.50*** (0.53)	0.46* (0.18)	4.43*** (0.51)	7.40*** (1.30)	4.47** (1.42)	2.88*** (0.64)	4.95*** (0.51)
RTA	0.41*** (0.04)	−0.34*** (0.05)	0.39*** (0.04)	0.41*** (0.06)	−0.46*** (0.10)	−0.22** (0.07)	−0.22** (0.08)	0.08 (0.05)
Constant	1.85*** (0.54)	3.20*** (0.57)	8.45*** (0.25)	1.11 (0.57)	1.69 (1.38)	−1.30 (1.46)	1.19 (0.73)	3.04*** (0.56)
Importer FE	Yes	Yes	Yes	Yes	Yes	Yes	Yes	Yes
Exporter FE	Yes	Yes	Yes	Yes	Yes	Yes	Yes	Yes
Year FE	Yes	Yes	Yes	Yes	Yes	Yes	Yes	Yes
Observations	26465	22422	20585	14979	10583	12795	13943	19640

　　总体来看模型的表现很好，包括出口国固定效应、进口国固定效应以及时间固定效应在内的大部分结果都是显著的。Distance、Contiguity、Colony、GATT/WTO 变量与模型一有着类似的结果。Language 变量总体来看是正向，但相对于模型一只是建筑服务贸易（CNS）为负值，模型二中通信服务（CMN）、建筑服务（CNS）、金融服务（OFI）以及其他商业服务（OBS）的 Language 变量都是负值，即在这些服务贸易部门中，共同语言并不能促进服务贸易。另一个与模型一区别较大的就是 RTA 变量，模型二中 RTA 变量对总体服务贸易有促进作用，而不是模型一中的负相关。平均来看，GATT/WTO 变量在所有虚拟变量中有最大的系数（从旅游服务的 0.46 到建筑服务的 7.40），这意味着加入 GATT 或WTO 对服务贸易有着很明显的推动作用。

　　本文的主要目的在于度量关税等值的大小，两种模型都可以得到各个国家的关税等值，这个关税等值是相对量，即各个国家相对于基准国家（关税等值设为 0）的增加值。

　　模型一是 Park（2002）使用的方法，这种方法存在一个严重的问题：包含不可观测的价格变量，并且计算贸易壁垒的残差跟这个不可观测值相关。为了解决这个问题，模型二引入了固定效应模型，得出无偏的结果。

　　为了便于比较，我们将关税等值进行排序[①]，排名越高意味着越开放。分部门来看金融服务（OFI）壁垒最大，运输服务（TRN）壁垒最小。从贸易总额来看，美国是最开放

---

　　① 由于篇幅所限，排序结果不予给出，读者若有需要请与本文作者联系。

的国家，在各个部门都只有很小的贸易壁垒。比较令人惊讶的是，中国（CHN）和印度（IND）在开放程度排序里分别排在第二和第三。这意味着这两个发展中国家的总体开放程度远超过很多发达国家。

我们按照 IMF 的分类方法将样本国家分为发达经济体和非发达经济体，对它们的服务贸易壁垒进行进一步分析。表 3 给出的是发达经济体和非发达经济体不同部门关税等值和排名平均值的对比。可以看出发达经济体的关税等值大于非发达经济体。发达经济体和非发达经济体的总服务贸易关税等值分别为 139.48% 和 110.17%，平均排名分别是 33 和 27。其他各部门也表现出发达经济体比非发达经济体关税等值更大的现象。这也意味着，从平均来看非发达经济体相对更开放。

表 3　发达经济体（ADV）和非发达经济体（LESS）平均关税等值及排名

		Total	TRN	TRL	CMN	CNS	ISR	OFI	OBS
TE	LESS	110.17% (59.74)	100.45% (61.91)	102.60% (59.58)	134.10% (63.00)	81.52% (63.19)	63.65% (41.36)	150.31% (62.69)	124.26% (59.90)
	ADV	139.48% (84.81)	130.55% (91.22)	147.02% (89.53)	177.26% (94.22)	163.51% (82.19)	95.68% (63.12)	190.83% (99.53)	158.47% (95.55)
Rank	LESS	27 (15.26)	28 (16.35)	26 (15.74)	26 (15.49)	20 (15.14)	25 (16.03)	27 (15.59)	27 (15.39)
	ADV	33 (18.33)	32 (17.77)	34 (17.51)	34 (17.78)	38 (14.74)	34 (17.23)	33 (17.98)	33 (18.22)

注：每个部门关税等值的计算都基于基准国家（benchmark），美国是大部分服务贸易部门的基准国家，除了运输服务（中国是基准国家）和建筑服务（印度是基准国家）。括号中是标准差。排名（Rank）越高代表关税等值越小，即越开放。

我们的结论与 Martin 和 Mattoo（2010）的结论一致，他们也发现在过去几十年中，发展中国家多个部门的服务贸易开放程度显著提升。

从表 3 的分经济体分部门对比中也可以看到几个很有意思的结果。首先，两组经济体中不同部门的关税等值差异很大。金融服务部门关税等值最大（发达经济体为 190.83%，非发达经济体为 150.31%），保险服务部门的关税等值最小（发达经济体为 95.68%，非发达经济体为 63.65%）。其次，各部门的关税等值在不同经济体之间的差异也很大。如建筑服务部门的关税等值在不同经济体间差异最大，发达经济体的关税等值为 163.51%，非发达经济体的关税等值为 81.52%，差异达到了 81.99%。运输服务部门的关税等值在两个经济体间差异最小，发达经济体为 130.55%，非发达经济体为 100.45%，差异为 30.10%。最后，发达经济体关税等值的变异系数普遍比非发达经济体的大。这意味着发达经济体的关税等值更分散化，也就是说，发达经济体之间的服务贸易壁垒差别较大。

五、总 结

现阶段度量服务贸易壁垒的实证文章依然不多，虽然 OECD 国家在服务贸易方面已经做出了很大的努力，但对于大部分国家和地区来说，我们既缺乏有效的服务政策信息，也没法从模型的直接计算结果中推测出壁垒的种类。这些限制都反映了有效数据和度量方法的匮乏。本文利用 OECD 数据库构建了 2000~2011 年 60 个国家（地区）七个不同部门的服务贸易出口面板数据，在前人的基础上对经典引力模型加以改进，引入双向固定效应计算关税等值。

我们将新模型与传统引力模型进行了对比。利用新模型不仅可以避免由价格指数等变量的不可观测引起的样本数量的损失，同时在控制了时间维度后也能更好地利用面板数据考察个体效应和时间效应。

我们还将样本国家和地区分为发达经济体和非发达经济体两类进行对比分析。结果显示非发达经济体比发达经济体有更小的关税等值，即非发达经济体更加开放；服务贸易壁垒在不同经济体的不同部门之间差异很大；发达经济体的关税等值比非发达国家更分散化，即发达经济体之间的服务贸易壁垒差别较大。我们模型的结果与早期 Hoekman (1996) 的结果有很大差别，相对于 Hoekman (1996) 研究中贸易部门开放程度与国家发达程度完全正相关的结论，在我们的结果中发达国家和发展中国家都各有较开放的部门和相对不开放的部门。从另一个角度来看，这也表示了各国各部门潜在的自由化空间。

由于数据的限制，本文选取的样本和变量有限。随着服务贸易的不断发展，专业数据库的逐渐建立和完善，我们相信未来该领域会出现更多有突破性的文章。

参考文献

[1] Anderson, J.E., E.van Wincoop. Gravity with Gravitas: A Solution to the Border Puzzle [J]. American Economic Review, 2003: 170–192.

[2] Bergstrand, J.H.. The gravity equation in international trade: some microeconomic foundations and empirical evidence [J]. The Review of Economics and Statistics, 1985: 474–481.

[3] Dihel, N., B. Shepherd. Modal Estimates of Services Barriers [Z]. OECD Trade Policy Papers, 2007.

[4] Egger, P.H., A.Lassmann. The language effect in international trade: A meta-analysis [J]. Economics Letters, 2012, 116 (2): 221–224.

[5] Fontagné, L., A. Guillin, C. Mitaritonna. Estimations of tariff equivalents for the services sectors [J]. 2011.

[6] Francois, J., O. Pindyuk, J. Woerz. Trends in International Trade and FDI in Services: A Global Database of Services Trade [J]. 2009.

[7] Freund, C., D. Weinhold. The Internet and international trade in services [J]. American Economic

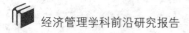
Review, 2002: 236–240.

[8] Head, K., T. Mayer, J. Ries. How remote is the offshoring threat? [J]. European Economic Review, 2009, 53 (4): 429–444.

[9] Hoekman, B.. Assessing the general agreement on trade in services [J]. The Uruguay Round and the Developing Countries, 1996, 996 (1): 89–90.

[10] Kox, H., H.K. Nordas.Regulatory harmonization and trade in services: Volumes and choice of mode [J]. 2009.

[11] Martin, W., A.Mattoo. The Doha Development Agenda: What's on the table? [J]. The Journal of International Trade & Economic Development, 2010, 19 (1): 81–107.

[12] Park, S.. Measuring tariff equivalents in cross–border trade in services [J]. Korea Institute for International Economic Policy, 2002.

[13] Walsh, K.. Trade in services: Does gravity hold? A gravity model approach to estimating barriers to services trade [Z]. The Institute for International Integration Studies Discussion Paper Series, 2006: 183.

Measuring Barriers to Trade in Services Using Gravity Model with Two–way Fixed Effects

Xia Tianran   Chen Xian

Abstract: This paper builds the panel data of service trade for 7 service sectors in 60 countries and regions during the 2000~2011 period using the OECD database.It modify the classical gravity model by introducing the two–way fixed effects, and estimates the tariff equivalents. This model can not only avoid the sample loss from lacking of the price index data, but also solve the problem of the classical model that the panel data is not applicable.It is found that less advanced economies are more open in service trade than advanced economies and that there are large variations in trade barriers across sectors and across countries for each sector. Furthermore, advanced countries often have more diverse service trade barriers than less advanced countries.

家庭服务性消费支出的决定因素 *
——基于中国城镇住户调查数据的实证检验

杨碧云　张凌霜　易行健

【摘　要】加快发展现代服务业已成为推动我国需求增长和经济结构战略性调整的重要环节。本文采用 2009 年和 2002 年中国六个省份与直辖市的城镇住户调查数据对家庭总服务性消费与各分项服务性消费的决定因素进行了实证检验与扩展分析，发现家庭收入、家庭生命周期阶段、家庭人口性别结构及家庭其他特征变量和城镇人口规模等因素均对我国居民家庭总服务性消费需求和分项服务性消费需求有显著影响，但我国潜在的服务性消费需求还远没有转化为现实需求。本文认为应通过促进产业结构转型升级，改善服务消费条件和环境，提高居民消费意愿，形成一批人口规模适度的城镇，以此促进家庭服务性消费和消费性服务业的发展；更多关注女性的就业和受教育环境，提高女性就业机会和受教育年限，有利于促进居民服务性消费的增长。

【关键词】家庭服务性消费；家庭可支配收入；城市人口规模；妻子

一、引言

中共十八大报告明确提出"要推进经济结构战略性调整，强化需求导向，加快建立扩大消费需求长效机制，推动服务业特别是现代服务业发展壮大"。我国目前的"低消费、高储蓄"现象严重制约了需求结构的调整，以 2012 年为例，我国居民消费率为 34.6%，

* 本文是 2013 年度国家自然科学基金"人口结构对中国居民消费的影响研究：微观机理、实证检验与宏观政策"（71373057）；2011 年度教育部新世纪优秀人才项目"经济转型背景下的微观消费储蓄行为与宏观消费增长的综合预测及其政策建议"（NCET-11-0913）；2012 年度广东省自然科学基金项目"人民币汇率变化对我国居民消费影响的理论与实证研究"（S2012040007565）的研究成果。

本文作者：杨碧云，广东外语外贸大学国际经济贸易学院国际经济贸易研究中心副教授、博士；张凌霜，广东外语外贸大学国际经济贸易学院硕士研究生；易行健，广东外语外贸大学国际经济贸易学院副院长、教授、博士。

本文引自《财贸经济》2014 年第 6 期。

而同期世界中等偏上收入国家的平均水平为 51.7%。同时我国服务业发展程度也远低于中等偏上收入国家的平均水平，我国经济尚未全面进入经济"服务化"阶段（李勇坚和夏杰长，2009），以 2012 年为例，我国第三产业增加值占 GDP 的比重为 44.6%，而同期中等偏上收入国家的平均水平为 54.4%。Buera 和 Kaboski（2009）的研究认为，大量高技能劳动力和服务性消费的增长是导致 1950~2000 年美国服务产业高速发展的主要原因。同时，服务业的发展能通过提高居民收入和改善收入分配等路径促进居民消费增长，这说明产业结构升级和扩大居民消费需求具有内在一致性（毛中根和洪涛，2012）。

服务业主要可以分为生产性服务业和消费性服务业，其中消费性服务业的发展主要归因于居民家庭服务性消费支出的增长，但是到目前为止尚没有文献利用家庭住户调查数据来对中国居民家庭总服务性消费支出及所有分项服务性消费支出的决定因素进行详细的实证研究。本文准备利用中国城镇住户调查数据来研究家庭服务性消费支出的决定因素，研究目的的主要有：①估计城镇居民家庭服务性消费的收入弹性，并且对比 2009 年与 2002 年服务性消费的收入弹性是否存在显著变化；②家庭生命周期特征、人口结构与户主特征是否对总服务性消费支出与各分项服务性消费支出产生显著影响；③城市规模是否对总服务性消费支出与各分项服务性消费支出产生显著影响；④在完整的已婚家庭中，丈夫和妻子在决定家庭服务性消费支出方面谁的影响力更大。

二、文 献 综 述

已有研究服务性消费决定因素的相关文献其理论框架可以追溯到 Becker 和 Michael（1973）与 Becker（1991）基于家庭生产函数的新消费者行为理论。该理论认为，家庭既是消费者，又是生产者，且家庭的生产与消费均受家庭可支配收入和时间的约束；该理论可以扩展到家庭的时间分配与性别分工等对家庭生命周期不同阶段的消费行为选择的影响。

（一）服务性消费支出决定因素的实证检验：以外国作为分析样本

家庭总收入及财富水平对家庭服务性总消费及分项消费普遍具有正影响，如 Ferrer 和 Dardis（1991）采用 Tobit 模型和 1984~1985 年美国消费者支出调查数据分析家庭服务性消费支出的决定因素，结论表明家庭收入对服务性消费支出存在显著正影响；类似地，Cohen（1998）综合采用 Tobit 和 OLS 模型对美国 1993 年消费者支出调查数据的检验显示家庭所拥有的金融资产对在外饮食及家政服务消费均有显著正影响。但是，户主的生命周期特征与受教育程度对各分项服务性消费支出的影响存在差异。Wang 等（1995）对

1990~1991 年美国消费者支出调查数据中 60 岁及以上老年家庭[①]的饮食消费进行了 OLS 估计，发现户主年龄越大，家庭在外饮食支出越低；户主每周工作时间越长及户主受教育程度越高，在外饮食消费越高。Tansel 和 Bircan（2006）基于 Tobit 模型和 1994 年土耳其家庭调查支出数据对私人辅导教育消费和家庭人口结构的相关性进行考察，发现户主年龄及户主受教育程度与家庭在私人教育辅导上的支出正相关。Wagner 和 Lucero-campins（1988）通过对 1973 年美国家庭调查数据的 OLS 分析发现妻子受教育程度为高中或以上家庭的服务性消费支出高于妻子为小学文化的家庭，且丈夫受教育程度较高的家庭在文娱等服务性消费上的支出也高于其他家庭。此外，另有部分文献就夫妻双方对家庭服务性消费支出的影响效应差异进行了尝试性的探讨。Machado（2007）利用 Tobit 模型和 1989~1990 年及 1994~1995 年葡萄牙家庭支出调查数据考察妻子劳动参与对家庭服务消费支出的影响，发现妻子就业对各项服务性消费支出有显著正效应；Cohen（1998）对 1993 年美国消费者支出调查数据的综合实证检验也得出类似的结论，这表明妻子在家庭中拥有相对较高的收入及职业地位将有利于她们通过购买相应服务来减轻家务负担或节省时间。

（二）服务性消费支出决定因素的实证检验：以中国作为分析样本

与国外的情况相似，对中国家庭服务性消费支出的已有研究普遍认为家庭总收入及财富水平对家庭服务性总消费及分项消费具有正效应。Ma 等（2006）对中国家庭收入和支出调查数据中部分样本的 Tobit 回归显示家庭收入与在外饮食支出显著正相关；Min 等（2004）根据 1992 年和 1998 年中国城镇家庭调查数据，分别采用线性和非线性参数估计法对家庭在外饮食服务支出的影响因素进行了实证检验，证实两个年份的家庭实际收入与家庭在外饮食支出均呈显著正相关。Mocan、Tekin 和 Zax（2004）利用 1989 年中国城镇家庭调查数据的分析发现，作为家庭财富水平替代变量的住宅房间数与医疗服务支出正相关。

但是，户主的生命周期特征与受教育程度以及家庭的人口结构特征对各分项服务性消费支出的影响存在广泛差异。Song（2008）利用中国农村家庭调查数据进行分析发现，家庭医疗服务性消费支出与户主受教育程度负相关，与 0~12 岁和 56 岁及以上男性或女性家庭成员数量显著正相关，与家庭规模及户主性别则无显著相关关系；教育服务性消费支出与家庭规模负相关，与户主受教育程度和年龄为 7~18 岁的男性或女性家庭成员数正相关。此外，妻子的就业与受教育程度对家庭服务性消费支出产生重要影响。张彩萍和白军飞（2010）采用 Box-Cox Double-Hurdle 模型对 2007 年北京市家庭调查数据进行实证检验发现，家庭在外饮食支出与妻子的工资和工作时长都呈显著正相关。Song（2008）发现妻子受教育程度越高对家庭教育支出的正效应越大，而对家庭医疗支出的负效应也越大，同时，受教育程度较高的妻子更有可能懂得如何提高家庭成员的健康水平，从而降低家庭成

[①] 仅包括有配偶家庭中夫妻年龄均为 60 岁或 60 岁以上及独身家庭中户主年龄为 60 岁或 60 岁以上的家庭样本。

経済管理学科前沿研究報告

员就医需求。

本文拟利用 2009 年与 2002 年中国六个省份与直辖市的城镇住户调查数据（UHS），对居民家庭总服务性消费支出与各分项服务性消费支出的决定因素进行详细的实证检验，以深入了解家庭收入、家庭生命周期特征、家庭人口结构、户主特征和其他社会经济因素对家庭总服务性消费支出与分项服务性消费支出的影响机制，最终为促进我国居民家庭的服务性消费提出相关的政策建议。本文对服务性消费研究的贡献主要体现在：①现有研究多采用宏观数据对我国居民服务性消费需求进行分析，较少从微观层面综合考察家庭服务性消费支出的决定因素，即使有少数利用住户调查数据的同类文献其被解释变量也仅局限于在外饮食支出、医疗费用支出或教育支出等，本文首次尝试估计我国城镇居民家庭的总服务性消费函数与各分项服务性消费函数。②对家庭总服务性消费及各分项服务消费的收入弹性进行估计，期望能够从各分项服务性消费支出函数中寻找我国消费性服务业发展的着力点。③现有文献极少将城市人口规模引入家庭服务性消费支出函数，少部分文献仅引入了城镇与乡村的虚拟变量，缺乏对城市人口规模与家庭服务性消费支出之间关系的深入探究，本文尝试将城市人口规模引入服务性消费函数，以期为中国的城镇化建设提供一个新的决策视角。④本文的扩展分析将考虑中国家庭内部夫妻双方对服务性消费的影响差异，以期从家庭内部性别分工的角度探讨服务性消费需求的决定机制。

三、模型设定、数据来源与描述性统计

（一）实证模型设定与变量选择

为设定实证模型，本文在 Becker 和 Michael（1973）与 Becker（1991）提出的融入家庭生产函数的新消费者行为理论的基础上进行了扩展[1]，假定家庭效用函数如下所示：

$$U = U(Z_1, \cdots, Z_m) \tag{1}$$

这里的 $Z_1, \cdots, Z_m$ 指家庭消费的各种"商品"，这些"商品"不能从市场购买到，而来自家庭自身的生产，包括孩子、声望、尊严、健康、羡慕与感官享受（贝克尔，2011），每种"商品"都按照下式来进行生产：

$$Z_i = f_i(x_i, s_i, t_i, E_i), \quad i = 1, \cdots, m \tag{2}$$

其中，x_i，s_i 分别表示为生产第 i 种"商品"而从市场上购买的多种商品和服务类别，t_i 表示用于生产第 i 种"商品"所投入的时间，E_i 表示家庭能力、人力资本以及家庭生产所处的其他"社会经济环境变量向量"。家庭生产函数将受到下式的收入限制与时间限制：

---

① 本部分的理论模型还部分参照了 Ferrer 和 Dardis（1991）的假定。

$$\sum p_i x_i + \sum p_{si} s_i = wt_w + V = Y \tag{3}$$

$$T = t_w + \sum t_i \tag{4}$$

其中，p_i 是从市场购买的第 i 种商品类别的价格向量，p_{si} 是从市场购买的第 i 种服务类别的价格向量，t_w 是家庭用于市场生产所投入的时间（或者说用于获取劳动报酬的工作所投入的工作时间），V 是家庭除劳动收入以外的其他收入，Y 和 T 分别是家庭的可支配收入与可支配时间。将受到生产函数与约束函数约束的家庭效用进行最大化求解可以得到家庭的服务性消费支出函数如下：

$$P_{si} s_i = s_i(t_w,\ p_{ij},\ x_i,\ w,\ V,\ E) \tag{5}$$

区别于传统的消费者行为理论，本文中工资的提高对服务性消费支出的影响有两个方面：其一是工资提高，家庭的可支配收入增加，家庭对"正常的"（收入弹性大于 0）服务的需求将会增加；其二是由于家庭可支配时间的限制，家庭生产函数中替代效应将导致家庭生产中更多使用可以从市场购买的商品与服务而更少使用时间 t_i。由于本文的首要研究目的在于获取家庭服务性消费支出的收入弹性，我们将 t_w、w、V 根据式（3）整合成为家庭可支配收入 Y；同时根据模型设定的简约性原则，假定作为家庭生产函数中投入品的商品支出 $p_i x_i$ 为外生决定，因此家庭的服务性消费支出函数可简化为下式[1]：

$$p_{si} s_i = s_i(Y,\ E) \tag{6}$$

根据本文的研究目的，选取的被解释变量为家庭的总服务性消费支出和各分项服务性消费支出，为了估计服务性消费支出的收入弹性，本文将基准实证模型设定为双对数模型，即将服务性消费支出[2]与家庭可支配收入均取对数，拟建立如下计量模型来考察城镇居民家庭服务性消费支出的决定因素：

$$lnservice = a + \beta \times lnincome + \gamma \times E + \varepsilon \tag{7}$$

其中，Inservice 表示家庭总服务性消费支出与各分项服务性消费支出的对数，lnincome 表示家庭可支配收入的对数。根据 Becker（1991）与贝克尔（2011）以及数据可得性原则将家庭生产函数中的 E 分为以下三类：①家庭生命周期阶段[3]变量与人口年龄结构类变量，主要包括户主年龄（headage）及年龄平方项、（headage2）、家庭规模（members）、0~5 岁子女占家庭总人口之比（rchild0_5）、6~18 岁子女占家庭总人口之比（rchild6_18）、65 岁及以上老年人口占家庭总人口之比（rold）。②户主受教育程度与家庭就业状况，主要包括户主的受教育年限（headedu）、户主是否退休（headretire）或就业（heademploy）

---

① Ferrer 和 Dardis（1991）还在家庭服务性消费支出函数中包含了偏好向量，但是 Becker（1973）认为传统选择理论的缺陷就在于不能说明偏好如何形成，且又不能预言偏好对需求的影响，同时经验研究者所使用的理论也不能帮助他们根据演绎推理找出偏好的替代变量。因此在贝克尔后来对家庭进行系统分析的《家庭论》中首先做出的假设中有一条就是稳定的偏好（贝克尔，2011）。

② 由于部分样本家庭的部分分项服务性消费支出为 0，本文将所有分项服务性消费支出加 1 再进行对数处理。

③ 贝克尔（1991）认为在生命的不同阶段，个人的时间价值会发生变化，在年轻阶段时间价值相对较低而产品与服务的价值相对较高，在工作阶段，时间价值相对较高，而在生命周期的老年阶段时间价值再度降低。根据时间价值的变化，家庭可以以某种消费品或服务形式购买时间。

的虚拟变量、家庭就业人口占家庭总人口之比 (worker_r)、国有部门就业人口占家庭总就业人口之比 (soe_r)。③家庭其他特征变量，主要包括户主性别的虚拟变量 (head female)、户主是否未婚或丧偶的虚拟变量 (type)、户主是否为少数民族 (headnation) 的虚拟变量、家庭是否拥有住房的虚拟变量 (homeowner)。

无论是使用总样本还是仅使用家庭分项服务性消费支出大于 0 的子样本，采用最小二乘法 (OLS) 进行分项服务消费的估计均将导致参数的有偏估计，因此我们采用 Tobit 模型对八个分项的服务性消费支出模型进行估计，而对总服务性消费支出则依然采用最小二乘法 (OLS) 进行估计。考虑数据可得性与实证分析的简约性，本文参照 Ferrer 和 Dardis (1991) 的假定，即家庭决策过程是多阶段连续的，如劳动供给与家庭人力资本形成决策产生于家庭支出决策之前，因此将家庭的可支配收入与相关变量视为实证模型的外生变量。

（二）数据来源与描述性统计

本文所选样本包含 2009 年中国国家统计局中国城镇住户调查数据 (UHS) 中的北京、辽宁、浙江、广东、四川和陕西六个省市，此六个省市分别分布于中国的华北、东北、华东、华南、西南、西北地区，在地理位置上具有比较广泛的代表性。该调查问卷的内容包括住户与家庭成员基本情况、婚姻人口结构、收入与分类消费等信息。根据国家统计局的定义，服务性消费支出包括以下 14 项：食品加工服务费用、在外饮食的服务部分①、衣着加工服务费、家政服务、医疗费、交通工具服务支出、交通费、通信服务、文化娱乐服务费、教育费用、房租、住房装潢支出、居住服务费及其他服务费用。考虑到部分分类之间具有相关性，我们将其进一步归纳为饮食类 (food)、家政服务类 (dome)、医疗保健类 (medi)、交通通信类 (trans)、文化娱乐类 (enter)、居住类 (resid)、教育类 (edu)、衣着与其他服务类 (cloth) 八个分项②，并对各分类进行测算。我们对原始数据进行了详细的清理，剔除了关注变量为缺失值以及异常值的样本家庭，同时也删除了极少数服务性消费支出为 0 的家庭，最后得到可用于实证检验的样本家庭 15828 个。

为了进行对比，本文利用相同的处理程序对 2002 年上述六个省市的城镇住户调查数据进行处理，得到了 8420 个样本家庭数据。数据显示 2009 年与 2002 年的人均服务性消费占消费支出比例均为 28%，图 1 与图 2 对 2009 年与 2002 年各分项服务性消费占总服务性消费的比例以及各分项服务性消费的家庭数占总样本家庭的比例进行了比较，结论表明，这两个年度内占服务性消费比例最大的四个分项支出均是交通通信类、教育类、饮食类与文娱类服务性消费。与 2002 年相比，2009 年教育类服务性消费支出占比显著提高，

---

① 按照《中国城镇住户调查手册》的说明，进入服务性消费支出的只是在外饮食支出的 50%。
② 饮食类服务性消费支出包括食品加工服务费用和在外饮食支出的 50%；交通通信类服务性消费支出包括交通工具服务支出、交通费和通信服务；居住类服务性消费支出包括房租、住房装潢支出和居住服务费。另外，由于衣着加工费用支出较少，我们将其与其他服务费用合并。

饮食类、文娱类与居住类服务性消费支出占比显著降低；但是图 2 则显示除饮食类与交通通信类服务支出外，其他六项服务性消费的家庭数占比均有显著下降，其中下降最明显的是教育类与家政类服务性消费支出，这可能与样本期内人口抚养比显著下降有关。

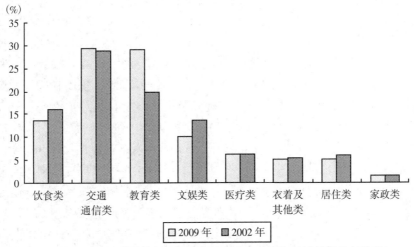

图 1　2009 年与 2002 年各分项服务性消费占总服务性消费的比例比较

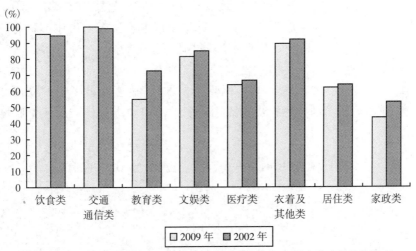

图 2　2009 年与 2002 年各分项服务消费的家庭数占总样本家庭的比例比较

四、实证检验

(一) 基准回归

本部分首先就城镇居民家庭总服务性消费支出的决定因素进行回归分析，为了比较准确地得到总服务性消费支出的收入弹性，我们在回归方程（1）中仅控制家庭可支配收入的对数（lfinc），在回归方程（2）中引入家庭规模及户主年龄和年龄平方变量，在方程（3）中引入青少年人口与老年人口占比的人口结构变量，在回归方程（4）中引入户主受教育程度及是否就业或退休的特征变量，在回归方程（5）中继续加入就业人口占比和在国有部门就业人口占比等就业结构特征变量，最后在回归方程（6）中引入户主性别、民族和家庭婚姻特征以及是否拥有住房所有权变量，另外，所有模型均控制了省级区域虚拟变量。

从基准回归结果可以看出：①家庭总服务性消费支出与户主年龄[①]显著呈现"倒U"形关系；家庭总人口或 18 岁以下子女占比增加均能显著增加总服务性消费支出。②户主受教育程度越高越能显著增加家庭总服务性消费支出。③户主为女性对家庭总服务消费有促进作用；相对于户主已婚家庭而言，户主未婚或丧偶的家庭其总服务性消费支出较高；拥有住房所有权的家庭其总服务性消费支出低于租房家庭。此外，在基准回归结果中我们并未观察到户主为汉族、户主就业或退休、65 岁及以上老年人口占比、就业人口占比及国有部门就业人口占比与家庭服务性消费支出之间存在显著相关关系。

另外，从表 1 可以看出家庭服务性消费支出的收入弹性大都小于 1，对方程（6）中估计的服务性消费支出的收入弹性进行检验，在 5% 的显著性水平上可以拒绝服务性消费支出的收入弹性等于 1 的原假设，这表明服务性消费的增长略滞后于家庭可支配收入的增长。

表 1　家庭服务性消费支出的决定因素分析：OLS 回归

变量	(1)	(2)	(3)	(4)	(5)	(6)
	lfservice	lfservice	lfservice	lfservice	lfservice	lfservice
lfinc	1.001*** (0.009)	0.996*** (0.009)	1.010*** (0.009)	0.949*** (0.010)	0.951*** (0.011)	0.962*** (0.011)
headage		−0.002 (0.004)	0.005 (0.004)	0.009** (0.004)	0.009** (0.004)	0.015*** (0.004)
headage^2		−0.010*** (0.004)	−0.013*** (0.004)	−0.014*** (0.004)	−0.014*** (0.004)	−0.020*** (0.004)

[①] 本文采用的解释变量 headage^2 是户主年龄的平方除以 100 所得。

续表 1

变量	(1)	(2)	(3)	(4)	(5)	(6)
	lfservice	lfservice	lfservice	lfservice	lfservice	lfservice
members		0.046*** (0.007)	0.001 (0.007)	0.022*** (0.008)	0.020** (0.008)	0.029*** (0.008)
rchild0_5			0.492*** (0.066)	0.427*** (0.065)	0.420*** (0.067)	0.461*** (0.067)
rchild6_18			0.607*** (0.039)	0.573*** (0.038)	0.568*** (0.040)	0.574*** (0.040)
rold			0.086 (0.058)	0.029 (0.057)	0.022 (0.058)	0.012 (0.058)
headedu				0.060*** (0.004)	0.060*** (0.004)	0.063*** (0.004)
headfemale						0.035*** (0.012)
type						0.092*** (0.022)
homeowner						−0.154*** (0.015)
Obs	15828	15828	15828	15828	15828	15828
R−squared	0.478	0.503	0.503	0.513	0.514	0.518

注：①表中六个方程均控制了省份与直辖市虚拟变量，同时也包含截距。此外，表中还包含了户主为汉族、户主就业或退休、就业人口占比及国有部门就业人口占比，但为了节省篇幅均没有列出，感兴趣的读者可以直接向作者索取。②括号内为异方差稳健性（heteroscedatic-robust）标准差。③*、** 和 *** 分别表示在 10%、5%和1%水平上显著。

（二）分项回归

本部分采用 Tobit 模型对八个分项服务性消费支出的决定因素进行实证检验，从表2的回归结果可见：①户主年龄与家政服务性消费正相关，与饮食和医疗服务性消费负相关；18 岁及 18 岁以下子女占比越大，家庭交通服务性消费越低，文娱、教育、医疗服务性消费越高；65 岁及 65 岁以上老年人口占比越大，家庭交通服务性消费越低，文娱、医疗及家政服务性消费越高。②户主受教育年限提高对所有分项服务性消费均有显著促进作用；家庭成员中就业人口占比主要与家庭饮食和交通服务性消费正相关；家庭成员中在国有部门就业人口占比越高，家庭交通、居住及医疗服务性消费越低，而文娱和教育服务性消费越高；户主退休的家庭对居住、文娱、医疗和家政服务性消费的支出较高。③户主为女性对教育类服务性消费有显著促进作用；户主就业的家庭对教育服务消费的支出较高；户主为未婚或者丧偶对家庭饮食、交通和居住消费具有显著正效应，但对教育和医疗服务性消费存在显著负效应；拥有住房所有权与家庭居住服务性消费负相关，与教育和医疗服务消费正相关。

此外，从模型（1）~（8）的基本回归结果中还可看出，除交通通信类服务性消费支出

表 2 家庭分项服务性消费支出的决定因素分析：Tobit 回归

变量	(1) lfood	(2) ltrans	(3) lresid	(4) lcloth	(5) lenter	(6) ledu	(7) lmedi	(8) ldome
lfinc	1.523*** (0.031)	0.802*** (0.012)	1.979*** (0.071)	1.142*** (0.035)	2.016*** (0.050)	1.383*** (0.091)	1.381*** (0.075)	1.847*** (0.083)
调整后的收入弹性	1.512*** (0.030)	0.802*** (0.012)	1.017*** (0.037)	1.048*** (0.032)	1.591*** (0.039)	0.668*** (0.044)	0.717*** (0.039)	0.657*** (0.030)
headage	−0.023** (0.011)	0.006 (0.004)	0.003 (0.027)	0.011 (0.013)	0.006 (0.019)	0.097** (0.042)	−0.048* (0.029)	0.104*** (0.033)
headage²	0.007 (0.012)	−0.012*** (0.004)	−0.003 (0.028)	−0.011 (0.014)	−0.007 (0.019)	−0.144*** (0.045)	0.055* (0.030)	−0.075** (0.034)
members	−0.076*** (0.024)	0.045*** (0.009)	−0.278*** (0.052)	−0.129*** (0.027)	−0.212*** (0.036)	1.078*** (0.074)	0.012 (0.055)	−0.291*** (0.061)
rchild0_5	0.183 (0.180)	−0.312*** (0.066)	−0.334 (0.465)	−0.093 (0.228)	0.650** (0.302)	11.693*** (0.613)	4.139*** (0.471)	2.459*** (0.549)
rchild6_18	0.961*** (0.112)	−0.265*** (0.040)	−0.622** (0.275)	0.287** (0.135)	0.899*** (0.188)	17.558*** (0.359)	1.053*** (0.290)	0.419 (0.324)
rold	−0.129 (0.168)	−0.327*** (0.067)	−0.139 (0.357)	0.035 (0.177)	0.515** (0.250)	0.596 (0.547)	1.755*** (0.379)	2.169*** (0.413)
headedu	0.084*** (0.010)	0.050*** (0.004)	0.106*** (0.027)	0.107*** (0.013)	0.111*** (0.018)	0.295*** (0.035)	0.066** (0.028)	0.221*** (0.032)
heademploy	−0.004 (0.100)	−0.013 (0.031)	−0.306 (0.216)	0.086 (0.108)	−0.204 (0.154)	0.721** (0.288)	−0.276 (0.226)	−0.185 (0.252)
headretire	0.052 (0.064)	0.050** (0.023)	0.240* (0.145)	−0.009 (0.071)	0.272*** (0.101)	−1.369*** (0.227)	0.399*** (0.154)	0.299* (0.171)
worker_r	0.360*** (0.094)	0.120*** (0.032)	−0.910*** (0.213)	−0.065 (0.103)	−0.228 (0.153)	−1.219*** (0.320)	−0.982*** (0.228)	−1.110*** (0.254)
soe_r	0.022 (0.035)	−0.024* (0.013)	−0.302*** (0.090)	−0.027 (0.043)	0.248*** (0.061)	0.367*** (0.119)	−0.222** (0.094)	0.123 (0.105)
headfemale	0.029 (0.031)	0.005 (0.012)	−0.005 (0.083)	0.118*** (0.041)	0.079 (0.055)	0.237** (0.107)	0.015 (0.086)	0.150 (0.098)
headnation	0.056 (0.069)	0.069** (0.033)	−0.488** (0.226)	0.126 (0.080)	0.065 (0.146)	0.076 (0.246)	0.07 (0.206)	0.493** (0.249)
type	0.197*** (0.062)	0.067*** (0.022)	0.386*** (0.142)	0.130* (0.069)	0.144 (0.101)	−0.440** (0.219)	−0.571*** (0.160)	0.194 (0.174)
homeowner	0.011 (0.043)	−0.003 (0.016)	−2.411*** (0.104)	−0.016 (0.050)	0.111 (0.073)	0.288** (0.140)	0.203* (0.108)	0.140 (0.122)
Obs.	15828	15828	15828	15828	15828	15828	15828	15828

注：①家庭可支配收入对数的边际效应是将 Tobit 估计值乘以调整因子得到的条件期望的边际效应（伍德里奇，2007），系数括号内为 Delata 方法标准差，其他解释变量经过调整后的边际效应限于篇幅没有列出，但是所有解释变量在调节前后其显著性水平均没有发生改变。②表中八个方程均控制了省份与直辖市虚拟变量同时也包含截距，为了节省篇幅没有列出，感兴趣的读者可以直接向作者索取。③除可支配收入边际效应以外的系数括号内为异方差稳健性（heteroscedatic-robust）标准差。④*、** 和 *** 分别表示在 10%、5% 和 1% 水平上显著。

外，其他七项消费性服务业均具备一定的发展潜力。但由于 Tobit 模型所估计出来的系数度量的是解释变量 x_i 对 $E(y^*|x)$ 的边际效应或者说其度量的是解释变量对潜在变量 y^*[①] 期望值的边际效应 $\partial E(y^*|x)/\partial x_i$，且从政策角度来看更有意义的是 $\partial y/\partial x_i$，因而有必要对 Tobit 模型估计出来的结果进行调整以得到 $\partial y/\partial x_i$（伍德里奇，2007）。[②] 由此我们在表 3 中第三行还列出了经过调节后的收入弹性，从调节后的实证结果来看，只有饮食类、文娱类、衣着及其他类和居住类服务性消费支出的收入弹性大于 1，而其他四项消费性服务业的发展潜力还有待进一步激发。

表 3　2002 年家庭服务性消费支出的决定因素分析：OLS 回归及 Tobit 回归

变量	(1) lfservice	(2) lfood	(3) ltrans	(4) lresid	(5) lcloth	(6) lenter	(7) ledu	(8) lmedi	(9) ldome
lfinc	0.971*** (0.014)	1.478*** (0.041)	1.067*** (0.026)	1.400*** (0.084)	1.392*** (0.044)	1.437*** (0.058)	1.254*** (0.093)	1.670*** (0.090)	1.291*** (0.083)
调整后的收入弹性		1.438*** (0.040)	1.067*** (0.026)	0.756*** (0.046)	1.311*** (0.040)	1.200*** (0.048)	0.790*** (0.059)	0.920*** (0.050)	0.561*** (0.037)
headage	0.021*** (0.006)	−0.019 (0.014)	0.014 (0.010)	0.061** (0.030)	0.033** (0.015)	−0.067*** (0.021)	0.023 (0.039)	0.005 (0.033)	−0.009 (0.030)
headage²	−0.027*** (0.006)	0.003 (0.015)	−0.023** (0.011)	−0.044 (0.030)	−0.034** (0.015)	0.066*** (0.022)	−0.082** (0.042)	0.010 (0.033)	0.027 (0.030)
members	0.059*** (0.009)	(0.031) (0.026)	(0.012) (0.014)	(0.071) (0.051)	(0.035) (0.027)	(0.050) (0.035)	(0.091) (0.063)	(0.075) (0.055)	(0.083) (0.051)
rchild0_5	0.141 (0.096)	0.691*** (0.251)	−0.355** (0.155)	0.533 (0.586)	−0.198 (0.305)	0.246 (0.384)	4.006*** (0.680)	2.540*** (0.595)	1.073* (0.603)
rchild6_18	0.420*** (0.050)	0.964*** (0.134)	−0.569*** (0.077)	−0.503* (0.289)	−0.096 (0.147)	0.384* (0.203)	11.322*** (0.332)	−0.644** (0.311)	0.103 (0.294)
rold	−0.081* (0.048)	−0.008 (0.125)	−0.300*** (0.078)	0.053 (0.242)	0.119 (0.124)	−0.388** (0.172)	−0.222 (0.358)	0.832*** (0.263)	0.205 (0.235)
headedu	0.030*** (0.005)	0.036*** (0.014)	0.050*** (0.007)	−0.065** (0.029)	0.040*** (0.014)	0.093*** (0.020)	0.143*** (0.034)	0.056* (0.030)	0.056* (0.029)
heademploy	0.127*** (0.026)	0.235*** (0.072)	−0.070* (0.039)	−0.043 (0.141)	−0.024 (0.073)	−0.141 (0.099)	1.414*** (0.189)	−0.303** (0.153)	−0.410*** (0.141)
headretire	−0.016 (0.083)	−0.390 (0.240)	0.006 (0.151)	−0.674 (0.529)	0.138 (0.246)	−0.799** (0.389)	−0.172 (0.592)	0.912* (0.482)	−0.684 (0.528)
worker_r	−0.073* (0.040)	0.198* (0.117)	0.106* (0.061)	−0.326 (0.231)	−0.107 (0.120)	−0.570*** (0.165)	−0.901*** (0.297)	−0.379 (0.251)	−0.785*** (0.233)
soe_ratio	−0.022 (0.029)	0.232*** (0.079)	−0.016 (0.045)	−0.395** (0.170)	−0.029 (0.085)	0.589*** (0.119)	0.895*** (0.197)	−0.325* (0.183)	0.061 (0.173)

---

① 对于受限因变量而言，Tobit 模型被定义为一个潜变量模型，潜变量 y^* 满足经典线性模型假定，在本文中若 $y^* > 0$，则所观测到的分项服务性消费支出 $y = y^*$，但是若 $y^* \leqslant 0$，则 $y = 0$（伍德里奇，2007）。

② 如果对于所有样本家庭 j 而言均有 $y_j > 0$，那么 Tobit 模型与 OLS 将得到相同的估计值，即 $\partial E(y^*/x)/\partial x_j = \partial y/\partial x_j$。

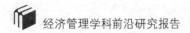

变量	(1)	(2)	(3)	(4)	(5)	(6)	(7)	(8)	(9)
	lfservice	lfood	ltrans	lresid	lcloth	lenter	ledu	lmedi	ldome
headfemale	0.075*** (0.015)	0.055 (0.040)	0.055** (0.023)	0.010 (0.087)	0.183*** (0.043)	−0.000 (0.060)	0.190* (0.098)	0.179** (0.091)	0.022 (0.087)
headnation	−0.067** (0.033)	−0.135 (0.107)	0.022 (0.052)	−0.700*** (0.214)	−0.053 (0.101)	−0.237 (0.151)	−0.379* (0.217)	−0.428* (0.219)	−0.158 (0.222)
type	0.061 (0.068)	0.328* (0.173)	−0.124 (0.156)	0.512 (0.352)	−0.072 (0.221)	0.022 (0.248)	−0.757 (0.528)	−0.574 (0.416)	−0.708* (0.384)
homeowner	−0.146*** (0.016)	0.038 (0.047)	0.173*** (0.029)	−3.293*** (0.086)	−0.114** (0.047)	0.475*** (0.069)	−0.134 (0.105)	0.093 (0.104)	0.333*** (0.098)
Obs.	15828	15828	15828	15828	15828	15828	15828	15828	15828
R−squared	0.516								

注：家庭总服务性消费支出模型采用的是 OLS 方法估计所得，而其他分项服务性消费支出模型则采用的是 Tobit 方法估计所得；其余同表 2。

五、扩展讨论与检验

（一）年份对比分析

考虑到结果的可比性，与上文回归过程相一致，我们在本部分采用 2002 年北京、辽宁、浙江、广东、四川与陕西六省市的城镇住户调查数据对该年家庭服务性消费支出的决定因素进行实证检验，并对 2009 年和 2002 年回归结果的差异进行分析，以考察我国近年来家庭服务性消费支出的发展趋势。

观察表 3 的回归结果可见：①户主年龄仅与总服务性消费、居住和衣着及其他服务性消费正相关；0~5 岁和 6~18 岁子女占比越大，家庭总服务性消费支出和教育服务性消费支出越高，且 0~5 岁子女占比与家庭医疗和家政服务消费显著正相关，6~18 岁子女占比与家庭饮食和文娱服务性消费支出显著正相关；65 岁及 65 岁以上老年人口占比越大，总服务性消费支出和文娱、交通服务性消费越低。②户主受教育程度对居住服务性消费支出有显著负影响，对其他分项支出有显著正影响；家庭成员中就业人口占比越大，家庭饮食和交通服务性消费越高，而文娱、居住和医疗服务性消费越低；家庭成员中在国有部门就业人口占比越高，家庭饮食、文娱和教育服务性消费越高；户主就业对家庭饮食和教育服务性消费有显著促进作用；户主退休仅与医疗服务性消费支出显著正相关。③女性户主对家庭总服务消费、饮食、医疗、教育、交通和衣着等其他服务性消费支出有显著促进作用；户主未婚或丧偶仅与饮食服务性消费支出显著正相关；拥有住房所有权的家庭对居住、教育和衣着等其他服务性消费的支出较低。

对比两个年份的回归结果可见,家庭服务性消费的决定机制除家庭可支配收入和户主年龄变量影响作用相似之外普遍存在较大差异,尤其是 2009 年户主受教育程度和 18 岁以下人口占比对居民家庭各分项服务性消费支出的影响普遍高于 2002 年。从收入弹性来看,2009 年饮食类、居住类、文化娱乐类、教育类和家政类服务性消费支出的发展潜力大于 2002 年,但从经过调整后的收入弹性来看,2009 年仅有饮食类、居住类、文娱类和家政类服务性消费支出的收入弹性大于 2002 年。另外,除可支配收入以外,其他解释变量对两个年度的各分项服务性消费支出的影响效应与影响方向均存在差异。

(二)城市人口规模是否显著影响家庭服务性消费支出

Singehnann (1978) 得出结论认为城市化是服务业发展的原因,Daniels (1991) 等通过计量分析检验了美国大中小城市的服务业成长情况,认为城市形成的区域市场是服务业发展的基础,城市化发展促进服务业的扩张。江小涓和李辉 (2004) 与顾乃华 (2011) 均得出结论认为,城市化或城市人口规模增长能够显著促进中国服务业发展。从需求角度来看,城市通过人口的集聚可以发挥巨大的网络效应,是居民家庭消费决策的基础环境。因此,本部分将主要关注城市人口规模对家庭服务性消费支出的影响效应。基于前文的基准模型,在这一部分继续引入城市人口规模变量 (popu) 和人口规模变量的平方 ($popu^2$[①])并采用 OLS 和 Tobit 模型分别对家庭总服务性消费支出和家庭分项服务性消费支出进行回归。

由实证检验结果 (见表 4) 可以看出,城市人口规模对家庭总服务性消费支出的影响显著呈现"倒 U"形关系,即城市人口规模的增加能够显著促进居民家庭的总服务性消费,但达到最高点后伴随着城市人口规模的进一步扩大,家庭总服务消费将逐渐下降。城市人口规模与家庭分项服务消费之间的关系则呈现出更大的复杂性,如交通通信服务消费、居住服务消费、娱乐服务消费同城市人口规模的关系与家庭总服务性消费支出类似,但医疗服务消费和衣着同其他服务消费与城市规模之间则存在显著的"U"形关系。此外,我们未发现城市人口规模与教育服务消费和家政服务消费之间具有显著相关关系。

表 4　城市人口规模与家庭服务性消费支出:OLS 和 Tobit 回归

Variables	(1)	(2)	(3)	(4)	(5)	(6)	(7)	(8)	(9)
	lfservice	lfood	ltrans	lresid	lcloth	lenter	ledu	lmedi	ldome
lfinc	0.935***	1.489***	0.773***	1.790***	1.185***	1.957***	1.364***	1.469***	1.815***
	(0.011)	(0.032)	(0.012)	(0.072)	(0.036)	(0.051)	(0.093)	(0.077)	(0.085)
popu	0.090***	0.077**	0.083***	0.944***	−0.280***	0.207***	0.097	−0.468***	−0.019
	(0.012)	(0.036)	(0.012)	(0.076)	(0.046)	(0.057)	(0.113)	(0.092)	(0.099)

① 本文关于城市人口规模变量所采用的市辖区总人口数据来源于《2010 年中国城市统计年鉴》。

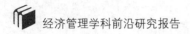
续表

Variables	(1) lfservice	(2) lfood	(3) ltrans	(4) lresid	(5) lcloth	(6) lenter	(7) ledu	(8) lmedi	(9) ldome
$popu^2$	−0.008*** (0.002)	−0.002 (0.006)	−0.005*** (0.002)	−0.126*** (0.012)	0.042*** (0.008)	−0.020** (0.009)	−0.013 (0.019)	0.064*** (0.015)	0.017 (0.016)
Obs	15828	15828	15828	15828	15828	15828	15828	15828	15828
R−squared	0.524								

注：①家庭总服务性消费支出模型采用 OLS 方法估计所得,其他分项服务性消费支出模型采用 Tobit 模型回归。②本表中所有方程均包含了表 2 和表 3 中所包括的户主特征等控制变量与省份虚拟变量,为了节省篇幅没有列出,感兴趣的读者可以向作者索取。③括号内为异方差稳健性 (heteroscedatic−robust) 标准差。④*、** 和 *** 分别表示在 10%、5%和1%水平上显著。

（三）夫妻双方对家庭服务性消费支出的影响差异分析

家庭中夫妻的分工与社会地位,如夫妻各自的收入、就业特征与家庭内部分工可能对家庭服务性消费支出产生重要影响。为了更详细地考察夫妻社会地位对家庭服务性消费支出的影响,在前文实证研究的基础上,本部分拟将家庭可支配收入细分为丈夫可支配收入 (husinc)、妻子可支配收入 (wifinc) 与其他可支配收入 (otherinc),并不再沿用服务性消费支出与收入的双对数模型,而采用服务性消费支出与三种可支配收入的水平值进行分项回归①。同时,本部分实证还将去掉前文基准模型中的户主年龄、户主受教育程度等变量,代之以妻子年龄 (wifage) 和年龄平方项 (wifage²)、丈夫与妻子年龄差 (agegap)、丈夫和妻子受教育程度 (hnsedu, wifedu)、丈夫和妻子是否就业 (wifem, husem) 的虚拟变量等夫妻特征变量。

具体实证检验结果如表 5 所示:①夫妻双方的可支配收入对各项家庭服务性消费支出均有显著正效应,且妻子的可支配收入与丈夫的可支配收入对家庭总服务消费以及各分项服务消费的影响系数并不存在显著差异。②妻子的年龄与家庭总服务消费以及教育服务消费之间呈显著"倒 U"形关系;丈夫与妻子的年龄差越大,对家庭娱乐服务消费和家政服务消费的促进作用越大。③除居住服务消费系数不显著以外,与丈夫相比,妻子受教育年限对家庭总服务性消费支出与各分项服务性消费支出的影响普遍较大,正如 Treas 和 De Ruijter (2008) 的研究结果指出的那样,对 1998 年美国消费者支出调查数据的实证检验同样发现丈夫的受教育程度对家政服务的影响显著大于妻子的影响。④妻子就业对家庭总服务性消费支出的促进作用非常显著,但丈夫就业对家庭总服务性消费支出的影响并不显著。

---

① 从数理上分析,$Ln(y_1 + y_2) \neq Lny_1 + Lny_2$,因此如果将家庭可支配收入分解为丈夫可支配收入、妻子可支配收入与其他可支配收入,就不适合再采用对数模型。

表 5　夫妻双方对家庭服务性消费支出的影响差异：OLS 和 Tobit 回归

Variables	(1) fservice	(2) food	(3) trans	(4) resid	(5) cloth	(6) enter	(7) edu	(8) medi	(9) dome
husinc	0.140*** (0.008)	0.025*** (0.002)	0.031*** (0.002)	0.020*** (0.004)	0.010*** (0.001)	0.032*** (0.004)	0.034*** (0.004)	0.009*** (0.002)	0.005*** (0.001)
wifinc	0.150*** (0.012)	0.025*** (0.003)	0.031*** (0.003)	0.016*** (0.003)	0.010*** (0.002)	0.036*** (0.005)	0.040*** (0.006)	0.005** (0.002)	0.010*** (0.002)
otherinc	0.101*** (0.009)	0.017*** (0.003)	0.022*** (0.003)	0.020*** (0.005)	0.008*** (0.002)	0.032*** (0.005)	0.007* (0.004)	0.010*** (0.002)	0.006*** (0.001)
wifage	502.126*** (72.570)	−2.660 (18.372)	−50.749* (30.499)	−21.538 (31.090)	18.983 (12.426)	−58.309* (32.939)	1036.347*** (76.682)	−143.607*** (33.726)	28.933 (18.810)
wifage²	−5.755*** (0.830)	−0.063 (0.213)	0.591 (0.369)	0.197 (0.349)	−0.175 (0.143)	0.827** (0.374)	−12.550*** (0.905)	1.679*** (0.368)	−0.169 (0.210)
agegap	15.975 (24.479)	−3.886 (5.800)	−4.551 (7.599)	−8.465 (10.602)	8.166 (6.535)	23.589* (12.316)	−21.135 (17.994)	2.580 (8.092)	16.624** (6.468)
wifedu	287.875*** (33.109)	37.912*** (7.908)	81.740*** (8.986)	10.957 (14.103)	29.359*** (5.908)	90.552*** (14.502)	167.149*** (26.392)	24.709** (10.928)	22.792*** (6.782)
husedu	133.817*** (30.172)	22.802*** (7.522)	53.257*** (8.774)	4.533 (13.748)	8.734 (5.823)	0.818 (15.079)	75.665*** (24.392)	13.515 (10.192)	28.948*** (6.765)
wifem	502.814* (259.532)	152.084** (63.186)	38.343 (70.289)	47.004 (107.761)	36.413 (45.981)	136.893 (119.814)	1025.353*** (207.990)	241.206*** (78.752)	74.968 (54.721)
husem	−2.590 (358.826)	48.395 (96.411)	69.792 (98.041)	29.961 (169.351)	−64.350 (95.074)	−452.276** (211.029)	1248.237*** (339.004)	21.437 (191.914)	220.670*** (83.173)
Obs.	14188	14188	14188	14188	14188	14188	14188	14188	14188
R-squared	0.479								

注：同表 4。

六、结 论 和 政 策 建 议

消费性服务业是服务经济发展的重要组成部分，而理解家庭服务性消费支出的决定因素可以为推进消费性服务业的发展提供理论依据与经验证据。本文基于新消费者行为理论，利用中国较具代表性的六个省市 2009 年与 2002 年城镇住户调查数据，对家庭总服务性消费与各分项服务性消费的决定因素进行实证检验与扩展分析，主要得出以下结论：

（1）2009 年与 2002 年我国城镇家庭总服务性消费支出的收入弹性均略小于 1，这说明城镇家庭的总服务消费增长略滞后于家庭可支配收入的增长；家庭收入、家庭生命周期阶段、家庭人口性别结构及家庭其他特征变量等因素均对我国居民家庭总服务性消费和分项服务性消费有显著影响，部分解释变量的影响效应在 2002 年与 2009 年之间存在显著差异。

（2）对 2009 年八个分项服务性消费支出的影响因素进行的实证分析显示，仅饮食类与文化娱乐类服务消费支出的收入弹性（调节后）大于 1，其他六项消费性服务业的发展潜力还有待进一步激发。相比 2002 年，2009 年在饮食类、居住类、文娱类和家政类服务性消费支出上表现出更高的发展潜力。

（3）2009 年城市人口规模对家庭总服务性消费支出的影响显著呈现"倒 U"形关系，城市人口规模的增加能够显著促进居民家庭的总服务性消费，但达到最高点后伴随着城市人口规模的进一步扩大，家庭总服务消费将逐渐下降。此外，2009 年城市人口规模与家庭各分项服务性消费支出之间的关系则表现出较为多样性。

（4）在夫妻受教育年限和就业状况两个方面，家庭中妻子对服务消费的影响显著大于丈夫的影响。妻子与丈夫的受教育年限的增加均将显著增加家庭总服务性消费支出，但是妻子的受教育年限的影响效应远大于丈夫；妻子就业可以显著增加家庭总服务性消费支出，而丈夫就业与否对家庭总服务性消费支出则没有显著的影响。

本文结论的政策含义与启示如下：

（1）整体看来，截至 2009 年我国消费性服务业尚不具备快速发展的家庭需求基础，潜在的服务性消费需求还远没有转化为现实需求，应尽快通过收入分配制度改革的相关规章制度，有效扭转居民收入差距不断扩大的趋势，力争实现居民家庭可支配收入的较快、持续和稳定的增长。另外，政府应该加大民生性财政投入，大幅度增加民生性财政支出占财政支出的比重，同时逐步实现公共服务的均等化，这样可以有效降低居民对未来消费支出不确定性预期，提升居民服务性消费需求。

（2）除家庭收入外，家庭生命周期阶段及家庭其他特征变量等因素对我国居民家庭服务性消费需求的影响效应存在显著差异，消费性服务生产商需要更多关注并考虑这些因素的变化对各分项服务性消费需求的影响，满足居民家庭多层次、多样化服务消费需求，创新服务消费领域，寻求更多消费热点，以更好地促进我国居民家庭服务性消费需求增长。

（3）加快我国城镇化进程，推动现代服务业发展。城市是服务业发展的基地和依托，城镇化可以为服务业的发展提供规模集聚效应。从家庭服务性消费需求的角度而言城市人口可能存在一个最优规模，形成一批人口规模适度的城市可以有效地促进我国家庭服务性消费和消费性服务业的发展。目前我国城镇化水平偏低是制约服务业发展的重要因素，应逐步推动农业人口转化为城镇人口、加强特大城市人口管理、放宽中小城市外来人口落户条件和提高建成区人口密度，通过推动城镇化进程扩大和改善服务业发展所需要的基础和环境。

（4）更加关注女性对家庭服务性消费需求的决策话语权与影响效应。改革开放以来，中国女性受教育程度和收入水平明显提高，就业机会得到改善，女性的经济独立性和在家庭消费决策中的话语权远高于以往。鉴于男性与女性在进行服务性消费决策时具有较大偏好差异，尤其是女性在教育和子女护理等家庭服务性消费上的影响远高于男性，因而消费性服务生产商还应更多关注性别因素对居民服务性消费需求的影响；此外，女性就业、收入水平和受教育水平提高均对家庭服务性消费支出有较大的促进作用，应考虑通过进一步提高我国女性就业率和女性的受教育年限来促进家庭服务性消费的增加。

参考文献

［1］贝克尔. 家庭论［M］. 王献生，王宇译. 北京：商务印书馆，2011.

［2］伍德里奇. 横截面与面板数据的经济计量分析［M］. 王忠玉译. 北京：中国人民大学出版社，2007.

［3］顾乃华. 城市化与服务业互动发展［J］. 世界经济，2011（1）.

［4］江小涓，李辉. 服务业与中国经济：相关性和加快增长的潜力［J］. 经济研究，2004（1）.

［5］李勇坚，夏杰长. 我国经济服务化的演变与判断——基于相关国际经验的分析［J］. 财贸经济，2009（11）.

［6］毛中根，洪涛. 中国服务业发展与城镇居民消费关系的实证分析［J］. 财贸经济，2012（12）.

［7］张彩萍，白军飞. 在外饮食消费决策中的收入效应与时间效应——对北京市居民饮食消费的实证研究［J］. 中国软科学，2010（9）.

［8］Becker, G. S. and Michael R. T.. On the New Theory of Consumer Behavior［J］. Swedish Journal of Economics，1973，75（4）：378-396.

［9］Becker G. S.. A Treatise on the Family［M］. Harvard University Press，1991.

［10］Buera F. J. and Kaboski J. P.. The Rise of the Service Economy［Z］. NBER，2009.

［11］Cohen P.N.. Replacing Housework in the Service Economy：Gender，Class，and Race-Ethnicity in Service Spending［J］. Gender & Societyt，1998，12（2）：219-231.

［12］Daniels P. W.. Service and Metropolitan Development：International Perspectives［M］. London and New York：Routledge，1991：107-324.

［13］Ferrer H. S. and Dardis R.. Determinants of Household Expenditures for Services［J］. Journal of Consumer Research，1991，17（4）：385-397.

［14］Machado，C. S.. Female Labor Force Participation and Household Expenditure Patterns［J］. Economia Global e Gestão，2007，12（2）：35-51.

［15］Ma H. Y.，Huang J. K.. Fuller F. and Rozeile S.，Getting Rich and Eating Out：Consumption of Food Away from Home in Urban China［J］. Canadian Journal of Agricultural Economics，2006，54（1）：101-119.

［16］Min I.，Fang C. and Li Q.. Investigation of Patterns in Food-away-from-home Expenditure for China［J］. China Economic Revieiu，2004，15（4）：457-476.

［17］Mocan，H. N.，Tekin，E.，and Zax，J. S.. The Demand for Medical Care in Urban China［J］. World Development，2004，32（2）：289-304.

［18］Tansel，A.，and Bircan. F.. Demand for Education in Turkey：A Tobit Analysis of Private Tutoring Expenditures［J］. Economics of Education Revieuu，2006，25（3）：303-313.

［19］Treas，J. and De Ruijter，E.. Earnings and Expenditures on Household Services in Married and Cohabiting Unions［J］. Journal of Marriage and Family，2008，70（3）：796-805.

［20］Singelmann，J.. From Agriculture to Services：The Transformation of Industrial Employment［J］. Sage Publications，1978：69.

［21］Song L.. In Search of Gender Bias in Household Resource Allocation in Rural China［Z］. IZA Discussion Papers，2008.

［22］Wagner，J. and Lucero-Campins，L.. Social Class：A Multivariate Analysis of Its Effect on Expenditures for Household Services［J］. Journal of Consumer Studies & Home Economics，1988，12（4）：373-387.

［23］Wang H.，Mok C. F. J. and Fox J.. Food Expenditure Patterns of Elderly Consumers：A Question of

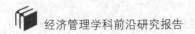
Time Allocation [J]. Journal of the Family Economics and Resource Management, 1995 (1): 185–191.

Detenninants of Household Consumption Expenditures for Services: An Empirical Study Based on Urban Household Survey Data

Yang Biyun   Zhang Lingshuang   Yi Xingjian

Abstract: Accelerating the development of modem service industry has become a significant link for China to promote economic growth and economic strategic restructuring. This paper uses the 2009 and 2002 Urban Household Survey data of six provinces and municipalities to investigate the factors influencing household consumptions for services and the sub–items. We find that household income, family life cycle, gender of household members and other family structure variables and urban population size all have a significant impact on total household service expenditure and sub–items. But our potential consumer demand for the service has not transformed into real demand. This paper suggests that we should promote industrial restructuring and upgrading to improve the environment for service expenditure and finally enhance residents' consuming will. Additionally, the formation of some city with modest population could help to boost household service consumption and consumer service industry. Finally, we should pay more attention to women's employment and education environment as well as ameliorate women's employment opportunities and years of education, which could be more conducive for boosting household service consumption.

Key Words: Household Consumption for Services; Household Disposable Income; Urban Population Scale; Wife

中国服务业技术效率测度及影响因素研究 *

殷　凤　张云翼

【摘　要】本文采用随机边界前沿模型，运用面板数据从行业和区域两个层面对我国服务业的技术效率进行了测度。结果表明，我国服务业主要为资本推动，技术效率总体水平偏低。同时，各行业、各区域之间还存在显著的差异。论文进一步分析了影响服务业技术效率的因素，发现造成我国服务业技术效率偏低的一个重要原因是市场化程度的低下。此外，劳动投入质量、城镇化、对外贸易、FDI 对我国服务业的技术效率也有不同程度的影响。

【关键词】服务业；技术效率；随机边界前沿模型

一、引言

从世界发展历程来看，"经济结构服务化"是产业发展的必然趋势。中国目前仍处于工业化中期阶段，服务经济尚处于较低的发展水平，产业链升级进程缓慢，服务业的效率相对低下，对制造业的支撑作用体现得尚不明显，致使中国产业在全球价值链上处于低端环节，国际竞争力不高。当前，外部需求的萎缩、刘易斯拐点的显现、就业压力的加大、生产成本的上升、资源环境的压力使得中国经济面临严峻挑战。内外环境的变化与约束要求我国加快服务业发展速度，同时还要更加注重增长的质量，而技术进步和效率改善才是经济长期持续增长的源泉。

效率研究是对于在一个投入的基础上，产出能否达到预期水平的一个度量。对服务业

* 本文获 2011 年度国家社会科学基金重点项目（项目编号：11AZD080）、教育部人文社会科学研究项目（项目编号：13YJA790141）、上海市浦江人才计划（项目编号：11PJC068）、上海教育委员会科研创新重点项目（项目编号：11ZS91）、上海大学"都市社会发展与智慧城市建设"内涵建设项目（项目编号：085SHDX001）资助。

本文作者：殷凤、张云翼，上海大学经济学院。

本文引自《世界经济研究》2014 年第 2 期。

技术效率的研究能够使我们找到服务业效率的特征，从数量上评估中国服务业增长的质量与潜力，并进一步发现影响达到效率最大化的因素，从而找到提高服务业效率的措施以推动服务业高效快速发展。本文运用随机前沿模型（SFA），从行业和区域两个层面对我国服务业的技术效率进行测度，并探寻影响效率的主要因素，据此提出提高我国服务业技术效率的对策建议。

二、文 献 综 述

随机前沿模型的技术效率测度方法最早是由 Farrel 在 1957 年提出。前期 SFA 模型的运用主要集中在对农业生产的效率测度，之后扩展到产业或企业效率的研究上，如 Managi 和 Opaluch（2006）、Fenn 和 Vencappa（2008）、Welde 和 Odeck（2011）、Holmgren（2012）等。目前，越来越多的学者将 SFA 模型运用到宏观经济分析以及技术效率的影响因素上，如 Mastromarco 和 Ghosh（2009）、Wang 和 Wong（2012）等。总体来看，国外学者在效率问题上的研究更多的是为我们提供研究的工具和手段，且主要集中在农业和制造业的效率研究上，以服务业作为研究对象进行的效率研究比较缺乏。

近年来，国内越来越多的学者开始关注服务业效率的研究。顾乃华（2005）对 1992~2002 年我国服务业增长效率进行了研究发现，我国服务业效率非常低下，全要素生产率对中国服务业增长的贡献非常小。顾乃华和李江帆（2006）通过对各省市服务业效率的测度发现服务业的技术效率存在严重的区域不均衡。杨向阳和徐翔（2006）认为技术效率和技术进步的共同提高是提高全要素增长率的关键。赵蕾和杨向阳（2007）通过对我国服务业技术效率变化的实证分析发现我国服务业效率增长呈现上升趋势。谷彬（2009）指出，我国服务业的效率呈现阶段性的演进，但区域差异明显，体制、对外开放和工业化是影响服务业效率的重要因素。杨青青等（2009）得出人力资本、信息化、市场化和社会资本会对我国服务业技术效率产生巨大的影响。潘正（2010）发现城市化、政府规模、外贸依存度是造成我国服务业技术效率差异的原因。黄莉芳等（2011）指出，专业化水平、规模经济和市场化水平是影响生产性服务业技术效率的重要因素。刘丹鹭（2012）从行业的角度对中国服务业的效率进行了评价，认为进入壁垒导致了行业发展的不平衡。张自然（2012）分析我国生产性服务业的技术效率发现，工业化对生产性服务业的效率有重大影响，而财政支出对技术效率的提高起着阻碍作用。

我国学者对于我国服务业技术效率的研究越来越深入，但总体来看研究的时段相对较短，阶段性特征反映不足，特别是对 2005 年之后服务业技术效率的变化缺乏系统的研究；大部分研究采用的是分省市的面板数据，缺乏对服务业具体行业的测度；对服务业技术效率影响因素的研究相对较少，且结论不一。本文主要将从以上几方面进行相应的探讨。

三、中国服务业技术效率测度

本部分首先考察中国服务业的要素投入与产出效益，其次将从行业和区域两个层面对我国服务业的技术效率进行测度[①]。

1. 中国服务业的要素投入与产出效益

从表1可以看出，在劳动力投入方面，2004~2010年中国服务业就业人员呈增加趋势，但其增长率波动较大，且有一定的下降趋势。在资本投入方面，服务业全社会固定资产投资保持了很高的增长率。服务业产出投资弹性[②]变化较大，且近年来有一定下降，即投资对服务业增加值的贡献有所降低。服务业单位资本增加值基本呈不断下降态势，表明中国服务业的单位资本产出水平即资本的使用效率在不断下降。

表1　中国服务业的要素投入与产出效益

年份	服务业就业人员数（万人）	服务业就业人员增长率（%）	服务业劳动生产率（元/人）	服务业劳动生产率增长率（%）	服务业全社会固定资产投资额（亿元）	服务业固定资产投资增长率（%）	服务业产出投资弹性	服务业单位资本增加值
2004	22725.00	5.18	28409.81	9.6	39846.3	22.37	0.45	1.62
2005	23439.00	3.14	31963.51	12.51	47613.2	19.49	0.63	1.57
2006	24142.92	3.00	36679.44	14.75	58769.2	23.43	0.6	1.51
2007	24404.00	1.08	45628.56	24.4	72766.7	23.82	0.67	1.53
2008	25087.25	2.80	52353.28	14.74	90802.7	24.79	0.42	1.45
2009	25857.35	3.07	57251.82	9.36	121453.1	33.75	0.28	1.22
2010	26332.33	1.84	65925.04	15.15	152096.7	25.23	0.39	1.14

资料来源：根据历年《中国统计年鉴》整理计算。

2. 中国服务业技术效率分析

（1）服务业分行业面板数据分析

建立柯布—道格拉斯生产函数并引入时间变量，模型如下：

$$\ln Y_{it} = \alpha_0 + \alpha \ln K_{it} + \beta \ln L_{it} + \theta_t + V_{it} - U_{it} \tag{1}$$

$$\gamma = \frac{\sigma_U^2}{\sigma_U^2 + \sigma_V^2} \tag{2}$$

[①] 我国国民经济行业分类在2002年进行了较大调整，2003年国家统计局开始使用新的服务业统计分类，而《中国统计年鉴》（2004）没有公布2003年新统计分类下各行业增加值的数据，且未公布2003年前细分行业的全社会固定资产投资额。出于统计数据的可得性、连续性和可比性考虑，本研究的主要时期跨度为2004~2010年。

[②] 产出投资弹性是产出变动率与投资变动率之比。本文产出用增加值表示。服务业产出投资弹性可以用来分析服务业投资的增长对服务业产出规模的推动程度及其变化，可以评价服务业投资对其增长的贡献能力。

其中，t 代表相应的时间年份，分为 1995~2010 年和 2004~2010 年两个时间段。i 代表相应的服务业分类，Y 代表年产值，并根据相应年份的消费价格指数进行了调整。K 代表服务业的年资本投入，以 2004 年资本存量为基数，基年资本存量的算法采用 Hall 和 Jones (1999) 所采用的一种通用方法，即基年投资额除以投资增长的几何平均数加上折旧率后的比值，然后通过永续盘存法对之后各年的资本存量进行估计，计算公式可以简写成：$K_{it} = \delta K_{i(t-1)} + I_i$，即在前一年资本净存量的基础上减去折旧额再加上当年的固定资产投资额，其中 δ 取大部分研究中通用的一个折旧率 6%，固定资产的投资额也按照相应年份固定资产的投资指数进行了平减调整。L 代表劳动力的投入，采用各行业从业人员人数来表示。相关数据来自国家统计局各年度的《中国统计年鉴》。

$V_{it} - U_{it}$ 为回归方程中的随机扰动项，V_{it} 为随机误差项，服从 N（0，σ_v^2）的正态分布，U_{it} 为独立于 V_{it} 的技术无效率干扰项，$U_{it} = U_i e^{-\eta(t-T)}$（T 为时间上限），服从 N($\mu$，$\sigma_U^2$）的单侧正态分布。其中 μ、η 为待估参数。技术效率为 $TE_{it} = e^{-\mu_{it}}$。式（2）反映了无效率干扰项在整个方程随机扰动误差中的所占波动比例，γ 越接近于 1，越说明随机扰动的影响因素来自无效率函数的波动，即造成技术效率低下的原因。

从表 2 的结果可以看出，无论是哪一个时间段，资本的产出弹性都大于劳动力的产出弹性，特别是 2004~2010 年，资本的产出弹性是劳动力产出弹性的 2 倍多，这说明我国服务业主要依靠资本推动。时间变量的系数也显著为正，说明我国服务业技术效率存在时间趋势，但是进步缓慢，技术效率值非常低，2004~2010 年平均技术效率仅为 0.302，1995~2010 年为 0.469[①]。

表 2　柯布—道格拉斯生产函数 SFA 模型结果

模型类别		2004~2010 年		1995~2010 年	
相关变量		相应系数	T 检验值	相应系数	T 检验值
截距项	α_0	2.284***	2.606	4.256***	7.381
lnK	α	0.504***	4.520	0.179***	2.439
lnL	β	0.235**	1.634	0.146***	3.942
t	θ	0.182***	3.681	0.091***	13.66
γ		0.809***	11.69	0.976***	32.92
LLF		−88.656		50.893	
LR		41.34		28.756	
年平均技术效率		0.302		0.469	
年数		7		16	
横截面个数		14		6	

注：* 表示在 10% 水平上显著，** 表示在 5% 水平上显著，*** 表示在 1% 水平上显著。LLF 为似然比检验值，LR 为似然比检验统计量，服从卡方分布，实证结果通过 Frontier 4.1 软件计算所得。下同。

---

① 值得指出的是，长时段的技术效率之所以较大，并非由于 2004 年前的技术效率高，而是因为受统计数据的限制，我们只能选取几个主要的行业为样本，而这几个行业的技术效率相对较高。

在 1995~2010 年的时间段研究中，将服务业合并为三大类：生产性服务业、消费性服务业和公共服务业。其中生产性服务业包含交通运输、仓储和邮政业、金融业和房地产业；消费性服务业包括批发零售和餐饮业；公共服务业包括卫生、社会保障和社会福利业以及文化、体育和娱乐业。

使用超越对数函数对三大类服务业进行 SFA 分析，建立函数如下：

$$\ln Y_{it} = \alpha_0 + \alpha_1 \ln K_{it} + \beta_1 \ln L_{it} + \alpha_2 \ln K_{it}^2 + \beta_2 \ln L_{it}^2 + \tau \ln K_{it} \cdot \ln L_{it} + V_{it} - U_{it} \qquad （3）$$

式（3）加入了资本投入的平方项和劳动力投入的平方项以及两者的交叉项，得到如下实证结果，见表3。

表 3　超越对数函数 SFA 模型结果

相应变量		相关系数	T 检验值
截距项	α_0	28.789***	3.188
lnK	α_1	−1.402***	−5.170
lnL	β_1	−4.794**	−1.912
lnK²	α_2	0.009*	1.405
lnL²	β_2	0.221*	1.247
lnK·lnL	τ	0.266***	7.028
γ		0.996***	1157.070
LLF		51.864	
LR		127.616	

从三大类服务业来看，虽然资本投入和劳动力投入对于产出起着联合正向作用，但是资本投入和劳动力投入均出现了对产出的反作用，说明我国三大类服务业都存在一定的资本结构的扭曲，从而导致我国服务业技术效率低下。γ 非常接近于 1，更加印证了三类服务业中存在的显著无效率性。

从图 1 可以看出，十几年来我国三大类服务业的技术效率均很低，虽然整体趋势是上升的，但上升幅度并不明显。三类服务业中，消费性服务业效率最高，生产性服务业和公共服务业的效率基本保持一致。生产性服务业的技术效率异常低下，说明其中存在严重的投入要素浪费，增长质量亟待改善。这种结果的产生与我国服务业市场化程度较低有着密切的关系。出于服务产品质量和价格的考虑，许多原本应由外部提供的服务被内部化了，从而抑制了效率的提升。

三类服务业的产值增长率虽存在一定的波动，但基本维持在 10%~20%，呈现一种较高速度的增长。然而，技术效率的增长率却均呈现下降趋势（见图2）。在技术效率本身程度不高的情况下，技术效率的提高却在放缓，这说明我国服务业投入要素的使用效率相对低下，增长的质量不高，潜力不足。

（2）各省市服务业面板数据分析

用 2004~2010 年我国 31 个省市区的面板数据进行 SFA 实证分析，建立模型如下：

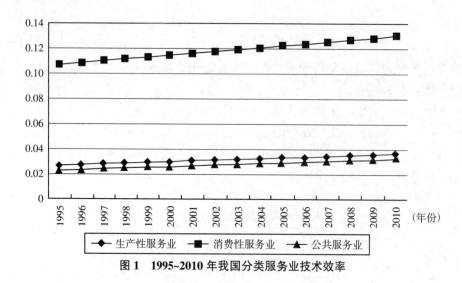

图 1 1995~2010 年我国分类服务业技术效率

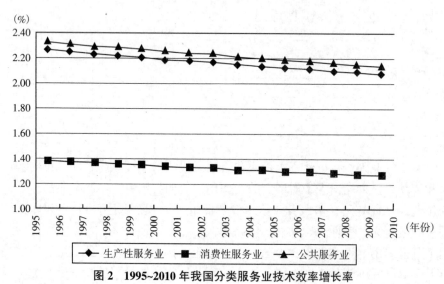

图 2 1995~2010 年我国分类服务业技术效率增长率

$$lnY_{it} = \alpha_0 + \alpha lnK_{it} + \beta lnL_{it} + V_{it} - U_{it} \tag{4}$$

由于面板数据时间较短，在式（4）中剔除了时间变量的影响，Y_{it} 代表各省市每年的第三产业产值，K_{it} 代表各省市每年第三产业的资本投入，L_{it} 代表各省市每年第三产业的从业人数，其中 2006 年由于存在一定的数据口径差异，从业人数采用的是统计年鉴 2005 年和 2007 年的平均值。其他数据的处理方式和式（1）一致，数据来自国家统计局《中国统计年鉴》。实证结果如表 4 所示。

表 4 分区域面板模型的实证结果再次印证了我国服务业是以资本推动为主，资本产出弹性大于劳动力产出弹性。γ 相对接近于 1，意味着从区域层面上看，我国服务业也存在一定的技术无效率性。

表4　服务业技术效率区域面板数据模型结果

相应变量		相关系数	T检验值
截距项	α_0	0.534^*	1.267
lnK	α	0.592^{***}	13.934
lnL	β	0.547^{***}	7.621
γ		0.867^*	84.101
LLF		106.523	
LR		26.301	
年数		7	
横截面数		31	

　　以下将31个省市区分为三个区域，测算东、中、西部三地区[1]的服务业技术效率。从图3可以看出，我国服务业的技术效率从东部往西部呈明显下降趋势，东部地区的服务业技术效率远高于中部和西部，而中部和西部的技术效率差距并不大。这说明我国东部的服务业发展更加成熟，已经处在从工业化向服务化的转型过程中，而中部和西部地区的服务业发展较为落后，仍处在承接东部工业向内陆迁移的进程中。此种状况是不同的要素禀赋、产业基础、政策与制度环境等共同作用的结果。从时间发展来看，我国各地区的服务业技术效率基本保持平稳，没有明显的上升趋势。

　　从服务业分区域产值增长率来看，三个区域的服务业走势基本保持一致，近些年来均呈现下降趋势，说明我国服务业的发展在放缓，正处于相对艰难的转型时期。结合服务业分区域技术效率增长趋势图（见图4）可以发现，各个区域的技术效率增长都非常缓慢，还有一定的下降趋势，东部地区技术效率的提升更是到了瓶颈阶段，增速维持在非常低的水平。这一状况若不能得到解决，中国经济的长期稳定增长将难以持续。

四、中国服务业技术效率影响因素分析

1. 服务业分行业面板数据分析

　　在服务业整体技术效率模型的基础上加入具体的无效函数，从而对影响服务业技术效率的因素进行研究，建立如下模型：

$$\ln Y_{it} = \alpha_0 + \alpha \ln K_{it} + \beta \ln L_{it} + V_{it} - U_{it} \tag{5}$$

$$M_{it} = \delta_0 + \delta_1 FDI_{it} + \delta_2 PERC_{it} + \delta_3 MAR_{it} \tag{6}$$

---

[1] 东部地区：北京、天津、河北、辽宁、上海、江苏、浙江、福建、山东、广东、海南。中部地区：山西、内蒙古、吉林、黑龙江、安徽、江西、河南、湖北、湖南、广西。西部地区：四川、重庆、贵州、云南、陕西、甘肃、青海、宁夏、新疆、西藏。

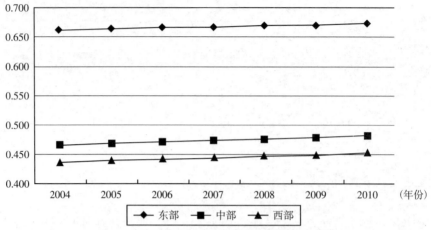

图 3 2004~2010 年我国服务业分区域技术效率

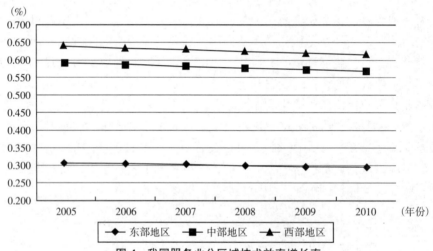

图 4 我国服务业分区域技术效率增长率

$$\gamma = \frac{\sigma_U^2}{\sigma_U^2 + \sigma_V^2} \tag{7}$$

式（5）为柯布—道格拉斯生产函数，t 为年份，时间段为 2004~2010 年，i 代表服务业 14 种类别。Y、K、L 分别代表相应的产出、资本投入和劳动力投入，相关数据的处理方式同前文。引入无效函数式（6），考虑三方面对于我国服务业不同类别技术效率的影响：FDI 表示我国服务业分行业外商直接投资额，PERC 表示服务业不同行业的人均资本量，MAR 代表服务业的市场化程度。相关数据均来自国家统计局《中国统计年鉴》。其中市场化程度的衡量指标采取的是我国服务业不同行业中国有企业从业人员数的占比，占比越大说明相应行业的市场化程度越小。如果无效函数参数系数为正，说明相关因素导致我国服务业技术无效率，而如果相关系数为负，则说明相关因素能够促进我国服务业的技术效率。此时 μ_{it} 作为独立于 V_{it} 的技术无效率干扰项，服从 $N(M_{it}, \sigma_U^2)$ 的单侧正态分布。$e^{-M_{it}}$ 反映技术效率，γ 越接近于 1，越说明随机扰动的影响因素来自无效函数的波动，也就是由文中所设定的影响因素造成的。其他参数的含义与前文的设定相同。

表5　服务业技术效率影响因素分行业面板数据模型结果

相应变量		相关系数	T 检验值
主函数截距项	α_0	3.832***	6.377
lnK	α	0.363***	6.912
lnL	β	0.274***	2.970
效率函数截距项	δ_0	0.895***	2.412
FDI	δ_1	−0.0005***	−3.207
PERC	δ_2	0.012***	3.671
MAR	δ_3	0.013***	4.435
γ		0.644*	2.207
LLF		−72.993	
LR		73.447	

从表 5 实证结果的主函数部分可以看出，资本投入弹性为 0.363，劳动力的投入弹性为 0.274，资本投入弹性仍然大于劳动力投入弹性，再次印证了前文的结论，即我国服务业以资本推动为主。无效函数部分 γ 系数虽然只为 0.644，但在 10% 的程度上是显著的，也就是无效函数中设定的因素对于造成我国服务业技术效率的无效率化具有影响。FDI 的系数为负，说明外国直接投资对于我国服务业技术效率的提高具有一定的促进作用，但其系数仅为−0.0005，说明目前 FDI 对于提高我国服务业技术效率的作用是微小的，也反映了外资所带来的先进服务理念和技术融入我国市场，并且最后发挥作用的过程是非常缓慢的，现阶段其促进作用体现得并不明显。市场化程度的参数为正，表明市场化程度越高，越能促进技术效率的提高，反之则会导致技术无效率。相较于 FDI 的系数，市场化程度的系数较大，说明市场化因素对我国服务业的技术效率有着更大的影响。人均资本反映了我国服务业行业的有机结构，其系数为正，这与我国服务业为资本推动的实证结果有一定程度上的背离，反映出我国服务业资本结构存在一定的扭曲，资本投入存在浪费和反作用。

2. 各省市服务业面板数据分析

本部分基于 2004~2010 年各省市服务业的面板数据，沿用柯布—道格拉斯函数作为生产函数，但是对无效函数中影响因素进行了新的设定，主要考虑对外贸易、城市化、人力资本以及区域因素对我国服务业技术效率的影响。

$$M_{it} = \delta_0 + \delta_1 DIST_{it} + \delta_2 CITY_{it} + \delta_3 EDU_{it} + \delta_4 TRADE_{it} \quad (8)$$

式（8）为重新设计的无效函数，引入四种参数变量。其中 DIST 为区域化影响参数变量，反映我国各省市之间服务业的区域差异对于技术效率的影响。区域化参数采用引入虚拟变量的形式，将 31 个省市区分为东、中、西三个区域（分类方法同前文），东部地区取值为 1，中部地区取值为 2，西部地区取值为 3。CITY 为城镇化影响参数，用各省市区城区建成面积表示。EDU 为人力资本影响参数，用各省市区人口总数中受高中以上教育人口的所占比例表示，占比越大表明劳动力投入的质量越高。TRADE 为对外贸易影响参数，用各省市区进出口总额在地区生产总值中的占比表示。

表 6　服务业技术效率影响因素区域面板数据模型结果

相应变量		相关系数	T 检验值
主函数截距项	α_0	2.289***	22.769
lnK	α	0.603***	26.026
lnL	β	0.317***	12.042
效率函数截距项	δ_0	1.341***	10.187
DIST	δ_1	0.0924***	4.457
CITY	δ_2	−0.0001***	4.398
EDU	δ_3	−0.014***	−8.244
TRADE	δ_4	−0.002***	−4.954
γ		0.999**	1.320
LLF		104.074	
LR		258.116	

表 6 中的资本投入系数也大于劳动力投入系数，再一次印证了我国服务业增长为资本推动的特征。从影响因素的结果来看，γ 系数为 0.999，几乎接近于 1，不仅说明我国服务业中存在显著的技术无效率，更说明无效函数中所设定的影响因素对于技术效率的作用十分明显，无效函数中的四种参数反映了各省市区不同的四个方面。区域化影响参数为正，反映了我国服务业技术效率存在明显的区域差异。技术效率从东部向西部递减，而且差异明显，反映了我国服务业区域不平衡发展的态势。城镇化影响参数为负，说明城镇化能够提高服务业的技术效率，但其参数仅为−0.0001，影响非常微小，说明目前我国城镇化水平还比较低，并没有完全起到推动产业发展、提高产业技术效率的作用。人力资本影响参数为负，与预期一致，而且作用明显，这说明通过提高劳动者的受教育水平能够显著提高我国服务业的技术效率。对外贸易影响参数也为负，而且这种作用相较于 FDI 更为明显。

五、结论与对策建议

综上所述，我国服务业技术效率总体水平偏低，增长主要依靠要素投入推动，具有较为明显的粗放型特征。同时，各部门、各区域之间还存在显著差异，并没有实现相对均衡的发展。未来一段时期中国服务业进一步增长的空间和潜力比较大，而提高服务业技术效率是促进我国服务业深度发展的关键。在选定的两个时间段内，资本的产出弹性都显著大于劳动力的产出弹性，这说明我国服务业以资本推动为主。分行业来看，生产性服务业、消费性服务业和公共服务业的技术效率均较低，而且，处于我国服务业核心地位的生产性服务业没有起到"领头羊"的作用，技术效率反而不及消费性服务业，这表明生产性服务业增长质量不高，需要得到更多的重视并采取相应的促进措施。另外，中国服务业的技术效率存在显著的地区差异。在技术效率的改进上也并不乐观，各地区技术效率的增速均在放缓，东部地区服务业技术效率的提升更是到了瓶颈阶段，这反映出我国服务业目前处在特殊转型期，水平低且升级乏力，这一状况亟待重视和解决，否则将严重影响中国经济的增长潜力。

造成我国服务业技术无效率化的一个重要原因是市场化程度的低下。因而，应努力提高市场化程度，加大服务业开放的力度，增加市场参与主体，鼓励竞争。经济发展的区域不平衡性在一定程度上阻碍了我国服务业技术效率的提升，因此，服务产业区域性的交流以及平衡发展是从区域角度解决我国服务业技术效率低下的关键。在资本投入方面，我国服务业虽然以资本推动为主，但是资本有机构成存在扭曲，阻碍了我国服务业技术效率的提高。在劳动力投入方面，投入劳动力质量的提高能够有效地促进我国服务业技术效率的提高，这可以通过提高从业人员的受教育程度来实现。城镇化的发展有助于提高服务业的技术效率，但目前其影响还非常微小。对外贸易能够促进服务业技术效率的改善。FDI 对于我国服务业技术效率的提高也有一定的积极作用，但作用并不明显。如何提高利用外资的质量，最大限度地发挥其正向溢出效应，应是下一阶段开放政策的重点。

由此可见，我国需要进一步加强和改善对服务业的投资，在加大对服务业投资规模的同时，调整和优化服务业内部结构，鼓励发展现代新兴服务业部门，特别是要充分发挥生产性服务业的作用；优化地区分布，促进不同地区服务业协调发展，努力提高资本使用效率；重视服务业劳动力素质的提高，鼓励服务业技术创新活动；深化服务业市场化改革，破除行业垄断，营造更有利的竞争环境，引导和促成服务业投资主体多元化；大力发展产业内部的专业化分工体系，推进企业内置服务市场化、社会化，降低运营成本；促进资源与要素的自由流动，推进新型城镇化建设进程；积极稳妥、科学有序地开放市场，改善贸易结构，提高利用外资的质量，在进一步扩大开放中实现转型发展。这些因素对保持中国服务业的高效增长与均衡发展至关重要。

参考文献

[1] Camilla Mastromarco, Sucharita Ghosh. Foreign Capital, Human Capital, and Efficiency: A Stochastic Frontier Analysis for Developing Countries [J]. World Development, 2009 (37): 489–502.

[2] J.M. Farrel. The measurement of productive efficiency [J]. Journal of the Royal Statistical Society, 1957 (3): 253–290.

[3] J. Holmgren. The efficiency of public transport operations: Anevaluation using stochastic frontier analysis [J]. Research in Transportation Economics, 2012 (39): 50–57.

[4] M.Wang, M.C., Sunny Wong. International R&D Transfer and Technical Efficiency: Evidence from Panel Study Using Stochastic Frontier Analysis [J]. World Development, 2012, 40: 1982–1998.

[5] M. Welde, J. Odeck. The efficiency of Norwegian road toll companies [J]. Utilities Policy, Elsevier, 2011, 19 (3): 162–171.

[6] P. Fenn, D. Vencappa. Market structure and the efficiency of European insurance companies: A stochastic frontier analysis [J]. Journal of Banking & Finance, 2008 (32): 86–100.

[7] S. Managi, James J. Opaluch. Stochastic frontier analysis of total factor productivity in the offshore oil and gas industry [J]. Ecological Economics, 2006 (60): 204–215.

[8] 顾乃华. 1992~2002 年我国服务业增长效率的实证分析 [J]. 财贸经济, 2005 (4): 85–91.

[9] 顾乃华, 李江帆. 中国服务业技术效率区域差异的实证分析 [J]. 经济研究, 2006 (1): 46–56.

[10] 谷彬. 中国服务业技术效率测算与影响因素实证研究 [J]. 统计研究, 2009 (8): 64–70.

[11] 黄莉芳, 黄良文, 洪琳琳. 基于随机前沿模型的中国生产性服务业技术效率测算及影响因素探讨 [J]. 数量经济技术经济研究, 2011 (6): 120–130.

[12] 刘丹鹭. 中国服务业技术效率的系统性分析 [J]. 财经论丛, 2012 (2): 21–25.

[13] 潘正. 我国服务业技术效率影响因素及区域差异演化实证分析 [J]. 现代商贸工业, 2010 (23): 1–3.

[14] 杨青青, 苏秦, 尹琳琳. 我国服务业生产率及其影响因素分析——基于随机前沿生产函数的实证研究 [J]. 数量经济技术经济研究, 2009 (12): 46–56.

[15] 杨向阳, 徐翔. 中国服务业全要素生产率增长的实证分析 [J]. 经济学家, 2006 (3): 68–76.

[16] 赵蕾, 杨向阳. 中国服务业技术效率变化的实证分析 [J]. 财经论丛, 2007 (2): 1–7.

[17] 张自然. 中国生产性服务业技术效率分析 [J]. 贵州财经学院学报, 2012 (3): 31–37.

Service Industry and Its Influencing Factors

Yin Feng   Zhang Yunyi

Abstract: This paper conducts an empirical analysis on the technical efficiency of China's service industry based on Stochastic Frontier Approach Model using sector and regional panel data. The results indicate that the development of service industry has been driven mainly by capital inputs, while the technical efficiency is rather low. At the same time, there are great disparities between sectors and regions. It also investigates the factors associated with efficiency. The findings show that the marketization is particularly important for technical efficiency. The estimation results also provide considerable support for the importance of these factors such as labor quality, urbanization, international trade and foreign direct investment in influencing the technical efficiency of China's service industry.

全球化与中国生产服务业发展*
——基于全球投入产出模型的研究

袁志刚　饶　璨

【摘　要】本文运用全球投入产出模型分析生产服务业对我国各产业部门生产的投入变迁，同时采用结构分解剖析中国生产服务业发展的主要动因，进而考察全球化对中国生产服务业发展的塑造。我们的研究发现，全球化趋势造成生产服务业对主要产业部门投入的停滞和下滑。同时出现国外生产服务业投入对国内投入产生替代，并且这一替代集中在中高技术含量产业部门。与此同时，虽然全球化造成国内技术变动抑制本国主要生产服务业发展，但国外技术变动和国内及国外最终需求变动都有力拉动中国生产服务业发展。中国未来生产服务业发展必须坚持服务业进一步对外开放，并在鼓励货物贸易出口和国内最终需求增长的同时，破除服务业领域国有企业垄断和加快人力资本积累。

【关键词】全球化；生产服务业；投入产出；结构分解分析

一、引言

　　全球化过程对中国经济产生持续而深远的影响。伴随运输和通信成本的降低，以跨国公司为载体的西方资本体系整合全球要素资源，中国利用自身比较优势抓住这一机遇取得改革开放以来的巨大发展。现阶段全球化进程已从"货物贸易的全球化"转向"非物质化的全球化"（Subramanian and Kessler，2013），无形的服务贸易日益成为全球化的主角。对中国自身发展来说，服务业也已成为未来经济增长的关键。服务业发展既可以通过对生产过程的有效服务提高制造业的国际竞争力，又可以提高劳动要素收入份额，进而改善中国

---

　　* 本研究得到国家社会科学基金重大项目《全面提升金融为实体经济服务的水平与质量研究》（批准号：12&ZD074）的资助。作者感谢葛劲峰、张涛、余静文和王璐航对本文提出的宝贵意见和建议，当然文责自负。
　　本文作者：袁志刚、饶璨，复旦大学经济学院、就业与社会保障研究中心。
　　本文引自《管理世界》（月刊）2014 年第 3 期。

的收入分配和经济失衡。如果说中国经济前 30 年的飞速发展得益于全球化所导致的货物贸易扩张，那么当前我们必须回答，以服务贸易为主要特征的下一阶段全球化进程会对中国自身服务业发展造成怎样的影响？

由于传统服务业无法有效提高制造业部门生产率，且自身属于劳动生产率的"停滞部门"（Baumol，1967；江小涓，2011），本文研究集中在为产品生产和分配提供服务的生产服务业。关于全球化与中国生产服务业发展的相互关系，目前学界主要有两种观点。一是认为全球化进程既可以引入国际竞争，提高生产服务业效率，又可以扩大中国生产服务业在服务外包等领域的海外市场。其机制类似于近 30 年中国制造业发展，但前提是生产服务业进一步对外开放（江小涓，2008、2011）。二是认为全球化过程导致中国制造业处于全球产业链低端，"世界工厂"的定位很难为中国生产服务业发展提供需求。对这一问题的解决有赖于强化国内生产服务业和制造业关联（江静、刘志彪，2010）。

但遗憾的是，现存研究局限在全球化进程对中国生产服务业发展影响的局部分析上。一方面，以往文献都只关注生产服务业的国内情况，或与其他国家做静态比较，忽视中国生产服务业发展同世界产业格局的相互关联；另一方面，以往研究仅探讨生产服务业对相关产业的直接影响，缺乏对跨国生产服务业间接影响的量化分析。服务贸易除服务本身跨境流动外的主要渠道是包含服务价值在内的商品跨境流动（Grubel，1987）。解决上述问题的最好方式就是通过分析全球投入产出模型，从世界产业格局的全局角度来研究全球化条件下中国生产服务业发展。

本文利用世界投入产出数据库（WIOD）40 个国家在 1997 年、2007 年和 2009 年的全球投入产出表，解释全球化条件下国际产业价值链分工对中国自身生产服务业发展的塑造。我们首先分析中国各个产业部门中国内和国外生产服务业投入的动态变迁，再通过结构分解分析对中国生产服务业发展中的国内和国外技术变动、最终需求变动进行分解剖析。

我们的研究考虑了跨国产业关联和国外生产服务业通过中间品的间接投入，深刻理解生产服务业的全球布局。与此同时，结构分解分析全面剖析了中国生产服务业发展的主要动因，把握中国生产服务业发展全貌。我们既对全球化条件下中国生产服务业发展一般趋势做阐述，又通过金融危机外生冲击造成外部需求的弱化对一般趋势做逆向印证。

本文研究发现，就全球化一般趋势来说，首先，从整体来看，生产服务业对中国各产业部门投入在除焦炭和石油冶炼业和化学材料制品业外的所有其他产业部门均出现停滞和下降，且出现国外生产服务业投入对国内投入产生替代。其次，分产业部门来看，生产服务业投入在低技术含量产业部门保持停滞，而在中高技术含量产业部门明显下降，且国外生产服务业投入对国内投入替代也集中在中高技术含量产业部门。再次，交通运输业和邮电通信业总体投入在低技术含量产业部门保持停滞或小幅上升，在焦炭和石油冶炼业和化学材料及制品业明显上升，而在其他中高技术含量产业部门持续下滑。金融中介业总体投入在除化学材料及制品业的其他所有产业部门均出现下降，而商务服务业投入在各产业部门均有上升，尤其在焦炭和石油冶炼业和化学材料及制品业。但在所有生产服务业部门均出现国外对国内投入的替代，且同样集中在中高技术含量产业部门。最后，尽管国内最终产品生产的技术变动抑制除邮电通信业外其他生产服务业发展，但是国外最终产品生产的技术变动、国内和国外最终需求变动都对中国生产服务业发展有巨大带动作用。

只有充分认识全球化趋势对中国生产服务业发展的多方面影响，才可以在进一步利用对外开放促进生产服务业发展的同时避免全球化导致的"比较优势陷阱"。从政策上来说，首先，要通过进一步服务业领域的对外开放促进中国生产服务业领域的效率提升，避免包含服务价值中间品投入对直接服务业替代趋势的恶化。其次，要鼓励和促进货物贸易出口以及中国最终需求的增长，在与全球产业链深度融合和中国国内需求扩张中拉动中国生产服务业发展。再次，要破除国有企业在服务业领域垄断，优化中国生产服务业发展的内部环境。最后，要通过教育和职业技能培训加快人力资本积累，形成中国在技能和人才密集型行业比较优势，获得生产服务业领域的国际竞争力。

本文余下组织结构如下：第二部分是相关文献回顾和梳理；第三部分说明本文采用的数据和研究方法；第四部分讨论来自生产服务业对产业部门投入的动态变化，并运用结构分解分析（SDA）对中国生产服务业发展拉动因素进行全面剖析；第五部分是结论和政策含义。

二、文献综述

从全球视角来看，服务业在发达国家国民经济中的比重日益提高，且集中在技术密集型服务业（Buera and Kaboski，2012）。生产服务业从制造业中剥离并与制造业有效联动（Karaomerlioglu and Carlsson，1999；Coffay and Bailly，1991）。在功能上，生产服务业既可以在微观上促进制造业部门的生产率提高、技术变革和创新，又可以在宏观上加快经济转型和升级，促进长期经济增长（Hansen，1994；Markusen，1989；MacPherson，1997；Hansen，1990；Lundquist，Olander and Henning，2008；Coffey and Polèse，1989）。

国内学者关于中国生产服务业发展的研究集中在对其发展水平的静态分析上。由于生产服务业自身规模经济、技术密集且服务生产的特征（江小涓，2011），其被学界认为是中国制造业产业升级和经济结构转型的关键所在。程大中（2006，2008）通过对1981~2000年中国八张投入产出表的分析发现生产服务业在中国经济发展中的地位逐步上升，总量年均增长率达到17.7%，且集中在劳动密集型部门。但是中国生产服务业占国民总产出比重和对三大产业的服务投入率均明显低于OECD国家。就生产服务业对制造业的嵌入关系来看，黄莉芳（2011）利用1992年、1997年、2002年和2007年中国投入产出表发现中国生产服务业对制造业的中间投入率偏低。并且在中间需求率上表现为对自身和其他服务业的需求，而不是制造业部门的需求。杨玲（2009）通过对美国生产服务业和制造业的相关性分析得出中国生产服务业需要同制造业部门相互促进融合，共同发展的结论。

但是学界关于中国生产服务业研究大多集中在对中国自身的水平、结构以及跨国静态比较上，而无法真正考虑全球化对中国生产服务业的巨大影响。值得一提的是，江静和刘志彪（2010）通过中国投入产出结构和贸易及生产服务业数据发现，加工贸易使得中国生产服务业缺乏相应市场需求，无法得到进一步发展。其背后的理论基础是制造业对中间产品的需求是生产服务业发展的决定性动力（Francois，2011；Rowthorn and Ramaswamy，1999）。Guerrieri 和 Meliciani（2005）更是把这一中间需求看作生产服务业比较优势的主要来源。但是江静和刘志彪（2010）的主要问题在于其对国内投入产出结构分析过于单薄，没有从全局考虑服务业自身的结构变动以及全球化对生产服务业产生的多层次影响。

要从全球视野去考察中国自身生产服务业发展，最好方式就是利用全球投入产出表来分析各国产业的紧密联系。一方面，全球产业链布局日益凸显中间品贸易在各国生产活动中的地位，"垂直专门化"（Vertical Specialization）趋势促使我们更多考虑各国生产之间的相互关联（Hummels et al.，2001；Dean et al.，2007；CCER 课题组，2006）。另一方面，从生产服务业自身特性来看，各国生产服务业的相互联系除直接贸易外，更重要的服务途径是通过依附于货物贸易的增加值输入，只有通过全球投入产出模型才可以厘清脉络（Francois et al.，2011；Grubel，1987；Escaith，2008）。全球投入产出模型最初来源是考虑区域之间相互作用的多区域投入产出模型（Chenery，1953；Moses，1955；Leontief and Strout，1963）。出于研究全球增加值贸易的需要，学界在近年将其发展为全球投入产出模型，具有代表性的是 OECD-WTO 的增加值贸易数据库（TiVA）和欧盟委员会的世界投入产出数据库（WIOD）。Johnson 和 Noguera（2012）利用 OECD 投入产出数据和相应贸易数据构造投入产出模型，并采用 Hummels 等（2001）计算垂直专门化方法发现从 1970~2009 年增加值占贸易总额比例下降了 10%~15%，生产碎片化日益严重。Timmer 等（2013）利用世界投入产出数据库（WIOD）发现以生产中的国外增加值衡量的国际生产碎片化进程自 1995 年以来不断加剧，并且仍在不断深化，同时新兴国家在全球生产中的作用日益凸显。Baldwin 和 Lopez-Gonzalez（2013）则同时运用增加值贸易数据库（TiVA）和世界投入产出数据库（WIOD）阐述了供应链贸易的全球模式及其演变，发现生产的国际化决定全球化进程，且中国是中间产品最大的交易方。并从直接生产投入的总量角度说明 1995~2009 年国外服务直接进口对国内投入的占比上升，即比例上的相对替代，但其既未去除价格因素，也缺乏对跨国产业关联和包含服务价值中间品进口的考虑。

值得指出的是，金融危机外生冲击为投入产出模型下全球产业链研究提供有利契机。很多学者将金融危机期间全球贸易的锐减归结为外部需求下降所造成的全球产业链暂时中断和冻结（Cheung and Guichard，2009；Escaith et al.，2010；Altomonte et al.，2013；Bems et al.，2011）。这一外生冲击提供研究全球产业链的独特机会，Zinabou（2010）利用中国在金融危机中贸易量的下降证明全球产业链在中国生产网络中的存在，Inomata（2010）通过对亚洲国际投入产出表（AIIOT）的分析说明日韩等亚洲国家、中国和欧美之间的三角贸易是亚洲经济增长的动力，而 Kawai 和 Takagi（2009）则将日本经济在金融危机全球生产收缩归因于全球产业链塑造下日本产业结构变动。但是金融危机的外生冲击并不意味着全球化一般趋势的终结，Cattaneo 等（2010）指出全球贸易在 2010 年后迅速反弹，全球化趋势被证明是可恢复的一般趋势。Evenett 等（2009）则认为国内经济对全球市场的进一步开放是走出金融危机的必要条件。Sturgeon 和 Kawakami（2010）强调以中间品贸易增长率衡量的全球化趋势实际上在每次主要全球经济衰退后都会加快速度。

本文将在对全球投入产出模型分析的基础上对全球化下中国生产服务业动态变化与关键因素做细致分析。在考虑全球化条件下中国生产服务业发展一般趋势的同时也利用金融危机造成的外生冲击对其做逆向印证。

三、研究方法和数据

（一）全球投入产出模型的构建原理

出于分析各国产业间紧密联系进而分析全球化下中国生产服务业发展的考虑，我们必须采用全球投入产出模型对其进行分析。全球投入产出模型主要有两大特点，第一，从横向关系来看，给定国家的给定部门产出分别作为各个国家不同部门生产的中间品和各个国家的最终需求；从纵向关系来看，来自各个国家的各个部门投入共同生产给定国家给定部门的产出。换言之，在全球投入产出表中，各个国家的相同部门被看作世界中具有差异的部门参与生产过程。第二，全球投入产出表的最终需求不包括相应的进口和出口，因为整个全球经济的相互作用在这里看作是一个封闭经济。与此同时，各个国家的出口转化为对其他国家中间产品的投入和最终需求的满足，而各个国家的进口则转化为其他国家对本国各部门生产的中间投入和产品以最终需求形式的输入。

假定世界有 I 个国家，每个国家有 S 个部门。第 i 个国家第 s 个部门的产出为 $y_{i(s)}$，第 i 个国家第 s 个部门对第 j 个国家最终需求的输出为 $f_{ij(S)}$，第 i 个国家第 s 个部门对第 j 个国家第 s' 个部门的投入为 $z_{ij(s,s')}$。

进而我们有，Z_{ij} 为第 i 个国家向第 j 个国家生产部门中间投入矩阵，F_{ij} 为第 i 个国家向第 j 个国家最终需求的输出矩阵，Y_i 和 V_i 分别为第 i 个国家的总产出矩阵和增加值矩阵，即：

$$Z_{ij} = \begin{bmatrix} z_{ij(11)} & \cdots & z_{ij(1S)} \\ \vdots & \ddots & \vdots \\ z_{ij(S1)} & \cdots & z_{ij(SS)} \end{bmatrix} \quad F_{ij} = \begin{bmatrix} f_{ij(1)} \\ \vdots \\ f_{ij(S)} \end{bmatrix}$$

$$Y_i = \begin{bmatrix} y_{i(1)} \\ \vdots \\ y_{i(S)} \end{bmatrix} \quad V_i = \begin{bmatrix} v_{i(1)} \\ \vdots \\ v_{i(S)} \end{bmatrix}$$

我们可以得到相应的全球投入产出表（见表1）。

表 1　全球投入产出表的基本形式

	中间使用				最终需求				总产出
	国家 1	国家 2	……	国家 I	国家 1	国家 2	……	国家 I	
国家 1 中间投入	Z_{11}	Z_{12}	……	Z_{1I}	F_{11}	F_{12}	……	F_{1I}	Y_1
国家 2 中间投入	Z_{21}	Z_{22}	……	Z_{2I}	F_{21}	F_{22}	……	F_{2I}	Y_2
……	…	…	……	…	…	…	……	…	…
国家 I 中间投入	Z_{I1}	Z_{I2}	……	Z_{II}	F_{I1}	F_{I2}	……	F_{II}	Y_I
增加值	V'_1	V'_2	……	V'_I					
总投入	Y'_1	Y'_2	……	Y'_I					

根据全球投入产出表，我们可以推出生产第 j 个国家第 s′ 个部门产出对第 i 个国家第 s 部门投入的直接消耗系数：$a_{ij(ss')} = z_{ij(ss')}/y_{j(s')}$。

进一步，设 A_{ij} 为生产第 j 个国家产出对第 i 个国家投入的直接消耗系数矩阵，即：

$$A_{ij} = \begin{bmatrix} a_{ij(11)} & \cdots & a_{ij(1S)} \\ \vdots & \ddots & \vdots \\ a_{ij(S1)} & \cdots & a_{ij(SS)} \end{bmatrix}$$

那么全球投入产出模型的直接消耗系数矩阵 A 可以表示为：

$$A = \begin{bmatrix} A_{11} & \cdots & A_{1I} \\ \vdots & \ddots & \vdots \\ A_{I1} & \cdots & A_{II} \end{bmatrix}$$

与此相对应，全球投入产出模型的完全消耗系数矩阵 B 可以表示为：

$$B = (E - A)^{-1} - E$$

其中，E 为 SI × SI 的单位矩阵。

直接消耗系数可以表明第 i 个国家第 s 部门对第 j 个国家第 s′ 个部门产出的直接投入，而完全消耗系数则可以在描述直接投入的同时进一步说明第 i 个国家第 s 部门通过对其他部门产出的投入而对第 j 个国家第 s′ 个部门产出活动的参与而产生的间接影响。这一点在分析生产服务业通过中间品投入间接服务于中国产业生产活动时尤为重要。

（二）中国生产服务业发展的结构分解

通过完全消耗系数分析生产服务业对中国各产业部门的直接和间接投入，实际上是从生产技术角度看来自中国和国外生产服务业投入对中国最终产品生产的贡献，在这一过程中生产服务业投入可能发生在国内，也可能发生在国外。但与此同时，要从整体考虑中国生产服务业发展的拉动因素则必须同时考虑来自国内和国外的最终需求，以及国内和国外生产技术变迁对中国生产服务业发展产生巨大影响。利用全球投入产出表对中国生产服务业发展进行结构分解的好处在于，可以清楚地看到国外技术变动和最终需求变动，国内技术变动和最终需求变动对中国生产服务业发展产生的独立影响，进而使我们得以了解中国生产服务业发展背后动因的全貌。

由于结构分解方法较为成熟，本文的结构分解主要根据 Miller 和 Blair（2009）的经典论述和框架，但我们对所有因素按照国内和国外进行区分。在这一部分当中，结构分解分析的运用首先把生产服务业产出变化分解为来自技术变动的影响和最终需求的影响，其次将最终需求的影响划分为最终需求总量变动的影响（水平效应）、同一国家最终需求在不同产出之间的分布变化（混合效应）和不同国家最终需求之间的分布变化（分布效应），最后将技术变动和三种不同的最终需求变动都按照国内和国外进行分解，进而得到来自国内和国外技术变动和最终需求变动对生产服务业产出的影响。

设全球投入产出模型的最终需求矩阵 F 和产出矩阵 Y 分别表示为：

$$F = \begin{bmatrix} \sum_i F_{1i} \\ \vdots \\ \sum_i F_{1i} \end{bmatrix} \qquad Y = \begin{bmatrix} Y_1 \\ \vdots \\ Y_I \end{bmatrix}$$

并且全球投入产出模型的列昂惕夫逆矩阵为：

$$L = (E - A)^{-1}$$

设第一期向量上标为 0，第二期向量上标为 1，Δ 代表两期向量的差。根据结构分解分析（SDA）的两极分解方法，我们可以得到如下恒等关系：

$$\Delta Y = \left(\frac{1}{2}\right)(\Delta L)(F^0 + F^1) + \left(\frac{1}{2}\right)(L^0 + L^1)(\Delta F)$$

即所有国家每个部门的产出变化可以分解为 ΔL 所代表的技术水平变动和 ΔF 所代表的最终需求变动。由于我们希望区分中国生产服务业动态变化中的国内因素和国外因素，因此需要做进一步的讨论。

根据 Miller 和 Blair（2009）的方法，我们可以把最终需求变动进一步划分为三个部分，分别区分最终需求在总量上的变化，同一种类别最终需求在部门间分布的变化和在不同类别最终需求间分布变化。用公式表示：

$$\Delta F = \left(\frac{1}{2}\right)(\Delta f)(B^0 D^0 + B^1 D^1) + \left(\frac{1}{2}\right)\left[f^0(\Delta B)D^1 + f^1(\Delta B)D^0\right] + \left(\frac{1}{2}\right)(f^0 B^0 + f^1 B^1)(\Delta D)$$

其中，所有国家所有部门的总最终消费：

$$f = \sum_i \sum_j \sum_s f_{ij(s)}$$

每一个国家最终需求占总最终需求的比重矩阵为：

$$D = \begin{bmatrix} \left(\sum_i \sum_s f_{il(s)} \right) \Big/ f \\ \vdots \\ \left(\sum_i \sum_s f_{il(s)} \right) \Big/ f \end{bmatrix}$$

所有国家各个部门产出用于每一个国家最终需求的比重矩阵为：

$$B = \begin{bmatrix} F_{11} \Big/ \sum_i \sum_s f_{il(s)} & \cdots & F_{ll} \Big/ \sum_i \sum_s f_{il(s)} \\ \vdots & \ddots & \vdots \\ F_{11} \Big/ \sum_i \sum_s f_{il(s)} & \cdots & F_{ll} \Big/ \sum_i \sum_s f_{il(s)} \end{bmatrix}$$

即将最终需求的变化划分为反映最终需求绝对量变动的水平效应（Level Effect），反映同一个国家内部最终需求在部门间变动的混合效应（Mix Effect）和反映不同国家之间最终需求分布变化的分布效应（Distribution Effect）。与此同时，由于我们关注中国生产服务业的情况，因此进一步将这三种效应划分为国外变动和国内变动。即：

$$\Delta F = \left(\frac{1}{2} \right) (\Delta f_{China} + \Delta f_{foreign})(B^0 D^0 + B^1 D^1) + \left(\frac{1}{2} \right) [f^0(\Delta B_{China} + \Delta B_{foreign})D^1 + f^1(\Delta B_{China} +$$

$$\Delta B_{foreign})D^0] + \left(\frac{1}{2} \right) (f^0 B^0 + f^1 B^1)(\Delta D_{China} + \Delta D_{foreign})$$

其中，中国总最终需求的变化为：

$$\Delta f_{China} = \sum_i \sum_s f^1_{iChina(s)} - \sum_i \sum_s f^0_{iChina(s)}$$

其余国家的总最终需求变化为：

$$\Delta f_{foreign} = \sum_i \sum_{j\&j \neq China} \sum_s f^1_{ij(s)} - \sum_i \sum_{j\&j \neq China} \sum_s f^0_{ij(s)}$$

中国最终需求占总最终需求的比重矩阵为：

$$D_{China} = \begin{bmatrix} 0 \\ \left(\sum_i \sum_s f_{iChina(s)} \right) \Big/ f \\ 0 \\ \vdots \\ 0 \end{bmatrix}$$

其余国家的总需求占总最终需求的比重矩阵为：

$$D_{foreign} = D - D_{China}$$

所有国家各个部门产出用于中国最终需求的比重矩阵：

$$B_{China} = \begin{bmatrix} 0 & \cdots & F_{1China} \Big/ \sum_i \sum_s f_{iChina(s)} & \cdots & 0 \\ \vdots & \cdots & \cdots & \cdots & \vdots \\ 0 & \cdots & F_{lChina} \Big/ \sum_i \sum_s f_{iChina(s)} & \cdots & 0 \end{bmatrix}$$

所有国家各个部门产出用于其余国家最终需求的比重矩阵：

$$B_{foreign} = B - B_{China}$$

由此，最终需求的变化被分解为国内和国外最终需求变动的水平效应、混合效应和分布效应。接下来，我们同时将技术水平变动 ΔL 分解为国内技术水平变动和国外技术水平变动，可以得到：

$$\Delta L = L^1(\Delta L)L^0 = L^1(\Delta A_{China})L^0 + L^1(\Delta A_{foreign})L^0$$

其中，表示国内技术水平变动的国内直接消耗系数矩阵变动：

$$\Delta A_{China} = \begin{bmatrix} 0 & \cdots & A^1_{1China} - A^0_{1China} & \cdots & 0 \\ \vdots & \cdots & \cdots & \cdots & \vdots \\ 0 & \cdots & A^1_{1China} - A^0_{1China} & \cdots & 0 \end{bmatrix}$$

表示国外技术水平变动的国外直接消耗系数矩阵变动：

$$\Delta A_{foreign} = \Delta A - \Delta A_{China}$$

技术水平的变动被分解为国内技术水平的变动和国外技术水平的变动。我们同样可以继续将技术水平的变动细分到每一个部门，方法与上述一致，在此不再赘述。结合上述对最终需求和技术水平变动的分解，我们就得到生产服务业动态变化的结构因素等式：

$$\Delta Y = \left(\frac{1}{2}\right)\Delta L(F^0 + F^1) + \left(\frac{1}{2}\right)(L^0 + L^1)\Delta F = \left(\frac{1}{2}\right)L^1 \Delta A_{China} L^0(F^0 + F^1) +$$

$$\left(\frac{1}{2}\right)L^1 \Delta A_{foreign} L^0(F^0 + F^1) + \left(\frac{1}{2}\right)(L^0 + L^1)\left(\frac{1}{2}\right)\Delta f_{China}(B^0 D^0 + B^1 D^1) +$$

$$\left(\frac{1}{2}\right)(L^0 + L^1)\left(\frac{1}{2}\right)\Delta f_{foreign}(B^0 D^0 + B^1 D^1) + \left(\frac{1}{2}\right)(L^0 + L^1)\left(\frac{1}{2}\right)(f^0 \Delta B_{China} D^1 + f^1 \Delta B_{China} D^0) +$$

$$\left(\frac{1}{2}\right)(L^0 + L^1)\left(\frac{1}{2}\right)(f^0 \Delta B_{foreign} D^1 + f^1 \Delta B_{foreign} D^0) + \left(\frac{1}{2}\right)(L^0 + L^1)\left(\frac{1}{2}\right)(f^0 B^0 + f^1 B^1)\Delta D_{China} +$$

$$\left(\frac{1}{2}\right)(L^0 + L^1)\left(\frac{1}{2}\right)(f^0 B^0 + f^1 B^0)\Delta D_{foreign}$$

即所有国家各个部门的产出变动可以依次分解为中国技术水平的变动、国外技术水平的变动、中国最终需求变动的水平效应、国外最终需求变动的水平效应、中国最终需求变动的混合效应、国外最终需求变动的混合效应、中国最终需求变动的分布效应和国外最终需求变动的分布效应。我们只要在所有国家各个部门的产出变动中找出中国生产服务业产出，即可看到各个种类技术变动和最终需求变动对其变化的影响，进而找出中国生产服务业发展的主要推动力和负面因素。

（三）数据来源及处理

本文所采用的全球投入产出模型主要基于欧盟委员会资助的世界投入产出数据库（World Input Output Database）项目。该数据库包括 1995~2011 年 16 个世界投入产出价值表、各国投入产出价值表、社会经济账户和环境账户，涵盖 27 个欧盟国家、包括中国在内的 13 个主要国家和地区的投入产出情况①。世界投入产出数据库（WIOD）项目利用 40 个国家和地区以及世界其他地区具有时间间隔的投入产出供给表和使用表，结合各国社会经济账户的时间序列数据估计各国时间连续的投入产出供给和使用（区分国内使用和分国别进口使用）表，并进而利用双边国际贸易的时间序列数据获得世界投入产出表。

但是世界投入产出数据库目前只提供世界投入产出价值表而非实物表。为去除投入产出关系变迁中的价格因素，我们采用双重平减（Double Deflation）方法（Miller and Blair, 2009；张友国，2010；刘瑞翔和姜彩楼，2011）对汇率和物价因素进行调整②，进而获得可比价的世界投入产出表。具体来说，首先，我们将特定产业部门包括中间品和最终需求的所有产出美元价值，按照世界投入产出数据库（WIOD）中用于将各国本国货币价值转化为美元价值的汇率转化为基准年份的汇率水平下的美元价值。其次，特定产业部门包括中间品和最终需求的所有产出经汇率调整后的美元价值，按照世界投入产出数据库（WIOD）中社会经济账户分部门最终产品物价指数转化为基准年份的物价水平下的美元价值。最后，根据各部门总产出价值等于总投入价值的平衡原则获得各部门增加值调整的价格指数，并对其进行调整。

我们选择 1997 年、2007 年和 2009 年可比价全球投入产出表进行阶段分析，与以往文献中对国内投入产出分析中 1997 年和 2007 年的关键节点相一致。不仅如此，自 1997 年开始中国一般贸易和加工贸易占 GDP 的比重开始出现持续上升，并在 2007 年达到顶峰（Lemoine and Ünal, 2012）。中国进出口对外贸易依存度从 1997 年的 34.1% 上升到 2007 年的 66.2%③，这为我们研究全球化下中国生产服务业发展的一般趋势提供良好素材。如文献综述所述，2008 年开始的金融危机造成外部需求和全球贸易的迅速下降，进而为我们提供对全球化一般趋势进行逆向印证的宝贵机会。与此同时，由于在 2009 年以后世界投入产出数据库（WIOD）未提供各国分产业产出物价指数，无法对全球投入产出价值表进行物价调整，我们舍弃了 2009 年以后的全球投入产出数据。

世界投入产出数据库（WIOD）合计包括 35 个产业部门，主要依据欧洲共同体内部经济活动的一般产业分类（NACE Rev.1）。我们将其中的服务业分为生活服务业、生产服务业和公共服务业三大类别。其中生活服务业包括汽车的销售维护和维修、批发和零售业、住宿和餐饮业、家庭服务业，生产服务业包括交通运输业、邮电通信业、金融中介业和商务服务业④，公共服务业包括公共管理和国防及社会基本保障、教育、卫生和社会工作、其他团体和社会及个人服务活动。

---

① 世界投入产出数据库（WIOD）包括的国家和地区具体见附录 1，关于该数据库更多介绍详见 Timmer 等（2012）。

② 价格调整后得到以 1997 年汇率和物价计价的可比价世界投入产出表。由于世界投入产出数据库（WIOD）缺失世界其他地区（Rest of World）的汇率和物价信息，我们未对其价格调整。但价格调整国家总产出超过全球总额的 80%~90%，而贸易总额占全球 90% 以上，因此世界其他地区价格信息缺失对结果影响不大。

③ 资料来源：商务部中国对外经济贸易统计学会。

④ 生产服务业中的交通运输业主要包括陆路运输业、水路运输业、航空运输业和与运输相关服务，商务服务业主要包括房地产和租赁及其他商务活动。

四、生产服务业投入的动态变化和其发展的结构分解

在这一部分我们讨论 1997~2009 年来自国内和国外生产服务业投入的动态变化和中国生产服务业发展的结构分解两方面内容。我们对生产服务业的定义基于 Karaomerlioglu 和 Carlsson（1999）和张琰（2012）[①] 根据国家统计局《三次产业划分规定》（2003）给出的划分，在全球投入产出数据库（WIOD）中主要包括：交通运输业、邮电通信业，金融中介业和商务服务业。

（一）生产服务业总体对各产业部门投入的变迁

在第三部分价格调整的基础上，我们根据全球投入产出数据库（WIOD）得到 1997年、2007 年和 2009 年可比价的全球投入产出表，并据此计算来自国内和国外生产服务业对中国各个产业部门[②] 产出的完全消耗系数。对来自国内和国外生产服务投入动态变化的分析主要依据 1997 年、2007 年和 2009 年完全消耗系数的变化情况。因为直接消耗系数只可以表示生产服务业对各产业生产的直接投入，而完全消耗系数则可以在直接消耗系数的基础上同时考虑通过生产服务业对其他产业产出投入而间接产生的影响，这更加符合生产服务业增加值跨境流动的特点。

值得指出的是，生产服务业投入的完全消耗系数在全球投入产出模型中的含义与在单一国家投入产出模型中存在很大差异。在单一国家投入产出模型中，完全消耗系数变化反映了单一国家内部生产技术变动所产生的投入变化。但在全球投入产出模型中，尽管最终产品在本国生产，但是其包含的中间品投入过程可能发生在国内，也可能发生在国外。我们可以通过生产服务业完全消耗系数变化看到生产服务业对中国各产业部门生产的投入变动，但全球化趋势下中国生产服务业投入变动实际上是国内和国外技术变动共同作用的结果。

如图 1 所示，由于 2007~2009 年金融危机所造成的外部冲击并没有改变全球化下来自国内和国外生产服务业投入的动态变化一般趋势。我们首先分析 1997~2007 年生产服务业投入动态变化，再通过考察金融危机对国内和国外生产服务业投入影响对全球化下生产服务业发展趋势做进一步印证。

[①] 张琰（2012）的划分同样符合《国民经济和社会发展第十一个五年规划纲要》对生产服务业的归类，并且基本包括 Browning 和 Singelman（1975）、Daniels（1985）和 Martinelli（1991）等定义的生产服务业的主要内容。在产业归类上与 OECD 投入产出数据库的划分可以很好衔接，包括除批发业以外的 Karaomerlioglu 和 Carlsson（1999）定义的所有生产服务业。

[②] 由于生产服务业与制造业的紧密联系（Karaomerlioglu and Carlsson，1999），本文所考虑的产业部门主要针对制造业部门，但同时其他部门数据也同样列出，以便于读者分析和比较，完全消耗系数的具体数据见附录 2。

从包括国内和国外生产服务业投入的总体来看，图1(a) 显示了生产服务业总体对中国各产业部门投入在除焦炭和石油冶炼业、化学材料及制品业外的其他产业部门均出现停滞和下滑趋势。分产业部门来看，生产服务业总体在低技术含量①的产业部门投入保持停滞，主要包括食品饮料和烟草业、纺织业、皮革及制鞋业、木材及其制品业和造纸和印刷业。在中高技术含量产业部门，只有中等技术含量的焦炭和石油冶炼业、化学材料及制品业的生产服务业总体投入出现上升，其完全消耗系数分别由1997年的0.227和0.223上升到2007年的0.275和0.315。在其他所有中高技术含量的产业部门生产服务业投入均出现下降，主要包括橡胶和塑料业、其他非金属冶炼业、金属及其制品业、机械制造业、电子及光学仪器制造业和运输机械制造业。

与此同时，在生产服务业总体投入停滞和下滑的同时，国外生产服务业投入对国内投入产生替代。具体来说，由图1(b) 所示，国内生产服务业投入在除化学材料及制品业以外的其他产业部门均出现下滑，且在中高技术含量部门生产服务业投入下滑的趋势更加明显。1997~2007年，完全消耗系数降幅超过30%的完全为中高技术含量产业部门，主要包括金属及其制品业、机械制造业、电子及光学仪器制造业和运输机械制造业，而低端技术含量产业部门投入的降幅也基本在10%~20%。如图1(c) 所示，与国内生产服务业投入下滑相对应，国外生产服务业在各产业部门投入均有显著上升，并且在中高技术含量产业部门投入上要高于低技术含量产业部门。其中投入上升最快的是焦炭和石油冶炼业和化学材料及制品业，其2007年的完全消耗系数分别达到1997年基数的1.58倍和1.44倍。从完全消耗系数绝对量来看，1997~2007年完全消耗系数增加超过0.02的产业部门也全部集中在中高技术含量产业部门，包括除其他非金属冶炼业外其他所有中高技术产业部门。

对国内和国外生产服务业投入绝对量做分产业比较我们得到，经过全球化过程的重塑，国内投入更侧重低技术含量产业部门，而国外投入则更偏重于中高技术含量产业部门。到2007年国内生产服务业投入的绝对量在除化学材料及制品业之外的其他产业部门没有明显差异。反而在机械制造业、电子及光学仪器制造业和运输机械制造业等对高端生产服务业要求较高的中高技术含量产业部门，国内生产服务业投入要低于在低技术含量产业部门的投入。2007年国内生产服务业对纺织业投入的完全消耗系数达到0.124，而同期机械制造业、电子及光学仪器制造业和运输机械制造业的这一数值分别只有0.108、0.106和0.105。与此同时，国外生产服务业投入的绝对量在中高技术含量产业部门要明显高于低技术含量产业部门。2007年国外生产服务业对食品饮料和烟草业、纺织业、皮革及制鞋业、木材及其制品业和造纸和印刷业等低技术含量产业部门投入的完全消耗系数均在0.06以下，而除其他非金属冶炼业外的中高技术含量产业部门的这一数值均高于0.06，并

---

① 本文对低技术含量和中高技术含量产业部门的分类根据OECD基于研发强度的划分，详细请参阅Hatzichronoglou（1997）。其中，低技术含量产业部门包括食品饮料和烟草业、纺织业、皮革及制鞋业、木材及其制品业、造纸和印刷业和其他制造业，而中高技术含量产业部门包括焦炭和石油冶炼业、化学材料及制品业、橡胶和塑料业、其他非金属冶炼业、金属及其制品业、机械制造业、电子及光学仪器制造业和运输机械制造业。

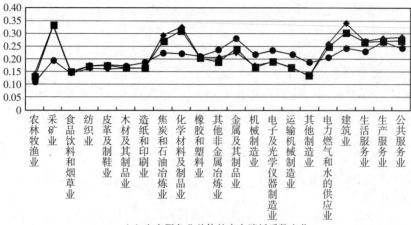

（a）生产服务业总体的完全消耗系数变化

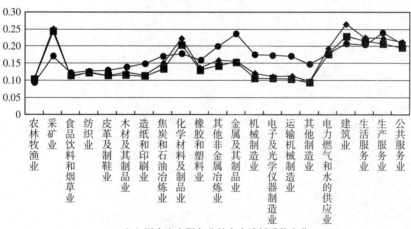

（b）国内生产服务业的完全消耗系数变化

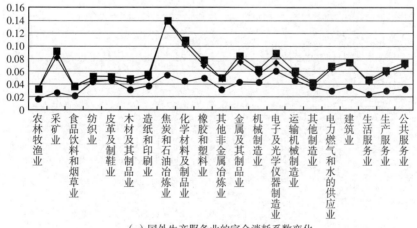

（c）国外生产服务业的完全消耗系数变化

图1　生产服务业对各部门产出完全消耗系数的变化

以焦炭和石油冶炼业、化学材料及制品业、金属及其制品业和电子及光学仪器制造业最为明显。

　　尽管 2007~2009 年这一阶段生产服务业投入变动并没有影响其动态变化的一般趋势，但是 2008 年全球金融危机造成在 2007~2009 年这一阶段全球生产需求的显著下降和全球产业链的暂时"冻结"（Freezing），进而导致国内生产服务业投入的反弹和国外生产服务业投入的回落。我们计算了来自国内和国外生产服务业投入对各产业部门完全消耗系数的年均增长率，如图 2 所示。首先，和上文分析一致，从 1997~2007 年的第一阶段，国内生产服务业投入在除化学材料及制品业外的其他产业部门的完全消耗系数均保持负向增长，并且在中高技术含量产业部门的投入下降较低技术含量产业部门更为明显。而图 2（a）显

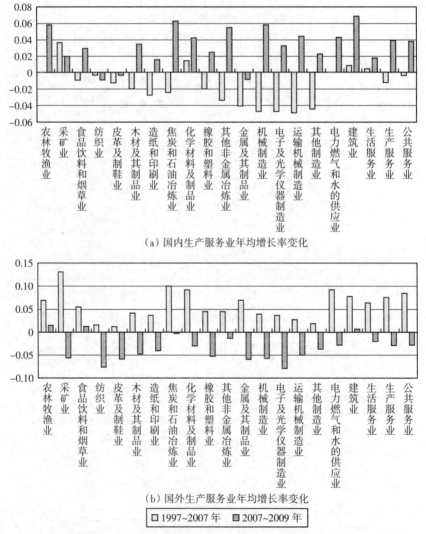

图 2　国内和国外生产服务业投入完全消耗系数的年均增长率变动

示在 2007~2009 年的第二阶段，金融危机的外生冲击导致国内生产服务业投入出现反弹，且完全消耗系数的回升主要出现在中高技术含量产业部门，其中焦炭和石油冶炼业、其他非金属冶炼业和机械制造业的反弹增速均超过 5%。其次，图 2(b) 显示在从 2007~2009 年的第二阶段，国外生产服务业对各产业部门投入由第一阶段的普遍上升逆转为在除食品饮料和烟草业外所有产业部门的同时下降。其中下降速率最快的产业部门包括以纺织业为代表的低技术含量制造业部门，同时也包括金属及其制品业、机械制造业和电子及光学仪器制造业等中高技术含量的产业部门。

换句话说，2007~2009 年金融危机所造成的需求下降和全球化趋势的暂时弱化导致国内生产服务业投入的暂时反弹与国外投入的逆向回落，进而导致在 2007~2009 年国内生产服务业对国外投入造成反向替代。但是金融危机的外生冲击并没有改变全球化下国内和国外生产服务业发展动态变化的一般趋势。如图 1 所示，相较于 1997~2007 年生产服务业投入的动态变化，国内生产服务业投入的上升和国外投入的下降都不显著。因此，金融危机外生冲击下国内生产服务业投入对国内投入的反向替代进一步印证了全球化过程对中国生产服务业发展的塑造作用[1]。

（二）生产服务业分部门对各产业部门投入的变迁

在这一部分中我们将生产服务业细分为交通运输业、邮电通信业、金融中介业和商务服务业四大类，分别用完全消耗系数分析其对中国各个产业部门投入的动态变迁，进而对生产服务业投入变迁做更细致的分部门阐述。与上文对生产服务业整体分析一致，我们首先分析各生产服务业部门投入变迁的一般趋势，再通过对金融危机外生冲击下的投入年均增长率变动分析做进一步印证。

首先，图 3(a) 显示了交通服务业总体对低技术含量产业部门投入的完全消耗系数保持停滞，而对除焦炭和石油冶炼业和化学材料及制品业外其他中高技术含量产业部门投入均出现下降的一般趋势[2]。从 1997~2007 年，交通运输业投入的完全消耗系数降幅超过 20% 的产业均为中高技术含量产业部门，其中其他非金属冶炼业、机械制造业、电子及光学设备制造业和运输机械制造业降幅分别达到 31.22%、21.93%、29.79% 和 31.20%。由图 3(b) 可以发现，国内交通运输业投入和总体投入趋势变化几乎一致，只是在焦炭和石油冶炼业、化学材料及制品业分别出现投入下降和停滞。与此同时，国内交通运输业在中高技术含量产业部门投入的下降幅度比总体投入更加明显，1997~2007 年上述四大产业的投入降幅均超过 30%。图 3(c) 所表示的国外交通运输业投入在所有产业部门均保持上升趋势，其中

---

① 就世界投入产出数据库（WIOD）原始表来看，2009~2011 年国外生产服务业投入重新对国内投入造成替代，而价格因素在 1997~2009 年长期推升国内生产服务业投入，进一步说明金融危机可作为逆向印证而非一般趋势改变。

② 如果我们对世界投入产出数据库（WIOD）交通运输业进一步细分，尽管交通运输业整体在主要产业部门投入保持停滞和下降，但其中与全球化紧密相关的水路交通运输业的国内和国外投入在各产业部门上升，而交通运输业整体投入下降主要源于国内陆路交通运输业投入下降，这与全球化趋势下中国外向型经济发展模式相一致。

最为突出的是焦炭和石油冶炼业和化学材料及制品业，1997~2007 年投入涨幅分别达到 167.54%和 154.17%。从交通运输业投入的绝对量来看，到 2007 年国外交通运输业投入在焦炭和石油冶炼业和化学材料及制品业明显高于其他部门，而国内投入在低技术含量产业部门要高于机械制造业、电子及光学设备制造业和运输机械制造业等中高技术含量产业部门。

正如图 3 所示，金融危机的外生冲击并没有改变交通运输业投入的一般趋势，但是金融危机所导致的需求减弱和贸易下降直接导致了 2007~2009 年这一阶段国内交通运输业投入的上升和国外投入的下降。图 4(a) 显示在金融危机下 2007~2009 年的第二阶段，国内交通运输业投入在低技术含量产业部门由停滞转为下降，其中纺织业和皮革及制鞋业的年均增长率分别降至-4.74%和-3.97%。在除金属及其制品业外其他所有的中高技术含量产业部门交通服务业投入出现了降幅的回落和逆向的回升，其中回升最为明显的包括焦炭和石

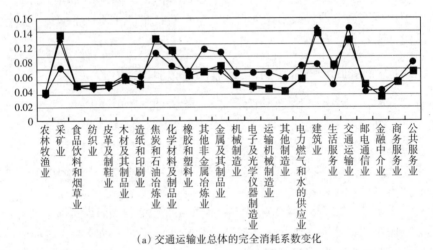

(a) 交通运输业总体的完全消耗系数变化

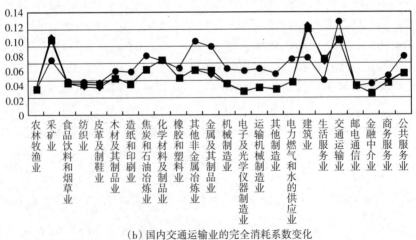

(b) 国内交通运输业的完全消耗系数变化

图 3　交通运输业对各部门产出完全消耗系数的变化

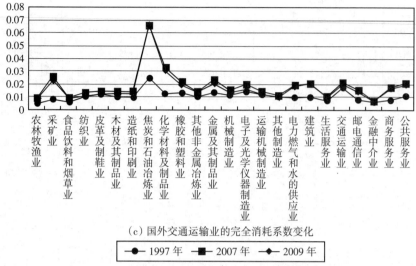

（c）国外交通运输业的完全消耗系数变化

● 1997年　■ 2007年　◆ 2009年

图3　交通运输业对各部门产出完全消耗系数的变化（续）

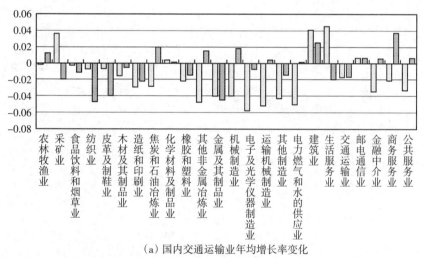

（a）国内交通运输业年均增长率变化

图4　国内和国外交通运输业投入完全消耗系数的年均增长率变动

油冶炼业、其他非金属冶炼业和机械制造业。与此同时，图4（b）所表示的国外交通运输业投入则由正向增长转为负向增长，其中最为突出的是纺织业和电子光学仪器制造业，2007~2009年的年均增长率分别为-8.85%和-8.36%。

其次，如图5（a）所示，邮电通信业总体投入在低技术含量产业部门均有所上升，而在中等技术含量的化学材料及制品业投入上升最明显，从1997~2007年邮电通信业总体投入涨幅达到90.45%。与此同时，在其他中高技术含量产业部门投入保持停滞或下降趋势，其中对机械制造业和运输机械制造业投入降幅都在20%以上。图5（b）则显示了邮电通信业国内投入在中高技术含量产业部门的下降趋势要比邮电通信业总体更为严重，除化学材

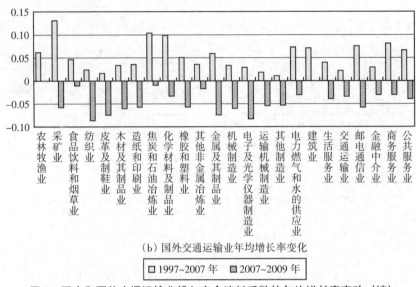

(b) 国外交通运输业年均增长率变化

□ 1997~2007 年　　■ 2007~2009 年

图 4　国内和国外交通运输业投入完全消耗系数的年均增长率变动（续）

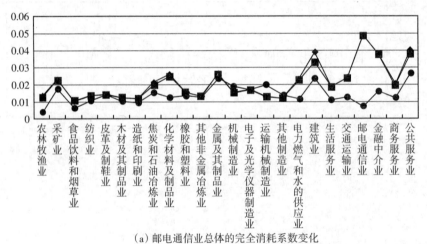

(a) 邮电通信业总体的完全消耗系数变化

图 5　邮电通信业对各部门产出完全消耗系数的变化

料及制品业外所有其他中高技术含量产业部门投入均出现下降，对机械制造业和运输机械制造业投入降幅达到 40%以上。而图 5(c) 所表示的邮电通信业国外投入在所有产业部门均出现上升趋势，1997~2007 年对所有行业投入增幅均在 50%以上，且对中高技术含量产业部门投入增幅高于低技术含量产业部门。就邮电通信业投入的绝对量来看，国外邮电通信业投入在中高技术含量产业部门明显高于低技术含量产业部门，而国内邮电通信业投入在除化学材料及其制品业和金属及其制品业外的各产业部门基本没有显著差异。

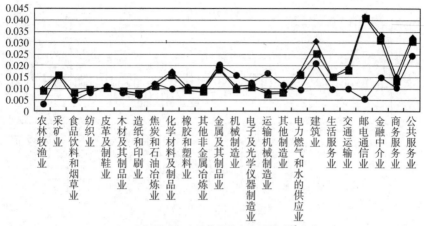

(b) 国内邮电通信业的完全消耗系数变化

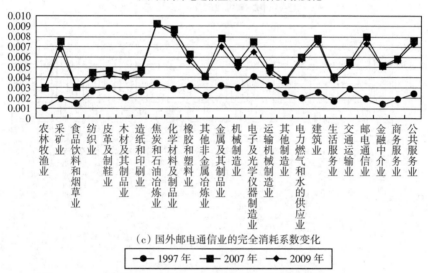

(c) 国外邮电通信业的完全消耗系数变化

—●— 1997 年　—■— 2007 年　—◆— 2009 年

图 5　邮电通信业对各部门产出完全消耗系数的变化（续）

通过图 6(a) 我们可以发现，金融危机所造成的外生冲击导致国内邮电通信业投入在除金属及其制品业外其他所有中高技术含量产业部门的反弹，其中在 2007~2009 年这一阶段投入年均增长率超过 5% 的产业包括焦炭和石油冶炼业、其他非金属冶炼业、机械制造业和运输机械制造业。与此同时，国内邮电通信业在除木材及其制品业外的其他低技术含量产业部门投入变动并不十分明显。与此同时，图 6(b) 说明国外邮电通信业在 2007~2009 年的第二阶段由前一阶段的投入上升转为逆向下降，其中下降最为明显的是纺织业、皮革及制鞋业等低技术含量产业部门和金属及其制品业、机械制造业、电子仪器及光学设备制造业和运输机械制造业等中高技术含量产业部门。

再次，图 7(a) 显示，与交通运输业和邮电通信业不同，金融中介业总体在低技术含量产业部门投入也呈现下降趋势，从 1997~2007 年在食品饮料和烟草业、纺织业、皮革及

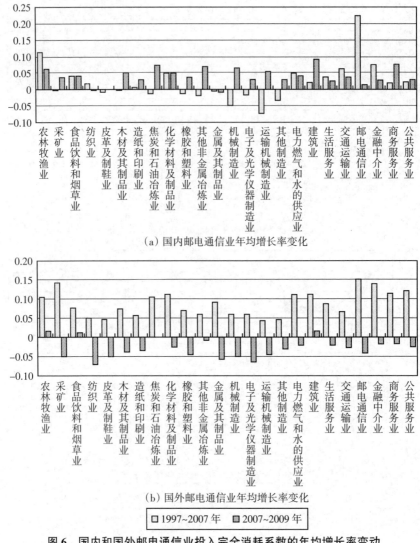

(a) 国内邮电通信业年均增长率变化

(b) 国外邮电通信业年均增长率变化

☐ 1997~2007 年   ▨ 2007~2009 年

图6 国内和国外邮电通信业投入完全消耗系数的年均增长率变动

制鞋业、木材及其制品业、造纸及印刷业的金融中介总体投入分别下降了 18.60%、22.51%、25.17%、23.38%和33.31%。与此同时，在除化学材料及制品业外的其他中高技术含量产业部门的金融中介投入均出现大幅下降，且较低技术含量产业部门更加严重，其中金属及其制品业、机械制造业、电子及光学仪器制造业和运输机械制造业在1997~2007年的投入降幅分别达到40.33%、48.61%、35.08%和51.27%。图7(b)表明国内金融中介业投入变动趋势与总体基本一致，但是在中高技术含量产业部门投入下降会比金融中介业总体更明显，其中化学材料及制品业也出现5.22%的下降。与此同时，图7(c)中国外金融中介业投入在部分低技术含量产业部门同时出现下降，主要包括纺织业和皮革及制鞋业。在中高技术含量产业部门，国外金融中介业投入出现明显的上升趋势，其中焦炭和石油冶炼业、化学材料及制品业和金属及其制品业在 1997~2007 年的涨幅分别达到 114.69%、88.26%和 66.81%。从金融中介业投入的绝对量来看，直至 1997 年国内金融中介投入在低技术含量产业部门与除化学材料及其制品业外的中高技术含量产业部门没有明显差异。国外金融中介在高技术含量产业部门的投入明显高于低技术含量的产业部门，主要包括焦炭和石油冶炼业、化学材料及制品业、金属及其制品业和电子及光学设备制造业。

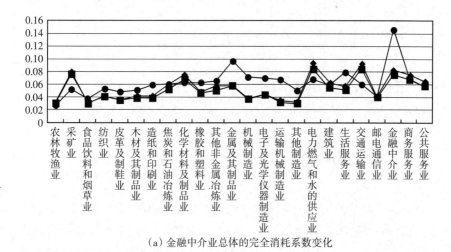

(a) 金融中介业总体的完全消耗系数变化

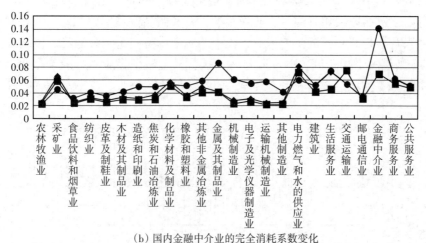

(b) 国内金融中介业的完全消耗系数变化

图 7　金融中介业对各部门产出完全消耗系数的变化

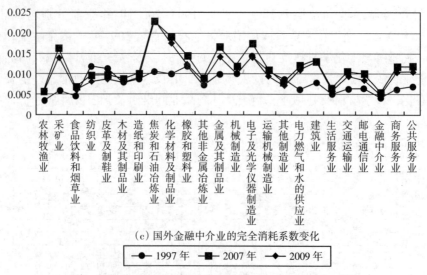

(c) 国外金融中介业的完全消耗系数变化

● —— 1997 年　■ —— 2007 年　◆ —— 2009 年

图 7　金融中介业对各部门产出完全消耗系数的变化（续）

　　图 8(a) 表明，金融危机的外生冲击导致国内金融中介业投入在各产业部门的普遍回升。其中低技术含量的纺织业和皮革及制鞋业的投入反弹较弱，而在中高技术含量产业部门均出现大幅回升。其中在 2007~2009 年国内金融中介投入的年均增长率超过 5% 的中高技术含量产业部门就包括焦炭和石油冶炼业、化学材料及制品业、橡胶和塑料业、其他非金属冶炼业、金属及其制品业、机械制造业、电子和光学设备制造业和运输机械制造业。

　　图 8(b) 则显示了在 2007~2009 年这一阶段国外金融中介业对中国各产业部门投入的下降，其中投入年均增长率降幅超过 5% 的产业既包括纺织业、皮革及制鞋业和木材及其

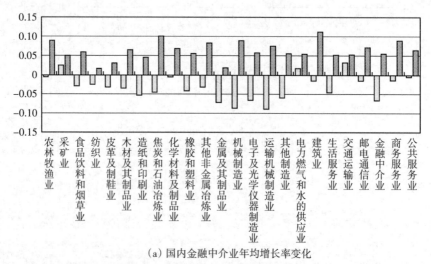

(a) 国内金融中介业年均增长率变化

图 8　国内和国外金融中介业投入完全消耗系数的年均增长率变化

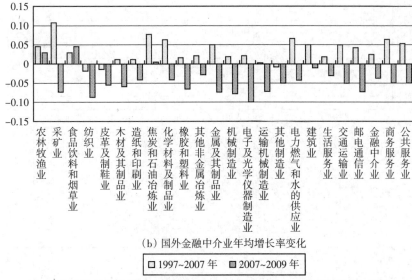

（b）国外金融中介业年均增长率变化

□ 1997~2007 年　　▨ 2007~2009 年

图 8　国内和国外金融中介业投入完全消耗系数的年均增长率变化（续）

制品业等低技术含量产业部门，也包括橡胶和塑料业、金属及其制品业、机械制造业、电子和光学设备制造业和运输机械制造业等中高技术含量产业部门。

最后，如图 9（a）所示，商务服务业总体对各产业部门投入均保持上升趋势，其中最为突出的是焦炭和石油冶炼业和化学材料及其制品业，从 1997~2007 年的涨幅分别达到 62.58%和 79.88%。从图 9（b）中我们可以发现，实际上国内商务服务业除在纺织业出现了投入上升外，在其他低技术含量产业部门投入均出现小幅下降。在中高技术含量产业部门，国内商务服务业投入上升主要出现在焦炭和石油冶炼业、化学材料及其制品业、橡胶和塑料业，而在其他产业部门均出现下降或停滞趋势，其中机械设备制造业和电子及光学设备制造业投入降幅在 1997~2007 年分别达到 15.66%和 23.63%。图 9（c）则说明国外商务服务业对中国各产业部门投入均出现大幅上升，并且在中高技术含量产业部门的投入上升幅度要快于低技术含量产业部门，其中对焦炭和石油冶炼业、化学材料及其制品业、橡胶和塑料业、其他非金属冶炼业、金属及其制品业、机械制造业和电子及光学设备制造业在 1997~2007 年的投入涨幅均在 50%以上。从商务服务业投入的绝对量来看，国内商务服务业在除化学材料及其制品业外的其他产业部门没有明显差异，国外商务服务业对中高技术含量产业部门投入明显高于低技术含量产业部门。

图 10（a）说明金融危机后国内商务服务业反弹主要集中在中高技术含量产业部门。除橡胶和塑料业外的其他所有中高技术含量产业部门投入在 2007~2009 年的这一阶段年均增长率都超过 5%。低技术含量的纺织业和皮革及制鞋业投入的年均增长率分别只有 0.71%和 0.98%。与此同时，图 10（b）表明国外商务服务业在 2007~2009 年的这一阶段发生逆转，在除食品饮料及烟草业和焦炭和石油冶炼业外的所有产业部门均发生投入的负向增长。并且国外商务服务业投入下降最快的行业既包括纺织业、皮革及制鞋业等低技术含量产

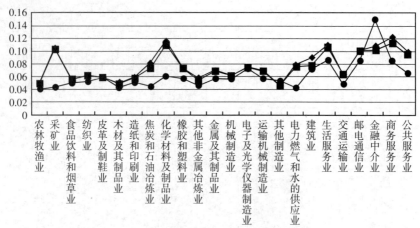

（a）商务服务业总体的完全消耗系数变化

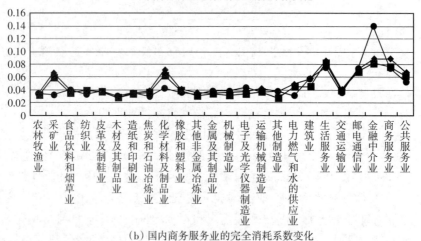

（b）国内商务服务业的完全消耗系数变化

（c）国外商务服务业的完全消耗系数变化

——●—— 1997 年　　——■—— 2007 年　　——◆—— 2009 年

图 9　商务服务业对各部门产出完全消耗系数的变化

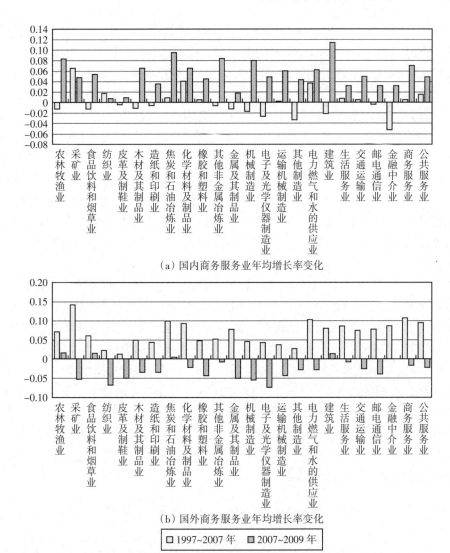

（a）国内商务服务业年均增长率变化

（b）国外商务服务业年均增长率变化

□ 1997~2007 年 ■ 2007~2009 年

图 10　国内和国外商务服务业投入完全消耗系数的年均增长率变化

业部门，也包括金属及其制品业、机械制造业和电子及光学设备制造业等中高技术含量产业部门。

通过上述分析我们发现，尽管从总体投入看交通运输业、邮电通信业、金融中介业和商务服务业四大生产服务业对各产业部门投入存在个体差异，但是在这四大生产服务业中均出现了国外投入对国内投入替代的一般趋势，且集中体现在中高技术含量产业部门。

（三）生产服务业发展的结构分解（SDA）

根据前面的分析我们发现，生产服务业对中国各产业部门投入在低技术含量产业部门保持停滞，而在除焦炭和石油冶炼业和化学材料及制品业外其他中高技术含量产业部门持续下降。在生产服务业总体投入保持停滞和下滑的同时，国外生产服务业投入对国内投入形成替代，并且替代关系集中体现在中高技术含量产业部门。

但是，生产服务业对各生产部门投入变化只是生产服务业自身发展的一个方面。正如我们在第一部分所指出的，生产服务业投入的完全消耗系数表明中国各产业部门最终产品的直接生产过程的生产服务业投入和中间品所代表的间接生产过程的生产服务业投入。无论这一生产过程发生在国内还是国外，生产服务业完全消耗系数变动只能考虑全球化下全球生产投入变动对生产服务业投入产生的影响。但是生产投入变动只是中国生产服务业发展的一个局部，而从全局考虑中国生产服务业发展的更好选择则是对中国生产服务业发展采用结构分解分析（SDA），其可以全面考虑全球化所带来的最终需求和技术变动对中国自身生产服务业发展的塑造。我们采用本文第三部分所介绍的结构分解分析方法，对中国国内生产服务业发展在 1997~2007 年、2007~2009 年和 1997~2009 年三个阶段做因素分解[1]，主要结论如下。

如表 2 所示，就 1997~2009 年的总体趋势来看，首先，在总体技术变动方面，国外最终产品生产的技术变动拉动了中国生产服务业四大产业发展，而国内最终产品生产的技术变动对中国生产服务业发展的明显促进只体现在邮电通信业。国外技术变动对交通运输业、邮电通信业、金融中介业和商务服务业发展的贡献分别达到 12.15%、5.44%、9.07% 和 12.31%。随着中国参与全球化过程的不断深入，国外产业格局调整日益倾向加强与中国的产业关联，进而体现为国外技术变动对中国生产服务业发展的有力促进。国内技术变动对这四大生产服务业发展的贡献分别为 −0.88%、9.33%、−16.40% 和 2.65%，其中只有对邮电通信业的增长拉动高于国外技术变动。中国在全球化过程中加工贸易的发展和自身重工业为主的产业格局造成对国外中间产品的进口替代了本国生产服务业的投入，因此抑制了对中国生产服务业发展的有效拉动。

表 2　1997~2009 年中国生产服务业发展的结构分解

单位：%

	交通运输业	邮电通信业	金融中介业	商务服务业
产出变化 （百万美元）	221388.5	105170.2	140654.1	245236.7
国外技术变动*	12.15	5.44	9.07	12.31
低技术制造业	0.92	0.54	1.09	1.30
中高技术制造业	3.63	1.81	3.74	3.37
国内技术变动	−0.88	9.33	−16.40	2.65
低技术制造业	−1.76	−0.98	−2.84	−0.42
中高技术制造业	−14.26	−5.32	−20.09	−0.81
国外最终需求	35.89	22.60	41.72	32.58

---

① 本文结构分解采用贡献率形式，即每个效应分别造成影响占该生产服务业部门总体产出变动的比例。

	交通运输业	邮电通信业	金融中介业	商务服务业
水平效应	26.77	18.43	30.88	26.74
混合效应	9.60	4.43	11.14	6.35
分布效应	−0.48	−0.25	−0.29	−0.51
国内最终需求	52.85	62.62	65.62	52.46
水平效应	5.04	3.47	5.81	5.03
混合效应	−2.46	21.67	−4.29	−10.16
分布效应	50.27	37.49	64.10	57.58

注：* 国外和国内技术变动包括除制造业之外其他行业的技术变动，在此并未列出。

其次，在总体最终需求变动方面，国内和国外最终需求对中国生产服务业发展有巨大的带动作用。其中国内最终需求对四大生产服务业的发展贡献分别达到 52.85%、62.62%、65.62% 和 52.46%，而国外最终需求对其发展的贡献则分别达到 35.89%、22.60%、41.72% 和 32.58%。国内和国外最终需求变动贡献的绝对量均明显高于技术变动，这也是中国高端生产服务业在进口投入替代条件下仍能继续发展的重要原因。

再次，从制造业来看，国外制造业技术变化对中国生产服务业拉动的积极作用主要集中在国外中高技术含量制造业部门。因为国外产业部门在全球化进程中的产业链布局主要集中在中高技术含量产业部门，进而国外技术变动对中国生产服务业的拉动也集中在这一领域。同时国内制造业技术变动对生产服务业发展的抑制也主要集中在国内中高技术含量产业部门。中高技术含量产业部门对交通运输业、邮电通信业、金融中介业和商务服务业的抑制分别达到−14.26%、−5.32%、−20.09% 和−0.81%，而同期低技术含量产业部门的抑制效应分别只有−1.76%、−0.98%、−2.84% 和−0.42%。

最后，从总需求划分来看，主导国内最终需求变动对生产服务业发展拉动的主要是国内最终需求的分布效应，即最终需求在不同国家之间的分布变化。这一效应对四大生产服务业的拉动分别达到 50.27%、37.49%、64.10% 和 57.58%。主导国外最终需求变动对生产服务业发展拉动的主要为国外最终需求的水平效应和混合效应，即国外最终需求总量的绝对变化和不同产业部门的相对变化。特别是国外最终需求水平效应对四大生产服务业拉动分别达到 26.77%、18.43%、30.88% 和 26.74%。

我们通过表 3 可以分阶段看到 1997~2007 年和 2007~2009 年金融危机前后两个阶段对中国生产服务业发展的因素分解。在 1997~2007 年中国生产服务业发展各因素贡献与 1997~2009 年总体趋势基本一致，但是国外技术变动和最终需求变动的贡献率高于整体趋势，而国内技术变动和最终需求变动则相对式微。具体来看，首先，除邮电通信业外，1997~2007 年国外技术变动贡献率较 1997~2009 年普遍高出 5%，而国外最终需求变动贡献率则高出 10% 左右。1997~2007 年的国内技术变动贡献率低于总体趋势，其中在金融中介业这一数值由−16.40% 变为−33.95%，商务服务业则由 2.65% 减少到−3.37%，而国内最终需求贡献率则下降 5% 到 10% 左右。其次，就制造业来看，1997~2007 年国外中高技术

经济管理学科前沿研究报告

含量制造业技术变动贡献率高于总体趋势，且比国外低技术含量制造业更明显。国内中高技术含量制造业技术变动贡献率在 1997~2007 年低于一般趋势，且比国内低技术含量制造业更显著。最后，就最终需求变动来看，1997~2007 年国外最终需求贡献率高于总体趋势集中在最终需求的水平效应和混合效应，而国内最终需求贡献率低于总体趋势部分主要在最终需求的分布效应。

表 3 1997~2009 年分阶段中国生产服务业发展的结构分解

单位：%

	1997~2007 年				2007~2009 年			
	交通运输业	邮电通信业	金融中介业	商务服务业	交通运输业	邮电通信业	金融中介业	商务服务业
产出变化（百万美元）	188880	79940.5	93870.7	190864	32507.6	25228.9	46783.6	54372.5
国外技术变动	17.26	8.36	14.43	17.80	−27.28	−6.50	−6.73	−12.14
低技术制造业	1.53	0.75	1.58	1.69	−3.61	−0.33	−0.38	−0.55
中高技术制造业	5.02	2.86	6.17	4.92	−4.48	−2.35	−2.86	−3.65
国内技术变动	−2.76	5.99	−33.95	−3.37	9.15	26.49	45.21	40.92
低技术制造业	−1.31	−1.04	−3.76	−0.38	−6.07	−0.44	0.45	0.38
中高技术制造业	−14.74	−6.59	−28.34	−2.31	1.90	5.44	13.07	13.26
国外最终需求	43.50	27.31	58.81	40.33	−15.68	−5.35	−6.46	−9.29
水平效应	29.66	20.94	40.61	31.51	−3.27	−1.57	−1.44	−2.11
混合效应	13.07	6.40	18.00	8.86	−13.58	−3.10	−4.57	−5.06
分布效应	0.77	−0.03	0.20	−0.04	1.16	−0.68	−0.46	−2.13
国内最终需求	42.01	58.34	60.71	45.24	133.82	85.37	67.98	80.51
水平效应	3.87	2.73	5.30	4.11	13.55	6.50	5.95	8.72
混合效应	−0.31	25.00	−4.00	−6.70	−24.20	−2.73	−7.96	−31.08
分布效应	38.45	30.60	59.41	47.83	144.47	81.60	69.99	102.87

虽然金融危机没有影响全球化条件下国外和国内的技术变动和最终需求变动对中国生产服务业发展贡献率的一般趋势，即 1997~2007 年和 1997~2009 年因素分解结果基本趋势一致。但是表 2 同时说明金融危机外生冲击造成 2007~2009 年这一阶段中国生产服务业发展贡献因素的逆转。具体来看，首先，金融危机导致国外最终产品生产的技术变动由对中国生产服务业发展的正向促进转为负向抑制，而国内技术变动明显促进这一阶段的生产服务业发展。国外技术变动对交通运输业、邮电通信业、金融中介业和商务服务业发展的贡献率分别只有−27.28%、−6.50%、−6.73%和−12.14%，而国内技术变动对贡献率分别达到9.15%、26.49%、45.21%和40.92%。其次，国外最终需求变动在 2007~2009 年这一阶段抑制了中国生产服务业发展，而国内最终需求变动则对生产服务业发展做出正向贡献。国内技术变动对四大生产服务业发展的贡献率分别达到133.82%、85.37%、67.98%和80.51%，而国外技术变动的贡献率完全为负。再次，在制造业方面，国外中高技术含量制造业技术

变动对中国生产服务业发展的抑制要大于低技术含量制造业，而国内中高技术含量制造业技术变动对中国生产服务业拉动要明显高于低技术含量制造业部门。最后，在 2007~2009 年国外最终需求变动对中国生产服务业的抑制主要体现在水平效应和混合效应上，而国内最终需求变动对中国生产服务业发展的促进主要是通过最终需求变动的分布效应。因此，虽然金融危机的外生冲击并没有改变 1997~2009 年中国生产服务业发展因素分解的一般趋势，但是金融危机造成的外部需求减少和贸易下降下的全球产业链暂时弱化造成这一时期国外和国内因素对中国生产服务业发展贡献率的暂时逆转，这也进一步对全球化条件下中国生产服务业发展一般趋势做出印证。

总的来说，在全球化条件下，尽管国内最终产品生产的技术变动倾向于抑制中国自身生产服务业发展，但是国外最终产品生产的技术变动和国内、国外最终需求变动都有力拉动了中国生产服务业发展。

五、结论和政策建议

本文通过对全球投入产出模型的分析，在同时考虑全球产业链关联和包含服务价值的货物贸易情况下，计算来自国内和国内生产服务业对中国各产业部门的投入变迁。同时运用结构分解分析（SDA）量化中国生产服务业发展的各主要动因，进而剖析全球化对中国生产服务业发展的塑造。我们得到如下结论。

第一，从生产服务业对各产业部门投入来看，全球化造成生产服务业总体对中国除焦炭和石油冶炼业和化学材料制品业外各产业部门投入的下降和停滞。在交通运输业、邮电通信业、金融中介业和商务服务业都出现国外投入对国内投入的替代，并且这一替代尤其出现在对生产服务业要求较高的中高技术含量产业部门。

第二，从中国生产服务业发展因素分解来看，尽管全球化条件下国内最终产品生产的技术变动倾向于抑制中国除邮电通信业之外生产服务业发展，但是国外最终产品生产，尤其是中高技术含量产业部门的技术变动、国内和国外最终需求变动都有力促进中国自身生产服务业增长。其中国内最终需求变动的贡献主要在最终需求在不同国家间的分布变化，而国外最终需求变动的贡献主要在国外最终需求总量的变化和部门间的相对变化。

通过本文研究，我们对中国生产服务业未来发展提出以下几点政策建议，首先，中国生产服务业很难在封闭条件下发展，应当进一步加快服务业对外开放。根据世界银行服务贸易限制数据库（STRD），中国在金融、电信和专业服务业领域限制均远高于美国、欧盟和日本等发达经济体①。但是服务贸易领域限制并没有真正促进中国生产服务业发展，国外生产服务业投入对本国的替代更多通过 WTO 框架下包含服务价值的中间品货物贸易。中国生产服务业无法通过全球竞争和技术溢出实现效率提升和服务创新，而生产服务业对各产业部门投入不断下降。加快对外开放是促进中国生产服务业发展最有效的方式。在具体措施上，应当通过自由贸易区的建立，积极参与 TPP 和 FTA 等自由贸易协定努力放宽服务贸易的准入和投资限制，促进中国自身生产服务业的效率提升。同时鼓励和便利服务业领域外商直接投资，形成继制造业投资后外部投资新的增长点。

其次，继续促进货物贸易出口和国内最终需求增长，支持中国生产服务业未来发展。国外技术变动和最终需求拉动主要依靠包含中国服务价值的货物出口增长，而非直接出口。2007 年中国生产服务业出口占总产出比重只有 8.09%，而制造业的这一数值达到 19.57%②。通过与全球产业链的深度融合促进中国货物贸易出口，发挥国外技术和最终需求变动对中国生产服务业的拉动作用。而包括投入和消费的国内最终需求在全球化趋势中对中国生产服务业的促进不断加强。通过促进居民消费、优化投资结构，既拉动生产服务业总量上升，又同时带动生产服务业本地化进程，加速服务中国产业部门生产。

再次，破除服务业领域国有企业垄断，优化中国生产服务业发展的内部环境。全球化趋势下国外生产服务业对本国投入的替代，既是全球产业链布局下中国比较优势发挥的结果，又同时受国内服务业领域国有企业垄断的严重影响。袁志刚和邵挺（2010）发现民营资本很难进入交通运输业和邮电通信业这类自然垄断行业和银行业这类行政垄断行业。2007 年民营资本在邮政业、电信业、航空运输业、铁路运输业和银行业投资占比分别只有 9.85%、1.52%、1.7%、0.74%和 3.21%。国有企业在生产服务业领域的垄断造成行业服务效率低下，进一步恶化国外生产服务业对国内投入的替代。只有破除国有企业垄断，在对外服务业开放的同时对内鼓励民营资本参与和竞争，才能缓解产业部门以国外中间品代替生产服务业直接投入的趋势。

最后，通过教育和职业技能培训加快人力资本积累，形成中国在技术和人才密集型行业比较优势。现阶段中国对低技能劳动力资源的依赖造成其处于全球产业价值链低端，人力资本缺失导致生产服务业发展缺乏国际竞争力。世界投入产出数据库（WIOD）社会经济账户显示中国在技能密集型服务业中高技能劳动力支出占比远低于美国、日本和韩国等发达经济体。2007 年中国金融中介业和租赁及商务活动中高技能劳动力支出占比分别只有 27.9%和 31.3%，而美国、日本和韩国的这一占比分别为 66.9%和 65.5%、65.1%和 50.5%、60.4%和 78.1%。随着中国老龄化问题的不断加剧，低技能劳动力比较优势的丧失将使中国加快自身产业升级，实现向全球产业价值链上游的迁移。教育和人力资本积累会

---

① 世界银行服务贸易限制数据库（STRD）中，中国的服务贸易限制指数为 36.6，而美国、欧盟和日本的这一指数分别为 17.7、26.1 和 23.4，并且中国的服务贸易限制在金融、电信和专业服务上更为突出。详细请参阅 Borchert、Gootiiz 和 Mattoo（2012）。

② 资料来源：世界投入产出数据库（WIOD）。

提高生产服务业的竞争力和服务效率，扭转国内产业部门单纯依赖中间产品进口的生产模式，加快产业升级步伐。

参考文献

［1］Altomonte, C., Di Mauro, F., Ottaviano, G., Rungi, A. and Vicard, V.. Global Value Chains during the Great Trade Collapse: A Bullwhip Effect? ［Z］. Rivista Italiana Degli Economisti Working Paper Series, No. 1412, 2013.

［2］Browning, H. L. and Singelmann, J.. The Emergence of a Service Society: Demographic and Sociological Aspects of the Sectoral Transformation of the Labor Force in the U. S.A. Springfield ［Z］. National Technical Information Service, 1975.

［3］Buera, F. J. and Kaboski, J. P.. The Rise of the Service Economy ［J］. The American Economic Review, 2012, 102 (6): 2540-2569.

［4］Borchert, I., Gootiiz, B. and Mattoo, A.. Guide to the Services Trade Restrictions Database ［Z］. World Bank Policy Research Working Paper Series, No.6108, 2012.

［5］Bems, R., Johnson, R. C. and Yi, K. M.. Vertical Linkages and the Collapse of Global Trade ［J］. The American Economic Review, 2011, 101 (3): 308-317.

［6］Baldwin, R. and Lopez-Gonzalez, J.. Supplychain Trade: A Portrait of Global Patterns and Several Testable Hypotheses ［J］. National Bureau of Economic Research Working Paper, No. w18957, 2013.

［7］Baumol, W. J.. Macroeconomics of Unbalanced Growth: The Anatomy of Urban Crisis ［J］. The American Economic Review, 1967, 57 (3): 415-426.

［8］Chenery, H. B., Clark, P. G. and Cao-Pinna, eds.. The Structure and Growth of the Italian Economy ［M］. Greenwood Press, 1953.

［9］Cheung, C. and Guichard, S.. Understanding the World Trade Collapse ［M］. OECD Economics Department Working Papers, No.729, 2009.

［10］Cattaneo, O., Gereffi, G. and Staritz, C., eds.. Global Value Chains in a Postcrisis World: A Development Perspective ［M］. World Bank Publications, 2010.

［11］Coffey, W. J. and Bailly, A. S.. Producer Services and Flexible Production: An Exploratory Analysis ［J］. Growth and Change, 1991, 22 (4): 95-117.

［12］Coffey, W. J. and Polèse, M.. Producer Services and Regional Development: A Policy Oriented Perspective ［J］. Papers of the Regional Science Association, 1989, 67 (1): 13-27.

［13］Dean, J., Fung, K. C. and Wang, Z.. Measuring the Vertical Specialization in Chinese Trade ［J］. U.S. International Trade Commission Office of Economics Working Paper, No. 2007-01-A, 2007.

［14］Daniels, P. W.. Service Industries: A Geographical Appraisal ［M］. London: Methuen, 1985.

［15］Evenett, S. J., Hoekman, B. M. and Cattaneo, O., eds.. Effective Crisis Response and Openness: Implications for the Trading System ［M］. Centre for Economic Policy Research, 2009.

［16］Escaith, H.. Measuring Trade in Value Added in the New Industrial Economy: Statistical Implications ［M］. MPRA Working Papers, No. 14454, 2008.

［17］Escaith, H., Lindenberg, N. and Miroudot, S.. International Supply Chains and Trade Elasticity in Times of Global Crisis ［M］. World Trade Organization Economic Research and Statistics Division Staff Working

Paper, ERSD-2010-08, 2010.

[18] Francois, J., Manchin, M. and Tomberger, P.. Services Linkages and the Value Added Content of Trade [M]. World Bank Policy Research Working Paper, No. 6432, 2011.

[19] Grubel, H. G.. All Traded Services are Embodied in Materials or People [J]. The World Economy, 1987, 10 (3): 319-330.

[20] Guerrieri, P. and Meliciani, V.. Technology and International Competitiveness: The Interdependence between Manufacturing and Producer Services [J]. Structural Change and Economic Dynamics, 2005, 16 (4): 489-502.

[21] Hummels, D., Ishii, J. and Yi, K. M.. The Nature and Growth of Vertical Specialization in World Trade [J]. Journal of International Economics, 2001, 54 (1): 75-96.

[22] Hansen, N.. Do Producer Services Induce Regional Economic Development? [J]. Journal of Regional Science, 1990, 30 (4): 465-476.

[23] Hansen, N.. The Strategic Role of Producer Services in Regional Development [J]. International Regional Science Review, 1994, 16 (1-2): 187-195.

[24] Hatzichronoglou, T.. Revision of the High-Technology Sector and Product Classification [M]. OECD Science, Technology and Industry Working Papers, No. 1997/02, 1997.

[25] Inomata, S. and Uchida, Y., eds.. Asia Beyond the Crisis: Visions from the International Input-Output Analyses [M]. Institute of Developing Economies Working Paper, 2010.

[26] Johnson, R. C. and Noguera, G.. Fragmentation and Trade in Value Added over Four Decades [M]. NBER Working Paper, No.18186, 2012.

[27] Kakaomerlioglu, D. C. and Carlsson, B.. Manufacturing In Decline? A Matter of Definition [J]. Economics of Innovation and New Technology, 1999, 8 (3): 175-196.

[28] Kawai, M. and Takagi, S.. Why was Japan Hit so Hard by the Global Financial Crisis? [M]. Asian Development Bank Institute Working Paper Series, No.153, 2009.

[29] Leontief, W. and Strout, A.. Multi-regional Input-output Analysis [M]. in Barna, T., eds., Multi-regional Input-output Analysis. Structural Inter Dependence and Economic Development, London: McMillan, 1963.

[30] Lemoine, F. and Ünal, D.. Scanning the Ups and Downs of China's Trade Imbalances [M]. CEPII Working Paper Series, No. 2012-14, 2012.

[31] Lundquist, K. J., Olander, L. O. and Henning, M. S.. Producer Services: Growth and Roles in Long Term Economic Development [J]. The Service Industries Journal, 2008, 28 (4): 463-477.

[32] Moses, L. N.. The Stability of Interregional Trading Patterns and Input-Output Analysis [J]. The American Economic Review, 1995, 45: 803-832.

[33] Martinelli, F.. A Demand-oriented Approach to Understanding Producer Services [M]. in Daniels P. W. and Moulaert, F., eds., The Changing Geography of Advanced Producer Services, London: Belhaven Press, 1991.

[34] MacPherson, A.. The Role of Producer Service Outsourcing in the Innovation Performance of New York State Manufacturing Firms [J]. Annals of the Association of American Geographers, 1997, 87 (1): 52-71.

[35] Markusen, J. R.. Trade in Producer Services and in Other Specialized Intermediate Inputs [J]. The America Economic Review, 1989, 79 (1): 85-95.

［36］Miller，R. E. and Blair，P. D.. Input Output Analysis：Foundations and Extensions ［M］. Cambridge University Press，2009.

［37］Rowthorn，R. and Ramaswamy，R.. Growth，Trade and Deindustrialization ［M］. IMF Staff Papers，1999，46：1.

［38］Sturgeon，T. J. and Kawakami，M.. Global Value Chains in the Electronics Industry：Was the Crisis a Window of Opportunity for Developing Countries? ［M］. World Bank Publications，2010.

［39］Subramanian，A. and Kessler，M.. The Hyperglobalization of Trade and its Future ［M］. Peterson Institute for International Economics Working Paper，No. WP13-7，2013.

［40］Timmer，M. et al.. The World Input-Output Da tabase（WIOD）：Contents，Sources and Methods ［M］. WIOD Working Paper Series，No.10，2012.

［41］Vries，G. J. D.，Stehrer，R.，Los，B.，Erumban，A. A. and Timmer，M.. Slicing Up Global Value Chains ［M］. Groningen Growth and Development Centre Working Paper，No. GD-135，2013.

［42］Zinabou，G.. East Asian Value Chains and the Global Financial Crisis ［M］. Foreign Affairs and International Trade Canada Analytic Paper Series，No.008，2010.

［43］北京大学中国经济研究中心（CCER）课题组：《中国出口贸易中的垂直专门化与中美贸易》，《世界经济》2006 年第 5 期。

［44］程大中：《中国生产性服务业的水平、结构及影响——基于投入—产出法的国际比较研究》，《经济研究》2008 年第 1 期。

［45］程大中：《中国生产者服务业的增长、结构变化及其影响——基于投入产出法的分析》，《财贸经济》2006 年第 10 期。

［46］江静、刘志彪：《世界工厂的定位能促进中国生产性服务业发展吗》，《经济理论与经济管理》2010 年第 3 期。

［47］江小涓、李辉：《服务业与中国经济：相关性和加快增长的潜力》，《经济研究》2008 年第 1 期。

［48］江小涓：《服务业增长：真实含义、多重影响和发展趋势》，《经济研究》2011 年第 4 期。

［49］黄莉芳：《中国生产性服务业嵌入制造业关系研究——基于投入产出表的实证分析》，《中国经济问题》2011 年第 1 期。

［50］刘瑞翔、姜彩楼：《从投入产出视角看中国能耗加速增长现象》，《经济学（季刊）》2011 年第 2 期。

［51］袁志刚、邵挺：《国有企业的历史地位、功能及其进一步改革》，《学术月刊》2010 年第 1 期。

［52］杨玲：《美国生产者服务业的变迁及启示——基于 1997 年、2002 年、2007 年投入产出表的实证研究》，《经济与管理研究》2009 年第 9 期。

［53］张友国：《中国贸易含碳量及其影响因素——基于进口非竞争型投入产出表的分析》，《经济学（季刊）》2010 年第 4 期。

［54］张琰：《生产服务业创新问题研究——基于产业链协同创新的视角》，复旦大学出版社 2012 年版。

附　录

附录 1：世界投入产出数据库（WIOD）包括国家和地区，如附表 1 所示。

附表 1　世界投入产出数据库（WIOD）包含国家和地区

地区	国家		地区	国家
欧盟	奥地利	拉脱维亚	北美	加拿大
	比利时	立陶宛		美国
	保加利亚	卢森堡	拉丁美洲	巴西
	塞浦路斯	马耳他		墨西哥
	捷克	荷兰	亚洲环太平洋	中国
	丹麦	波兰		印度
	爱沙尼亚	葡萄牙		日本
	芬兰	罗马尼亚		韩国
	法国	斯洛伐克		澳大利亚
	德国	斯洛文尼亚		中国台湾
	希腊	西班牙		土耳其
	爱尔兰	瑞典		印度尼西亚
	意大利	英国		俄罗斯
世界其他地区	世界其他地区			

附录 2：生产服务业总体、交通运输业、邮电通信业、金融中介业以及商务服务业的完全消耗系数详细情况（保留三位小数），如附表 2、附表 3、附表 4、附表 5 和附表 6 所示。

附表 2　国内和国外生产服务业完全消耗系数的变迁

	生产服务业总体			国内生产服务业			国外生产服务业		
	1997 年	2007 年	2009 年	1997 年	2007 年	2009 年	1997 年	2007 年	2009 年
农林牧渔业	0.111	0.128	0.140	0.094	0.095	0.106	0.017	0.033	0.034
采矿业	0.196	0.336	0.335	0.169	0.243	0.253	0.027	0.093	0.083
食品饮料和烟草业	0.146	0.149	0.157	0.124	0.112	0.119	0.022	0.037	0.038
纺织业	0.172	0.176	0.166	0.128	0.124	0.122	0.044	0.053	0.045
皮革及制鞋业	0.178	0.168	0.161	0.131	0.115	0.114	0.046	0.053	0.047
木材及其制品业	0.173	0.165	0.169	0.140	0.116	0.124	0.033	0.049	0.045
造纸和印刷业	0.188	0.168	0.168	0.150	0.113	0.117	0.038	0.055	0.051
焦炭和石油冶炼业	0.227	0.275	0.292	0.172	0.134	0.152	0.055	0.141	0.140

续表

	生产服务业总体			国内生产服务业			国外生产服务业		
	1997 年	2007 年	2009 年	1997 年	2007 年	2009 年	1997 年	2007 年	2009 年
化学材料及制品业	0.223	0.315	0.327	0.178	0.206	0.224	0.045	0.109	0.103
橡胶和塑料业	0.210	0.209	0.208	0.160	0.131	0.138	0.050	0.078	0.070
其他非金属冶炼业	0.235	0.194	0.209	0.202	0.143	0.160	0.032	0.050	0.049
金属及其制品业	0.281	0.243	0.230	0.237	0.157	0.154	0.044	0.086	0.076
机械制造业	0.220	0.172	0.178	0.177	0.108	0.121	0.043	0.064	0.057
电子及光学仪器制造业	0.234	0.195	0.188	0.173	0.106	0.113	0.061	0.089	0.075
运输机械制造业	0.220	0.166	0.170	0.173	0.105	0.114	0.047	0.062	0.055
其他制造业	0.185	0.138	0.139	0.149	0.095	0.099	0.036	0.043	0.040
电力燃气及水的供应业	0.206	0.250	0.262	0.177	0.180	0.196	0.029	0.070	0.066
建筑业	0.245	0.306	0.340	0.209	0.231	0.264	0.036	0.075	0.076
生活服务业	0.231	0.264	0.270	0.206	0.218	0.226	0.025	0.046	0.045
生产服务业	0.269	0.271	0.284	0.240	0.209	0.226	0.030	0.062	0.058
公共服务业	0.243	0.274	0.285	0.210	0.200	0.216	0.033	0.074	0.070

附表 3　国内和国外交通运输业完全消耗系数的变迁

	交通运输业总体			国内交通运输业			国外交通运输业		
	1997 年	2007 年	2009 年	1997 年	2007 年	2009 年	1997 年	2007 年	2009 年
农林牧渔业	0.041	0.044	0.045	0.036	0.035	0.036	0.005	0.009	0.009
采矿业	0.084	0.134	0.127	0.075	0.108	0.104	0.008	0.026	0.023
食品饮料和烟草业	0.053	0.055	0.054	0.046	0.045	0.044	0.006	0.010	0.010
纺织业	0.057	0.057	0.050	0.046	0.043	0.039	0.011	0.014	0.011
皮革及制鞋业	0.057	0.056	0.051	0.045	0.042	0.039	0.012	0.015	0.013
木材及其制品业	0.071	0.066	0.064	0.061	0.052	0.051	0.010	0.015	0.013
造纸和印刷业	0.069	0.058	0.055	0.059	0.044	0.042	0.010	0.014	0.012
焦炭和石油冶炼业	0.107	0.129	0.130	0.082	0.062	0.064	0.025	0.067	0.066
化学材料及制品业	0.087	0.110	0.108	0.073	0.077	0.077	0.013	0.033	0.031
橡胶和塑料业	0.077	0.073	0.069	0.064	0.051	0.050	0.013	0.022	0.019
其他非金属冶炼业	0.112	0.077	0.078	0.102	0.062	0.064	0.010	0.015	0.014
金属及其制品业	0.107	0.086	0.077	0.094	0.062	0.057	0.013	0.024	0.021
机械制造业	0.074	0.058	0.058	0.063	0.042	0.043	0.012	0.016	0.014
电子及光学仪器制造业	0.076	0.053	0.050	0.061	0.033	0.033	0.015	0.020	0.017
运输机械制造业	0.075	0.052	0.051	0.063	0.037	0.037	0.012	0.015	0.013
其他制造业	0.067	0.048	0.046	0.057	0.037	0.036	0.010	0.011	0.010
电力燃气及水的供应业	0.088	0.066	0.064	0.078	0.046	0.046	0.010	0.020	0.018
建筑业	0.090	0.139	0.145	0.079	0.118	0.124	0.011	0.021	0.021
生活服务业	0.056	0.086	0.083	0.048	0.075	0.073	0.007	0.011	0.010
交通运输业	0.146	0.129	0.124	0.129	0.107	0.103	0.018	0.022	0.020

经济管理学科前沿研究报告

	交通运输业总体			国内交通运输业			国外交通运输业		
	1997年	2007年	2009年	1997年	2007年	2009年	1997年	2007年	2009年
邮电通信业	0.046	0.057	0.056	0.038	0.041	0.042	0.008	0.016	0.014
金融中介业	0.049	0.038	0.038	0.043	0.030	0.030	0.006	0.008	0.007
商务服务业	0.061	0.061	0.063	0.053	0.043	0.046	0.008	0.018	0.016
公共服务业	0.091	0.079	0.078	0.080	0.057	0.058	0.011	0.021	0.020

附表4 国内和国外邮电通信业完全消耗系数的变迁

	邮电通信业总体			国内邮电通信业			国外邮电通信业		
	1997年	2007年	2009年	1997年	2007年	2009年	1997年	2007年	2009年
农林牧渔业	0.004	0.012	0.013	0.003	0.009	0.010	0.001	0.003	0.003
采矿业	0.018	0.023	0.023	0.016	0.015	0.017	0.002	0.008	0.007
食品饮料和烟草业	0.006	0.011	0.011	0.005	0.007	0.008	0.001	0.003	0.003
纺织业	0.011	0.014	0.014	0.008	0.010	0.010	0.003	0.005	0.004
皮革及制鞋业	0.014	0.015	0.014	0.011	0.010	0.010	0.003	0.005	0.004
木材及其制品业	0.010	0.012	0.013	0.008	0.008	0.009	0.002	0.004	0.004
造纸和印刷业	0.010	0.012	0.012	0.007	0.007	0.008	0.003	0.005	0.004
焦炭和石油冶炼业	0.015	0.020	0.021	0.012	0.011	0.012	0.003	0.009	0.009
化学材料及制品业	0.013	0.025	0.026	0.010	0.016	0.018	0.003	0.009	0.008
橡胶和塑料业	0.014	0.015	0.016	0.011	0.009	0.010	0.003	0.006	0.006
其他非金属冶炼业	0.013	0.013	0.014	0.011	0.009	0.010	0.002	0.004	0.004
金属及其制品业	0.024	0.027	0.026	0.021	0.019	0.019	0.003	0.008	0.007
机械制造业	0.019	0.015	0.016	0.016	0.010	0.011	0.003	0.005	0.005
电子及光学仪器制造业	0.017	0.018	0.018	0.013	0.011	0.011	0.004	0.007	0.007
运输机械制造业	0.020	0.013	0.013	0.017	0.008	0.009	0.003	0.005	0.005
其他制造业	0.014	0.012	0.012	0.012	0.008	0.009	0.002	0.004	0.004
电力燃气和水的供应业	0.012	0.022	0.023	0.010	0.016	0.017	0.002	0.006	0.006
建筑业	0.024	0.033	0.039	0.021	0.026	0.031	0.003	0.008	0.008
生活服务业	0.012	0.019	0.019	0.010	0.015	0.016	0.002	0.004	0.004
交通运输业	0.013	0.024	0.025	0.010	0.018	0.020	0.003	0.006	0.005
邮电通信业	0.007	0.049	0.050	0.005	0.041	0.042	0.002	0.008	0.007
金融中介业	0.016	0.037	0.039	0.015	0.032	0.034	0.001	0.005	0.005
商务服务业	0.013	0.019	0.021	0.011	0.013	0.015	0.002	0.006	0.006
公共服务业	0.027	0.039	0.040	0.025	0.031	0.033	0.002	0.008	0.007

附表 5　国内和国外金融中介业完全消耗系数的变迁

	金融中介业总体			国内金融中介业			国外金融中介业		
	1997 年	2007 年	2009 年	1997 年	2007 年	2009 年	1997 年	2007 年	2009 年
农林牧渔业	0.027	0.028	0.032	0.023	0.022	0.026	0.004	0.006	0.006
采矿业	0.052	0.077	0.081	0.046	0.060	0.067	0.006	0.017	0.014
食品饮料和烟草业	0.038	0.031	0.034	0.033	0.024	0.027	0.005	0.006	0.007
纺织业	0.054	0.042	0.041	0.042	0.032	0.033	0.012	0.010	0.008
皮革及制鞋业	0.049	0.036	0.037	0.037	0.027	0.028	0.011	0.010	0.009
木材及其制品业	0.051	0.039	0.042	0.043	0.030	0.034	0.008	0.009	0.008
造纸和印刷业	0.059	0.040	0.041	0.050	0.029	0.032	0.009	0.010	0.009
焦炭和石油冶炼业	0.061	0.054	0.061	0.050	0.031	0.038	0.011	0.023	0.023
化学材料及制品业	0.064	0.070	0.076	0.054	0.051	0.059	0.010	0.019	0.018
橡胶和塑料业	0.063	0.047	0.049	0.051	0.033	0.037	0.012	0.014	0.013
其他非金属冶炼业	0.066	0.051	0.058	0.059	0.042	0.050	0.007	0.009	0.009
金属及其制品业	0.097	0.058	0.057	0.087	0.041	0.043	0.010	0.017	0.014
机械制造业	0.072	0.037	0.040	0.062	0.025	0.030	0.010	0.012	0.010
电子及光学仪器制造业	0.071	0.046	0.046	0.056	0.028	0.031	0.014	0.018	0.014
运输机械制造业	0.069	0.034	0.036	0.058	0.022	0.026	0.011	0.011	0.010
其他制造业	0.052	0.031	0.033	0.043	0.023	0.025	0.009	0.008	0.007
电力燃气和水的供应业	0.068	0.085	0.093	0.062	0.073	0.082	0.006	0.012	0.011
建筑业	0.059	0.056	0.067	0.052	0.043	0.054	0.008	0.013	0.013
生活服务业	0.079	0.053	0.057	0.074	0.046	0.051	0.005	0.006	0.006
交通运输业	0.061	0.086	0.093	0.055	0.076	0.084	0.007	0.011	0.010
邮电通信业	0.041	0.039	0.042	0.035	0.029	0.034	0.007	0.010	0.009
金融中介业	0.147	0.077	0.085	0.143	0.071	0.080	0.004	0.005	0.005
商务服务业	0.070	0.067	0.076	0.064	0.055	0.066	0.006	0.012	0.011
公共服务业	0.058	0.061	0.066	0.051	0.049	0.055	0.007	0.012	0.011

附表 6　国内和国外商务服务业完全消耗系数的变迁

	商务服务业总体			国内商务服务业			国外商务服务业		
	1997 年	2007 年	2009 年	1997 年	2007 年	2009 年	1997 年	2007 年	2009 年
农林牧渔业	0.040	0.044	0.050	0.033	0.029	0.034	0.008	0.015	0.016
采矿业	0.044	0.103	0.105	0.032	0.061	0.067	0.011	0.042	0.038
食品饮料和烟草业	0.050	0.053	0.058	0.040	0.036	0.040	0.010	0.017	0.018
纺织业	0.053	0.064	0.061	0.033	0.040	0.040	0.019	0.024	0.021
皮革及制鞋业	0.059	0.061	0.059	0.039	0.037	0.038	0.020	0.024	0.021
木材及其制品业	0.042	0.048	0.050	0.030	0.027	0.030	0.013	0.021	0.020
造纸和印刷业	0.052	0.059	0.060	0.035	0.033	0.035	0.017	0.026	0.024
焦炭和石油冶炼业	0.046	0.075	0.082	0.029	0.032	0.039	0.017	0.043	0.043
化学材料及制品业	0.062	0.111	0.117	0.042	0.063	0.072	0.019	0.048	0.046

	商务服务业总体			国内商务服务业			国外商务服务业		
	1997 年	2007 年	2009 年	1997 年	2007 年	2009 年	1997 年	2007 年	2009 年
橡胶和塑料业	0.058	0.073	0.074	0.036	0.038	0.042	0.022	0.035	0.032
其他非金属冶炼业	0.046	0.053	0.059	0.033	0.031	0.037	0.013	0.022	0.022
金属及其制品业	0.057	0.072	0.070	0.039	0.035	0.036	0.018	0.037	0.034
机械制造业	0.057	0.062	0.064	0.037	0.032	0.037	0.019	0.030	0.027
电子及光学仪器制造业	0.073	0.077	0.075	0.045	0.034	0.038	0.028	0.043	0.037
运输机械制造业	0.057	0.068	0.070	0.037	0.038	0.043	0.021	0.030	0.028
其他制造业	0.053	0.047	0.048	0.038	0.027	0.030	0.015	0.020	0.019
电力燃气和水的供应业	0.042	0.076	0.081	0.031	0.045	0.051	0.012	0.031	0.030
建筑业	0.073	0.079	0.091	0.057	0.046	0.057	0.015	0.033	0.034
生活服务业	0.087	0.106	0.111	0.076	0.082	0.087	0.011	0.024	0.024
交通运输业	0.047	0.062	0.065	0.036	0.038	0.042	0.011	0.024	0.022
邮电通信业	0.087	0.100	0.103	0.072	0.069	0.074	0.015	0.031	0.029
金融中介业	0.150	0.103	0.109	0.141	0.083	0.088	0.009	0.021	0.021
商务服务业	0.086	0.113	0.123	0.073	0.077	0.089	0.013	0.036	0.035
公共服务业	0.066	0.096	0.100	0.053	0.063	0.069	0.013	0.033	0.032

中国城镇居民服务消费需求弹性研究 *
——基于 QUAIDS 模型的分析

张颖熙

【摘　要】随着收入的上涨，我国城镇居民家庭的消费水平日益提高，消费结构不断改善。本文通过运用非线性近似完美需求系统（QUAIDS模型）模拟中国城镇居民家庭服务消费需求弹性特征。实证结果表明，以"交通、通信、医疗保健、文化娱乐"为代表的服务消费富于弹性，而以"家庭服务、教育、居住"为代表的服务消费缺乏弹性。这说明，随着收入水平的提高，城镇居民家庭在交通、通信、医疗保健和文化娱乐领域的支出会明显增加。从区域比较来看，我国东中西三大区域的服务消费支出弹性存在一定差异，并且这种差异主要体现在"家庭服务、教育和居住"领域。此外，价格是影响城镇居民服务消费的重要因素，特别是家庭服务和医疗保健服务类支出的价格敏感性最强。结合我国城镇居民服务消费需求特点与变动趋势，建议未来扩大内需、提高居民消费水平的重点应从增加购买力、完善社会保障、改善消费环境等方面来着手。

【关键词】服务消费；近似理想需求系统；支出弹性；价格弹性

一、引言及文献综述

中共十八大报告明确提出，以改善需求结构、优化产业结构、促进区域协调发展、推进城镇化为重点，着力解决制约经济持续、健康发展的重大结构性问题。所谓需求结构改善，一方面是指提升消费占经济总量的比重，另一方面是指区域和城乡结构差异逐步缩小。随着城乡居民收入水平日益提高，消费需求也将从基本需求型为主向发展型和享受型

* 基金项目：国家社科基金"新型城镇化背景下扩大服务消费制度联动研究"（13CJL046）；国家自然基金"服务消费增长的动力机制及实证研究"（71373212）。
本文作者：张颖熙，中国社会科学院财经战略研究院副研究员、中国科学院地理科学与资源研究所博士后。
本文引自《财贸经济》2014 年第 5 期。

为主转变，即生活必需品消费比重逐步下降，以服务性消费为代表的中高端消费比重不断提高。当前，在面临经济结构转型的巨大压力下，我国宏观调控政策应适当转向需求角度，积极释放并合理引导居民的服务消费需求，提高服务消费比重。这不仅对扩大内需起到重要的推动作用，而且有利于促进就业、优化三次产业结构，有利于缓解经济发展的能源和资源的瓶颈制约，更是促进经济社会和人协调发展的必然要求。

本文以中国城镇居民家庭服务消费行为作为研究对象，利用实证方法考察服务消费对价格和收入等经济变量的反应机制，探讨影响城镇居民服务消费行为的主要因素，把握城镇居民服务消费结构特点和变化趋势，为宏观经济政策的制定提供微观的经济分析基础和指导。

综观国内外相关文献，近似理想需求系统模型（Almost Ideal Demand System，AIDS）在研究消费需求领域已被学术界认可并广泛应用。然而 AIDS 模型也有一定的局限性，因为它的前提假设是恩格尔曲线为线性。为此，许多学者对这个前提假设提出了质疑，认为商品消费支出份额与总消费支出之间应该存在着更为一般的非线性函数关系（Atkinson et al.，1990；Lewbel，1991；Hausman et al.，1995）。Banks 等（1997）对 AIDS 模型进行了扩展，并在其基础上增加了一个二次项，称为二次型近似理想需求系统（Quadratic Almost Ideal Demand System，QUAIDS）。近年来，国内外学者利用 QUAIDS 模型做了大量的应用研究（Abdulai，2002；Gould and Villarreal，2006；Lambert et al.，2006；Obayelu et al.，2009；赵伟，2007；吴蓓蓓等，2012；张玉梅等，2012；马训舟等，2012）。这些研究主要集中在食品消费需求领域，而在服务消费需求领域的应用尚属空白。为此，本文拟从时间和空间角度考察城镇居民的服务消费需求特征，并以家庭服务、医疗保健、交通、通信、教育、文化娱乐和居住七大类服务消费为研究对象，利用 1995~2010 年的省级面板数据，运用 QUAIDS 方法建立中国城镇居民服务消费需求系统，估算并比较东部、中部和西部三大区域城镇居民在不同时期对各种服务消费的支出弹性和需求价格弹性，定量分析收入和价格因素对城镇居民服务消费需求的影响机制。[①]

二、典型事实

（一）服务消费支出的总量特征

从服务消费支出总量来看，1995 年以来，我国城镇居民家庭服务消费支出持续上升，到 2010 年人均服务消费支出达 3519.9 元，是 1995 年的六倍多；从支出比重看，服务消

[①] 根据国家统计局分类标准，东部地区包括北京、天津、河北、辽宁、上海、江苏、浙江、福建、山东、广东和海南 11 个省份；中部地区包括山西、吉林、黑龙江、安徽、江西、河南、湖北和湖南 8 个省份；西部地区包括内蒙古、四川、重庆、贵州、云南、广西、西藏、陕西、甘肃、青海、宁夏和新疆 12 个省份。

费支出占总消费支出比重总体呈上升趋势,特别是"九五"时期(1996~2000 年)上升最快,服务消费支出比重提高了近 10 个百分点,但进入"十一五"时期(2001~2005 年)以来,服务消费比重趋向平稳且略有下降,到 2010 年,城镇居民家庭服务消费支出比重为 26.1%(见图 1)。

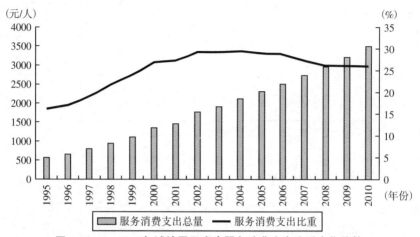

图 1　1995~2010 年城镇居民家庭服务消费支出比重变化趋势

资料来源:《中国价格及城市居民家庭收支调查统计年鉴》(1996~2005 年)和《中国城市(镇)生活与价格年鉴》(2006~2011 年)。

(二)服务消费支出的结构特征

从服务消费支出结构来看,"九五"时期以来,随着城镇居民收入的不断提高,人们生活水平日益改善,各项人均服务消费量稳步增加,到"十一五"末期(2010 年),7 大服务消费性支出,即家庭服务、医疗保健、交通、通信、教育、文化娱乐和居住的年人均消费额为 60.3 元、871.8 元、378.9 元、624.9 元、603.6 元、559.3 元和 421.2 元,占总服务性消费支出的份额分别为 1.7%、24.8%、10.8%、17.8%、17.1%、15.8%和 12%。其中,医疗保健消费在居民服务消费支出中所占份额最高,达 24.8%,家庭服务所占比重很小,只有 1.7%。

从"九五"到"十一五"期间消费结构的动态变化趋势来看(见表 1),城镇居民消费结构不断优化,即必需品性质的消费比重相对下降,而健康娱乐等奢侈型消费比重相对增加。具体来说,医疗保健、交通、通信和文化娱乐服务消费支出份额呈持续上升趋势,其中,通信服务支出比重上升最快,相比"九五"时期,"十一五"期间通信服务支出比重提高了 5.7 个百分点,医疗保健、交通、文化娱乐的支出比重则分别提升了 3.5 个、3.0个、2.8 个百分点;而家庭服务、教育和居住消费占城镇居民家庭服务消费支出比重则呈持续下降趋势,其中,教育和居住支出比重下降幅度较大,相比"九五"时期,"十一五"期间教育支出、居住支出分别下降了 7.0 个、5.8 个百分点,家庭服务消费支出比重下降了 2 个百分点。另外，从时间维度来看，"十五"期间的通信消费、"十一五"期间的文化娱乐消费的比重增加较快，分别增加了 5.2 个、4 个百分点。

表 1　1996~2010 年城镇居民家庭服务消费支出结构

单位：元/人、%

年份	家庭服务		医疗保健		交通		通信		教育		文化娱乐		居住	
	消费额	比重	消费额	比重	消费额	比重	消费额	比重	消费额	比重	消费额	比重	消费额	比重
1996~2000	34.7	3.6	218.4	22.1	77.4	7.9	123.7	11.9	257.1	26.4	99.7	10.5	168.7	17.5
2001~2005	33.7	1.8	475.7	24.6	181.0	9.3	330.6	17.1	477.4	25.1	180.7	9.3	242.6	12.9
2006~2010	48.6	1.6	766.8	25.6	327.2	10.9	526.3	17.6	573.3	19.4	402.9	13.3	350.1	11.7
平均值 1996~2010	38.4	2.4	470.5	24.0	187.4	9.3	315.1	15.4	427.8	23.9	217.4	10.9	248.1	14.1

资料来源：同图 1。

（三）服务消费支出的区域特征

一方面，从各项服务消费支出总量来看（见表 2），"九五"时期以来，三大区域城镇居民各项服务消费支出总量均稳步提升（除东部、中部家庭服务消费支出波动上升，西部地区家庭服务消费支持略有下降之外），东部地区城镇居民人均各项服务消费支出水平明显高于中西部地区。另一方面，从三大区域的各项服务消费支出比重变动趋势来看，体现了由于地区发展阶段差异带来的不同消费服务项目的增速差异，例如，"十一五"期间，东部地区医疗保健的消费支出增长趋缓，而中部、西部地区的医疗保健支出比重仍然增加较快；西部地区在通信、交通方面的服务消费比重高于中部、东部地区；在家庭服务消费、居住服务消费支出方面，东部、中部、西部地区的消费支出比重依次降低；在文化娱乐消费方面，"十一五"期间增长幅度较大，东部地区、西部地区的消费支出比重高于中部地区；在教育消费方面，中部、东部的消费支出比重差别不大，西部地区的支出比重最低。

表 2　1996~2010 年各地区城镇居民服务消费结构

单位：元/人、%

地区	年份	家庭服务		医疗保健		交通		通信		教育		文化娱乐		居住	
		消费额	比重	消费额	比重	消费额	比重	消费额	比重	消费额	比重	消费额	比重	消费额	比重
东部	1996~2000	47.78	3.90	256.69	21.81	116.75	8.93	152.59	12.22	296.95	26.30	127.81	10.96	187.25	15.87
	2001~2005	46.56	1.97	582.03	25.37	220.55	8.99	388.78	16.87	565.02	24.55	227.92	9.08	314.99	13.17
	2006~2010	64.87	1.69	872.20	25.19	419.79	11.05	617.97	17.30	698.64	19.40	496.98	12.89	456.41	12.49
中部	1996~2000	22.45	2.75	179.49	21.79	65.23	7.79	104.11	11.76	240.57	28.67	75.33	9.22	152.90	18.02
	2001~2005	21.18	1.40	396.58	25.09	137.60	8.65	279.06	17.81	404.57	25.84	132.35	8.28	199.06	12.93

续表

地区	年份	家庭服务		医疗保健		交通		通信		教育		文化娱乐		居住	
		消费额	比重	消费额	比重	消费额	比重	消费额	比重	消费额	比重	消费额	比重	消费额	比重
中部	2006~2010	29.28	1.21	709.22	29.18	235.95	9.72	416.65	17.46	468.63	19.55	278.29	11.48	276.50	11.40
西部	1996~2000	29.28	3.27	204.18	23.79	164.27	10.25	112.97	12.29	225.36	25.40	93.54	10.64	130.46	14.37
	2001~2005	24.36	1.53	412.00	24.64	176.94	10.43	318.19	18.82	404.48	24.28	145.98	8.68	193.98	11.62
	2006~2010	26.35	1.09	639.99	26.91	287.92	12.44	444.23	19.77	406.90	17.26	294.80	12.24	248.41	10.29

资料来源：同图 1。

三、模型设定

（一）QUAIDS 模型

QUAIDS 模型是 AIDS 模型的扩展形式（Banks 等，1997），即该模型允许支出份额与总支出之间的关系不再是简单的线性关系，而是更灵活、更具普遍性的二次型非线性模型形式。它符合经济规律，从而可以更好地区分必需品和奢侈品。本文针对城镇居民家庭服务消费需求特点而建立的 QUAIDS 模型形式为：

$$w_i = \alpha_i + \sum_{j=1}^{k} \gamma_{ij} Lnp_j + \beta_i Ln\left[\frac{m}{P(p)}\right] + \frac{\lambda_i}{b(p)}\left\{Ln\left[\frac{m}{P(p)}\right]\right\}^2 \qquad (1)$$

式（1）中，w_i 是某省城镇居民家庭服务消费品 i 的消费支出在服务消费总支出中所占比重，满足 $\sum_i w_i = 1$；p_j 是服务消费品 j 的价格；m 是家庭服务消费总支出；$P(p)$ 为综合价格指数，可表示为：$LnP(p) = \alpha_0 + \sum_{j=1}^{k} \alpha_i Lnp_i + \frac{1}{2}\sum_{i=1}^{k}\sum_{j=1}^{k} \gamma_{ij} Lnp_i Lnp_j$，$p_i$ 是服务消费品 i 的价格；$b(p)$ 为 C–D 型价格集合指数，其被定义为：$b(p) = \prod_{i=1}^{k} p_i^{\beta_i}$，$\alpha_i$、$\gamma_{ij}$、$\beta_i$ 和 λ_i 为待估计系数。

为满足预算约束下效用最大化，QUAIDS 模型需符合以下三个约束条件：

加总性：$\sum_{i=1}^{k} \alpha_i = 1$，$\sum_{i=1}^{k} \beta_i = 0$，$\sum_{i=1}^{k} \lambda_i = 0$，$\sum_{i=1}^{k} \gamma_{ij} = 0$ $\qquad (2)$

齐次性：$\sum_{j=1}^{k} \gamma_{ij} = 0$ $\qquad (3)$

对称性：$\gamma_{ij} = \gamma_{ji}$ （4）

加总性限制意味着在任何时期对于不同商品的所有支出之和须等于总支出，齐次性表明所有的价格和收入都乘以一个正的常数，需求量须保持不变；对称性保证了补偿的需求曲线对价格而言是齐次的。根据 QUAIDS 模型各参数的估计结果，按照式（5）~式（7）可分别测算家庭各类服务消费支出弹性、马歇尔价格弹性（非补偿需求价格弹性）和希克斯价格弹性（补偿性需求价格弹性），即：

支出弹性：$e_i = \mu_i / w_i + 1$ （5）

马歇尔价格弹性：$e_{ij}^u = \mu_{ij} / w_i - \delta_{ij}$ （6）

希克斯价格弹性：$e_{ij}^c = e_{ij}^u + e_i w_j$ （7）

式（5）~式（7）中：

$$\mu_i = \frac{\partial w_i}{\partial \ln m} = \beta_i + \frac{2\lambda_i}{b(p)}\left\{ \ln\left[\frac{m}{P(p)} \right] \right\} \tag{8}$$

$$\mu_{ij} = \frac{\partial w_i}{\partial \ln p_j} = \gamma_{ij} - \mu_i\left(\alpha_j + \sum_k \gamma_{jk} \ln p_k \right) - \frac{\lambda_i \beta_i}{b(p)}\left\{ Ln\left[\frac{m}{P(p)} \right] \right\}^2 \tag{9}$$

式（6）中，δ_{ij} 表示克罗内克（Kronecker）函数，当 $i = j$ 时，$\delta_{ij} = 1$；当 $i \neq j$ 时，$\delta_{ij} = 0$。

（二）数据来源与模型设计

为考察我国城镇居民服务消费需求的总体特征，我们收集了 1995~2010 年的 31 个省（市、自治区）有关居民消费的面板数据，共包含样本 496 个。数据主要来源于《中国价格及城市居民家庭收支调查统计年鉴（1996~2005）》和《中国城市（镇）生活与价格年鉴（2006~2011）》。

本文选择了七类服务消费支出为研究对象，具体包括家庭服务、医疗保健、交通、通信、教育、文化娱乐和居住。其中，家庭服务主要包括家政服务和加工维修服务两部分；医疗保健主要包括医药费和医疗保健服务支出；交通主要包括交通费和交通服务支出；通信主要包括通信服务支出，如电信费、邮寄费及其他；教育主要包括学杂费、托幼费、成人教育及其他；文化娱乐主要包括文娱用品之外的文化娱乐服务费；居住主要包括房租和维修服务费。七类服务消费历年价格指数均以 1994 年价格为定基指数 100，进行指数化处理。由于 2000 年前后统计口径发生了一些变化，我们对相应各类服务消费的价格指数做了部分调整，如 1995~2000 年，家庭服务价格指数用"家庭设备及其用品"价格指数替代，2001~2010 年家庭服务价格指数用"家庭服务及加工维修"价格表示；1995~2000 年交通价格指数用"交通费"表示，2001~2010 年用"车辆使用及维修费、市区交通费和城市间交通费"的平均值表示；文化娱乐服务价格指数由于缺少与之对应的细分价格指数暂用"文娱用品"消费价格指数替代。

为计量估计（平衡数据）的需要，少数省份个别年份缺失的价格则参照相同省份或相近年份的价格予以填充。根据 QUAIDS 模型要求，各类服务消费支出份额为因变量，消费总支出和各类服务的消费支出价格为自变量。

四、模型估计结果

本文采用非线性近似不相关法（Non-linear Seemingly Unrelated Regression，NLSUR），使用统计软件 stata 12.0 编程模拟估计我国城镇居民服务消费需求 QUAIDS 模型。在设计参数估计程序时，首先估计出家庭服务、医疗保健、交通、通信、教育、文化娱乐六种服务的消费需求模型，再根据参数的对称性和齐次性等特点，推算出居住的需求模型。

实证结果表明（见表3），大多数参数估计结果都达到了1%、5%和10%的显著性水平，结果通过 T 检验。本文估算了全国和东、中、西三大地区在 1995~2010 年、1996~2000 年（"九五"时期）、2001~2005 年（"十五"时期）和 2006~2010 年（"十一五"时期）四个时段的消费支出弹性和需求价格弹性。由于消费支出弹性大小在不同区域和不同时期的变化较大，需求价格弹性大小的时空差异较小。因此，本文重点分析城镇居民在三个区域不同时段的各类服务消费支出弹性和全国城镇居民在 1995~2010 年的平均需求价格弹性变化特点与趋势。

表 3 城镇居民服务消费需求 QUAIDS 模型估计结果

	α_i	β_i	γ_{i1}	γ_{i2}	γ_{i3}	γ_{i4}
E1	0.086*** (2.75)	0.085*** (2.78)	−0.002 (−0.12)			
E2	0.300*** (5.64)	0.046 (0.86)	0.017 (1.28)	−0.083*** (−3.64)		
E3	−0.033 (−0.44)	−0.303*** (−4.1)	−0.041 (−1.38)	−0.044 (−0.84)	0.239** (2.12)	
E4	0.096* (1.91)	−0.132*** (−2.64)	−0.027* (−1.67)	−0.017 (−0.70)	0.043 (0.94)	0.253*** (6.65)
E5	0.171*** (4.81)	0.155*** (4.46)	0.020 (1.41)	0.022 (0.72)	−0.198*** (−4.32)	0.058* (−1.86)
E6	0.502*** (8.42)	0.334*** (5.9)	0.076*** (2.75)	0.064 (1.59)	−0.107 (−1.40)	−0.213*** (−5.03)
E7	−0.118 (−0.65)	−0.185** (−2.71)	−0.042** (2.62)	0.041 (2.53)	0.108*** (3.27)	0.019** (2.34)
	γ_{i5}	γ_{i6}	γ_{i7}	λ	δ_1	δ_2
E1				0.027*** (3.55)	0.032*** (7.21)	−0.041*** (−5.01)
E2				0.008 (0.55)	0.021** (2.15)	0.018*** (4.23)
E3				−0.107*** (−5.73)	0.042** (2.91)	0.008* (3.13)

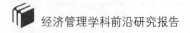

续表

	γ_{i5}	γ_{i6}	γ_{i7}	λ	δ_1	δ_2
E4				−0.053*** (−4.11)	−0.33* (−4.31)	0.019*** (6.21)
E5	0.136*** (3.78)			0.085*** (8.59)	−0.055*** (−6.24)	−0.061** (−4.47)
E6	0.114*** (3.92)	0.244*** (2.91)		0.071*** (5.18)	0.221** (3.19)	0.361*** (2.92)
E7	−0.037 (0.73)	−0.177*** (2.16)	0.088* (2.18)	−0.30*** (−4.24)	0.151* (2.07)	0.024** (5.31)

注：①E1~E7分别表示城镇居民家庭服务、医疗保健、交通、通信、教育、文化娱乐和居住七大服务消费支出弹性系数；②*、** 和 *** 分别表示10%、5%和1%的显著性水平；③α_i为常数项系数，β_i为消费支出的系数，γ_{i1}，…，γ_{i7}为家庭服务、医疗保健等服务消费的价格项系数，λ为消费支出的二次项系数，δ_1和δ_2为地区虚拟变量的系数。

（一）多数服务消费富有弹性，以"家庭服务、教育和居住"为代表的服务消费支出缺乏弹性

从消费结构类型来看，城镇居民对医疗保健、交通、通信和文化娱乐的消费支出弹性均大于1，富于弹性，而对家庭服务、教育和居住的消费支出弹性均小于1，缺乏弹性。就全国平均水平看（见表4），1995~2010年，医疗保健、交通、通信和文化娱乐的平均支出弹性分别为1.062、2.566、1.624和1.458，表明随着收入水平的提高，城镇居民家庭更愿意增加这类服务消费品的消费支出。从"九五"、"十五"和"十一五"三个时期的动态变化上看，城镇居民家庭的医疗保健消费支出相对稳定，交通和通信服务支出弹性呈现下降趋势，而文化娱乐服务消费支出弹性则呈现出上升趋势。这说明近年来随着收入水平的不断提高和各类文化娱乐产品与服务的日益丰富和完善，城镇居民家庭在文化娱乐服务领域的支出意愿明显提高，城镇居民对精神文化领域的需求越来越高，其文化娱乐生活也将愈加丰富；城镇居民在家庭服务领域的支出弹性较小且波动较大，值得注意的是，"十一五"期间家庭服务消费支出弹性系数由负转为正，但弹性系数只有0.1左右，说明尽管家庭服务消费支出出现了趋势性变化势头，但家庭服务的社会化、产业化程度仍较低；城镇居民家庭的教育消费支出弹性很小，平均只有0.155，其原因在于多年来政府在教育，特别是基础教育的公共财政投入力度上不断增强，从而大大降低了居民的基础教育费用；城镇居民居住弹性介于0.30~0.70且呈现下降的趋势。这说明以"房租、物业管理和维修"为代表的住房服务需求是居民生活的基本生活保障，它对收入的敏感程度不大。

（二）不同区域城镇居民的服务消费支出弹性存在差异，但总体趋势大致相同

我国东、中、西三大区域对服务的消费支出弹性差异主要体现在家庭服务、教育和居住三大领域（见表4）。其中，1995~2010年，东部地区的家庭服务消费支出弹性为−0.121，

而中部和西部的家庭服务消费支出弹性为-0.621和-0.541，说明东部发达地区较欠发达的中西部地区的家庭服务消费支出弹性高；在教育支出上，东部和中部地区的支出弹性要略高于西部，反映了教育消费支出弹性与经济发展水平的相关性；在住房服务支出上，在整个样本时期，中部地区的住房服务支出弹性高于东部、西部地区，但在"十一五"期间，东部地区的居住消费支出弹性超过中部地区，这可能与2005年以后，东部地区房价增幅较大带来房租上涨较快有关。

表4   1995~2010年城镇居民家庭服务消费支出弹性

地区	时期	家庭服务	医疗保健	交通	通信	教育	文化娱乐	居住
东部	1995~2000	-0.229	1.053	3.357	2.002	0.111	1.155	0.668
	2001~2005	-0.437	1.065	2.390	1.461	0.271	1.631	0.466
	2006~2010	0.305	1.082	1.738	1.322	0.237	1.682	0.348
	平均	-0.121	1.067	2.554	1.607	0.198	1.468	0.507
中部	1995~2000	-0.467	1.052	3.477	2.045	0.155	1.132	0.696
	2001~2005	-1.094	1.057	2.698	1.496	0.225	1.518	0.494
	2006~2010	-0.382	1.059	2.057	1.391	0.144	1.624	0.334
	平均	-0.621	1.056	2.812	1.684	0.173	1.397	0.524
西部	1995~2000	-0.449	1.060	3.087	1.987	0.051	1.280	0.554
	2001~2005	-0.690	1.062	2.233	1.446	0.229	1.663	0.359
	2006~2010	-0.515	1.065	1.755	1.330	0.024	1.605	0.239
	平均	-0.541	1.062	2.414	1.612	0.104	1.489	0.398
全国	1995~2000	0.012	1.056	3.284	2.001	0.099	1.197	0.631
	2001~2005	-0.298	1.062	2.409	1.464	0.243	1.614	0.432
	2006~2010	0.102	1.069	1.827	1.343	0.130	1.637	0.304
	平均	-0.412	1.062	2.566	1.624	0.155	1.458	0.469

（三）价格是影响城镇居民服务消费支出的重要因素

从各类服务消费需求的自价格弹性系数来看（见表5），家庭服务消费和医疗保健服务消费的需求自价格弹性分别为-1.384和-1.368，富有弹性。表明城镇居民对家庭服务和医疗保健服务的价格变化较为敏感，即其服务价格上升时，其消费量将明显减少；反之，当价格下跌时，其消费量则会明显增加。交通、通信、文化娱乐消费的需求自价格弹性虽然缺乏弹性，但系数为正，分别为0.194、0.382和0.120。说明这三类服务消费对价格相对不敏感，当价格上涨时，消费支出反而会有小幅增加。

从交叉价格弹性系数来看，交通、通信对其他六类服务消费的交叉价格弹性（绝对值）较大，平均值分别为0.581、0.320，且交通、通信对其他消费服务业的交叉需求价格弹性均为负数，即交通、通信价格的上涨，通常会导致其他服务消费业的消费支出下降。

表 5　城镇居民服务消费需求价格弹性（马歇尔价格弹性）

	家庭服务	医疗保健	交通	通信	教育	文化娱乐	居住
家庭服务	−1.384	0.798	−0.362	−0.417	0.295	2.144	−1.064
医疗保健	0.053	−1.368	−0.140	−0.618	0.060	0.194	0.203
交通	−0.149	−0.689	0.194	−0.331	−1.639	−0.246	0.434
通信	−0.099	−0.210	−0.119	0.382	−0.254	−1.163	−0.078
教育	0.023	0.273	−0.434	0.047	−0.500	0.375	0.030
文化娱乐	0.427	0.337	−0.131	−1.630	0.536	0.120	−1.068
居住	−0.192	0.470	0.468	0.067	−0.037	−0.752	−0.585

值得注意的是，文化娱乐对通信、居住的价格弹性系数较高，分别为−1.630、−1.068，说明通信、居住等服务消费支出对文化娱乐的价格变动非常敏感。[①]

五、结论与建议

统计分析表明，20 世纪 90 年代中期以来，城镇居民的服务消费支出总量和比重均有明显提高，其中，医疗保健、交通通信和文化娱乐服务支出比重上升最为明显。从支出的区域差异来看，东部地区服务消费水平明显高于中西部地区。运用 QUAIDS 模型的实证分析进一步发现，以"交通、通信、医疗保健、文化娱乐"为代表的服务消费富于弹性，而以"家庭服务、教育、居住"为代表的服务消费缺乏弹性。这说明随着收入水平的提高，城镇居民家庭在交通、通信、医疗保健和文化娱乐领域的支出会明显增加；东中西三大区域的服务消费支出弹性存在一定差异，并且这种差异主要体现在"家庭服务、教育和居住"领域；价格是影响城镇居民服务消费的重要因素，特别是家庭服务和医疗保健服务类支出的价格敏感性最强。

通过考察我国城镇居民家庭服务消费支出的需求弹性特征，结合城镇居民消费变动趋势，建议未来扩大内需、提高居民消费水平应从增加购买力、完善社会保障、改善消费环境等方面着手：①提高城镇居民收入水平、缩小地区经济发展差距是切实提高服务消费水平、改善居民生活的根本。②完善社会保障体系，改善消费环境。良好的社会保障和消费环境可以提高居民边际消费倾向，增加居民消费。③鼓励社会资本进入，大力发展消费型服务业。如鼓励社会兴办教育文化、医疗保健、健康养老产业，为老百姓提供更丰富、更完善、更有市场竞争力的教育、文化娱乐和医疗保健等服务。

---

① 交叉价格弹性即希克斯价格弹性 e_{ij}^c，$e_{ij}^c = e_{ij}^u + e_i w_j$，具体数据可在支出弹性和马歇尔弹性基础上计算得出，本文不再详细列出。

参考文献

[1] 马训舟，张世秋，穆泉. 二次近似完美需求体系的应用研究——以北京市城市居民用水需求弹性分析为例 [J]. 北京大学学报（自然科学版），2012（5）.

[2] 吴蓓蓓，陈永福，于法稳. 基于收入分层 QUAIDS 模型的广东省居民家庭食品消费行为分析 [J]. 中国农村观察，2012（4）.

[3] 张玉梅，喻闻，李志强. 中国农村居民食物消费需求弹性研究 [J]. 江西农业大学学报（社会科学版），2012（6）.

[4] 赵伟. 中国城镇居民家庭消费结构升级研究 [D]. 首都经济贸易大学博士学位论文，2007.

[5] Abdulai A.. Household Demand for Food in Switzerland: A Quadratic Almost Ideal Demand System [J]. swiss Journal Economic Statistic, 2002, 138: 1-18.

[6] Atkinson A. B., Gomulka J. and Stern N. H.. Spending on Alcohol: Evidence from the Family Expenditure Survey 1970-1983 [J]. Economic and Social Research Council, 1990, 100: 808-827.

[7] Banks J., Blundell R. and Lewbel A.. Quadratic Engel curves and Consumer Demand [J]. Rev EconStatist, 1997, 79: 527-539.

[8] Fan S., Wades E. J. and Cramer G. L.. Household Demand in Rural China: A Two-Stage LES-AIDS Mode [J]. American Journal of Agriculture Economics, 1995, 77: 847-858.

[9] Gould B. W. and Villarreal H. J.. An Assessment of the Current Structure of Food Demand in Urban China [J]. Agriculture Economics, 2006, 34: 1-16.

[10] Hausman J. A., Newey W. K. and Powell J. L.. Nonlinear Errors in Variables: Estimation of Some Engel Curves [J]. Journal of Economitrics, 1995, 65: 205-233.

[11] Lambert R., Larue B., Yelou C. and Criner G.. Fish and Meat Demand in Canada: Regional Differences and Weak Reparability [J]. Agribusiness, 2006, 22 (2): 175-199.

[12] Lewbel A.. The Rank of Demand System: Theory and Nonparametric Estimation [J]. Econometrica, 1991, 59: 711-730.

[13] Obayelu A. E., Okoruwa V. O. and Ajani O. I. Y.. Cross-sectional Analysis of Food Demand in the North Central Nigeria [J]. China Agricultural Economic Review, 2009, 1 (2): 173-193.

Research on Service Consumption Demand Elasticity of China's Urban Residents

Zhang Yingxi

Abstract: Following the constant increase in income, people's consumption level has gone up notably and consumption structure is improving. The paper has stimulated the elastic character of service consumption of China's urban residents by using QUAIDS model. The empirical results indicate that service. consumption which is represented by traffic, communication, medical and entertainment is flexible, while the service consumption which is represented by domestic service, education and housing lacks flexibility. The results explain that urban residents will increase their expenditure in traffic, communication, medical and entertainment with the income increasing. From the regional perspective, the main difference of expenditure elasticity in service consumption is in domestic service, education and housing. In addition, price is another important influence factor to urban residents' service consumption. Domestic service and medical service's price is the most sensitive. Therefore, we suggest that, future expansion of domestic demand and improvement of residents', consumption level should be focusing on increasing purchasing power, perfecting social security, improving the consumption environment and other aspects.

Key Words: Service Consumption; Almost Ideal Demand System; Expenditure Elasticity; Price Elasticity

网络化时代的公共服务模块化供给机制*

马莉莉　　张亚斌

【摘　要】公共服务短缺特别是公共服务供给能力不足正成为各国面临的严峻考验，学界主要在供给主体多元化方面寻找出路。本文旨在通过解析网络化机制下公共服务需求和供给间的内生互动关系，得出提升公共服务供给能力的破解之道。从模块化原理出发，本文指出模块化分解和联结基础上的网络化是累积循环的发展机制，因私人品向公共品变型，以及异质企业的行为选择等，异质公共服务需求攀升内生于网络化发展，累积异质人力资本渐趋占据其核心地位，公共服务供给与异质产品市场走向共生演进；为应对异质公共品需求，应转向以"公共服务发展中心"、"分层模块"、"需求拉动"、"扁平化"、"联结化"等为主要构成的公共服务模块化供给机制，新加坡的实践业已取得显著发展实绩。本研究对于中国应对公共服务短缺、建设服务型政府，以及促进经济发展方式转变具有重要的现实指导意义。

【关键词】网络化；公共服务需求；模块化供给机制；异质公共品；异质人力资本

一、问题提出

公共服务供给与需求之间的矛盾渐趋成为各国普遍面临的突出问题，而这历来主要在"市场和政府"的关系框架内寻求应对，并由相互对立走向融合。自由市场时期，政府被界定为"守夜人"；随着工业化和城市化的推进，人均收入增长带来公共服务需求增长（Bird，1971），由于"市场失灵"，政府成为公共服务的供应主体（萨缪尔森和诺德豪斯，1992）。面对公共事务增多及复杂程度提高（迟福林和方栓喜，2011），Weisbrod 和 Burton

* 基金项目：国家社会科学基金项目"产品内分工深化视角下中国经济发展方式转变路径研究"（批准号 09JL010）；陕西省教育厅项目"西安：内陆型城市建设国际化大都市的特色路经研究"（批准号 2013JK0100）。

本文作者：马莉莉，江苏无锡人，西北大学经济管理学院副教授；张亚斌，陕西咸阳人，西北大学经济管理学院硕士研究生。

本文引自《中国工业经济》2013 年第 9 期。

（1974）结合"政府失灵"和"市场失灵"理论，怀特（1994）依据公民社会原理，解释非政府组织作为公共服务供给主体存在的必要性。在区分从私人品到纯公共品的多元产品谱系后，奥斯特罗姆（2000）提出基于社会资本之上的第三部门和政府、市场一起参与公共物品供给的"多中心理论"；萨拉蒙（2001）则结合"志愿失灵"，指出政府组织和非政府组织相互合作，共同解决公共问题。第三部门的引入将公共服务引向多元化的供给方式。随后，公共治理理论进一步发展起来（Denita，2006）。公共治理被认为更多关注公共和私人多元组织间的协调和关系，关注持续互动的过程（Peters and Pierre，1998；罗西瑙，2001）。Dunsire（1990）和 Perri（1997，2002）等提出的"整体性治理理论"强调以"问题解决"为宗旨，实现"治理层级的整合、治理功能的整合和公私部门的整合"。Rhodes（1996）、Stoker（1998，2006）、戈德史密斯和埃格斯（2008）等进一步提出网络化治理，即由政府、第三部门、私人组织等形成关联网络，协同提供公共服务。可见，面对公共服务供求矛盾，打破"市场—政府二分法"，引入多元主体、多元机制提高公共服务供给能力的思路渐成共识。但是，综观各方研究，一是公共服务需求普遍被视作外在因素，提升供给能力主要从供给单方面进行考察；二是市场主要作为工具和手段，被谨慎地引入公共服务供给体系。公共服务需求与供给之间、市场与政府之间是否内在联结，都是仍待挖掘的问题。

20 世纪后期以来，新兴科技发展使模块化基础上的网络化成为新型生产组织方式（侯若石，2004），在这一时代背景下，泰普斯科特和威廉姆斯（2007，2012）指出，维基生产模式将内生出复杂的公共服务需求，继而公共服务领域也需要转向维基模式；范李等（2010）则绘出由商业阵营、公民社会、政府阵营内生联结的完整价值链图谱；在国内，郁建兴（2009）通过设计公共服务供给的复合模型，来应对分散、异质的公共服务需求与非规模化服务供给之间的矛盾。国内外学者的初步研究表明，结合新兴时代的生产组织方式来探究公共服务供求变化特征，是崭新而可行的探索方向。

由此，本文从解析以模块分解和联结为特征的网络化机制入手，考察公共服务需求走向，进而确定公共服务供给在新经济系统中的地位、关系和所扮演角色，以及结合模块化原理给出提高公共服务供给效率和效益的方法，最终基于新加坡实践的经验，对处于转型关键阶段的中国提出相应政策建议。

二、网络化机制的内在逻辑

当前，学界在利用模块化技术应对异质产品需求、模块企业分立与相互联结等研究中取得较大进展，不容觑视；模块化分解的特点使模块企业进一步衍生出异质要素需求，继而形成更趋异质化的消费市场，如此循环往复，网络化成为利用各模块的规模经济效应和模块间的协同效应来提高效率、深化分工的发展机制。

（1）规模经济和范围经济交互作用使厂商倾向于应对异质产品的大规模需求。Dixit 和 Stiglitz（1977）将收益递增纳入形式化分析，论证了规模经济与多样化消费之间的均衡问题，垄断竞争厂商们共同构成异质产品的规模性消费市场。迄今，从斯密、马歇尔到罗默等，西方学者的研究至少涉及 12 项规模经济（Kilkenny，2006）。为实现收益递增效应，厂商趋向寻求规模扩张；在生产和经销过程中，另一类要素投入开始增加，特别是投资、管理等服务投入，它们不仅可用于一种产品的生产，还对其他产品生产有帮助，即其规模经济性还体现为所生产和经销产品的范围扩张，也就是兼具范围经济效应（Panzar and Willig，1982）；异质产品作为有诸多相似性的差异产品，成为厂商在实现管理等投入的规模经济效应时的首选市场目标。由此，应对异质产品的大规模需求，渐趋成为垄断竞争厂商的现实挑战。

（2）在大规模定制发展过程中，模块化技术趋于成型。大规模定制可以以规模化生产的成本实现产品的多样化、个性化。在将相似产品进行重新组合后，产品多变性和零部件标准化有效结合的模块化技术出现，该技术同时实现了零部件生产的规模经济和零部件不同组合的范围经济（Pine，1992）。青木昌彦进一步指出，"模块"是半自律性的子系统，它和其他同样的子系统按照一定的规则相互联系而构成更加复杂的系统或过程；鲍德温则给出"分离"、"替代"、"增加"、"去除"、"归纳"和"改变"这六种"模块化操作"（青木昌彦和安藤晴彦，2003）。昝廷全（2003）认为，在模块化技术基础上，生产是由"模块与模块之间的关系"构成的完整系统，它们有机联结，使垄断竞争厂商得以实现大规模定制式生产，模块化技术也渐趋成熟。

（3）市场响应要求提高促使模块化组织走向分立，并联结为网络组织。有学者认为，模块化技术并不一定导致组织和市场的模块化（Chesbrough，2002），还有从资产专用性和交易成本的互动中解释企业模块化的边界（胡晓鹏，2009），但更多学者认为，复杂而强大的市场响应压力，以及快速的技术创新使垄断竞争厂商趋向于选择外包化（Nelson，Winter，1982；周鹏，2004；曹虹剑，2010）。模块化技术的应用使厂商由具有不同规模经济特征的模块联结而成，面对不确定的市场需求和强大的成本压力，厂商难以同时实现各模块的规模经济并保持供应弹性。这一矛盾在敏捷化和延迟生产过程中更趋尖锐，最终迫使厂商将难以实现规模经济的模块外包，以强化自身的核心竞争力和巩固市场地位（刘文涛，2007）。模块企业间的内在联结性，彼此形成灵活虚拟的网络组织（Gereffi et al.，2001），这种由模块化到形成网络组织的过程即为网络化。

（4）模块化网络组织的运作使企业趋向异质化，并形成更大规模的异质产品需求。模块化网络组织的运作，一方面使不同模块企业在"信息包裹"中走向不同的技术累积和规模发展道路，进而更加专业化；另一方面使同一模块的不同企业在"背对背"的"淘汰赛"中呈现差异化，以及模块化组织方式使各差异企业得以不受牵制，实现自行演化（青木昌彦和安藤晴彦，2003；Baldwin and Clark，1997、2000），由此，这一过程也是企业走向异质化的过程（曹虹剑，2010）。在反应敏捷、富于弹性的网络组织中，趋于异质化的企业面临更加严峻的市场挑战，除必须加强专业化外，还需要具备高水平的柔性和弹性，

经济管理学科前沿研究报告

由此，异质企业趋向收窄生产经营范围、强化核心竞争力，这使异质企业一方面对所投入生产要素的要求不断提高，另一方面越来越无力靠自身来满足对初始生产要素甚至中间产品的需求，继而异质企业越来越趋向于从外部获得各类生产要素以及中间产品，也就是异质企业的发展产生更大规模的异质要素、继而异质产品需求，成为经济系统中大规模异质产品需求的强劲来源。

（5）生产过程被模块化方式打开，网络化成为自我累积强化的发展机制。生产分散化使网络成员面临供给必须与异质产品需求相联结、各模块必须紧密联结的硬约束，任何脱节都可能导致所有网络成员被市场淘汰。不同于普通的企业联盟，网络组织将时间串联的生产流程通过空间并立的方式相互联结，在分享异质产品需求信息后，网络成员并行运作，大大提高对市场的响应能力和敏捷程度，网络成员间相互协作以实现协同效应成为必然选择（克里斯托弗，2006）。不同于斯密所分析的专业化劳动分工，通过模块化分解复杂系统后得到的模块本身仍然是复杂的系统（胡晓鹏，2009）。由此，当模块化网络组织：一是衍生出异质企业、继而更大规模的异质产品需求；二是形成对市场的敏捷响应能力、继而产生对要素供给的更高时间要求时，模块化网络组织将面临更趋异质和快速变化的市场需求，并最终传导至子模块，使其面临同样的模块化分解过程，新一轮生产分散化、即网络化开始。因此，网络化产生时间压缩、生产分散和各模块之间以及与异质需求间强化联结的内生循环机制，从而成为自我累积强化的发展机制，如图1所示。

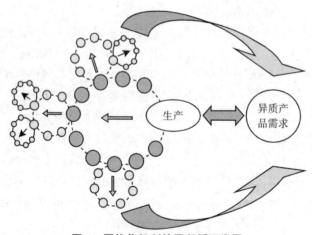

图1　网络化机制的累积循环发展

为发挥各模块的规模经济效应，网络化产生聚集异质产品需求、扩大市场范围、促进市场一体化乃至全球化的内生动力；反过来，市场通达程度的限制也会极大地制约网络化的发展潜力和空间。20世纪末期以来，网络化机制在东亚及其与欧美之间获得初步发展（马莉莉，2012），并表现为国家之间在生产流程内部的国际分工、即产品内分工。随着网络化机制的持续发展，包括中国在内的更多国家将面临更深远的社会经济变革。

三、累积人力资本为核心的公共服务需求攀升及其影响

网络化的发展使公共品需求特别是人力资本累积导向的公共服务需求迅猛攀升，并构成网络化不可或缺且日趋重要的组成部分，也给公共服务供给带来巨大发展机遇和挑战。

1. 私人品向公共品的变型及异质公共服务需求加速攀升

公共品是或供共同使用，或消费不具有排他性的物品和服务（奥斯特罗姆，2000；麦金尼斯，2000），它与私人品不同，后者具有供单独使用且消费排他的特性，供求双方可直接连接；公共品因不具有竞争性或排他性，而需要中介来代表需求方或供给方整体，使供求相连接，政府基本上以直接供给公共品的方式兼顾履行这一中介职能。在网络化发展过程中，异质公共服务需求的繁衍成为内生结果并呈加速攀升态势。①模块化分解使公共品能从私人品变型而来。在模块化生产网络中，不同模块的异质企业间有很大关联性，同一模块的异质企业间有很大相似性，使越来越多的生产要素和设施甚至中间产品在异质企业间或可共同使用，或消费不排他，原本在模块化分解前供单独使用和排他消费的私人品，开始具有公共品属性。泰普斯科特和威廉姆斯（2007）指出，研发、知识和技术标准等在对等生产的异质产消者之间"开始成为一种公共物品"。②异质企业为强化自身的专业化能力，将增加对公共品的需求。出于模块化生产网络中的生存压力，同时为获得更为持久的竞争优势，以及避免因模块化网络内部走向"路径依赖"和陷入"模块化陷阱"带来的风险，异质企业需要不断提高专业化能力与水平，除了经营经验的累积、加强基础研发的投入外，更需要获得外部的科学知识、高素质人力资源、市场环境和设施改善等支持，即增加对公共品的需求。③在成本和敏捷反应压力下，致力于提升专业化水平的异质企业趋向收窄专业范围，不断减少自我供给要素和中间产品的比重，特别是具有公共品属性的要素和中间产品，由此使这些公共品更多转向由外部供给。④在模块化网络中，因需求群体的范围、需求关系的内容等都具有很大变动性，需求群体对变型而来的公共品的消费关系复杂而易变，从而使所产生的公共品需求是异质的，即属于异质公共品需求。⑤随着模块化分解程度的加深，企业越来越趋向专业化和异质化，从而对异质公共品产生更大需求；推动网络化机制的循环累积发展，使异质公共品需求呈加速攀升趋势，如图2所示。

2. 累积人力资本成为占据核心地位的公共服务需求

为提高劳动要素的生产效率，需要对劳动者的"知识、技能、健康"等进行投资，即形成人力资本（舒尔茨，1990），网络化发展使累积人力资本成为日趋占据核心地位的公共服务需求。①模块化生产组织方式和异质企业的可持续发展，归根结底取决于专业化水平的提升，即取决于创新，而创新的源泉来自人力资源的心智开发和累积，即异质企业发展的核心在于异质人力资源的供给（Jehn et al., 1999；Gwendolyn and Luthans, 2007）。②虽然具有专业化技能的人力资源主要通过"干中学"累积而成，但是其越来越需要涉及

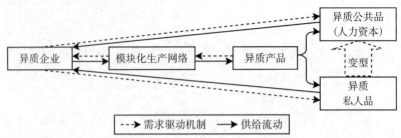

图2 模块化生产网络的内生驱动机制

个体发育成长整个过程的大量培养和开发,即企业内外需要协同加大异质人力资本投资(Courtney and Miguel,2005)。③在模块化网络组织中,异质企业的变动性,以及企业之间的相似性,给人员流动提供便利,由此使异质人力资源本身具有很大外部性,异质人力资源渐趋具有公共品属性。④成本和敏捷压力使异质企业越来越难以独自完成规模日益庞大的人力资本投资,而转向赖于外部提供异质人力资源,异质人力资本成为需求加速攀升的公共品。总体而言,由于心智开发和创新在异质企业和模块化生产组织方式发展中占据核心地位,随着网络化发展,异质人力资本成为最为重要的公共品。

3. 累积人力资本为核心的公共服务构成网络化系统内生组成部分

模块化技术的应用,使企业得以通过模块化、网络化的分工和协作,来应对复杂多变的异质产品需求,企业自身走向异质化和网络化;在模块化生产组织方式下,越来越多生产要素和中间产品因可共同使用或消费不排他而渐具公共品属性;专业技能差异化的异质企业在产生独特要素需求的同时,保持自身运作灵活性和弹性使其不断转向从外部获得异质要素,特别是以异质人力资本为核心的异质公共品。因此,模块化通过层层分解,不断细化、拉长产业链,内生出异质公共品需求,使公共服务供给成为产业链上游,并构成网络化生产系统不可缺少、日益重要的组成部分。异质产品网络、私人品生产网络、以累积人力资本为核心的公共服务供给体系,共同构成内生演进的网络化系统,如图3所示。

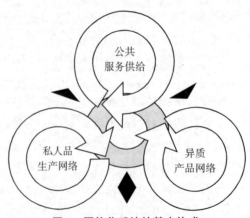

图3 网络化系统的基本构成

在网络化系统中，公共服务需求的衍生路径决定公共服务供给的相应特征：①异质公共品需求实际上是异质企业参与网络化过程的派生需求，是模块层层分解的结果，公共服务供给属于模块化生产网络中的多级子模块之一或分支模块，位居整个产业链的上游。②与传统中要素市场和最终产品市场相对隔绝有所不同，网络化系统中的公共服务供给必须与其他模块相互联结和协同，即不仅与需要异质公共品的异质生产企业相联结，更需要与整个模块化生产网络相联结，共同应对最终异质产品的需求变化，才能完成满足需求的使命。③公共服务模块与其他各层级模块的内生联结性和利益一致性决定，其必须具备应对异质需求的敏捷反应能力，网络化机制运作给公共服务供给带来巨大发展机遇。

4. 公共服务供给面临严峻挑战

从当前形势看，基于社会救助、市场失灵、公平与福利、公共产品等理论认识，公共服务早期由教会等慈善机构而后主要由政府来组织生产和供给，并基本上在效率与公平、市场与政府的矛盾关系中寻求平衡（陈振明，2003），网络化机制的兴起使公共服务供给面临严峻挑战：一是面对迅猛增长、复杂多变的异质公共品需求，由政府主导的庞大公共服务供给机制能否敏捷响应成为一大难题；二是模块化分解使公共服务供给走向整个产业链的上游，由于距离最终异质产品市场相对遥远，公共服务供给主体能否感知需求变化存在不确定性；三是在被模块化不断拉长的产业链中，当需求难以确定，传统主要采用"推动式"生产与供给——通过对需求的预测，由生产端将大批量生产的产品推向市场，往往因环环预测导致误差累积，最终使靠近上游的生产环节面临更大的生产偏差和库存损耗（克里斯托弗，2006），公共服务供给在模块分解作用下成为产业链上游，由此面临"推动式"生产所带来的更大风险；四是网络化机制的发展不仅衍生出大量异质公共品需求，更是模块化生产模式持续发展的必要条件，公共服务供给机制若不能高效提供异质公共品，将极大制约网络化机制本身的发展。由此，网络化机制下，公共服务供给既面临巨大的发展难题，也承担艰巨使命。

总体来说，与传统公共服务供给有着根本性差别的地方在于，在网络化机制下，公共服务需求内生于网络化的发展，这使公共服务供给不再与市场处于对立面，而是异质产品市场有效运行的必要组成部分和协同力量。实现协同效应的关键，取决于公共服务供给方式的相应转型。

四、公共服务模块化供给机制的构成与特点

面对不断攀升的异质公共品需求，传统的由政府集中提供公共服务的方式已不能满足社会经济对异质公共品，尤其是以人力资本为核心的公共品的强大需求。基于模块化生产组织方式提供重要的方法论借鉴，本文认为，转向公共服务模块化供给机制成为网络化发展的内在要求。

1. 基本原理

由于模块化网络中，异质公共品供给作为多级子模块之一，需要与其他模块实现协同，才能共同对最终异质产品需求做出敏捷的市场响应；而模块化生产方式主要利用模块分解实现模块规模经济，再通过模块组合实现供给弹性来提高供给能力和敏捷程度。因此，为适时、有效地对日益攀升且多变的异质公共品需求做出敏捷反应，公共服务模块化供给机制的基本原理包括：①直接与异质公共品需求特别是最终异质产品需求相联结，由于公共服务生产者距离市场前沿相对遥远，难以把握需求变化，因而除尽力贴近市场之外，更重要的是建立信息沟通机制，将最终异质产品需求和异质公共品需求信息及时共享给公共服务生产者，使其据此组织生产和供给。②提高对异质公共品的供给能力，主要是深化内部分工，通过模块分解，实现各模块的规模经济效应，提高各模块和整体的生产效率。③对异质公共品的变化具有敏捷反应能力，即供给弹性，主要是在模块分工基础上，通过模块的灵活组合构建敏捷反应机制，以根据需求变化来组织有效供给。

2. 主要构成

（1）建立公共服务发展中心，作为与需求对接、形成公共服务敏捷供给能力的联结与驱动枢纽。在公共服务供给体系趋于分工专业化过程中，各生产环节距离需求更加遥远，因而难以响应异质公共品需求的变化，由此需要构建独特的专业化模块——公共服务发展中心：一是通过正式和非正式合作平台以及信息沟通机制对接异质公共品需求和最终异质产品需求，据此组织公共服务生产与供给；二是组织设计公共服务模块化生产系统，使之内生联结并具备高效供给异质公共品的协同能力；三是联结各公共服务模块，指引其生产与供给的方向和内容，并协调各模块之间的同步运作；四是所产出的公共品在满足市场需求的过程中，通过信息搜集和意见反馈，检验和考察模块化供给体系与需求变化之间的差距，进而优化和调整公共服务供给体系，如图4所示。

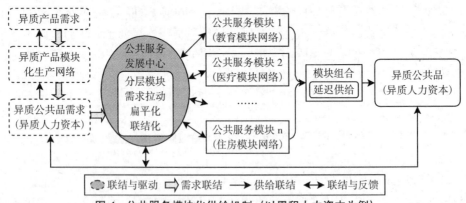

图4 公共服务模块化供给机制（以累积人力资本为例）

（2）通过"分层模块"构建公共服务生产与供给体系。所谓分层模块，就是由多个层次的基础模块和模块组合构成的完整体系，基础模块以促进专业化为导向，模块组合则提高供给弹性；基础模块以发挥规模经济效应为宗旨，模块组合则提供多元化且多变的异质公共品。通过内生联结模块的分解和组合，公共服务生产与供给体系兼具高效的供给能力和反应水平，并呈现相应的网络化形态与结构。

（3）以需求为导向"拉动"公共服务模块化供给网络的运作，并通过"延迟供给"满足多变的真实需求。在被不断拉长的产业链体系中，与从供给端出发的"推动式"驱动机制相反，"拉动式"驱动机制直接以复杂多变的异质公共品需求为准，按单生产，从而有助于因预测误差带来的生产与库存损耗，提高生产与供给效率；从生产和供给过程来看，就是尽量"延迟"，直到真实需求确定后再组织生产和供给，以符合真实需求的变化。"需求拉动"和"延迟供给"给模块化网络的运作提出很高要求：一是需求一旦确定，需要将信息同时共享给所有网络成员；二是由于延迟，各成员均需具备敏捷的反应能力，并同步运作；三是各成员间需要具备高效的协作能力，能够按需求敏捷地联结和组合各模块产品。

（4）通过"扁平化"提高对需求的响应能力。所谓"扁平化"：一是指公共服务各模块间的结构趋向扁平，由此使更多生产环节可以并行运作，以提高生产体系对需求的敏捷响应能力；二是指公共服务模块化供给体系与异质产品模块化生产网络，继而与最终异质产品需求之间的联结趋向扁平，由此使公共服务模块化供给体系作为多级子模块，可以协同其他模块，共同响应最终异质产品的需求变化，这也是公共服务发展的内在要求。

（5）强化"联结"以实现模块化生产网络的协同性并提高协同效率。模块分解使各模块的专业化和实现规模经济效应成为可能，但缺乏联结，各模块将是一盘散沙，也失去明确的发展方向，由此，强化联结是模块化网络存续的根本。具体来说，包括利用公共服务发展中心强化与需求的联结，分层模块设计过程中各模块间的内生联结，以及提供公共服务过程中各模块间紧密合作、协同供给等。

3. 累积人力资本的公共服务模块化供给

在网络化发展过程中，累积人力资本成为公共服务供给的核心内容。异质人力资本得以成熟，需要在实践操作中习得经验和技能，需要通过教育获得基础知识和专业技能，需要在家庭环境中健康成长，家庭正是住房、医疗、卫生等多元化社会与个人服务需求的主体，也是孕育人力资源的母体。为了应对网络化发展对异质人力资本提出的大量需求，需要构建以人力资本累积为导向的公共服务模块化供给机制，该机制除了具有模块化网络的基本构成之外，其特殊性在于：①分层模块包含与人力资本累积相关的教育、医疗、住房等在内的多个子模块，每个子模块都同样是相应的模块化网络，一方面实现基础模块的专业化，另一方面具备模块组合的灵活性；②各子模块网络并非简单的分工，而是需要相互联结、协同合作，共同应对异质人力资本的需求变化；③各级人力资本服务发展中心需要在把握最终异质产品需求变化、异质人力资本需求变化、提高模块化网络体系的供给弹性中发挥核心作用，使累积人力资本的公共服务能够及时、敏捷响应市场需求，而不陷入僵化发展。可见，人力资本累积导向的公共服务模块化供给方式与传统的社会保障服务有着根本区别，后者的主要特征包括以社会保障为宗旨，缺乏明确、可持续的人力资本累积目标，社会服务各部门间协同性不强，以"推动"方式提供公共服务，以及供给弹性较小等。

4. 公共服务模块化供给机制的特点

（1）供给主体的多元化。在满足多变的异质公共品需求过程中，模块化的作用同样使公共服务的生产与供给趋于外包化。承接公共品生产和供给的组织：一是不同于纯粹的私人组织，需要具备一定的公共属性（陈振明，2003）；二是因形成公共品需求关系的群体范围不确定，公共品生产和供给组织只需要代表和协调局部群体需求，从而具有多样性和变动性，学者们将介于私人组织和纯公共组织之间的广泛组织类型称为第三部门（纳德、巴可夫，2001）；三是为提高供给能力和敏捷反应水平，需要走上自我累积的专业化方向。因此，公共品的模块化生产衍生出异质公共服务供给组织及其网络。传统中由政府集中供给公共服务的模式，将转变为由政府、公共组织、第三部门组织等多元主体构成的模块化网络来协同供给。

（2）公共服务模块化供给同样是循环累积的发展机制。公共服务供给体系中分解出来的子模块仍然是复杂的系统，当子模块面临异质需求和敏捷响应的矛盾时，也将进一步展开模块分解，并衍生出多级异质公共品生产和供给组织，以及更复杂多变的异质要素需求、异质产品需求，继而异质公共品需求等，使公共服务模块化供给机制呈现循环累积的发展特点，并走向不断扩张和更为复杂的网络化结构。

（3）助推经济系统的转型、升级与发展。网络化发展将越趋依赖于具有公共品属性的要素和中间产品投入，特别是高技能人力资源，其构成创新的原动力。累积人力资本为核心的公共服务模块化供给将高效提供这方面的要素和中间产品，从而使网络化机制能够在创新和技术升级过程中演进发展。

五、新加坡公共服务模块化供给的实践分析

走向以累积人力资本为核心的公共服务供给机制，是科技和生产力发展到较高阶段的现实要求，作为发达国家的美国也正在公共领域孕育"静悄悄的革命"，"再造"，"无缝隙政府"（普拉斯特里克，2010；林登，2013）、提高政府的"弹性化"（彼得斯，2012）等成为积极探索的目标，这距离大规模实践仍有较为漫长的过程。但是，新加坡作为一个资源匮乏、生存空间有限的小型经济体，在适应20世纪末网络化的发展过程中，逐步创新出以累积人力资源池为导向的"经济—社会双平台互促型"发展机制，并表现出公共服务模块化供给机制的雏形，如图5所示。

（1）平台分工与内生联结。新一轮科技革命使生产制造对知识、技术及其创新的要求

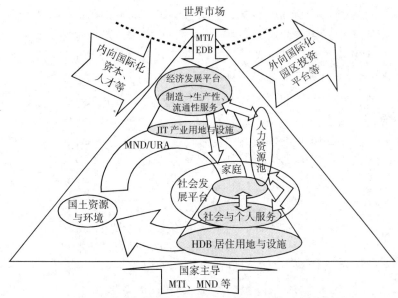

图 5 新加坡"经济—社会双平台互促型"发展机制

注：MTI 为贸易与工业部；EDB 为经济发展局；JIT 为裕廊镇管理局；MND 为国家发展部；URA 为市区重建局；HDB 为建屋发展局。

不断提高，生产制造领域分工细化，产生对生产性服务、流通性服务及其专业化的强大需求。当创新变得日益重要，进一步产生对开发创新主体——人的心智的需求，即需要提供相应的社会与个人服务。由此，新加坡构建以生产制造和生产性、流通性服务为主体的经济发展平台，以社会与个人服务为主体的社会发展平台；在知识、科技日趋重要的形势下，经济发展平台对社会发展平台产生强大需求，社会发展平台的构建也需要经济发展为其提供雄厚的物质基础；在自然环境压力不断攀升的过程中，两大平台又与环境可持续发展形成强劲的相互需求。平台分工与内生联结成为新加坡可持续发展的基本理念（Department of Statistics Singapore，2012）。

（2）人力资源池的核心联结机制。新加坡地少人稀，李光耀、吴庆瑞等早期建设者在独立初期就深刻意识到持续开发人力资源是城市型国家的发展之道，高技能人力资源需要在生产实践、家庭孕育、社会培养等过程中走向成熟，即需要从就业、教育、医疗、住房等各环节共同进行人力资本投资；而且，不同于从个体角度培育人力资源，新加坡认为家庭是孕育人力资源、与社会与个人服务相联结的枢纽（严崇涛，2007）。由此，新加坡不断着力于推动经济发展平台的构建与升级，这既产生对高技能人力资源的庞大需求，也为其"干中学"提供条件和环境；而社会发展平台在建设家庭和发展个体的过程中，培育满足经济发展平台需要的人力资源储备。因此，在新加坡的发展机制中，人力资源池通过两大平台的互动逐步实现累积，其产出的高技能人力资源继而对两大平台形成与发展提供强大支撑，人力资源池的开发与运作成为平台联结和实现可持续发展的核心纽带。

（3）贸易与工业部的经济发展局扮演公共服务发展中心的角色，主要立足世界市场，结合国内状况，寻求并开拓新加坡的发展空间与模式，确定国内产业发展选择和人力资源培育方案等。对于小型经济体而言，在生产条件、人才储备等均存在不足的前提下，依靠自身累积实现技术升级往往耗时漫长，新加坡通过强化内向与外向国际化，使两大平台协同以促进产业发展和人力资源池升级。具体来说：一方面，通过将高科技外资企业特别是高科技制造企业引入国内的内向国际化，助推本国先进制造业及其人力资源的培育；由于先进制造业对研发、专业服务等生产性服务产生需求，内向国际化继而有助于促进本国先进服务业的衍生。另一方面，新加坡通过在海外投资建设园区平台，例如，中国的苏州工业园、印度的班加罗尔国际科技园等，带动本地企业走外向国际化道路：一是舒缓本地产业集聚的空间压力，二是促使与之相关联的总部服务、高端物流等先进服务业在本地聚集。在拓展产业发展空间的同时，经济发展局根据人力资源需求特征，决定人力资源培养导向和方案，并作为教育、医疗等社会与个人服务发展的指引。经济发展局成为内向国际化、外向国际化与国内产业发展与人力资源培育导向之间的联结枢纽。

（4）国家发展部的市区重建局通过城市规划体系的制定和执行来协同双平台发展与空间布局。新加坡以 1959 年规划法令奠定现代城市规划体系为基础，从 1971 年开始，每十年修订概念规划，以此作为开发利用新加坡物理空间的长期战略性指导方针；然后根据规划概念图所提示的宏观架构和策略，制定跨期 10~15 年、每 5 年修订、涵盖全国 55 个区域法定土地利用方案的主规划。经济发展局在把握全球市场发展趋势的前提下，协同各部门设计新加坡的概念规划，再通过主规划将概念规划的战略指导思想变成具体、可操作的发展蓝图，提供每个区域涉及定位属性、土地利用、发展密度等的重要参考数值，一旦批准，指导着各个部门、行业和区域的建设与开发（Ministry of National Development, 2008）。新加坡的主规划成为各部门提供公共服务的具体指针，也发挥系统联结各分散模块的作用。

（5）构建公共服务的分层模块网络：主要包括：①国家发展部联结交通部、环境与水资源部等负责组织建设，并提供符合国家发展需要的城市空间。②贸易与工业部下设的裕廊镇管理局作为工业地产的开发建设与管理者，为产业发展提供配套的用地和基础设施，实现产业发展与物理设施的联结。③国家发展部下设的建屋发展局构建起规模化组屋发展平台，以家庭为纽带，联结起人力资源池的培育和居住空间建设。④通过公共组屋平台，由文化社区青年部、人民协会等提供的多元化社会与个人服务又实现与家庭和人力资源池的联结。⑤中央公积金制度通过运作居民的强制储蓄以作为社会发展资金，构建起市场机制与社会发展之间的分配机制与渠道。⑥严厉的法治保障政府治理、市场机制及社会关系等在有序的基础上走向良性互动等。

新加坡"经济—社会双平台互促型"发展机制中的模块分解与联结协同，使新兴产业发展与高技能人力资源累积之间实现良性互动，也使新加坡近十余年持续走向转型升级。新加坡的初步实践表明，公共服务模块化供给机制在实践应用中蕴含着巨大潜力，为中国经济社会转型发展带来先行经验和实践启示。

六、结论及政策含义

本文通过连接异质产品需求、模块化技术、异质企业、异质要素需求，即异质产品需求间的闭合循环，得出模块化分解和联结基础上的网络化是累积循环发展的自组织机制。在此过程中，由于模块化分解带来私人品向公共品的产品属性变型，以及异质企业的专业化选择，公共服务需求攀升内生于网络化发展；特别是随着异质人力资源越来越构成异质企业发展的主导因素，累积异质人力资本成为占据核心地位的公共服务需求。由此，公共服务供给不再与市场相对立，而成为异质产品市场可持续发展的内生组成部分和协同力量。基于这一系列推断以及模块化生产方式的启示，本文认为，转向公共服务模块化供给机制是网络化发展的内在要求和必然结果；构建公共服务发展中心这一联结枢纽，通过"分层模块"、"需求拉动"、"扁平化"，以及强化"联结"，公共服务供给体系将呈现模块化生产与供给网络的结构特征，多元化的公共服务供给组织成为网络成员，共同致力于提升公共服务供给能力。总体而言，本文正是通过解析网络化机制下公共服务需求和供给所具有的内生互动关系，得出提升公共服务供给能力的破解之道，新加坡的发展实践提供了初步验证。一系列结论对于处在经济发展方式转变阶段的中国来说，具有重要的政策指导意义。

（1）转变经济发展方式的根本在于引入网络化发展机制。网络化过程也就是经济系统分工深化、心智开发、创新累积和科技进步的发展过程，它是生产力发展到一定阶段的产物，也是生产力发展的必然趋势和客观要求。就中国目前情况而言，已经凭借廉价劳动力优势深入参与网络化机制，并成为东亚产品内分工网络的加工制造基地及跻身轴心地位（马莉莉，2010）；但以深处价值链低端的方式融入东亚及全球分工网络，使中国难以形成人力资本和技术累积，并在循环累积作用下被锁定在全球价值链低端环节，社会经济陷入粗放式发展而难以扭转，各领域矛盾累积深化，转变经济发展方式势在必行。结合中国当前形势和网络化机制的自组织特点看，一是中国已经具备一定基础和条件，有必要引入网络化发展机制来协调经济系统中各个模块之间的关系；二是面对长期发展过程中逐渐累积起的"四化"不同步、不协调的发展窘境等深层次结构性矛盾，迫切需要以网络化机制为主导，实施顶层设计，系统破解各方矛盾；三是应当整体性而非局部性培育网络化机制，以使社会经济系统走上自我协调、内生演进的发展道路，从而实现粗放向集约的实质性转型。

（2）公共服务模块化供给机制给出建设服务型政府的基本思路。随着服务型政府、改善民生、"公共服务均等化"等战略思路和方案的出台，应对公共服务短缺、提高公共服务供给能力已成为各层面的工作重点和当务之急。尽管中国尚未发展至异质公共品需求完全由网络化内生演化而来的阶段，但是，中国政府可通过引入公共服务模块化供给机制来建设服务型政府。具体来看，可以采取以下发展战略：一是基于模块化原理，在公共品需求大规模攀升且复杂多变的形势下，制定出提升公共服务供给能力的发展战略和可行路径；二是以政府为主导，勾勒出公共服务在整个社会经济系统及其演进中的地位、关系和作用，从而指明公共服务供给在整体中与其他领域协同变革的方向、原则与方式，这对于在多重转型目标中建设服务型政府的中国来说，具有重大的理论指导意义和实践操作价值。

（3）形成公共服务模块化供给机制是循序渐进的建构过程。公共服务模块化供给机制的构建无法通过嫁接或移植而成，特别对于模块化生产网络尚未充分发展的中国来说尤其如此。但网络化的发展逻辑表明，公共服务模块化供给机制是在应对最终异质产品需求变化、满足异质企业要素需求的过程中建构发展起来的，异质产品市场发达的水平和程度，决定可能达到的模块化分解深度和联结效果，其中也包括公共服务供给模块的发育。由此，中国既无必要也不可能片面强调公共服务模块化供给机制的先行发展，应以国内外需求为导向，制定适合国内产业发展的战略，进而在满足国内异质公共品需求的过程中逐步累积公共服务模块化发展经验，并为中国经济转型不断提供人力资源。更重要的是，政府和异质企业需要在促进供需连接和生产流程联结过程中，通过挖掘网络化发展中的瓶颈并实现突破和创新，按照系统化理念和原则，适时而循序推进公共服务模块化供给机制的建构。

（4）提高软硬件通达性是首要任务。网络化发展的基础是模块分解和相互联结，一是能够聚集起规模化的异质产品需求，二是便于分散模块之间的信息交流、产品传递和组合联结，三是能够完成异质产品的交易和供给。因此，市场软硬件的通达化、开放化、一体化成为网络化发展的前提条件和内在要求，是异质企业发展所需的重要公共品，任何分隔、障碍、限制都在很大程度上束缚网络化的发展程度和空间。对于处于转型过程的发展中国家来说，中国在基础设施建设、市场化改革等方面已经取得显著成绩，但国内市场的城乡之间、地区之间、部门之间等仍存在大量的软硬件壁垒，从而也造成国内市场通达性低于与国际市场之间的通达性，国内市场的分工深化程度低于参与国际分工的水平。由此，需要在硬件和软件层面提高国内市场和与外部市场间的通达性，将分散的消费能力、人力资源等聚集起来，提高规模化需求水平，作为带动生产规模化继而分工深化的驱动力，给予网络化发展充分的市场空间，将有助于模块化生产网络、继而公共服务模块化供给机制的循序建构。

（5）循序放开并积极引导第三部门组织的发展有利于公共服务模块化供给机制的有序建构。在公共服务供给体系进行模块化分解过程中，需要公共属性多元化的第三部门组织作为网络成员，以协同提高公共服务供给能力，由此，第三部门组织的兴起和异质化是公共服务领域网络化发展的必然结果和客观要求。但是，在模块分解基础上形成的异质化公共服务供给组织，除了具有自主发展的自由之外，更重要的是与其他模块之间实现协同，也就是在公共服务发展中心的引导和协调下，致力于满足异质公共品需求继而满足最终异质产品需求，才能实现异质化公共服务供给组织的自身价值并发挥其相应作用。因而，循序放开并积极引导第三部门组织的发展，是建构公共服务模块化供给机制的重要内容之一。此外，第三部门组织的发展，可以通过政府逐步外包局部性、变动性、事务性的公共服务外包，以及吸纳私营企业、社会组织进入公共服务供给领域等方式实现，在流程优化过程中强化系统联结成为现实的建构路径。

政府在公共服务模块化供给机制建构过程中发挥重要作用。从新加坡的经验来看，即使经济尚未发达到创新和心智开发占据主导地位的阶段，一国也可以利用公共服务模块化供给机制来累积转型升级的基础和条件，政府可以在设置需求导向、选择适宜的模块化网络以符合发展目标的过程中扮演重要角色。而且，公共服务模块化供给机制的建构和运作，需要公共服务发展中心作为联结和驱动枢纽，在模块分解和实现协同中发挥核心和主导作用，政府作为最广泛利益的代表，有必要也有可能在引导网络化发展、建构公共服务模块化供给机制中扮演这一角色，以最大限度实现公共利益。因此，参照国外发展经验，中国政府可以采取的重点措施是：建立公共服务发展中心作为联结和驱动公共服务模块化供给网络的枢纽，立足国际和国内两个市场的发展趋势和需求变化，并以此为主导，寻求并开拓中国的经济发展空间与模式。例如，通过在国外积极建立中国经济发展园区和平台，助推中国企业的外向国际化发展；适应市场多变、分工体系不断重构的网络组织变迁形势，充分发挥各类市场主体的优势，特别是国有和私营大型企业在网络联结中的关键作用，以提升其竞争力为宗旨，维护和保障其市场地位，使模块化生产网络得以发展与繁衍，以培育公共服务需求；结合国内产业发展战略，以需求为导向，确定人力资源培育方案，进而提供相应公共服务供给；建设无缝隙政府，及时将公共服务需求信息分享和传递至模块化供给网络中的各级子模块。此外，公共服务供给体系建构的原则之一在于，对异质公共品及最终异质产品需求具有敏捷响应能力，由此要求各级政府与所服务市场间形成更为紧密的协同互动关系，即中央和地方政府更需明晰分工，特别是强化地方政府的本地化，以促使模块化网络的孕育发展，并切实提高公共服务供给能力。

总体而言，面对当前公共服务短缺和经济转型过程中遇到的各种结构性矛盾和困境，中国需充分利用网络化机制带来的发展机遇和空间，讲求实效，将公共治理创新渗透到系统协同缺失的任何环节，充分利用公共服务供给能力的提升以促进经济发展方式转变。

参考文献

[1] Bird, R.M. Wagner's Law of Expanding State Activity [J]. Public Finance, 1971, 26 (1).

[2] Weisbrod, Burton. Toward a Theory of the Voluntary Nonprofit Sector in Three-Sector Economy [A] // Phelps, E. Altruism Morality and Economic Theory [C]. New York: Russel Sage, 1974.

[3] Denita, C. Public Governance: Research and Operational Implications of a Literature Review [R]. Tenth International Research Symposium on Public Management (IRSPMX), Glasgow, 2006.

[4] Peters, B.G., Pierre, J. Governance without Government? Rethinking Public Administration [J]. Journal of Public Administration Research and Theory, 1998, 8 (2).

[5] Dunsire A. Holistic Governance, Public Policy and Administration [J]. 1990 (5).

[6] Perri. Holistic Government [M]. London: Demos, 1997.

［7］ Perri, Diana Leat, Kimberly Seltzer, and Gerry Stoker. Towards Holistic Governance: The New Reform Agenda ［M］. New York: Palgrave, 2002.

［8］ Rhodes, R.A.W. The New Governance: Governing without Government ［J］. Political Studies, 1996 (9).

［9］ Stoker, G. Governance as Theory: Five Propositions ［J］. International Social Science Journal, 1998, 155 (50).

［10］ Stoker, G. Public Value Management: A New Narrative for Networked Governance ［J］. The American Review of Public Administration, 2006, 36 (1).

［11］ Dixit, A.K., Stiglitz, J.E. Monopolistic Competition and Optimum Product Diversity ［J］. American Economic Review, 1977, 67 (3).

［12］ Panzar, J.C., Willig, R.D. Economics of Scope ［J］. American Economic Review, 1982 (2).

［13］ Pine II B.J. Mass Customization: The New Frontier in Business Competition ［M］. Boston: Harvard Business School Press, 1992.

［14］ Chesbrough, H. Making Sense of Corporate Venture Capital ［J］. Harvard Business Review, 2002, 80 (3).

［15］ Nelson, R.R., Winter, S.G. An Evolutionary Theory of Economic Change ［M］. Cambridge: Harvard University Press, 1982.

［16］ Gereffi, G. et al. The Value of Value Chains: Spreading the Gains from Globalization ［J］. IDS Bulletin, 2001 (32).

［17］ Baldwin, C.Y., Clark, K.B. Managing in An Age of Modularity ［J］. Harvard Business Review, 1997, 75 (5).

［18］ Baldwin, C.Y., Clark, K.B. Design Rules: The Power of Modularity ［M］. Cambridge, MA: MIT Press, 2000.

［19］ Jehn, K.A, Northcraft, G.B, Neale, M.A. Why Differences Make A Difference: A Field Study in Diversity, Conflict, and Performance in Workgroups ［J］. Administrative Science Quarterly, 1999, 44 (4).

［20］ Gwendolyn, M.C, Luthans, F. Diversity Training: Analysis of the Impact of Self-Efficacy ［J］. Human Resource Development Quarterly, 2007, 18 (1).

［21］ Courtney, L.H, Miguel A.Q. Reactions to Diversity Training: An International Comparison ［J］. Human Resource Development Quarterly, 2005, 26 (4).

［22］ Department of Statistics Singapore. Yearbook of Statistics Singapore (2012) ［EB/OL］. http://www.singstat.gov.sg.

［23］ Ministry of National Development. Master Plan 2008 ［EB/OL］. http://www.ura.gov.sg/MP2008.

［24］ ［美］萨缪尔森, 诺德豪斯. 经济学 ［M］. 高鸿业等译. 北京: 中国法制出版社, 1992.

［25］ 迟福林, 方栓喜.公共产品短缺时代的政府转型 ［J］. 上海大学学报 (社会科学版), 2011 (7).

［26］ ［美］怀特. 公民社会、民主化和发展: 廓清分析的范围 (1994) ［A］// 何增科. 公民社会与第三部门 ［M］. 北京: 社会科学文献出版社, 2000.

［27］ ［美］奥斯特罗姆. 公共事物的治理之道——集体行动制度的演进 ［M］. 余逊达, 陈旭东译. 上海: 上海三联书店, 2000.

［28］ ［美］萨拉蒙. 走向公民社会: 全球结社革命和解决公共问题的新时代 ［A］// 赵黎青. 非营利部门与中国发展 ［M］. 香港: 香港社会科学出版社, 2001.

[29] [美] 罗西瑙. 没有政府的治理 [M]. 张胜军, 刘小林等译. 南昌: 江西人民出版社, 2001.

[30] [美] 戈德史密斯, 埃格斯. 网络化治理: 公共部门的新形态 [M]. 孙迎春译. 北京: 北京大学出版社, 2008.

[31] 侯若石. 全球生产组织方式变化与企业社会责任 [J]. 珠江经济, 2004 (2-3).

[32] [加] 泰普斯科特, [英] 威廉姆斯. 维基经济学 [M]. 何帆, 林季红译. 北京: 中国青年出版社, 2007.

[33] [加] 泰普斯科特, [英] 威廉姆斯. 宏观维基经济学 [M]. 胡泳, 李小玉译. 北京: 中国青年出版社, 2012.

[34] [美] 范李等. 群 [M]. 时娜译. 海口: 南海出版公司, 2010.

[35] 郁建兴. 公共服务供给机制创新: 一个新的分析框架 [J]. 学术月刊, 2009 (12).

[36] 世界银行. 2009 年世界发展报告: 重塑世界经济地理 [M]. 北京: 清华大学出版社, 2009.

[37] [日] 青木昌彦, 安藤晴彦. 模块时代: 新产业结构的本质 [M]. 周国荣译. 上海: 上海远东出版社, 2003.

[38] 昝廷全. 系统经济: 新经济的本质——兼论模块化理论 [J]. 中国工业经济, 2003 (9).

[39] 胡晓鹏. 模块化: 经济分析新视角 [M]. 北京: 人民出版社, 2009.

[40] 周鹏. DIY: 企业组织分析的另一个视角 [J]. 中国工业经济, 2004 (2).

[41] 曹虹剑. 网络经济时代模块化组织治理机制研究 [M]. 北京: 经济科学出版社, 2010.

[42] 刘文涛. 基于大规模定制的重调度 [M]. 北京: 社会科学文献出版社, 2007.

[43] [美] 克里斯托弗. 物流与供应链管理 (第 3 版) [M]. 何明珂等译. 北京: 电子工业出版社, 2006.

[44] 马莉莉. 金砖国家合作机制发展基础与选择 [J]. 国际问题研究, 2012 (6).

[45] [美] 麦金尼斯. 多中心体制与地方公共经济 [M]. 毛寿龙译. 上海: 上海三联书店, 2000.

[46] [美] 舒尔茨. 论人力资本投资 [M]. 吴珠华译. 北京: 北京经济学院出版社, 1990.

[47] 陈振明. 公共管理学—— 一种不同于传统行政学的研究途径 [M]. 北京: 中国人民大学出版社, 2003.

[48] [美] 纳德, 巴可夫. 公共和第三部门组织的战略管理: 领导手册 [M]. 陈振明等译. 北京: 中国人民大学出版社, 2001.

[49] [美] 普拉斯特里克. 再造政府 [M]. 谭功荣, 刘霞译. 北京: 中国人民大学出版社, 2010.

[50] [美] 林登. 无缝隙政府: 公共部门再造指南 [M]. 汪大海译. 北京: 中国人民大学出版社, 2013.

[51] [美] 彼得斯. 政府未来的治理模式 [M]. 吴爱明, 夏宏图译. 北京: 中国人民大学出版社, 2012.

[52] 严崇涛. 新加坡发展的经验与教训—— 一位老常任秘书长的回顾和反思 [M]. 新加坡: 汤姆森学习出版集团, 2007.

[53] 马莉莉. 香港之路: 产品内分工视角下的世界城市发展 [M]. 北京: 人民出版社, 2010.

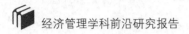
Modular Supply Mechanism of Public Services in Networking Times

Ma Lili   Zhang Yabin

Abstract: The shortage of public service, especially for its less supply capability, is becoming the serious task for many countries. The research circles are mainly focusing on the diversification of supply organizations. This article is aimed to find out the way to improve the supply capability of public service through analyzing the endogenous relations between demand and supply of public service in the networking mechanism. From the modularity principle, the article points out that networking, based upon module separation and connection, is the cumulative development mechanism. As for the transformation from private products to public ones and the behaviors of heterogeneous companies so on, the increase of heterogeneous public service demand is generated from the development of networking in which accumulating human capitals occupies the core position. And the supply of public service begins to co-evolve with the market of heterogeneous goods. In order to satisfy with the demand of heterogeneous public products, modular supply mechanism of public services should be set up, whose main parts include public service development center, layered modules, demand-pulling, flattening and connecting. Singapore has got lots of fruits by practices. The study has important realistic significance for China to deal with the shortage of public services, develop service-oriented government and improve the transition of economy development style.

Key Words: Networking; Demand of Public Service; Modular Supply Mechanism; Heterogeneous Public Products; Heterogeneous Human Capital

中国服务业增长的制度因素分析*
——基于拓展索洛模型的跨地区、跨行业实证研究

邵 骏 张 捷

【摘 要】服务业具有典型的制度密集型特征，本文基于中国市场化改革的制度背景，实证检验了政府支配经济资源的比重、非国有经济的发育程度、知识产权保护水平、城市化进程以及行业竞争程度五个制度指标对 1990~2010 年全国 28 个省市服务业和新旧两种行业分类标准下各细分服务行业增长的影响。结果表明，政府主导的资源配置结构构成国内服务业增长的阻碍；非国有经济发展和城市化进程形成对服务产品的有效需求显著促进了国内服务业的增长；高质量的知识产权保护体系和充分的市场竞争有利于国内服务业的快速增长，而糟糕的产权保护和市场竞争环境则产生显著的负效应。

【关键词】服务业增长；制度；拓展索洛模型；跨地区；跨行业

一、引 言

制度是一个社会的博弈规则，是一些人为设计的、型塑人们互动关系的约束（诺斯，2008）。如果将制度也看作一种要素投入，则服务业具有很强的制度密集型特征（Institution-intensive）。这一特征主要来自服务产品自身的独特属性，从而使服务业需要更为复杂的契约安排以保障其生产、交易和消费过程的顺利实现（Clague et al., 1999）。

对于中国而言，制度对服务业发展的影响显得更为重要，这是由我国目前尚处于经济体制转轨时期的现实国情所决定的。黄少安（2000）指出，同一轨迹上的制度变迁不仅包

* 基金项目：国家社会科学基金重点项目"后危机时代全球分工发展趋势及其对我国经济发展的影响"（编号：09AZD015）；教育部哲学社会科学研究重大攻关项目"中国现代产业体系研究"（编号：08JZD0014）；广东省教育厅人文社会科学研究重大攻关项目"全球分工模式的演变与广东产业新的竞争优势培育研究"（编号：10ZGXM79005）。

本文作者：邵骏、张捷，暨南大学经济学院，邮箱 shao19870529@163.com、tzjie@jnu.edu.cn。

本文引自《南开经济研究》2013 年第 2 期。

含一个重大的变革，还包括在这个大的变革框架内具有完善、修补意义的持续的变迁过程。因此，制度变迁可以看作主体制度即时变革和从属制度缓慢变化的统一过程。改革开放以来，以市场化为核心的经济体制改革促进了中国宏观制度环境的巨大变革，制度变革效益的"迸发式"增长为短期内国内经济的快速发展提供了充足的动力（卢中原和胡鞍钢，1993；金玉国，2001）。如果将计划经济向市场经济的转轨、确立市场经济体制的主导地位视为主体制度变革，我国在1993年以后基本上顺利地实现了这一改革目标。但是，如何进一步深化市场化改革、提高市场运行效率、挖掘社会主义市场经济体制的潜力仍是我国未来很长一段时期内必须面对和解决的重大任务。作为一种制度敏感型的产业，国内经济制度的一系列变革必然会对服务业的发展产生深远影响，并最终形成国内服务业发展的特点和路径。

本文从中国改革开放的现实出发，从地区和行业两个维度探讨不断变革的制度环境对国内服务业增长的影响机制，并提供初步的经验证据，提出进一步促进我国服务业健康发展的建议。

二、相关文献评述

以科斯、诺斯等为代表的新制度经济学派打破了新古典经济学派关于制度外生的假定，指出传统经济增长理论忽略了在专业化和劳动分工发展的情况下生产要素交易所产生的费用，而制度的建立就是为了减少交易成本，减少个人收益与社会收益之间的差距，激励个人或组织从事生产性活动。因此，制度被认为是促进经济增长的根本原因（杨晓敏和韩廷春，2006；诺斯，2008），制度环境的差异决定了国家间经济增长绩效的差距（Salai-Martin，1997；Hall and Jones，1998；Acemoglu、Johnson and Robinson，2005；Eggertsson，2005），并形成各国比较优势的不同特点（潘向东、廖进中和赖明勇，2004、2005a、2005b；Levchenko，2007）。从制度影响服务部门增长的相关研究来看，国外学者侧重于从服务业自身的独特属性出发，探寻在服务业增长的一般规律中制度因素的作用，而国内学者的研究更偏重于引入相关的制度变量解释国内服务业发展相对缓慢和地区发展不平衡的事实。

Hill（1977，1999）最早从制造品与服务品的差异出发，指出服务品的无形性特征往往使其生产和消费过程同时进行，这一方面使得在服务交易过程中需求方既无法在交易之前对服务的质量进行检验，又很难在事后对其质量进行有效评估（Holmstrom，1985）；另一方面服务品的独特属性也增加了服务生产方对其产出保护的难度。因此，服务交易的顺利实现有赖于外部公正、独立的契约保护和执行体系的建立，以缓解服务交易的困境（汪德华、张再金和白重恩，2007）。Clague等（1999）进一步提供了制度水平与服务业增长之间关联性的经验证据，通过引入"契约密集度"的测量方法（Contract-intensive

Measurement），实现了对契约执行力和产权安全性的全面评估，其对金融和保险等行业的实证分析证实了契约的密集度与服务部门的规模之间存在显著的正向关系。Mattoo、Rathindran 和 Subramanian（2001）则研究了贸易自由化对服务业增长的影响，其以金融和电信部门为样本的跨国经验研究证实，一国服务业的开放程度越高，服务业发展越有可能获得比其他国家更高的增长率。Singelman（1978）的研究讨论了城市化进程与服务业发展之间的关系，指出城市相对发达的公共基础设施为服务品供需双方的交易提供了优越的条件，是促使农业经济向服务经济转变的重要因素。Keeble 和 Wilkinson（2000）探讨了城市化在促进集群的服务企业通过"集体学习过程"提高创新能力方面发挥的积极作用。

汪德华、张再金和白重恩（2007）从处于同等收入水平的国家间服务业发展不平衡的现实出发，利用跨国横截面数据，实证检验了政府规模、法治水平与一国服务业发展水平之间的关系，指出一国契约执行制度的质量与该国的服务业发展水平显著正相关，政府规模与其服务业发展水平显著负相关，并且，制度对服务业发展的影响在穷国更显著。胡霞（2007）的实证分析引入了市场化程度、政府对经济的干预程度以及对外开放程度等制度变量，对我国东、中、西部地区服务业发展水平不平衡的现实做出了解释，指出市场化和政府行为方式的转变是促进国内服务业快速发展的重要因素，对外开放对服务业发展发挥促进作用需要一定的人力资本门槛，城市享受政策的差异是导致各地区服务业发展不平衡的主要原因。倪鹏飞（2004）关于城市化进程与服务业发展的研究指出，第二产业的发展和城市化进程虽然会对国内城市服务业的规模和增长有积极的正面效应，但对于其增加值比例及其增长速度有显著的负面效应。郭文杰（2007）的实证研究表明，城市化不仅为服务业的发展提供了充足的劳动力供给，同时，城市化引致的非农人口比重的提高极大地刺激了对服务的需求，因此，城市化是推动服务业增长的重要因素。顾乃华（2011）基于省市互动的新视角，指出城市化进程是推动城市服务业增长的重要因素，但各城市所属省份的市场化程度、对外开放程度和财政改革程度等制度因素间接地影响城市的服务业增长和增加值比重，说明制度变迁进程在省份之间的不均匀分布是造成我国城市服务业发展不均衡的重要影响机制。此外，胡超和张捷（2011）关于全球 162 个国家和地区的实证分析指出，制度环境的改善能够有效提升一国服务出口的 RCA 指数，并提高服务经济在 GDP 中的比重。

以上的研究不乏真知灼见，但主要存在三个方面的不足：首先，以往的研究仅考虑了制度对服务业增加值或增长速度的直接影响，而没有进一步探讨制度因素通过影响生产要素的使用效率对服务业产出的间接影响。其次，在制度指标的选取上，大多直接引用诸如美国传统基金会（The Heritage Foundation）、透明国际（Transparency International）以及商业环境风险调查组织（Business Environmental Risk Intelligence）等国际组织提供的对各国市场化程度、政府廉洁程度以及契约和产权安全程度等方面的相关评估数据。这些数据一方面由于年限较短，难以较好地反映我国制度变迁的过程①；另一方面数据的编制仅涉及国家层面，不能反映制度变迁对不同地区服务业和各细分服务行业的影响。最后，以往的实证研究主要集中于国家层面的分析，较少从跨地区和跨行业的角度探讨国内服务业发展与制度之间的互动关系。

因此，本文试图从以下三个方面克服以往研究的不足：第一，在传统的索洛（Solow）增长模型中引入制度变量，全面分析制度对服务业产出增长的直接和间接影响；第二，基于中国市场化改革的制度背景，从政府主导的资源配置结构、非国有经济发展、知识产权保护、城市化进程以及行业竞争环境五个方面理清制度变迁影响国内服务业增长的内在机理，并借鉴樊纲指数的编制方法，对上述五个制度指标进行量化；第三，构建包含全国主要省市区和各细分服务行业的面板数据，从跨地区和跨行业两个角度考察制度变迁对国内服务业增长的影响。

三、制度因素影响中国服务业增长的理论分析

（一）包含制度因素的拓展索洛模型

如何将制度作为一种生产要素引入生产函数、解释其对产出增长的作用，目前学术界主要分为两派观点。一派学者主张将制度作为一种直接的要素投入引入传统的生产函数，论证制度对产出增长的直接影响机制，如 Hall 和 Jones（1998）、潘慧峰和杨立岩（2006）以及刘文革、高伟和张苏（2008）等。另一派学者则指出，制度对产出增长只有间接动力作用，因此，在构建生产函数时，制度因素可能不应作为"显性变量"直接出现（王艾青，2008）。笔者认为，单独强调制度对产出增长的直接或间接效应都是有失偏颇的。一方面，制度作为一种规范的交易规则降低了交易成本，直接促进了产出效率的提高，刺激了产出的快速增长；另一方面，完善的产权保护制度和有序的市场竞争秩序能够有效地促进投资规模的扩大，健全的法制体系和鼓励创新的制度环境能够实现对技术进步的有效促进。因此，高质量的制度环境还有通过提高资本累积和促进技术进步实现对经济增长的间接促进效应（王泽填和孙辉煌，2010）。因此，我们认为制度对服务业增长兼具直接效应和间接效应。

假设服务业的生产函数是柯布—道格拉斯形式（C-D 生产函数）：

$$Y_{it} = A_{it} K_{it}^{\alpha_K} L_{it}^{\alpha_L} \tag{1}$$

---

① 如美国传统基金会发布的经济自由化指数（Index of Economic Freedom）最早从 1995 年开始编制，而透明国际编制的清廉指数（Corruption Perceptions Index）是从 2001 年开始发布的。

其中，Y_{it}，K_{it} 和 L_{it} 分别表示 i 地区（或行业）在第 t 年的服务业增加值，资本和劳动投入；α_K 和 α_L 分别为资本和劳动投入对于总产出 Y 的产出弹性，由于通常假定 K 和 L 是规模报酬不变的，因此，$\alpha_K + \alpha_L = 1$；A 为全要素生产率（TFP），代表技术水平。

Hall 和 Jones（1998）运用跨国截面数据验证制度影响各国不同的经济增长绩效时，将"社会基础设施变量"与各国的人均产出水平直接进行回归，测算各制度变量对各国人均产出水平的影响。我们借鉴这种做法，由式（2）给出制度对服务业增长水平的直接影响效应。

$$LnY_{it} = \beta_0 + \beta_1 LnZ_{it} + \varepsilon_{it} \tag{2}$$

式（2）中，Z_{it} 表示 i 地区（或行业）第 t 年各种制度变量的集合，ε_{it} 为随机误差项。

此外，制度变迁影响服务业增长的间接效应主要通过对资本累积效率和全要素生产率的作用得以实现，因此：

$$LnK_{it} = \gamma_0 + \gamma_1 LnZ_{it} + u_{it} \tag{3}$$

$$LnA_{it} = \eta_0 + \eta_1 LnZ_{it} + v_{it} \tag{4}$$

式（2）至式（4）构成了本文实证检验的基本模型。

进一步，在式（2）两边对时间因素 t 求导，变化可得制度对服务产出增长率的直接贡献率[①]：

$$\frac{\Delta Z_{it}/Z_{it}}{\Delta Y_{it}/Y_{it}} = \frac{1}{\beta_1} \tag{5}$$

资本要素 K 和全要素生产率 A 对服务产出增长的贡献率 E_K 和 E_A 分别为：

$$E_K = \alpha_K \frac{\Delta K_{it}/K_{it}}{\Delta Y_{it}/Y_{it}} \tag{6}$$

$$E_A = \frac{\Delta A_{it}/A_{it}}{\Delta Y_{it}/Y_{it}} \tag{7}$$

由式（3）和式（4）分别可以得到：

$$\frac{\Delta K_{it}}{K_{it}} = \gamma_1 \frac{\Delta Z_{it}}{Z_{it}} \tag{8}$$

$$\frac{\Delta A_{it}}{A_{it}} = \eta_1 \frac{\Delta Z_{it}}{Z_{it}} \tag{9}$$

将式（8）、式（9）分别代入式（6）、式（7）即可得到制度通过影响资本累积效率和全要素生产率对服务产出增长的间接贡献，分别为 $\alpha_K \gamma_1 \frac{\Delta Z_{it}/Z_{it}}{\Delta Y_{it}/Y_{it}}$ 和 $\eta_1 \frac{\Delta Z_{it}/Z_{it}}{\Delta Y_{it}/Y_{it}}$。因此，制度对服务业产出增长的直接和间接影响之和为 $\left(\frac{1}{\beta_1} + \alpha_K \gamma_1 + \eta_1 \right) \frac{\Delta Z_{it}/Z_{it}}{\Delta Y_{it}/Y_{it}}$。

综上所述，制度因素影响服务业增长的途径不仅体现为其对服务业产出增长的直接作

[①] 贡献率定义为各要素产出的增加值与总产出的增加值之比，为了与模型的推导相契合，我们拓展了这一定义，用各要素产出的增长率与总产出的增长率之比表示贡献率。此外，在理论模型推导过程中并不考虑随机误差项 ε_{it} 的影响。

用，还表现在制度因素能够显著影响服务生产过程中的资本累积效率和全要素生产率，间接影响服务业产出的增长。因此，本文讨论的服务业增长既包括服务业产出的变化，也包括服务生产中资本累积效率和全要素生产率的变动。

（二）待验证的理论假说

中国制度变迁的主要推动力主要来自经济体制改革，而经济体制改革的核心是逐步实现市场化。在市场化改革过程中，会涉及政府与市场在资源配置、利益分配、产权结构、定价机制等诸多方面的博弈和调整。限于篇幅，本文不可能全面评估制度变迁对国内服务业增长产生的各种效应。因此，基于服务业的特性以及数据的可获得性，我们主要从政府配置经济资源的比重、非国有经济的发育程度、知识产权保护水平和城市化进程四个方面探讨制度变迁对国内各地区服务业增长的影响，并从非国有经济的发展以及行业竞争程度两个方面分析制度变迁对各细分服务行业增长的影响。

1. 政府配置经济资源的比重对服务业增长的影响

政府在经济发展中应该发挥什么作用，一直是经济学界争论不休的话题。一般而言，政府对经济发展的影响是"双重性"的：一方面，政府通过掌握的经济资源可以对经济进行有效的干预和控制，不仅能够为市场运行提供各种必要的条件，帮助缓解各种市场失灵问题，还能够迅速、高效地集中有限的经济资源推动一国（地区）的工业化进程，最终实现工业经济时代的经济快速增长；另一方面，政府本身作为一个利益主体，为增进自身利益，也可能过度地介入和干涉市场，形成对经济增长的阻碍，甚至"在追求垄断租金最大化的驱使下，导致国家陷入低效率状态"（诺斯，2008）。目前看来，更多的研究成果支持政府干预对经济增长存在负相关关系的观点（汪德华、张再金和白重恩，2007）。这种阻碍作用的大小是由政府在资源配置中的地位所决定的。

从服务业的产业特性出发，我们认为，政府配置经济资源的比重越大，对服务业增长的阻碍作用越明显。

一方面，部分服务业（如金融、电信、能源、交通等）由于是涉及国民经济运行的基础部门，往往实行政府主导下的国有垄断经营。江小涓和李辉（2004）指出，中国经济中存在进入管制和垄断问题的行业主要集中在服务业，根据《中国第三产业统计年鉴2009》公布的2008年中国百家第三产业大企业集团名单，排名前10位的企业都是中央政府的直属企业，后90位的企业中除苏宁电器、绿地集团等少数几家私企外，都是中央和各级地方政府直属或控股的企业。由于部门垄断，民间和外来资本难以进入，这些行业长期以来处于竞争不足、效率低下、创新乏力的状态，不利于服务业的发展。

另一方面，地方政府控制的资源更偏向于流入工业（主要是制造业）部门，对服务业发展的支持相对较少，这是由两个部门不同的生产属性决定的。根据各国工业化的经验，工业起飞的前期需要大量的要素堆积，但当生产达到一定规模后能产生较强的规模效应，不仅能够促进经济的快速增长，还能为要素所有者提供丰厚的回报；而服务产品由于自身的异质性、生产和消费的同时性特征，其消费和交易过程具有很强的排他性和时效性，难以形成像工业那样的规模经济效应。因此，政府主导下的投资结构更倾向于支持能够带来显著经济增长效应和投资回报的工业，而忽略难以在拉动经济增长和要素报酬方面起到立竿见影作用的服务业，这从我国各级地方政府为发展工业提供的优惠政策中可见一斑（刘培林和宋湛，2007）。

据此，我们得到待检验的理论假说 1：政府主导资源配置的经济体制不利于国内服务业的增长，主要体现在对产出增长和资本累积效率的阻碍上。因此，政府分配经济资源的比重越大，对服务业发展的阻碍作用越显著。

2. 非国有经济的发育程度对服务业增长的影响

改革开放以来，市场导向的非国有经济的迅速发展对我国的经济增长和市场化改革作出了最重要的贡献（樊纲、王小鲁和朱恒鹏，2011）。非国有经济的发展强化了市场在资源配置中的作用、深化了产权结构多元化的改革、拓宽了投融资渠道，为我国服务业的发展创造了良好的制度环境。

一方面，非国有经济的发展弱化了政府在资源配置中的作用，迫使政府放松了对一些服务行业的管制，在一定程度上削弱了服务领域的垄断性，增强了服务业的竞争，从而对于提高服务业的效率至关重要（Mattoo, Rathindran and Subramanian, 2001）。因此，非国有经济的发展有利于服务业的增长。

另一方面，非国有经济的发展明晰了产权主体的责、权、利，对服务产品的提供者产生了有效激励，提升了产权主体从事经济活动的积极性，有利于提升服务企业的效率。

据此，我们提出理论假说 2：非国有经济的发育程度与服务业增长正相关，非国有经济的快速发展能够有效促进国内服务业产出的增长和资本的累积。

3. 知识产权保护水平对服务业增长的影响

相对于其他产业，服务业产出的增长和全要素生产率的提升需要更为有效的知识产权保护制度，这是由服务产品独特的生产属性所决定的。

一方面，服务生产并不形成一个可交换的静态的"物"，而是产生一种运动形态的使用价值，这种使用价值通过作用于消费者使得其实现某种"状态的变化"而获得效用，即完成了服务产品的交易（黄少军，2000）。20 世纪 80 年代以来，随着以提供专业中间服务为主要业务的商业服务业（Business Service Industry）的快速发展，服务产品的非实物形态特征使其通常以无形的"知识"形式存在（如品牌设计、广告策划、营销计划等）。作为一种非实物的精神产品，难以从法律上对知识的所有权、价值等进行有效的界定和保护；但知识的使用和传播必须借助实物的媒体，因此，对知识的排他性限定可以通过附着于实物媒体上的知识产权得以实现。如何提高知识与实物媒体的契合效率，有效界定知识产权的归属及其价值并对其进行保护，取决于一国（地区）知识产权保护体系的质量。只有明确服务生产者对其产品的产权，才能刺激服务生产者的生产积极性，促进服务产出的增长。

另一方面，服务作为一种"人对人"的生产活动，具有很强的异质性特征，这决定了服务业生产效率的提高必须依靠服务提供者不断地进行创新以满足消费者对服务产品差异

经济管理学科前沿研究报告

化和个性化的要求。这种彰显个性的创意受制于一国（地区）的知识产权保护环境。因此，如果创新成果得不到有效保护，企业就会放弃对创新的追求，从而阻碍服务业的增长和全要素生产率的提高。

据此，我们提出理论假说3：高质量的知识产权保护体系能够有效促进服务业产出的增长和全要素生产率的提高，有利于服务业的增长；低水平的知识产权保护环境则不利于服务业的发展。

4. 城市化进程对服务业增长的影响

在我国，城市化不仅是一种社会现象，还被烙上了制度变迁的深刻印记。改革开放以前，我国实行严格的户籍管理制度，城市经济圈与农村经济圈基本被割裂开来，形成了典型的城乡"二元结构"。改革开放以后，为满足工业化和以加工贸易为基础的出口导向型经济发展对劳动力的需求，大量农村剩余劳动力涌入城市，不仅为经济发展提供了充足的人口红利，同时扩大了城市的规模，完善了基础设施建设，加快了我国的城市化进程。因此，我们认为，中国的城市化进程得益于经济体制改革的推动，带有浓重的制度变迁色彩。

由于城市可以形成更为集中和频繁的服务需求，使得城市化进程同服务业发展的相关性要高于同制造业发展的相关性（郑吉昌，2005）。服务产品具有生产和消费的同时性，在地域上限制了服务交易双方的距离，使得大多数服务行业必须直接面对消费者。城市相对发达的基础设施为服务业的发展提供了必要的硬件基础，数量庞大的人口规模和相对较高的收入水平又能够形成对不同层次和类型的服务产品的有效需求，最终使得城市成为服务业集聚的最佳"场所"。因此，随着城市化进程的逐步推进、人口规模的不断扩大、收入水平的不断上升，对服务的有效需求将逐步提高，最终促进服务业产出的增长。

由此得到待检验的假说4：城市庞大的人口规模和较高的收入水平能够形成对服务产出的有效需求，因而城市化的发展能够从需求上拉动服务业的增长。

5. 行业竞争水平对服务业增长的影响

一般而言，行业内自由竞争的程度越高，企业在提升产品质量、技术创新和管理革新等方面的压力就越大，从而促进行业产出的增长和技术水平的提升；反之，行业内的垄断程度越高，企业越有可能忽视产品质量、技术革新和生产效率的提升，从而降低行业的效率。我国服务业存在很高的进入壁垒和强大的垄断势力，竞争长期遭到压制。而市场化改革通过在行业内引入竞争机制，逐步改变了国有经济"一家独大"的垄断格局，提升了行业内的竞争水平。因此，我们认为，服务行业竞争强度的提升和竞争环境的改善在很大程度上反映了市场化改革的成果，具有鲜明的制度变迁特征。

在服务行业中，高质量的自由竞争环境能够有效缓解服务供需在时间和空间上的不平衡，有利于服务产出的增长和生产效率的提升。由于服务产品的异质性特征，大多数服务是不能被"复制"的，因而产业化的生产方式不适用于服务的生产，形成了服务产出在既定时空内的硬约束。当消费者对服务的需求量超过了既定时间约束下的可提供量，就会出现服务供求的局部不平衡，即"排队"现象；当某一区域内服务的供给量不能满足消费的需求时，供求的失衡会表现为另一种形式的局部不平衡，即"拥挤"现象（黄少军，2000）。通过引入竞争，提高行业内自由竞争水平，可以有效促使服务的生产可能性边界的向外延伸，弥补服务产品在时空上的供需缺口，并在激烈的竞争中淘汰低效率的生产者，促使服务生产效率的提高。反之，当行业内竞争不足时，服务产品供需在时空上的不平衡会以常态出现，阻碍服务产出的增长和生产率的提高。

由此，我们提出理论假说 5：高水平的自由竞争环境能够有效促进服务业的产出增长和全要素生产率的提升，有利于服务业的增长；相反，垄断和寡占的市场环境不利于服务业的产出增长和生产效率的提高，并产生显著的阻碍效应。

四、实证研究

（一）变量设置和数据说明

根据第三部分中对拓展索洛模型的基本设定和制度变迁影响国内服务业增长的各种理论假说，我们设定待检验的实证模型如下：

$$LnY_{it} = \beta_0 + \beta_1 LnFiscal_{it} + \beta_2 LnPriviacy_{it} + \beta_3 LnProperty_{it} + \beta_4 LnUrban_{it} + \varepsilon_{it} \tag{10}$$

$$LnK_{it} = \gamma_0 + \gamma_1 LnFiscal_{it} + \gamma_2 LnPriviacy_{it} + \gamma_3 LnProperty_{it} + \gamma_4 LnUrban_{it} + u_{it} \tag{11}$$

$$LnA_{it} = \eta_0 + \eta_1 LnFiscal_{it} + \eta_2 LnPriviacy_{it} + \eta_3 LnProperty_{it} + \eta_4 LnUrban_{it} + v_{it} \tag{12}$$

以及

$$LnY_{jt} = \beta_0' + \beta_1' LnPriviacy_{jt} + \beta_2' LnCompetition_{jt} + \varepsilon_{jt} \tag{13}$$

$$LnK_{jt} = \gamma_0' + \gamma_1' LnPriviacy_{jt} + \gamma_2' LnCompetition_{jt} + u_{jt} \tag{14}$$

$$LnA_{jt} = \eta_0' + \eta_1' LnPriviacy_{jt} + \eta_2' LnCompetition_{jt} + v_{jt} \tag{15}$$

式（10）~式（12）旨在检验制度变迁对我国各地区服务业增长的直接和间接影响，这里我们仅考虑了全国 28 个省市区 1990~2010 年的情况，由于海南和西藏两省区数据缺失较多，故未予考虑，同时为了保持连续性，我们将重庆市和四川省的数据进行了合并。式（13）~式（15）检验了制度变量对各服务行业及典型服务行业增长的影响，值得注意的是，由于我国在 2004 年开始施行新的行业分类标准《国民经济行业分类与代码》（GB/T 4754-2002），造成 2003 年统计资料的混乱，因此，我们剔除了该年的数据，将行业面板数据分为 1990~2002 年和 2004~2010 年两个时间段。此外，由于相关数据的缺失，我们没有将农、林、牧、渔业和其他服务业纳入实证检验[1]。

---

[1]《中国统计年鉴（2004）》按照《国民经济行业分类与代码》（GB/T 4754-94）对 2003 年第三产业分行业增加值进行统计，但统计分行业固定资产投资时却又按照《国民经济行业分类与代码》（qGB/T 4754-2002）进行，造成了统计的混乱。

下面对模型中各变量的设置方法和数据来源进行简要说明。

（1）服务业产出增加值 $Y_{i(j)t}$。各地区服务业产出增加值来自《中国国内生产总值历史核算资料（1952~1995）》和《中国第三产业统计年鉴（2010）、（2011）》，并统一按 1990 年的不变价格进行平减。1990~2002 年各服务行业增加值数据来自《中国统计年鉴（1998）、（2005）》，2004~2010 年数据来自《中国统计年鉴（2011）》，并分别折算为 1990 年和 2004 年的不变价[①]。

（2）劳动投入 $L_{i(j)t}$。采用第三产业"年末从业人员数"代替，各地区数据取自《新中国 60 年统计资料汇编》和《中国统计年鉴（2010）、（2011）》。

1990~2002 年各服务行业数据来自《中国统计年鉴（2004）》；2004~2010 年数据按照王恕立和胡宗彪（2012）的方法，用服务业分行业的全社会就业人数=服务业全社会总就业人数×（服务业分行业的城镇单位就业人数/服务业城镇单位总就业人数）这一公式进行估算，原始数据来自《中国统计年鉴（2011）》。

（3）资本投入 $K_{i(j)t}$。资本投入应当用服务业的物质资本存量代理，由于我国目前缺乏这方面的官方统计资料，因此，采用永续盘存法进行估算，基本公式如下：

$$K_t = (1 - \alpha_t)K_{t-1} + I_t$$

其中，K_t 表示第 t 年的资本存量，K_{t-1} 表示第 t-1 年的资本存量，I_t 表示第 t 年的资本投资，α_t 表示第 t 年的折旧率。

要计算各年的资本存量 K_t，必须得到基年的资本存量。我们借鉴徐现祥、周吉梅和舒元（2007）的方法，用 $K_{i,0} = I_{i,0}/(3\% + g_i)$ 这一公式计算各地区服务业基年的资本存量。其中，$I_{i,0}$ 为各地区服务业基年的资本形成总额，g_i 为各地区第三产业在样本期内的平均增长速度。对于分行业数据，由于存在两个基期，对于 1990 年各服务行业的资本存量仍按照上述公式进行计算，但 2004 年的资本存量若仍按照上述公式计算将会造成严重的高估，因此，我们采用了 2004 年各服务行业的固定资产投资总额作为基年的资本存量[②]。

对于各地区各年服务业的投资额 I_t，采用各地区服务业的资本形成总额代替（张军、吴桂英和张吉鹏，2004），并借鉴徐现祥、周吉梅和舒元（2007）对投资缩减指数的构建方法进行平减，数据来自《中国国内生产总值历史核算资料（1952~1995）、（1996~2002）》以及各年《第三产业统计年鉴》。对于分行业数据，由于我国没有统计服务业细分行业的资本形成总额数据，采用杨勇（2008）的办法，用各年全社会服务业分行业的固定资产投资总额来代替。《中国固定资产投资统计年鉴（1997~1999）、（2003）》仅提供了 1996~1998 年以及 2002 年的服务业分行业固定资产投资总额，对于缺失的 1990~1995 年以及 1999~

[①]《中国统计年鉴（2011）》中仅提供了交通运输业、仓储和邮政业、批发和零售业、住宿和餐饮业、金融业、房地产业等行业的增加值指数，对于其余行业，我们采用"其他行业"的增加值指数进行平减。

[②] 以房地产行业为例（因为新旧行业标准中都把房地产作为单独的行业进行统计），按照徐现祥、周吉梅和舒元（2007）的方法，以 1990 年为基期计算得到 2002 年的资本存量为 21054.64 亿元，但以 2004 年为基期，计算得到当年的资本存量达到 120400.4 亿元。仅仅两年时间资本存量就增长了 10 万亿元，这显然与现实不符。

2001 年数据采用王恕立和胡宗彪（2012）的处理方法进行估算；2004~2010 年的固定资产投资总额数据直接取自《中国统计年鉴（2011）》[1]。由于缺乏细分行业的数据，固定资产投资的折算采用全社会固定资产投资价格指数进行计算。

最后，折旧率 α_t 统一取为 6%（Hall and Jones，1998；顾乃华和李江帆，2006）。

（4）全要素生产率 $TFP_{i(j)t}$。采用索洛余值法，首先在各地区或行业中对 $Ln(Y_t/L_t) = \alpha_0 + \alpha_K Ln(K_t/L_t)$ 进行回归估计得到资本产出弹性 α_K，再代入各地区或行业中计算 $Y_t/K_t^{\alpha_K} L_t^{\alpha_L}$ 而得。

（5）政府配置经济资源的比重变量 $Fiscal_{it}$。考虑到政府配置经济资源的渠道主要通过财政支出，因此，采用各地区财政支出（包括预算内和预算外支出）占 GDP 的比重来代理。财政支出数据来自《新中国 60 年统计资料汇编》和《中国财政年鉴（2010）、(2011)》。

（6）非国有经济发育程度变量 $Priviacy_{i(j)t}$。各地区非国有经济发育程度变量借鉴樊纲、王小鲁和朱恒鹏（2011）的做法，采用非国有经济在工业销售收入中所占比重、非国有经济在全社会固定资产总投资中所占比重以及非国有经济就业人数占城镇总就业人数的比重三个指标进行合成。由于相关数据的匮乏，各服务行业内非国有经济的发育程度仅能用非国有经济就业人数占各行业就业总人数的比重来代理。所有数据均来自各年《中国统计年鉴》。

（7）知识产权保护水平变量 $Property_{it}$。知识产权保护水平采用各地区三种专利申请受理量/科技人员数和三种专利申请批准量/科技人员数两个指标的合成。数据来自各年《中国统计年鉴》。

（8）城市化进程变量 $Urban_{it}$。城市化进程采用各地区城镇人口数占总人口的比重表示，1990~2008 年数据来自《新中国 60 年统计资料汇编》，2009~2010 年数据来自各地方的统计年鉴。

（9）行业竞争程度变量 $Competition_{jt}$。借鉴贝恩对行业集中度的划分标准，我们采用 $(1-CR_n)$ 来表示各服务行业中的竞争程度[2]。基于两方面的考虑，我们主要检验金融业、批发零售业以及房地产业等典型服务行业的市场竞争对该行业增长的影响：一方面，上述三个行业的增加值在我国第三产业增加值中占有很大比重，其市场竞争情况对自身增长的影响具有较强的代表意义；另一方面，在新旧行业划分标准之下，各服务子行业市场化程

---

① 对于 1990~1995 年以及 1999~2001 年缺失数据的具体处理方法：首先将"基本建设投资"与"更新改造投资"相加（将"房地产开发投资"加入"房地产业"中），然后根据 1996~1998 年和 2002 年"基本建设投资"与"更新改造投资"之和占《中国固定资产投资统计年鉴》中公布的实际数值的平均比例，对缺失年份固定资产投资总额进行放大处理。所有原始数据来自《中国统计年鉴（2003）》。

② 行业集中度 CR_n 指本行业的相关市场中前 n 家最大的企业所占市场份额的总和，通常用这些企业的产量（或销售额、职工人数、资产数额）在该行业市场中所占的比重表示。贝恩根据行业集中度的大小，对行业中的市场结构进行了划分：$CR_4 \geq 75\%$，为极高寡占型市场（寡占 I 型）；$65\% \leq CR_4 \leq 75\%$，属于高集中高寡占型市场（寡占 II 型）；$50\% \leq CR_4 \leq 65\%$，属于中上集中寡占型市场（寡占 III 型）；$35\% \leq CR_4 \leq 50\%$，属于中下集中寡占型市场（寡占 IV 型）；$30\% \leq CR_4 \leq 35\%$，属于低集中寡占型市场（寡占 V 型）；$CR_4 \leq 30\%$，则称为竞争型市场（原子型）。

度差异很大，部分服务行业带有很强的公共服务和行政垄断性质（如教育、医疗卫生、科学研究以及党政机关等），因此，难以搜集到各子行业中重点企业的经营情况。本文选取的金融、批发零售以及房地产等行业的市场化程度相对较高，并且有比较完善的数据来源，能够代表我国商业服务业的发展情况。

在指标的构建中，将资产总额处于前四位的银行企业和保费收入处于前四位的保险企业的市场份额进行合成作为金融业的竞争程度指标，批发零售业的竞争程度由销售额位于前四位的零售企业的市场份额表示，房地产业的竞争程度则由《中国房地产上市公司 TOP 10研究报告》中被评为综合实力 TOP 10 的房地产企业的房屋销售额占市场总销售额的比重表示。各指标数据分别来自各年《中国金融年鉴》、《中国商业年鉴》（原称《中国国内贸易年鉴》）以及《中国房地产年鉴》。

需要指出的是，本文所有制度变量计算结果均采用樊纲指数的编制方法进行处理[1]。这种做法有两方面好处：第一，对各地区、各行业的制度变迁成果进行打分，通过横向和纵向的比较，能够迅速发现该地区或该行业市场化改革的进程和在整个改革进程中所处的位置；第二，对初级制度变量数据的再加工处理能够进一步将制度变迁的趋势特征显露出来，使实证检验获得更好的效果。

（二）实证检验结果

1. 制度因素影响国内各地区服务业增长的实证检验结果

根据模型（10）~模型（12）的设定，我们实证检验了制度变量对全国 28 个省市自治区 1990~2010 年服务业增长的影响，检验结果如表 1 所示。

表 1 制度因素影响各地区服务业增长的实证检验结果

被解释变量	服务业增加值 LnY_{it}					资本存量 LnK_{it}				全要素生产率 LnA_{it}	
	(1)	(2)	(3)	(4)	(5)	(6)	(7)	(8)	(9)	(10)	(11)
C	3.449*** (44.459)	−3.795 (−0.993)	11.634*** (67.234)	2.823*** (53.020)	5.972*** (167.054)	2.550*** (21.630)	3.724*** (17.222)	13.298*** (73.980)	2.756*** (41.156)	−0.682*** (19.999)	−0.557*** (−43.856)
$LnFiscal_{it}$	−0.0002 (−0.009)	−0.002 (−0.0701)	−2.138*** (−25.476)				−0.099*** (−3.088)	−2.401*** (−33.601)		−0.023** (−1.966)	
$Hi*LnFiscal_{it}$			−3.393*** (−12.244)					−4.401*** (−14.845)			
$Lo*LnFiscal_{it}$			−1.780*** (−18.924)					−1.997*** (−23.617)			
$LnPriviacy_{it}$	0.790*** (27.570)	0.786*** (27.449)		1.573*** (62.223)			0.722*** (9.120)		1.940*** (51.892)	0.030*** (2.689)	

[1] 基年各制度变量的得分由 $\dfrac{V_i - V_{min}}{V_{max} - V_{min}} \times 10$ 给出，其中，V_i 表示第 i 个制度变量的初步计算结果，V_{min} 是所有地区或行业中该制度变量的初步计算结果中最小的一个，V_{max} 则是最大的一个。因此，各制度指标在基年的得分范围为 0~10。其余年份的得分通过计算 $\dfrac{V_{i(t)} - V_{min(0)}}{V_{max(0)} - V_{min(0)}} \times 10$ 而得，角标 t 为所计算的年份，0 表示基期年份，此时各制度变量的得分将有可能超过 10 或低于 0。

续表

被解释变量	服务业增加值 LnY$_{it}$					资本存量 LnK$_{it}$				全要素生产率 LnA$_{it}$	
	(1)	(2)	(3)	(4)	(5)	(6)	(7)	(8)	(9)	(10)	(11)
Hi*LnPriviacy$_{it}$				0.590*** (8.031)					0.747*** (8.372)		
Lo*LnPriviacy$_{it}$				0.420*** (9.077)					0.677*** (11.600)		
LnProperty$_{it}$	0.356*** (25.766)	0.359*** (26.065)			0.128*** (8.114)		0.340*** (13.318)			0.009 (1.092)	0.016 (1.592)
Hi*LnProperty$_{it}$					0.010*** (2.673)						0.002 (0.179)
Lo*LnProperty$_{it}$					−0.056*** (−5.307)						0.010 (0.592)
LnUrban$_{it}$×LnIndex	0.071*** (8.245)	0.069*** (8.022)				0.512*** (33.001)	0.181*** (10.712)			0.018*** (5.015)	
Hi*LnUrban$_{it}$×LnIndex						0.135*** (2.652)					
Lo*LnUrban$_{it}$×LnIndex$_{it}$						0.062*** (3.565)					
LnIndustry$_{it}$		3.097* (1.941)									
LnIndustry$_{it}$²		−0.330** (−1.983)									
R²	0.978	0.979	0.878	0.952	0.987	0.951	0.981	0.903	0.953	0.983	0.947
模型类型	固定效应	固定效应	固定效应	固定效应	固定效应	固定效应	固定效应	固定效应	固定效应	固定效应	固定效应
Observations	563	563	563	588	588	588	563	563	588	308	588

注：由于采用樊纲指数的编制方法，各制度变量基年的取值会有为 0 的情况，为防止取自然对数时无意义，我们采用 Ln(1 + Z$_{it}$) 的方式代入模型进行回归。***、**、* 分别表示各变量在 1%、5%、10% 的水平上显著，括号中为 t 检验值，所有检验均由 Eview 6.0 完成，下同。

回归方程（1）至方程（6）反映了制度因素对国内各地区服务业产出增加值的影响。

回归（1）显示，所有制度变量的符号与理论假说完全相符：政府主导的资源配置结构对各地区服务业产出增长具有负面影响（尽管不显著），而非国有经济发展变量 LnPriviacy$_{it}$、知识产权保护水平变量 LnProperty$_{it}$ 以及城市化进程形成的有效需求变量 LnUrban$_{it}$ × LnIndex$_{it}$ 都对服务业产出增长有显著的促进作用①。

考虑到服务产品可以作为中间投入品用于制造业产品的生产，满足制造业对生产性服务的需求，因此，我们在基本模型中加入工业化水平变量 LnIndustry$_{it}$ 及其平方项 LnIndustry$_{it}$²，我们发现，加入这两个变量后，模型中各制度变量的符号、系数和显著性都

---

① 考虑到城市化进程对服务业产出增长的促进作用主要体现在对服务产品的有效需求方面，而有效需求的形成又与居民的消费结构密切相关。因此，我们加入反映各地区城镇人口消费结构的变量 LnIndex$_{it}$，其中，Index$_{it}$ = 100 − 各地区城镇居民家庭恩格尔系数。所有原始数据分别来自《新中国 60 年统计资料汇编》和各地方统计年鉴。

没有发生显著改变，说明模型的设定是稳定的[1]。回归（2）显示，工业化变量 $LnIndustry_{it}$ 有利于各地区服务业产出的增长，并且在 1% 的水平上达到显著，但其平方项 $LnIndustry_{it}^2$ 对服务业增长的影响显著为负，说明工业化发展对服务业产出增长的影响呈"倒 U"形变化，即工业的发展在一定时期和阶段会促进服务业的发展，但随着工业化进入中后期，工业的过度膨胀可能挤占服务业发展所需的要素投入，增加产业结构向服务化转型的难度，进而成为服务业发展的阻碍，这与张捷和周雷（2012）以及张捷、张媛媛和莫扬（2012）的结论一致[2]。

此外，为了反映各地区市场化改革对服务业增长的影响，我们依据各地区 1990~2010 年各制度指标得分的均值对各地区进行了重新排序，将排名处于前 25% 的地区设定为市场化改革程度高，后 25% 的地区设定为市场化改革程度低，并分别采用虚拟变量 Hi 和 Lo 来表示。方程（3）至方程（6）的回归结果可以发现，首先，政府配置经济资源比重处于前 25% 的地区（系数为–3.393）对服务业产出增长的阻碍效应明显强于处于后 25% 的地区（系数为–1.780），且两者都十分显著，说明政府在经济资源配置中所占的比重越大，越不利于服务业产出的增长；其次，非国有经济发展和城市化与消费结构变量的交互项对各地区服务业产出增长都具有稳定的促进效应，并且，制度得分越高的地区对服务业产出增长的促进越显著；最后，知识产权保护变量对各地区服务业产出的增长具有不同的作用，排名靠前地区的知识产权保护制度十分有利于国内服务业产出的增长，而排名靠后地区低效的知识产权保护制度，成为对服务业产出增长的阻碍，尽管从总量上看，这种阻碍作用被抵消。

对各地区服务业资本存量的回归结果与产出增加值的回归结果相类似：政府主导的资源配置结构不利于各地区服务业的资本累积，政府分配经济资源的比重越大，这种阻碍作用越显著；非国有经济的发展显著促进了各地区服务业资本存量的增加，非国有经济的发展水平越高，促进作用越明显；同时，知识产权保护和城市化进程也有助于提高服务业的资本累积效率。

最后，回归（10）和回归（11）中，知识产权保护变量 $LnProperty_{it}$ 对我国服务业全要素率的促进作用并不显著，即使在得分较高的地区其正效应也不明显，说明我国的知识产权保护体系未能为服务生产厂商的技术进步和创新活动提供有效的制度保障，导致其生产效率提升缓慢。因此，我国的知识产权保护环境仍有待进一步加强和改善。

所有回归方程的 R^2 均很高（0.878~0.987），表明回归方程的拟合度高，解释力很强。

---

[1] 工业化水平变量 $LnIndustry_{it}$ 由各地区工业增加值增长速度反映，数据来自各年《中国统计年鉴》。

[2] 张捷和周雷（2012）对进入工业化成熟期的 15 个新兴工业化国家的跨国研究指出，如果过度强化在国际分工中的制造国地位，长期依靠商品贸易来拉动经济增长，可能阻碍产业结构由工业经济向服务经济的转型。张捷、张媛媛和莫扬（2012）基于"制造—服务"的国际分工视角对中国产业结构演进停滞的研究也指出，中国的出口导向型发展模式虽然有利于加快工业化进程，但可能抑制了产业结构向服务化的演进。

2. 制度因素影响各细分服务行业增长的实证检验结果

由于相关数据的缺失，我们仅能搜集到各服务行业内非国有经济的发展状况以及金融、批发零售和房地产等典型服务行业竞争强度的相关数据。

根据基本模型（13）至模型（15）的设定，我们首先实证检验了非国有经济的发展对国内各细分服务行业的影响，检验结果如表 2 所示。

表 2　制度因素影响服务业全行业增长的实证检验结果

	被解释变量	服务业增加值 LnY_{jt}	资本存量 LnK_{jt}	全要素生产率 LnA_{jt}
		(12)	(13)	(14)
1990~2002 年	C	4.848*** (11.423)	4.723*** (15.284)	−0.418*** (−5.459)
	$LnPriviacy_{jt}$	0.587*** (3.733)	0.944*** (8.714)	0.194*** (3.091)
	$Hi*LnPriviacy_{jt}$	1.462** (2.197)	2.385*** (4.967)	
	$Lo*LnPriviacy_{jt}$	0.748** (2.038)	1.980*** (4.120)	
	R^2	0.917	0.955	0.977
	模型类型	固定效应	固定效应	固定效应
	Observations	130	130	130
	被解释变量	服务业增加值 LnY_{jt}	资本存量 LnK_{jt}	全要素生产率 LnA_{jt}
		(15)	(16)	(17)
2004~2010 年	C	4.904*** (22.142)	−4.029*** (−5.272)	0.910*** (21.758)
	$LnPriviacy_{jt}$	1.760*** (23.415)	6.047*** (22.208)	0.174*** (7.267)
	$Hi*LnPriviacy_{jt}$	1.300*** (8.349)	5.051*** (12.015)	
	$Lo*LnPriviacy_{jt}$	0.096 (0.051)	2.203 (0.326)	
	R^2	0.996	0.993	0.999
	模型类型	固定效应	固定效应	固定效应
	Observations	98	98	84

总体来看，非国有经济的发展对新旧两种行业分类标准下各服务行业的增长（包括直接和间接途径）都具有显著的促进作用，与理论假说和分地区的实证结果相一致。同样，为了反映不同服务行业非国有经济的发展程度对其产出增长和资本积累的影响差异，我们根据两个时期各子服务行业该项制度得分的均值对其进行了重新排序，分别将处于排名前后各 25% 的行业界定为制度得分较高和较低，并分别用虚拟变量 Hi 和 Lo 来表示。回归（12）、回归（13）、回归（15）和回归（16）的结果显示，在两个样本期内，非国有化程度越高的行业越能够促进全行业增加值和资本累积的增长，而非国有化程度越低的行业对

服务业增加值的增长和资本累积效率提高方面的促进作用越弱。

此外，我们还检验了竞争环境对典型服务业部门增长的影响，回归结果见表3。

表3 制度因素影响典型服务业部门增长的实证检验结果[①]

被解释变量	服务业增加值 LnY$_{jt}$			资本存量 LnK$_{jt}$		全要素生产率 LnA$_{jt}$	
	(18)	(19)	(20)	(21)	(22)	(23)	(24)
C	3.175*** (17.879)	1.902* (1.733)	8.742*** (20.828)	0.423 (0.402)	4.031*** (5.367)		1.526*** (48.848)
LnPriviacy$_{jt}$	2.055*** (26.428)			3.024*** (6.790)		0.755*** (10.540)	
Hi*LnPriviacy$_{jt}$		3.055*** (3.380)			1.317** (2.521)		
Lo*LnPriviacy$_{jt}$		−2.086*** (−7.661)			−1.224*** (−7.511)		
LnCompetition$_{jt}$	−0.038*** (−6.143)			−0.164* (−1.917)		−0.719*** (−9.787)	
Hi*LnCompetition$_{jt}$			0.081*** (8.897)				10.993* (−14.228)
Lo*LnCompetition$_{jt}$			−0.001** (−2.171)				−0.171*** (−2.994)
R^2	0.714	0.714	0.997	0.918	0.996	0.791	0.982
模型类型	固定效应	固定效应	混合效应	固定效应	混合效应	混合效应	固定效应
Observations	26	26	22	26	26	26	26

1990~2002年（对应上表）

被解释变量	服务业增加值 LnY$_{jt}$			资本存量 LnK$_{jt}$		全要素生产率 LnA$_{jt}$	
	(25)	(26)	(27)	(28)	(29)	(30)	(31)
C	2.286*** (5.064)	4.734*** (15.870)	0.967** (2.685)	−12.053*** (−9.98)	−5.055*** (−13.662)	1.816*** (9.431)	
LnPriviacy$_{jt}$	3.059*** (15.895)			9.224*** (16.669)		0.218** (2.343)	
Hi*LnPriviacy$_{jt}$		3.127*** (9.786)			11.183*** (28.555)		
Lo*LnPriviacy$_{jt}$		−2.620*** (−16.229)			−5.491*** (−26.043)		
LnCompetition$_{jt}$	−0.194** (−2.610)			−1.034** (−2.765)		−0.148*** (−3.613)	
Hi*LnCompetition$_{jt}$			5.354*** (23.173)				0.695*** (90.690)

（2004~2010年）

[①] 由于《中国房地产上市公司TOP10研究报告》自2003年开始公布，因此，在1990~2002年仅考虑金融业和批发零售业的情况，而在2004~2010年则综合考虑金融业、批发零售业以及房地产业三者的情况。相较于全行业的实证模型，由于解释和被解释变量中样本数的大量减少，在检验各制度变量得分高低对典型服务业部门增长的不同影响时，如果加入代表全行业水平的LnPriviacy$_{jt}$和LnCompetition$_{jt}$会造成估计时产生近似奇异矩阵（Near Singular Matrix）的情况，因此，本模型中仅用Hi*和Lo*就可以度量制度得分高低对这两个行业增长的不同效果。

	被解释变量	服务业增加值 LnY$_{jt}$			资本存量 LnK$_{jt}$		全要素生产率 LnA$_{jt}$	
		(25)	(26)	(27)	(28)	(29)	(30)	(31)
2004~ 2010 年	Lo*LnCompetition$_{jt}$			−0.079** (−2.137)				−0.229** (−2.250)
	R²	0.987	0.962	0.996	0.990	0.999	0.955	0.940
	模型类型	固定效应	固定效应	固定效应	固定效应	固定效应	固定效应	混合效应
	Observations	21	21	21	21	21	21	21

与前面的实证检验结果相一致，从总量上看，非国有化经济的发展在两个时期内对典型服务部门的增加值、资本累积以及全要素生产率的增长都有显著的促进作用，并且，非国有程度越高这种促进作用越大。值得注意的是，非国有程度得分较低的行业对典型服务行业整体的增长呈现显著的负效应，但这与前面的结论并不矛盾。在全行业的实证检验中，由于子行业数量较多，而设定为非国有程度较低的子行业只占 25%（即三个子行业），所以在最终结果中，即使 Lo*LnPriviacy$_{jt}$ 的符号为正，但其系数始终低于 Hi*LnPriviacy$_{jt}$，其原因就在于这些非国有程度低的子行业对服务业全行业的负向影响被其他得分较高的子行业（处于中游 50% 的子行业）的正效应所抵消。在此模型中，由于典型子行业数目比较少，因此，非国有程度低的子行业对典型服务行业增长的负效应被还原了出来。

此外，竞争程度变量 LnCompetition$_{jt}$ 对服务业增加值、资本存量以及全要素生产率的影响都显著为负，说明从整体上看我国典型服务行业的市场结构不利于其增加值、资本存量以及全要素生产率的增长。但从 Hi* 以及 Lo* 的分解结果中可以看到，竞争强度高的行业对典型服务部门增加值以及全要素劳动生产率的提高有显著的促进作用，而竞争强度低的行业则对其增长有显著的阻碍作用，这与理论假说 5 的预期相符。

依据行业集中度 CR₄ 对市场类型的最初划分，可以推断以竞争强度（1 − CR₄）为划分标准时的市场结构类型如表 4 所示。

表 4　依据竞争强度划分的市场类型

市场类型	CR₄ 值
寡占 I 型（极高寡占）	1−CR₄≤25%
寡占 II 型（高集中寡占）	25%<1−CR₄≤35%
寡占 III 型（中高集中寡占）	35%<1−CR₄≤50%
寡占 IV 型（中低集中寡占）	50%<1−CR₄≤65%
寡占 V 型（低集中寡占）	65%<1−CR₄≤70%
竞争型（原子型）	70%<1−CR₄

我们选取的金融、批发零售以及房地产等典型服务行业内部市场的竞争强度正好处于表 4 分类中的两个极端（见表 5）。

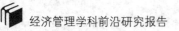

表 5　典型服务行业竞争强度

单位：%

年份	金融业（$1-CR_4$）	批发零售业（$1-CR_4$）	房地产业（$1-CR_{10}$）
1990	10.141	99.600	
1991	18.928	99.590	
1992	24.383	99.490	
1993	25.282	99.300	
1994	18.113	99.470	
1995	12.502	99.340	
1996	5.075	99.330	
1997	7.575	99.080	
1998	7.856	99.020	
1999	7.648	99.050	
2000	9.000	98.710	
2001	12.497	98.488	
2002	14.856	98.161	
2003	21.385	97.398	
2004	32.889	97.288	95.130
2005	37.786	96.591	94.800
2006	37.658	95.914	93.315
2007	32.753	95.666	93.785
2008	38.154	95.997	92.220
2009	40.322	96.279	93.814
2010	42.294	96.405	92.130

　　如表 5 所示，在两个样本期内，批发零售业的竞争强度都是最高的，房地产业仅次于前者，并且两者一直都维持在 90% 以上的高水平，说明这两个行业长期处于较充分的竞争状态，巨大的竞争压力迫使企业不断地革新服务产品，提高服务质量，从而促使两者增加值和全要素劳动生产率不断提高；相反，金融业的竞争强度指标在两个时期都是最低的，即该行业长期处于高寡占型的竞争环境，尽管近年来竞争强度有所提高，但大企业仍牢牢地控制着市场，因此，竞争的缺失导致了金融企业创新的动力不足，最终形成对其增长的负作用。

五、结论和建议

　　本文从服务业的制度特征出发，通过在传统的索洛增长模型中引入制度变量，提出制度对服务业增长的影响不仅体现为对服务业产出增长的直接作用，还表现在通过改变服务生产过程中的资本累积效率和全要素生产率对服务产出增长产生的间接影响。基于中国市场化改革的现实，我们从政府支配经济资源的比重、非国有经济的发育程度、知识产权保护水平、城市化进程以及行业竞争程度五个方面构建了反映中国制度变迁的指标，并实证研究了上述制度变量对 1990~2010 年全国 28 个省市区服务业和新旧两种行业分类标准下各细分服务行业的影响，得到以下主要结论：①政府支配型的资源配置结构不利于各地区服务业的发展，政府在资源配置中所占的比重越大，对服务业增长的阻碍作用就越大。②非国有经济的发展无论在地区层面还是行业层面上，都能够显著促进国内服务业的增长，非国有经济的发育程度越高，促进效应越显著。③知识产权保护变量对各地区服务业增长的促进效应主要反映在增加值上，知识产权保护较好对服务业的产出增长有显著的促进作用，而知识产权保护糟糕则会形成对服务业产出增长的阻碍。④各地区的城市化进程形成了对国内服务产品的有效需求，随着城市居民消费结构的升级，显著促进了各地区服务业的发展。⑤典型服务行业的市场竞争环境整体上不利于其产出和全要素劳动生产率的提升，从分解结果上看，这种负效应主要来自长期处于寡占型市场结构的金融行业，而竞争较充分的批发零售业和房地产业的市场结构则对典型服务行业的增长产生了促进作用。

基于以上结论我们认为，未来中国服务业的发展应重点解决以下问题。第一，坚持推进产业结构升级，适时调整以制造品出口为核心的外向型发展战略，体现服务业在促进经济增长方式转型上的重要作用；第二，进一步推动中国的市场化改革，严格界定政府参与经济活动的行为边界，加快政府职能的转变，尤其要逐步改变政府主导资源配置的现状，强化市场在资源配置中的基础地位；第三，打破国有经济对服务行业的行政垄断，通过大力引进非国有经济成分，加大对外开放力度，实现产权结构多元化，提升服务业的竞争水平，激发服务生产者改进服务质量和技术创新的动力；第四，加强和完善国内知识产权保护的相关立法，建立健全执行体系，需特别重视落后地区知识产权保护体系的建设，为服务业的发展创造良好的法律环境；第五，重视城市化进程在拉动服务业增长方面的作用，进一步挖掘大中城市非户籍人口以及落后地区城镇居民对服务品的消费潜力，形成对国内服务产品的稳定需求。

参考文献

[1] 道格拉斯·诺斯. 制度、制度变迁与经济成就 [M]. 上海：格致出版社，2008.

[2] 樊纲，王小鲁，朱恒鹏. 中国市场化指数——各地区市场化相对进程 2011 年报告 [M]. 北京：经济科学出版社，2011.

[3] 郭文杰. 改革开放以来 FDI、城市化对服务业的影响研究 [J]. 财贸经济，2007 (4).

[4] 顾乃华. 城市化与服务业发展 [J]. 财贸经济，2011 (1).

[5] 黄少军. 服务业与经济增长 [M]. 北京：经济科学出版社，2000.

[6] 黄少安. 关于制度变迁的三个假说及其验证 [J]. 中国社会科学，2000 (4).

[7] 胡霞. 制度环境与中国城市服务业发展差异 [J]. 软科学，2007 (21).

[8] 胡超，张捷. 制度环境与服务贸易比较优势的形成：基于跨国截面数据的实证研究 [J]. 南方经济，2011 (2).

[9] 金玉国. 宏观制度变迁对转型时期经济增长的贡献 [J]. 财经科学, 2001 (2).

[10] 江小涓, 李辉. 服务业与中国经济: 相关性和加快增长的潜力 [J]. 经济研究, 2004 (1).

[11] 卢中原, 胡鞍钢. 市场化改革对我国经济运行的影响 [J]. 经济研究, 1993 (12).

[12] 刘培林, 宋湛. 服务业和制造业企业法人绩效比较 [J]. 经济研究, 2007 (1).

[13] 倪鹏飞. 中国城市服务业发展: 假设与验证 [J]. 财贸经济, 2004 (7).

[14] 潘向东, 廖进中, 赖明勇. 制度因素与双边贸易: 一项基于中国的经验研究 [J]. 世界经济, 2004 (5).

[15] 潘向东, 廖进中, 赖明勇. 进口国制度安排与高技术产品出口: 基于引力模型的研究 [J]. 世界经济, 2005 (9).

[16] 潘向东, 廖进中, 赖明勇. 经济制度安排、国际贸易与经济增长影响机理的经验研究 [J]. 经济研究, 2005 (11).

[17] 潘慧峰, 杨立岩. 制度变迁与内生经济增长 [J]. 南开经济研究, 2006 (2).

[18] 汪德华, 张再金, 白重恩. 政府规模、法治水平与服务业发展 [J]. 经济研究, 2007 (6).

[19] 王艾青. 制度变迁对中国经济增长的影响: 参量选择与量化方法 [J]. 学术月刊, 2008 (5).

[20] 王泽填, 孙辉煌. 经济增长中的制度因素研究 [M]. 北京: 中国经济出版社, 2010.

[21] 王恕立, 胡宗彪. 中国服务业分行业生产率变迁及异质性考察 [J]. 经济研究, 2012 (4).

[22] 徐现祥, 周吉梅, 舒元. 中国省区三次产业资本存量估计 [J]. 统计研究, 2007 (5).

[23] 杨晓敏, 韩廷春. 制度变迁、金融结构与经济增长 [J]. 财经问题研究, 2006 (6).

[24] 杨勇. 中国服务业全要素生产率再测算 [J]. 世界经济, 2008 (10).

[25] 张军, 吴桂英, 张吉鹏. 中国省级物质资本存量估算: 1952~2000 [J]. 经济研究, 2004 (10).

[26] 张捷, 张媛媛, 莫杨. 对外贸易、经济增长与中国产业结构的演进——基于制造—服务国际分工形态的视角 [R]. 经济研究工作论文, WP240.

[27] 张捷, 周雷. 国际分工对产业结构演进的影响及其对中国的启示——基于新兴工业化国家跨国面板数据的经验分析 [J]. 国际贸易问题, 2012 (1).

[28] 郑吉昌. 生产性服务业与现代经济增长 [J]. 浙江树人大学学报, 2005 (1).

[29] Acemoglu, D., S. Johnson and J. A. Robinson. Institutions as the Fundamental Cause of Long Run Growth [M]. in Philppe, A. and Steven, D. (Eds.), Handbook of Economic Growth, 2005.

[30] Clague, C., P. Keefer and M. Olson. Contract-Intensive Money: Contract Enforcement, Property Rights and Economic Performance [J]. Journal of Economic Growth, 1999, 4 (2): 185-211.

[31] Eggertsson, T. Imperfect Institutions: Possibilities and Limits of Reform [M]. Ann Arbor: University of Michigan Press, 2005.

[32] Hall, R. E. and C. I. Jones. Why do Some Countries Produce so Much Output Per Worker than Others? [R]. NBER working paper, No. 6564, 1998.

[33] Hill, P. On Goods and Services [J]. Review of Income and Wealth, 1977, 23 (4): 315-338.

[34] Hill, P. Tangibles, Intangibles and Services: A New Taxonomy for the Classification of Output [J]. Canadian Journal of Economics, 1999, 32 (2): 426-447.

[35] Holmstrom, B. The Provisions of Services in a Market Economy [A] // Robert P. Inman. Managing the Service Economy: Prospects and Problems [M]. Cambridge University Press, 1985.

[36] Keeble, D. and F. Wilkinson. High-technology Cluster, Networking and Collective Learning in Europe [M]. Aldershot: Ashgate, 2000.

［37］ Levchenko, A. Institutional Quality and International Trade ［J］. The Review of Economic Studies, 2007, 74 (3): 791-819.

［38］ Mattoo, A., R. Rathindran and A. Subramanian. Measuring Services Trade Liberalization and Its Impact on Economic Growth: An Illustration ［R］. World Bank Working Paper, No. 2655, 2001.

［39］ Sala-i-Martin, X. I Just Run Two Million Regressions ［J］. American Economic Review, 1997, 87 (2): 178-183.

［40］ Singelman, J. The Sectoral Transformation of the Labor Force in Seven Industrialized Countries, 1920-1970 ［J］. American Journal of Sociology, 1978, 83 (5): 1224-1234.

Effects of Institutional Factors on the Growth of China's Service Industry: A Cross Regions and Sub-industries Empirical Research Based on Extended Solow Model

Shao Jun   Zhang Jie

Abstract: The service industry is characterized by its institution-intensive feature. Based on the institutional background of the reform of China's market system, this research has empirically tested different impacts of 5 institutional indicators, including the proportion of government's disposing of economic resources, the development of non-state economies, the quality of intellectual property protection, the process of urbanization and the intensity of market competition in main service sub-industries, on the development of service sectors in 28 provinces and main sub-industries classified by 2 different Industry Classification Standards during 1990-2010. Empirical results show that, the growth of domestic service industries is significantly promoted by the development of non-state economies, urbanization process, high-quality intellectual property protection and sufficient market competition, meanwhile, which is obstructed by current resource allocation structure dominated by government, poor institutional environment and inefficient market structure.

Key Words: Growth of Service Industry; Institution; Extended Solow Model; Cross Regions and Sub-industries

中国生产性服务业集聚及其影响因素研究 *
——基于行业和地区层面的分析

盛 龙 陆根尧

【摘 要】本文在描述了中国生产性服务业集聚的特征性事实基础上，结合新经济地理学和生产性服务业的产业特性，论述了生产性服务业集聚的影响因素，并从行业和地区两个层面分别提出理论假说，采用 2003~2010 年中国地级城市数据进行了实证检验。研究发现，中国生产性服务业具有较高的集聚程度与较强的集聚趋势，并在空间上呈现出从我国东北、中西部地区向东部沿海地区集聚的态势；从行业层面上看，制造业需求、信息化程度、知识密集度和国有化程度均对生产性服务业集聚产生了显著的影响；从地区层面上看，制造业集聚、信息化水平、人力资本和地方保护对生产性服务业集聚同样存在显著的影响，并表现出一定的区域差异性。最后，本文提出了促进我国生产性服务业集聚与快速发展的政策建议。

【关键词】生产性服务业；集聚；影响因素

一、引言

生产性服务业是指为其他商品和服务的生产者提供中间投入的服务行业。随着工业化和城市化的不断推进，我国产业结构逐步调整，服务业占经济总量的比重日益提高，其中生产性服务业的发展尤为突出。作为中间投入行业，生产性服务业是经济的黏合剂，它能够促进经济交易，刺激商品生产，推动其他部门的增长（Riddle，1986），在后工业化时代，它对经济增长的作用显得更为重要。从空间上看，生产性服务业具有集聚分布的显著特征。国内外的例子十分常见，如纽约的金融服务业集群、硅谷的 IT 服务业集群、上海

---

* 本文作者：盛龙，浙江理工大学经济管理学院，邮箱 shenglong24@163.com；陆根尧，浙江理工大学经济管理学院，邮箱 lgylgy@vip.sina.com。
本文引自《南开经济研究》2013 年第 5 期。

的金融服务业集群、北京中关村 IT 服务业集群等。有学者（胡霞，2008）研究认为，与制造业集聚相比，服务业的集聚程度更高，且有不断上升的趋势。

生产性服务业集聚是产业集聚的重要类别，而产业集聚一直是产业经济学和区域经济学研究领域关注的焦点。传统的新古典经济学认为产业集聚是由于外部规模经济所致，经济区位理论则从运输成本和生产成本的节约上对其加以解释，而以 Krugman（1991a，1991b）为代表的新经济地理学，运用主流经济学的分析方法，建立"中心—外围"模型，论证了产业集聚的形成过程，认为产业集聚是由于规模报酬递增、运输成本和市场需求的联合作用所引起的。这些经典理论的一个共同点是，以工业或者制造业为研究对象，却并未分析服务业的情况。对于中国产业集聚的研究，大多数国内学者（文玫，2004；罗勇等，2005；金煜等，2006；路江涌等，2007）也都集中在阐述制造业的集聚程度及其影响因素上，而对生产性服务业集聚的考察甚少。由于生产性服务业和制造业在产业特性上存在差异，制造业集聚的理论并不能完全适用于生产性服务业集聚。陈建军和陈国亮等（2009）在新经济地理学理论的基础上，提出了生产性服务业集聚的理论框架，采用全国222 个地级以上城市的截面数据，对生产性服务业集聚的影响因素作了实证研究；而李文秀和胡继明（2008）也针对我国服务业集聚的状况作过分析。但是，这些研究在数据和方法上还有待完善，且只从行业层面或地区层面的单一角度进行考察，缺乏行业和地区层面的整合分析，导致对我国生产性服务业集聚的认识尚不全面。因此，本文综合行业和地区两个层面，利用更丰富的数据资料，研究中国生产性服务业集聚及其影响因素，以期完善生产性服务业集聚的研究。

二、生产性服务业集聚的特征性事实

目前，我国制造业集聚的事实已被很多研究所证实，但对于服务业特别是生产性服务业来说，集聚的事实还尚存争议。一些学者（马风华和刘俊，2006）研究认为，中国服务业没有出现明显的产业集聚现象。同时，以往研究所选取的年份较短，难以全面反映生产性服务业集聚的变动趋势。因此，本文希望通过利用更多的数据资料证实中国生产性服务业集聚的事实，并阐述其时空特征。

（一）生产性服务业集聚的变动趋势：行业层面的考察

从行业层面看，产业集聚是指某一行业在全国地理范围内不均衡分布。本文利用基尼系数指标分析中国生产性服务业集聚程度及其变动趋势。基尼系数的计算如式（1）：

$$\text{Gini}_k = \frac{2}{n} \sum_{i=1}^{n} (i \cdot s_{ik}) - \frac{n+1}{n} \tag{1}$$

式（1）中，k、i 分别代表行业 k、地区 i，n 为地区个数，Gini_k 为行业 k 的基尼系数，

s_{ik} 为地区 i 行业 k 的就业人数占全国行业 k 总就业人数的比重，地区 i 按照 s_{ik} 大小递增排序。$Gini_k$ 取值范围为 [0，1]，取值越大表示集聚程度越大。本文使用的原始数据均来源于 2003~2010 年的《中国城市统计年鉴》[1]，主要选取了中国 286 个地级及以上城市分行业就业人数的数据[2]，这不仅减少了由于过于粗糙的地区划分所带来的误差，而且以地级城市这一更加微观的主体为研究对象更能反映生产性服务业的集聚状况。

表 1 列出了 2003~2010 年中国 14 个服务行业和制造业的基尼系数。从静态的集聚程度上看，2010 年除金融业的基尼系数排在第 10 位以外，其余 4 个生产性服务行业的基尼系数均排在前 7 位。这表明生产性服务业的集聚程度大体上处于整个服务业的前列，其中租赁和商务服务业、科学研究、技术服务和地质勘查业是生产性服务行业中集聚程度相对最高的，然后依次是信息传输、计算机服务和软件业以及交通运输、仓储及邮政业，金融业相对最低。比较制造业和生产性服务业的集聚程度，可以看到除金融业以外的其他生产性服务业的基尼系数均要高于制造业，这部分印证了服务业集聚程度要强于制造业的观点（Krugman，1991b；胡霞，2008）。从动态的集聚趋势上看，除水利、环境和公共设施管理业以外，其他所有服务行业和制造业的基尼系数都存在不同程度的递增趋势，反映出目前中国的服务行业和制造业正处于集聚发展阶段。同时从增幅上看，14 个服务行业中增幅小于 5% 的服务行业均属于消费性服务业或者公共性服务业，而生产性服务行业的增幅全都大于 5%，表明生产性服务业的集聚趋势要强于其他性质的服务行业。其中，信息传输、计算机服务和软件业是生产性服务行业中集聚趋势最强的，然后依次是金融业和交通运输、仓储及邮政业，而租赁和商务服务业、科学研究、技术服务和地质勘查业的集聚趋势相对最弱。比较生产性服务业与制造业的集聚趋势发现，交通运输、仓储及邮政业、信息传输、计算机服务和软件业与金融业的基尼系数增幅均要高于制造业，这在一定程度上反映出生产性服务业更具有集聚特性。

表 1　中国 14 个服务行业和制造业的基尼系数

		2003 年	2004 年	2005 年	2006 年	2007 年	2008 年	2009 年	2010 年	排名	增幅（%）	趋势
生产性服务业	transportation	0.5696	0.5785	0.5947	0.6038	0.6108	0.6232	0.6306	0.6391	7	12.20	上升
	information	0.5481	0.5498	0.5685	0.5778	0.6055	0.6204	0.6237	0.6444	6	17.56	上升
	finance	0.4389	0.4441	0.4504	0.4626	0.4754	0.4798	0.4873	0.4960	10	13.03	上升
	lease	0.7013	0.7007	0.7170	0.7333	0.7393	0.7463	0.7448	0.7541	2	7.52	上升
	science	0.6736	0.6784	0.6770	0.6824	0.6859	0.6996	0.7038	0.7104	4	5.46	上升

---

① 我国在 2003 年对行业分类进行了调整，将服务业从原来的 11 个行业调整至现在的 14 个行业，故本文主要对 2003 年以来的有关数据作分析。

② 《中国城市统计年鉴》中共统计了 287 个地级及其以上城市的数据，但其中西藏自治区的拉萨市有关数据缺失严重，故将其舍去；本文选取的分行业就业人数是全市范围内的统计数据，包括所辖县级市的数据，其更能反映整个地级城市的各行业就业状况。

续表

		2003 年	2004 年	2005 年	2006 年	2007 年	2008 年	2009 年	2010 年	排名	增幅 (%)	趋势
消费性服务业	wholesaleretail	0.5141	0.5300	0.5499	0.5572	0.5725	0.5889	0.6101	0.6244	8	21.45	上升
	hotel	0.6527	0.6705	0.6701	0.6762	0.6786	0.6954	0.7019	0.7112	3	8.95	上升
	estate	0.6816	0.6937	0.6969	0.6955	0.7028	0.7099	0.7104	0.7078	5	3.84	略微上升
	resident	0.7890	0.7880	0.7892	0.7913	0.7933	0.7939	0.7938	0.7921	1	0.40	略微上升
	entertainment	0.5586	0.5679	0.5663	0.5686	0.5717	0.5747	0.5797	0.5781	9	3.48	略微上升
公共性服务业	environment	0.4409	0.4341	0.4387	0.4308	0.4308	0.4259	0.4343	0.4335	11	-1.69	略微下降
	education	0.3700	0.3713	0.3702	0.3701	0.3708	0.3702	0.3737	0.3750	13	1.34	略微上升
	health	0.3953	0.3983	0.4017	0.4028	0.4027	0.4051	0.4039	0.4048	12	2.39	略微上升
	public	0.3409	0.3426	0.3467	0.3460	0.3447	0.3447	0.3476	0.3449	14	1.17	略微上升
制造业		0.5527	0.5647	0.5738	0.5827	0.5900	0.5967	0.6015	0.6051		9.47	上升

注：①表中英文代表的行业说明如下：transportation 为交通运输、仓储及邮政业，information 为信息传输、计算机服务和软件业，finance 为金融业，lease 为租赁和商务服务业，science 为科学研究、技术服务和地质勘查业；wholesale-retail 为批发和零售业，hotel 为住宿、餐饮业，estate 为房地产业，resident 为居民服务和其他服务业，entertainment 为文化、体育和娱乐业；environment 为水利、环境和公共设施管理业，education 为教育业，health 为卫生、社会保障和社会福利业，public 为公共管理和社会组织。②表中的排名是根据 2010 年中国 14 个服务行业的基尼系数大小排序而得；增幅是由 2010 年与 2003 年的基尼系数差值除以 2003 年的基尼系数而得；若增幅在-5%~0%或0%~5%，则趋势定义为略微下降或略微上升，若增幅小于-5%或大于5%则趋势定义为下降或上升。

（二）生产性服务业集聚的空间分布：地区层面的考察

从地区角度看，产业集聚即指某一地区集中了大量的某行业企业。地区平均集中率能够较好地衡量某一地区各类行业在全国的平均占有率，尤其适用于度量大类行业的集聚程度。因此，本文利用地区平均集中率指标分析中国生产性服务业集聚的空间分布特征，计算公式如式（2）：

$$v_i = \frac{\sum_k s_{ik}}{m} \tag{2}$$

式（2）中，v_i 为地区 i 的平均集中率，s_{ik} 为地区 i 行业 k 的就业人数占全国行业 k 总就业人数的比重，m 为行业个数。本文计算生产性服务业的地区平均集中率时，行业 k 包括生产性服务业下各个细分行业，v_i 取值范围为 [0，1]，取值越大表明该地区的集聚程度越大。本文基于中国 286 个地级及以上城市分行业就业人数的数据，求取相应省级层面的数据，并在此基础上，根据地理自然条件和经济发展状况，将我国划分为六类地区加以分析，这样更容易把握我国生产性服务业集聚的整体态势。

　　表 2 列出了中国六类地区和 30 个省（市、自治区）2003 年和 2010 年生产性服务业的平均集中率。从大类地区层面上看，2003 年东部沿海地区的生产性服务业平均集中率最高，中部地区次之，三大直辖市位列第三，然后依次是东北、西南和西北地区，反映出在 21 世纪初期我国东部地区已经集聚发展了相当规模的生产性服务业，具备了初步优势。随着时间的推进，三大直辖市和东部沿海地区的生产性服务业平均集中率逐步提高，而中部、东北地区却逐年下降。这表明 21 世纪以来，在具有初步优势的东部地区，生产性服务业的集聚效应日趋显著，但这同时也伴随着其他地区生产性服务业的萎缩，尤其以中部和东北地区为甚。从省级层面上看，2003 年生产性服务业平均集中率排名前五位的省（市、自治区）依次为北京、广东、上海、江苏、山东，均为位于东部沿海的省市。与此同时，在东北、中西部地区除辽宁、黑龙江、河南三省以外的其余省份，生产性服务业平均集中率均在 4% 以下，这说明 21 世纪初期生产性服务业在我国就已形成了"以东部沿海为集聚中心，以东北、中西部为外围"的发展格局。这种发展格局并没有随着时间的推进而消退，反而存在继续强化的趋势。2010 年，北京、广东、上海等省市的生产性服务业平均集中率相比 2003 年均有不同程度的上升，同时排名前五位的省份依然全都位于东部沿海，而东北和中西部地区省份（除陕西、青海、新疆）的生产性服务业平均集中率均在下降，尤其是东北三省和中部的一些省份，下降幅度颇大，从而导致东部沿海地区的集聚中心效应被不断强化。

表 2　中国 30 个省（市、自治区）生产性服务业的平均集中率

单位：%

2003 年											
直辖市	19.72	东部	29.68	东北	11.31	中部	20.38	西南	11.09	西北	7.82
北京	12.12	河北	3.85	辽宁	4.87	山西	3.05	广西	2.54	内蒙古	1.74
天津	2.08	山东	5.17	吉林	2.38	河南	4.97	重庆	2.08	陕西	3.15
上海	5.51	江苏	5.40	黑龙江	4.06	安徽	2.76	四川	3.79	甘肃	1.50
		浙江	4.34			湖北	3.93	贵州	0.90	青海	0.32
		福建	2.45			湖南	3.45	云南	1.77	宁夏	0.48
		广东	8.11			江西	2.22			新疆	0.63
		海南	0.36								
2010 年											
直辖市	24.10	东部	31.59	东北	9.44	中部	17.36	西南	10.27	西北	7.24
北京	16.15	河北	3.63	辽宁	4.30	山西	2.66	广西	2.45	内蒙古	1.54
天津	1.94	山东	4.89	吉林	1.91	河南	3.76	重庆	1.87	陕西	3.16
上海	6.01	江苏	4.86	黑龙江	3.23	安徽	2.51	四川	3.49	甘肃	1.11
		浙江	5.95			湖北	3.42	贵州	0.87	青海	0.34
		福建	2.79			湖南	3.03	云南	1.59	宁夏	0.43
		广东	9.09			江西	1.99			新疆	0.66
		海南	0.38								

续表

两年变化差值											
直辖市	+4.38	东部	+1.91	东北	-1.87	中部	-3.02	西南	-0.81	西北	-0.58
北京	+4.03	河北	-0.21	辽宁	-0.58	山西	-0.39	广西	-0.09	内蒙古	-0.21
天津	-0.15	山东	-0.28	吉林	-0.47	河南	-1.21	重庆	-0.21	陕西	+0.02
上海	+0.50	江苏	-0.54	黑龙江	-0.83	安徽	-0.26	四川	-0.30	甘肃	-0.39
		浙江	+1.60			湖北	-0.51	贵州	-0.03	青海	+0.01
		福建	+0.34			湖南	-0.42	云南	-0.19	宁夏	-0.05
		广东	+0.99			江西	-0.22			新疆	+0.03
		海南	+0.02								

注：①6类地区的生产性服务业平均集中率分别是所属各省（市、自治区）的生产性服务业平均集中率之和；②重庆市由于其成立直辖市的时间较晚，整体经济发展水平与前三大直辖市相比有较大的差距，故未将其归为第一类直辖市之列。

综合上述行业和地区两个层面的分析结果表明，中国生产性服务业具有较高的集聚程度和较强的集聚趋势：从整体上看，无论集聚程度还是集聚趋势均要领先于其他服务业和制造业，这印证了中国生产性服务业集聚的事实，凸显出生产性服务业较强的集聚特性；并且从空间上看，中国生产性服务业正从东北、中西部地区向东部沿海地区集聚，尤其是北京、上海两大直辖市的集聚中心效应十分明显，这与两大直辖市的建立以服务业为主的国际性大都市的目标和东部沿海省份良好的制造业基础密切相关。

三、生产性服务业集聚的理论解释与假说

中国生产性服务业集聚的特征明显，那么其形成的原因是什么，这就需要探寻集聚的影响因素。以往产业集聚的理论大多基于制造业领域，由于生产性服务业具有生产消费的同时性、服务产品的无形性、对知识信息的高依赖性等特点，使得对生产性服务业集聚的研究需要构建一个更具针对性的理论分析框架。因此，本文在现有研究的基础上，结合新经济地理学等理论与生产性服务业的产业特性，论述生产性服务业集聚的影响因素，并从行业和地区层面分别提出相应的理论假说。

（一）市场需求与产业集聚

从新经济地理学的角度来看，为了节省运输费用，企业会倾向于布局在市场需求大的地区，同时上下游企业也会随之跟进，并在规模报酬递增的累积循环作用下，集聚企业越来越多，集聚规模越来越大，从而该地区逐步成为具有显著优势的集聚中心。范剑勇（2004）认为，产业后向联系促使新进入的厂商总是选择市场规模效应大的地区进行投资设厂，在那里产品从出厂到消费者手中，运输成本降低，工人的名义、实际工资均高于其他非产业集

聚区，非产业集聚区的劳动力受产业集聚区的高工资诱惑，也会向产业集聚区内迁移。一些实证研究结果也验证了市场需求因素的作用（金煜等，2006）。

然而，这些研究的对象大多都是制造业，较少涉及服务业领域。那么市场需求对于生产性服务业集聚的作用，是否如同制造业集聚那样重要？答案是肯定的。市场需求对生产性服务业企业而言，仍然可以带来巨大的利益，在市场需求大的地区，企业可以减少与客户之间的运输和交易费用，通过扩大规模降低平均成本，并且能够更多地掌握需求信息，提供满足需求的服务产品。但是，生产性服务业的市场需求与制造业存在一个明显的不同，制造业的需求对象更多的是最终消费者，而生产性服务业的需求对象则以制造业企业为主。随着制造业的不断发展和专业化程度的提高，制造业对生产性服务业的需求日益强烈，这推动了企业生产服务的外部化。曾国宁（2006）认为，需求的规模和发展潜力是决定生产性服务业集聚的关键因素。这种需求其实就是制造业企业通过服务外包形式来促进生产性服务业的集聚，制造业企业的数量越多、规模越大，对生产性服务业的需求就越大，对其带动作用也就越强。因此，制造业需求对生产性服务业的集聚会产生强烈的影响。

制造业需求对生产性服务业集聚的影响可以从行业和地区两个层面加以分析。从行业层面分析，生产性服务业包含多个细分行业，如交通运输业、信息传输业、金融业等，而制造业对各细分行业的需求存在差异，在我国制造业集聚现象十分显著的背景下（罗勇等，2005），若制造业的需求越大，就更容易出现该生产性服务行业在制造业周边的集聚发展，该行业的集聚程度就会越大，故基于行业层面分析，本文提出理论假说1.1。

假说1.1：制造业需求的增加会促进生产性服务业的行业集聚[①]。

从地区层面分析，制造业需求反映到地理层面上，可以视为地区的制造业集中度，若制造业集中度越大，该地区制造业对生产性服务业的需求则越大，当地生产性服务业的集聚程度就会越大，如我国东部沿海省份集中了大部分制造业的同时，也聚集了大多数的生产性服务业。故基于地区层面分析，本文提出理论假说1.2。

假说1.2：制造业集中度的提高有利于生产性服务业的地区集聚。

（二）运输费用与产业集聚

运输费用是新经济地理学中一个十分关键的因素。当地区之间的运输费用很高时，企业倾向于在各地分散布局，此时产业集聚程度就很低；随着时间的推进，基础设施水平逐步提高，地区之间的运输费用逐渐下降，当运输费用低于异地生产成本时，企业会开始集中布局，为了节省运输费用，企业往往选择市场需求大的地区进行生产；随着运输费用的进一步下降，更多的企业和上下游关联企业趋向集中，产业集聚现象也愈加凸显。文玫（2004）运用基础设施水平反映地区的运输费用，一个地区拥有较好的基础设施，表明该

---

① 本文中，行业集聚是指行业层面下的产业集聚，即指某一个生产性服务行业在全国地理范围内的不平衡分布；相应地，下文的地区集聚是指地区层面下的产业集聚，即指某一地区的生产性服务业整体的集中程度。

地区有较高的运输效率和较低的运输费用，结果显示低运输费用有助于产业的地区集聚。贺灿飞等（2007）则用交通投入比重和存货占销售产值比重反映行业的运输成本，结果同样证实了低运输成本会促进产业集聚。

　　然而，目前研究运输费用对产业集聚的作用依然集中在制造业领域。服务业包括生产性服务业提供的是无形产品，生产和消费具有同时性，两者无法分离，导致传统的运输费用难以解释生产性服务业集聚。Moulaert 和 Gallouj（1993）指出距离最小化的成本节约并不能很好地解释生产性服务业的集聚。由此，陈建军等（2009）提出用信息传输成本取代制造业中的运输成本，成为影响生产性服务业集聚的空间因素，这是因为大部分生产性服务业的无形产品在空间上的交易更多的是通过一种无形的网络进行①，而较少依靠面对面的交易，这就大大扩展了生产性服务业的服务半径，为企业实现在空间上的集聚提供了可能，这一观点也得到了实证分析结果的验证。信息技术的迅猛发展是服务业集聚发展的基础。一方面，互联网的广泛运用使信息能够得到快速传播，地理位置的约束不再成为企业扩张的障碍，市场可以自由地延伸到任何地方，从而为服务业跨时空转移提供了技术支持；另一方面，计算机技术的快速发展，大幅度地降低了信息传输成本，提高了信息传播速度，为服务业集聚发展提供了便捷的信息传递和处理支持（何骏，2011）。

　　从行业和地区两个层面进一步分析信息技术对生产性服务业集聚的影响。从行业层面看，生产性服务行业的信息化程度越高，可服务的空间范围就越大，信息传输费用就越低，故行业的集聚程度就越高。如李文秀（2008）通过测算美国服务业的集聚程度发现，一些现代服务业因能进行远程技术服务，其区域集聚程度相对较高，而另一些传统服务业因只能进行接触式个性化服务，其区域集聚程度就相对较低，故本文提出理论假说2.1。

　　假说2.1：信息化程度的增加会促进生产性服务业的行业集聚。

　　从地区层面看，信息化水平较高的地区，更容易成为生产性服务业的集聚中心，在那里生产性服务业可以拥有更大的服务半径、更低的信息传输费用，导致该地区聚集了更多的生产性服务企业，如北京、上海等地，先进的信息化水平吸引了许多大型的生产性服务企业的入驻，导致该地占据全国生产性服务业的份额颇大，故本文提出理论假说2.2。

　　假说2.2：信息化水平的提高有利于生产性服务业的地区集聚。

（三）知识外溢的解释

Marshall 解释产业集聚时提出了三个方面的因素：劳动力市场、中间投入品和知识外溢。共享的劳动力市场和中间投入品能够降低制造业企业的生产成本，带来集聚利益，从中得知制造业集聚内部企业间主要是一种上下游的关系（陈建军等，2009）。然而，生产性服务业集聚内部企业间更多的则是竞争或互补的关系，它可能已不能仅用工厂相互接近和

---

　　① 并不否认的是，有些生产性服务业如交通运输业还是比较依赖基础设施，传统的运输费用对其集聚仍存在重要作用。

工业的物质联系所带来的总成本节约和总收益增大来解释（蒋三庚，2008）。知识外溢因素对生产性服务业的重要性显得更为突出，因为生产性服务业企业本身就是知识密集型企业，它是把大量知识资本和人力资本引入到商品和服务生产过程的"飞轮"（刘志彪，2006）。

企业集聚使得有关市场、技术以及其他的各种知识与信息在区域内大量汇集，有助于企业及时了解目前的技术状况、服务和营销观念，促进知识与信息共享，达到与相关企业密切合作的目的，创造了沟通交流的良好氛围。Glaeser（1999）建立了知识外溢的理论模型，该模型认为知识密集型企业更愿意在空间集中、人口密度比较高的地方以获得知识外溢，从而提高生产率水平。Keeble 和 Nacham（2002）认为，相比于制造业，学习交流、创新环境等因素对于生产性服务业集聚更加重要。

从行业层面上看，生产性服务行业的知识密集度越高，知识外溢效应对企业来说显得越为重要，从而促使行业的集聚程度越高，故本文提出理论假说3.1。

假说3.1：知识密集度的增加会促进生产性服务业的行业集聚。

从地区层面上看，行业的知识要素需要人力资本作为载体，高水平的人力资本能够创造更多的新知识，促进生产性服务业快速发展。Illeris（1989）曾指出生产性服务业空间集聚就是为了享受人力资源的"蓄水池"。人才的集聚，容易通过正式与非正式交流，产生思想碰撞的火花，促进技术创新，进而保持企业、产业和集聚区的竞争优势（胡霞，2009）。故基于地区层面的分析，本文提出理论假说3.2。

假说3.2：人力资本水平的提高有利于生产性服务业的地区集聚。

（四）制度环境的影响

制度环境对任何一个产业的发展而言，都存在着深远的影响。本文主要考察正式制度对产业集聚的影响，正式制度主要指地方政府部门对产业经济发展的调控措施，其中一个很重要的方面就是地方保护主义。几乎所有的地方政府，不论是发达国家还是发展中国家，都存在保护地方行业的动机，这是由于地方政府依赖于地方行业的税收，同时也为了促进当地的就业。在中国，改革开放以来，中央采取了财政分税制度，使得地方政府存在保护税收的强烈动机，采取措施保护当地企业免受跨地区竞争威胁，同时出于对政权基础和私人利益的考虑，地方政府也有保护地区内国有企业的动机（白重恩等，2004）。因此，地方保护主义是影响中国产业集聚的重要原因。

黄玖立等（2006）分析认为，地方保护会加剧市场分割，从而使各地之间的行政边界对区际贸易产生严重的阻碍作用，同时也指出国有企业比重越高的产业越容易受到地方政府的保护，因为国有经济是地方政府最容易掌握的经济命脉。路江涌和陶志刚（2007）实证研究结果显示，国有产值比例和地方税收贡献率对制造业集聚有负的影响。对于生产性服务业集聚，地方保护的影响同样存在。陈建军等（2009）、胡霞（2009）研究结果均证实政府管制阻碍了生产性服务业的集聚。实际上，我国生产性服务业的国有化比重要远高于制造业，因此地方保护主义对于生产性服务业集聚的影响相比制造业集聚会更大。

从行业层面上看，生产性服务行业的国有化程度越高，受到的地方保护程度越强烈，行业在空间上分布就越分散，行业的集聚程度就会越小，故本文提出理论假说4.1。

假说4.1：国有化程度的提高会阻碍生产性服务业的行业集聚。

从地区层面上看，一方面，地方保护主义越严重，地区间的服务贸易受到的阻碍也会越大，导致生产性服务业难以形成地区集聚；另一方面，地方政府的行政干预本身就是一种对生产性服务业的替代，会阻碍当地生产性服务业企业的发展与集聚，故本文提出理论假说4.2。

假说4.2：地方保护主义的加深不利于生产性服务业的地区集聚。

四、生产性服务业集聚的实证检验

下面建立计量模型，采用2003~2010年中国286个地级及以上城市和14个服务行业的相关数据，对上文提出的理论假说进行实证检验。

（一）模型设定与计量方法

对应于行业和地区层面下的理论假说，本文分别构建两个线性回归模型加以检验。模型1从行业层面检验制造业需求、信息化程度、知识密集度和国有化程度这四个因素对生产性服务业行业集聚的影响，分别验证理论假说1.1、假说2.1、假说3.1和假说4.1；模型2从地区层面检验制造业聚集、信息化水平、人力资本、地方保护这四个因素对生产性服务业地区集聚的影响，分别验证理论假说1.2、假说2.2、假说3.2和假说4.2。为了避免模型设定存在遗漏变量的偏误，同时尽量保留更多的样本信息量，2个模型均引入一阶滞后被解释变量。由于被解释变量为集聚测度指标，取值范围均为（0，1），若直接将其代入模型将使最小二乘回归有偏（黄玖立等，2006），故本文运用Logit转换将其取值区间映射到（−∞，+∞）。因此，模型设定如下。

模型1：

$$LogitG_{kt} = \alpha_k + \beta_1 ManufD_{kt} + \beta_2 InformaI_{kt} + \beta_3 Intell_{kt} + \beta_4 State_{kt} + \beta_5 LogitG_{kt-1} + u_{kt} \quad (3)$$

模型2：

$$LogitV_{it} = \alpha_i + \beta_1 ManufA_{it} + \beta_2 InformaR_{it} + \beta_3 HumC_{it} + \beta_4 Gov_{it} + \beta_5 LogitV_{it-1} + u_{it} \quad (4)$$

上述模型中，下标k、i、t分别表示行业k、地区i、年份t，t−1表示滞后一年；G_{kt}是反映行业集聚的变量，即表示生产性服务行业k在全国范围内的集聚程度，V_{it}是反映地区集聚的变量，即表示生产性服务业整体在地区i的集聚程度；$ManufD_{kt}$、$InformaI_{kt}$、$Intell_{kt}$、$State_{kt}$分别是反映行业k的制造业需求、信息化程度、知识密集度和国有化程度的变量，$ManufA_{it}$、$InformaR_{it}$、$HumC_{it}$、Gov_{it}分别是反映地区i的制造业聚集、信息化水平、人力资本、地方保护的变量；α_k、α_i、β_1、β_2、β_3、β_4、β_5为待估参数，其中α_k、α_i分别表示各行业、各地区所具有的不随时间变化且无法观测到的个体效应，u_{kt}、u_{it}为随机误差项。

为弥补仅用横截面数据或者时间序列数据模型的不足，本文采用的是面板数据模型，同时模型估计采取广义最小二乘法（GLS），以消除截面个体异方差现象。在行业层面的回归分析中，为了比较生产性服务业与消费性服务业、公共性服务业的异同，本文在生产性服务业的回归方程之后加入了消费性服务业和公共性服务业的回归方程。而在地区层面的分析中，考虑到前文分析得出的结论，即我国东部为生产性服务业聚集地，而东北和中西部为流出地，可以推断出生产性服务业集聚影响因素在这两个地区的作用可能会不同，故本文在全国样本的回归方程之后加入了东部地区和其他地区的回归方程。

（二）变量度量与数据说明

对于被解释变量，行业集聚变量 G_{kt} 采用前文计算的基尼系数作为衡量指标，地区集聚变量 V_{it} 则采用前文计算的地区平均集中率作为衡量指标，而解释变量的度量指标汇总于表 3。

表 3 解释变量及其度量指标

	解释变量	英文缩写	度量指标	检验假说	预期符号
行业层面	制造业需求	ManufD	制造业的中间需求占行业总需求的比重	假说 1.1	+
	信息化程度	InformaI	信息传输、计算机服务业中间投入占行业总投入的比重	假说 2.1	+
	知识密集度	Intell	行业就业人员的平均受教育年限与行业均值的比值	假说 3.1	+
	国有化程度	State	行业国有单位就业人数所占比重	假说 4.1	−
地区层面	制造业集聚	ManufA	地区制造业就业人数占全国比重	假说 1.2	+
	信息化水平	InformaR	地区电信业务总量与全国均值的比值	假说 2.2	+
	人力资本	HumC	地区每万人普通高等学校专任教师数与全国均值的比值	假说 3.2	+
	地方保护	Gov	地方财政支出占地区生产总值的比重	假说 4.2	−

本文采用 2003~2010 年中国 14 个服务行业的相关数据和 286 个地级及以上城市的相关数据，原始数据来源于相应年份的《中国统计年鉴》、《中国城市统计年鉴》和《中国劳动统计年鉴》，同时行业制造业需求比例和信息化程度两个指标的原始数据来自《中国投入产出表》[①]。

（三）实证结果分析

行业层面回归模型的估计结果，如表 4 所示。首先，生产性服务业的估计结果显示，所有变量的系数都是显著的，这证实了制造业需求、信息化程度和知识密集度对生产性服

[①] 由于目前《中国投入产出表》只有 2002 年、2005 年和 2007 年的数据，故本文假定各个产业之间的投入产出数据在相邻几年保持不变，采用数据顺延的方法，用 2002 年的数据代替 2003~2004 年，用 2005 年的数据代替 2005~2006 年，用 2007 年的数据代替 2007~2010 年。

务业集聚有显著的正向影响，而国有化程度对生产性服务业集聚则存在显著的负向影响。与此同时，被解释变量的一阶滞后项系数也显著，说明生产性服务业集聚还受自身过去值的影响，存在累积因果循环的关系。由此，理论假说 1.1、假说 2.1、假说 3.1 和假说 4.1 得以证实。其次，消费性服务业的估计结果显示，国有化程度变量并不显著，原因在于消费性服务行业的国有化率比较低，导致地方政府的行为对消费性服务业集聚分布的影响十分有限。信息化程度对消费性服务业集聚的作用方向与生产性服务业截然不同，它不但没有提高消费性服务业的集聚程度，反而存在负向作用，这可能因为消费性服务业的信息化程度比较低，并且消费性服务业的交易过程主要以面对面接触的方式进行，这种交易方式在目前仍然无法用信息技术来取代。最后，公共性服务业的估计结果显示，除国有化程度以外，其他三个因素作用均不显著。公共性服务业的国有化率非常高，绝大部分受地方政府部门的控制和国家宏观调控的影响，为了保证公平的原则，各地发展较为均衡，因此，公共性服务业集聚基本上不受其他因素的影响。

表 4　行业层面回归方程的估计结果（被解释变量：LogitG）

解释变量	生产性服务业 （1）	消费性服务业 （2）	公共性服务业 （3）
ManufD	0.1201* (0.0651)	0.2790* (0.1596)	−0.2000 (0.1688)
InformaI	1.6243** (0.6013)	−0.9338* (0.4642)	0.5782 (0.7362)
Intell	0.3584** (0.1629)	0.6926*** (0.2232)	0.1703 (0.1811)
State	−0.3915*** (0.1297)	−0.0730 (0.1371)	−1.1449* (0.5979)
LogitG（−1）	0.7392*** (0.0890)	0.8783*** (0.0914)	0.4216** (0.1583)
常数项	−0.0693 (0.2165)	−0.5318 (0.2047)	0.6070 (0.5117)
调整后 R²	0.9977	0.9989	0.9952
F 值	1629.6***	3406.8***	704.5***
样本量	35	35	28

注：①系数下方括号内的值是标准差，*** 表示在 1% 水平上显著，** 表示在 5% 水平上显著，* 表示在 10% 水平上显著；②表中三个回归方程的截面个数均要小于被估参数个数，故选择固定效应模型进行估计。

地区层面回归模型的估计结果如表 5 所示。首先，看制造业集聚，它在三个方程中均为显著，这反映出一个地区的制造业集聚可以有效推动该地生产性服务业的集聚发展。但是，这种推动作用在地区之间存在差异，中西部地区的作用系数要大于东部地区。一种可能的解释是，同等程度的作用对于低集聚水平地区来说，比高集聚水平地区要更容易提升集聚程度。其次，看信息化水平，它在全国样本下的方程并不显著，而在东部和其他地区的两个方程中呈现出截然不同的结果，在东部地区，信息化水平能够显著地提高生产性服务业的地区集，而在中西部地区，信息化水平的提高则会阻碍生产性服务业的地区集聚。这可能是由于中西部地区的信息化水平较低，企业在那里通过信息传输方式向客户提供服务可能会受到阻碍。再次，看人力资本，在全国和东部地区样本下的方程不显著，而在其他地区样本的方程中显著，表明在中西部地区，人力资本能够有效促进生产性服务业的集聚，而在东部地区，现有的人力资本水平难以有效推动生产性服务业的进一步集聚。最后，看地方保护，在三个方程中均显著，作用为负，与预期符号一致，表明地方保护会阻碍生产性服务业的地区集聚，同时这种阻碍作用在东部地区的影响程度要更大一些。这可能是由于东部地区在经济开放度、市场化程度上较高，产业的发展会更加排斥政府的干预。由此可知，虽然各影响因素的作用存在地区差异，但理论假说1.2、假说2.2、假说3.2和假说4.2基本得以证实。

表 5　地区层面回归方程的估计结果（被解释变量：LogitV）

解释变量	全国	东部地区	其他地区
	(5)	(6)	(7)
ManufA	12.9166***	11.0711***	31.7667***
	(1.6964)	(1.8695)	(5.0222)
InformaR	0.0011	0.0047**	−0.0108***
	(0.0020)	(0.0022)	(0.0032)
HumC	0.0087	−0.0047	0.0266**
	(0.0077)	(0.0109)	(0.0110)
Gov	−0.4176***	−1.0872***	−0.3758***
	(0.0456)	(0.1527)	(0.0477)
LogitV （−1）	0.6065***	0.6397***	0.5660***
	(0.0167)	(0.0282)	(0.0208)
常数项	−2.4850***	−2.0937***	−2.8496***
	(0.1036)	(0.1625)	(0.1338)
调整后 R^2	0.9967	0.9978	0.9956
F 值	2062.2***	3067.5***	1561.2***
样本量	2002	609	1393

注：①系数下方括号内的值是标准差，*** 表示在1%水平上显著，** 表示在5%水平上显著，* 表示在10%水平上显著；②根据 Hausman 检验结果，所有回归方程均采用固定效应模型；③东部地区包括北京、天津、上海三大直辖市和东部沿海七省，其他地区包括东北三省、中部六省和西部十一省（市、自治区）。

五、结论与政策建议

通过对中国生产性服务业集聚的特征性事实描述，以及对生产性服务业集聚的理论解释与实证检验，本文得出以下结论：①中国生产性服务业具有较高的集聚程度与较强的集聚趋势，在空间上呈现出从我国东北、中西部地区向东部沿海地区集聚的态势；②从行业层面看，制造业需求、信息化程度、知识密集度和国有化程度均对生产性服务业集聚存在显著的影响；③从地区层面看，制造业集聚、信息化水平、人力资本和地方保护对生产性服务业集聚同样存在显著的影响，并表现出一定的区域差异性。基于上述研究结论，为促进我国生产性服务业集聚与快速发展，提出以下政策建议。

第一，引导行业合理集聚，充分发挥集聚效应。目前，虽然我国生产性服务业的集聚程度相比于其他行业整体上要高，但对比发达国家而言，集聚程度都还比较低。因此，引导我国生产性服务行业在地理上的合理集聚是政府部门的首要任务之一。从空间上看，在巩固环渤海、长三角集聚中心的同时，需加强珠三角地区生产性服务业的集聚能力，努力使其成为我国第三大集聚中心；从行业上看，我国金融业的集聚程度比较低，这与发达国家的情况并不相符，故要着力促进金融业的集聚，尤其要推进上海国际金融中心的建设。

第二，把握产业关联效应，促进产业互动发展。生产性服务业与制造业之间存在强烈的关联性，制造业的需求能够促进生产性服务业集聚发展，而生产性服务业的发展又能提高制造业的竞争力。因此，要科学规划生产性服务业与制造业互动发展的运行体系，不能顾此失彼，偏重一方的发展。从空间上看，应在制造业集聚地区，加快发展生产性服务业，建立制造业和生产性服务业双重集聚的产业园；从行业上看，要重点培育知识技术密集型的生产性服务企业，以促进制造业企业转型升级。

第三，推进信息化建设，提升人力资本水平。对于我国中西部地区，要着重推进地区信息化建设，合理编制城市信息化的总体规划，确定总体布局和发展重点，完善信息网络基础设施。对于东部沿海地区，现有的人力资本作用日渐微弱，故要制定人才战略计划，加大力度培养高层次人才，吸引海外科技人才，充分储备优秀的人才方能支撑生产性服务业的持续快速发展。

第四，完善市场制度环境，减少地方保护主义。行业的国有化和地方保护主义会严重阻碍生产性服务业的集聚。因此，要完善市场经济制度，深化国有企业改革，在更多的服务业领域，允许民营资本、社会资本的进入，提高行业的经济效率。同时，地方政府要消除地方保护政策，打破行政区划界限，整合区域内要素市场，实现资源共享和优势互补。

参考文献

[1] 白重恩，杜颖娟，陶志刚等.地方保护主义及产业地区集中度的决定因素和变动趋势 [J].经济研究，2004（4）.

[2] 曾国宁.生产性服务业集群：现象、机理和模式 [J].经济学动态，2006（12）.

[3] 陈建军，陈国亮，黄洁.新经济地理学视角下的生产性服务业集聚及其影响因素研究 [J].管理世界，2009（4）.

[4] 范剑勇.市场一体化、地区专业化与产业集聚趋势——兼谈对地区差距的影响 [J].中国社会科学，2004（6）.

[5] 何骏.长三角区域服务业发展与集聚研究 [J].上海经济研究，2011（8）.

[6] 贺灿飞，潘峰华，孙蕾.中国制造业的地理集聚与形成机制 [J].地理学报，2007（12）.

［7］胡霞. 产业特性与中国城市服务业集聚程度实证分析［J］. 财贸研究，2009（2）.

［8］胡霞. 中国城市服务业空间集聚变动趋势研究［J］. 财贸经济，2008（6）.

［9］黄玖立，李坤望. 对外贸易、地方保护和中国的产业布局［J］. 经济学（季刊），2006（3）.

［10］蒋三庚. 现代服务业集聚若干理论问题研究［J］. 北京工商大学学报（社会科学版），2008（1）.

［11］金煜，陈钊，陆铭. 中国的地区工业集聚：经济地理、新经济地理与经济政策［J］. 经济研究，2006（4）.

［12］李文秀，胡继明. 中国服务业集聚实证研究及国际比较［J］. 武汉大学学报，2008（2）.

［13］李文秀. 美国服务业集聚实证研究［J］. 世界经济研究，2008（1）.

［14］刘志彪. 论现代生产者服务业发展的基本规律［J］. 中国经济问题，2006（1）.

［15］路江涌，陶志刚. 我国制造业区域集聚程度决定因素的研究［J］. 经济学（季刊），2007（3）.

［16］罗勇，曹丽莉. 中国制造业集聚程度变动趋势实证研究［J］. 经济研究，2005（8）.

［17］马风华，刘俊. 我国服务业地区性集聚程度实证研究［J］. 经济管理，2006（23）.

［18］文玫. 中国工业在区域上的重新定位和聚集［J］. 经济研究，2004（2）.

［19］Glaeser, E. Learning in Cities［J］. Journal of Urban Economics, 1999, 46（2）: 254–277.

［20］Illeris, S. Producer Services: The Key Factor to Economic Development［J］. Entrepreneurship and Regional Development, 1989, 1（3）: 267–274.

［21］Keeble, D., and Nachum, L. Why Do Business Service Firms Cluster? Small Consultancies, Clustering and Decentralization in London and Southern England［J］. Transactions of the Institute of British Geographers, 2002, 27（1）: 67–90.

［22］Krugman, P. Increasing Returns and Economic Geography［J］. Journal of Political Economy, 1991a, 99（3）: 483–499.

［23］Krugman, P. Geography and Trade［M］. Cambridge: MIT Press, 1991b.

［24］Moulaert, F., and Gallouj, C. The Locational Geography of Advanced Producer Service Firms: The Limits of Economies of Agglomeration［J］. The Service Industries Journal, 1993, 13（2）: 91–106.

［25］Riddle, D. Service-led Growth: The Role of the Service Sector in World Development［M］. New York: Praeger Publishers, 1986.

Study on China's Producer Services Agglomeration and Its Influencing Factors

—Analysis Based on both Industry Level and Regional Level

Sheng Long   Lu Genyao

Abstract: This paper first describes the characteristic fact of China's producer services agglomeration, and further discusses the influencing factors of such agglomeration combined with new economic geography and the characteristics of producer service industry. Then it proposes theoretical hypothesis from aspects of industry and region respectively. Based on the theoretical hypothesis, the paper carries out an empirical test with China city's data between 2003 and 2010. Result shows that there is a high degree and a strong trend of producer services agglomeration in China. The discussed agglomeration has the trend on the transfer from northeast China, central and western regions to eastern coastal areas in special aspect. The industrial analysis result shows that industrial manufacture needs, informatization degree, intellectual concentration and nationalization all have obvious impacts on producer service agglomeration. While the regional analysis result shows that regional manufacture aggregation, informatization level, human resource and local protection have obvious affects on producer service agglomeration with regional differences. At last, paper proposes some beneficial suggestions to improve the development of China's producer services.

Key Words: Producer Services; Agglomeration; Influencing Factor

服务主导逻辑下移动互联网创新网络主体耦合共轭与价值创造研究 *

孙耀吾　翟翌　顾荃

【摘　要】移动互联网是互联网技术与移动通信融合发展的产物，由服务主导价值创新。基于某一软件平台，由操作系统商、运营商、网络设备商、移动终端商和下游开发商等组成创新网络，并通过用户体验和参与，共同创造价值。其中，创新主体之间功能互补、能力匹配、创新节奏同步同频以及共同的传动力，是充分赢得合作创新效率、增进价值创造的重要机制。本文应用系统动力学的模块耦合共轭原理揭示上述过程及机理，并以苹果移动创新网络为样本进行实证分析。研究结论显示，价值网络的扩展与创新源正在不断深化，系统嵌合与同步同频是创新网络协同发展的关键，平台企业是引领创新网络发展的主导力量，运营商和网络设备商面临重大压力和转型机遇，用户不再能被忽视，核心技术与重要知识产权始终是参与创新合作并获得更大价值的基本要素。这些对于中国移动互联网产业发展，尤其是培育平台主导企业、促进运营商转型发展、提高服务创新质量等具有重要启示。

【关键词】移动互联网；价值联合创造；模块耦合；主体共轭；苹果 iOS 平台

一、 问题提出

信息与通信技术正在与互联网技术高度融合，智能移动终端迅速普及，移动互联网成为一个全新技术产业，并以其独特的商业模式创新表现出巨大的影响力。在中国，尽管移

* 基金项目：国家自然科学基金项目"高技术服务创新网络开放式集成模式及演化机理研究"（批准号 71172193）。

本文作者：孙耀吾，湖南湘乡人，湖南大学工商管理学院教授，博士生导师，博士；翟翌，山西运城人，湖南大学工商管理学院硕士研究生；顾荃，安徽阜阳人，湖南大学工商管理学院硕士研究生。

本文引自《中国工业经济》2013 年第 10 期。

动互联网产业尚处发展初期（工业和信息化部电信研究院，2013），产业水平化趋势还未确立，但垂直一体化整合正在加强。最新的中国移动 TD–LTE 4G 招标，设备厂商竞争格外激烈，华为、中兴因多年来在 TD 上进行巨额投入而获得整个招标 50% 以上份额，加上大唐、普天、新邮通和烽火等，国产厂商份额高达 67%，爱立信、上海贝尔与诺西也各获 11%（马晓芳，2013）。这表明，一方面，企业之间的竞争越来越多地转向以平台为中心的生态系统竞争（Tiwana et al.，2010）；另一方面，4G 建设高峰将至，移动互联网产业蕴藏着巨大的创新价值有待发掘。然而，这种价值的创造是以服务为导向的，并由网络系统各模块联合完成，完全不同于传统的产品导向下企业独自创造价值模式。如何乘势推动中国的移动通信等高技术产业转型与合作创新，是十分重要的理论与实践问题。

已有相关研究表明，随着制造业服务增强趋势（Gebauer，王春芝，2006）、无边界企业与企业无边界发展（李海舰、陈小勇，2011）以及技术融合和产业融合的快速推进（Hacklin et al.，2009），基于解决方案的高技术服务创新网络及其价值联合创造机制备受关注（孙耀吾、贺石中，2013）。移动互联网时代使产业间的界限变得非常模糊，创新不仅发生在产业内部，更多地发生在产业之间，众多企业已经或正在转型为全业务、非线性商业模式（Søilen et al.，2012）。随着移动服务生态系统的演进，价值链发展到价值网，曾经的成本主题转换成价值、服务交付和提供解决方案（Peppard，Rylander，2006）。技术、产品和解决方案又需要新颖的应用以提升顾客体验（Hacklin et al.，2009），下游开发者由此参与进来，形成更大创新网络，在服务主导逻辑（Vargo，Lusch，2004，2010）下，各方联合创造价值。研究者相继提出基于消费者体验的价值共创理论（Prahalad，Ramaswamy，2000）、生产者与消费者价值共创系统（Payne et al.，2008）等，分析联盟组合中焦点企业如何利用杠杆，整合伙伴资源以及与伙伴间形成的网络资源创造价值（刘雪梅，2012）等。与此同时，在移动互联网创新网络中，平台企业领导能力（Tiwana et al.，2010）、网络服务提供商（NSP）与应用服务提供商（ASP）之间能力协调（李新明等，2011）、移动增值服务在双渠道系统下的价值链协调机制（满青珊等，2013）等也是非常重要的研究主题。

因此，从产业、技术融合，产品、服务整合到由移动服务主导的创新网络，价值网络与联合创造机制等，已基本形成一条研究主线，诸多学者从不同角度进行探索。但是，针对移动互联网等创新网络价值联合创造及分配的具体过程、深层机理和实现方式等却还有着很大研究空间。对于网络模块资源、能力匹配，同步同频的创新节奏及其价值创造过程研究尚少。本文将刻画移动互联网创新网络架构，针对主要功能主体合作创新过程，应用系统动力学方法中的耦合共轭原理，揭示相辅相成、创造和增进价值的机理，并进行实证检验，得出相应的结论和启示。

二、移动互联网创新网络主体模块耦合共轭概念架构

1. 系统动力学模块耦合共轭原理及其对象适用性

在系统动力学中，齿轮能够在机械传动中产生动力并正常运转，是基于轮齿之间相互啮合与共轭的原理。在齿轮传动中，主动轮是整个传动系统的中心，按照轮齿啮合定律，从动轮依附在主动轮周围。各方拥有相同的齿轮模数和压力角，彼此匹配、啮合并运转。通过啮合，使一对对齿轮的齿依次交替接触，产生一定规律的相对运动；通过共轭，即齿轮之间同步同频、相辅相成，实现主动轮带动从动轮运转以及整个系统协同运行。耦合共轭的本质在于系统模块不仅需要互补、嵌合与互动，更主要的是，它们之间相互交织、互为制约，必须同频同步，才能协同促进，直至加速传动，最终产生更大动能和放大效应。

系统动力学诸多原理被应用于系统行为模式与政策分析（Saleh et al.，2010）、开放式创新模式下组织间知识资源共享（彭正龙等，2011）、政府信息资源配置系统及演化（郑路、勒中坚，2011）等广泛的研究主题。移动互联网是新近理论研究与实践尤为关注的合作创新生态系统，嵌合在移动操作系统平台上的创新主体之间的传动与协同，体现了机械传动过程中齿轮的啮合、共轭机理。因而，应用系统动力学的耦合共轭原理，分析移动互联网创新网络各主要模块之间耦合共轭、共同创造价值的内在机理，可为设计更为科学合理的网络治理机制提供多视角方法。

2. 移动互联网创新网络主体耦合共轭概念模型

移动互联网创新网络以移动操作系统为平台，以运营商为动力源，网络设备供应商、下游开发商、移动终端提供商等分别提供互补的资源、产品和服务，最终通过用户体验和参与，产生和实现整体价值，形成一个价值网络体系。它是一个复杂的动态系统，具有整体性、模块嵌合和动态演化等性质，同时表现出非线性、网状型和多回路等复杂系统行为特征。参照系统动力学耦合共轭原理，在移动互联网创新网络，嵌入基于操作系统的网络平台，各模块通过系统接口进行耦合，交互资源、整合功能，为用户提供服务，共同创造价值。接口参数和啮合规范即是统一的界面标准。将移动互联网的操作系统定义为核心齿轮，网络设备供应商、下游开发商、移动终端提供商作为从动轮；作为动力源的运营商实际上是一个传动轮，联结操作系统与网络设备供应商。各方在统一的界面标准下啮合共轭，协同创新。在此基础上，用户参与进来，外加监管机构（如中国的工信部等），形成一个完整的创新网络生态系统，如图1所示。

3. 基于系统平台的移动互联网创新主体基本定位

系统平台（Platform，简称"平台"）是一个基于软件系统的可扩充代码库，通过交互操作模块以及模块接口提供核心功能共享（如苹果 iOS 平台和 Mozilla 火狐浏览器）

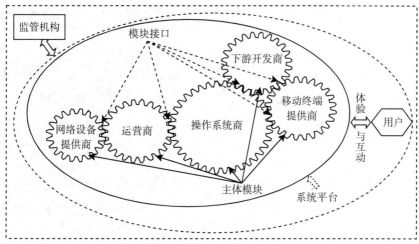

图1 移动互联网创新网络主体耦合共轭关系架构

（Eisenmann et al.，2006）。目前大部分平台是开放平台①，软件系统通过公开其应用程序编程接口（API）或函数，使外部程序加入，增加系统的功能或使用其资源，而不需要更改源代码。这样，作为核心的操作系统提供基本服务后，开发者可以运用和组装其接口以及其他第三方服务接口产生新的应用，并统一运行于平台上，由此产生移动网络服务模式。不同创新主体构成系统模块，嵌合、联动，共同创造和增进价值。移动互联网系统平台上嵌入或互动参与的创新主体主要包括六大模块。

（1）操作系统。它是一个软件集合体，管理设备硬件资源，控制其他程序运行并为用户提供交互操作界面。操作系统是移动互联网创新网络的核心，提供系统动力和创新合作平台。目前，移动互联网领域主流操作系统有 iOS（由苹果开发）、Android（由谷歌开发）和 Windows Phone（由微软开发）。此外，还有诺基亚的 Symbian OS、三星的自有手机系统 Tizen、Mozilla 的 Firefox OS，以及华为的 Emotion UI 等基于 Android 平台的二次优化操作系统。

（2）运营商。它们是信号和数据流量的通道提供者。在耦合系统中一定层面上充当动力源，并起着传动轮的作用，联接网络设备供应商与操作系统。目前，中国移动、中国联通和中国电信三大运营商掌控中国移动通信网络基础，负责基础设施建设，是传统移动通信网络最主要的部分。

（3）网络设备供应商。它们提供用于通信解决方案的设备、软件和服务，包括大型的服务器、路由器和交换机等基础网络硬件设备，并负责网络光纤和电缆的生产和铺设、移动传输基站建设等。在中国市场，华为科技、中兴通信、爱立信、思科、诺西等作为主要供应商，不仅提供网络设备，同时与系统集成商和独立的软件厂商（ISV）合作，直接向

---

① 严格地讲，苹果 iOS 平台是一个半开放系统，区别于安卓等全开放平台。

企业提供支持系统。运营商基于网络设备供应商提供的物理基架搭建无线通信网络，由此形成和支持移动互联网。

（4）下游开发商。由众多的个体、团队或公司构成的开发者，通过程序编写实现软件的功能，并搭载在平板电脑和智能手机等小型无线设备中。例如，美国数字娱乐技术公司Rovio 在不同手机平台上开发移动游戏软件。下游开发商开发的应用程序（APP）类型主要集中在单机游戏、手机管理类工具、生活消费或出行、电子书等方面，为用户的本地使用带来便利。

（5）移动终端提供商。它们设计和制造可以接入网络的便携式移动设备。移动终端硬件主要由核心芯片和外围元器件构成，主流芯片厂商有三星、英伟达、高通、联发科技等。近年来，在 ARM（Advanced RISC Machine）架构应用处理制程和交互能力方面发展迅速；外围元器件则在屏幕尺寸、分辨率、多样化及高集成化的传感元器件技术、大容量高密度锂电池技术等方面有较大突破。

（6）用户。操作系统平台整合和集成移动网络服务，以移动终端为媒介提供给用户。用户通过体验服务和互动参与，将自己的创意、知识和技能反馈给系统商，或直接融入创新系统，不仅实现系统服务的价值，而且增加系统价值。未来，用户需求和体验将可能决定移动互联网的发展趋势。用户模块的功能将日益增强。

三、服务主导逻辑下移动互联网创新主体耦合共轭创造价值机理

1. 服务和用户体验主导移动互联网创新与价值创造

曾经，基于传统工业经济假设形成的产品主导逻辑是所有商业行为的基本范式。这种逻辑以产品为中心，以价值的"交换功能"为基础，强调价值由企业创造、在市场中以货币（或其他产品）为媒介进行交换并予以衡量，生产者和消费者在这个过程中彼此分离。进入新经济时代后，越来越多的客户购买产品或服务的目的，是通过这种产品和服务提供的效用或便利获取价值，而不是获得这个产品本身。由此，企业从原来单纯提供产品转变为通过解决方案，不仅提供产品，还提供与之配套的服务；通过提供产品—服务系统为客户带来价值，从而实现自己的价值。这样，产品和服务交织，边界变得模糊。最终，服务将成为所有经济交换的根本基础，"一切经济都是服务经济"（Lusch，2006）。服务主导逻辑以价值的"使用功能"为基础，强调厂商与客户共创价值，并据此构建创新资本和塑造新的核心能力（Prahalad and Ramaswamy，2000）。

移动互联网是典型的"产品+服务+体验"产业和厂商—客户互动创新模式，由服务和客户体验主导创新与价值创造。在移动服务领域，产业重心从提供单一技术产品转换为提供内容和服务组合（包括语音、数据流量和网络技术等）（Al-Debei et al.，2013）。向顾客

提供完美体验、满足其特定需求最为重要，创造体验成为各大系统平台和移动运营商争夺市场的关键。不仅如此，客户通过使用产品和体验服务，参与创新过程，共同创造价值。在这一过程中，移动终端只是服务的传导介质，知识和技能成为获取竞争优势和创造价值的关键资源或者说工具性资源（Operant Resource），由服务提供商运用、整合后提供给用户。同样，顾客不再是单纯的价值消耗者。用户的服务质量感知和需求作为一种交互价值，直接影响着移动互联网的演进与发展（Kim, Hwang, 2012）。由此，用户和厂商的边界也逐渐模糊，所有参与者都积极地为自己和他人创造价值。

2. 移动互联网创新主体之间耦合共轭

图1从整体上描述了在移动互联网创新网络中，各主要模块在系统平台及界面标准下，耦合共轭、联合创造价值的基本架构。

创新主体耦合主要表现在各模块通过固定的接口进行信息和价值交换。下游开发商通过操作系统提供的应用程序框架和引擎及接口，开发可以搭载在操作系统上的移动应用程序；运营商作为"智能管道"和整个系统的动力源，为用户提供移动数据流量和通信信号；网络设备供应商为整个移动互联网系统的信号畅通提供基础装备，尤其是需要针对运营商与系统商的技术要求进行支持；移动终端是实现整个移动互联网物理特性的平台，承载和集合操作系统、运营商、网络设备供应商、下游开发商提供的服务，为用户提供完整体验。移动终端提供商在进行终端设计和生产时必须选择操作系统，其终端的内置软件和功能都要按照该系统的源代码进行配置。终端和平台分别体现移动互联网的物理特性和虚拟特性，从物理网络和虚拟网络两个层面，通过互补和契合，共同组成可供用户体验的移动互联网。最后，用户作为移动互联网服务的对象，其体验需求涉及平台的每个模块，直接或间接参与创新。通过终端和网络，实现端到端的语音交流、服务体验和互动过程，最终使整个系统的创新价值得以提升和实现。

整个移动互联网创新网络的价值创造与实现，不仅基于模块之间的耦合，还有赖于创新主体之间的共轭作用，它们的创新活动必须同步进行、互相协调。类比齿轮运转，移动互联网各模块之间倘若"压力角"不同，即使以相同速度运转，也不能产生动力。因此，各模块的创新节奏需要同步同频。当其中某一模块功能升级时，必须有其他模块的匹配与协同创新，以及平台的整合，才能实现整个系统价值的最大化。实现这样的耦合共轭过程，必须基于系统设计并依据相应的制度与规则。倘若系统架构出现问题或规则冲突致使某些模块不能与其他模块功能匹配或同频创新，从而影响整个网络的升级步伐，则需要改革模块耦合规则乃至进行系统再设计，由此推动网络优化和演进。整个系统以及各模块的价值创新呈螺旋上升趋势，表现出共轭过程的动态平衡。例如，移动运营商需要更加复杂的软硬件产品和高效、可靠的集成服务平台，以支持不断增强的网络流量，这又要求和促使网络设备供应商升级相关网络设备性能，并提供配套的应用集成服务；移动终端性能的不断提升，重现"安迪—比尔定律"，不断增长的软件消耗着硬件资源，推动硬件以超越摩尔定律的速度向更高位升级；进而，系统软件与应用软件迅速吸收硬件升级的优势，软硬件交互升级与获利，共同为用户带来全新的消费体验（工业和信息化部电信研究院，2013)。

3. 耦合共轭下创新主体联合创造与增进价值

包括递进的三个层次。一是在移动互联网产业中，每个模块单独创造的价值。但这只是彼此互补、嵌合时的"交换"价值。因为只有整合各模块成为系统产品/服务，才能为用户提供完整的体验或使用价值。二是各模块基于互补和整合而产生的系统价值，这是人们通常所指的联合创造价值。系统平台上的各模块在资源、功能、技术上彼此互补与兼容，通过角色分工，合纵连横。一方面，各创新主体在各自领域不断创新、挖掘价值空间；另一方面，通过整合与系统化，集合各参与者优势、形成并放大系统能量，使联合创造的价值大于各模块单独创造的价值之和。三是主要模块之间创新的能力匹配与节奏同步所带来的价值增进。基于操作系统的平台技术，各主要模块若能保持相同的创新节奏、相近的能力水平，就更能相互支撑、充分彰显协同创新效率，这正是此种创新业态的本质特性之一。具体来说，耦合共轭机制下价值联合创造的来源与方式主要有以下五个方面：

(1) 资源的异质性和功能的互补性促进价值创造。一方面，创新主体的资源异质性使得各模块可以集中资源、强化自身优势，在耦合时避免要素重叠，减少无谓的竞争和资源溢出；另一方面，资源的互补及其易获得性，使每个模块都可以杠杆化利用其他模块的资源，突破各自能力的局限性，扩大价值创造的边界和整个创新网络的系统效应。例如，移动终端提供商在完成产品设计和大规模生产的同时，利用运营商的渠道和用户资源快速地将新产品投放市场并获得补贴，利用下游开发商的内置应用提升产品附加值。广大下游创新者利用平台的资源整合能力和营销机会，将各自开发的应用与内容通过系统操作平台提供的应用商店向用户发布，在将自己的技术服务和创意传递给用户并为用户创造价值的同时，获取平台分配的收益以及一个直接与用户互动的环境，以进一步拓展创新空间。

(2) 模块嵌合产生创新资源，拓展和增强价值创造空间与能力。移动互联网系统平台上功能互补的模块通过嵌合与互动，产生新的创新资源；而平台的功能是将各模块及其彼此嵌合互动产生的创新资源进行重构和整合，形成集合与系统效应。创新主体均可充分利用重组后的创新资源扩大价值创造。进一步地，基于平台耦合接口的良好稳定性，各模块既可利用系统的资源柔性，还可以节约在关系维护上的投资。例如，运营商与网络设备供应商进行资源组合，共同提供移动通信的网络基础，操作系统平台商直接利用现有网络传递服务，减少了合作谈判环节与交易成本。

(3) 平台知识共享与共同的传动力推动价值创造。创新网络是多边市场，单个模块提供的产品/服务只具有交换价值，必须与其他模块提供的产品或服务结合，才能为用户提供完整使用价值，实现价值创造。在移动互联网创新网络中，操作系统是中枢，引领并为合作创新提供共享平台；同时，连同运营商，整合互补模块，形成共同的传动力。在这一过程中，平台界面标准协议是模块耦合的基本依据；而共轭效应的实现，须建立在充分的知识共享、畅通的信息通道和共同的传动机制下，通过资源匹配、互通联动，达到系统内各创新主体之间的同步同频。进一步地，通过数据挖掘，对信息进行收集、选择、合成和分配，系统将共同的技术知识、市场信息和产业演化趋势等重要信号传递给创新者，实现创新网络的协同进化，提高价值联合创造的效率。例如，每当系统平台发布一个全新的操作系统，运营商连同网络设备供应商就会迅速响应，加快网络性能改造、增大网络容量以支持新系统的用户体验要求；移动终端提供商会迅速提升硬件性能，以配合软件升级的需要；下游开发商也会根据新系统发布的源代码，开发应用服务软件或内容。此外，利用运营商掌握的包括用户信息及使用习惯等大量有价值数据，为系统服务和产品创新提供市场导向和开发依据。如此互通联动，实现一代又一代的系统产品和服务创新，不断增进价值创造。

（4）网络平台系统的内部互推广机制提升价值创造能力。系统内的互推广机制是模块共轭效应的重要源泉。模块创新吸收了各自领域的有益元素，通过互补、耦合和系统匹配与整合，实现外部资源内部化，减少资源转换的中间环节，缩短信息传递链，共同开发和利用客户资源，有效增进价值创造。例如，下游开发商将移动应用直接搭载在终端设备上，不需要用户自己下载即可进行体验，既拓宽了下游开发商的市场和推广渠道，也给运营商带来间接广告收益。另外，运营商与终端设备制造商联合推出的"合约机"，通过加载运营商的一些固定内容或设置，降低运营商用户流失率；同时"合约机"较低的采购价和推广价，使用户得到实惠，又增加了终端设备的销售量。如此，从平台商、运营商、终端商到开发者和用户，各方价值都得到提升。

（5）用户参与增进并最终实现价值创造。价值的实现从来都是以用户使用为前提的。在服务主导的移动互联网产业，用户需求及其参与越来越重要，乃至潜在地影响创新网络的发展方向。用户在体验和享受移动互联网提供的"产品+服务"时，将自己的感受、需求，以及经验、知识和建议等，通过平台互动和其他交流渠道，反馈给产品/服务提供商，或与他人共享，促进产品或服务的改进和创新，有效拓展创新网络的价值创造空间。总之，在整个移动互联网创新网络中，每个主体都有其价值流入和流出通道，在开放的交互作用机制下，共同促进价值创造。

四、基于 iOS 平台的苹果移动创新网络主体耦合共轭创造价值实证分析

1. 样本选取与数据来源

在移动互联网产业，苹果公司（简称苹果）"硬件+软件+服务"运营模式彻底打破了运营商主导的格局，通过建立自己的 iOS 平台，将互补的各方资源嵌合其中，进行整合重构，并以解决方案的形式给用户带来体验和价值，由此获得巨大收益，代表了服务和用户体验主导价值创造的新趋势。本文选取苹果及其主导的移动互联网创新网络（简称苹果移

动创新网络）作为样本①，对其平台运营模式及网络创新主体耦合共轭、联合创造和增进价值进行实证分析。数据来源主要是苹果官方网站、中国互联网信息中心（CNNIC）、199 IT 中文互联网数据资讯中心、艾瑞咨询，以及凤凰网、新浪网、比特网等。收集和整理有关数据信息，用相关软件进行数据处理与分析。

2. 苹果移动创新网络主体耦合共轭创造和增进价值分析

在苹果移动创新网络中，基于 iOS 平台，终端和网络设备提供商、下游开发商、运营商以及用户，形成一个以操作系统为中心的创新体系。每个模块致力于各自核心业务，构建自己的领域优势；同时，各模块之间建立一体化传导机制，形成产品—服务体系。苹果作为平台企业，主导和治理整个创新网络，制定界面标准、整合系统。基于系统平台的各创新主体之间不断地耦合与共轭，推动创新网络发展，共同创造更大价值。

（1）移动终端与操作系统耦合共轭创造和增进价值。苹果是目前少有的集硬件、软件和服务于一身，并拥有强大市场的高科技公司。在终端设备上，与三星②、HTC 等制造商不同，苹果将软件和硬件结合在一起，为自己的产品配备强大的软件系统；在软件开发方面，与谷歌、微软等企业不同，后者开发移动操作系统供其他终端制造商使用，而苹果开发的操作系统仅为自己的产品提供。所以，在苹果移动创新网络中，终端与操作系统的耦合共轭过程通过两个层面来实现。

终端设备制造供应链耦合共轭。主要体现在以下三个层面，一是零部件生产和组装布局与匹配。iPhone 的零部件主要由韩国和中国台湾供应商制造。其中，价值最高的内存和芯片由三星公司供应；手机处理器采用 ARM 架构，由苹果设计、三星量产；其他如显示器和触摸屏等零部件，分别由韩国的 LG、三星和中国台湾的胜华、宸鸿科技等供给。苹果从韩国、日本、中国台湾等地的供应商采购零配件，然后交予富士康、和硕联合、广达等台湾代工企业组装。二是通过"Mfi"认证③对供应商进行整体控制。供应商必须使用苹果指定的生产设备，以保证产品模具的质量；同时，苹果通过《Apple 供应商行为准则》对它们进行详细审核，并派驻厂工程师，保证产品质量和生产效率。三是构建实时交流、互动与调整机制。苹果建立生产计划和进程数据库，与零部件供应商共享信息流，并对其进行管理和评估。供应商直接从网上获取苹果的最新需求，指导生产投入；又不断将交货日程和数量等关键信息传往数据库。如此形成动态的耦合共轭系统，整个供应过程环环相扣，如图 2 所示。

整个终端硬件系统与苹果操作系统耦合共轭。苹果移动终端硬件的设计制造基于软件系统的性能要求，强有力的软件系统又提升并使硬件功能发挥到极致，硬件和软件不断地匹配、契合、同步创新升级。例如，iPhone 5 上市时就预装当时最新的 iOS 6 手机操作系统，同时在硬件上配备 A6 处理器，使 CPU 和显卡性能相比 iPhone 4S 翻了一番。尽管核

---

① 苹果的移动终端包括 iPhone、iPod、iPad、iMac 等，本文集中基于 iPhone 的分析。
② 虽然三星也拥有自己的操作系统 Tizen，但起步较晚且市场份额很低。
③ "Mfi"认证是对授权配件厂商生产的外置配件的一种标识使用许可。

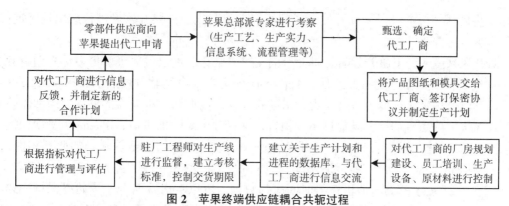

图2 苹果终端供应链耦合共轭过程

资料来源：作者根据相关资料整理、推导。

心面积缩小 22%，但应用加载速度显著提高。其中，Page 和 Keynote 的加载速度分别达到之前的 2.1 倍和 1.7 倍。为全面支持 iPhone 5 的硬件配置、新增服务和模块技术更新，iOS 6 做出多处功能改进，包括自主研发的地图应用、中文 Siri、全新 Safari 和 Passbook 等，将 A6 处理器的性能发挥到最佳状态。正如苹果高级副总裁 Scott Forstall 所说的"真可谓专为 iPhone 5 打造的操作系统"（马荣，2012）。

终端硬件系统与操作系统耦合共轭，共同创造和增进了各方的价值。对于苹果来说，将非核心业务外包给专门供应商，将单个技术通过系统集成，渗透到手机上游所有元器件的开发和制造过程，不仅在技术上领先对手，形成霸主地位，垄断市场利润；而且通过对供应商进行设备投资与合作研发，攻克许多技术难题。例如，苹果与中国的蓝思科技共同开发一套加工工艺，解决 iPhone 表面玻璃加工时极高的工艺技术难题。对于硬件设备供应商来说，与苹果合作从以下三个方面增进了价值。一是通过苹果供应商保障体系，得到苹果提供的相应设备，免除了设备和投资折旧风险。二是共同研发机制促进企业间的专利交叉引用和知识扩散，提高了新产品和新技术研发能力。例如，iPhone 电容式多点触摸屏，凝结的就是 TPK、宸鸿科技和苹果多年来开发并交叉授权的一系列专利；苹果和富士康、三星、LG、TPK 等厂商在许多技术上交叉许可、共同研发，使他们的技术领先竞争对手。三是获得苹果品牌的溢出效应。每当苹果推出新产品，"苹果概念"就推动相关上市元器件厂商股价大涨，提升厂商的市场地位，增加隐性价值（尚天鸣，2013）。

（2）下游开发商与操作系统商耦合共轭创造和增进价值。App Store 模式是将苹果推向巅峰位置的利器。基于 App Store "C2C"互动平台，形成 Apple 集成开发环境（IDE）。在这一耦合共轭系统中，首先，苹果向下游开发商免费发布软件开发工具包（SDK）和 Xcode 软件，开发者利用模块组合资源如 Retina 显示屏、Multi-Touch 界面、加速感应器、三轴陀螺仪、加速图形功能等，通过 Objective-C 语言编写代码，再借助 Apple 的应用程序接口，开发适配 iOS 的应用程序，并进行用户界面设计。通过测试和改进后，经 iTunes Connect 提交、审查和审批，最后发布到苹果应用商店，供用户下载。进一步，苹果还为下游开发商提供技术和营销支持，以及直接面向用户的环境和一定的用户信息反馈。通过公开一些数据分析资料，帮助开发者了解用户需求变化，指导开发者进行应用程序定价、调价或决定是否免费。

　　对苹果来说，为下游开发者提供充分的支撑与服务，不仅可以吸引更多优秀创新者加盟，实现平台多元化；更主要的是，App Store 作为在线应用软件商店，支撑了 iPhone 与用户互动的软件生态环境。也就是说，借助软件开发商群体，以丰富的移动应用和体验吸引用户。强大的平台功能，既促进市场销售，又提升产品附加价值；iPhone 销量增加提升 App Store 下载量，而这又吸引更多开发者加入，进一步推动价值创新。如此互相促进，以产品与服务的完美结合，为苹果创造了巨大的价值。图 3 展现了自 App Store 上市以来，累计应用下载量与 iPhone 销售量的时间序列数据。可以看出，两个变量始终保持一致增长趋势，绝对数量和增长速度都十分惊人。从全球智能手机市场的利润分布看，2012 年苹果获得 69%的份额，再次体现出"赢者通吃"的网络市场本质。

图 3　App Store 应用累计下载量与 iPhone 累计销售量关系

　　注：关于 App Store 应用累计下载量，苹果官方网站仅公布部分整数数据，如"截至 2012 年 6 月 12 日，App Store 应用累计下载量达到 300 亿"，而 iPhone 累计销售量是根据苹果公司财年季度业绩报告汇总整理。
　　资料来源：作者根据苹果官方网站数据整理。

　　对于广大开发者来说，App Store 也为它们提供了一个更大的获利平台。首先，开发者可以分得七成应用开发收入。从 2008 年 7 月 10 日至 2013 年 7 月 10 日，App Store 官方正式上线五年时间里，90 余万款 iOS 应用累计被下载 500 亿次。该业务为 iOS 平台带来了数十亿美元的营收，总计向开发者支付了 100 亿美元应用收入（李芳，2013）。与此同时，苹果推出的 iAd 广告平台，也开拓了下游开发商的盈利渠道。其让 iPhone 下游开发者每天有 10 亿次广告曝光带来的收入机会。这些广告由苹果统一管理，开发者可得到的广告收入分成比例也由最初的 60%提升至 70%。在中国市场上，触控科技、数字顽石等一批创新公司基于 iOS 平台开发的应用为企业带来巨大利益。其中，触控科技旗下的 iOS 开发者社区——Cocoa China 注册会员超过 10 万。这意味着，几乎所有中国 iOS 开发者都在这里参与头脑风暴，Cocoa China 已成为中国 iOS 的信息集散地。

（3）运营商与操作系统商耦合共轭创造和增进价值。进入移动互联网时代，传统的运营商主导格局被打破，运营商功能逐渐弱化，但它们仍然掌握着整个网络的流量资源、信息资源和大量用户资源，因而是整个系统平台的动力源。运营商与操作系统商的耦合共轭具有型式化特征，即主要通过合作协议来执行。在协议中，运营商承诺一个时间段内的最低销售额，并遵守其他要求，向用户提供部分补贴，激励用户购买。苹果则将新产品首发权交由与其最先合作的运营商。在中国，联通可率先拿到新产品测试机，进行网络及客户端适配工作，并向工信部提交新产品入网许可申请；苹果还明确在新产品上市时，除自己的专卖店外，联通营业厅（含网上营业厅）及联通指定授权店为购买 iPhone 唯一合法渠道。苹果与中国联通的合作计划及其进程如图 4 所示。

图 4　苹果与联通合约计划进程

资料来源：作者根据中国联通官方网站资料整理。

耦合共轭给合作各方带来巨大的价值。整个合作过程中，苹果将运营商作为重要的销售渠道，而运营商换取了资费水平较高的用户资源[①]。在中国市场，从 2009 年 8 月 28 日联通与苹果合作开始，每轮合约计划都给两者创造了巨量的市场和收益。从苹果方面，例如，2010 年 9 月 17 日，联通推出"购手机入网送话费"、"存话费送手机"两种合约计划，并于 9 月 25 日在联通营业厅开售。相应地，从 2010 年 8 月下旬开始，苹果股价就持续走高，9 月 23 日突破 290 美元，创历史新高，公司总市值达 2651.9 亿美元，超过微软 500 亿美元；24 日和 25 日苹果股价继续攀升。同时，合约还为苹果带来了基于运营商用户绑定的分成或买断收入。此外，苹果利用运营商的套餐补贴吸引用户，并借助其影响力与渠道优势打开市场，降低推广成本；进一步，苹果通过赢得大量 iOS 用户，抗击 Android 或 Windows Phone，扩大自己的操作系统用户基数，获取垄断利润。

对于联通来说，一是用"iPhone+WCDMA+186 套餐"组合撬动了此前稳如磐石的中国移动高端客户群，弥补了其在 2G 时代的弱势，3G 用户规模快速增长。从 2010 年开始，

---

① 与苹果合作的首家运营商美国 AT&T，在合作第一季度卖出的手机中，iPhone 占到了 4/5。

联通 3G 用户数量稳步上升。尤其是 2010 年 9 月 25 日开售 iPhone4，之后几个月单月 3G 用户增长量均上涨。新增用户中，20%以上为 iPhone4 用户；2011 年 4 月和 10 月相继更新 iPhone 合约计划，执行优化方案。这使联通 iPhone 用户从当年 4 月开始猛增，月增长最高时达 30 万至 40 万户，带动 3G 用户持续增长，到 12 月达到 348.5 万户历史高点。此后，联通又于 2012 年 12 月 14 日推出 iPhone5 合约计划，再次激发 3G 用户增量，2013 年 3 月达到月增 433.2 万户新高。二是 3G 用户带来了高附加值。每用户平均收入（Average Revenue Per User，ARPU）值是衡量运营商业务收入的重要指标。联通 iPhone 合约用户 ARPU 值是普通 3G 用户的三倍左右，由此收获的巨大价值可见一斑。三是获得苹果品牌的溢出效应。苹果强大的品牌效应引发媒体关注，使联通无须任何广告便能大幅提高曝光率和影响力，并借机发展用户及相关增值业务。需要说明的是，目前运营商都存在高额补贴带来的损耗，容易进入路径依赖误区。因此，运营商平台耦合模式还有待优化和改进。

（4）网络设备供应商与运营商耦合共轭创造和增进价值。网络设备供应商主要提供移动通信物理网络，后者是移动互联网的基础。其与操作系统商之间的联接是间接的，直接的耦合伙伴是运营商，通过与运营商模块绑定，为平台提供基础网络支撑。移动互联网的日益广泛应用，以及移动通信技术标准从 3G 升级到 4G，不仅需要更强劲的网络设备支持，更主要地，网络设备供应商的业务重点已转向端到端解决方案，价值创造来源也从设备转向软件和服务。因此，传统的以硬件为主的网络设备供应商已经或正在转型成为软硬件集成的"通信解决方案提供商"。通过软硬件解耦，以及解耦后硬件主性能、软件主功能的分工、匹配与协同，完善通信网络服务。

以中国的华为技术有限公司为例，近年其更加重视研发而非硬件生产，创新重点在于如何拓大通信基站容量；迎合、支持电信运营商以更低价格、更容易地从 3G 网络升级到 4G LTE 网络；以及开发、提供运营商所需的技术，满足他们向愿意支付额外费用而享受更好网络连接的高端客户提供服务的要求等。华为提出的 SoftCOM，就是融合云计算思想和软件定义网络（Software Defined Network，SDN）、网络功能虚拟化（Network Functions Virtualization，NFV）技术的 ICT 网络构架，针对数据中心演进的需求提供全面虚拟化的云解决方案，实现计算、存储和网络的有机协同，帮助运营商持续优化运维效率并拓展新的收入来源（C114 中国通信网，2013）。

（5）用户参与创新网络平台共同增进和实现价值。主要通过两个层面进行。一是用户通过需求意向和购买信息影响厂商和开发者决策，促进创新。目前，应用商店 APP 大部分是根据移动用户需求开发的，个性化强；运营商还通过对目标用户进行细分，分级别提供不同服务套餐，尽可能切合用户习惯、满足其生活体验要求。二是用户通过与各模块提供商进行信息交互，并融入自身的工具性资源（如创意、知识和技能等），直接参与创新。例如，苹果邀请用户参与改善苹果地图，用户如果在苹果地图中发现错误，可以打开地图底部的页面，点击"Report a Problem"直接向苹果发回报告。在苹果专卖店，有一对一的零售店会籍和知识讲座；顾客也可以摆弄各种机器，或与维修人员面对面地进行问题检修。这些互动一方面提升了用户的满意度和消费热情，另一方面激发用户的创造性，并将其融入产品—服务升级过程。如此持续创新，最终增进各方价值创造。

五、结论与启示

随着生产和服务交互的日益复杂，移动通信等产业正在经历去结构化，移动互联网产业昭然挺进。软件平台商、设备供应商、服务提供商和网络运营商之间越来越处在交织与互动中，价值结构也由价值链转向复杂的价值网络。移动互联网创新网络以某一移动操作系统为平台，由互补和互动主体模块构成，并通过体验将用户纳入创新过程，在服务主导逻辑下联合创造价值；更主要的是，创新主体之间遵循系统动力学模块耦合共轭原理。彼此在资源、能力上的匹配和创新节奏上的协同，使他们能真正实现相互支持与促进，充分提升创新效率，显著增进价值创造。基于苹果移动创新网络的实证分析检测了这一理论框架，进一步揭示了主体模块耦合共轭，创造、增进并实现其巨大价值的机理与过程。上述结论对中国移动互联网产业健康发展具有重要启示。

1. 价值网络的扩展与创新源正在不断深化

任何企业的存在都是为了创造和获取价值，而大部分价值都是通过过程和服务创造的（Gibb et al.，2006）；服务的使用是在特定背景中整合和应用资源，价值在多种交换相互集结中联合创造。移动互联网等高技术服务的发展，使价值网络日益扩展，创新源不断深化。曾经的产品创新、技术创新和市场创新，演进成为以服务和体验为导向的平台整合和组网模式创新。创新源头从企业深化到包括用户在内的整个生态系统。开放与集成成为主流，体现创新主体之间的耦合与共轭本质。不仅如此，这种耦合共轭是一种动态实现和优化过程，组合空间和创新热点层出不穷。尚处于成长初期的移动互联网蕴含着巨大的价值创新潜力有待挖掘。

2. 系统性、同步同频与平台整合是创新网络可持续发展的重要基础

在网络多边市场，人们不再强调公司之间的竞争，而是更为关注全供应链之间的竞争。这时，关键是如何密切全供应链合作、最小化全供应链成本、优化全供应链的利益。所以，系统的服务创新、同步的创新节奏与同频耦合，并最终通过软件平台整合为多边综合解决方案，是创新网络赢得用户体验竞争优势、保持可持续发展的重要基础。其中的任一环节出现纰漏都会拖延整个网络体系的创新步伐，影响价值创造效果。这也是创新网络治理机制与有效性问题的核心，涉及参与主体之间复杂的利益关系，尤其是平台技术所有者如何整合网络外部性与其他主体共同创造价值（Ceccagnoli et al.，2012）。这蕴含着在未来，创新网络的商业模式和制度优化问题日趋重要。

3. 平台企业的主导能力是引领创新网络发展并获得合作剩余控制权的基本力量

企业的网络结构发端于产业技术的内在特征和制度因素，平台企业的技术能力决定平台竞争地位、引领创新网络的发展方向。平台界面标准是移动互联网创新主体耦合共轭的

基本依据，而平台企业的主导设计在界面标准协议中起关键作用，它由此成为整个创新网络的制度设计者和创新价值与剩余配置控制者。本文案例样本苹果公司以及谷歌公司和微软公司，作为全球三大移动创新网络的平台主导企业，其强大的技术和资源整合能力造就了他们引领创新发展和控制巨大价值的根本基础。对中国来说，培育具有这种能力的主导企业始终是一项长期艰巨的战略任务。

4. 运营商和网络设备提供商面临重大的压力和转型机遇

电信运营商曾经凭借其垄断性网络基础设施获取超额利润。移动互联网的发展使一些没有自主核心技术和知识产权的运营商开始失去垄断力量，逐步沦为"哑管道"和系统平台的从属者。这就是为什么当颠覆性创新影响一个行业时，有的在位者会幸存并繁荣起来，有的却会被新的挑战者取代（Ansari，Krop，2012）。中国的三大移动运营商正面临双重压力，一方面，资费不断下调；另一方面，缺乏基本知识产权支撑。但4G在即，网络基础、客户资源和竞争性良好的网络设备市场仍然是不可多得的优势条件。如何利用这些压力和机遇，加大创新资源培育和投入，实现转型升级，重拾主导地位，是运营商和网络设备供应商共同的战略任务和创新目标。

5. 用户不再能被忽视

在传统的通信市场，用户通常只是被动的消费者，而且经常被厂商的"霸王条款"所压制。进入移动互联网时代，一方面，创新用户体验成为各大软件平台和系统网络竞争的焦点；另一方面，在服务主导逻辑下，用户不再是被动的消费者、单纯消耗价值，而是同时通过与厂商进行互动和反馈，提供创意，交换和传播知识。所以，用户已成为价值的共同创造者，其作用不容忽视。未来，创新型用户群将越来越成为移动互联网乃至更多产业厂商争夺的重要创新资源。如何培育并有效利用、挖掘他们的智慧和作用空间，对于创新网络的发展也具有战略意义。

6. 核心技术与重要的知识产权始终是参与创新合作并获得更大价值的基本要素

创新网络主体耦合共轭的机理与苹果移动创新网络价值创造与分布实证分析清晰地表明，创新合作的基础、过程及利益配置，都是基于平台技术和核心专利等重要知识产权来进行组织的，它们始终是合作创新和价值分配的基本要素。苹果iPod的价值分布同样表明，捕获其中绝大部分价值的是拥有核心技术和知识产权的高端生产环节及其所在国（Linden et al.，2009），处于从属地位、依附网络平台获得生存机会者从来都只是"不得已而为之"。这无疑重申了自主创新和核心技术在中国市场转型和产业升级中的至关重要性。

基于篇幅和分析方法等因素，本文研究的主要不足是，揭示创新主体耦合共轭机理的数理建模和量化推演欠缺，这是进一步研究的另一个视角；同时，通过大样本统计实证检验创新网络价值共创原理，关注创新网络商业模式动态演化和制度优化过程，也应成为系统研究的重要主题。

参考文献

[1] Amrit Tiwana, Benn Konsynski, Ashley A. Bush. Research Commentary—Platform Evolution: Coevolution of Platform Architecture, Governance, and Environmental Dynamics [J]. Information Systems Research, 2010, 21 (4).

[2] Klaus Solberg Søilen, Mauricio Aracena Kovacevic, Rim Jallouli. Key Success Factors for Ericsson Mobile Platforms Using the Value Grid Model [J]. Journal of Business Research, 2012, 65 (9).

[3] Joe Peppard, Anna Rylander. From Value Chain to Value Network: Insights for Mobile Operators [J]. European Management Journal, 2006, 24 (2).

[4] Fredrik Hacklin, Christian Marxt, Fritz Fahrni. Coevolutionary Cycles of Convergence: An Extrapolation from the ICT Industry [J]. Technological Forecasting & Social Change, 2009, 76 (6).

[5] Stephen L. Vargo, Robert F. Lusch. Evolving to a New Dominant Logic for Marketing [J]. Journal of Marketing, 2004, 68 (1).

[6] Stephen L. Vargo, Robert F. Lusch. From Repeat Patronage to Value Co-creation in Service Ecosystems: A Transcending Conceptualization of Relationship[J]. Journal of Business Market Management, 2010, 4 (4).

[7] Coimbatore K. Prahalad, Venkatram Ramaswamy. Co-opting Customer Competence [J]. Harvard Business Review, 2000, 78 (1).

[8] Adrian F. Payne, Kaj Storbacka, Pennie Frow. Managing the Co-creation of Value [J]. Journal of the Academy of Marketing Science, 2008, 36 (1).

[9] Mohamed Saleh et al. A Comprehensive Analytical Approach for Policy Analysis of System Dynamics Models [J]. European Journal of Operational Research, 2010, 203 (3).

[10] Thomas Eisenmann, Geoffrey Parker, Marshall W. Van Alstyne. Strategies for Two-sided Markets [J]. Harvard Business Review, 2006, 84 (10).

[11] Robert F. Lusch. The Small and Long View [J]. Journal of Macromarketing, 2006, 26 (2).

[12] Mutaz M. Al-Debei, Enas Al-Lozi, Guy Fitzgerald. Engineering Innovative Mobile Data Services: Developing a Model for Value Network Analysis and Design [J]. Business Process Management Journal, 2013, 19 (2).

[13] Dan J. Kim, Yujong Hwang. A Study of Mobile Internet User's Service Quality Perceptions from a User's Utilitarian and Hedonic Value Tendency Perspectives [J]. Information Systems Frontiers, 2012, 14 (2).

[14] Forbes Gibb, Steven Buchanan, Sameer Shah. An Integrated Approach to Process and Service Management [J]. International Journal of Information Management, 2006, 26 (1).

[15] Marco Ceccagnoli, Chris Forman, Peng Huang, D. J. Wu. Cocreation of Value in a Platform Ecosystem: The Case of Enterprise Software [J]. MIS Quarterly, 2012, 36 (1).

[16] Shahzad Ansari, Pieter Krop. Incumbent Performance in the Face of a Radical Innovation: Towards a Framework for Incumbent Challenger Dynamics [J]. Research Policy, 2012, 41 (8).

[17] Greg Linden, Kenneth L. Kraemer, Jason Dedrick. Who Captures Value in a Global Innovation Networks? The Case of Apple's iPod [J]. Communications of the ACM, 2009, 52 (3).

[18] 工业和信息化部电信研究院. 移动互联网白皮书 (2013 年) [R]. 北京: 工业和信息化部电信研究院, 2013.

[19] 马晓芳. 中国移动 4G 招标结果出炉国产厂商拿下近七成份额 [EB/OL]. http: //tech.ifeng.com/ telecom/detail_2013_08/26/29011597_0.shtml.

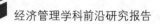

　　［20］Heiko Gebauer，王春芝. 制造企业服务业务扩展及其认知因素研究［J］. 中国管理科学，2006，14（1）.

　　［21］李海舰，陈小勇. 企业无边界发展研究——基于案例的视角［J］. 中国工业经济，2011（6）.

　　［22］孙耀吾，贺石中. 高技术服务创新网络开放式集成模式及演化——研究综述与科学问题［J］. 科学学与科学技术管理，2013，34（1）.

　　［23］刘雪梅. 联盟组合：价值创造与治理机制［J］. 中国工业经济，2012（6）.

　　［24］李新明，廖貅武，陈刚. 基于 ASP 模式的应用服务供应链协调分析［J］. 系统工程理论与实践，2011，31（8）.

　　［25］满青珊，张金隆，种晓丽，杨永清. 基于博弈论的移动增值服务价值链协调机制［J］. 管理工程学报，2013，27（2）.

　　［26］彭正龙，蒋旭灿，王海花. 开放式创新模式下组织间知识共享动力因素建模［J］. 情报杂志，2011，30（8）.

　　［27］郑路，勒中坚. 基于系统动力学的政府公共信息资源配置系统的模型研究［J］. 中国软科学，2011（8）.

　　［28］马荣. 专为 iPhone 5 打造 iOS6 正式版强力来袭［EB/OL］. http：//www.techweb.com.cn/news/2012-09-13/1236203.shtml.

　　［29］尚天鸣. 供应链管理：苹果大杀器［J］. 国企，2013（5）.

　　［30］李芳. 苹果估计 App Store 在全美共创造近 30 万个就业机会［EB/OL］. http：//tech.ifeng.com/mi/detail_2013_07/11/27406894_ 0.shtml.

　　［31］C114 中国通信网. 华为：SoftCOM 重塑网络架构的未来［EB/OL］. http：//www.c114.net/news/126/a773387.html.

Research on Participants Coupled Conjugate & Value Co-creation in Innovation Network of Mobile Internet Based on Service-dominant Logic

Sun Yaowu　Zhai Yi　Gu Quan

Abstract：Integration development of internet technology and mobile telecommunication created mobile internet whose value innovation is dominated by service. Based on a dominant software platform, the innovation network is formed by operating system providers, telecom operators, network equipment suppliers, mobile terminal providers and downstream developers, which create value jointly with user experience and participation. To fully earn the cooperative innovation productivity and enhance value creation, functional complementation, capacity matching, synchronized innovation frequency and coincident driving force among the innovation participants are very important. This paper analyzes the whole process and mechanism above using module coupling conjugate principle of system dynamics, with an empirical test of the Apple mobile innovation network. The research conclusions show that value network is expanding and innovation source is increasingly deepening; Systemic embedding and synchronization is the key for collaborative development of innovation network; Platform firm is the dominant power for leading the development of innovation network; Telecom operators and network equipment providers are facing with significant transformation opportunity as well as pressure; User can no longer be ignored; Core technology and worthy intellectual property rights are essential elements throughout to be involved in innovation cooperation and greater value acquisition; Which have significant enlightenments for the development of mobile internet industry especially of China in cultivation of platform leading enterprise, promotion of operator transformation as well as improvement of service innovation quality.

Key Words: Mobile Internet; Value Co-creation; Module Coupling; Participants Conjugate; Apple iOS Platform

产业转型条件的制造业与服务业融合 *

王晓红　　王传荣

【摘　要】 基于现阶段存在的对二业融合发展认识不够、二业融合的互动机制不健全等问题，根据发达国家制造业与服务业融合的进程设计出我国二业融合的路线，进而提出促进我国二业融合发展应从扩大需求与供给层面加快制造业与服务业融合，推动制造业与服务业融合的发展模式、组织模式创新，把发展高端服务业作为提升制造业竞争力的关键支撑，加大财税、金融等优惠政策扶持生产性服务业发展，制定为高端服务业提供智力资源的人才战略，推动生产性服务业体制改革和对外开放，建立制造业与服务业互动融合发展机制七方面着手。

【关键词】 制造业与服务业融合；产业结构；产业政策

20 世纪七八十年代以来，产业融合现象在全球范围内日益普遍。随着我国制造业结构全面升级、生产性服务业快速发展，制造业与服务业融合的趋势日显，二业融合逐渐成为实现我国经济结构调整、产业转型升级的加速器。但是，现阶段，我国二业融合尚处于起步期，仍面临诸多问题。

针对我国制造业与服务业融合问题，学者们进行了广泛而深入的研究。吕铁（2007）认为，我国生产服务业与制造业的关联处于较低水平，并从产业关联、重点产业发展等方面提出对策建议。龙筱刚认为，影响二业融合的主要原因是制造业对生产性服务业的"拉力"不足，生产性服务业对制造业的"推力"不够；产前、产后的生产性服务业发展不充分，缺乏核心服务能力，不能满足企业专业化需求。吕政（2006）对生产性服务业与制造业互动关系的内在机理进行深入研究，指出我国生产性服务业发展面临的瓶颈，从消除进入壁垒、强化分工优势、促进产业关联、推动服务业创新、优化产业布局和加强区域协调等方面，提出融合路径。顾乃华认为，在我国体制转型期，应关注生产性服务业通过提供中间投入品对制造业所发挥的"外溢生产效应"和"外溢改革效应"。夏杰长提出，深化

---

* 该标题为《改革》编辑部改定标题，作者原标题为《我国制造业与服务业融合面临的主要问题与政策建议》。

本文作者：王晓红、王传荣，中国国际经济交流中心、山东财经大学经济学院。

本文引自《改革》2013 年第 9 期。

制造业与服务业专业分工，推动服务业垄断行业改革，推动制造业服务化进程；同时从调整税收政策、加强信息产业发展和服务业创新上为二业融合创造良好的环境。

一、我国制造业与服务业融合面临的主要问题

总体上看，我国在服务业和制造业趋向融合的过程中，服务业还没有充分发挥出应有的拉动作用，制造业也没有展现出强大的基础性推动作用。

（一）对服务业与制造业融合的内在联系和规律认识不够

从宏观层面来看，政府对服务业与制造业融合的战略意义认识不足，甚至把制造业与服务业的发展对立起来，在产业发展中没有树立融合的发展观，片面地强调发展制造业，或者片面地强调发展服务业。

从微观层面来看，二业融合不是企业简单地拓展业务和增加服务人员，而是重构和再造企业的发展战略、商业模式、业务流程、组织架构、人才体系、管理水平。部分企业由于不能深刻把握服务业与制造业融合的要素、条件、特点、规律和趋势，对融合过程中出现新的竞争格局、新的商业模式认识不足，缺乏控制能力，尤其是对工作流程、组织架构、业务模式创新不足，影响了企业的发展战略和商业机会。

（二）制造业以生产加工为主，抑制了生产性服务业市场需求

长期以来，我国制造业主要承担跨国公司全球生产体系中的加工制造环节，在国际分工中处于低端位置、以代工模式为主，产品的关键技术、研发设计、物流、营销网络、品牌管理等都被跨国公司掌控，由此导致我国制造业产业链相对较短。产业链主要集中在劳动密集型的生产或装配活动，即使是技术密集、资本密集型产品，制造商承担的也是劳动密集型、附加值低、技术含量低的工序，高端增值服务主要由跨国公司制造商或服务商提供。这种长期的制造业"分工锁定"和"路径依赖"状态，不仅影响了制造业的竞争力，也抑制了我国生产性服务业的市场空间，导致国内生产性服务业难以得到更大的发展空间。

（三）制造企业自我服务导致服务业内置，抑制了生产性服务专业化

现阶段，我国制造业一般采用封闭式的自我服务模式，以此作为企业降低生产成本的途径，缺乏服务外包降低成本的理念。这从客观上压缩了制造业对服务业的需求，压缩了生产性服务业的发展空间，使之难以对制造业产生强大的推动作用，服务业渗透到制造业的过程较缓慢，二业融合的进程受阻。国外制造企业一般将服务外包作为缩减成本的重要方式，其中金融服务外包支出占全部服务外包支出的比重为11%，市场销售服务支出占

14%，信息技术服务支出占 30%，仅此三项共计 55%（万春华，2009）。在我国制造业专业化分工程度较低、模块化程度较低的情况下，制造业中间投入中信息服务有效需求不足。同时，相当数量的企业还在采用传统、陈旧的生产模式，竞争策略主要依赖成本优势和价格竞争，制造业产业链过于侧重实体产品的生产，物质材料消耗占产品成本比重较大，技术创新、技术进步、产品开发的速度缓慢，以致对研发、设计创新服务的需求不足。与产品制造相关的研发设计、人力资源、市场销售、物流配送、金融服务、信息技术等占全部支出的比重偏小，制造业对实物产品投入较大，对服务投入的依赖程度较低，导致服务业缺乏制造业需求的拉动，抑制了服务业的发展。

（四）生产性服务业人才短缺、服务质量低等因素造成供给不足

1. 生产性服务业人才供求矛盾突出

生产性服务业多数是知识密集型产业，对高素质人才需求较大。现阶段，我国人才供给不足，尤其是高级技术人才、管理人才缺乏，是造成生产性服务业供给不足的主要原因。我国人才结构矛盾突出，截至 2011 年底，全国技能劳动者总量约 1.19 亿人，其中高技能人才约 3117 万人，规模远不能满足需要。同时，职工队伍中"四多四少"的现象困扰着企业，即初级技工多，中高级技工少；大龄技工多，青年技工少；传统技工多，现代技工少；单一技能的多，复合技能的少。

据中国人力资源市场信息监测中心提供的最新监测报告显示，用人单位对初级工、中级工和技术员等技术等级有明确要求的约占总需求人数的 49.3%。从供求状况对比看，各技术等级均处于"供小于求"的状况，高级技师和技师岗位空缺与求职人数的比率分别为 1.89 和 1.87。我国理工科人数相对偏少，约占总毕业人数的 40%，而毕业后从事一线工作的人员更少。从近年来对研发、工业设计、软件外包、文化创意等高端服务业的调查来看，这些行业普遍存在人才短缺问题。人才短缺造成高端服务业核心服务能力不足，发展受到限制，不能满足制造业的服务质量。

2. 生产性服务业质量低

我国生产性服务企业普遍存在规模偏小、技术水平低、同质化现象严重、服务成本较高等问题。专业化、社会化服务能力不强，综合化服务水平低，提供服务多是单一功能服务，难以满足制造商的服务要求，这与制造企业的服务内置形成一种"低效均衡"状态。

（五）制造业与生产性服务业融合的良性互动机制尚未形成

从产业演进规律来看，服务业与制造业体现出相互作用、相互依赖，共同发展的互动关系。制造业是服务业发展的前提、基础、市场，服务业依赖制造业而发展，为制造业提供核心动力、高附加值的支持。现代服务业大多是生产的辅助性活动，没有制造业的发展，服务业就失去了需求来源和增长动力。同时，服务业中贸易、金融、交通、社会服务等功能可以提高制造业的生产效率。服务业与制造业之间这种彼此依赖的关系随着经济的

发展不断加深。

现阶段，我国二业融合的良性互动机制尚未形成。从微观层面来看，二业之间的互动不强。目前，我国制造企业自研、自供、自产、自销的传统化模式仍然比较普遍，使用独立的研发商、供应商以及各类专业服务供应商还不够。大型制造企业都有自己的研发、广告、物流、财务等服务部门，这些企业的服务不断内部化，企业本身由制造业向服务业过渡，逐步向价值链环节较高的研发、设计、物流、营销等转变。中小制造业由于自身的条件限制无法提供足够的资金、人力从事高端服务，同时受企业运营规模的限制，购买专业化服务（如研究开发、设计等）资金匮乏，金融贷款也较困难。

从产业层面来看，我国制造业产业链较短，产业集群配套能力不足，中心城市与周边地区、发达地区与欠发达地区经济联系较松散，区域产业资源要素配置效率低，制约了生产性服务业跨区流动和外溢功能的有效发挥。二业之间基本是"点对点"或"点对群"的互动模式，这种互动模式落后于"群对群"（制造业集群与服务业集群）模式。

（六）生产性服务业的垄断影响了制造业与服务业融合

一方面，长期以来，由于生产性服务的行政垄断，市场竞争难以充分发挥，尤其是金融、保险、通信、文化等垄断性市场结构的服务业改革缓慢，影响了民营、外资等市场主体的充分竞争，也影响了服务质量和效率。如金融业一直以国有企业为主，其结构造成融资难、融资贵、影子银行等问题。

另一方面，行政区划形成的地方垄断也制约了二业融合的市场化发展。主要表现为：地方政府行为在二业融合中经常发挥主导甚至决定性作用，尤其是当企业生产经营活动跨地区时，在地方利益驱动下，各种地方保护主义会增加企业的交易成本，阻碍区域间专业分工的发展，以致经常出现"只扎堆、无融合"的现象。这种模式容易出现低水平的重复建设、规模攀比、过度竞争和资源浪费，缺乏对产业链的横向和纵向整合，二业融合效应难以充分释放。

二、促进我国制造业与服务业融合的政策建议

这里参照发达国家二业融合的发展路径，构建我国二业融合的路线，进而提出促进我国制造业与服务业融合的政策建议。

（一）我国制造业与服务业融合的路线

第一阶段：服务业比重为50%，生产性服务业占服务业比重50%。根据国家统计局统计，2012年，服务业占GDP的比重达44.6%，提高2.7个百分点。如果每年按照这个速度增长，大约在2014年我国服务业比重将首次超过50%。

当一国（或地区）的人均 GDP 处于 10000 美元以下，服务业比重低于 50%，即属于发展中国家水平时，制造业的社会化与专业化程度不高，生产性服务外部化不明显。据统计，2012 年，我国人均 GDP 为 38449 元，相当于 6400 美元，服务业比重也低于 50%。在这一阶段我国制造业对生产性服务业的需求不显著，生产性服务业主要处于数量扩张阶段，粗放发展的特征比较明显。在这一阶段，需要推动制造业，特别是高技术制造业快速发展，以增加生产性服务业的需求。

第二阶段：服务业比重为 50%~60%。当一国（或地区）的人均 GDP 处于 10000 美元以上、30000 美元以下，服务业比重处于 50%~60%，即达到经济较发达国家水平时，由于国际竞争日益激烈，人们需求趋于多样化，制造业开始寻求差异化路径以提高产业竞争力，必然加大对生产性服务业的需求。生产性服务业外部化趋势明显，由数量扩张阶段向质量提升阶段过渡。虽然生产性服务业对制造业需求依然明显，但生产性服务业内部各行业之间的竞争与合作关系也日益增强，内部相互需求逐渐增加。这一时期也是二业互动发展融合的加速期。

根据库兹涅茨依据三次产业产值比重变化判断工业化阶段的理论，当第三产业超过第二产业比重，服务业占据主体地位，将进入后工业化社会。大多数国家或地区人均 GDP 达到 10000 美元后，一般都要经历十年左右的时间才能进入服务业占主导的后工业化社会。从发达国家曾经历的历史发展阶段来判断，美国、日本等国家服务业占 GDP 比重实现从 50% 到 60% 大约需要 10 年。根据我国目前 GDP 增速、服务业占 GDP 比重、服务业占 GDP 比重增速三项指标来看，我国大约在 2025 年服务业占 GDP 比重达 60%。

第三阶段：服务业比重为 70%。当一国（或地区）的人均 GDP 达到 30000 美元以上，服务业比重在 70% 以上时，即达到经济发达国家水平。这一阶段，生产性服务业的社会化、专业化得到高度发展，外部化现象明显，处于质量提升阶段，制造业附加值提高。生产性服务业专业化水平的提高与成本的下降，促使制造业对其需求增长。

美国、日本等国服务业占 GDP 比重实现从 60% 到 70% 大约需要 20 年。根据我国目前 GDP 增速、服务业占 GDP 比重、服务业占 GDP 比重增速三项指标来看，大约在 2050 年，我国城镇化水平处于稳定阶段（70%<城镇化率<90%），服务业比重达 70%。

（二）政策建议

1. 从扩大需求与供给层面加快制造业与服务业融合

一是提高制造业自主创新能力，通过建立产学研创新体系扩大高端服务需求。在经济转型中，用生产性服务业改造、提升制造业内部的低端产业是实现制造业结构调整的重要途径，尤其是通过对科技研发、信息技术服务业的扶持，提高制造业的自主创新能力和国际竞争力。要加大研发经费投入，注重用服务业改造传统制造业，以信息化带动工业化，提高制造业信息化、智能化、服务化水平，提高资源利用效率。通过创新二业融合模式，实现制造企业、服务机构、高校科研机构的协作与联盟，形成利益共同体，共同研发创新，共同规划产业链，共同分享收益，把知识转变为高效的生产力，全面提高制造业的创新能力与竞争力。通过研发设计创新增加产品的技术含量、提升产品附加值，进而增强高技术产业、现代制造业的市场竞争力，提高经济结构中高端、高效、高附加值产业的比重，成为推动产业结构优化升级的重要动力。

二是推动加工贸易转型升级，扩大生产性服务业国内市场。实现加工贸易企业转型升级是扩大国内生产性服务业市场，尤其是扩大研发设计、金融、物流、品牌营销等高端服务业市场的重要途径。一方面，要推动加工贸易企业向产业价值链的上下游拓展，增强加工贸易企业的总部经济等高端要素集聚能力。另一方面，要加快加工贸易向一般贸易转型，推动加工贸易企业从 OEM（贴牌生产）向 ODM（自主品牌建设）转型，扩大对国内生产性服务业的需求。

三是提高生产性服务业发展质量，为制造业提供优质服务。应重点培育金融服务、信息服务、商务服务、研发设计等高成长性、高附加值、辐射力强的服务业，加强科技投入、教育投入，解决人才短缺、服务质量不高、服务价格贵等问题，提高为制造业尤其是中小企业服务的质量和能力，降低服务成本。

2. 推动制造业与服务业融合的发展模式、组织模式创新

一是加快发展服务外包，创新服务业发展模式。目前，国际服务业转移正加快步伐，已扩展到信息技术服务、人力资源管理、金融保险、会计服务、后勤保障、客户服务等多个领域。要抓住这一机遇，承接国际服务外包，引进跨国服务机构，借鉴其网络、人才、管理、制度等优势，重点推进软件信息服务、现代物流、金融服务、商务服务、研发设计等服务业的发展。同时，通过承接国际服务外包使国内企业掌握高端服务业的国际管理经验、先进管理理念、国际网络渠道、服务模式等，提高生产性服务业的国际化、规模化、信息化水平。

二是推动集聚发展、全产业链发展，扩大二业融合市场空间。通过加速集聚发展，进一步深化服务专业化分工，为生产性服务业提供市场需求。通过全产业链发展，进一步创新服务模式、服务产品，提高制造业增值空间，推动二业融合深度。

在总体思路上，一要在制造业集群内搭建各种服务平台，提高配套服务能力。二要围绕制造业集群构建区域服务体系，形成服务业集群，形成产业共生、资源共享的互动发展格局，以修复断裂产业链，增进企业间分工和黏合度。结合目前状况，着力点应放在商贸、物流、会展、金融、信息服务、教育培训、研发设计、供应链管理等制造业需求大的服务业集群。三要发展产业集群，从市场规律出发，注重市场配置资源的能力，尊重企业的自主选择；同时要发挥政府的积极作用，加强对服务业集聚区的规划引导，完善公共服务平台建设，建立集聚区标准与考核评价体系等。

在服务业集群培育上，一要改变加工贸易工业园区的传统模式，靠招商引资、土地优惠等政策，充分考虑生产性服务业的特点，完善创新、创业、投资环境，力争做到市场集聚、自发形成、自我发展。二要有步骤、分层次、分阶段地构建服务业集群，不能搞"一哄而上"、"一窝蜂"建设。三要针对制造业集群与服务业集群的不同特点，着力构建集群内企业之间紧密的网络关系和创新环境，鼓励企业及其他机构之间的对话与互动，共享信

息知识资源，提升创新能力，完善知识产权创造、运用和保护法律体系。制造业集群应将关注点放在通过发展各类配套生产性服务业推动制造业转型升级上，弥补制造业集群产业链、供应链的不足，使制造业集群朝着科技化、标准化、专业化和信息化的方向发展，拉动制造业集群升级。

3. 把发展高端服务业作为提升制造业竞争力的关键支撑

要提高全要素增长率，提高技术创新对增长的贡献率，大力发展知识经济，改变粗放型的发展方式。因此，中心城市尤其是特大城市，在人才集聚、创新要素集聚、产业升级、国际化水平等方面有明显优势，应率先明确优先发展高端服务业的理念，使之成为城市转型升级、提升能级的主要引擎，更好地发挥辐射带动作用，推动区域制造业升级。

应重点发展以下领域：一是金融业。大力发展银行、证券、保险、信托等各类金融机构，规范发展产权交易市场、风险资本市场，尤其要加快发展民营金融业，吸引跨国公司金融服务机构，打破国有企业垄断，促进市场公平竞争。二是研发设计服务业。以支撑制造业技术创新为目标，以改善公共技术支撑和服务支撑为重点，建立一批具有国际一流水平的国家重点实验室、研发中心、企业技术创新中心、设计创新中心等，吸引跨国公司研发设计机构，国内大型企业技术创新中心为中小企业提供服务，加快测试、咨询等科技中介服务发展，引导企业、高校、科研机构研发合作等。三是软件与信息服务业。发挥信息服务对传统产业改造的作用，大力发展软件业、信息增值服务、网络服务，重点推进第三代移动通信、数字电视、下一代互联网等一批关键技术的应用，发展电子商务、网上教育培训等服务。四是专业服务业。围绕为制造业服务，加快培育会计、法律、咨询、评估等专业服务企业，改变外资主导的被动局面，形成以国内企业为主导的商务服务体系。五是供应链管理。供应链是围绕核心企业，通过对信息流、商流、物流、资金流的控制，从采购原材料，制成中间产品及最终产品，最后由销售网络把产品送到消费者手中，是将供应商、制造商、分销商、零售商，直到最终用户连成一个整体的功能网链模式，已成为全球价值链竞争的主要领域。

4. 出台财税、金融等优惠政策，扶持生产性服务业发展

一是改革税制，降低税率。以工业设计服务为例，目前，国内设计公司以民营中小企业、微型企业为主，税收、资金等问题严重制约了企业发展。应加快推动服务业的营业税改征增值税试点工作，对于科技研发、专业服务等，可考虑实行长期免税政策；对于金融、物流、供应链管理、工业设计、文化创意等服务业应大幅度降低税率；对于小型、微型服务企业可考虑三年左右的免税。允许制造企业在购买专利等高端服务时按照一定比例抵扣进项税，对当前增值税仅抵扣原材料做适当的调整。

二是加大财政投资、补贴力度。2007 年《国务院关于加快发展服务业的若干意见》颁布后，财政部制定了《中央财政促进服务业发展专项资金管理暂行办法》，通过专项资金（奖励、贷款贴息和财政补助等支持方式）重点扶持服务业发展的关键领域和薄弱环节。一些省份也出台了支持服务业发展的指导意见。重点支持科技研发、教育、培训、设计、信息技术、国际会展等领域。

三是创新金融服务体系。深化金融体制改革，完善政策环境，加大金融市场对中小企业的支持力度，尤其要创新为中小服务企业、制造企业服务的金融产品和服务，培育为中小企业服务的金融主体，完善个人信贷法律。加快出台《融资租赁法》，使制造业成为融资租赁的主体。

5. 制定为高端服务业提供智力资源的人才战略

生产性服务业发展的关键是人才，二业融合的关键也是人才。目前，我国各类高端服务业都存在人才短缺问题。为解决这一问题，应从如下方面着手。

一是发挥高等院校、职业学院作用，设立新兴服务业相关学科，根据国内外市场需求动态调整课程设置。扩大招生规模，积极探索与市场需求相适应的教育模式，鼓励通过建立企业实习基地，建立校外导师制度，鼓励专家、企业家担任校外导师，推动产学研相结合。

二是发挥培训机构、企业的作用，加强职工岗位培训，以适应二业融合发展的需要。采用企业、个人、国家共同分摊机制，个人部分自费，其余由企业、财政经费给予补贴。企业培训经费可免抵所得税。岗位培训应做到普及化、经常化和制度化，有条件的企业可聘请国外专家、企业家参与。定期组织高级技术人才、管理人才的国际交流和培训，掌握新的行业国际规范、国际标准体系等。

三是建立人才引进和激励机制。为各类紧缺人才、高端人才提供良好的发展平台和创业启动扶持机制，通过股权激励、政府人才基金等方式，奖励有突出贡献的专业技术和管理人才。积极引进海外优秀人才、领军人才，并为他们在出入境、户籍、住房、子女入学、保险等方面提供相关优惠政策待遇，尤其要鼓励海外留学生回国创业。

6. 推动生产性服务业体制改革和对外开放

深化服务业改革开放是加快服务业发展的重要体制机制保证。江小涓和李辉（2004）认为，促进服务业发展需要从改变观念、促进竞争、规范行为、扩大开放和适当扶持等多方面着手。

一是突破体制性障碍，消除垄断，营造平等竞争的环境。积极吸引民营经济进入生产性服务业，提高其市场化程度，为制造业提供优质的服务保障。积极推动金融、电信、教育、文化、公用事业、交通运输等领域的改革，通过引进民营资本、境外投资以及兼并重组等方式，打破国有企业的垄断地位。按照政企分开的原则，继续深化事业单位的市场化改革，凡是适合市场化、产业化发展的公共服务尽可能推向市场，对隶属政府部门的中介、研究、咨询等服务机构进行分类改革。

二是进一步深化服务业改革。一要加强宏观调控。逐步建立"政府有规制、市场为主导"的资源配置模式。综合运用各种政策资源，清除体制和机制障碍。充分运用产业引导、环保标准、能源调控、财税政策、政府采购等调控手段，为生产性服务业发展提供良好的体制环境。二要加强服务业标准体系和信用体系建设。加快制订和实施各类生产性服务业行业技术标准、市场准入标准和技术规范，积极引进、采用国际标准和国外先进标准，完善现代服务产品价格听证、审议、征求意见机制，健全有关信用制度、信息披露制度，促进服务业规范化发展。三要强化政府服务意识，增强提供基础公共服务的责任，及时研究分析经济运行走势，及时披露国际国内产业发展的重要信息，及时为制造业与服务业交流搭建桥梁，降低企业运营成本。四要不断完善发展现代服务业的法律法规，进一步健全市场体系，取缔不利于产业融合的制度性壁垒，逐步构筑起制造业与服务业融合的制度平台，降低产业融合成本。

三是进一步扩大服务业对外开放。要继续放宽外资进入生产性服务业的门槛，积极吸引美国、欧洲的优质服务企业到国内投资，尤其要吸引研发、工业设计、教育培训、现代物流、金融保险、咨询服务、供应链管理等生产性服务企业，并在市场准入、项目审批、土地房租、税收等方面给予优惠。

7. 建立制造业与服务业互动融合发展机制

一是构建二业融合互动的综合服务平台。一要构建涵盖政府、制造业、生产性服务业的综合信息平台，提供各类供求信息、合作信息、政策信息及沟通协调服务，实现信息共享，提升互动发展水平，为二业形成良性互动关系提供信息沟通与交流渠道。构建信息平台应采取区域入手、政府扶持、第三方建设等方式。政府要在政策、资金、信息平台基础建设上给予扶持。平台建设需要大量的专业人才和管理团队，他们应是第三方团队，以避免政府过多干预。二要构建协同商务虚拟平台。引导企业树立"制造业用服务的理念组织生产，服务业用产品的观点设计服务"的思想。根据资源共享、工作协同协作的原则，运用"以点带面"和"协同运作"的工作原理，以制造厂商为核心，建立商务虚拟平台。在这个平台上，服务提供商可将企业的各项服务细分，使服务过程产品化；建立相关数据库，通过商务平台提供给各企业，从而实现资源共享，使制造企业的业务流程达到高效、协作。制造企业应结合自身优势和特点，利用商务平台提供的信息及相关的商业化开发和增值服务，对内开展电子商务活动，对外凭借虚拟平台，最大限度地融入国际国内市场。由于制造企业的产品有着数量多、分布相对集中、配送路线固定等特点，协同商务模式可以建立物流信息管理系统，将物流服务与制造企业的生产和营销紧密融合，充分运用现代信息网络技术，建立专业化流通服务体系，提高制造业流通效率，形成二者相互带动与提升。三要构建信用平台。完善信用机制，促进企业间的良性合作关系。政府在加强与媒体合作强化社会信用意识宣传的同时，应组织和引导建立社会信用中介组织，健全信用信息采集、使用、公布、保密制度和信用评价体系，加强社会信用监督和执法体系建设，加大对企业失信行为的惩罚力度。

二是构建二业融合互动的组织协调机制。一要实行"主辅分离"，专业化发展，促进二业之间良好动态契合。一方面，引导大型企业通过管理创新和业务流程再造，逐步将发展重点集中于技术研发、市场拓展和品牌运作，通过外包方式充分利用社会资源，增强核心竞争能力；另一方面，制造业应发挥比较优势，发展核心业务，将服务剥离出去，推进企业内置的生产性服务环节专业化、市场化、社会化，形成专业化的配套服务企业，以产业链整合专业配套企业的服务供给能力，形成产业内部的专业化分工体系。此外，鼓励规模大、信誉高、服务质量好的企业，实施跨地区、跨行业的兼并重组，促进生产性服务业的集中化、大型化、组织化，实现社会化服务与制造环节的无缝式对接。二要继续实施集群化战略，推进空间布局二业融合，提高区域产业融合度。通过提高产业集群制造业与服务业的相互协同、配套协作，增强产业配套服务能力，提升集群竞争力，使集群由单一的制造或服务转变为集成制造与服务功能的产业链集合，不断提升全产业价值链竞争力。通过建设示范区、实验区等模式，重点扶持培育二业互动的生态群落，形成二业互动的生态环境。在集群区内，搭建金融、保险、物流、教育培训等服务平台，构成服务支撑体系，加强与制造业紧密结合，推动产业集群健康发展。

三是实现二业融合与城镇化有机结合互动。实践证明，发展生产性服务业能够解决城市制造业外迁后的产业接续、产业替代问题。随着城镇化的发展，城市中心地带的工业企业将逐渐迁往郊区，取而代之的是服务业，这就为服务业发展提供了空间和就业需求。例如，利用旧的工业设施、厂房进行改造的各类文化创意产业园区等，既成功地实现了产业转型，又解决了制造业外迁中城市人口就业问题。为获得新的就业机会，适应新的环境，各种培训教育等提高劳动者素质的服务随之扩大，由此带动整个城市人口结构、产业结构的转型。

参考文献

[1] 龙筱刚. 加快生产性服务业与制造业互动发展的研究 [J]. 价格月刊，2009（3）：62-64.

[2] 顾乃华. 我国服务业对工业发展外溢效应的理论和实证分析 [J]. 统计研究，2005（12）：9-13.

[3] 夏杰长. 中国新兴服务业发展的动因与政策建议 [J]. 学习与探索，2012（5）：74-78.

Integration of Manufacture and Service Industry of Industrial Transformation Condition

Wang Xiaohong   Wang Chuanrong

Abstract：At present，based on the problems of insufficient understanding of integration development of the two industries and incomplete interactive mechanism，designing China's route of two industries integration according to the industry integration process of developed country manufacture and service industry，and then promote China's two industries integration development should start from following seven aspects. They are accelerating two industries integration from expanding the supply and demand，promoting development mode and organization mode innovation of two industries integration，taking the development of high-end service industry as the key support to promoting the competitiveness of manufacture，increasing the fiscal, financial and other preferential policies to support the development of producer service industry, formulating the talent strategy to provide intellectual resources for the high-end service industry, promoting the reform and opening up of the production and service system, and establishing interactive integration mechanism of the two industries.

Key Words: Integration of Manufacture and Service Industry; Industry Structure; Industry Policy

企业家精神、市场需求与
生产性服务企业创新*

杨以文　郑江淮

【摘　要】影响生产性服务业创新发展的因素很多，通过构建生产性服务创新发展的概念模型发现，企业家精神与市场需求是最关键的影响因素。本文利用长三角地区的企业调研数据，对影响生产性服务业企业创新的因素进行了实证检验，检验结果与理论研究的结论是相一致的。因此，推动生产性服务业的创新发展，一方面要培养生产性服务企业的企业家精神，另一方面要不断加快"两化融合"，促进生产性服务从制造业分离，扩大生产性服务的需求，提升生产性服务的可贸易性，使生产性服务能够像制造业产品一样，实现专业化与规模化发展。

【关键词】企业家精神；市场需求；生产性服务业创新

一、引言

生产性服务业已经成为各国或地区经济增长的新引擎，生产性服务业发展水平直接影响一国在世界经济的竞争地位，如何推动生产性服务业的发展，已经是任何一个国家都不能回避的问题。随着信息技术的进步，生产性服务业与信息技术的融合程度不断提高，一些学者指出，生产性服务业发展主要依赖于服务企业的创新水平，而生产性服务企业创新

* 本文得到国家社科重点项目"以全球价值链引导我国经济结构转型升级"（11AZD002）、教育部人文社科重点研究基地南京大学长江三角洲经济社会发展研究中心课题"以产业集群促进长三角战略性新兴产业创业发展"（10JJD790026）、江苏省高校哲学社会科学研究课题"需求规模、政府激励与战略性新兴产业发展研究"（2012SJB790013）、江苏省 2012 年度普通高校研究生科研创新课题"全球价值链分工下战略性新兴产业发展机制研究"（CXZZ12_0005）的资助。

本文作者：杨以文，江苏教育学院经济系讲师，南京大学经济学院博士研究生；郑江淮，南京大学产业经济系主任、教授。

本文引自《财贸经济》2013 年第 1 期。

水平的高低，关键在于该国或地区的信息技术水平以及信息技术与生产性服务业的融合程度。从世界各国生产性服务业的发展实践来看，生产性服务业与信息技术已经广泛地融合，但是，理论界对于生产性服务业创新的研究还是很缺乏，尤其是基于微观企业层面的研究更加稀少，原因可能在于缺乏对服务创新活动的定义和衡量，另外，从各种统计数据中也很难寻找到生产性服务业企业的创新数据。因此，大部分关于生产性服务业创新的文献主要还是停留在理论与宏观数据层面。

随着制造业不断升级、制造企业主辅分离（内部服务不断外置），整个社会对生产性服务的需求不断膨胀，生产性服务企业需要不断创新，以提供更多标准化或定制化的服务。但是，生产性服务企业的创新活动充满着不确定性，也存在较高的失败概率，这就需要生产性服务企业的企业家拥有较强的企业家精神，缺乏企业家精神的生产性服务企业创新是难以成功的，企业家精神是影响生产性服务企业创新成功的关键因素之一。

二、简要的文献综述

当前，生产性服务创新已成为理论研究的热点，不同学者从不同角度对生产性服务创新进行了较为全面的分析，与本文研究主题相关的研究文献主要集中在以下几个方面：

第一，关于生产性服务创新的内涵与特征的研究。Barras（1986，1990）作为服务创新研究中的"技术学派"，强调技术进步在服务创新中的重要作用，他认为服务部门创新基本上是依靠引进工业技术和设施，特别是以 ICT 技术为代表的高新技术是推动服务创新的最重要驱动因素，通过使服务业变得更富技术密集型而增强服务业的创新能力。Brynjolfsson 和 Hitt（2002）认为 ICT 技术是生产性服务创新的主要源泉，生产性服务企业的 ICT 投资增长，能够带来技能提升、组织创新与生产率的增长；而以 Gallouj 等（2008）为代表的学者们除了强调技术范式外，更注重强调组织创新、市场创新、专业化创新为代表的非技术形式创新的重要性，并且认为技术不是服务创新的必要维度。Den Hertog（2009）认为，服务业的创新活动包括服务概念创新、服务交付系统创新、技术创新和顾客界面创新。因此，仅以采用新技术的多少来评价服务业的创新水平，不仅会低估服务业的创新性，而且还会使服务企业的创新选择受到局限，因为非技术创新对提升服务业的竞争能力具有更重要的作用。

第二，关于企业家精神与生产性服务企业创新之间的关系研究。熊彼特（1934）认为，企业家精神就是一种创新精神，是一个"不断推出新的生产组合的过程"，新的生产组合包括：开发新的产品、采用新的生产方法、开辟新的市场、寻求新的供给来源、实现新的组织形式。Venkataraman（1997）指出，企业家精神就是抢先抓住新机会的能力，认识到机会并抓住机会可以"矫正"市场，把市场带回平衡状态。Ravens-craft（1982）利用企业的调研数据，对企业家精神与企业创新水平之间的关系进行了实证研究，研究发现企业家精神对于企业创新水平提升具有正向的促进作用。Zahra（1990）利用企业的微观调研数据，对企业家精神、创新水平以及企业绩效三者之间的关系进行了实证研究，研究发现拥有越强企业家精神的企业，其创新水平越高，企业绩效水平也会越高。苏方国（2004）指出，创业是形成企业家创业精神的基础，而创新是企业家精神的核心。吉富星（2004）认为，企业家精神是一种强烈渴望成功的创业精神、创新精神以及诚信精神。鲁兴启（2001）指出，对利益的追求是激发企业家精神的内在动力，市场竞争压力是激发企业家精神的外在压力。黄谦明（2009）认为，企业家的创意与资源整合能力体现了企业家的创新精神、冒险精神和合作精神。

第三，关于市场需求与生产性服务创新水平之间关系的研究。De Brentani 和 Ragot（1996）认为，对于生产性服务企业而言，市场吸引力（包括市场规模和市场范围的扩大）增强是成功创新的重要影响因素。Preisl（1998）指出，当市场需求规模较小时，由于客户不情愿接受新服务，大部分生产性服务业企业明显地感觉到自身的创造性呈现不断下降的趋势，这主要是由于当市场需求拉动比较低的情况下，一些生产性服务企业缺乏在服务创新投资的动力。Mowery 和 Rosenberg（2001）通过构建概念模型来阐述市场需求扩大能够带来生产性服务企业创新水平的提升。Kox（2011）通过研究欧洲生产性服务业发展，发现服务外包规模的扩大，即生产性服务业的需求规模扩大，会驱动生产性服务业的创新，进而促进生产性服务企业的发展。

梳理以上文献发现，关于企业家精神与生产性服务企业创新之间关系的研究，以及生产性服务的市场需求与生产性服务企业创新的研究主要集中在理论与机理的研究上，利用企业微观的调研数据阐述三者之间关系的文献相当缺乏，本文将在以上文献研究的基础上，首先探讨企业家精神、市场需求与生产性服务企业创新之间的逻辑机理，然后，利用长三角地区生产性服务企业的微观调研数据，对三者之间的关系进行实证研究。

三、简要的理论分析

从生产性服务中的知识形成、传播和互动过程来看，生产性服务业创新在于生产性服务业企业对知识的获取和互动环节上。具体来说，生产性服务业形成和发展的流程有四个阶段（见图1）。

生产性服务业企业形成于与客户企业的服务外包中，获得有关知识和信息，如图1中①表示的阶段，这是第一阶段。这些知识主要是在帮助客户企业解决问题时产生的，可能是显性知识，也可能是隐性知识。这些知识能否支持生产性服务企业存续，或者能否从客户企业中吸收更多类型的服务知识，取决于生产性服务企业对这些服务知识的整合、重组，形成专业化或标准化知识，那么，该生产性服务业就正式形成。

生产性服务业企业生成后，就进入第二阶段，如图1中②所示，生产性服务企业将新

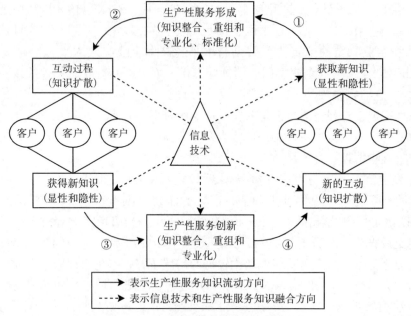

图1　生产性服务业创新发展的概念模型

知识进一步扩散，寻找新的客户，生产性服务市场得以形成。如果所形成的知识专业化程度越高，生产性服务企业越容易找到新的客户企业，与其在该生产性服务上进行分工，接受其外包。可以专业化的服务种类越多，生产性服务市场范围就越广。如果所形成的知识标准化程度越高，该生产性服务的市场需求就越大。

在知识更新之后，生产性服务企业进入第三阶段，即对已形成的服务知识的商业性和商业模式进行探索，对原有的服务知识进行完善和更新，去伪存真，提炼出最有效的服务知识、经验和经营模式，尽可能使得这些服务知识集成化、模块化，以便于根据市场需求变化，灵活配置知识。

第四阶段是生产性服务企业对原有的服务进行创新，用新集成的知识（模块）去替代第一阶段获得的初步知识，对原有的客户企业服务进行流程再造，或者开拓更多的新的生产性服务。

从上述四个阶段来看，生产性服务业发展的过程实际上就是生产性服务不断创新的过程，生产性服务业创新发展至少包括两个关键要素：企业家精神与市场需求。

第一个要素是生产性服务企业的企业家精神，第一阶段的生产性服务从企业内部分离和第二阶段寻找市场中的互动过程本质上都是创业活动，需要创业者富有企业家精神。企业家精神是指企业家对待创业成功的态度或对待不确定性的承担程度。德鲁克（1985）把企业家精神提升到促进社会进步的高度，在此基础上明确认为企业家精神就是社会创新精神，是企业家在企业发展过程中的一种革新行为，这种行为有效地将现有资源转化为创造财富的能力。夏莫（1999）认为，企业家精神是一种革新行为，具体表现为组织的构建或组织内外部的创新行为。因此，我们提出以下假设：

假设1：生产性服务企业的企业家精神越强，越有利于服务企业创新。

第二个要素是市场需求，贯穿四个阶段的关键因素就是客户对于生产性服务的需求规模，生产性服务的市场需求规模扩大将会增多服务知识，服务知识的增多将会为生产性服务创新提供知识条件。服务需求的扩大，主要源于服务外包规模的扩大，而服务外包就是依据双方议定的标准、成本和条件的合约，企业把原先由内部人员提供的服务转移给外部组织承担，达到增加效率和降低成本的目的，使原企业组织的灵活性增强并更专注于核心活动。服务外包的兴起，归根结底是通过比较优势、规模经济、学习效应带来的效率提升与国际分工深化的结果，而服务外包规模的不断扩大，将会带动生产性服务业需求的扩大。因此，我们提出以下研究假设：

假设2：生产性服务的需求规模越大，越有利于服务企业创新。

四、实证分析

（一）研究设计

1. 数据来源

本部分采用的微观数据来源于2011年2~6月对昆山产业转型与升级（生产性服务业部分）的调查问卷。此次抽样调查共发放1000份问卷，收回452份问卷，问卷收回率为45.2%，摒弃制造业的问卷和无效问卷，共获得178份生产性服务业企业的有效问卷。该问卷以生产性服务业创新为主要内容，分为企业的基本信息、服务升级情况、新服务研发情况和人力资本构成情况共82个问题。这些调查的数据资料能为研究生产性服务业创新提供较为详细的数据来源。

从有效样本的行业分布来看，信息服务48家、知识服务25家、人力服务19家、物流服务42家、维修服务40家、资金服务32家，基本上涵盖了所有的生产性服务业，该样本能够较好地反映生产性服务业的整体情况。从有效样本的主营服务的竞争力来看，处于国内平均水平以上81家、为国内平均水平59家、低于国内平均水平8家，主营服务的竞争力处于国内平均水平以上的企业数量占总样本的54.7%，表明昆山地区生产性服务企业在全国具有较强的竞争力。从有效样本的主营服务的技术水平在同行中所处地位来看，处于国内平均水平以上93家、为国内平均水平55家、低于国内平均水平3家，主营服务的技术水平处于国内平均水平以上的企业数量占总样本的61.6%，表明昆山地区生产性服务企业在同行中具有较高的技术水平。从有效样本是否位于开发区来看，12.8%位于国家级高新区与国家级经济技术开发区、18.2%位于省（市）级开发区、32.4%位于区（县）级开发区、36.5%不在开发区，这表明，昆山地区生产性服务企业集聚于开发区的现象并不明显。

2. 变量说明

根据研究需要，我们从调查问卷中选择并构造了如下变量：

（1）创新水平指标（cxs）

为了反映企业的创新水平，本问卷设计问题"贵公司初始投资后对服务做了哪些更新或升级换代"，被调查企业可以在以下选项中进行选择：服务设计水平更新、服务所需的技术设备更新、服务质量改进、服务流程改造、服务过程信息化改造、不同类型的新服务开发、其他创新，为了获得创新水平变量，对七个选项设置不同的权重，分别为 0.1、0.1、0.1、0.1、0.2、0.2、0.1，根据每个被调查企业的情况采取赋值和选项加权平均的方法，来构建生产性服务业企业的创新水平指标。

（2）需求规模指标（aer）

为了反映下游企业的需求规模对生产性服务业绩效的影响，本问卷设置问题"下游企业对贵公司主营服务的需求情况"，被调查企业可以在以下几个选项中进行选择：下游企业需求很不足、下游企业需求有些不足、下游企业需求充分、下游企业需求有些过剩、下游企业需求严重过剩，分别对五个选项赋值为"1、2、3、4、5"，即随着下游企业对主营服务的需求增加，则赋值越大。

（3）企业家精神指标（ent）

为了反映企业家精神对于生产性服务企业创新以及企业绩效的影响。我们在问卷调查中设置了两个问题，分别反映企业家对于创业成功的态度与承担不确定性的程度。其中，对于创业成功态度，我们将其分为六种态度：①"肯定会成功，实现创业"；②"目标成功后，继续坚持创业"；③"不确定是否会成功"；④"成功后，继续坚持创业，但是到了一定程度就退出"；⑤"没考虑过"；⑥"一旦成功，就不干了，转到受聘岗位上工作"。这六种态度的自信程度逐步降低，分别给予 1、0.8、0.6、0.4、0.2、0.1 权重，计算得出企业家对于创业成功态度的企业家精神指标值。从不确定性承担程度上看，企业家精神还表现为以下四种类型：①"不担心失败的后果，失败后继续创业"；②"没想过失败的后果"；③"说不清楚"；④"害怕失败，失败后不再创业"。这四种类型对待不确定性的承受程度越来越小，分别给予 1、0.8、0.6、0.4 权重，计算出企业家承担不确定性程度的企业家精神指标值。然后，将两种企业家精神的指标值进行加总，进而获得企业家精神指标的数值。

（4）其他变量

影响生产性服务企业创新水平与绩效的因素，至少还应该包括以下变量：①企业规模（sca），该指标主要通过对被调查企业的主营服务的销售规模来反映，通过对"超出国内同行平均水平、为国内平均水平、低于国内平均水平"三个选项分别赋值为"3、2、1"，进而获得企业规模变量；②企业是否与上下游企业集中（clu），若是，则赋值为 1，不是，则赋值为 0；③企业是否位于开发区（zon），若是，赋值为 1，不是，则赋值为 0；④研发投入强度（res），即研发经费投入占销售收入之比，来反映企业的研发投入，分别采用 2008 年和 2010 年两年的研发投入强度，分别为 res1 和 res2；⑤企业技术人员占比（tec），该指标主要运用企业技术人员占企业员工数之比，来衡量企业技术人员占比，一般而言，企业技术人员占比越高，企业的创新水平越高，企业的经济绩效越高；⑥企业技术人员教育程度（tee），我们运用企业本科以上学历的技术人员占比来反映该指标；⑦企业管理人员教育程度（mae），我们运用企业本科以上学历的管理人员占比来反映该指标；⑧企业董事长从业经验（boa），企业总经理从业经验（ceo），运用这两个变量来反映企业最高管理者的经验对企业创新与绩效的影响。所有变量的描述性统计如表 1 所示。

表 1　各变量的统计性描述

变量	样本数	平均值	标准差	最小值	最大值	说明
创新水平（cxs）	177	0.68	0.715	0	1	程度变量
需求规模（aer）	172	3.76	0.683	1	5	程度变量
企业家精神（ent）	168	0.76	0.787	0.1	1	程度变量
企业规模（sca）	171	2.21	0.836	1	3	程度变量
是否与上下游企业集中（clu）	162	0.62	0.813	0	1	虚拟变量
是否位于开发区（zon）	168	0.58	0.795	0	1	虚拟变量
研发投入强度（res）	169	0.62	0.454	0	38.21	程度变量
技术人员占比（tec）	169	0.286	0.619	0	0.48	比重
技术人员教育程度（tee）	163	0.472	0.712	0	1	比重
管理人员教育程度（mae）	16	0.364	0.484	0	1	比重
董事长从业经验（boa）	165	7.832	0.375	1	38	单位：年
总经理从业经验（ceo）	164	6.931	0.429	1	35	单位：年

3. 研究方法

由于调查样本的数量有限，本文将采用自抽样的方法，来确保研究结论的稳健性。自抽样方法的基本过程就是，从已有的样本中随机地抽取个体样本，构成一个与已有样本不同的全新样本，在抽取的过程中，可能会有一些个体样本被重复抽取，然后，计算出所抽取的新样本的统计分布。将上述过程重复 100~1000 次，然后再了解这些不同样本的具体分布情况。对于一些小样本来说，该方法能够通过重复地从样本中进行抽放，使所获得的小样本能够很好地反映母体的真实情况，也能使计量的回归结果更好地反映母体的特征。

（二）生产性服务企业创新的决定因素

1. 计量模型构建

为了深入地了解生产性服务企业创新的决定因素，我们构造如下计量模型，其中，被解释变量为生产性服务企业的创新水平（cxs），解释变量主要有企业家精神（ent）、需求规模（aer），同时还控制企业规模（sca）、是否位于开发区（zon）、研发投入强度（res）、技术人员占比（tec）等变量，ε 是随机误差项，i 为被调查企业，$control_{ij}$ 表示 i 样本的第 j（j = 1，2，…，11）个控制变量数据：

$$cxs_i = \beta_0 + \beta_1\,ent_i + \beta_2\,aer_i + \sum_{j=1}^{n} \alpha_j\,control_i^j + \varepsilon_i \tag{1}$$

为了使计量结果稳健可信,我们运用 Breusch–Pagan/Cook–Weisberg 方法检验是否存在异方差,检验结果显示不能拒绝同方差的原假设,同时对回归残差分布进行检验,发现其基本服从正态分布。表 2 给出了利用自抽样方法,对上述模型进行估计所获得的结果。

表 2 生产性服务企业创新的决定因素

被解释变量	生产性服务企业创新水平(cxs)						
解释变量	(1)	(2)	(3)	(4)	(5)	(6)	(7)
企业家精神(ent)	(0.011) (1.76)*	(0.016) (2.21)**	(0.103) (2.32)**	(0.167) (5.37)***	(0.202) (4.97)***		
需求规模(aer)	(0.009) (0.13)	(0.021) (1.72)*	(0.032) (2.33)**			(0.102) (3.53)***	
企业规模(sca)	(0.062) (1.29)	(0.103) (1.87)*	(0.214) (2.41)**		(0.402) (3.89)***		(0.379) (4.41)***
研发投入(res1)	(0.001) (0.02)	(0.012) (0.63)		(0.092) (2.23)**			(0.125) (2.57)**
研发投入(res2)	(0.023) (0.01)	(0.121) (0.03)		(0.276) (1.23)			(0.384) (1.36)
技术人员占比(tec)	(0.005) (0.01)	(0.013) (0.05)		(0.026) (0.11)		(0.137) (1.18)	
技术人员教育程度(tee)	(0.018) (0.47)			(0.065) (1.81)*		(0.152) (2.78)**	(0.187) (3.89)***
管理人员教育程度(mae)	(0.026) (0.43)		(0.031) (1.78)*		(0.197) (2.27)**		(0.224) (4.01)***
董事长从业经验(boa)	(0.011) (0.01)		(0.313) (0.12)	(0.369) (0.48)	(0.382) (0.95)		
总经理从业经验(ceo)	(0.021) (0.02)		(0.031) (0.21)		(0.132) (0.61)		(0.317) (0.97)
是否与上下游企业集中(clu)	(0.067) (0.12)		(0.117) (1.87)*		(0.147) (3.92)***		(0.206) (5.15)***
是否位于开发区(zon)	(0.579) (0.89)	(0.623) (1.22)	(0.765) (1.26)		(0.676) (1.43)		
常数项	(4.143) (2.44)**	(2.132) (11.92)***	(3.156) (12.21)***	(1.587) (9.87)***	(2.205) (7.58)***	(4.387) (21.12)**	(5.102) (9.16)***
行业、地区	控制	控制	控制	控制	控制	控制	控制
Adj–R²	0.587	0.668	0.701	0.719	0.736	0.613	0.726
Wald–chi	43.19	54.45	34.72	39.11	31.54	34.09	21.80
N 值	162	167	166	168	171	173	171

注:括号中的值为 z 统计量;自抽样重复抽样次数为 200 次;*、** 和 *** 分别为 10%、5% 和 1% 的水平显著;报告结果由 STATA10.0 给出。

2. 计量结果的分析

第一，从回归（1）至回归（5）来看，企业家精神与创新水平具有显著的正相关关系，即生产性服务企业的企业家精神越强，越有利于企业创新水平的提升。企业家精神不仅包括创新精神，还涉及学习精神、创业精神、拼搏精神、服务精神及牺牲精神等方面的内容，这是企业家精神成为体现企业凝聚力必不可少的充要条件。另外，企业家精神还反映了企业家的经营能力、魄力和领导水平，而且它也是克服困难的动力和企业发展的源泉。正是由于企业家拥有这种企业家精神，企业的创新水平才能不断提高。这正好验证了上文的研究假设。

第二，从回归（2）、回归（3）、回归（6）来看，需求规模大小与创新水平呈正相关关系，即需求规模越大，则创新水平越高。原因可能是在下游企业对生产性服务的市场需求不断扩大的情况下，生产性服务企业为了满足不断扩大的需求，需要开发出不同的标准化或定制化的生产性服务，需要对原有的生产性服务进行改造和创新，进而带来企业的创新水平的提高，这正好验证了上文的研究假设。

第三，从回归（2）、回归（3）、回归（5）、回归（7）来看，企业规模与创新水平呈正相关关系，即企业规模越大，企业创新水平则越高，这可能由于规模较大的企业具有开展创新活动的资金支持，也更有能力分担风险。因此，规模越大的生产性服务企业更容易开展创新活动，其创新水平也将较高。

第四，从回归（4）、回归（7）来看，2008 年研发投入与创新水平呈正相关关系。2008年研发投入强度的增大，将会促进创新水平的提高；而 2010 年研发投入强度的增大，对于创新水平的影响不显著。原因可能在于研发投入对创新水平的提高具有滞后效应，因此，在推动生产性服务业创新发展的过程中，不应过于追求短期收益。

第五，技术人员教育程度（tee）与创新水平呈正相关关系。技术人员教育程度对于企业的创新水平具有正向作用，然而，技术人员占比与创新水平之间的关系不显著，即生产性服务企业创新水平的提高，关键在于高学历水平技术人员的数量规模，而不在于普通技术人员的数量。原因可能在于，生产性服务业创新对于知识的要求相对比较高，一些拥有较高知识水平的技术人员更容易进行创新，而一些普通的技术人员，可能由于缺乏相应的知识储备，创新的可能性较小。

五、结论与建议

本文首先通过分析生产性服务企业的发展过程，指出生产性服务业发展的过程实际上就是生产性服务创新的过程，在此基础上，提出了影响生产性服务发展的两大要素，即企业家精神与市场需求，然后还提出了两个研究假设。接着，本文利用长三角地区的企业调研数据对影响生产性服务业企业创新的因素进行了实证分析，研究表明，企业家精神与市场需求对于生产性服务企业的创新水平提升具有显著的正向作用，另外，企业规模、研发投入规模、技术人员与管理人员的教育程度、是否与上下游企业集群等因素也对生产性服务企业创新具有促进作用。生产性服务企业发展的关键在于创新，而生产性服务企业创新的关键又在于企业家精神的培育与市场需求规模的扩大。

虽然企业家精神的培育是一项系统工程，但是，良好的市场竞争环境是企业家精神孕育的土壤，也是关键影响因素；良好的市场竞争环境需要企业、行业协会、政府部门等多方主体的共同努力。只有形成了这样一种环境：人人享有创业自由，最大限度地让市场竞争决定资源的配置，让市场向每个人分配机会，只有这样的分配，才能够发现最合适的企业家，才能激励企业家与企业家精神的产生，激励企业家冒险创新，促进企业的成长。当然，企业家精神的培育也需要企业把对个人的诚信转移到对其内外部相关实体的诚信方面上来；也要加强以创新为核心的企业微观文化建设；更需要加强对中高级人才的培养，特别是高新科技和管理人才的培养等。

生产性服务的市场需求规模的扩大，一方面需要不断地加快"两化融合"，加快生产性服务从制造业的分离，扩大制造业对于生产性服务的需求；另一方面也需要提高生产性服务业的信息化水平与技术水平，降低生产性服务的运输成本，提升生产性服务的可贸易性，使得生产性服务产品变得更加易于分解与分离，能够像制造业产品一样，实现专业化、范围化与规模化。另外，生产性服务企业在创新发展的过程中，不一定要集中在开发区，而是要积极推动与上下游企业的集群，同时，还应鼓励并支持企业扩大研发投入，并通过各种方式或途径鼓励企业扩大规模，如收购兼并、纵向一体化等。

参考文献

[1] 黄谦明. 论商业模式创新与企业家精神——基于资源基础观的分析框架 [J]. 改革与战略，2009 (8).

[2] 吉富星. 企业家和企业家精神 [J]. 经营与管理，2004 (11).

[3] 鲁兴启. 科技创业家成长研究：一种基于社会网络的视角 [J]. 中国软科学，2008 (3).

[4] 苏方国. 企业家精神的培育研究 [J]. 中国人力资源开发，2004 (12).

[5] Barras R.. Interactive Innovation in Financial and Business Services: The Vanguard of the Service Revolution [J]. Research Policy, 1999, 22 (5): 17-34.

[6] Brynjolfsson E., Hitt L.. Information Technology, Workplace Organization, and the Demand for Skilled Labor: Firm-level Evidence [J]. Quarterly Journal, 2002, 41 (7): 123-137.

[7] Den Hertog P., Bilderbeek R.. Conceptualising Service Innovation and Service Innovation Patterns [J]. Science and Public Affairs, 2009, 154 (8): 112-141.

[8] De Brentani U.. Success and Failure of New Industrial Services [J]. The Journal of Product Innovation Management, 1989, 41 (8): 319-328.

[9] Gallouj, Faiz. Innovation in Services and the Attendant Old and New Myths [J]. Journal of Socio-Economies, 2002, 31 (11): 137-154.

[10] Kox, H., Lejour A.. The Effect of the Services Directive on Intra-EU Trade and FDI [J]. Revue Economique, 2009, 205 (11): 216-248.

［11］ Langeard E., Hauknes F.. Developing New Services Creativity in Services Marketing ［J］. The Academy of Management Journal, 2008, 85 (3): 12–26.

［12］ Mowery D.C., Oxley J. E.. Strategic Alliance and Inter–Firm Knowledge Transfer ［J］. Strategic Management Journal, 1996, 86 (3): 37–51.

［13］ Ravenscraft D., Scherer F. M.. The Lag Structure of Returns to Research and Development ［J］. Applied Economics, 1982, 14 (6): 603–620.

［14］ Venkataraman S.. The Promise of Entrepreneurship as a Field of Research ［J］. The Academy of Management Journal, 2000, 37 (7): 29–46.

［15］ Zahra S., Nielsen A., Bogner C.. Corporate Entrepreneurship, Knowledge, and Competence Development ［J］. Entrepreneurship Theory and Practice, 1999, 23 (4): 169–189.

Entrepreneurship, Market Demand and Innovation of Producer Services Enterprises

Yang Yiwen   Zheng Jianghuai

Abstract: The innovation level of producer service industry affects the economic competition status of the country in the world. How to promote the development of the producer service industry is the problem that any country cannot evade. Although there are many factors affecting the development of producer service industry, this paper constructs the model indicating that entrepreneurship and market demand are key factors. The authors make an empirical test of the important factors of the development of producer service industry, which proves the conclusions of theoretical research. Therefore, it is necessary to cultivate entrepreneurship. On the other hand, the separation of productive service industry from the manufacturing industry should be accelerated in order to make production services more tradable and realize the specialization and scale development.

Key Words: Entrepreneurship; Market Demand; Innovation of Producer Services Enterprises

金砖五国服务部门竞争力及影响
因素实证分析 *

姚海棠　　方晓丽

【摘　要】本文以金砖五国为研究对象，计算了五国服务贸易相对竞争力指标、竞争结构和服务贸易多样性指标，并构建综合评价体系，研究金砖五国的服务贸易总体竞争力和部门竞争力，进一步以净出口显示性比较优势指数建立计量模型，考察了各服务贸易部门、教育环境水平、基础设施水平和法律环境水平对服务贸易竞争力的影响。结果表明：与传统服务贸易部门相比，金砖五国的其他商务服务部门中，各部门竞争力都相对落后，五国中服务贸易综合竞争力最强的是印度，俄罗斯、巴西的服务贸易结构多样性最为齐全，教育环境水平、基础设施水平和法律环境水平对服务贸易竞争力的提升有重要影响。最后，为提高各国的服务贸易竞争力提出了政策建议。

【关键词】金砖五国；竞争结构；多样性指标

一、文献综述

目前，国内外学者对金砖国家的研究大多还集中在原来的金砖四国范围内，对于五国的研究较少，尤其是对于五国服务贸易竞争力及影响因素的研究更是凤毛麟角。现有研究成果主要分成两类：一是对金砖四国整体服务贸易竞争力和影响因素的比较；二是对金砖四国服务部门的分析。

---

* 基金项目：本文得到了对外经济贸易大学研究生科研创新基金的资助。

本文作者：姚海棠，对外经济贸易大学国际经济贸易学院，邮箱 *yaohaitang3452@yahoo.com.cn*；方晓丽，对外经济贸易大学国际经济贸易学院。

本文引自《国际贸易问题》2013 年第 2 期。

1. 对金砖四国整体服务贸易竞争力和影响因素的比较

D.Kapur 和 R.Ramamurti（2001）比较了印度、巴西和中国的服务业国际竞争力，认为印度服务业国际竞争力高于巴西和中国的重要原因是政府制定了有效的战略性贸易政策。J. S.Arbache、A.Dickerson 和 F.Green（2004）以巴西为例，对发展中国家的出口企业比较优势影响因素进行分析，认为发展中国家的出口比较优势除了要素密集度之外，教育、技术和生产规模也是影响发展中国家出口优势的因素。国内学者陈怡和杨丽琳（2007）在对金砖四国服务贸易的竞争力与贸易相似度分析时得出，印度在计算机及信息业、通信业等新兴服务业上具有国际竞争力，中国和俄罗斯在运输、旅游、建筑等传统服务业上具有国际竞争力，巴西服务贸易的国际竞争力较弱，但相对传统服务业，巴西的新兴服务业更具竞争力。此外，中国与巴西、俄罗斯的贸易相似度较高，而与印度的贸易相似度较低。此外，蔡茂森和谭荣（2005）、丁勇和朱彤（2007）、鲁晓东（2007）等也采用不同的指标和方法，从不同视角对中国服务贸易国际竞争力进行了评价和研究。

2. 对金砖四国服务部门的研究

对金砖四国服务部门的研究，主要集中在传统服务贸易部门。Dobson 和 Kashyap（2006）指出由于现代化网络技术的出现，中国零售银行业必须采取更具竞争性的市场策略以及关注消费者行为，才能提高零售银行业在国际金融环境下的竞争力水平。陈瑶（2007）则从宏观和微观两个层面上分析了中国保险服务贸易的竞争力：从国际及宏观角度看，中国整个保险市场的国际竞争力很差，服务贸易的进口额远远大于出口额；从微观看，中国保险业的发展尚处于比较幼稚的阶段，整体行业垄断程度仍然较高，企业效率有待提高。张曙霄和孙媛媛（2009）通过比较发现在教育服务贸易的提供方式和主要内容等方面，中印、中俄既具有相似之处，又各具特点。但总体看来，中国教育服务贸易由于起步较晚，其发展落后于印度。宋晓东（2009）从接包国吸引服务外包的竞争条件，即禀赋条件、政策条件和商业条件，分析了中印承接服务外包的竞争力。秦嗣毅、杨浩（2011）针对金砖四国的金融服务贸易进行了研究，得出结论，金砖四国的金融服务贸易无论是在国际市场占有率、贸易竞争力还是显示性比较优势上，与英、美相比都还有非常大的差距。印度在金融服务贸易国际市场的占有率、贸易竞争力上都领先于其他三个国家，中国金融服务贸易的各项指标在四个经济体的比较中均处于最弱的位置，在国际金融服务贸易市场上基本上没有竞争力。陆菊春和韩国文（2011）运用建筑服务贸易进出口数据，计算了中国与俄罗斯、美国等发达经济体建筑服务贸易的国际市场占有率、贸易竞争力指数、显示性比较优势指数和显示性竞争优势指数，结果发现，中国建筑服务贸易国际竞争力呈增强趋势，最近几年其竞争力超过荷兰、俄罗斯、意大利等发达国家。聂聆、洛晓婷（2011）从进出口总量、结构和贸易竞争力三个角度，采用 RCA 指数和 TC 指数对金砖四国生产性服务贸易进行比较研究，结论是与印度、俄罗斯和巴西相比，中国生产性服务贸易逆差较大，生产性服务贸易进出口结构很不合理，知识技术密集型生产性服务贸易竞争力较弱，处于比较劣势。

本文重点探索金砖五国的结构与竞争力之间存在什么样的关系，在哪些领域存在比较优势，并对影响因素进行深入分析，比较影响服务贸易总体竞争力的各种不同因素的相对重要性，并提出发展服务贸易的对策建议。

二、金砖五国的服务贸易综合竞争力

1. 研究方法

本研究采用不同的方法，分别测算相对竞争力、竞争结构和贸易多样性。指标设计参考杨玲、孙玉涛和刘凤朝（2011）[①] 在测算中国服务业国际竞争力水平时所使用的指标。

（1）相对竞争力指标。净出口显示性比较优势指数（NRCA）是衡量相对规模竞争力的有效指标。以一国某一产业出口在总出口中的比例与该国该产业进口在总进口中的比例之差来表示该产业的贸易竞争优势。指数值大于 0 表示存在竞争优势，小于 0 表示存在竞争劣势，等于 0 表示贸易自我平衡。净出口显示性比较优势指数剔除了产业内贸易或分工的影响，反映了进口和出口两个方面的影响，因此用该指数判断产业国际竞争力要比其他指数更能真实地反映进出口情况。其计算公式为：

$$NRCA = E_{ij}/X_j - M_{ij}/I_j$$

其中，E_{ij}、M_{ij} 分别表示 j 国 i 产业的出口额、进口额，X_j、I_j 分别为 j 国的总出口额、总进口额。

（2）结构多样性指标。依据信息熵的理论，假定服务贸易的总量为 T，服务类型共有 n 种，则每一种类型的服务贸易（i = 1，2，3，…，n）占贸易总量的比例为：$P_i = T_i/T$，这也就相当于信息熵中的概率。利用信息熵公式，定义服务贸易结构中的信息熵（H）为：

$$H = -\sum_{i}^{n} p_i \ln p_i$$

$$P_i = T_i/T$$

假设处于极端状态，整个服务贸易总量中只有一种贸易类型，如交通运输，则此时，根据公式计算：$H_{min} = 0$。相反，若各种服务的贸易额相等，即 $H_1 = H_2 = H_3 = \cdots H_n$，则此时 $H_{min} = Ln_n$。事实上，在现实的贸易活动中，这两种情况出现的可能性很小，信息熵一般会介于二者之间，其值的大小反映了服务贸易的多样化程度，也反映了一国服务贸易的结构水平。

① 杨玲，孙玉涛，刘凤朝. 中国服务业国际竞争力水平、结构与优势——基于 G7+BRICs 的比较分析 [J]. 科学学与科学技术管理，2011（6）.

2. 数据来源

本文在测算综合竞争力指标和部门竞争力指标时，为了确保数据的精确性和统一性，这里使用 WTO 的 Time Series on International Trade 数据。结合 WTO 服务贸易分类以及数据的可得性，本文将服务贸易分为以下几个类别：交通运输服务，旅游服务，通信服务，电信服务[①]，建筑服务，保险服务，金融服务，计算机和信息服务，计算机服务[②]，版权和许可证服务，其他服务，个人、文化和娱乐服务。由于四个国家服务贸易统计起始年限不同，这里对数据年限进行以下界定。由于世界总服务贸易数据以及印度、巴西、南非的服务贸易数据均从 1980 年开始统计，中国的服务贸易数据始于 1982 年，而俄罗斯的数据则始于苏联解体后即 1994 年。因此，根据数据的可得性以及时间上的一致性，五国服务贸易总进出口数据统一为 1994~2010 年，部门数据考察为 2000~2010 年。

3. 金砖五国服务贸易竞争力分析

（1）金砖五国的服务贸易相对竞争力。根据净出口显示性比较优势指数（NRCA）公式计算金砖五国的服务贸易竞争力水平。计算结果如图 1 所示。

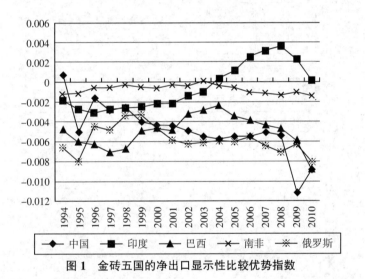

图 1　金砖五国的净出口显示性比较优势指数

从图 1 中可以看出，金砖五国的服务贸易净出口显示性比较优势指数呈现出以下走势：首先，五国中只有印度的指标值呈明显上升趋势，并在 2004 年开始变为正数，中国在五个国家中相对竞争力下降趋势最为明显，尤其是 2008 年受到金融危机的冲击最大；其次，巴西、俄罗斯、南非三国的服务贸易相对竞争力尽管近年来有所增强，但仍然一直表现为负数，相比较而言，南非的相对竞争力高于巴西、俄罗斯；最后，2004 年以来，

[①] 中国服务贸易统计数据中不包含电信服务。

[②] 由于中国服务贸易统计数据中不包含计算机服务，印度统计数据中没有出口数据，中印两国数据不作考虑。

印度的 NRCA 指标值显示出强劲的增长势头，是五国中唯一一个显示性比较优势指数大于
0 的国家，尽管也同样受到金融危机的冲击，2008 年以来指数有所下降，但是下降幅度相
对较小，印度是五国中服务贸易相对竞争力最强的国家。

（2）金砖五国服务贸易竞争力结构。根据上述净出口显示性比较优势指数，分别计算
金砖五国的交通运输服务、旅游服务以及其他商务服务部门的贸易竞争力水平，如图 2、
图 3 和表 1 所示。然后，根据结构多样性指标计算方法对金砖五国服务贸易的结构多样性
进行测算，结果如表 2 所示。

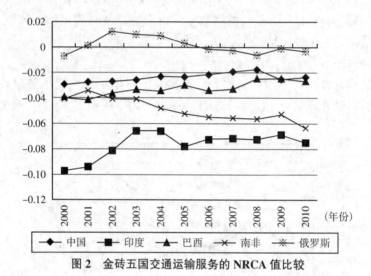

图 2　金砖五国交通运输服务的 NRCA 值比较

图 3　金砖五国旅游服务贸易的 NRCA 比较

表 1　金砖五国其他商务服务部门的 NRCA 比较

国家	年份	通信	电信	建筑	保险	金融	计算机和信息	版权和许可证费用	其他商业服务	个人、文化娱乐
中国	2000	0.0038	—	-0.0019	-0.0098	-0.00012	0.00018	-0.0049	-0.0012	-0.00011
	2005	-0.00029	—	0.00075	-0.0097	-0.00005	-0.00015	-0.0075	0.0043	-0.000063
	2006	-0.00022	—	0.00012	-0.0101	-0.00094	0.00069	-0.0078	0.0025	-0.000017
	2007	-0.00019	—	0.0011	-0.0099	-0.00038	0.0011	-0.0078	0.00002	0.000083
	2008	-0.00026	—	0.0029	-0.0097	-0.00027	0.0013	-0.0082	-0.0028	0.000053
	2009	-0.00021	—	0.0017	-0.0092	-0.0003	0.0019	-0.0099	0.0027	-0.00018
	2010	-0.00007	—	0.0049	-0.0097	-0.00018	0.0033	-0.0084	0.01186	-0.00018
印度	2000	0.008564	0.0050	0.0065	-0.0078	-0.01451	—	-0.00284		
	2005	0.007953	0.0039	-0.0011	-0.0068	0.00265	—	-0.00241		0.000143
	2006	0.008668	0.0043	-0.0003	-0.0061	0.00355	—	-0.0035		0.001133
	2007	0.00684	0.0034	0.00059	-0.0049	0.00275	—	-0.00344		0.001547
	2008	0.005568	0.0028	0.00098	-0.0061	0.00511	—	-0.00349		0.001593
	2009	0.001779	0.00088	-0.00012	-0.0067	0.00249	—	-0.0051		0.00099
	2010	0.001295	0.00065	-0.00087	-0.0070	0.001314	—	-0.00561		-0.00015
巴西	2000	0.000099	-0.0004	0.0035	0.0003	-0.0037	-0.01569	-0.0181	0.02207	-0.0042
	2005	0.00061	0.00059	0.00005	-0.0063	-0.0039	-0.01764	-0.01391	-0.0282	-0.0043
	2006	0.00044	0.00038	0.00011	-0.0044	-0.0027	-0.01645	-0.01323	-0.0214	-0.0040
	2007	0.00087	0.0008	0.00006	-0.0056	0.00065	-0.01391	-0.01297	-0.0089	-0.0038
	2008	0.00065	0.0006	0.00005	-0.0041	0.00009	-0.01214	-0.01051	-0.0003	-0.0037
	2009	0.00097	0.00085	0.00005	-0.0086	-0.00079	-0.01529	-0.01238	-0.0135	-0.0052
	2010	0.00072	0.00058	0.00009	-0.0046	0.0018	-0.01377	-0.01023	-0.0201	-0.0049
南非	2000	-0.00094	-0.0009	—	0.0008	—		-0.0059	0.00023	—
	2005	0.00049	0.00045	0.00042	-0.0049	0.00533	0.00003	-0.01435	-0.0031	0.00157
	2006	0.00113	0.00099	0.00045	-0.0046	0.00705	0.00023	-0.01375	-0.0057	0.0012
	2007	0.00027	0.00014	0.00054	-0.0039	0.0077	0.00075	-0.01543	-0.0053	0.00090
	2008	-0.00023	-0.0003	0.00052	-0.003	0.0069	0.00021	-0.01535	-0.0037	0.00090
	2009	-0.00167	-0.0018	0.00051	-0.0022	0.0076	0.00092	-0.01923	-0.0048	0.00081
	2010	-0.00223	-0.0020	0.00054	-0.0032	0.0068	0.00081	-0.0212	-0.013	0.00052
俄罗斯	2000	-0.0013	—	-0.0051	-0.0064	0.00027	-0.0072	-0.00033	-0.0397	-0.0019
	2005	-0.0021	-0.0020	-0.01613	-0.0030	-0.0039	-0.0013	-0.0086	-0.0192	-0.0024
	2006	-0.0019	-0.0021	-0.01267	-0.0023	-0.0025	-0.0010	-0.0085	-0.0190	-0.0026
	2007	-0.0013	-0.0015	-0.01394	-0.0020	-0.0022	-0.00057	-0.0088	-0.0164	-0.0019
	2008	-0.0022	-0.0023	-0.01491	-0.0021	-0.0031	-0.00069	-0.0115	-0.0180	-0.0015
	2009	-0.0036	-0.0037	-0.00794	-0.0024	-0.0028	-0.0018	-0.0146	-0.0213	-0.0025
	2010	-0.0035	-0.0035	-0.00597	-0.0022	-0.0029	-0.0028	-0.1424	-0.0193	0

表 2 金砖五国的服务贸易结构多样性

国家 年份	中国	印度	巴西	南非	俄罗斯
2000	1.475147982	1.564149	1.86818	1.346169957	1.449399499
2001	1.460953802	1.69824	1.914785	1.690792394	2.213979719
2002	1.533057064	1.706126	1.93535	1.691215789	2.18218073
2003	1.583731215	1.593005	2.002393	1.590381362	2.156796687
2004	1.55391888	1.527859	1.85839	1.680669068	2.176469157
2005	1.573563528	1.4986	1.804146	1.70675318	2.232182996
2006	1.595234392	1.537857	1.785779	1.76975277	2.273972263
2007	1.60720944	1.601938	1.789425	1.811152367	2.390201641
2008	1.655452243	1.541292	1.810391	1.819465539	2.43621592
2009	1.670802885	2.060567	1.78758	1.862031082	2.42583408
2010	1.681945914	1.464894	1.758043	1.832296998	2.393093856

从图 2、图 3 可以看出，相比较其他商务服务部门来说，五国中俄罗斯的传统服务贸易部门占比较优势，交通运输服务和旅游服务的 NRCA 值都明显高于其他四国；中国和巴西交通运输服务的 NRCA 值呈现逐渐上升趋势，尽管与俄罗斯相比依然落后，但差距在逐渐缩小；而印度在五国的交通运输服务贸易中最为落后，表明印度的基础设施建设依然需要加强。对于旅游服务贸易来说，除巴西竞争力较差外，中国、印度、南非的旅游服务贸易竞争力水平基本相当，但是可以看出，近年来中国的旅游服务贸易大幅度下降，NRCA 值也自 2007 年变为负数，这与近年来人民币升值以及国内通货膨胀导致大批国内游客外流相关。

从表 1 可以看出，与传统服务贸易部门相比，金砖五国的其他商务服务部门竞争力都相对落后，即使竞争力相对较强的部门，NRCA 值也低于交通运输服务部门和旅游运输服务部门。尤其是巴西和俄罗斯，几乎所有部门的净出口显示性比较优势指数都为负数。中国的其他商业服务、建筑服务、计算机和信息服务相对竞争力较强，在五国中发展水平最高；印度和南非在金融服务部门中都具有比较优势，尤其是南非近年来金融服务竞争力一直呈上升趋势，除金融服务部门外，尽管 2006 年以来，印度通信服务、电信服务以及个人文化娱乐部门的净出口显示性比较优势值呈下降趋势，但依然在五国中具有竞争优势。版权和许可证服务部门是五个国家竞争力都较弱的部门，并且除巴西外，其他四国近年来版权和许可证服务部门的竞争力一直处于下降趋势。

从表 2 可以看出，俄罗斯在五国中服务贸易多样性指数较高，其次是巴西和南非，中国的服务贸易多样性指数之所以比印度稍好一些，要说明的一点是统计中印度的许多服务贸易部门出口数据缺失，导致了多样性指数偏小。另外，2000 年，五国的服务贸易多样性指数相似，但是到了 2010 年，俄罗斯的指数值达到 2.39，南非为 1.83，巴西为 1.75，而中国仅为 1.68，可见尽管各个国家的服务贸易多样性指数在增加，但是中国的增长速度却慢于其他国家。

以上分析了金砖五国总体竞争力水平和服务贸易部门竞争力水平及其变化情况，但是关于服务贸易竞争力的变化，不仅存在服务贸易结构的原因，还和各国教育水平、基础设施、贸易环境等其他因素的影响有关。

三、实证分析

1. 模型和变量

在以上服务贸易结构层次分析中，本文选用了 WTO 对服务贸易的分类，而通过分析可以看出，一国服务贸易竞争力水平与该国各服务贸易部门的构成比重有关，因此，可以把服务贸易竞争力表示为该国各服务贸易部门构成比重的函数[①]，如：$NRCA_j = f\ (Ex_i/Ex_j - Mx_i/Mx_j)$，其中 j 代表国家，$NRCA_j$ 代表某国服务贸易总体竞争力，Ex_j 代表某国贸易的出口总额，i 代表行业，Ex_i 代表某一服务贸易部门的出口额，Mx_j 代表某国贸易的进口总额，Mx_i 代表某一服务贸易部门的进口额。

本文根据数据的可得性以及代表性，采用 2000~2010 年的数据，选取交通运输服务、旅游服务、通信服务、电信服务、保险服务、金融服务、建筑服务、计算机和信息服务、计算机服务、版权和许可证服务、其他商业服务、个人文化娱乐服务作为研究对象，其中把交通运输服务、旅游服务合并为传统服务贸易，用 Tra 表示，把通信服务、电信服务、计算机和信息服务、计算机服务合并为计算机信息通信服务一项，用 Tech 表示，金融和保险合并为一项，用 Fin 来表示，Cons、Roy、Other、Per 分别指建筑服务、版权和许可证服务、其他商业服务、个人文化娱乐服务，以此来判断金砖五国服务贸易竞争力的影响因素。那么竞争力模型可以表示为：

$$NRCA_{it} = \alpha_1 Tra_{it} + \alpha_2 Tech_{it} + \alpha_3 Cons_{it} + \alpha_4 Fin_{it} + \alpha_5 Roy_{it} + \alpha_6 Other_{it} + \alpha_7 Per_{it} + \mu_{it} \qquad (1)$$

由于服务贸易竞争力除了由各服务贸易部门组成，还受到该国教育环境和基础设施、法律环境等因素的影响，模型（1）实际上假设将这些影响因素包含在各服务贸易部门共享的各国教育环境水平、基础设施水平、法律环境水平，对各个不同的服务贸易行业的影响是均质的，那么将这些辅助影响因素提取出来，则 $\alpha_1 Tra_{it} = \alpha_1' Tra_{it} + \alpha_1 Edu_{it}$ 或进一步分解为：

$$\alpha_1 Tra_{it} = \alpha_1' Tra_{it} + \alpha_1 Edu_{it} + b_1 Infra_{it}$$

$$\alpha_1 Tra_{it} = \alpha_1' Tra_{it} + \alpha_1 Edu_{it} + b_1 Infra_{it} + c_1 Law_{it}$$

以同样的方法分解 $Tech_{it}$、$Cons_{it}$、Fin_{it}、Roy_{it}、$Other_{it}$、Per_{it} 后，合并同类项，最后把教育环境、基础设施、法律环境合并成：$\beta = \alpha_1 + \alpha_2 + \alpha_3 + \alpha_4 + \alpha_5 + \alpha_6 + \alpha_7$，$\lambda = b_1 + b_2 +$

[①] 公式的建立参照：徐光耀，于伟. "金砖四国"服务贸易竞争力的结构及影响因素分析 [J]. 山东经济，2010 (9).

$b_3 + b_4 + b_5 + b_6 + b_7$，$\delta = c_1 + c_2 + c_3 + c_4 + c_5 + c_6 + c_7$ 等，则可以在模型（1）的基础上逐步加入教育环境、基础设施、法律环境来评价服务贸易的竞争力水平，从而建立模型（2）、模型（3）、模型（4）：

$$NRCA_{it} = \alpha_1' Tra_{it} + \alpha_2' Tech_{it} + \alpha_3' Cons_{it} + \alpha_4' Fin_{it} + \alpha_5' Roy_{it} + \alpha_6' Other_{it} + \alpha_7' Per_{it} + \beta Edu_{it} + \mu_{it}' \tag{2}$$

$$NRCA_{it} = \alpha_1'' Tra_{it} + \alpha_2'' Tech_{it} + \alpha_3'' Cons_{it} + \alpha_4'' Fin_{it} + \alpha_5'' Roy_{it} + \alpha_6'' Other_{it} + \alpha_7'' Per_{it} + \beta' Edu_{it} + \lambda Infra_{it} + \mu_{it}'' \tag{3}$$

$$NRCA_{it} = \alpha_1''' Tra_{it} + \alpha_2''' Tech_{it} + \alpha_3''' Cons_{it} + \alpha_4''' Fin_{it} + \alpha_5''' Roy_{it} + \alpha_6''' Other_{it} + \alpha_7''' Per_{it} + \beta'' Edu_{it} + \lambda' Infra_{it} + \delta Law_{it} + \mu_{it}''' \tag{4}$$

其中，$NRCA_{it}$ 表示第 t 年 i 国显示性比较优势指数的绝对值，其他部门指标表示各部门出口额占该国服务贸易出口额的比重，Edu_{it} 使用的是该国高等教育注册率，$Infra_{it}$ 使用的是每百人固定宽带用户、移动和固线电话每百人用户的加权平均数，Law_{it} 为各国法律权利力度指数（0=弱，10=强），部门进出口额仍然使用 WTO 公布的数据，Edu_{it}，$Infra_{it}$，Law_{it} 这三个数据来源于世界银行数据库中的《世界发展指数 WDI》，接下来通过 Stata 软件对 2000~2010 年的五国面板数据进行分析。

2. 实证分析结果

根据 F 统计值、Hausman 检验以及所选择的样本个数，选择个体随机效应模型。在进行回归之前，对模型进行 White 检验，没有异方差问题。因此，模型回归结果如表 3 所示。

表 3　模型实证分析结果

解释变量	模型 1	模型 2	模型 3	模型 4
常量	−0.1178*** (−3.11)	−0.1500*** (−3.56)	−0.1268*** (−5.1)	−0.118*** (−4.45)
tro	0.2263*** (7.05)	0.2467*** (7.88)	0.2*** (9.46)	0.185*** (6.9)
tech	0.3567 (1.29)	0.6069* (1.67)	0.77*** (4.38)	0.8142*** (4.46)
cons	1.6635*** (6.23)	1.80*** (6.35)	0.87*** (4.08)	0.7217* (2.64)
fin	0.4084 (−1.960)	0.4676* (2.19)	−0.46** (−2.91)	−0.41** (−2.45)
roy	0.098*** (5.92)	0.1117*** (5.56)	0.099*** (8.59)	0.092*** (6.55)
other	−0.1069 (−1.71)	−0.1025 (−0.97)	−0.1079* (−1.86)	−0.013** (−2.05)
per	−8.5272*** (−4.07)	−8.5654** (−4.11)	−7.87*** (−6.32)	−7.52*** (−5.7)
infra		−0.0027* (−2.19)	−0.0058*** (−3.57)	−0.006*** (−4.56)

续表

解释变量	模型 1	模型 2	模型 3	模型 4
edu			0.003*** (8.45)	0.0025*** (7.79)
law				0.014 (0.9)
R^2	0.8238	0.8537	0.9425	0.9534
Wald-chi2	234.27	246.23	698.26	695.11

注：括号内为 Z 值，***、**、* 分别代表通过 1%、5%、10%的显著性水平检验。

从上面的回归结果可以看出，模型 1、模型 2、模型 3 和模型 4 的拟合优度是逐步改进的，从 0.8238 到 0.9534，表明模型的改进可以较好地反映出金砖五国服务贸易竞争力的结构分布以及其他影响服务贸易竞争力的因素。另外，模型 4 中除了法律环境因素统计不显著外，其他因素都统计显著。

比较四个模型结果可以看到：模型 1 单纯考虑服务贸易结构层面的因素，从系数的大小发现金融和保险服务、计算机通信、建筑服务贸易对于服务贸易竞争力的改善较传统的交通运输服务、旅游服务贸易、版权和许可证相对更为重要。增加了教育环境、基础设施、法律环境等因素后，计算机通信、版权和许可证、其他商业服务、个人文化和娱乐服务的系数逐步增加，并且教育环境和基础设施指标在统计上显著，这不仅说明计算机通信、版权和许可证、其他商业服务、个人文化和娱乐服务出口的增加有助于整体服务贸易竞争力的提升，还显示了教育环境和基础设施质量的改善同时也促进了计算机通信、版权和许可证、其他商业服务、个人文化和娱乐服务的出口能力。模型 4 反映出在金砖五国中，法律建设依然很不健全，法律环境的改善还不能很快地提高五国的服务贸易竞争力水平。但同时也发现，传统服务贸易出口、建筑服务出口对金砖五国服务贸易竞争力的提升作用在逐渐减弱，从模型 1 的 0.2263、1.6635 到模型 4 的 0.185、0.7217，反映出随着教育水平、科技水平的提高和法律环境的改善，传统服务贸易和建筑服务对整体服务贸易竞争力的作用正在逐渐减弱。同时金融和保险服务、其他商业服务和个人文化娱乐服务的指标系数出现负值，说明金融和保险服务出口、其他商业服务出口以及个人文化娱乐服务出口的下降将阻碍金砖五国服务贸易竞争力的提升，尤其是个人、文化娱乐服务出口的下降对服务贸易竞争力的阻碍作用更强。其中，金融和保险服务的指标系数值在加入了教育环境因素、法律环境因素后由正转负，这在一定程度上说明金砖五国内部的金融和保险服务还没有消化教育水平提高带来的优势，另外，金砖国家内法律对金融和保险的监管还比较严格，法律制度环境的改善反而不利于金融和保险服务出口。

四、结论及政策建议

1. 结论

本文通过测算金砖五国服务贸易相对竞争力指标、竞争结构和贸易多样性指标以及构建计量经济模型实证考察了各服务贸易部门、教育环境、基础设施和法律环境对服务贸易竞争力的影响。结论显示：印度是金砖五国中服务贸易相对竞争力最强的国家，就部门竞争力和结构多样性而言，俄罗斯的部门结构最为多样性，且传统服务贸易部门占比较优势，新兴服务贸易竞争力却表现最差；中国服务贸易部门结构多样性较差，旅游服务贸易的竞争力逐渐下降，运输服务贸易的比较优势和出口业绩仅次于俄罗斯，但其他商业服务、建筑服务、计算机和信息服务出口业绩逐渐提升；印度和南非都在金融服务部门中具有比较优势。当加入教育环境、基础设施、法律环境等影响因素后，计算机通信、版权和许可证、其他商业服务、个人文化和娱乐服务贸易对服务贸易竞争力的提升作用逐步增强，而传统服务贸易、建筑服务贸易的作用逐渐减弱。

2. 政策建议

面对各国不同服务贸易部门的比较优势，金砖五国在参与全球产业结构调整和制定服务贸易发展战略等方面应重点做到以下几点。

（1）印度是五国之中现代服务业发展水平最高的国家，其中软件业已成为印度在世界上最具国际竞争优势的产业，金融服务业也在快速崛起，支撑和带动了其他相关服务业的发展。因此，印度在保持计算机和信息服务业较快发展的同时，应改善国内基础设施水平，大力发展高等教育，积极提升保险、金融、个人文化和娱乐服务等现代服务行业的竞争力。

（2）中国服务贸易进出口总额虽然领先于其他金砖四国，但是相对竞争力却不强，并且高端服务业发展滞后。因此，中国应充分发挥传统交通运输服务贸易和旅游服务贸易的优势，改善基础设施水平，提升服务质量，提高传统服务贸易竞争力；放松对电信部门、金融和保险部门的管制，创造良好的法律环境，在积极引进外资的同时鼓励服务业对外投资，尤其重视建筑服务、电子商务网络、专业性咨询服务等其他商业服务业对外投资的政策优惠。

（3）俄罗斯服务贸易除保持传统运输行业和旅游服务的优势外，资本和技术密集型服务行业的竞争力也在逐步提升。因此，俄罗斯应在维持传统服务业比较优势的基础上加强基础设施建设，改善服务质量；利用自身的技术优势和发达的教育环境水平，大力发展高附加值服务业，如金融、保险和电信，改善服务贸易结构。

（4）尽管巴西的服务贸易综合竞争力在金砖国家中处于较低水平，但服务贸易行业结构比较合理。其商务服务出口占服务贸易总额的 57%，甚至超过了发达国家平均 50%的水平。因此，巴西应继续深化其外向型发展模式，加强基础设施建设，并在政策上重点引导外资投向运输服务、旅游服务等增长潜力大的服务业；通过改善教育环境、法律环境，吸纳大量高素质人才进入服务贸易行业，大力发展版权和许可证等相对优势部门。

（5）南非既是金砖国家中新加入的成员，也是非洲经济最发达的国家，服务业在南非经济中占有重要地位。但是，教育环境落后成为制约南非服务业进一步发展的瓶颈。因此，南非应利用其丰富的自然资源以及完善的基础设施，继续大力发展交通运输、旅游、金融等优势服务行业，同时优化产业结构，促进生产性服务业的发展；加大教育投资力度，大力发展高等教育，重点关注服务业人才的培养。

参考文献

[1] 蔡茂森，谭荣. 我国服务贸易竞争力分析 [J]. 国际贸易问题，2005（2）.

[2] 丁勇，朱彤. 中国服务贸易竞争力的国际比较研究 [J]. 财经问题研究，2007（3）.

[3] 陆菊春，韩国文. 中国建筑服务贸易国际竞争力的综合测度 [J]. 武汉理工大学学报（信息与管理工程版），2011（4）.

[4] 聂聆，洛晓婷. "金砖四国"生产性服务贸易结构与竞争力研究 [J]. 中央财经大学学报，2011（3）.

[5] 秦嗣毅，杨浩. 金砖四国金融服务贸易国际竞争力研究 [J]. 东北亚论坛，2011（1）.

[6] 宋晓东. 我国吸引国际服务外包的竞争条件分析——基于对印度的国际比较 [J]. 生产力研究，2009（2）.

[7] 陶明，邓竞魁. 新兴市场服务贸易比较研究——以金砖四国为研究对象 [J]. 国际商务——对外经济贸易大学学报，2010（2）.

[8] 杨丽琳. 金砖四国服务贸易的竞争力与贸易相似度分析 [J]. 国际经济探索，2009(8).

[9] 张曙霄，孙媛媛. 中俄教育服务贸易比较与启示 [J]. 东北亚论坛，2009（2）.

[10] D. Kapur，R. Ramamurti. India's Emerging Competitive Advantage in Services [J]. The Academy of Management Executive，2001，2：20-33.

[11] Jorge Saba Arbache，Andy Dickerson and Francis Green. Trade Liberalization and Wages in Developing Countries [J]. The Economic Journal，2004，2：417-431.

[12] Dobson，W. and Kashyap，A.. The Contradiction in China's Gradualist Banking Reforms [J]. Brookings Papers on Economic Activity，2006，2：103-148.

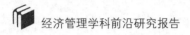
An Empirical Analysis on Competitiveness and Influencing Factors of Service Sectors in Brics

Yao Haitang   Fang Xiaoli

Abstract: By measuring Brics countries' relative competitiveness index, the study looks into the competitive structure and diversity indicators to build a comprehensive evaluation system, and then uses these indicators to evaluate the overall competitiveness and sector competitiveness of the five countries. We further use NRCA index as the dependent variable in the economic model, take every service sector, education environment, infrastructure level, legal environment into the regression equation. We find that: comparing with traditional service sector, other commercial service sectors' competitiveness is relatively backward in Brics. India's comprehensive competitiveness is the strongest. Russia and Brazil have complete sector structure. Their level of education environment, infrastructure and legal environment enhance the competitiveness of service sector. Finally, the article provides policy recommendations to enhance the competitiveness of service sector of the five countries.

Key Words: Brics; Competitive structure; Diversity indicators

服务贸易自由化是否提高了制造业
企业生产效率*

张 艳 唐宜红 周默涵

【摘 要】本文通过建立理论模型分析了服务贸易自由化如何通过服务任务的外包效应、重组效应和技术促进效应影响制造业企业的生产效率，采用更加全面的指标衡量了中国服务贸易自由化水平，包括服务开放渗透率、服务业 FDI 产业渗透率、服务贸易产业渗透率和服务业 FDI 地区渗透率，并使用 1998~2007 年中国制造业企业面板数据，检验了中国服务贸易自由化对制造业企业生产率的影响。我们发现服务贸易自由化促进了制造业企业生产率的提高，中国服务贸易自由化对制造业企业生产率的影响是不均匀的，对东部地区企业、使用较多服务中间投入的企业、外商投资企业和出口企业，服务贸易自由化影响更大；而对于国有企业和港澳台投资企业，服务贸易自由化的促进作用不显著。

【关键词】服务贸易自由化；服务任务外包；生产率；中国制造业企业

一、导言

服务贸易自由化是世界贸易组织（WTO）谈判中备受争议的话题之一。服务业发展较落后的国家对于服务市场开放有所保留的一个重要原因是未充分考虑服务作为制造业和其他产业中间投入的性质，进而低估了服务市场开放对一国经济发展的潜在效益。本文重点

* 基金项目：作者感谢国家社科基金（11CJL044、10BGJ023）、国家社科基金重大项目（12&ZD097）的资助；同时感谢樊瑛对中国服务贸易限制指数测算方法和数据的支持；感谢阿德莱德大学 Christopher Findlay 和对外经济贸易大学林桂军的支持与帮助，还要感谢 Ronald Jones、Joseph Francois 以及 2009 香港国际贸易工作会议和中国国际经济与金融学会年会（IEFS）2009 年、2011 年参会者给予的宝贵意见；感谢匿名审稿人的建设性修改意见。当然，文责自负。
本文作者：张艳、唐宜红、周默涵，中央财经大学国际经济与贸易学院。邮箱：leafhicy@sina.com（张艳），tanguibe@126.com（唐宜红），mohanzhou@gmail.com（周默涵）。
本文引自《世界经济》2013 年第 11 期。

探讨服务贸易自由化对制造业企业生产率的影响。这一问题的研究对中国尤为重要，原因有二：其一，中国作为"世界工厂"，在制造业具有比较优势，而中国制造产品的优势主要来自廉价的劳动力，如何通过提高生产效率以保持中国制造业的优势，并优化升级制造业结构，必然是"中国制造"未来发展的关键。其二，中国在加入 WTO 的谈判中，在服务领域做出了积极的开放承诺，其开放的广度和深度较之发展中国家都有相当突破。在按 WTO 分类的 160 多个服务贸易部门中，中国承诺开放 100 多个，开放程度已接近发达国家水平。随着 2002~2007 年"入世"过渡期的结束，中国已经逐步开放了很多重要的服务领域：如分销、电信、金融服务、商业服务、计算机服务、环境、建筑以及公共社会服务等。然而，已有文献对"中国制造"的政策解释大多集中于货物贸易自由化、中国制造业引资和开放的政策，或是制造业市场化改革等，很少有文献研究服务贸易自由化对于制造业生产效率的影响。本文首先建立理论模型，分析服务贸易自由化对生产率的影响及其影响机制，然后采用中国 1998~2007 年制造业企业的面板数据对其进行经验检验。

中国的服务贸易自由化改革如何影响制造业生产效率？首先，中国服务贸易自由化减少了国外服务供应商进入中国的壁垒，特别是在市场准入和国民待遇两个原则下取消服务贸易限制，使更多先进的国际服务企业进入中国市场，为中国制造业企业提供多种效率更高、质量更优的服务。其次，生产性服务作为制造业的中间投入，其技术和人力资本含量较高，服务贸易自由化和服务外包，可以为制造业企业带来示范和竞争效应，推进制造业企业进行管理模式创新，调整结构向先进技术前沿靠近，激励企业增加研发投入进行技术创新，进而提高制造业企业的生产效率。最后，制造业企业会将自己不具备竞争优势的服务任务（如运输和分销等服务）外包出去，将生产集中到更有效率的制造环节上，这种归核化战略能使制造业企业重新分配资源，生产率水平因重组效应而提高（Amiti and Wei，2009；Gftrg et al.，2008）。

本文的一个重要贡献就是从理论上探讨了服务贸易自由化对制造业企业生产率的影响及影响机制。本文参考 Grossman 和 Rossi-Hansberg（2008）任务贸易（task trading）模型的构建[①]，在制造业生产过程中引入服务任务，并建立一个服务任务国际外包模型，分析服务贸易自由化如何影响发展中国家制造业的生产率。服务贸易自由化减少了服务贸易和投资壁垒，降低了服务外包的成本，使发展中国家的制造业企业将部分服务任务（services task）外包给效率更高的外国服务供应商，提高企业生产率。其中，提高的主要途径有服务任务外包效应、重组效应和技术促进效应。

近几年来，一些国际学者采用经验方法研究一国服务贸易自由化和制造业企业生产率的关系，而研究的难点是如何衡量一国的服务贸易自由化程度以及如何衡量服务开放对制造业的影响（渗透）程度。服务贸易自由化很难像货物贸易自由化那样找到一个相对统一

---

① 后文将 Grossman 和 Rossi-Hansberg（2008）简称为 GRH（2008），其主要研究的是网络技术和电信技术的改进降低了离岸外包成本，以及发达国家如何通过外包获得成本节约效应，进而影响本国劳动的工资水平。

的衡量指标，如关税和非关税壁垒等。目前，大多数研究使用服务业外商直接投资（Foreign Direct Investment，FDI）来衡量一国服务开放程度，如 Arnold 等（2008、2011a）、Femandes 和 Paunov（2012）以及 Javorcik 和 Li（2008）[1]。然而，服务业 FDI 不是服务进入东道国市场的唯一途径，跨境支付、过境消费和自然人流动也是国际服务贸易的重要提供模式。因此，本文对服务贸易自由化的测度采用更加全面的方法，不仅包括文献常用的服务业 FDI，还使用了国际收支（Balance of Payment，BOP）统计和外国附属机构统计（Foreign Affiliates Trade Statistics，FATS）的服务贸易数据。一些最新的文献使用服务贸易限制指数（Service Trade Restrictiveness Index，STRI）来衡量一国服务贸易自由化的程度（Arnold et al.，2011a、2011b）[2]。本文根据中国"入世"服务开放承诺表、中国履行承诺的政策信息以及世界银行设计的服务贸易限制指数的模板，计算了中国主要生产服务业的服务贸易限制指数。那么，如何衡量服务开放对制造业企业的影响程度？基于以上衡量服务贸易自由化程度的指标，并根据中国投入产出表和地区服务业 FDI 的数据，借鉴 Arnold 等（2011a、2011b）的研究方法，本文计算中国制造业的服务开放渗透率、服务业 FDI 产业渗透率以及服务贸易（BOP 统计和 FATS 统计）产业渗透率和服务业 FDI 地区渗透率。

对比以往经验研究，本文首次使用中国工业企业数据研究中国服务贸易自由化对制造业企业生产率的影响。主要结论与理论预测相一致，中国服务贸易自由化改革促进了中国制造业企业生产率的提高。然而，中国服务贸易自由化改革对制造业各企业生产率的影响是不同的，企业的所有制结构、服务投入比重、企业所在地等因素会影响服务贸易自由化的生产率效应。本文还尝试检验了服务贸易自由化对制造业企业生产率的影响渠道，并进行了多种稳健性检验：包括多种方法衡量中国服务开放程度、四种方法计算企业全要素生产率（固定效应模型、Olley 和 Pakes（1996）的方法、Levinsohn 和 Petrin（2003）的方法和动态面板、Arrellano 和 Bond（1991）的广义矩估计（Generalized Method of Moments，GMM）方法）以及多种估计方法（一阶差分法和倍差方法）等。研究发现，中国服务贸易自由化对制造业企业生产率有促进作用的结论十分稳健。

本文以下结构安排如下：第二部分建立理论模型，分析服务贸易自由化对发展中国家制造业企业生产率的影响机制；第三部分和第四部分采用计量模型进行检验，讨论主要结果，并进行稳健性检验；第五部分总结全文。

---

[1] Arnold 等（2011）发现国外服务商的出现是服务贸易自由化提高捷克制造业生产率的主要途径。Fernandes 和 Paunov（2012）发现东欧国家的金融和基础设施的开放对下游制造业企业生产率有显著的正影响。Javoreik 和 Li（2008）检验了罗马尼亚零售业 FDI 对制造业供应商（食品产业）生产率的正向关系。Arnold 等（2008）利用非洲地区不同国家在信息、电力和银行等服务行业开放程度的差异，分析了服务贸易自由化对一国制造业企业生产率的正效应。

[2] Arnold 等（2011a）使用了欧洲复兴开发银行（European Bank for Reconstruction and Development）计算的捷克服务贸易限制指数；Arnold 等（2011b）根据欧洲复兴开发银行的模型和方法计算了印度的服务贸易限制指数，进而发现服务开放对该国制造业企业生产效率有正影响。

二、理论模型的建立与推导

本文参考 GRH（2008）的任务贸易模型，建立一个服务任务外包模型，讨论服务贸易自由化对制造业企业生产率的影响。

考虑一个制造业企业。假定最终产品的生产过程由两种任务完成：制造任务和服务任务，每种任务只需要一种要素投入，服务任务由高技能劳动来完成，用 H 表示；制造任务由低技能劳动来完成，用 L 表示。最终产品的生产函数对于两种要素投入采取柯布—道格拉斯（Cobb-Douglas，C-D）形式：

$$Y = AH^{\alpha}L^{1-\alpha}$$

在后文分析中，我们在外生全要素生产率（Total Factor Productivity，TFP）（即 A 是给定的），或内生全要素生产率（即 A 是企业内生决定的研发投资 k 的函数 A = A(k)）两种情况下，分别考虑服务贸易自由化对制造业企业生产率的影响。

（一）外生的全要素生产率

首先，我们对服务投入（即 H 投入）建模。为产生 1 单位的 H 投入，企业需要完成一系列的子任务，我们假设这一系列子任务的集合是一个连续统（continuum），并将所有子任务的集合标准化为单位区间 [0，1]，这样，任意 i∈[0，1] 代表 1 个子任务。沿袭 GRH（2008）的设定，我们假设各子任务之间对称，且完全互补。换言之，每个子任务都必须且仅需要被完成一次[1]。

服务任务可以由本国企业完成，也可以由外国服务企业完成。我们不讨论企业的组织结构问题，如果服务任务由本国制造业企业完成或是外包给本国的服务企业，则我们称为"国内采购"；如果服务任务是向国外企业购买，我们称为"国际外包"，实际上是制造业企业进行服务进口。国际外包有两个特点值得注意：第一，相对于本国制造业企业和本国服务企业，外国服务企业生产率更高且质量更好[2]，国内企业有激励进行外包；第二，服务任务国际外包，或是服务进口可以采用过境交付、商业存在和自然人流动等形式实现。商业存在是服务贸易的主要形式，即外国服务企业在本国建立商业存在为本国企业和消费者提供服务。本文所界定的服务任务的国际外包不仅包括狭义上的通过网络和通信手段实

---

[1] 数学上，H 的生产函数之于各任务 i∈[0，1] 采取的是列昂惕夫（Leontief）形式：$H = \min\{h(i)|i∈[0，1]\}$。

[2] 很多研究显示国家间生产技术存在显著差异，无论是在制造业（Dollar，1993；Trefler，1993；Davis and Weinstein，2001），还是在服务业（Inklaar and Timmer，2007）。企业特定要素是获取先进技术的重要来源，Markusen（2005、2009）将企业特定要素定义为知识服务型资产，并且这种资产和服务是发展中国家所缺少的，并以此解释了发达国家和发展中国家在技术上存在差异的原因。

现软件和商业流程离岸外包，还包括通过"商业存在"实现本国制造业企业与服务业跨国公司的本国分支机构间的在岸服务外包。采用不同方式实现的国际外包因服务任务的差异存在成本差异，服务外包的难易程度也有所不同。如数据分析、会计等标准化的服务任务，由于企业可以通过网络和通信等手段来交流，故而外包较为有效率；一些需要与人密切接触，或更为灵活应对的任务（如维修、咨询服务等)，外包的效率损失可能更大。

为了刻画服务外包的特点，我们首先假设：如果服务任务在国内采购，则一个单位高技能劳动仅可以生产一个单位子任务 i；如果进行国际外包，一个单位高技能劳动力可以生产 $\lambda > 1$ 单位的子任务 i。然而，国际外包会遭遇一个外包成本，沿袭 GRH（2008）的设定，假设服务任务 i 的外包成本为 $\beta t(i)$。函数 $t(i)$ 刻画了不同任务 i 外包难易程度的差异，我们假设 $t(i)$ 连续可微，且将服务任务外包按照从难到易的顺序排列（i 越大表示越容易外包)，从而 $t(i)$ 是 i 的减函数，即 $t'(i) < 0$。由于服务贸易壁垒（限制）存在，所有子任务都面临一个共同的外包成本，我们将这部分外包成本用 $\beta > 1$ 表示。

根据这些假设，企业考虑任意的任务 $i \in [0, 1]$ 是在国内采购还是进行国际外包。为不失一般性，我们假设两国高技能工人工资相等并标准化为 1[①]。于是，如果任务 i 在国内采购，则需要雇用一个单位劳动，由于我们假定了国内高技能劳动工资为 1，服务任务 i 的单位成本为 1。如果进行国际外包，则需要雇用 $\beta t(i)/\lambda$ 单位劳动，故单位成本为 $\beta t(i)/\lambda$。企业权衡这两种单位成本的大小，如果 $(\beta t(i)/\lambda) > 1$，说明该服务任务在国内完成较为便宜；相反，若 $(\beta t(i)/\lambda) < 1$ 则该任务将国际外包。

为使分析有意义，我们假设 $(\beta t(0)/\lambda) > 1$ 且 $(\beta t(1)/\lambda) < 1$ 始终成立[②]。由于 $(\beta t(i)/\lambda)$ 是 i 的单调递减函数，则必然存在唯一的 $O_1 \in [0, 1]$ 使得：

$$\beta t(O_1)/\lambda = 1$$

于是，任意 $i \in [0, O_1]$ 在国内采购，而任意 $i \in [O_1, 1]$ 被国际外包。

因为 H 投入的各子任务恰需被完成 1 次，我们可以计算出最优采购决策下，H 投入的单位成本为：

$$\Omega = \int_0^{O_1} 1 di + \int_{O_1}^1 \frac{\beta t(i)}{\lambda} di = O_1 + \frac{\beta}{\lambda} \int_{O_1}^1 t(i) di$$

由于 $\beta/\lambda = 1/t(O_1)$，代入上面的式子得到：

$$\Omega = O_1 + \int_{O_1}^1 \frac{t(i)}{t(O_1)} di$$

由于 $t(i)$ 是减函数，所以对于上式第 2 项积分中的任何 i，都有 $t(i) < t(O_1)$，故：

$$\Omega = O_1 + \int_{O_1}^1 \frac{t(i)}{t(O_1)} di < O_1 + \int_{O_1}^1 1 di = O_1 + (1 - O_1) = 1$$

相比较而言，如果不能够国际外包，而只能够国内采购，则 H 投入的单位成本为 1。

---

① 若假设高技能劳动工资不同，则下面的分析只相差一个固定常数。
② 这说明任务 0（即外包成本最高的任务）永远在国内采购，而任务 1（外包成本最低的任务）永远被国际外包。

可见，服务国际外包使得 H 投入的单位成本降低。

进而，我们考虑服务贸易自由化对企业生产率的影响，在我们的设定中，β 刻画了服务贸易的限制程度，服务贸易自由化会减少服务贸易壁垒，β 将下降。近些年来，中国不断采取措施减少贸易壁垒，如开放管理咨询行业，减少市场准入壁垒，简化审批手续，取消最低资本要求、选址要求，取消控股比例限制，减少经营限制，取消资本和利润汇回限制，加强知识产权保护，减少人员流动壁垒等。国际知名管理咨询跨国公司可以以商业存在的方式进入中国，为制造业企业提供更高质量的管理咨询服务，外国的咨询专家也可以以自然人流动的方式为中国制造业企业提供服务等。如果没有服务市场的开放，这些具有较强非贸易品特征（如生产者和消费者同时同地性、较强异质性和经验特征）的生产性服务行业贸易将难以实现，高筑的国际服务贸易壁垒更会增加国外服务生产者的市场进入和运营成本，进而增加服务任务外包成本。

将 Ω 关于 β 求导，注意到 O_1 是 β 的函数，我们有：

$$\frac{d\Omega}{d\beta} = \frac{dO_1}{d\beta} + \frac{1}{\lambda} \int_{O_1}^{1} t(i)di - \frac{\beta}{\lambda} t(O_1) \frac{dO_1}{d\beta} = \frac{1}{\lambda} \int_{O_1}^{1} t(i)di + \left[1 - \frac{\beta}{\lambda} t(O_1) \right] \frac{dO_1}{d\beta}$$

根据 O_1 定义式，我们有 $1 - \frac{\beta}{\lambda} t(O_1) = 0$（这显然是一个包络引理的结果），从而：

$$\frac{d\Omega}{d\beta} = \frac{1}{\lambda} \int_{O_1}^{1} t(i)di > 0$$

这个结果意味着，即使在 TFP 外生情况下，服务贸易自由化也会使服务任务的单位成本下降。因此，服务贸易自由化促进了本国制造业企业将服务任务外包给效率更高、质量更优、产品更加多样的国外服务企业，直接提高了制造业企业的生产效率。

那么服务贸易自由化对制造投入的边际生产率有何种影响？根据生产函数 $Y = AH^{\alpha}L^{1-\alpha}$，我们可以得到制造业投入的边际生产率是：

$$\frac{\partial Y}{\partial L} = (1 - \alpha)A \left(\frac{H}{L} \right)^{\alpha}$$

而 C-D 生产函数下的成本最小化意味着：

$$\frac{H}{L} = \frac{\alpha w_L}{(1 - \alpha)\Omega}$$

其中，w_L 是低技能工人的工资率。从以上两式我们可以看出，当 β 下降后，Ω 下降，从而导致 $\frac{H}{L}$ 的上升。由于两种劳动的互补性，导致了制造投入边际生产率 $\frac{\partial Y}{\partial L}$ 的上升。因此，服务贸易自由化促使制造业企业重新分配资源，集中进行更有效率的生产，生产率因重组效应而提高。

（二）内生的全要素生产率（TFP）

下面我们来考虑内生 TFP 的情况。假设企业有一定的垄断租金，否则企业便毫无研发动力（Tirole，1988；Acemoglu，2008）。为此，我们假定企业面临一条向下倾斜的需

求曲线：[1]

$$q = B \cdot p^{-\frac{1}{1-v}}$$

这里我们考虑一个内生 TFP 的拓展 C–D 生产函数，以考察服务贸易自由化对 TFP 的影响。设生产函数为：

$$q = A(k)H^\alpha L^{1-\alpha}$$

其中，k 为企业用以增加全要素生产率的研发投入，而 A(k) > 0 为内生的全要素生产率。假定：

$$A'(k) > 0, \quad A''(k) < 0$$

这意味着随着研发投入的不断增大，虽然其边际效果递减，但 TFP 会不断上升。单位成本函数为：

$$c = \gamma \frac{\Omega^\alpha w_L^{1-\alpha}}{A(k)}$$

其中，γ 为常数。企业首先选取最优的 k，进而在给定的 k 下选取最优的产量来最大化利润。下面我们反向来解这个问题。首先，对于给定的 k，企业最大化利润为：

$$\max_{q \geqslant 0}(p - c)q$$

其中，p 由需求曲线给出。我们可以通过一阶条件得到最优产量：

$$q = \left[\frac{vA(k)}{\gamma \cdot \Omega^\alpha w_L^{1-\alpha}} \right]^{\frac{1}{1-v}}$$

以及相应的利润：

$$\Pi = \Gamma \cdot \left[\frac{A(k)}{\Omega^\alpha w_L^{1-\alpha}} \right]^{\frac{v}{1-v}}$$

其中，Γ 为一常数。进而我们退回到第一步决策，选择最优研发投入以提高 TFP：

$$\max_{k \geqslant 0}(\Pi - k) = \Gamma \cdot \left[\frac{A(k)}{\Omega^\alpha w_L^{1-\alpha}} \right]^{\frac{v}{1-v}} - k$$

为满足这个问题的二阶条件，必须有 v < 0.5。由一阶条件我们容易得到：

$$\Gamma \frac{v}{1-v} \frac{A'(k^*)}{A(k^*)^{\frac{1-2v}{1-v}}} = (\Omega^\alpha w_L^{1-\alpha})^{\left(\frac{v}{1-v}\right)}$$

注意到 k^* 是 Ω 的函数，我们同时对上式两边的 Ω 求导，得：

---

[1] 需求函数采取与 Acemoglu 等（2007）中相同的形式。v 决定了需求弹性，B 是需求强度参数。该假设蕴含的市场结构可以是一个垄断产业，或一个其中只有部分企业能够外包的垄断竞争产业（故需求参数 B 受到外包企业的影响极小，可近似视作外生给定）。为不失一般性，假定 B = 1。

$$\frac{A''(k^*)A(k^*) - \frac{1-2v}{1-v}(A'(k^*))^2}{A(k^*)^{\frac{2-3v}{1-v}}} \cdot \left(\frac{\partial k^*}{\partial \Omega}\right) = \frac{\alpha}{\Gamma}\Omega^{\frac{\partial v+v-1}{1-v}}w^{\frac{v(1-\alpha)}{1-v}} > 0$$

于是我们有（下式中 sign 表示符号函数）：

$$\text{sign}\left(\frac{\partial k^*}{\partial \Omega}\right) = \text{sign}\left\{A''(k^*)A(k^*) - \frac{1-2v}{1-v}(A'(k^*))^2\right\}$$

由于我们已经知道 $A''(k^*) < 0$，故上式右边的符号为负，故而有：

$$\frac{\partial k^*}{\partial \Omega} < 0$$

这就是说，当 H 任务的单位成本下降时，企业的研发投入会上升。现在，我们可以求解：服务贸易自由化，即 β 的下降如何影响内生 TFP。

$$\frac{d(\text{TFP})}{d\beta} = \frac{dA(k^*)}{d\beta} = A'(k^*) \cdot \frac{\partial k^*}{\partial \Omega} \cdot \frac{d\Omega}{d\beta}$$

显然，$\frac{\partial k^*}{\partial \Omega} < 0$。我们已经知道 $A'(k^*) > 0$。在前文中我们已经证明了 $\frac{d\Omega}{d\beta} > 0$，从而我们有：

$$\frac{d(\text{TFP})}{d\beta} < 0$$

可见，服务贸易自由化通过技术促进效应，提高制造业企业的全要素生产率。

由理论模型我们得到的结论是：服务贸易自由化将提高本国制造业企业的生产率，且主要通过以下三个途径来实现：其一，服务任务外包效应，即服务贸易自由化促进了本国制造业企业将服务任务外包给效率更高、质量更优、产品更加多样的国外服务企业，直接提高制造业企业的生产效率。与实物中间品贸易相比，服务任务外包（如后台管理、会计、管理咨询、市场营销和计算机服务）对生产率的促进效应更加显著（Amiti and Wei，2009；Görg 等，2007）。其二，重组效应，即制造业企业重新分配资源，外包效率低的服务任务，集中生产更加有效率的制造环节，生产率因重组效应而提高。其三，技术促进效应，即服务外包推进制造业企业进行管理模式创新，调整结构向先进技术前沿靠近，激励企业增加研发投入，进行技术创新，从而提高制造业企业的生产效率。

三、变量说明与计量模型

（一）主要变量说明

（1）中国服务贸易自由化测度。本文采用多种方法比较全面地衡量了中国服务贸易自由化的程度。第一种方法是基于服务贸易政策数据计算的服务贸易限制指数。服务贸易限制指数的计算方法是针对不同服务部门的特征，按照服务贸易的四种提供模式，拟定每个服务部门壁垒的测度模板，分别列明构成该服务部门服务贸易壁垒的类别，每个类别根据其限制的程度分别打分，并根据权重计算得到最终的服务贸易限制指数。服务贸易限制指数越小，说明服务贸易自由化程度越高。本文根据中国"入世"服务承诺表以及中国服务业相关的政策法律法规，分别计算了中国银行、保险、分销和电信行业的服务贸易限制指数[①]。中国"入世"以来服务贸易壁垒不断降低，服务贸易自由化取得很大进展。第二种方法是基于服务贸易和服务业 FDI 的数据直接衡量中国服务业开放程度。其中，服务贸易数据的统计主要包括 BOP 统计和 FATS 统计。基于 BOP 的服务贸易统计被列入国际收支平衡表中经常账户项下的服务贸易，指一国居民与非居民之间服务的输出和输入，主要包含了服务贸易总协定（General Agreement of Trade in Services，GATS）的服务贸易定义中模式一"过境支付"和模式二"境外消费"两项，未充分统计模式三"商业存在"和模式四"自然人流动"方式提供的服务贸易。根据《国际服务贸易统计手册》（Manual on Statistics of International Trade in Services，MSITS）的建议，FATS 统计作为 BOP 统计的有益补充，将居民与非居民之间的传统服务贸易扩展到通过在一国境内的商业存在提供的服务，反映了外国附属机构在东道国发生的全部商品和服务交易情况。服务业 FDI 数据采用中国省际服务业的实际和合同 FDI 数据。

如何衡量服务业和制造业之间的联系是本研究的关键，具体而言就是服务开放对每个制造业企业的影响程度。中国工业企业数据库没有统计企业国际服务中间投入的数据，但是我们可以根据中国的投入产出表数据计算 24 个制造行业对主要服务行业的依赖程度，即服务业对于制造业的渗透率（a）。我们借鉴 Arnold 等（2011）、Amiti 和 Wei（2009）以及 Feenstra（1997）的方法，采用以下公式计算中国每个制造行业的服务开放渗透率：

$$service\_penetration_{jt} = \sum_{k} a_{jkt} \cdot liberalization_{kt}$$

其中，服务投入比例 a_{jkt} 根据 1997 年、2002 年、2005 年和 2007 年中国 42 个部门的投入产出表计算得到。j 代表 24 个制造业，k 是 5 个主要生产服务部门，t 代表年份。其中，5 个主要生产服务部门分别是运输、电信和计算机产业、分销（批发和零售）、金融服务业、建筑和其他商业服务。$liberalization_{kt}$ 包括上文提到的主要服务贸易自由化的衡量指标：服务贸易限制指数[②]、服务业 FDI 数额（单位亿元）、BOP 统计的服务进口数额（单位亿美元）和 FATS 统计的服务贸易数额（单位亿元）。据此方法，我们为每个制造业分别计算出四个服务自由化渗透率程度：服务开放渗透率、服务业 FDI 产业渗透率、服务BOP 进口渗透率、服务 FATS 渗透率。此外，我们还采用中国省际服务业实际和合同 FDI

[①] STRI 的计算模板主要参考了 Fan（2009）、Dihel 和 Shepherd（2005）以及 Kalirajan（2000）的研究。限于篇幅，中国 STRI 的详细模板、计算过程和计算结果在文中省略，有需要的读者可向作者索取。

[②] 因为本文只计算了银行、电信和分销三个行业的服务贸易限制指数，因此我们只考虑制造业对这三个行业的依赖程度，并且用 1-STRI 来衡量服务贸易开放指数。

的数额（单位亿元）来计算剩下的两个渗透率：服务业实际 FDI 区域渗透率和合同 FDI 区域渗透率。服务业 FDI 的数据来自《中国统计年鉴》（1998~2008 年），服务贸易的数据来自中国商务部。

（2）制造业企业生产率。本文采用中国制造业企业数据，对服务贸易自由化的生产率效应进行经验研究。数据样本来自中国工业企业数据库（1998~2007 年），源于国家统计局对工业企业的年度调查，其中包括 200 多万家企业，100 多个在会计报表中记录的财务数据指标。企业主要包括两大类：①所有国有企业（SOEs）；②年销售额超过 500 万元的非国有企业。根据新会计准则，并借鉴李志远和余淼杰（2013）对数据的处理方法，我们剔除了以下观测值：①总资产小于流动资产；②总资产小于固定资产；③企业的代码缺失或重复；④成立时间无效。本文只考虑从 1998~2007 年有连续经营数据的企业，剔除缺失变量后，得到一个包含 287694 家企业的平衡面板数据。其中，213382 家企业位于中国东部地区[①]，45480 家外商投资企业，124874 个出口企业。

生产函数采用 C-D 函数形式：

$$Y_{it} = A_{it} L_{it}^{\alpha} K_{it}^{\gamma} I_{it}^{\eta}$$

其中，Y 是总产出，K 代表资本投入，L 代表劳动投入，I 代表总的中间投入，函数 A 代表全要素生产率，i 代表制造业企业。为测量全要素生产率，对上式取对数：

$$\ln Y_{it} = \beta_0 + \alpha \ln L_{it} + \gamma \ln K_{it} + \eta \ln I_{it} + \varepsilon_{it}$$

本文采用残差法计算全要素生产率，这个残差事实上是总产出的真实数据和预测拟合值 $\ln \hat{Y}_{it}$ 之差。预测拟合值通常采用最小二乘法（OLS）估算，然而中间投入和要素投入都是内生的，与一个企业的生产率等因素相关，因此 OLS 估计结果是有偏的。本文采用四种方法来解决这一内生性问题。第一种方法是固定效应模型（flxed-effects），其假设是误差项中与中间投入有关的部分不随时间变化。第二种方法是由 Olley 和 Pakes（1996）提出的 O-P 方法，这是一种半参数方法，主要解决同时性和选择性问题。同时性问题的产生源于企业察觉到而计量经济学家未观察到的影响中间投入决策的生产率冲击和变化。选择性问题来自生产率冲击与企业退出市场的可能性相关。O-P 方法使用投资变量作为工具变量来衡量不可观测的生产率冲击以解决同时性问题，而使用存活可能性变量来解决选择性问题[②]。第三种是由 Levinsohn 和 Petrin（2003）与 Petrin 等（2004）提出的 L-P 方法，主要是使用中间投入作为工具变量来解决同时性问题。第四种方法是使用 Arrellano 和 Bond（1991）的 GMM 统计量计算，其使用要素投入和中间投入的滞后变量作为不可观测 TFP 的工具变量，并使用两阶段 Arrellano-Bond GMM 估计量（简称 GMM-ts）来控制外包的潜在内生性问题[③]。

---

① 东部地区主要包括北京、天津、上海、辽宁、山东、河北、江苏、浙江、海南、福建和广东。
② 方法和步骤的详细介绍参考 Olley 和 Pakes（1996）与 Yasar 等（2008）的研究。
③ 高生产率企业会选择外包更多的服务项目，从而进一步提高企业生产率。

基于表 1 生产函数的估计结果，利用残差法计算企业全要素生产率，并通过表 2 的统计描述，初步可见服务开放和企业生产率的关系，服务开放依赖程度高的企业生产率水平更高。

表 1　生产函数的估计结果

变量	(1) FE lnY	(2) OP lnY	(3) LP lnY	(4) GMM-ts lnY
lnK	0.059*** (0.001)	0.062*** (0.002)	0.02*** (0.003)	0.022*** (0.002)
lnL	0.083*** (0.001)	0.056*** (0.001)	0.048*** (0.001)	0.001 (0.003)
lnI	0.755*** (0.001)	0.864*** (0.002)	0.95*** (0.005)	0.688*** (0.008)
观测值	286902	1148137	299089	225063

注：***、** 和 * 分别代表在显著水平 1%、5% 和 10% 上显著，括号里的值为标准差，后表同。未报告的系数包括企业年龄和时间变量。lnY 代表总产值的对数值，lnK 是固定资产的对数值，lnL 是平均就业人数的对数值，lnI 是总中间投入的对数值。

表 2　数据统计描述

服务贸易开放测度	高生产率		低生产率		全样本	
	均值	标准差	均值	标准差	均值	标准差
服务开放渗透率	0.0161	(0.016)	0.0157	(0.016)	0.0159	(0.016)
服务 BOP 进口渗透率	59.89	(54.96)	56.82	(56.11)	58.21	(55.61)
服务 FATS 渗透率	12.30	(9.91)	11.36	(9.96)	11.81	(9.95)
服务 FDI 区域渗透率（实际）	11.60	(1.23)	11.33	(1.35)	11.44	(1.30)
服务 FDI 区域渗透率（合同）	12.25	(1.33)	11.95	(1.46)	12.07	(1.41)
服务 FDI 产业渗透率	10.39	(0.99)	10.33	(1.06)	10.35	(1.03)

注：作者计算整理而得。GMM-ts 方法计算的全要素生产率高于均值定义为高生产率企业，否则定义为低生产率企业。

（二）计量模型

我们使用以下方程来讨论服务贸易自由化对制造业企业生产率的影响：

$$\text{TFP}_{it} = \gamma_0 + \gamma_1 \, \text{service\_lib}_{j,t-1} + \Gamma X_{i,t-1} + d_{rt} + d_{st} + v_i + \varepsilon_{it} \tag{1}$$

TFP 分别采用前文提到的四种方法估计的企业全要素生产率以及企业的劳动生产率（工业增加值与从业人数之比）计算，service_lib$_j$ 是前文计算的六种服务开放渗透率。X 是控制其他影响生产率的企业特定变量[①]，包括外商直接投资虚拟变量（外商投资企业

---

① 控制变量的选取主要参考余淼杰（2010）的研究，并增加了企业总资产水平以控制企业规模，企业的平均工资水平控制人力资本状况以及企业融资约束条件和出口状况（Harris and Trainor, 2005；张杰等，2008；何光辉和杨咸月，2012）。

dFIEs-f、港澳台投资企业 dFIEs-hmt)、企业规模（总资产的对数值 lnasset)、企业平均工资（lnwage)、金融约束条件（企业是否获得政府补贴 dsub)、企业的出口情况（出口企业虚拟变量 dexp）以及行业关税水平（tariff)[1]。将服务贸易开放变量滞后一期以避免内生性问题。为控制中国地区和产业发展不平衡所带来的影响，本文加入了地区—时间和产业—时间虚拟变量（d_{rt}, d_{st})。固定效应 v_i 为考虑到不可观测且不随时间变化的一些企业特征，如管理模式和管理能力等[2]。

四、计量结果及其分析

（一）主要经验研究结果

根据式（1)，我们采用固定效应模型研究服务贸易自由化对制造业企业生产率的影响。因为服务贸易自由化是产业层面或是地区层面的数据，而 TFP 是企业层面的数据，这种数据结构会低估统计误差，因此我们使用产业或地区的聚集标准差（clustering standard errors）加以纠正。主要回归结果见表 3[3]。中国服务贸易自由化对制造业生产率的影响是正显著的，这一结论对六种方法衡量的中国服务开放指标均稳健，并与 Fernandes 和 Paunov（2012)、Arnold 等（2011a）以及 Javorcik 和 Li（2008）的主要结论一致。由于每种衡量中国服务开放指标的方法不同，因此服务开放对制造业 TFP 的影响程度差异较大。企业规模、外资、工资水平与 TFP 正相关，而出口和进口关税水平与 TFP 总体上负相关，政府补贴与 TFP 相关性不稳定。

表 3　固定效应模型回归结果（基于两阶段 GMM 方法计算的 TFP)

变量	(1) tfptmmts	(2) tfptmmts	(3) tfptmmts	(4) tfptmmts	(5) tfptmmts	(6) tfptmmts
服务开放渗透率	1.139*** (0.181)					
服务 BOP 进口渗透率		0.006* (0.004)				
服务 FATS 渗透率			0.072*** (0.006)			

---

[1] 我们以中国海关统计年鉴的关税数据为基础，采用盛斌（2002）的方法，将产品层面的关税加总为行业层面的关税。

[2] 限于篇幅，文中省略了主要变量的统计描述，如有需要可向作者索取。

[3] 由于篇幅限制，文中只汇报了两阶段 GMM 方法衡量的 TFP 估计结果，其他三种方法衡量 TFP 和劳动生产率作为被解释变量的估计结果基本上都显著为正。读者如感兴趣，可向作者索取。

续表

变量	(1) tfptmmts	(2) tfptmmts	(3) tfptmmts	(4) tfptmmts	(5) tfptmmts	(6) tfptmmts
服务 FDI 区域渗透率（实际）				0.05* (0.026)		
服务 FDI 区域渗透率（合同）					0.032*** (0.011)	
服务 FDI 产业渗透率						0.201* (0.02)
lnasset（t−1）	0.009*** (0.003)	0.01*** (0.003)	0.006* (0.003)	0.003 (0.007)	0.003 (0.006)	0.011*** (0.003)
dsub	0.021*** (0.003)	0.021*** (0.003)	0.004 (0.003)	0.005 (0.004)	0.007* (0.003)	0.021*** (0.003)
dFIEs−f	0.019*** (0.005)	0.019*** (0.005)	0.032*** (0.007)	0.027 (0.016)	0.027** (0.013)	0.019*** (0.005)
dFIEs−hmt	0.024*** (0.005)	0.024*** (0.005)	0.033*** (0.007)	0.033* (0.019)	0.039** (0.015)	0.024*** (0.005)
dexp	0.01 (0.009)	0.001 (0.009)	−0.023*** (0.009)	−0.02* (0.011)	−0.023* (0.012)	0.009 (0.01)
lnwage（t−1）	0.049*** (0.007)	0.05*** (0.007)	0.037*** (0.005)	0.051*** (0.011)	0.0434*** (0.009)	0.0498*** (0.006)
tariff	−0.011*** (0.001)	−0.011*** (0.001)	0.0005 (0.001)	−0.011*** (0.003)	−0.001*** (0.002)	−0.012*** (0.001)
观测值	210573	209844	132779	117508	129378	209994
拟合优度	0.060	0.059	0.055	0.049	0.047	0.059
企业数	27302	27301	27258	25552	26095	27301

说明：模型的控制变量包括企业规模、所有权、融资情况、关税、地区—年度虚拟变量和产业—年度虚拟变量。

一些重要的生产性服务业的贸易自由化改革，特别是银行、保险、分销、电信和商业服务的开放会提高一国制造业的生产效率。例如，金融业自由化改革会削弱国有银行的垄断，加强国内金融市场的竞争，提高资金使用效率，使资金流向效率更高的制造业企业；电信行业的开放和电信技术的发展会降低信息沟通成本和信息不确定性带来的风险，为制造业企业的生产和流通提供全新平台，如电子商务等；分销领域的开放对制造业效率的提高更为明显，其可以为制造业企业提供更加便捷优惠的交通运输、分销渠道和科学的市场营销方式；商业服务的开放则为中国企业提供更多新的知识、技术和先进管理方法。因此，服务开放使中国制造业企业有机会获得国际高效先进的服务中间投入，促进了制造业企业生产率的提高。

（二）服务贸易自由化的差异性影响

中国服务贸易自由化会提高制造业企业生产率，然而对于中国东西部企业、所处不同行业的企业以及不同所有制结构企业的影响是否一致？我们设定了六个 0–1 虚拟变量，分别是东部企业（deast）[1]、高服务使用率企业（dindsi）[2]、外商投资企业（dFIEs–f）[3]、港澳台投资企业（dFIEs–hmt）、出口企业（dexp）以及国有企业（dsoe）。分别将六个服务贸易自由化指标与这六个虚拟变量交叉相乘，回归方程见式（2），并关注交叉项的系数 γ。

$$TFP_{it} = \gamma_0 + \gamma dummy \cdot service\_lib_{j,t-1} + \Gamma X_{i,t-1} + d_{rt} + d_{st} + v_i + \varepsilon_{it} \tag{2}$$

主要检验结果见表 4。从表 4 可以看出，中国服务贸易自由化对制造业企业生产率的影响不均匀，对于位于东部的企业、使用较多服务中间投入的企业、外商投资企业和出口企业，服务开放的生产率效应更强。金融、保险、电信、分销和商业服务等行业都具有分地域开放的特征，东部地区服务开放水平更高，使用较多服务中间投入的企业对服务开放敏感度也更高，这些企业的技术吸收能力、学习能力和管理能力也较强，因此能够从服务贸易自由化中获得更多的外包效应、技术促进效应和重组效应，对生产率促进作用更加显著。外商投资企业和出口企业，在全球生产和服务链条上，相对于本国企业，更熟悉国际市场环境，因此国际服务外包的成本更低，更容易从服务开放中获利（Görg et al.，2008；Sjöholm，2003）。对于国有企业、港澳台投资企业，服务贸易自由化对制造业企业生产效率的促进作用不显著。特别是国有企业，从服务贸易自由化改革中分享到的收益十分有

表 4　服务贸易自由化的差异性影响结果（基于两阶段 GMM 方法计算的 TFP）

变量	(1) deast	(2) dindsi	(3) dFIEs–f	(4) dFIEs–hmt	(5) dexp	(6) dsoe
服务开放渗透率	1.102*** (0.18)	1.137*** (0.197)	0.743*** (0.204)	−0.055 (0.145)	0.543** (0.218)	−0.098 (0.171)
服务 FDI 产业渗透率	0.056 (0.144)		0.092* (0.047)	−0.086** (0.041)	0.072 (0.053)	−0.011*** (0.003)
服务 BOP 进口渗透率	0.010*** (0.003)		0.011*** (0.004)	0.001 (0.003)	0.002 (0.004)	−0.006*** (0.002)
服务 FATS 渗透率	0.064*** (0.004)		0.039*** (0.004)	0.018*** (0.004)	0.03*** (0.005)	0.015 (0.008)
服务 FDI 区域渗透率（实际）		0.004*** (0.001)	0.025*** (0.004)	0.018*** (0.005)	0.027*** (0.004)	−0.001* (0.001)
服务 FDI 区域渗透率（合同）		0.004*** (0.001)	0.023*** (0.003)	0.015*** (0.002)	0.016*** (0.003)	−0.001 (0.001)

注：系数 γ 是行虚拟变量和列服务自由化指标的交叉项系数。模型中的控制变量包括企业规模、所有权、融资情况、出口、工资、关税、地区—年度虚拟变量和产业—年度虚拟变量。

---

① 东部地区主要包括北京、天津、上海、辽宁、山东、河北、江苏、浙江、海南、福建和广东。

② 根据不同制造业企业的服务使用程度和 2005 年中国 42 个部门的投入产出表，将制造业企业分成高服务使用率的行业和低服务使用率的行业。服务使用率（服务中间投入与总产出之比）高于 15% 的制造产业被划入高服务使用率的行业。高服务使用率的制造行业包括食品加工制造业、食品制造业、饮料制造业、造纸及纸制品业、印刷业和记录媒介的复制、文教体育用品制造业、石油加工及炼焦业、交通运输设备制造业、电子及通信设备制造业、仪器仪表文化办公用机械、电力蒸汽热水煤气生产供应业。

③ 外商投资企业是指除港澳台以外的其他外商投资企业。

限，甚至是负的。我们认为，其中的一个原因就是国有制造业企业在服务外包政策上较为保守，很多生产服务仍在企业一体化经营范围内，因此中国服务开放对国有制造业企业生产效率的促进作用不明显。港澳台企业投资大陆的主要目标是利用内地低廉的劳动成本，因此服务开放的服务外包效应和技术促进效应都不显著。

（三）服务贸易自由化对制造业生产效率的影响渠道

根据理论研究，服务贸易自由化主要通过外包效应、重组效应和技术促进效应，促进了制造业企业生产效率的提高。本文根据式（3）尝试对这些影响渠道进行检验，主要关注服务贸易开放和主要渠道交叉项的系数 β_1。

$$TFP_{it} = \beta_0 + \beta_1 channel \cdot service\_lib_{j,t-1} + \Gamma X_{i,t-1} + d_{rt} + d_{st} + v_i + \varepsilon_{it} \tag{3}$$

外包和重组渠道主要通过服务中间投入（包括管理中间投入、营业中间投入和其他服务中间投入），技术促进效应通过提高企业的研发能力影响企业的生产率。为克服内生性问题，所有的渠道变量和服务自由化指标都滞后一年。从表 5 的回归结果可见，交叉项的系数大多正显著，因此服务贸易自由化通过服务外包效应、重组效应和技术促进效应提高了制造业企业生产率。这些渠道对于东部企业、外商投资企业、服务使用率高的企业和出口企业更加畅通，因此服务开放的生产率效应更加明显。

表5　服务贸易自由化对生产率的影响渠道回归结果

变量	（1）总服务中间投入	（2）管理中间投入	（3）营业中间投入	（4）其他服务中间投入	（5）科研能力
服务开放渗透率	0.152*** (0.026)	0.175*** (0.027)	0.198*** (0.03)	0.151*** (0.025)	0.171* (0.091)
服务 FDI 区域渗透率（实际）	0.002*** (0.0004)	0.001*** (0.0003)	0.001*** (0.0003)	0.001*** (0.0003)	0.001 (0.001)
服务 FDI 区域渗透率（合同）	0.002*** (0.0004)	0.001*** (0.0004)	0.0011*** (0.0003)	0.001*** (0.0003)	0.001* (0.0007)
服务 BOP 进口渗透率	0.0009** (0.0004)	0.001** (0.0004)	0.0012*** (0.0004)	0.001*** (0.0004)	0.002* (0.0008)
服务 FATS 渗透率	0.008*** (0.001)	0.009*** (0.001)	0.0087*** (0.001)	0.0083*** (0.001)	0.007*** (0.002)

注：系数 β 是行渠道变量和列服务自由化指标的交叉项系数。模型中的控制变量包括企业规模、所有权、融资情况、出口、工资、关税、地区—年度虚拟变量和产业—年度虚拟变量。

（四）稳健性检验

（1）一阶差分方法。由于生产和要素投入的数量值（physical volume）很难得到，对 TFP 的估计一般采用生产、材料投入和资本存量的货币值（value）作为替代。Katayama 等（2009）建议采用差分形式解决这一数据问题。本文对式（1）的一阶差分形式回归结果见

表6，中国服务贸易自由化对制造业企业生产率的增长效应基本显著为正。

表6 固定效应模型一阶差分回归结果（基于两阶段 GMM 方法计算的 TFP）

变量	(1) Δtfptmmts	(2) Δtfptmmts	(3) Δtfptmmts	(4) Δtfptmmts	(5) Δtfptmmts	(6) Δtfptmmts
Δ 服务开放渗透率	0.277** (0.134)					
Δ 服务 FDI 产业渗透率		0.002 (0.002)				
Δ 服务 BOP 进口渗透率			0.009*** (0.002)			
Δ 服务 FATS 渗透率				0.011* (0.006)		
Δ 服务 FDI 区域渗透率 （实际）					0.014* (0.017)	
Δ 服务 FDI 区域渗透率 （合同）						0.002 (0.005)
观测值	183695	96242	183695	182298	105448	84625
企业数	27286	26004	27286	27283	27142	25111

说明：模型控制变量包括企业规模、所有权、融资情况、关税、地区—年度虚拟变量和产业—年度虚拟变量。

（2）倍差法。在中国加入 WTO 的议定书中，中国政府承诺全方位、有步骤地开放服务市场。在列入服务贸易开放减让表的 33 项内容中，包括一般商品批发、零售、进出口贸易和物流配送在内的商业分销服务，会计、审计、法律服务等专业服务以及教育服务等领域的开放度较大；电信，售后服务，视听服务中的电影院建设和经营首次列为开放领域；银行、保险、证券等领域行业也进一步放宽了限制。在一些服务行业具有分地域开放的特征，如金融、保险、电信、分销及商业服务等，经济比较发达的东南沿海地区都列入了开放名单。根据中国"入世"服务开放的特征，我们尝试使用倍差（difference in difference）方法[1]研究"入世"及服务贸易开放对企业生产率的影响。年度虚拟变量以加入 WTO 的年份为界，在其之后的年份（2002 年以后）设为 1，"入世"之前的年份为 0。东部虚拟变量和产业虚拟变量能够反映服务贸易自由化对不同制造业企业的影响，并将企业分为对待组别（treatment group，东部虚拟变量为 1 的东部企业或产业虚拟变量为 1 的服务使用率高的企业）和控制组别（control group，东部虚拟变量为 0 的西部企业或产业虚拟变量为 0 的服务使用率低的企业）。年度虚拟变量的系数反映对待组别和控制组别的共同时间趋势，东部（产业）虚拟变量的系数反映对待组别相对于控制组别的平均差异，而年度虚拟变量和东部（产业）虚拟变量的交叉项反映了"入世"对制造业企业生产率的

---

① Card 和 Krueger（2000）对该方法做了详细阐述，并提供一个典型例子。

真实影响。回归结果见表 7，从表 7 中可见，交叉项系数对于四种 TFP 估计方法都显著为正。然而，以"入世"年份虚拟变量作为服务贸易自由化的代理变量，无法排除其他政策因素影响，会夸大服务开放的生产率效应。

表 7　倍差法的回归结果

产业虚拟变量的结果				
被解释变量	(1) lntfpfe	(2) lntfpop	(3) lntfplp	(4) lntfpgmmts
dindsi	−0.001 (0.003)	−0.059*** (0.005)	0.012*** (0.002)	0.012*** (0.003)
dwto	0.024*** (0.007)	0.023*** (0.001)	0.024*** (0.001)	0.022*** (0.001)
dwto·dindsi	0.011*** (0.001)	0.011*** (0.002)	0.013*** (0.001)	0.013*** (0.001)
观测值	164966	164826	164996	164995
拟合优度	0.377	0.133	0.612	0.587
地区虚拟变量的结果				
被解释变量	(1) lntfpfe	(2) lntfpop	(3) lntfplp	(4) lntfpgmmts
deast	−0.008*** (0.001)	−0.029*** (0.002)	−0.005*** (0.001)	−0.013*** (0.001)
dwto	0.027*** (0.001)	0.026*** (0.002)	0.025*** (0.001)	0.022*** (0.001)
dwto·deast	0.004*** (0.001)	0.004** (0.002)	0.006*** (0.001)	0.007*** (0.001)
观测值	164966	164826	164996	164995
拟合优度	0.04	0.09	0.168	0.09

说明：模型控制变量包括企业规模、所有权、融资情况、关税、地区—年度虚拟变量和产业—年度虚拟变量。deast 为东部虚拟变量、dindsi 为产业虚拟变量、dwto 为"入世"年份虚拟变量。

五、结论及进一步研究方向

中国在加入 WTO 时对服务领域做出了非常积极的开放承诺，伴随着"入世"过渡期的结束，中国逐步履行承诺，开放了很多重要的服务行业。然而，已有文献更多侧重货物贸易自由化对中国制造业生产率的促进作用，而忽视了服务作为制造业中间投入的作用，未能充分关注服务贸易自由化的影响。本文对服务贸易自由化对制造业企业生产率的影响进行理论和经验研究。随着中国服务贸易自由化改革不断推进，中国的制造业企业将服务任务外包给更有优势的服务提供商，通过外包效应、重组效应和技术促进效应，提高制造业企业生产效率。

我们采用更加全面的指标衡量中国服务贸易自由化水平，使用 1998~2007 年中国制造业企业面板数据，检验中国服务贸易自由化对制造业生产效率的影响。主要结论是中国服务贸易自由化改革促进了中国制造业企业生产率的提高。然而，中国服务开放对制造业企业生产率的影响并不相同，对于东部企业、使用较多服务中间投入的企业、外商投资企业和出口企业，服务开放对制造业企业生产效率的影响更大；而对于国有企业和港澳台投资企业，服务贸易自由化的促进作用并不显著。

本文为中国推进服务贸易自由化改革，促进制造业的发展提供了有力支持。当然，本研究仍有很多值得商榷的地方和进一步研究的空间：其一，可以对全要素生产率进行分解，继续深入探讨服务贸易自由化对制造业企业生产率的影响渠道和影响因素；其二，可以展开对外包的组织结构和组织成本等因素对制造业企业生产率影响的讨论；其三，在计量数据方面，可以更准确地从企业层面衡量制造业企业对服务外包和服务开放的依赖程度，而在方法上，则可以采用处理动态面板数据的方法控制内生性问题。

参考文献

［1］盛斌. 中国对外贸易政策的政治经济分析［M］. 上海：上海人民出版社，2002.

［2］何光辉，杨咸月. 融资约束对企业生产率的影响——基于系统 GMM 方法的国企与民企差异检验［J］. 数量经济技术经济研究，2012（5）.

［3］李志远，余淼杰. 生产率、信贷约束与企业出口：基于中国企业层面的分析［J］. 经济研究，2013（6）.

［4］余淼杰. 中国的贸易自由化与制造业企业生产率［J］. 经济研究，2010（12）.

［5］张杰，李勇，刘志彪. 出口与中国本土企业生产率：基于江苏制造业企业的实证分析［J］. 管理世界，2008（12）.

［6］Acemoglu, D. Introduction to Modern Economic Growth［M］. Princeton Univereity Press, 2008.

［7］Acemoglu, D., Antràs, P. and Helpman E. Contracts and Technology Adoption［J］. American Economic Review, 2007, 97（3）: 916–943.

［8］Amiti, M. and Wei, S. Service Offshoring f Productivity, and Employment: Evidence from the United States［J］. The World Economyt, 2009, 32（2）: 203–220.

［9］Arnold, J. M., Javorcik, B. S. and Mattoo, A. The Pnxluctivity Effects of Services Liberalization: Evidence from the Czech Republic［J］. Journal of International Economica, 2011a, 85（1）: 136–146.

［10］Arnold, J. M., Javorcik, B. S., Lipscomb M. and Mattoo, A. Services Refonn and Manufacturing Performance: Evidence from India［Z］. CEPR discussion papers, 8011, 2011b.

［11］Arnold, J. M., Mattoo, A. and Narciso, G. Services Inputs and Firm Productivity in Sub–Saharan Africa: Evidence from Firm–Level Data［J］. Journal of African Economics, 2008, 17（4）: 578–599.

［12］Arellano, M. and Bond, S. Some Tests of Specification for Panel Data: Monte Carlo Evidence and an Application to Employment Equations［J］. Review of Economic Studies, 1991, 58（2）: 277–297.

［13］Card, D. and Krueger, A. Minimum Wages and Employment: A Case Study of the Fast–food Industry in New Jersey and Pennsylvania: Reply [J]. The American Economic Review, 2000, 90 (5): 1397-1420.

[14] Davis, D. R. and Weinstein, D. Technological Superiority and the Losses from Migration [Z]. NBER Working Papers, 2001.

[15] Dihel, N. and Shephend, B. Modal Estimates of Services Barriers [Z]. OECD Trade Policy working paper No.51, 2005.

[16] Dollar, D. Technological Differences as a Source of Comparative Advantage [J]. American Economic Review, 1993, 83 (2): 431-435.

[17] Fan, Y. China's Services Policy—Pre-and Post-WTO Accession [Z]. Woricing Paper Presented at Trade and Industry in Asia Pacific: History, Trends and Prospects, Australian National University, 2009.

[18] Feenstra, R. C. and Hanson, G. H. Foreign Direct Investment and Relative Wages: Evidence from Mexico's Maquiladoras [J]. Journal of International Economics, 1997, 42 (3-4): 371-393.

[19] Fernandes, A. M. and Paunov, C. Foreign Direct Investment in Services and Manufacturing Productivity: Evidence for Chile [J]. Journal of Development Ecorwmics, 2012, 97 (2): 305-321.

[20] Görg, H., Hanley, A. and Strobl, E. Productivity Effects of International Putsourcing: Evidence from Plantlevel Data [J]. Canadian Journal of Economicst, 2008, 41 (2): 670-688.

[21] Grossman, M. G. and Esteban, R. Trading Tasks: A Simple Theory of Offshoring [J]. American Economics Review, 2008, 98 (5): 1978-1997.

[22] Harris, R. and Trainor, M. Capital Subsidies and Their Impact on Total Factor Productivity: Firm-Level Evidence from Northern Ireland [J]. Journal of Regional Studies, 2005, 45 (1): 49-75.

[23] Inklaar R. and Timmer, M. P. International Comparisons of Industry Output, Inputs and Productivity Levels: Methodology and New Results [J]. Economic Systems Research, 2007, 19 (3): 343-363.

[24] Javorcik, B. S. and Li, Y. Do the Biggest Aisles Serve A Brighter Future? [Z]. World Bank Policy Research working paper 4650, 2008.

[25] Kalirajan, K. Restrictions on Trade in Distribution Services [Z]. Productivity Commission Staff Research Paper, 2000.

[26] Katayama, H., Lu, S. and Tybout, J. R. Finn-Level ftoductivity Studies: Illusions and a Solution [J]. International Journal of Industrial Organization, 2009, 27 (3): 403-413.

[27] Levinsohn, J. and Petrin, A. Estimating Production Functions Using Inputs to Control for Unobservables [J]. The Review of Economic Studies, 2003, 70 (2): 317-341.

[28] Maricusen, J. Modeling the Offshoring of White-Collar Services: From Comparative Advantage to the New Theories of Trade and FDI [Z]. NBER Working Paper 11827, 2005.

[29] Markusen, J. and Strand, B. Adapting the Knowledge-Capital Model of the Multinational Enterprise to Trade and Investment in Business Services [J]. The World Economy, 2009, 32 (1): 6-29.

[30] Olley, G. S. and Pakes, A. The Dynamics of Productivity in the Telecommunications Equipment Industry [J]. Econometrica, 1996, 64 (6): 1263-1297.

[31] Petrin, A., Poi, B. P. and Levinsohn, J. Production Function Estimation in Stata Using Inputs to Control for Unobservables [J]. Stata Journal, 2004, 4 (2): 113-123.

[32] Sjöholm, F. Which Indonesian Films Export? The Importance of Foreign Networks [J]. Economics of Governance, 2003, 82 (3): 333-350.

[33] Tirole, J. The Theory of Industrial Organization [M]. MIT Press, 1988.

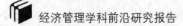

[34] Trefler, D. International Factor Price Differences: Leontief was Right! [J]. Journal of Political Economyt, 1993, 101 (6): 961-987.

[35] Yasar, M., Raciboraki, R. and Poi, B. Production Function Estimation in Stata Using the Olley and Pakes Method [J]. Stata Journal, 2008, 8 (2): 221-231.

城镇化与服务业集聚 *
——基于系统耦合互动的观点

张　勇　蒲勇健　陈立泰

【摘　要】本文建立了一个城镇化与服务业集聚互动发展的耦合与协调模型，以 31 个省份 2002~2011 年的面板数据为样本，测算了二者互动发展的耦合度和协调度，并从空间、时间两个维度进行了对比，同时对西部各省份予以了分析。研究发现：中国城镇化与服务业集聚耦合互动状况整体不佳，二者仍处在磨合阶段，东部地区失衡现象更为突出；失衡的原因具有省际差异，总体上东部地区表现为服务业集聚发展不足，中西部地区也已由城镇化相对滞后转变为服务业集聚发展滞后；城镇化与服务业集聚的耦合互动具有逐步加强的时变特点和分布的空间变迁特点，二者已在少数省份形成了协同发展的局面。鉴于此，本文认为在深化推进新型城镇化与新型工业化道路过程中，应当加强对城镇化与服务业集聚互动发展的战略认识，在制定向服务业适度倾斜的城镇化产业配套政策的同时，注重城镇化与服务业集聚发展相对滞后方面的提升，并在新一轮西部大开发过程中予以实施。

【关键词】城镇化；服务业集聚；系统；耦合度；协调度

一、问题提出

城镇化的总体目标是要加快农村人口从就业和居住两个层面上实现向城市的转移（李炳坤，2002）。但是，传统工业化道路下农村支持城市工业化的模式，并没有很好地解决

* 基金项目：国家社会科学基金项目"西部地区服务业集聚与城镇化互动发展研究"（批准号 11XJL009）；国家社会科学基金重大项目"我国再生资源产业顶层设计与发展实现路径研究"（批准号 12&ZD209）；中央高校基本科研业务费资助项目"股市结构波动与宏观经济波动"（批准号 CDJXS12021106）。
本文作者：张勇，河南新县人，重庆大学经济与工商管理学院博士研究生；蒲勇健，重庆人，重庆大学经济与工商管理学院教授，重庆大学可持续发展研究院副院长；陈立泰，四川南充人，重庆大学公共管理学院教授。
本文引自《中国工业经济》2013 年第 6 期。

非农产业吸纳和消化农业劳动力不充分的问题，这在一定程度上致使中国城镇化进程滞后于工业化进程①。根据新型工业化道路的要求，工业增长需要实现适应国民经济产业结构升级、城镇化要求和第三产业支持的稳步总量增长。因此，新型工业化应当正确处理工农关系和城乡关系，大力发展以现代服务业为主体的第三产业（曹建海和李海舰，2003），也应当注重城镇化与服务业的协同发展。

实质上，城镇化与服务业集聚存在着密切的双向互动作用。一方面，城镇化为服务业集聚发展创造必要的需求空间。由于居住分散、交通不便，人们往往局限于自我服务当中。一定程度上，服务业的供需规模与城镇规模成正比增长（李炳坤，2002），城镇化将会引致服务业集聚发展（吉昱华等，2004；江小涓和李辉，2004），并且随着城镇化的推进这种作用会更明显（马鹏等，2010）。中国服务业在产业增加值和就业上呈现"比重双低"现象②，但这也意味着服务业具有较大的"纠偏型"发展余地（江小涓，2011），在城镇化进程中更是如此。另一方面，服务业集聚发展作为城镇化的动力源，能够提升城镇化质量。商品和服务集聚是城市形成的最初原因（Christaller，1933），而服务业一旦集聚，其集聚效应又将是城市经济发展的主要动力。当前，"工业化决定论"已难以解释中国的城镇化现象（Ma，2002；Shen，2006），服务业在城镇化中后期的动力作用逐渐显现，尤其表现在吸引外地人口入迁方面（赵新平和周一星，2002；曹广忠和刘涛，2010）。相比工业，服务业在就业方面不仅固定资产投资要求和物资性资源消耗较低（刘茂松，2000），还具有更高的就业弹性（江小涓和李辉，2004），因而具有解决城镇规模增长中农村人口转移问题的巨大优势。城镇化不仅包含数量和规模的增长，更包括质量与功能的提升（李炳坤，2002；苏雪串，2003）。服务业则更偏向于从质的方面强化城镇功能、提升城镇形象等（洪银兴，2003）。当前，城镇化的新兴产业主要集中在服务业部门，这对于改善中国经济发展质量至关重要（王国刚，2010）。

综观现有文献，学界已取得诸多城镇化与服务业集聚互动的定性关系以及二者存在的单向定量关系的研究成果。不过，将二者视为各自发展但又相互影响的系统，从耦合协调角度对二者互动状态做出的定量研究则较为少见。作为中国经济发展方式转变的重心所在，城镇化正在步入中期发展阶段。与此同时，服务业已步入"第二波"增长时期并正在加速集聚。因此，本文拟从系统耦合互动的视角，探讨城镇化与服务业集聚的双向作用状态，以期对发展实践提供启示。

---

① 从国内相关研究来看，少数学者认为城镇化水平与工业化进程大体一致或者是存在过度城镇化现象，但多数学者认为城镇化水平明显滞后于工业化进程。

② 2011年中国服务业增加值比重和就业比重分别为43.4%和35.7%，根据《服务业发展"十二五"规划》，这两项指标的目标值为47.2%和38.6%。江小涓（2011）的数据分析显示，中等偏下收入国家的服务业增加值比重和就业比重平均值分别为53.5%、44.5%，中等偏上收入国家相应指标则为60.4%、58.3%。因此可以看出，中国服务业增加值比重和就业比重与中等收入国家行列的相应指标的差距是较大的。

二、城镇化与服务业集聚耦合互动的模型

作为具有特定功能的有机整体，城镇化由相互依赖的若干组成部分结合而成，可视为一个系统。服务业集聚亦是如此。从系统角度看，城镇化和服务业集聚是更大的社会经济系统的组成部分，二者相互作用彼此影响，形成"城镇化—服务业集聚"大系统。系统从无序走向有序机理的关键在于系统内部序参量之间的协同作用，它左右着系统在相变过程中的特征与规律，耦合度正是对这种协同作用的度量（吴大进等，1990）。耦合（Coupling）是指两个及以上的系统彼此影响并联合的现象，是一种相互依赖、协调与促进的动态关联关系。城镇化子系统与服务业集聚子系统的关联互动，则称为"城镇化—服务业集聚"耦合。通过对"城镇化—服务业集聚"系统耦合协调的定量测度，可刻画出该系统的互动关系和动态变化，为评判系统交互耦合演变的趋势及影响二者协调性的制约因素提供依据。

1. 城镇化与服务业集聚的耦合模型

耦合度模型的建立首先要确定功效函数。设 X_{ij}（$i = 1, 2; j = 1, 2, \cdots, n$）为第 i 个子系统的第 j 指标即序参量，α_{ij}、β_{ij} 是系统稳定临界点序参量的上下限值。标准化的功效系数 x_{ij} 则为变量 X_{ij} 对系统的功效贡献值，反映指标达到目标的满意程度，且 $x_{ij} \in [0, 1]$，0 为最不满意，1 为最满意。功效系数 x_{ij} 的算式为：

$$x_{ij} = \begin{cases} (X_{ij} - \beta_{ij})/(\alpha_{ij} - \beta_{ij}), & x_{ij} \text{ 具有正功效} \\ (\alpha_{ij} - X_{ij})/(\alpha_{ij} - \beta_{ij}), & x_{ij} \text{ 具有负功效} \end{cases} \tag{1}$$

城镇化子系统内各个序参量对"城镇化—服务业集聚"系统的"总贡献"即综合序参量，可通过集成方法实现，且一般采用几何平均法和线性加权法（曾珍香，2001）。依据物理学中的容量耦合（Capacitive Coupling）概念及容量耦合系数模型，系统耦合度值记为 C 且有 $C \in [0, 1]$。设 U_1、U_2 分别为城镇化综合序参量和服务业集聚综合序参量，x_{ij} 为序参量 j 对子系统 i 的功效，λ_{ij} 为序参量对应的权重。参照廖重斌（1999）等文献的做法，综合序参量 U_1、U_2 与系统耦合度 C 的函数表达式可设定为：

$$U_i = \sum_{j=1}^{n} \lambda_{ij} x_{ij}, \quad \sum_{j=1}^{n} \lambda_{ij} = 1, \quad i = 1、2, \quad C = 2 \cdot \sqrt{(U_1 \times U_2)}/(U_1 \times U_2) \tag{2}$$

参照相关研究的做法，"城镇化—服务业集聚"系统耦合的演变可分为六个阶段：$C = 0$ 表示耦合度极小，系统并无关联且无序发展；$0 < C \leqslant 0.3$ 表示低水平耦合；$0.3 < C \leqslant 0.5$ 表示系统处于颉颃阶段；$0.5 \leqslant C < 0.8$ 表示系统耦合进入磨合阶段；$0.8 \leqslant C < 1$ 表示系统处于高水平耦合阶段，二者互动强劲；$C = 1$ 表示二者达到良性耦合共振且趋向新的有序结构。但受政策、自然及政治等因素影响，系统也可能退化到之前的耦合阶段。

本文引入 Shannon 的熵值思想，采用熵值赋权法确定各序参量的权重 λ_{ij}，以期在一定

程度上避免主观层面的影响。具体为：首先对指标做比重变换 $s_{ij} = x_{ij} / \sum_{i=1}^{n} x_{ij}$；其次计算熵值 $h_j = -\sum_{i=1}^{n} s_{ij} \ln s_{ij}$，在此基础上得到熵值的信息效用价值 $\alpha_j = 1 - h_j$（$j = 1, 2, \cdots, p$）；最后得到指标 x_j 的熵权：$w_j = \alpha_j / \sum_{j=1}^{p} \alpha_j$。式中，$x_{ij}$ 为样本 i 的第 j 个指标的数值（$i = 1, 2, \cdots, n$；$j = 1, 2, \cdots, p$），n 和 p 分别为样本与指标个数。

2. 城镇化与服务业集聚的协调模型

协调一般指的是系统演变过程中各个子系统及子系统构成要素各种质的差异部分，在组成一个统一整体时表现出的相互配合与和谐一致的属性。城镇作为经济活动的重要空间，一定程度上决定着服务业集聚发展的容量，而服务业的集聚发展则能提升城镇的质量和功能。如果城镇化与服务业集聚相互协调，就能充分利用城镇化与服务业集聚耦合互动的作用，实现二者同步快速发展。然而，由于城镇化与服务业集聚具有交错、动态和不平衡的特性，仅依据耦合度还难以反映出城镇化与服务业集聚互动的整体功效与协同效应。因此，为评判城镇化与服务业集聚交错耦合的协调程度，需构造"城镇化—服务业集聚"系统的协调度模型：

$$\begin{cases} D = \sqrt{C \times T} \\ T = aU_1 + bU_2 \end{cases} \tag{3}$$

式（3）中，D 为协调度，C 为耦合度，T 为"城镇化—服务业集聚"的综合协调指数，反映了城镇化与服务业集聚的整体协同效应，一般地，$T \in (0, 1)$，以便保证 $D \in (0, 1)$；U_1、U_2 分别为城镇化与服务业集聚的综合序参量；a，b 为待定参数。协调度则可划分为四个阶段：$D \in (0, 0.3]$ 为低度协调；$D \in (0.3, 0.5]$ 为中度协调；$D \in (0.5, 0.8]$ 为高度协调；$D \in (0.8, 1)$ 为极度协调。

3. 系统评价指标体系的选择

根据"城镇化—服务业集聚"耦合协调系统的内涵及特征，按照科学性、整体性、层次性和操作性等原则，参照现有相关文献，建立城镇化与服务业集聚子系统综合测度指标体系（见表1）。

表1 "城镇化—服务业集聚"系统指标体系

子系统	一级指标	二级指标	单位
城镇化子系统	人口城镇化	人口城镇化率	%
	经济城镇化	每单位建成区土地面积万元产值	万元/km²
		非农产业产值占 GDP 之比	%
	空间城镇化	城市密度	座/km²
		城市人口密度	人/km²
	社会城镇化	农村人均住房面积	m²/人
		每万人拥有医生数	人/万人

续表

子系统	一级指标	二级指标	单位
服务业集聚子系统	集聚水平	服务业集聚度	%
	集聚结构	第三产业产值与第一产业产值之比	%
		第三产业产值与第二产业产值之比	%
		第三产业就业与第一产业就业之比	%
		第三产业就业与第二产业就业之比	%
		生产性服务业产值与非生产性服务业产值之比	%

资料来源：根据康慕谊（1997）等文献，作者整理而得。

城镇化子系统具有多维含义，主要包含人口迁移、经济发展、空间扩张和生活提高四个方面（康慕谊，1997）。其中，经济发展是基础，地域扩张和人口迁移是表现，生活水平提高是目标。依次设定人口城镇化、经济城镇化、空间城镇化和社会城镇化的相关指标。人口城镇化方面，常用指标有城镇人口比重、非农业人口比重和城市用地比重三种，马鹏等（2010）认为，采用城镇人口比重最适宜。经济城镇化方面，除了设定单位建成区土地面积万元产值指标，洪银兴（2003）认为，"衡量城市化更多的应该是反映城市功能提升的'质'的指标，反映市场化和社会分工程度的'质'的指标，包括服务业比重"。吉昱华等（2004）的实证发现，第二、第三产业作为一个整体时集聚效益才显著。鉴于此，非农产业产值占比也是经济城镇化的一个合适而重要的指标。空间城镇化设定城市密度和城市人口密度两个指标，社会城镇化从居住和保障两个方面设定人均居住面积和万人拥有医生数两个指标（刘耀彬等，2005），鉴于城市人均居住面积数据的不完整性和农村人均住房面积与城市人均住房面积的相关性，人均居住面积指标选择农村人均住房面积作为计算依据。

服务业集聚子系统主要从集聚的水平、结构两个维度进行刻画。集聚既包含产业的区域集聚，又包括行业内的企业集聚。李文秀和谭力文（2008）对传统产业集聚程度测度指标予以了比较分析，认为当前使用的指标多侧重于行业的区域集聚或行业内企业集聚的一个方面。依据同样的原则，本文从省域和产业层面出发，构建服务业区域和企业集聚的水平与结构指标体系。具体地，以第三产业在省域间的集聚情况来衡量服务业集聚的水平，重在测度服务业的省域集聚结构。本文采用区位熵指数 $LQ = (E_i/GDP_i)/(E/GDP)$ 对服务业集聚水平予以测度，其中 E_i/GDP_i 为 i 地区中第三产业增加值与地区生产总值之比，E/GDP 为第三产业增加值与 GDP 之比。在集聚结构方面，将从省份内产业集聚结构和省份内行业的企业集聚结构两个层面展开。由于城镇化方面的"空间城镇化"对于服务业增加值比重和就业比重具有显著正向作用（江小涓和李辉，2004），本文设定第三产业与第一、第二产业在产业增加值和就业两个方面共四个指标，以此对省份内服务业集聚的产业结构进行测度。另外，服务业包含的多个行业总体上可划分为生产性服务业和非生产性服务业两大类，因而设定生产性与非生产性服务业产值比这一指标，以此测度省份内服务业在行业层面的企业集聚结构。

三、城镇化与服务业集聚耦合互动的实证分析

1. 数据来源与权重确定

（1）数据来源。根据指标数据的可得性和完整性，本文选择对中国 31 个省份 2002~2011 年城镇化与服务业集聚的耦合互动关系进行实证研究。本文所用数据均来源于 2003~2012 年《中国统计年鉴》、《中国人口和就业统计年鉴》。由于数据缺失等原因，人口城镇化率的计算在 2002~2004 年采用的是设市城市市区和县辖建制镇的非农业人口之和占相应地区总人口的比率，其余年份则根据各省份城镇人口占省份总人口的比率进行测算。另外，第三产业分别与第一、第二产业就业人数比值中，2011 年采用"按行业分城镇单位就业人员数（年底数）"予以计算，其他年份均直接采用历年《中国统计年鉴》中三次产业就业比。在生产性与非生产性服务业产值比值计算方面，由于年鉴统计口径调整，本文中，2002 年、2003 年纳入生产性服务业的包括交通运输仓储及邮电通信业、批发零售贸易及餐饮业、金融保险业以及房地产业，2004~2011 年纳入生产性服务业的包括交通运输仓储和邮政业、批发和零售业、住宿和餐饮业、金融业以及房地产业。

（2）功效值计算。实际中，各指标的上下限值并无具体可靠的标准参考。但是，由于东、中、西三个地区在发展战略上存在一定差异，每个省份又与同地区的省份具有更为密切的动态关联关系，并且常以同地区省份作为比较参考的对象。因此，本文有必要从分地区的视角认识中国的整体状况。鉴于此，本文中每个省份每个指标上下限均以同年同地区内指标最高值和最低值为准。而且，由于 13 指标均是取值越大对子系统的提升越有利，因此都作为正功效类型予以计算。

（3）协调度计算。当前，城镇化进入中期阶段，服务业也步入"纠偏型"发展的关键时期，而且，城镇化与服务业集聚之间的互动作用也在逐步加强。鉴于二者在当前发展的重要性，因而在测度二者协调发展过程中设定二者同等重要，即协调度计算中的参数 a、b 均取值为 0.5。

（4）权重计算。根据本文"城镇化—服务业集聚"系统指标体系，在熵值赋权法的计算中，指标数 p 统一取值为 13。鉴于分地区研究的考虑，本文拟对东中西三个地区分别计算相应指标的权重，样本数 n 则依次设定为 11、8 和 12。

根据上述数据处理与权重计算，可分别得到中国东中西三个地区"城镇化—服务业集聚"系统指标的权重，依次如表 2 至表 4 所示。

2. 区域维度下的耦合协调分析

依据熵值法确定的权重，按照耦合协调度的计算方法，可分别得到东、中、西三个地区各省份 2002~2011 年的耦合度与协调度。将历年东中西三个地区的省份做区内平均处理（结果见表 5），从"区域横向"和"时间纵向"相结合的角度对城镇化与服务业集聚系统

表2 东部地区"城镇化—服务业集聚"系统指标权重

一级指标		二级指标	2002年	2003年	2004年	2005年	2006年	2007年	2008年	2009年	2010年	2011年
城镇化	人口城镇化	人口城镇化率	0.1391	0.1351	0.1338	0.0750	0.0874	0.0794	0.0719	0.0718	0.1535	0.0948
	经济城镇化	每单位建成区土地面积万元产值	0.0984	0.1075	0.0692	0.0732	0.0771	0.0756	0.0603	0.0613	0.0495	0.0480
		第二、第三产业产值之和占GDP之比	0.0094	0.0100	0.0112	0.0103	0.0119	0.0094	0.0094	0.0087	0.0073	0.0076
	空间城镇化	城市密度	0.4056	0.4409	0.3928	0.4280	0.4942	0.4879	0.4795	0.5117	0.4755	0.4752
		城市人口密度	0.1599	0.1018	0.1809	0.2023	0.0738	0.0881	0.0852	0.0801	0.0992	0.1076
	社会城镇化	农村人均住房面积	0.0938	0.1039	0.1129	0.1084	0.1393	0.1354	0.1335	0.1300	0.1178	0.1370
		每万人拥有医生数	0.0938	0.1008	0.0992	0.1028	0.1163	0.1242	0.1602	0.1364	0.0970	0.1299
服务业集聚	集聚水平	服务业集聚度	0.0316	0.0299	0.0318	0.0275	0.0274	0.0250	0.0249	0.0228	0.0232	0.0190
	集聚结构	第三产业产值与第一产业产值之比	0.4151	0.4119	0.4039	0.4554	0.4377	0.4462	0.4402	0.4356	0.4270	0.5006
		第三产业产值与第二产业产值之比	0.0627	0.0604	0.0552	0.0728	0.0776	0.0795	0.0917	0.0933	0.0851	0.1029
		第三产业就业与第一产业就业之比	0.4057	0.4105	0.4180	0.3594	0.3547	0.3456	0.3449	0.3510	0.3653	0.2290
		第三产业就业与第二产业就业之比	0.0724	0.0753	0.0831	0.0778	0.0971	0.0973	0.0902	0.0908	0.0925	0.1399
		生产性服务业与非生产性服务业产值之比	0.0126	0.0120	0.0080	0.0071	0.0056	0.0063	0.0082	0.0066	0.0070	0.0086

资料来源：根据模型运算结果，作者整理得到。

表3 中部地区"城镇化—服务业集聚"系统指标权重

一级指标		二级指标	2002年	2003年	2004年	2005年	2006年	2007年	2008年	2009年	2010年	2011年
城镇化	人口城镇化	人口城镇化率	0.2026	0.1343	0.1034	0.0359	0.0661	0.0535	0.0402	0.0361	0.1904	0.0931
	经济城镇化	每单位建成区土地面积万元产值	0.0926	0.0463	0.0434	0.0544	0.1004	0.1031	0.1000	0.1122	0.0924	0.1069
		第二、第三产业产值之和占GDP之比	0.0054	0.0026	0.0026	0.0025	0.0045	0.0047	0.0044	0.0022	0.0018	0.0023
	空间城镇化	城市密度	0.1344	0.0589	0.0969	0.0854	0.1535	0.1414	0.1437	0.1581	0.1207	0.1274
		城市人口密度	0.3541	0.6202	0.6411	0.7038	0.4101	0.4544	0.4540	0.4155	0.3714	0.3644
	社会城镇化	农村人均住房面积	0.0831	0.0528	0.0459	0.0588	0.1319	0.1298	0.1136	0.1263	0.1063	0.1523
		每万人拥有医生数	0.1278	0.0848	0.0667	0.0592	0.1336	0.1131	0.1441	0.1496	0.1171	0.1536
服务业集聚	集聚水平	服务业集聚度	0.0545	0.0947	0.0776	0.0563	0.0413	0.0410	0.0398	0.0600	0.0533	0.0060
	集聚结构	第三产业产值与第一产业产值之比	0.1732	0.2849	0.3166	0.4980	0.5432	0.5926	0.6010	0.4396	0.4153	0.1675

经济管理学科前沿研究报告

续表

一级指标	二级指标	2002 年	2003 年	2004 年	2005 年	2006 年	2007 年	2008 年	2009 年	2010 年	2011 年
服务业集聚	集聚结构										
	第三产业产值与第二产业产值之比	0.0650	0.1589	0.1659	0.1126	0.1328	0.1056	0.0902	0.0950	0.0773	0.0250
	第三产业就业与第一产业就业之比	0.1174	0.2248	0.1831	0.1318	0.0986	0.1052	0.1144	0.2008	0.2105	0.7172
	第三产业就业与第二产业就业之比	0.5474	0.1440	0.1411	0.1207	0.1083	0.1007	0.1004	0.1678	0.1762	0.0342
	生产性服务业与非生产性服务业产值之比	0.0425	0.0927	0.1156	0.0806	0.0757	0.0549	0.0543	0.0366	0.0673	0.0500

资料来源：根据模型运算结果，作者整理得到。

表 4　西部地区"城镇化—服务业集聚"系统指标权重

一级指标	二级指标		2002 年	2003 年	2004 年	2005 年	2006 年	2007 年	2008 年	2009 年	2010 年	2011 年
城镇化	人口城镇化	人口城镇化率	0.0755	0.0683	0.0622	0.0234	0.0398	0.0417	0.0569	0.0553	0.1247	0.0413
	经济城镇化	每单位建成区土地面积万元产值	0.0826	0.0517	0.0514	0.0517	0.0850	0.0867	0.1009	0.1006	0.0902	0.0998
		第二、第三产业产值之和占 GDP 之比	0.0017	0.0016	0.0012	0.0012	0.0020	0.0020	0.0018	0.0020	0.0018	0.0016
	空间城镇化	城市密度	0.3974	0.2894	0.1705	0.1836	0.3312	0.3194	0.3232	0.3299	0.3057	0.3231
		城市人口密度	0.3698	0.5222	0.6513	0.6793	0.4377	0.4487	0.4062	0.3627	0.3845	0.4263
	社会城镇化	农村人均住房面积	0.0334	0.0277	0.0259	0.0327	0.0548	0.0496	0.0485	0.0485	0.0454	0.0579
		每万人拥有医生数	0.0396	0.0392	0.0375	0.0282	0.0495	0.0520	0.0624	0.1011	0.0477	0.0499
服务业集聚	集聚水平	服务业集聚度	0.0256	0.0514	0.0446	0.0404	0.0861	0.0396	0.0330	0.0314	0.0276	0.0148
	集聚结构	第三产业产值与第一产业产值之比	0.0710	0.2023	0.1668	0.1577	0.1387	0.1526	0.1291	0.1673	0.1693	0.0487
		第三产业产值与第二产业产值之比	0.2393	0.2845	0.3338	0.3172	0.2643	0.2933	0.3146	0.2078	0.2195	0.0680
		第三产业就业与第一产业就业之比	0.0650	0.1322	0.1222	0.1151	0.2205	0.1333	0.1142	0.1324	0.1180	0.4432
		第三产业就业与第二产业就业之比	0.4609	0.1571	0.1802	0.2320	0.1810	0.2530	0.2811	0.2650	0.2683	0.3600
		生产性服务业与非生产性服务业产值之比	0.1382	0.1725	0.1524	0.1376	0.1095	0.1281	0.1280	0.1961	0.1974	0.0653

资料来源：根据模型运算结果，作者整理得到。

的耦合协调状况进行比较分析。

依据表 5 中区域划分的结果来看，平均意义上"城镇化—服务业集聚"系统的耦合协调度呈现为西部地区略强于中部地区，中部地区略强于东部地区。自 2002 年以来，三个地区城镇化与服务业集聚两个子系统的耦合协调度在整体上均呈现了先降后升曲折发展的轨迹，中西部地区始终处在磨合阶段，东部地区自 2011 年开始由颉颃阶段进入磨合阶段。这表明，城镇化和服务业集聚虽然各自都实现了十年快速发展，但从耦合互动的角度来看二者整体上并没有形成协同发展的局面，二者互相促进、相互提升的作用未得到充分发挥，东部地区的失衡状况相比中西部地区更为严重。基于此，本文给出以下三个方面的分析和解释。

表 5　"城镇化—服务业集聚"系统分区平均的耦合强度与协调程度

年份	西部			中部			东部		
	耦合度	协调度	耦合强度与协调程度	耦合度	协调度	耦合强度与协调程度	耦合度	协调度	耦合强度与协调程度
2002	0.6323	0.4813	良性耦合中度协调	0.6770	0.5836	良性耦合高度协调	0.4866	0.3730	中度耦合中度协调
2003	0.6752	0.4904	良性耦合中度协调	0.6436	0.4993	良性耦合中度协调	0.4983	0.3822	中度耦合中度协调
2004	0.6771	0.4779	良性耦合中度协调	0.6526	0.4911	良性耦合中度协调	0.4762	0.3745	中度耦合中度协调
2005	0.6753	0.4781	良性耦合中度协调	0.6243	0.4555	良性耦合中度协调	0.4589	0.3657	中度耦合中度协调
2006	0.6347	0.5388	良性耦合高度协调	0.6091	0.4955	良性耦合中度协调	0.4399	0.3796	中度耦合中度协调
2007	0.6237	0.5056	良性耦合高度协调	0.5797	0.4611	良性耦合中度协调	0.4338	0.3765	中度耦合中度协调
2008	0.6000	0.4939	良性耦合中度协调	0.5680	0.4535	良性耦合中度协调	0.4406	0.3774	中度耦合中度协调
2009	0.6263	0.5120	良性耦合高度协调	0.5754	0.4875	良性耦合中度协调	0.4394	0.3770	中度耦合中度协调
2010	0.6186	0.5150	良性耦合高度协调	0.5947	0.4912	良性耦合中度协调	0.4384	0.3737	中度耦合中度协调
2011	0.5657	0.4569	良性耦合中度协调	0.6132	0.5216	良性耦合高度协调	0.5235	0.4262	良性耦合中度协调

资料来源：根据模型计算结果，作者整理计算。

第一，区域发展战略和进程的差异，使得影响城镇化与服务业集聚协调发展的具体因素方面存在较大的地区差异。东部沿海地区是改革开放早期阶段中国经济发展的重要阵地，而西部大开发和中部崛起则是 20 世纪末至 21 世纪初才逐步实施推进。各地区由于自身经济基础和起步发展的差异，再加上城镇化与制造业集聚发展更受重视，在发展的惯性下逐步形成了区域间在城镇化和服务业集聚各自发展阶段上的差异。这种阶段差异，又体现在两个子系统各自发展的主要影响因素方面存在区域差异。从近十年城镇化子系统指标的平均贡献权重来看（表2至表4中数据的年度平均值），中西部地区城市人口密度对城镇化子系统的贡献度最大，东部地区更依赖于城市密度的提升，而且在第二、第三产业对城镇化的贡献方面，东部地区远高于中西部地区。从服务业集聚子系统看，西部地区第三产业与第二产业在产值和就业方面的结构关系对服务业集聚子系统发展的影响作用更大，结合生产性与非生产性服务业产值比来看，这意味着西部地区生产性服务业发展的贡献最为重要；相比之下，东中部地区则相反，第三产业与第一产业的结构关系更为重要，而且生产性与非生产性服务业的结构关系贡献较弱，这意味着在东部地区非生产性服务业对城镇化与服务业集聚互动发展的贡献更大。

第二，各地区城镇化与服务业集聚耦合不强、发展失衡的原因，在城镇化和服务业集聚层面上也具有较大的地区差异。近十年来，中西部地区的城镇化与服务业集聚的耦合协调度主要处于磨合阶段，稍优于东部地区的颉颃阶段。但是，三个地区均与理想状况存在较大差距，并且其中的原因也有所差异。2006年之前，中西部地区的城镇化综合序参量低于服务业集聚综合序参量（见表6），这表明城镇化与服务业集聚耦合协调发展程度不高的主要原因在于城镇化进程相对落后，不能满足服务业集聚发展的空间需要；2006年开始则逐渐形成了反转，中西部地区城镇化快速发展的同时，服务业集聚贡献不足，不能满足城镇化质量提升的需要。对于东部地区，城镇化综合序参量始终高于服务业集聚综合序参量，这在一定程度上意味着，二者耦合互动不强的原因在于服务业集聚发展相对落后，没有达到东部城镇化质量和功能提升的产业升级要求。

表6 分区平均的城镇化与服务业集聚综合序参量值

年份	城镇化综合序参量			服务业集聚综合序参量		
	西部	中部	东部	西部	中部	东部
2002	0.3608	0.4559	0.3709	0.3906	0.5635	0.2193
2003	0.3410	0.3583	0.3732	0.3928	0.4358	0.2321
2004	0.2961	0.3311	0.3886	0.3990	0.4275	0.2219
2005	0.2934	0.3359	0.3843	0.4071	0.3627	0.2260
2006	0.4787	0.4508	0.4374	0.4479	0.3731	0.2331
2007	0.4501	0.4479	0.4423	0.3807	0.3137	0.2281
2008	0.4765	0.4544	0.4334	0.3477	0.2985	0.2316
2009	0.4493	0.4940	0.4323	0.3961	0.3615	0.2336
2010	0.4678	0.4724	0.4186	0.3971	0.3575	0.2380
2011	0.4563	0.4620	0.4278	0.2928	0.4502	0.2823

资料来源：根据模型运算结果，作者整理结算。

第三，区域层面城镇化与服务业集聚耦合发展的整体比较，一定程度上忽视了区域内部省份间具有的差异性。在确定指标权重时，虽然以区域而非全国同期的极值作为上下限值能更加接近实际，但区域内部的差异仍然可能造成一定的影响。从10年均值的分区域的排序可以看出，西部省份间"城镇化—服务业集聚"的耦合度差异性较小，差距整体集中在 0.1 以内；中部地区河南省的耦合度最低，其他省份的差异性也集中在 0.1 以内；而东部地区各省份的耦合度则存在着较大的差异性，耦合度的最大差值接近 0.4。因此，区域平均的耦合度在中西部地区基本能够反映多数省份的状况，但东部地区的均值则与具体省份的情况存在较大差异，只能反映少数省份城镇化与服务业集聚耦合发展的具体情况。而且，分区平均的耦合度上东部与西部存在较大差距，但东部的上海、北京和天津的耦合度排在全国前列。

3. 时间维度下的耦合协调分析

鉴于区域层面的分析由于在一定程度上忽视了区域内部存在的差异性而使得结论只能反映整体平均的概况，并不能完全准确地反映城镇化与服务业集聚耦合互动的具体情况，本部分选取 2002 年和 2011 年两个时间节点，从"时间纵向"的角度进行比较分析，以此探讨中国省域范围下"城镇化—服务业集聚"耦合协调的时变性和空间迁移特征①。

根据 2002 年各省域系统耦合协调度的情况来看，东部沿海省份的"城镇化—服务业集聚"系统耦合度和协调度普遍较低，东北和西部省份的耦合度较好，中部省份的耦合度居中但协调度较好，整体上形成"系统耦合度由东向西、由南向北逐渐增强，协调度在中部隆起、沿海塌陷"的分布状况。这说明，早期沿海地区虽然整体发展程度领先于中西部地区，但城镇化发展和服务业集聚发展可能更偏向于各自为政的局面，二者相互促进协同带动的作用没有显现，失衡状况较为严重。相比之下，中西部地区虽然城镇化和服务业集聚发展均较为落后，但二者的相互作用反而表现得较为明显。从省域角度看，耦合度和协调度都较为领先的省份有北京、上海、黑龙江、吉林和山西，归纳为领先组，而耦合度和协调度均较落后的省份集中在东部沿海地带，分别为河北、山东、江苏、浙江和福建，归纳为落后组。从耦合度和协调度来看，领先组与落后组各自平均的耦合度比值为 0.70∶0.36，协调度比值为 0.62∶0.27；从相关的城镇化与服务业集聚的主要指标来看，领先组与落后组各自平均的人口城镇化率比值为 53.3∶28.6，服务业集聚水平比为 1.40∶0.99。这表明，尽管从区域平均层面角度看似乎城镇化与服务业集聚耦合协调的强度与二者各自发展的程度似乎不相关甚至负相关，但从省域的真实情况来看，耦合协调的强度与城镇化和服务业集聚二者自身的发展水平具有较强的正相关关系。

根据 2011 年的情况，"城镇化—服务业集聚"耦合度和协调度在省域间的分布已经呈现较为一致的特征。具体地，耦合度领先的省份中除了陕西、贵州两省外，北京、上海、山西、河南、重庆、湖南、西藏七个省份的协调度也均处在全国领先地位。与此同时，新疆、黑龙江、辽宁、江苏、福建的耦合度和协调度则均处于落后地位。同样地，将耦合度与协调度均领先的省份归纳为领先组，均落后的省份归纳为落后组。从耦合度和协调度

---

① 为节省篇幅，各省份 2002 年与 2011 年"城镇化—服务业集聚"系统的耦合度和协调度数据未予详细列示，如有需要可向作者索要。

看，领先组与落后组各自平均的耦合度之比为 0.69：0.36，协调度之比为 0.63：0.31；从综合序参量看，领先组与落后组的城镇化综合序参量的比值为 0.41：0.49，服务业集聚综合序参量之比为 0.73：0.07；从相关的城镇化与服务业集聚的主要指标来看，领先组与落后组各自平均的人口城镇化率比值为 50.6：49.3，服务业集聚水平比值为 1.19：0.89。从耦合度和协调度的比较来看，领先组省份城镇化与服务业集聚的互动整体处于高度协调的磨合发展阶段，但落后组则处于中度协调的颉颃发展阶段。两组省份在耦合协调程度上具有较大差异的原因，很大一部分在于两组省份在综合序参量上也具有较大差异，领先组省份整体上是城镇化远远落后于服务业集聚发展水平，而落后组省份整体上则表现为服务业集聚发展水平过低，与城镇化发展存在较大的差距。因此，这表明提高领先组城镇化与服务业集聚发展的耦合协调度的关键在于进一步提高城镇化发展，而在落后组省份中则应当更加注重提升服务业集聚的发展水平。再从省域城镇化与服务业集聚互动的耦合协调强度与二者自身的发展水平来看，其中的正相关关系依然成立。不过，随着近年来城镇化进程的提速，人口城镇化率比值上两组省份已较为接近，主要差别体现在服务业集聚的水平上。

对比 2002 年与 2011 年的具体情况可以看出，近十年来，"城镇化—服务业集聚"系统的耦合与协调情况在省份之间已经发生了较为普遍的变迁，而且耦合与协调的省域分布也逐渐趋于一致，而且城镇化与服务业集聚耦合协调的强度与二者自身的发展水平始终存在正相关关系。这说明，伴随着近十年来城镇化的快速发展和产业结构的转型升级，城镇化与服务业集聚发展均有所提升，二者的互动作用也愈加明显，二者在某些省份已经初步呈现了协同发展的局面。

4. 西部各省份的耦合协调度分析

在"城镇化—服务业集聚"系统耦合和协调发展的程度上，西部整体上领先于东中部地区，而且西部内部省份近十年耦合协调度均值的差异性也较小，尤其是时间维度下西部地区的省份在 2011 年相对表现得更突出，当前，西部地区正处于推进新一轮大开发战略的关键时期。因此，有必要对西部各省份的具体情况予以更细致的分析。依据表 7 和表 8 所列示的西部各省份 2002~2011 年"城镇化—服务业集聚"系统耦合度和协调度，可以大致得出以下两点结论：

第一，"城镇化—服务业集聚"系统的耦合程度和耦合稳定性具有较大的省际差异。从表 7 所示的西部地区各省份历年的"城镇化—服务业集聚"耦合度来看，2002 年贵州处于城镇化与服务业集聚耦合互动的颉颃阶段，其余 11 个省份处于磨合阶段。其中，耦合度较好的省份有内蒙古、广西、新疆等，耦合度均在 0.7 左右；耦合度较低的省份为贵州，耦合度在 0.5 以下。经过十年城镇化与服务业集聚各自不断的发展，各省份的耦合度出现了较大的变化。从 2011 年的情况来看，云南、甘肃和新疆处于城镇化与服务业集聚耦合互动的颉颃阶段，其余九个省份则处于磨合阶段。其中，耦合度较高的省份为重庆，达到 0.7 以上，而耦合度处于 0.5 以下的省份有三个，分别为云南、甘肃和新疆。从 2002~2011 年十年的变化趋势来看，各个省份耦合度的变化趋势大体可以划分为比较稳定型、总体下降型、总体上升型三类。其中，耦合度比较稳定型的省份有重庆、四川、甘肃；耦合度总体下降型的省份有内蒙古、广西、云南、陕西、青海、宁夏、新疆；耦合度总体上升型的省份有贵州、西藏。

第二，西部地区各省份城镇化与服务业集聚的耦合互动发展整体上处于中度协调的状况，部分省份的协调状况甚至出现了恶化现象。如表8所示的西部地区各省份历年"城镇化—服务业集聚"协调度来看，2002年西部地区各省份城镇化与服务业集聚的互动整体都处在中度协调及以上，其中处于高度协调的省份有六个，分别为：广西、重庆、四川、西藏、陕西和青海。2011年，西部12个省份仍然处于中度协调程度及以上的状况，但大部分省份城镇化与服务业集聚协调状态略有下降，其中处于高度协调状态的省份仅有五个，分别为：重庆、四川、贵州、西藏和陕西。这表明，随着城镇化与服务业集聚的发展，协调度所反映的二者作用强度会呈现一定的变化，但这种变化同耦合度一样均未表现出较好的规律性，即协调度也具有较强的不稳定性。

表 7   西部地区各省份历年"城镇化—服务业集聚"系统耦合度

	2002 年	2003 年	2004 年	2005 年	2006 年	2007 年	2008 年	2009 年	2010 年	2011 年
内蒙古	0.7056	0.7034	0.7002	0.7068	0.7053	0.6896	0.6737	0.6943	0.6887	0.5572
广西	0.7063	0.7041	0.7068	0.7065	0.6738	0.5132	0.4865	0.5133	0.5471	0.5365
重庆	0.6744	0.7071	0.7047	0.7063	0.7026	0.7071	0.7041	0.7069	0.7047	0.7061
四川	0.6887	0.6970	0.7068	0.7033	0.6293	0.5708	0.5279	0.5536	0.5520	0.6251
贵州	0.4529	0.6591	0.7068	0.7051	0.5802	0.6903	0.6816	0.7050	0.7058	0.6679
云南	0.5014	0.6550	0.6683	0.6648	0.5566	0.5427	0.5449	0.5706	0.5995	0.4910
西藏	0.6837	0.6973	0.6967	0.6948	0.6973	0.6994	0.7024	0.7061	0.6887	0.7030
陕西	0.6041	0.6095	0.6632	0.6256	0.6022	0.5263	0.4867	0.5356	0.5149	0.5378
甘肃	0.5784	0.6119	0.4859	0.5268	0.5066	0.5807	0.5805	0.5833	0.5717	0.4875
青海	0.6248	0.6555	0.6948	0.6869	0.6989	0.6732	0.6039	0.6396	0.6114	0.5188
宁夏	0.6750	0.7018	0.6917	0.7071	0.6057	0.6676	0.6063	0.6826	0.6660	0.5738
新疆	0.6926	0.7011	0.6990	0.6702	0.6581	0.6231	0.6020	0.6250	0.5731	0.3832

资料来源：根据模型运算结果，作者整理计算。

表 8   西部地区各省份历年"城镇化—服务业集聚"系统协调度

	2002 年	2003 年	2004 年	2005 年	2006 年	2007 年	2008 年	2009 年	2010 年	2011 年
内蒙古	0.4602	0.4272	0.4653	0.4668	0.5352	0.4825	0.4962	0.5617	0.5558	0.3708
广西	0.5397	0.5412	0.5057	0.5082	0.5723	0.3938	0.3879	0.3927	0.4110	0.4091
重庆	0.5110	0.4812	0.4833	0.4758	0.5344	0.5022	0.4907	0.4999	0.5206	0.5323
四川	0.5130	0.4828	0.4217	0.4007	0.5286	0.4719	0.4467	0.4531	0.4545	0.5188
贵州	0.3614	0.4744	0.4698	0.4860	0.4177	0.5795	0.5767	0.6181	0.6324	0.5903
云南	0.3387	0.4068	0.3861	0.3954	0.4598	0.4603	0.4675	0.4754	0.4900	0.4138
西藏	0.6934	0.5937	0.5591	0.5824	0.5939	0.5993	0.6256	0.5825	0.5589	0.5350
陕西	0.5453	0.5856	0.5413	0.5193	0.6347	0.5539	0.5183	0.5545	0.5379	0.5588

续表

	2002 年	2003 年	2004 年	2005 年	2006 年	2007 年	2008 年	2009 年	2010 年	2011 年
甘肃	0.3726	0.5422	0.5266	0.5729	0.4677	0.5358	0.5401	0.5269	0.5241	0.4509
青海	0.5712	0.5598	0.5333	0.5047	0.5399	0.4906	0.4435	0.4706	0.4727	0.3900
宁夏	0.4306	0.3927	0.4336	0.4543	0.6166	0.4837	0.4338	0.5186	0.5295	0.3974
新疆	0.4383	0.3973	0.4088	0.3709	0.5648	0.5134	0.4993	0.4902	0.4928	0.3155

资料来源：根据模型运算结果，作者整理计算。

至于西部地区"城镇化—服务业集聚"耦合协调度也不理想的原因，前文有关区域维度下的比较分析时已指出其中主要原因在于西部服务业集聚发展相对滞后于城镇化进程。但是，二者耦合协调不理想的原因在西部各省份间也具有一定的差异，具体体现在西部各省份之间城镇化与服务业集聚综合序参量的相对大小有所不同（见表9）。

表 9　2011 年西部各省份城镇化与服务业集聚综合序参量值

	内蒙古	广西	重庆	四川	贵州	云南	西藏	陕西	甘肃	青海	宁夏	新疆
城镇化综合序参量	0.3345	0.4386	0.2490	0.4990	0.5188	0.5261	0.2340	0.8148	0.6321	0.4243	0.3611	0.4428
服务业集聚综合序参量	0.1591	0.1852	0.5537	0.3622	0.5245	0.1715	0.5802	0.3465	0.2021	0.1620	0.1894	0.0768

资料来源：根据模型运算结果，作者整理计算。

从表 9 反映的 2011 年西部地区各省份的情况来看，城镇化综合序参量数值大于服务业集聚综合序参量数值的省份有内蒙古、广西、四川、云南、陕西、甘肃、青海、宁夏和新疆，其中陕西、甘肃和新疆表现更为突出。这表明，这九个省份城镇化与服务业集聚互动发展不协调的主要原因在于服务业集聚发展的程度不高，不能与当前城镇化水平相匹配。然而，重庆、贵州和西藏三个省份则表现为服务业集聚综合序参量高于城镇化综合序参量数值，其中重庆和西藏尤其如此。这意味着，重庆、贵州和西藏三个省份城镇化与服务业集聚互动发展不协调的主要原因在于城镇化水平相对滞后于服务业集聚发展的水平。因此，重庆、贵州和西藏三个省份在形成城镇化与服务业集聚协调互动方面，应当更加侧重于推动城镇化的发展，而其他九个省份则在推进城镇化过程中应更加侧重提升服务业集聚发展的水平，通过形成二者发展水平的匹配，逐渐形成城镇化与服务业集聚耦合互动的良性协调局面。

四、结论与政策建议

城镇化与服务业集聚发展存在着密切的互动作用，在深化推进新型工业化道路和新型城镇化过程中，发挥并实现二者的协同发展具有非常重要的意义。本文依据系统耦合与协调的相关理论，建立了"城镇化—服务业集聚"系统耦合协调的指标体系，从区域和时间两个维度实证研究了 31 个省份 2002~2011 年城镇化与服务业集聚互动发展的状况，同时对西部地区各个省份的状况予以了分析，得到如下主要结论：

（1）城镇化与服务业集聚耦合互动的程度和失衡的状况具有较大的地区差异。中西部地区在城镇化和服务业集聚发展的程度方面相对落后于东部地区，但在城镇化与服务业集聚的耦合互动方面却有相反的表现，西部地区领先于中部地区，而中部地区领先于东部地区。造成这种地区差异的原因方面，微观层面上在于相同的城镇化和服务业集聚发展的内容，如城市密度和城市人口密度等，在不同地区发挥的影响作用有主次差别；从综合的角度来看，中西部地区城镇化与服务业集聚未能形成较好的协同发展，在早期是由于城镇化不足所致，近年来导致这种失衡的原因已逐渐转变为服务业集聚发展的滞后，而东部地区近十年来的失衡则主要是服务业集聚发展滞后于城镇化进程所致。当前，中国城镇化与服务业集聚耦合互动整体上并不理想，区域层面上东中西部地区均处于二者协同发展的磨合阶段。

（2）城镇化与服务业集聚的耦合互动具有时空变迁的特点，并且少数省份中二者已逐步呈现协同互动的发展局面。早期城镇化与服务业集聚的耦合互动有着严重的失衡状况，东部地区尤其如此。但从省份的情况看，耦合协调程度的强弱显著地依赖于城镇化和服务业集聚各自发展的程度。而且，随着各省份城镇化与服务业集聚发展的推进，二者耦合互动的作用呈现了逐渐加强的时变性。与此同时，二者互动作用的强弱也在省份间呈现不平衡的特点，具有较高耦合协调度的省份正在发生由西向东、由北向南的空间变迁。而且，在城镇化与服务业集聚互动发展的作用日趋增强的同时，二者已在少数省份初步形成协同发展的局面。

（3）城镇化与服务业集聚互动发展的耦合协调程度具有较强的不稳定性。从城镇化与服务业集聚整体互动较好的西部地区各省份来看，城镇化与服务业集聚耦合度早期多数处于磨合阶段，但近年来耦合度的变化出现了一定的反复，而且在协调度方面部分省份甚至出现一定程度的恶化，总体上当前城镇化与服务业集聚的协同发展关系具有较强的脆弱性。

基于上述结论，本文提出以下对策建议：

第一，从发展观念上加强对城镇化与服务业集聚互动发展的战略认识。各地区在制定城镇化发展战略与规划中，应当转变观念，不要片面地实施"工业强镇"或"规模大镇"来推进城镇化，而应从经济社会系统发展、实际现状和未来功能出发，提高对城镇化与服务业集聚互动发展重要性的认识，合理安排与自身城镇功能相适应的服务业，发挥服务业功能提升的作用。尤其是当前农村和小城镇地区，更应重视在服务业方面的招商引资，为避免出现"要料不要人"的农村单方面支持城镇发展的状况，可通过城镇化中服务业的初期发展，建立起农村与城镇、小城镇与大中小城市之间的资源双向交换关系，以此促进农村与城镇体系之间的良性互动，实现城乡经济社会的初步融合发展。同时，必须提高对当前城镇化与服务业集聚互动发展不协调的重视程度。另外，根据新型工业化道路和新型城镇化的要求，可以通过政府和市场、政策和机制的配合，加强城镇化与服务业集聚协调发展的规划引导和政策支持，强化市场在城镇化与服务业发展中的资源配置作用。在深化推进城镇化与提高服务业集聚发展推动产业结构升级过程中，实施"城镇化建设拓展服务业集聚发展的市场空间，服务业集聚发展与产业结构转型升级推动城镇功能和质量提升"双向互惠的战略路径，实现城镇化与服务业集聚协同发展的良好局面。

第二，从相关政策上实施向服务业倾斜的城镇化产业配套发展策略。城镇化进程中有几个关键的问题亟待解决，尤其是"人往哪里去"和"耕地怎么保"的问题。"人往哪里去"主要是指农村居民以及城镇中的农民工等群体向城镇居民转化的就业居住等问题，这也是当前提高城镇化质量的关键所在。服务业在创造就业岗位、吸纳就业人口方面具有多重优势，应是当前新型城镇化道路中需要给予特别重视的产业配套选择。在推进城镇规模与数量增长方面，不仅要继续发挥工业的动力源作用，还要通过实施服务业倾斜的政策支持，加大服务业在原有城镇以及新生城镇中的聚集，发挥服务业在促进城镇规模与质量方面所具有的双重功能。在具体安排上，应当根据地区与省份的产业现状、发展实际与未来定位，合理做出生产性与非生产性服务业的布局，推动生产与消费既统一又合理侧重的城镇化。通过在城镇化中实施服务业倾斜的政策引导和扶持，加强新型工业化道路与新型城镇化道路的市场融合，以此促进经济建设与社会建设相结合。在具体实施中，可从区域、省份或市县等多个空间维度下选择条件合适的地区作为示范点，在经济发展的产业结构安排上，既实施工业化促进城镇化，又更加注重和支持服务业中新兴产业及生态型产业等类型和空间合理安排，甚至在有条件的地区推动实现产业结构由第一产业为主跨度升级至以第三产业为主、其他产业配套的跳跃发展局面，突破传统思维下的城镇化道路和产业结构递进升级的观念，实现具有符合地区实际、规模与质量并重并且可持续发展的城镇化。

第三，从各地实际出发对城镇化与服务业集聚发展做出因地制宜的侧重调整。整体上，当前中国城镇化与服务业集聚互动发展的不协调主要与服务业集聚发展相对不足有关，宏观政策方面应当在推进城镇化战略的同时更加注重对服务业集聚发展的重视。从地区角度看，西部地区城镇化与服务业集聚的耦合互动情况稍好于东中部地区，一定程度上意味着通过服务业集聚发展实现城镇化发展具有较好的基础和可能性，西部地区在推进实施城镇化道路当中可适当侧重服务业集聚发展的路径安排；东中部地区虽然在城镇化与服务业集聚发展的两个方面整体上好于西部地区，但二者互动发展的失衡状况更为严重，在后续城镇化与服务业集聚互动发展中应当更加注重城镇化的综合提升。从省份角度来看，东部地区城镇化与服务业集聚发展的耦合协调状态具有较大的省际差异，西部地区的省份差异则相对较小，因此各省份尤其是东部地区的省份在考虑地区联系的同时，应当更加注重自身实际，在发展中侧重提升相对滞后的一面，提升融入本地区发展的能力，形成区域协同发展的联动局面。

第四，从发展路径上实施城镇化与服务业集聚互动战略推进新一轮西部大开发。新一轮西部大开发要实现产业结构不断优化、自我发展能力显著提高的战略目标，应当更加重视城镇化与服务业集聚互动发展的战略安排。尤其是针对西部地区城镇化过程中"城市怎么建"的问题，应当综合考虑服务业集聚发展的现状、产业转移与结构升级，以特色服务业为依托，建设各城市功能完善、特色鲜明、综合承载力强的小城镇与大中小城市紧凑发展的城市群；应当"更加注重发展的质量和效益"的开发理念，开拓农村服务业市场，通过服务业集聚的向心力逐渐吸引农村居民集中化、市民化；同时，通过服务业外包基地等的发展，推进部分地区融入区域要素交换的市场当中，增强地区发展的引擎动力。统筹兼顾西部地区各省份的差异与比较优势，以城镇化与服务业集聚互动发展为路径推进西部大开发，在世界经济向服务型经济转型过程中优先做好战略准备，优化城市与服务业相结合的发展空间布局，逐步实现西部地区"内生型发展"的局面。

参考文献

[1] Ma L. J. C. Urban Transformation in China, 1949–2000: A Review and Research Agenda [J]. Environment and Planning A, 2002, 34 (9).

[2] Shen J. F. Understanding Dual–Track Urbanization in Post–Reform China Conceptual Framework and Empirical Analysis [J]. Population Space and Place, 2006, 12 (6).

[3] 李炳坤. 关于加快推进城镇化的几个问题 [J]. 中国工业经济，2002 (8).

[4] 曹建海，李海舰. 论新型工业化的道路 [J]. 中国工业经济，2003 (1).

[5] 吉昱华，蔡跃洲，杨克泉. 中国城市集聚效益实证分析 [J]. 管理世界，2004 (3).

[6] 江小涓，李辉. 服务业与中国经济：相关性和加快增长的潜力 [J]. 经济研究，2004 (1).

[7] 马鹏，李文秀，方文超. 城市化、集聚效应与第三产业发展 [J]. 财经科学，2010 (8).

[8] 江小涓. 服务业增长：真实含义、多重影响和发展趋势 [J]. 经济研究，2011 (4).

[9] [德] W. Christaller. 德国南部中心地原理 [M]. 常正文等译. 北京：商务印书馆，1933.

[10] 赵新平，周一星. 改革以来中国城市化道路及城市化理论研究述评 [J]. 中国社会科学，2002 (2).

[11] 曹广忠，刘涛. 中国省区城镇化的核心驱动力演变与过程模型 [J]. 中国软科学，2010 (9).

[12] 刘茂松. 我国农村城市化的战略思考 [J]. 经济学动态，2000 (8).

[13] 苏雪串. 促进产业结构升级的城市化战略 [J]. 经济学动态，2003 (7).

[14] 洪银兴. 城市功能意义的城市化及其产业支持 [J]. 经济学家，2003 (2).

[15] 王国刚. 城镇化：中国经济发展方式转变的重心所在 [J]. 经济研究，2010 (12).

[16] 吴大进，曹力，陈立华. 协同学原理和应用 [M]. 武汉：华中理工大学出版社，1990.

[17] 曾珍香. 可持续发展协调性分析 [J]. 系统工程理论与实践，2001 (3).

[18] 廖重斌. 环境与经济协调发展的定量评判及其分类体系——以珠江三角洲城市群为例 [J]. 热带地理，1999 (2).

[19] 康慕谊. 城市生态学与城市环境 [M]. 北京：中国计量出版社，1997.

[20] 刘耀彬，李仁东，宋学锋. 中国城市化与生态环境耦合度分析 [J]. 自然资源学报，2005 (1).

[21] 李文秀，谭力文. 服务业集聚的二维评价模型及实证研究 [J]. 中国工业经济，2008 (4).

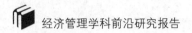
Urbanization and Service Industry Agglomeration
—A View Based on System Coupling Interaction

Zhang Yong   Pu Yongjian   Chen Litai

Abstract：Based on the coupling and coordination models and 2002–2011 panel data of 31 provinces, this paper analyzed the interactive development of urbanization and service industry agglomeration on the prospects of space and time dimensions. It found that firstly the coupling interation situation between China's urbanization and service industry agglomeration as a whole is poor, both eastern, central and western regions are in the run-in phase, and the imbalance of eastern region is more serious. Secondly, the reason of imbalance is that service industry agglomeration lags behind urbanization, but it differs in provinces. Thirdly, coupling interaction between urbanization and service industry agglomeration has characteristics of a gradual strengthen time trend and changing spatial distribution and a few provinces has formed a joint development of the situation. Finally, relevant policy recommendations were given.

Key Words：Urbanization；Service Industry Agglomeration；System；Coupling；Coordination

逆向外包：中国经济全球化的一种新战略*

张月友　　刘丹鹭

【摘　要】一种由印度服务企业引领的新外包潮流——逆向外包，在发展中国家正悄然兴起。遗憾的是，实践中的逆向外包现象尚未引起理论界的广泛关注。对其的研究和认识尚处于初步探索阶段，就其概念本身，国内外也没有一个正式而统一的定义。本文在全面梳理文献的基础上，首次尝试给出普遍接受的逆向外包概念。文章认为，当且仅当由非发达国家作为发包方开展的离岸服务外包，才属于逆向外包。更为重要的是，在模型化逆向外包的合理性方面，本文做了突破性尝试。文章通过构建一个逆向外包内生增长模型，论证了逆向外包是一种发展中国家集聚全球创新资源的新形式，尤其是其开展的前提条件基本符合中国企业现状。进而，本文指出，中国鼓励企业适时开展逆向外包，有利于本国发展基于内需的全球化经济。本研究不仅丰富了全球化理论，对中国的本土企业升级乃至建设创新型国家的策略选择也具有现实意义。

【关键词】扩大内需；全球化；逆向外包

一、问题提出

离岸服务外包自 20 世纪 90 年代末开始加速发展。近年来，全球服务外包实践中又出现了两种重要的离岸外包新潮流。一是离岸外包研究网（ORN）在 2007 年发布的"下一代离岸外包调查报告"发现：发达国家通过"创新全球化"外包战略，在全球范围网罗高技能人才，特别是科技工程人才（Lewin and Couto，2007；Lewin et al.，2009）。二是由全

* 基金项目：教育部人文社会科学重点研究基地重大项目"扩大内需条件下提高长三角对外开放水平研究"（批准号 11JJD790036）；第 52 批中国博士后科学基金面上项目"制度改革、全球化与服务业生产率"（批准号 2012M520510）。

本文作者：张月友，安徽安庆人，南京大学长江三角洲经济社会发展研究中心博士研究生；刘丹鹭，江苏丹阳人，中国社会科学院财经战略研究院博士后，经济学博士。

本文引自《中国工业经济》2013 年第 5 期。

球著名的服务业全球化和投资顾问企业 Tholons 公司，在 2008 年 6 月发布的一份有关离岸外包研究白皮书中指出：离岸服务外包的地理逆转虽然还不是一个全行业现象，但导致其成为一种趋势的因素在印度已经非常明显（Tholons，2008）。因很多面向技术型的产业，如汽车、医药、旅游等行业在过去都发生了地理逆转，Tholons 怀疑同样基于技术的印度 IT 或 IT 服务业也正经历地理逆转。于是，Tholons 对可能导致印度 IT 或 IT 服务业发生地理逆转的三种主要方式进行了调查①。结果发现，通过直接雇用导致逆向人才外流（Reverse Braindrain）活动发生虽少，但其他两种，如信息技术服务的海外组织存在和采取海外并购的逆向外包，在发展中国家特别是印度已非常普遍。

可见，一方面，发达国家正广泛地通过"创新全球化"外包战略在全球争夺人才；另一方面，在一些发展中国家，无论是蓄意为之还是偶然创造，相应的一种全新的逆向外包战略正悄然兴起。这不能不引起作为发展中国家的中国的高度警惕。中国能否通过深度全球化，利用逆向外包战略参与到发达国家的全球人才争夺中去并获得成功，对中国积聚全球创新资源、转变经济发展方式和培养未来全球的国家/产业竞争力至关重要。遗憾的是，相较于已经得到较为广泛研究的第一种外包趋势，第二种外包新趋势由于出现更晚，以及经济学家们对其发生、发展究竟已经是全行业现象，抑或是个别国家的临时策略，仍举棋不定。截至目前，此现象尚未引起学界广泛关注。理论界对逆向外包的研究和认识至今只处在初步探索阶段，甚至就其概念本身，也没有一个正式而统一的定义。

本文将从梳理逆向外包概念出发，系统地研究逆向外包的驱动力和中国实行逆向外包的条件。更重要的是，本文通过构建一个理论模型，论证了逆向外包是一种中国集聚全球创新资源的新方式。

二、逆向外包概念

"逆向外包"（Reverse Outsourcing/Reverse Offshoring），又称"逆向离岸外包"或"反向外包"（江小涓等，2008；孟雪，2011、2012）②。作为一个新词，最早出现在 2005 年 8 月《印度日报》的一篇名为《为了解决飞行员短缺难题，印度和中国开始招募国外飞行员》

---

① 逆向外包的三种主要方式分别为：直接雇用（Direct Hire）、内涵式（Organic）和外延式（Inorganic）。其中，直接雇用是指发展中国家企业直接聘用发达国家人员到本国工作；内涵式是指发展中国家企业采取在发达国家设立基地、并就地雇用工人开展业务；外延式是指发展中国家企业采取并购发达国家企业并开展工作的方式。

② 本文认为，相对于"反向外包"，翻译成逆向外包更恰当。一方面，因中文中，"逆"与"顺"相对，"反"与"正"相对，译成"逆向外包"，以往由发达国家主导的传统外包方式更易于开展，成为其词中之意。译成"反向外包"，则较易引起误解，以为只有发达国家主导下的传统外包才是正当合法和理所当然。另一方面，相比"反向外包"，译成"逆向外包"，不仅同样能表达这种新外包潮流与传统外包方式在外包流向上的截然相反，还能突出"反向外包"所不能传达的，包括发展中国家突破新外包方式会遇到的重重阻碍和某种战略意图，以及实行此种外包战略，发展中国家可能要面临的诸多风险。

的报道中。作者 Sen（2005）发现，在印度和中国率先出现了一种逆向外包新现象。他认为出现此种新现象的原因是：随着印度和中国国内商务航空事业的快速发展，飞行员开始供不应求，两国为了解决日益严重的飞行员供需矛盾，不得不到欧洲招募合格飞行员。Sen（2005）举例说，中国的海南航空、深圳航空、四川航空、奥凯航空等公司当年就雇用了至少 100 名欧洲飞行员。但是，正如该报道的最后一句引语所言："除非中国放宽准入条件……（否则）很难（在欧洲）找到愿意去中国的机组人员。"可见，发展中国家直接雇用发达国家高级人才的前景，特别在当时的中国，其实并不被作者看好。因此，这种异常的劳动力跨国流动仅作为少数行业的一个短期现象并未特别引人注目。直到 2007 年7 月，《金融时报》的一篇题名为《班加罗尔的工资刺激"逆向外包"》的专栏文章出现，逆向外包现象才终于引发了媒体较大范围的关注。在这篇专栏文章中，作者作了一个大胆的判断和预测，说印度作为一个重要的接包国对美国的吸引力正趋于下降。原因是，在班加罗尔设立分支机构的发达国家企业中，印度工程师的工资成本上涨过快，导致发包方已经无利可图（Waters，2007）。例如，班加罗尔的硅谷初创企业 Like.com（一家图像搜索引擎公司），便因印度工程师的工资上涨到几乎接近美国水平，而关闭了其在班加罗尔的办事处，将其设在印度的工作岗位移回美国加州。可见，此时的词汇"Reverse Offshoring"，不过是说发达国家正尝试用"在岸外包"替代"离岸外包"，翻译成"离岸外包回流"显然更准确一些。如果译成"逆向外包"，其"逆向"所表达的意思也应该是向下或下降的意思。也就是说，发达国家正在减少离岸外包，而没有离岸外包在外包方向上发生逆转的意思，更没有挑战发达国家在传统外包中的主导地位。

但是此后，学界使用的"逆向外包"概念完全发生了改变，普遍表达的意思已经转移到服务外包的发包方发生的地理逆转上来。也就是说，发展中国家开始挑战传统上发达国家的发包方地位，正越来越主动地开展起离岸服务外包业务来（Tholons，2008；江小涓等，2008；孟雪，2011；刘丹鹭和岳中刚，2011；Wilson and Ceuppens，2011；刘志彪，2012a；Bunyaratavej and Hahn，2012）。为了给"逆向外包"下一个明确而一般化的定义，将这些文献中有关"逆向外包"概念的几个重要表述列表（见表1）。

观察这些表述，不难发现，对于逆向外包，一个普遍而共同的认识是，逆向外包的发包方不同于传统外包，它由发展中国家而不再由发达国家发起。但由于各自研究目标不同，相关的逆向外包定义间表现出明显差异。根据外包订单路径的不同，大致可以将这些定义归为三类：一是逆向外包包括了发达国家企业将先前离岸到发展中国家的外包撤回到本土进行的活动，表现为外包流向由发达国家到发展中国家，再转变为发达国家到发达国家的订单路径（Wilson and Ceuppens，2011）。二是发展中国家企业虽然开始成为全球外包中的发包方，但它只是发达国家离岸外包整体进程中的一个阶段。也就是说，发展中国家企业发包的目的，只是为了完成来自发达国家企业的发包任务，表现的只是发达国家企业仍然充当外包主导角色下的一个子包业务过程（Tholons，2008；江小涓等，2008；Wilson and Ceuppens，2011）。三是逆向外包已经不是发达国家企业仍然充当外包主导角色下的一个子包业务过程，而是独立且新颖的外包方向上，由发展中国家到发达国家的单

表1　逆向外包的不同定义

作者	逆向外包的定义
Tholons（2008）	发展中国家（印度、菲律宾、中国等）的服务提供商，为了完成来自客户国（美国、英国、日本等）的离岸服务外包交付工作，而在客户国雇用专业技术人员的现象
江小涓等（2008）	服务外包提供商在发包企业所在的国家或地区建立子公司或离岸中心，以寻找发包客户，开拓市场的活动
Wilson 和 Ceuppens（2011）	为了完成来自西方发达国家客户国企业的需求分析任务或离岸外包交付业务，东欧或亚洲的系统集成商在客户国雇用销售人员或负责人的活动，也包括西方发达国家企业将先前离岸外包的工作撤回到本土，转为在岸外包的活动
刘丹鹭和岳中刚（2011）	一种由低劳动力成本的发展中国家企业作为主动发包者的发包过程
Bunyaratavej 和 Hahn（2012）	发展中国家作为发包方，向其他国家（包括发达国家和其他发展中国家）提供离岸服务外包合同

资料来源：作者整理。

向外包过程（刘丹鹭和岳中刚，2011；Bunyaratavej and Hahn，2012）。

综合以上三种逆向外包途径，可以对逆向外包概念进行一般化定义如下：它是指由传统的低劳动力成本的国家（包括发展中国家、不发达国家）作为离岸服务外包发包方，为了某种目的（例如，完成来自客户国企业离岸外包任务和交付业务、开拓国外市场、降低成本、满足国内市场需求、创新产品等），采取直接雇用他国专业技术人员、在他国建立子公司、离岸中心和并购他国企业等的一种战略活动。这个一般化定义突出了逆向外包的两个重要特征：一是它表明逆向外包的离岸服务外包属性。也就是说，逆向外包不是制造业外包，而是服务业外包；逆向外包不是在岸外包，而是离岸外包。二是它强调逆向外包的发包方必须是非发达国家，而作为接包方的国家类型则不必限制。也就是说，当且仅当是非发达国家作为外包的发包方开展的离岸服务外包，它才应该属于逆向外包。

三、逆向外包的驱动力

与发达国家主导下的传统外包不同，驱动逆向外包现象产生的因素更为复杂而多样，本文认为可能的主要因素有以下四个：服务质量满足/获得创新资源、相对成本套利、国家或企业战略、管制规避或靠近市场。

1. 服务质量满足/获得创新资源

Bunyaratavej 等（2007）从平价视角，使用2003年的国别大都市工资样本数据，研究了外包目的地选择问题。与传统的服务外包目的地偏好于选择拥有低劳动力成本国家相反，如今，一国的平均工资越是上涨，该国反而越有可能成为离岸服务外包目的地国。原因是，一般而言，高工资总是与工人的高技能或服务的高效率正相关，企业将外包订单发送到平均工资更高的地区，表明企业服务外包的战略关注点已经从追求成本的降低，转移到更重视服务质量上来。例如，当年的雷曼兄弟公司就因为不满意服务质量而并非劳动力的用工成本，而终止了印度的 Wipro Spectramind 公司对其内部 IT 自助平台的管理业务。因此，新型的发达国家离岸服务外包，实际上已经演变为一种在全球争夺创新人才的战略工具（Lewin and Couto，2007；Lewin et al.，2009）。

随着发展中国家对产业升级/经济发展方式转型的要求越来越迫切，处在第三世界中的中国等国家，对能够提供价值链高端的知识密集型服务人才的需求也越来越迫切，因而，寻求服务质量满足/获得创新资源因素，同样可能成为部分发展中国家实行逆向外包最主要的驱动因素。但需要说明的是，部分发展中国家的逆向外包和发达国家的离岸服务外包，虽然出发点同样都是为了争夺全球创新人才，表面上同样都倾向于将订单发送到高劳动力成本的国家或地区，更深层的原因其实并不相同。其中，像美国这种发达国家利用服务外包在全球采购合格人才，部分原因是 "9·11" 后的美国对 H1B 签证制定了更为严格的法规，导致科技工程人才的严重短缺，需要通过服务外包寻找人才来弥补（Lewin and Couto，2007）；部分原因是发达国家的人口进一步老龄化，以及西方社会中拥有高学历的年轻人越来越不愿意到科技工程领域工作（Lewin et al.，2009），导致科技工程人才供给严重不足。但是，这与发达国家本身拥有大量的高端人才并行不悖。在发展中国家则不同，发展中国家实行逆向外包，恰恰是因本国缺乏创新人才，不通过这种方式到国外采购，本国根本无法提供这种高级劳动力要素供给。

2. 相对成本套利

追求规模经济和低成本一直是制造业/服务业外包的动力因素（Finlay and King，1999）。由于行业生产特性的差别，相对于制造业，很多服务业的生产与经营不依赖于机器设备和厂房等投资，而更为密集地依赖劳动力的知识与技能，自然，"降低工资成本" 对服务业外包就更为迫切。因此，进行劳动套利是最常被提及的发达国家服务外包最主要的驱动力（Smith et al.，1998；Lewin and Furlong，2005；Lewin and Couto，2007；Ellram et al.，2008）。Farrell（2005）甚至为此提供证据说，相比本土，美国企业每离岸外包一美元的工作到印度，能节省 0.58 美元生产成本；同样，德国公司每离岸外包一欧元的工作也能节约 0.52 欧元成本。利用发展中国家用工成本的 "逐底竞赛"（Race to the Bottom），发达国家可便捷地在全球范围近乎永无止境地进行劳动套利。

但是，对于逆向外包，Tholons（2008）认为，成本套利在近期还无法成为重要的驱动因素。他提供证据说，即使服务提供商所在国出现高离职率、工资上涨（低端的 BPO 为 10%，中高层管理者为 30%）和经营总成本的上升（从二线新兴城市的 15% 到一线主要接包城市的 30%），在成本套利方面，发达国家与发展中国家的 IT 和 IT 服务业仍然有着 30%~50% 的价差，传统的发达国家在全球进行成本套利仍然很活跃。

与 Tholons 的观点恰恰相反，笔者认为，Tholons 公司忽视了对劳动力绝对成本和相对成本的区分。如果引入相对质量的劳动用工成本概念，传统上发达国家服务业全球化的成本套利动因，实际上同样可以用于解释部分逆向外包现象的发生。本文定义相对质量的劳动用工成本为一个分数值，分数的分母为服务质量，分子为劳动用工成本，即相对质量的用工成本=服务质量/用工成本。一方面,随着很多发展中国家,尤其是印度、中国等国的用工成本不断上升,发达国家与这些发展中国家的工资差距正在消失(Lamont and Leahy,2010)。等成本上升到发达国家进行劳动成本套利空间较小的时候,相对于发展中国家提供服务满足发达国家消费者的情况,发达国家的服务提供者具有与本国消费者同样的文化和语言,能够更好地为本地消费者服务。因而,发达国家便会选择将一部分原先离岸外包的服务活动撤回到本土进行。另一方面,假设市场是有效的,能够提供高技能或高效率服务的劳动者,其工资成本就应该更高。此时,即使发达国家拥有比发展中国家更高的劳动力绝对成本,但如果发展中国家的服务消费者如前文所述开始追逐高服务质量(如发展中国家的产业升级上升为国家意志,发展中国家消费者对高品质产品消费的需求需要更多的设计、研发和创新等服务投入),鉴于南北国家的一般服务供给质量本来差距就较大(高端服务的供给质量差距更是如此),加上发展中国家的劳动用工成本快速上升,以及发达国家为了满足市场的服务需求,对服务质量的投资增大,就会导致发达国家服务的相对质量成本反而更低。单位服务质量的劳动成本(即劳动成本与服务质量的比值),在发达国家与发展中国家间就会迅速发生逆转,从而促使发达国家加大离岸服务外包撤回速度和撤回规模的同时,也使发展中国家通过逆向外包,进行相对成本套利的空间开始出现并不断增大。

3. 国家/企业战略

Tholons(2008)认为通过逆向外包,公司可以进行内涵式和外延式扩张,从而是公司的一种特定战略决策。江小涓(2008)也认为,发展中国家企业通过逆向外包战略,服务提供商在本土以外建立离岸中心或外包基地,吸引当地优秀员工并开辟新市场,可以进一步扩大其实力,有利于成长为具有全球竞争力的服务跨国公司。刘志彪(2012b)更是将逆向外包上升到国家战略层面,提出中国可以模仿发达国家对中国经济进行发包的方式,使用逆向外包战略,依靠中国的需求和市场,将那些中国原来不容易研发的,或者研发当中有困难的一些技术向国外企业发单,由他国进行研发。这种订单在发达国家经济危机时期,甚至可以提出一些要求,例如,接受订单的企业为中国培训员工的要求。

虽然逆向外包业务多属于高技术、知识密集型业务,但由于不进行国外采购,这些业务在发展中国家便无法开展,其自然无法构成发展中国家企业的核心竞争力。发展中国家通过逆向外包,将这种既有知识密集特性又非企业核心竞争力的业务分离出去,类似于过去的发达国家在全球范围剥离其低端制造业,不仅有利于发展中国家专注于其核心业务竞争力的培养,也有利于创造就业和实现规模经济。更重要的是,一旦通过逆向外包或其附加的培训、技术转让等条款,使发展中国家企业的自主能力大幅提升,成长为发达国家强有力的竞争对手,甚至可能在高端服务市场上击败竞争对手,夺取国际价值链高端地位。

4. 管制规避或靠近市场

如本文的第二部分所言,逆向外包中,除了独立的外包方向(单向地由发展中国家到其他国家)的形式之外,还有一种属于发达国家企业充当主导外包角色下的一个子包业务过程。对于这种逆向外包的驱动因素，Tholons（2008）做了专门的论述。发展中国家通过逆向外包可以规避发达国家的签证管制；而且，在发达国家建立基地和办事处、招聘当地工作人员，也能够更加靠近市场，方便对发达国家进行离岸交付；另外，由于是在客户所在国内处理数据及提供知识产权服务，也有助于开发那些不希望自己的知识产权外包至境外的发达国家的更大客户群。

四、中国开展逆向外包的条件

发展中国家有多种动机将服务订单发包给发达国家，但这并不意味着逆向外包必然就能够成功地得以实施。实际上，发展中国家能不能顺利地开展逆向外包，不仅需要考虑自己的外包意愿和权衡逆向外包给自己带来的风险和收益，也要考虑发达国家接包的意愿和能力。刘丹鹭和岳中刚（2011）开发了一个南北贸易的技术扩散三阶段博弈模型，说明了作为发展中国家的中国在开展逆向外包时至少需要具备两个前提条件：一是必须具备潜力巨大的市场，也即内需旺盛；二是双边市场均存在激烈的市场竞争。基于此前提，一方面，作为逆向外包中的发包方，发展中国家有意愿和能力发送服务订单；另一方面，作为有高端技术服务能力的发达国家的接包方也恰好愿意接受订单。从接包方的发达国家来说，新型外包方式下的"技术换市场"机制既有利可图，也可增加就业，除非政治等其他因素强行干预，否则，发达国家有接受订单的意愿一目了然，这里不再赘述。从发包方的发展中国家来说，因为发送订单的方向是拥有更高劳动力成本的发达国家，这种似乎有悖常理的意愿和能力何时才能具备，需要更深入的阐释。

服务业特别是高端服务业内含的知识、技能特别密集，发展中国家企业大多并不具备此种高级生产者服务的即时供给能力。如果恰逢经济繁荣使得国内市场对这种高级服务需求旺盛，那么，要么国内服务企业通过多种途径满足市场需求，从而企业能获得丰厚的利润回报；要么是国内服务企业无法满足市场需求。结果是，或者被动退出市场，或者客观上对市场需求造成抑制。满足市场需求因为有利可图，企业自然有动力去提供供给，而供给的方式，既可以是通过提升自己的服务能力达到，也可以是通过逆向外包从"国外购买"实现。如果国内市场供给服务的竞争并不激烈，即国内服务企业拥有一定的服务供给垄断控制，那么，即使其不具备供给能力，也不通过逆向外包向国外寻求供给支持，它可以通过漫长时间的学习和积累，不断提升自己的服务知识水平，来缓慢地逐步提供市场的服务供给。这样，结果只能是，漫长的服务学习过程造成了国内高端服务的大面积以次充好，或国内市场需求被压抑而趋于萎缩，或干脆造成国内市场需求转为国外需求的不利局面。但与之相反，如果国内市场供给竞争非常激烈，情况则大不一样。因为，此时某一家不具备服务供给能力的企业，如果不及时通过逆向外包的方式进行"国外购买服务"来提供供给，结果必将被其他积极通过逆向外包方式进行"国外购买服务"的企业逐出市场。

从而只要市场竞争激烈，为了保持住自己的市场份额，不具备服务供给能力的企业必然具有向发达国家开展逆向外包的意愿。当然，这种意愿是否会转化为实际行动，还要看预期的企业通过满足国内市场需求获得的利润，能否弥补为之努力而付出的成本。逆向外包的另一个前提条件也就是说，如果内需规模庞大，企业所预期的利润回报丰厚便足以弥补逆向外包成本：不仅足以支持国内服务企业为了满足市场而进行的服务供给自主投资，而且在采取购买方式提供服务比自己直接供给更经济便捷的同时，看似高昂的逆向外包成本，在丰厚的利润诱惑面前也会变得不值一提。从而强大的内需市场自然能够保障企业通过逆向外包策略寻求国外高技术服务的支持。

五、逆向外包模型

前文已经说明，发展中国家向发达国家开展逆向外包最主要的驱动力是获得创新资源，但当时只是逻辑阐述，并未严格证明。另外，类似中国这种本来就产业升级缓慢且创新激励不足的发展中国家，开展逆向外包，自然也会引发对于开展离岸服务外包可能带来风险的担忧。例如，中国进行离岸服务外包会进一步导致本国的服务业"空心化"，从而进一步阻碍中国经济服务化进程吗？将附加值更高的服务环节离岸外包到发达国家，会更牢固地将中国锁定在全球价值链底部吗？将知识密集型服务工作发包到发达国家，会导致中国知识技能型工作减少，从而进一步侵蚀中国的创新能力和创新水平吗？为了回答诸如此类问题并对逆向外包最主要的驱动力进行更严格的证明，本部分将尝试构建一个逆向外包内生增长模型，论证中国通过实施逆向外包战略，其实可以更好地集聚全球创新资源，更好地为中国发展基于内需的全球化经济服务。

假设有南北两个国家，每个国家都由大量的消费者和厂商组成，且南方国家内需市场庞大。但由于创新能力不同，两个国家创新成本不同，其中，北方国家创新水平较高，其创新成本更低。

因商品的多样性能增加消费者效用，假设消费者愿意为新产品支付溢价。因而，南方国家有激励去开发新产品。南方国家决定开发新产品之后，既可以选择垂直一体化生产，也可以选择将新产品的研发创新等环节外包给北方国家，而自己只生产组装装配环节。如果选择离岸外包，北方厂商创新成功后，南方国家许可北方国家进行新产品的中间投入品生产。最后，南方国家购进北方国家中间投入品，组装生产最终产品并向市场销售。

1. 消费者行为

假设有 L 个拥有相同偏好的永久存续家庭，每一个家庭有一个劳动力。消费者拥有单位时际替代弹性，并且，在消费者消费商品时，偏好于水平差异化产品，效用函数采取常替代弹性形式：

$$U = \int_0^\infty e^{-\rho t} u(C(t)) dt \tag{1}$$

ρ为贴现率，其值越大，则相对于现期消费，家庭对未来消费的估价越小。u(·)为瞬时效用函数，采取如下形式 $u(C(t)) = \ln C(t)$，且 $C(t) = \left[\int_0^{n(t)} c(i, t)^\alpha di \right]^{1/\alpha}$。

C(t)是一个CES数量指数，c(i, t)表示消费者在t时期对第i种商品的消费量，n(t)表示t时期的商品种类，α是衡量商品差异化程度的参数，α越大，商品品种间的差异越小；反之，差异越大。r为利率，假设消费者可以在完善的资本市场自由借贷，从0时到t时期累积的利率因子，因此为 $R(t) = \int_0^t r(\tau) d\tau$。

用E(t)表示总支出。$E(t) = P(t)C(t)$，P(t)为价格总指数，p(i, t)为t时期第i种产品的市场价格，与消费指数相联系的价格总指数表达式为：

$$P(t) \equiv \left[\int_0^{n(t)} p(i, t)^{\alpha/(1-\alpha)} di \right]^{(1-\alpha)/\alpha} \tag{2}$$

使用Grossman和Helpman（1991）多阶段预算方法来解决家庭效用最大化问题。其一，家庭将收入在时际间最优化分配；其二，再将支出最大化分配到各品种产品的消费上去。这将导致一个总支出的欧拉方程（欧拉方程刻画了消费者在时间路径上怎样最优地安排总支出）和一个瞬时效用需求函数，各自为式（3）和式（4）：

$$\frac{E(i)}{E(t)} = R(t) - \rho \tag{3}$$

$$c(i, t) = A(t)p(i, t)^{-1/(1-\alpha)}, \quad i \in [0, n(t)] \tag{4}$$

A(t)为总需求，其表达式为：

$$A(t) = \frac{E(t)}{p(t)^{-\alpha/(1-\alpha)}} \tag{5}$$

2. 生产者行为

供给层面，假设各经济体都有两个生产部门，分别为生产创新的R&D部门和生产商品的部门。为了满足人们对产品品种多样化的偏好，R&D部门设计不同的产品模板供生产部门生产，假设模板可以通过申请专利被永久保护，其折旧率为δ。因此，经济体有两种生产要素：其一为以模板形式存在的知识资本；其二为劳动。假设劳动力可以自由流动，并将其价格，即劳动力工资设为标准计价物。

生产厂商通过购买模板使用权进入市场，生产方式既可以采取垂直一体化方式，也可以采取分上游中间投入生产和下游组装装配生产的分割生产方式。假设采取分割生产时，下游的组装装配生产只发生在南方，中间投入生产则可以在南北任一国家进行，但是，北方国家在生产中间投入时拥有比较优势（这主要是模拟中国处于GVC底部的情况）。商品生产时，每一种生产方式都需要一种模板。也就是说，垂直一体化方式生产时，每一商品品种都需要一种模板，生产V种产品就需要V种垂直一体化模板；分割生产时需要两种模板,一种是中间投入模板,另一种为组装模板;三种产出所需要的模板数分别设为 v、m 和 s。因为上下游不匹配的 R&D 并不会带来真实的商品产出,因此,假设外包生产时,多余的模板或上下游不相匹配的模板无用。即用 "·" 表示变量的改变量,匹配函数采取 $f(\dot{m}, \dot{s}) = \min(\dot{m}, \dot{s})$ 方式,m≠s 时,专业化生产 f 种中间投入品,需要 f 种中间投入模板,与其相匹配有用的下游组装模板也就应该为 f 种,分割生产的产品总品种也为 f 种。假设社会总产出的品种数为 n,则因社会总产出为垂直一体化厂商和逆向外包厂商的产出之和,因此,要满足如下条件:v + f = n。如果定义 $\tau \equiv \dfrac{\dot{m}}{\dot{s}}$,组装装配厂商匹配成功的概率

即为 $\Phi(\tau) \equiv \dfrac{f(\dot{m}, \dot{s})}{\dot{s}}$,而专业化生产中间投入厂商匹配成功的概率则为 $\dfrac{\Phi(\tau)}{\tau}$。

接下来考虑成本问题。由于外包促进了生产的进一步专业化,可以提升生产效率,那么,如果拥有比较优势的北方生产一单位中间投入需要一单位劳动投入,南方一体化生产一单位中间投入则需要 λ(λ > 1)单位劳动投入。相应地,在南方的下游装配环节,每产出一单位最终产品都需要相对应的一单位中间产品投入[①]。用 φ 表示中间投入厂商的议价能力。也就是说,在离岸外包生产出最终产品出售获得收入后,中间投入厂商的剩余获取份额为 φ。从而,φ 就固定了离岸外包时上下游厂商的收入分割比例。

离岸外包也影响创新的边际成本。本文将 R&D 成本内生化,考虑生产模板的 R&D 成本存在 "干中学"。也就是说,随着以往成功采用的模板数量不断增加,生产新模板的边际 R&D 成本会下降。则线性创新劳动力成本的学习曲线可以设为:

$$L_v = \frac{k_v}{v}, \quad L_m = \frac{k_m}{f} \text{ 和 } L_s = \frac{k_s}{f}$$

其中,k_v、k_m 和 k_s 为大于 0 的参数,初始的创新成本大于 0,即 $v_0 > 0$,$f_0 > 0$。

最后考虑各方的行动次序。首先,R&D 部门设计产品模板。其次,南方厂商购买模板并选择中间投入生产地。如果实行离岸外包生产方式,上游北方厂商生产完中间投入后,将与下游南方厂商签订有关最终产品的销售收入分配协议,并将中间投入提供给南方。最后,下游的南方厂商进行组装生产,并与垂直一体化的南方厂商一起向市场销售最终品。

3. 一般均衡

(1)总产出(n)。两种厂商的最优产出可以通过解厂商利润的最大化行为得到。先看垂直一体化厂商。其单位边际成本为 λ 时的需求约束为式(4),设 y_v 和 x_v 分别为垂直一体化厂商最大化的产出和中间投入,其最大化利润函数因此为:

$$\pi_v = p_v y_v - \lambda x_v \tag{6}$$

---

① 相对于垂直一体化生产方式,离岸外包实际上还会产生三类比较重要的成本:一类是运输成本,这里将它内部化;另一类是搜寻成本,也即匹配成本,因为多余的模板或者上下游不相匹配的模板是无用的,为了简单化,这里假设上下游模板将完全匹配;还有一类是由合约不完全导致 "敲竹杠" 带来的风险成本,这将导致上下游厂商的利润分割问题,因此,本文将它体现到南北方的议价能力上去。

因均衡时最终产出与中间投入一一对应，令 $y_v = x_v$ 并对式（6）求最大化，有式（7）和式（8）：

$$x_v = y_v = A\left(\frac{\alpha}{\lambda}\right)^{\frac{1}{1-\alpha}} \qquad (7)$$

$$p_v = \frac{\lambda}{\alpha} \qquad (8)$$

将式（7）和式（8）代入式（6），得到垂直一体化厂商最大化利润为：

$$\pi_v = (1-\alpha)A\left(\frac{\alpha}{\lambda}\right)^{\frac{\alpha}{1-\alpha}} \qquad (9)$$

再看逆向外包厂商。同样因为均衡时上下游一一对应关系，南方国家逆向外包的生产数量与北方国家的中间品生产数量、南方国家组装装配的数量同为 f。最终产出因为由南方国家最终销售，而且，销售收入要按南北方的议价能力进行分割。上下游厂商匹配成功生产出产品最终销售后，南北方各自利润函数分别为：

$$\pi_s = (1-\varphi)p_s y_s \qquad (10)$$

$$\pi_m = \varphi p_s y_s - x_m \qquad (11)$$

对其求最大化，可得：

$$x_m = y_s = A(\alpha\varphi)^{\frac{1}{1-\alpha}} \qquad (12)$$

$$p_s = \frac{1}{\alpha\varphi} \qquad (13)$$

将式（12）、式（13）分别代入式（10）和式（11），便得到匹配成功后的南北方各自最大化的利润分别为 $(1-\varphi)A(\alpha\varphi)^{\frac{\alpha}{1-\alpha}}$ 和 $(1-\alpha)\varphi A(\alpha\varphi)^{\frac{\alpha}{1-\alpha}}$。因此，如果南方国家向北方国家开展逆向外包，南北方各自预期最大化利润分别为：

$$\pi_s^e = \Phi(\tau)(1-\varphi)A(\alpha\varphi)^{\frac{\alpha}{1-\alpha}} \qquad (14)$$

$$\pi_m^e = (1-\alpha)\frac{\Phi(\tau)}{\tau}\varphi A(\alpha\varphi)^{\frac{\alpha}{1-\alpha}} \qquad (15)$$

（2）创新和就业。因为垂直一体化和逆向外包厂商的产出数量 v 和 f 由创新模板带来，因而，R&D 部门的创新生产实际上决定了社会总产出。因此，接下来转向创新模板的生产。用 $\dot{v}$ 和 $\dot{f}$ 表示垂直一体化创新模板和专业化创新模板的变化量；用 L_v^l 表示 R&D 部门发明 v 数量的垂直一体化模板需要的研究人员数量；用 L_s^l 和 L_m^l 表示，为了实现 f 数量的逆向外包生产，所需要的组装装配模板发明和中间投入模板发明的研究员数量；各部门单位成本投入所能生产的模板数量。也就是说，部门生产率可以表示为 $\frac{v}{k_v}$、$\frac{f}{k_s}$ 和 $\frac{f}{k_m}$，δ 为折旧率。那么，创新模板产出数量 v 和 f 的变化量分别为：

$$\dot{v} = \frac{vL_v^l}{k_v} - \delta v \qquad (16)$$

$$\dot{f} = \Phi(\tau)\dot{s} - \delta f, \text{ 其中, } \tau \equiv \frac{\dot{m}}{\dot{s}}, \ \dot{s} \equiv \frac{fL_s^I}{k_s}, \ \dot{m} \equiv \frac{fL_m^I}{k_m} \tag{17}$$

由于创新存在学习效应，随着创新模板累积数增多，新发明的模板价格会下降，因而，专利资产价值会发生变动。令专利资产价值为 J_j，$j = (v, s, m)$，均衡时，根据边际成本定价原则，各模板发明的专利资产价值分别为 $J_v = \frac{k_v}{v}$、$J_s = \frac{k_s}{f}$ 和 $J_m = \frac{k_m}{f}$。因此，其变动率可以用逆向外包厂商和一体化厂商的创新速率 $\left(\dfrac{\dot{f}}{f}\right.$ 和 $\left.\dfrac{\dot{v}}{v}\right)$ 来表示：

$$\frac{\dot{J}_v}{J_v} = -\frac{\dot{v}}{v}, \ \frac{\dot{J}_m}{J_m} = \frac{\dot{J}_s}{J_s} = -\frac{\dot{f}}{f} \tag{18}$$

假设 R&D 部门以 R 利率向资本市场借款，并支付研究人员报酬，均衡时，资本市场满足无套利条件。最后，均衡时的就业应该满足充分就业条件，综合式（7）、式（12）、式（16）和式（17），可以得到经济体总就业人口的表达式如下：

$$L = k_v\left(\frac{\dot{v}}{v} + \delta\right) + k_s\frac{\dot{s}}{f} + k_m\frac{\dot{m}}{f} + v\lambda A\left(\frac{\alpha}{\lambda}\right)^{\frac{1}{1-\alpha}} + fA(\alpha\varphi)^{\frac{1}{1-\alpha}} \tag{19}$$

（3）逆向外包与垂直一体化。接下来将证明，理论上，在南方国家，垂直一体化和逆向外包不可能同时产生，并在此基础上，推导出满足南方国家选择逆向外包生产方式的条件表达式。

根据式（18）和满足无套利条件的 R，均衡时有等式 $\dfrac{f\pi_m^e}{k_m} = \dfrac{f\pi_s^e}{k_s}$，将式（14）和式（15）代入，可以得到逆向外包时，组装装配与中间投入的新发明比例必须满足等式：

$$\tau \equiv \frac{\dot{m}}{\dot{s}} = \bar{\tau} \equiv \frac{k_s}{k_m}\frac{(1-\alpha)\varphi}{1-\varphi} \tag{20}$$

这表明，两类专业化模板创新发明必须以固定比例形式出现。借鉴 Grossman 和 Helpman（1991）的理性预期假说和资产无套利条件，要保持各变量均衡增长，只有所有厂商同时行动，即要么各变量以相同速率同时增长，要么都不发生任何变化，式（20）才可实现。因此，如果南方企业同时开展垂直一体化和逆向外包生产方式，创新速率就必须相同，这等同于要求等式 $v = v_0 e^{gt}$，$f = f_0 e^{gt}$ 总是得到满足。将 $J_v = \frac{k_v}{v}$、$J_s = \frac{k_s}{f}$ 和 $J_m = \frac{k_m}{f}$ 代入满足资本无套利条件的 r，可知：$\dfrac{\pi_v v_0 e^{gt}}{k_v} = \dfrac{\pi_j^e f_0 e^{gt}}{k_j}$，$j = m, s$，结合式（9）和式（14）或式（15），整理后有等式：

$$\frac{v_0(1-\alpha)\lambda^{\left(-\frac{\alpha}{1-\alpha}\right)}}{k_v} = \frac{f_0\Phi(\bar{\tau})(1-\varphi)\varphi^{\frac{\alpha}{1-\alpha}}}{k_s} \tag{21}$$

也就是说，在南方国家企业，如果同一时间，既有垂直一体化方式生产也有逆向外包生产方式，式（21）必须得到满足。但是，各参数要使得式（21）成立，就必须是一个全为 0 的参数集合。这对于参数的各种选择可能而言，是个小概率事件①。因此，实际上，均衡时，厂商不可能既选择垂直一体化生产方式，又选择逆向外包生产方式。

进一步，厂商何时选择逆向外包的生产方式呢？

对式（21）移项可得到逆向外包生产时的综合边际生产成本为：

$$\tilde{\lambda} \equiv \frac{1}{\varphi}\left[\frac{k_s}{k_v}\frac{v_0}{f_0}\frac{(1-\alpha)}{(1-\varphi)}\frac{1}{\Phi(\bar{\tau})}\right]^{\frac{1-\alpha}{\alpha}} \tag{22}$$

将其与垂直一体化的边际成本进行比较，很容易知道，当且仅当 $\lambda > \tilde{\lambda} \equiv \frac{1}{\varphi}\left[\frac{k_s}{k_v}\frac{v_0}{f_0}\right.$

$\left.\frac{(1-\alpha)}{(1-\varphi)}\frac{1}{\Phi(\bar{\tau})}\right]^{\frac{1-\alpha}{\alpha}}$ 时，理性的厂商应该选择逆向外包生产方式。

令 ROS≡"$\lambda > \tilde{\lambda}$"表示逆向外包生产。因为 ROS 是 λ 和 $\Phi(\bar{\tau})$ 的增函数，是 $\frac{k_s}{k_v}$、$\frac{v_0}{f_0}$

和 $\frac{(1-\alpha)}{(1-\varphi)}$ 的减函数，所以：①当专业化发明组装装配模板相对于垂直一体化模板创新更

便宜（即 $\frac{k_s}{k_v}$ 更小）时；②当组装装配的初始创新累积更多（即 $\frac{v_0}{f_0}$ 更小）时；③当产品的多样性不强（$(1-\alpha)$ 较小），专业化最终组装环节议价能力较强（$(1-\varphi)$ 较大）时；④当专业化最终组装厂商找到专业化为其生产中间投入的厂商概率较高（$\Phi(\bar{\tau})$ 较大）时；⑤当垂直一体化成本相对于专业化成本较大（λ 较大）时，南方厂商应该选择逆向外包的生产方式。显然，这一系列假设基本符合中国制造业现状。因为：①相较于垂直专业化生产，专业化分割生产可以节约成本，其单位边际生产成本更低，λ 较大是普适规律；②中国是世界制造业大国，过去通过出口导向战略快速推进工业化，制造业的开放度较高，但自身的自主创新能力并不强，而且，在国际制造业市场，中国企业累积了丰富的低端加工组装经验，因此在中国，$\frac{k_s}{k_v}$、$\frac{v_0}{f_0}$、$\frac{(1-\alpha)}{(1-\varphi)}$ 较小；③由于中国企业长期只能扮演国际制造业代工角色，与国际优秀的创新能力强的跨国公司间建立了良好的长期合作伙伴关系，从而，长期从事专业化最终组装环节生产的中国厂商，要找到专业化配套生产中间投入的国际大企业合作并非难事。可见，中国企业如果趁当前欧美国家经济普遍萧条的时候，适时启动逆向外包战略，是可以集聚全球先进的生产要素和创新资源为我服务的，也是一种企业从成本角度考虑的理性选择。

（4）逆向外包对创新的影响。以上论证了中国企业开展逆向外包战略的合意性，接下来着重考察逆向外包对中国企业自主创新能力的影响。

先将逆向外包给定，也就是 ROS 不等式得到满足。那么，$L_v^i = 0$，$\dot{v} = 0$ 且 $v = 0$。另

外，遵循均衡增长路径的特征，有 $\dfrac{\dot{f}}{f} = g_f$，$\dot{E} = 0$。因此，长期增长时，充分就业的条件式

（19）和欧拉方程式（3）可以重新表述为：$L = \dfrac{k_s + k_m \bar{\tau}}{\Phi(\bar{\tau})}(g_j + \delta) + \alpha\varphi E$ 和 $\dfrac{\Phi(\bar{\tau})(1-\varphi)E}{k_s} - g_j - \rho - \delta = 0$。

结合式（20）对 $\bar{\tau}$ 的定义，解出均衡时创新支出（E_f^C）和创新速率（g_f^C）的表达式分别如下：

$$E_f^C = L + \rho\frac{k_s}{\Phi(\bar{\tau})}\frac{1-\varphi\alpha}{1-\varphi}, \quad g_f^C = \Phi(\bar{\tau})(1-\varphi)\frac{L}{k_s} - \rho\varphi\alpha - \delta \qquad (23)$$

很明显，式（23）的解依赖于南方国家组装厂商的匹配概率（$\Phi(\bar{\tau})$）。这有两种情况，一是组装厂商少于中间投入厂商的情况，即 $\bar{\tau} > 1$ 时，$\Phi(\bar{\tau}) = 1$，南方国家组装厂商匹配概率为 100%；二是组装厂商多于中间投入厂商的情况，即 $\bar{\tau} < 1$ 时，北方中间投入生产厂商匹配概率为 100%，即 $\dfrac{\Phi(\bar{\tau})}{\bar{\tau}} = 1$。因中国制造业开放度高，而且长期从事代工生产，中国组装装配厂商寻找到国际中间品生产企业的匹配概率较高，所以，本文取 $\Phi(\bar{\tau}) = 1$。此时，均衡的创新支出（E_s^C）和创新速率（g_s^C）为：

$$E_s^C = L + \rho k_s \frac{1-\varphi\alpha}{1-\varphi}, \quad g_s^C = (1-\varphi)\frac{L}{k_s} - \rho\varphi\alpha - \delta \qquad (24)$$

从式（24）可知，无论是创新支出 E_s^C 还是创新速率 g_s^C，求因变量对自变量的偏导数，很容易知道：开展逆向外包，不仅不会损害中国的创新水平，相反，甚至有利于进一步提升中国企业的创新能力。因为创新支出 E_s^C 关于时间偏好 ρ、产品差异化（$1-\alpha$）、议价能力（$1-\varphi$）、R&D 成本 k_s 和经济规模 L 等为增函数；创新速率 g_s^C 关于议价能力（$1-\varphi$）、产品差异化（$1-\alpha$）和经济规模 L 为增函数，而关于折旧率 δ 为减函数。也就是说，如果：①中国出台刺激消费的扩大内需政策，使得消费者具有较强的时间偏好（ρ 增大），从而使得国人不仅偏好于现期消费，也偏好商品消费的多样性；②中国注重发明和专利保护，制定严格的专利保护法律和制度，从而导致创新模板的折旧速率较慢（δ 减小）；③中国经济规模庞大，从而内需市场旺盛（L 较大），在国际交往中的国际地位显著，与发达国家企业合作生产时，对利润分割的议价能力更强（（$1-\varphi$）增大），则中国通过鼓励企业实施逆向外包战略，既有利于促进本国创新支出扩张，也有利于国家创新速率提升。众所周知，以上的"如果"，正是当前中国政府和决策层高度重视并要着力予以解决的问题。

六、结论与启示

本文较全面系统地研究了逆向外包概念、驱动力、发展中国家实行逆向外包需要具备

的前提条件，以及逆向外包可能带给中国的最重要利益。文章指出，当且仅当发包方是非发达国家开展的离岸服务外包，才属于逆向外包。驱动逆向外包的因素复杂而多样，其中，服务质量满足/获得创新资源、相对成本套利、国家或企业战略、管制规避或靠近市场四个因素较为重要。发展中国家要想成功地实施逆向外包战略并非是无条件的，不仅要求其拥有潜在的巨大市场容量，还要求外包中的东道国和母国各自均存在激烈的市场竞争，这使得世界上仅有为数较少的发展中国家，如中国和印度等国家可以开展逆向外包。另外，本文认为，中国通过逆向外包，将知识密集型高级生产者服务工作发包到发达国家，不仅不会侵蚀中国的创新能力和创新水平，甚至恰恰相反，会有利于中国集聚全球创新资源，为中国的产业升级和转变经济发展方式服务。但需要决策层高度重视的是，通过逆向外包促进中国创新能力提升，需要制度保障：一方面，本文的研究认为专利保护对创新能力具有促进作用；另一方面，认为逆向外包是中国在经济全球化道路上的一种新型战略选择。

第一，逆向外包展开的前提，与中国实施经济全球化战略的背景具有一致性。中国过去通过积极参加跨国公司主导的外包，着力发展加工贸易，成为经济全球化的受益者。但是，这种以出口导向为特征的粗放型增长模式已经难以为继。资源的大量消耗、生态环境恶化、劳动者利益受损，是这种模式付出的直接代价；国内生产要素成本急速上升，更使中国快速地丧失国际制造业代工比较优势，导致工厂纷纷向成本更低的其他发展中国家迁移。未来中国参加的经济全球化，是不同于第一波经济全球化的"第二波经济全球化"。其战略的目的，是在扩大内需条件下，进一步发展"基于内需的全球化经济"。进一步来说，是"利用本国的市场用足国外的高级生产要素，尤其是利用国外的创新要素加速发展在中国的创新型经济"（刘志彪，2013），填补国内技术的缺口。文章第四部分提到中国展开逆向外包的条件，指的是双方激烈的市场竞争和强大的国内需求市场，在发达国家本国市场萎缩、对本国创新要素利用不足的情况下，便为中国利用强大的内需拉动国外创新要素提供了千载难逢的机遇。以美国为例，美国民众的购买力使美国的内需成为全球最强劲的需求，其巨大的市场不仅使它成为吸引全球各种低成本要素和产品的国家，还使它成为吸引全球各种高级要素的国家。因此，将中国市场培育成具有世界规模的市场，是逆向外包和第二波经济全球化成功的必备条件。

第二，中国发展新一波全球化经济，核心是拥有全球化的高端人力资本，而逆向外包正是一种能集聚高端人才的战略。一方面，因争夺内需市场和发展"三高两低产业"不再具有竞争力，中国的本土企业对高级生产要素产生强烈需求；另一方面，国内生产要素价格不断上涨又压缩了低端产业的生存空间。中国"第二波经济全球化"要求提升要素的质量和生产率，其关键是形成自主核心技术。人才是技术的载体。因此，引进和培育全球高端人才成为中国实施第二波经济全球化战略的重点。逆向外包是由发展中国家企业主导的、让发达国家人才为本土企业所用并形成自身竞争力的战略。在逆向外包过程中得到的国际先进技术和人才的支持，将会大大缩短中国进行第二波经济全球化的进程。

第三，作为一种经济全球化新战略，逆向外包能够为中国赢得未来的全球主导地位创造社会条件。发达国家与发展中国家合作开展离岸外包特别是离岸服务外包活动的同时，也是东西方两种文化相互交融的过程。而且，因为与母国有更接近的文化和语言往往是决定外包目的地国或东道国地理位置的重要因素，传统上，在发达国家作为发包方对发展中国家开展的离岸外包中，主导方是发达国家，为了获得订单，以往的发展中国家必须努力学习西方国家的文化和语言。现在，在逆向外包中，情况不同了，发达国家为了尽早摆脱经济危机的阴影和增加本国国民的就业机会与国民财富，就必须争取更多地获得发展中国家外包订单的青睐，因此，发达的西方国家从此将不得不意识到努力学习东方语言和适应东方文化的重要性。

参考文献

［1］Lewin, A.Y., and Couto, V. Next Generation Offshoring: The Globalization of Innovation ［R］. Duke University CIBER/Booz Allen Hamilton Report, 2007.

［2］Lewin, A.Y., Massini, S., and Peeters, C. Why Are Companies Offshoring Innovation? The Emerging Global Race for Talent ［J］. Journal of International Business Studies, 2009, 40 (6).

［3］Tholons Inc. Reverse Offshoring: Trend or Strategy ［R］. Tholons Services Globalization Review, 2008.

［4］Sen, P. India and China Start Reverse Outsourcing of Foreign Pilots to Counter Shortages ［EB/OL］. http: //www. indiadaily.com/editorial/3997.asp, 2005.

［5］Waters, R. Bangalore Wages Spur Reverse Offshoring ［N］. Financial Times, 2007-07-01.

［6］Wilson, B., Ceuppens, K. Reverse Offshore Outsourcing Experiences in Global Software Engineering Projects ［EB/OL］. http: //ieeexplore.ieee.org/xpls/abs_all.jsp? arnumber=6063149&tag=1, 2011.

［7］Bunyaratavej, K., Hahn, E.D. Offshoring of Services from Developing Countries: The New Wave of Emerging Offshorers ［J］. International Journal of Service Science, Management, Engineering, and Technology, 2012, 3 (2).

［8］Bunyaratavej, K., Hahn, E.D., and Doh, J. P. International Offshoring of Services: A Parity Study ［J］. Journal of International Management, 2007, 13 (1).

［9］Finlay, P.N., King, R.M. IT Sourcing: A Research Framework ［J］. International Journal of Technology Management, 1999, 17 (1).

［10］Smith, M.A., Mitra, S., and Narasimhan, S. Information Systems Outsourcing: A Study of Preevent Firm Characteristics ［J］. Journal of Management Information Systems, 1998, 15 (2).

［11］Lewin, K., Furlong, S. 1st Bi-annual Offshore Survey Results ［R］. Duke Center for International Business Education and Research (CIBER) and Archstone Consulting, 2005.

［12］Ellram, L.M., Tate, W.L., and Billington, C. Offshore Outsourcing of Professional Services: A Transaction Cost Economics Perspective ［J］. Journal of Operations Management, 2008, 26 (2).

［13］Farrell, D. Offshoring: Value Creation through Economic Change ［J］. Journal of Management Studies, 2005, 42 (3).

［14］Lamont, J., and Leahy, J. US Matches Indian Outsourcing Costs ［J］. Financial Times, 2010 (17).

［15］Grossman, G.M., and Helpman, E. Quality Ladders in the Theory of Growth ［J］. The Review of Economic Studies, 1991, 58 (1).

［16］Naghavi, A., and Ottaviano, G.I. Outsourcing, Complementary Innovations, and Growth ［J］.

Industrial and Corporate Change，2010，19（4）.

［17］ 江小涓等. 服务全球化与服务外包：现状、趋势及理论分析 ［M］. 北京：人民出版社，2008.

［18］ 孟雪. 反向服务外包对我国生产率的影响——生产性服务业的实证分析 ［J］. 国际贸易问题，2011（7）.

［19］ 孟雪. 反向服务外包如何影响中国的就业结构——以中国作为发包国的视角分析 ［J］. 国际贸易问题，2012（9）.

［20］ 刘丹鹭，岳中刚. 逆向研发外包与中国企业成长——基于长江三角洲地区自主汽车品牌的案例研究 ［J］. 产业经济研究，2011（4）.

［21］ 刘志彪. 基于内需的经济全球化：中国分享第二波全球化红利的战略选择 ［J］. 南京大学学报（哲学·人文科学·社会科学版），2012a（2）.

［22］ 刘志彪. 中国要主动创造第二波经济全球化战略机遇 ［EB/OL］. http：//stock.jrj.com.cn/2012/05/19162013192629.shtml，2012b.

［23］ 刘志彪. 战略理念与实现机制：中国的第二波经济全球化 ［J］. 学术月刊，2013（1）.

Reverse Outsourcing：A New Strategy for China's Economic Globalization

Zhang Yueyou　　Liu Danlu

Abstract：Reverse outsourcing，a new trend that originated in Indian services firms，is emerging in developing countries. This paper attempts to summarize a generalized concept of reverse outsourcing and built a model based on its mechanisms and preconditions. In this paper reverse outsourcing is defined as a phenomenon of off-shoring led by developing countries who are project owners. By an endogenous outsourcing model，we show that reverse outsourcing is a new strategy to gather global innovation resources and is helpful for domestic firms to upgrade.

Key Words：Stimulating Domestic Demand；Globalization；Reverse Outsourcing

第二节

英文期刊论文精选

　　也许与服务业发展程度有关，英文文献更多偏向于服务贸易的研究，包括对服务贸易产生影响的因素分析、服务贸易的影响。另外，英文的文献也更多地涉及服务创新和服务竞争力问题的研究，对一些细分行业服务业的研究也比较丰富。结合文献的质量和影响力，专家组精选出25篇文章，分别介绍如下。

No.1

Title: Services Reform and Manufacturing Performance: Evidence from India

Author: Arnold Jens Matthias, Javorcik Beata, Lipscomb Molly, Mattoo Aaditya

Source: The Economic Journal

Abstract: Conventional explanations for the post-1991 growth of India's manufacturing sector focus on goodstrade liberalisation and industrial delicensing. We demonstrate the powerful contribution of aneglected factor: India's policy reforms in services. The link between these reforms and theproductivity of manufacturing firms is examined using panel data for about 4000 Indian firms forthe period 1993-2005. We find that banking, telecommunications, insurance and transport reformsall had significant positive effects on the productivity of manufacturing firms. Services reformsbenefited both foreign and locally owned manufacturing firms, but the effects on foreign firmstended to be stronger.

Key Words[1]: India; Service Reform; Manufacturing Firms

文章名称: 服务业改革和制造公司业绩:印度的证据

作者: Arnold Jens Matthias, Javorcik Beata, Lipscomb Molly, Mattoo Aaditya

期刊名称:《经济学》

摘要: 对于 1991 年后期印度制造业增长的现象,传统的解释都集中在商品贸易自由化和取消工业许可证制度方面。我们证明了一个被忽视的因素对此巨大的贡献——印度服务业的政策改革,并使用 1993~2005 年约 4000 家印度公司的面板数据检验了这些改革与制造企业生产率之间的关系。我们发现,银行、电信、保险和运输行业的改革对于制造企业生产率有显著的积极影响。服务业改革既有利于外资制造企业,也有利于内资制造企业,但是对外资企业的影响往往更强。

关键词: 印度;服务改革;制造企业

---

① 原文无关键词。

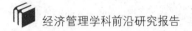
No.2

Title：Comparative Advantage，Service Trade and Global Imbalances

Author：Barattieri Alessandro

Source：Journal of International Economics

Abstract：The large current account deficit of the U.S. is the result of a large deficit in the goods balance and a modest surplusin the service balance. The opposite is true for Japan，Germany，and China. Moreover，I document the emergencefromthe mid-nineties of a strong negative relation between specialization in the export of services and thecurrent account balances of a large sample of OECD and developing countries. Starting from these new stylizedfacts，I propose in this paper a service hypothesis for global imbalances，a newexplanation based on the interplaybetween the U.S. comparative advantage in services and the asymmetric trade liberalization process in goodstrade versus service trade that took place starting in the mid-nineties. First，I use a structural gravity model toshow that service trade liberalization lagged behind goods trade liberalization，and I quantify the extent of thisasymmetry. Second，I showthat a simple two-periodmodel can rationalize the emergence of current account deficitsin the presence of such asymmetric liberalization. The key inter-temporal mechanism is the asymmetrictiming of trade policies，which affects saving decisions. Finally，I explore the quantitative relevance of this explanationfor global imbalances. I introduce trade costs in an otherwise standard 2-sector 2-country internationalreal business cycle model. When fed with the asymmetric trade liberalization path found in the data，themodel generates a trade deficit of about 5% of GDP. I conclude that the service hypothesis for global imbalancesis quantitatively relevant.

Key Words：Comparative Advantage；Service Trade；Global Imbalances

文章名称：比较优势、服务贸易和全球经济失衡

作者：Barattieri Alessandro

期刊名称：《国际经济学》

摘要：美国经常账户巨额赤字是因为货物贸易赤字很大，而服务贸易盈余较小。但在日本、德国和中国，情况则恰恰相反。此外，本文证明了20世纪90年代中期服务出口专业化与OECD国家及发展中国家经常账户差额之间存在较强的负相关关系。从这些新的特征事实出发，本文提出了一个解释全球经济失衡的服务假说，该假说基于美国服务业比较优势和20世纪90年代中期货物贸易和服务贸易自由化进程不对称之间的相互影响。首先，本文使用一个结构引力模型说明服务贸易自由化滞后于货物贸易自由化，并量化了这种不对称程度。其次，使用一个简单的两期模型解释在这种自由化不对称的情况下经常账户赤字的原因。跨期机制的关键是贸易政策时间的不对称，这会影响储蓄决策。最后，探

索了这个解释与全球经济失衡之间的定量相关性，将贸易成本引入一个标准的两部门两国家的国际真实经济周期模型中。带入贸易自由化不对称的数据时，模型显示贸易赤字约为GDP 的 5%。推断服务假说与全球经济失衡是定量相关的。

关键词：比较优势；服务贸易；全球经济失衡

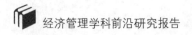

No.3

Title: Servitisation of European Manufacturing: Evidence from a Large Scale Database

Author: Dachs Bernhard, Biege Sabine, Borowiecki Martin, Lay Gunter, Jäger Angela, Schartinger Doris

Source: The Service Industries Journal

Abstract: Manufacturing firms increasingly produce and provide services along with or instead of their traditional physical products. The goal of this paper is to provide newevidence for this servitisation of European manufacturing and test previous findings based on case studies with a large, firm-level data set. Empirical results indicate that service turnover of manufacturing firms is still small compared to the turnover with physical products. National differences play only a minor role in explaining the degree of servitisation. Firm size is of more relevance. Result sreveal a U-shaped relationship between firm size and servitisation which points to advantages of both, small and large firms in servitisation. Moreover, servitisation is positively related to product complexity and the likelihood that the firm introduces product innovation.

Key Words: Servitisation; Knowledge Intensive Services; Structural Change

文章名称: 欧洲制造业服务化: 大规模数据库的证据

作者: Dachs Bernhard, Biege Sabine, Borowiecki Martin, Lay Gunter, Jäger Angela, Schartinger Doris

期刊名称:《服务产业》

摘要: 制造企业提供的服务越来越多, 一些服务作为传统实体产品的附加, 一些则用于代替实体产品。本文旨在为欧洲制造业服务化提供新的证据, 并基于庞大的公司层面数据集进行实证研究, 检验之前的发现。实证结果表明, 制造业公司的服务营业额仍然小于实体产品的营业额。国家差异对于服务化程度的影响较小, 公司规模与服务化程度的相关性更强。结果显示, 公司规模和服务化程度呈 "U" 形关系, 这指出了小规模和大规模公司服务化的优势。此外, 服务化与产品复杂性和公司引入产品创新的可能性正相关。

关键词: 服务化; 知识密集型服务; 结构变化

No.4

Title：The Determinants of Inward Foreign Direct Investment in Business Services across European Regions

Author：Castellani Davide, Meliciani Valentina, Mirra Loredana

Source：Regional Studies

Abstract：The role of forward linkages with manufacturing sectors and other service sectors asattractors of business services foreign direct investment (FDI) is studied at the regional level. Using data on 146 NUTS-2regions, it is found that regions specialized in those (manufacturing) sectors that are high potential users of business servicesattract more FDI in the business services than other regions. Results are robust to the inclusion of the traditional determinantsof foreign investments at the regional level as well as to controls for spatial dependence. The results suggest that regional policiesaimed at attracting foreign investors in the business service industry might prove ineffective in the absence of a pre-existing localintermediate demand.

Key Words：Foreign Direct Investment (FDI); Business Services; Regional Specializ-ation; Forward Linkages

文章名称：欧洲地区商务服务吸引外商直接投资的决定因素

作者：Castellani Davide, Meliciani Valentina, Mirra Loredana

期刊名称：《区域研究》

摘要：从区域层面研究了制造业部门与其他服务部门的前向联系在吸引商务服务外商直接投资（FDI）方面的作用。使用146个第二级行政区域的数据研究，发现专业从事潜在大量使用商务服务的（制造业）部门的区域在商务服务方面吸引的FDI比其他区域多。传统因素能影响FDI流入的区位选择，这一结果在考虑空间相关性之后也是稳健的。结果显示，当缺乏本地中间需求时，旨在吸引商务服务外商投资的区域政策可能是无效的。

关键词：外国直接投资（FDI）；商业服务；区域专业化；前向联系

No.5

Title： International Service Transactions： Is Time a Trade Barrier in a Connected World?

Author： Dettmer Bianka

Source： International Economic Journal

Abstract： Firms'international fragmentation of production has recently widened itsfocus from outsourcing of intermediates to off-shoring of business services such as softwareprogram development and international call center networks. Although many servicesare intangible and non-storable， gravity model estimates show that geographical distancebetween business partners matters less for commercial service transactions. Rather， timezones can be a driving force of international service trade by allowing for continuous operationover a 24 hours business day （continuity effect） when a proper division of labor isfeasible and countries are connected to electronic communications infrastructure （ICT）. Buteven when ICT provides alternatives for face-to-face interaction， time zones can act as abarrier when coordination problems with sleeping business partners occur （synchronizationeffect）. In this paper， we find empirical evidence for the continuity effect in trade of businessservices， which is robust to measurement and sample size. Even more important is that theeffect of time zones on service trade depends on access to ICT. An improvement of ICTinfrastructure will affect business service trade at long time zone distances significantly morethan trade at short time zone distances.

Key Words： International Trade； Business Services； Gravity Model； Distance； Time Zones； Electronic Communication

文章名称： 国际服务贸易：时间是互连世界中的贸易障碍吗?

作者： Dettmer Bianka

期刊名称：《国际经济》

摘要： 最近，公司国际生产片段化从中间品外包扩大到了离岸商务服务外包，如软件程序开发与国际客服中心网络。尽管许多服务是无形的、不可储存的，引力模型的估计结果表明商业伙伴之间的地理距离对商业服务贸易的影响较小。当劳动分工合理、国家间通过电子通信设施（ICT）相联系时，时区使得营业日可以 24 小时连续运作（连续效应），从而促进国际服务贸易。但即使 ICT 提供了替代面对面交流的方式，时区仍可能是障碍，因为存在协调商业伙伴休息时间的问题（同步效应）。本文中，我们发现了商务服务贸易连续效应的实证证据，该结果对度量方式和样本大小都具有稳健性。更重要的是，时区对服务贸易的影响取决于 ICT 接入程度。时区相距远时，改善 ICT 基础设施对商务服务贸易的影响显著大于时区相距近时。

关键词： 国际贸易；商务服务；引力模型；距离；时区；电子通信

No.6

Title: Aid to the Services Sector: Does It Affect Manufacturing Exports?

Author: Ferro Esteban, Portugal Perez Alberto, Wilson John S.

Source: The World Economy

Abstract: The authors evaluated the impact of foreign aid to five services sectors (transportation, information and communications technologies (ICT), energy, banking/financial services, and business services) on exports of downstream manufacturing sectors in developing countries. To address the reverse causality between aid and exports, they relied on an original identification strategy that exploits (i) the variation of aid flows to services sectors and (ii) the variation of service intensities across industrial sectors and countries using input-output data. They found a positive effect of aid to services, in general, on downstream manufacturing exports of developing countries across regions and income-level groups.

Key Words[1]: Aid; Services Sector; Manufacturing Exports

文章名称: 服务部门的援助: 影响了制造业出口吗?

作者: Ferro Esteban, Portugal Perez Alberto, Wilson John S.

期刊名称:《世界经济》

摘要: 作者评估了发展中国家五个服务部门(运输, 信息和通信技术, 能源, 银行、金融服务和商业服务)的外国援助, 对下游制造业出口的影响。为了说明援助和出口之间的因果关系, 文章依赖于一个创新的识别策略, 这种策略利用了援助流向服务部门的变化, 以及投入产出表中工业部门和国家服务强度的变化。他们发现了在一般情况下, 在不同的地区和收入水平组, 援助服务都发挥了积极的作用。

关键词: 援助; 服务部门; 制造业出口

---

① 原文无关键词。

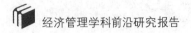
No.7

Title：Importing, Exporting and the Productivity of Services Firms in Sub-Saharan Africa

Author：Foster-McGregor Neil, Isaksson Anders, Kaulich Florian

Source：The Journal of International Trade & Economic Development

Abstract：In this paper we examine productivity differences between trading and non-trading firms in the services sector using recently collected data on a sample of 19 sub-Saharan African firms. A variety of parametric and non-parametric tests are implemented in order to examine whether exporters, importers and two-way traders perform better than non-traders, and whether there are differences in performance between different types of trading firms. Our results indicate that services firms that are engaged in international trade perform significantly better than those firms that trade on the domestic market only. Two-way traders and exporters only are found to perform better than importers only, with no significant difference in performance found between two-way traders and exporters only. We further present evidence indicating that there is no significant difference in performance between export starters and export continuers, a result consistent with the self-selection hypothesis for African services firms.

Key Words：Productivity；Imports；Exports；Services Firms

文章名称：撒哈拉以南非洲地区服务企业的进口、出口和生产率

作者：Foster-McGregor Neil, Isaksson Anders, Kaulich Florian

期刊名称：《国际贸易与经济发展》

摘要：在本文中，我们使用最新收集的撒哈拉以南的 19 个国家公司数据样本，研究贸易和非贸易公司之间服务部门的生产率差异。我们实施各种参数和非参数检验，以检查是否出口商、进口商和双向贸易商的表现优于非贸易商，以及不同类型的贸易公司之间的表现是否有差异。我们的结果表明，从事国际贸易的服务企业表现明显优于仅在国内市场上从事贸易的公司。双向贸易商和出口商比进口商表现好，双向贸易商和出口商之间的表现没有显著差异。我们进一步提出证据说明起步阶段的出口商和在位的出口商之间的生产率差异不显著，这个结果与非洲服务企业自我选择的假设一致。

关键词：生产力；进口；出口；服务企业

No.8

Title: The Role of Services for Manufacturing Firm Exports

Author: Lodefalk Magnus

Source: Review of World Economics

Abstract: Manufacturing firms have been increasingly focusing on services, atrend that is evident in their composition of bought-in input and in-house production. The services intensity of firms may affect their productivity and thereby their competitiveness abroad; services are also instrumental in connecting firms to foreign markets and can help them to differentiate their offerings from those of other firms. However, the relation between services and manufacturing exports has only been partially analysed in the previous literature. This study contributes to the field by discussing the role of services for firms and empirically testing a set of related conjectures. Export intensity is regressed on two services input parameters, applying a fractional model to a rich panel of firms in Sweden in the period 2001-2007. The microeconometric results suggest that, after controlling for covariates and heterogeneity, service inputs affect a firms'export capabilities: raising the proportion of services in in-house production yields higher export intensity on average. Furthermore, buying-in more services is associated with higher export intensity for firms in some industries. Overall, the study provides new firm-level evidence of the role of services as inputs in manufacturing.

Key Words: Firm Export Intensity; Manufacturing; Services Intangibles; Innovation

文章名称：服务业对制造业出口的作用

作者：Lodefalk Magnus

期刊名称：《世界经济学述评》

摘要：制造型企业已越来越注重服务，这在投入购买和内部生产中的趋势也是明显的。企业的服务强度可能会影响它们的生产率，进而影响其海外竞争力，服务也有助于企业和国际市场的联系，可以帮助它们区分它们与其他企业的产品。但是，之前的文献仅部分地分析了服务业和制造业的出口之间的关系。本文的研究通过讨论企业服务的作用和实证检验一组相关的假设而对这个领域有所贡献。文章使用了分位数回归模型，应用瑞典2001~2007年企业的面板数据，进行了出口强度关于两个服务输入参数的回归。微观计量结果表明，在控制输入变量和异质性后，服务投入影响企业的出口能力：一般情况下，提高在内部生产的服务的比例获得了较高的出口强度。此外，在某些行业，更多的服务购买可以产生更高的出口强度。总体而言，研究对制造业中服务投入的作用提供了新的企业层面的证据。

关键词：企业出口强度；制造；服务无形性；创新

No.9

Title: The Determinants of Regional Specialisation in Business Services: Agglomeration Economies, Vertical Linkages and Innovation

Author: Meliciani Valentina, Savona Maria

Source: Journal of Economic Geography

Abstract: The article accounts for the determinants of sectoral specialisation in business services (BS) across the EU-27 regions as determined by: (i) agglomeration economies (ii) the regionspecific structure of intermediate linkages (iii) technological innovation and knowledge intensity and (iv) the presence of these factors in neighbouring regions. The empirical analysis draws upon the REGIO panel database over the period 1999-2003. By estimating a Spatial Durbin Model, we find significant spatial effects in explaining regional specialisation in BS. Our findings show that, besides urbanisation economies, the spatial structure of intermediate sectoral linkages and innovation, in particular Information and Communication Technologies (ICTs), are important determinants of specialisation in BS. The article contributes to the debate on the global versus local determinants of regional specialisation in BS by restating the importance of the regional sectoral structure besides that of urbanisation. We draw policy implications by rejecting the "footloose hypothesis" for BS.

Key Words: Business Services; Regional Specialisation; Agglomeration Economies; Services-manufacturing Linkages; Technological Innovation; Spatial Durbin Model

文章名称：商业服务中区域专业化的决定因素：集聚经济、垂直联系与创新

作者：Meliciani Valentina, Savona Maria

期刊名称：《经济地理》

摘要：文章解释了欧洲地区商务服务中部门专业化的影响因素。文章发现，影响因素有：①集聚经济；②中间部门联系的特定区域结构；③技术创新和知识强度；④这些因素在邻近地区的存在。文章的实证分析采用1999~2003年区域面板数据库，估计了一个空间杜宾模型。文章发现了商业服务中区域专业化显著的空间效应。文章的研究结果表明，在商业服务中，除了城市化经济，中间部门的联系和创新的空间结构，特别是信息和通信技术（ICT），是专业化的重要决定因素。文章通过重申除了城市化，区域产业结构的重要性对商业服务中区域专业化是全球因素还是本地因素的争论做出了贡献。文章拒绝了商业服务中"自由自在的假说"并提供了政策含义。

关键词：商务服务；区域专业化；集聚经济；服务业制造业联系；技术创新；杜宾模型

No.10

Title: The Relationship between Export Status and Productivity in Services: A Firm-level Analysis for Spain

Author: Minondo Asier

Source: Bulletin of Economic Research

Abstract: This paper analyzes the relationship between export status and productivity in a major service exporter, Spain, during 2001-2007. I find that exporters in the services sector are 37% more productive than non-exporters. This productivity premium is larger for firms that supply non-Internet-related services than for firms that supply Internet-related services. The results show that exporters were more productive than non-exporters before beginning to export. The results also show that exporting increases productivity growth; however, this positive shock vanishes quickly.

Key Words: Exports; Services; Firm-level Evidence; Spain; Productivity

文章名称：服务出口状况和生产力之间的关系：来自西班牙企业层面的分析

作者：Minondo Asier

期刊名称：《经济研究公报》

摘要：本文分析了一个主要的服务出口国——西班牙 2001~2007 年出口状况和生产力之间的关系。文章发现，服务业的出口企业比非出口企业的生产率要高 37%。那些提供非互联网相关服务的企业比为企业提供互联网相关服务的企业生产率溢价更大。分析结果表明，在开始出口前，出口企业比非出口企业更有效率。此外，出口增加了生产率的增长，但是这种积极的冲击迅速消失。

关键词：出口；服务；企业层面的证据；西班牙；生产力

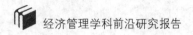

No.11

Title: Measuring Trade in Financial Services

Author: Miroudot Sébastien, Sauvage Jehan, Shepherd Ben

Source: PSL Quarterly Review

Abstract: There has always been trade in financial services. Bankers have provided financial intermediation, foreign exchange market and other financial services across national boundaries. But the importance of such trade has increased greatly in the past two decades with the internationalization of banking and the growth of international financial centres as the bases for offshore currency markets and other activities linking national capital markets. The question naturally arises how to measure the value and growth of this trade in financial services. The issue involved in this question are closely related to the difficulties that have been encountered in the treatment of financial enterprises in social accounts for national enconomies. It is best approached by going back to these issues.

Key Words: Trade; Financial Services; International Financial Centres; Offshore

文章名称: 金融服务贸易测度

作者: Miroudot Sébastien, Sauvage Jehan, Shepherd Ben

期刊名称: 《PSL 季刊》

摘要: 金融服务部门的贸易非常常见，银行提供金融中介服务、外汇服务和跨国境的其他金融服务。在过去的 20 年，随着银行的国际化和国际金融中心的增长，金融服务贸易的重要性已经大大增加，成为连接国家资本市场的离岸货币市场以及其他金融活动的重要基础。如何衡量金融服务贸易的价值及其增长率则自然而然地成为问题。在这一问题上所涉及的问题与国家经济社会账户中的金融企业在社会账户中遇到的困难是密切相关的，最好的办法是对于这些问题进行重新探讨。

关键词: 贸易；金融服务；国际金融中心；离岸

No.12

Title：FDI in Service Sector—Some Policy Issues

Author：Chawla Sonia

Source：International Journal of Research in Economics & Social Sciences

Abstract：The economic role of FDI is increasingly become significant in Indian economy with the transition of FDI policy. From a restrictive phase of seventies and early eighties to a relatively liberal phase of nineties. In service sector it is tool for economic growth through its strengthening of domestic capital productivity and employment. FDI inflows to service sector have been phenomenal in the past few years. Since the onset of the liberalization of the Indian economy in 1991, the country has experienced a huge increase in the inflow of foreign sector. According to latest data of industrial ministry, India's FDI inflows into service sector increased by a mere 5% to $ 3.6 billion during the period of April- October 2012. As far as overall FDI concern they decline by about 27% during 2012. This paper analyzes the growth dynamics. This study intends to see whether the growth in FDI has any significant impact on the service sector growth and also investigate whether a growth in this sector cause the GDP to grow. This paper also focuses on some major policy issues for India's service sector.

Key Words：FDI Policy；Service Sector；FDI Inflows

文章名称：服务领域的外国直接投资—— 一些政策问题

作者：Chawla Sonia

期刊名称：《国际经济与社会科学研究杂志》

摘要：随着外商直接投资政策的转变，外商直接投资在印度经济中的作用日益显著。从 20 世纪 70 年代初的限制阶段到 90 年代初的相对自由阶段。在服务行业，外商直接投资是经济增长的工具，通过其加强国内资本生产率和就业。在过去的几年中，外国直接投资流入服务业的现象是惊人的。自 1991 年印度经济自由化开始，国家也经历了外国服务业进入量的巨大增长。根据工业部的最新数据，2012 年 4~10 月，印度流入服务行业的 FDI 仅增长了 5%，达到 36 亿美元。就整体而言，外国直接投资在 2012 年内下降了约 27%。本文分析了其增长动力，旨在明确 FDI 的增长对于服务业的增长是否有显著的影响，并分析这种影响是否能够导致国内生产总值的增长。

关键词：FDI 政策；服务业；FDI 流入

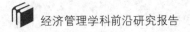

No.13

Title: FDI, Services Trade and Economic Growth in India: Empirical Evidence on Causal Links

Author: Dash Ranjan Kumar, Parida Purna Chandra

Source: Empirical Economics

Abstract: This article examines the linkages between inward FDI, services trade (export and import) and economic output using co-integration and VECM causality test. These linkages have been explored both at the aggregate and at the sectoral levels (manufacturing and services). The empirical findings confirm the long-run relationship among these variables. Causality results indicate the presence of bidirectional causal relationship between FDI and economic output as well as between services exports and economic output. The results also bring out feedback relationship between services export and FDI, reconfirming the presence of complementary relationship between the two. At the sectoral level, we find at least a unidirectional causality from FDI and services exports to both manufacturing and services output and also cross-sectoral spillover effects from manufacturing output to services output and vice versa.

Key Words: Services Trade; Economic Growth; Co-integration; VECM Causality

文章名称: 印度外商直接投资、服务贸易与经济增长：因果关系的经验证据

作者: Dash Ranjan Kumar, Parida Purna Chandra

期刊名称: 《实证经济学》

摘要: 本文探讨了外商直接投资和服务贸易进出口之间的联系，采用协整和误差修正模型的因果关系检验经济产出。本文在总体和分部门（制造和服务）对这些联系分别进行了检验，实证研究结果证实了这些变量之间的长期关系。因果关系的结果表明，外商直接投资和经济产出之间以及服务出口和经济产出之间存在着双向因果关系。结果也表明了服务出口和外商直接投资之间的反馈关系，确认两者之间存在互补关系。在部门层面上，我们发现了至少一个单向的因果关系——从外国直接投资和服务出口到制造业和服务业的产出，同时我们也在制造业产出以及服务业产出中发现了跨部门的溢出效应，反之亦然。

关键词: 服务贸易；经济增长；协整向量；误差修正模型的因果关系

No.14

Title：The Growth of Low-skill Service Jobs and the Polarization of the US Labor Market

Author：David H., Dorn David

Source：The American Economic Review

Abstract：We offer an integrated explanation and empirical analysis of the polarization of U.S. employmentand wages between 1980 and 2005, and the concurrent growth of low skill service occupations. Weattribute polarization to the interaction between consumer preferences, which favor variety over specialization, and the falling cost of automating routine, codifiable job tasks. Applying a spatial equilibrium model, we derive, test, and confirm four implications of this hypothesis. Local labor markets that were specializedin routine activities differentially adopted information technology, reallocated low skill labor into serviceoccupations (employment polarization), experienced earnings growth at the tails of the distribution (wage polarization), and received inflows of skilled labor.

Key Words：Low-skill Service；Consumer Preferences；Employment Polarization；Wage Polarization

文章名称：美国低技能服务的增长和劳动力市场的两极分化

作者：David H., Dorn David

期刊名称：《美国经济评论》

摘要：我们对于 1980~2005 年美国的就业以及工资的两极分化现象和低技能服务职业的增长进行了综合的解释和实证分析。我们将这种两极分化现象归因于消费者的多种偏好以及程序化工作的成本日益降低。运用空间均衡模型，我们得出、测试并确认这一假设的四个影响。专注于差异化地从事程序化工作的本地市场接受了信息科技，重新将低技术含量的劳动力配置给服务部门（就业两级化），并在这种正态分布的尾部体验到了收入的增长（工资两极化），并接受来自外界的高技术劳动力。

关键词：低技能服务；消费者偏好；就业极化；工资极化

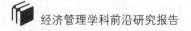

No.15

Title: Service Sector Reform and Manufacturing Productivity: Evidence from Indonesia

Author: Duggan Victor, Rahardja Sjamsu, Varela Gonzalo J.

Source: World Bank Policy Research Working Paper

Abstract: This paper examines the extent to which policy restrictions on foreign directinvestment in the Indonesian service sector affected the performance of manufacturers over the period 1997~2009. It uses firm-level data on manufacturers'total factor productivity and the OECD's foreign direct investment Regulatory Restrictiveness Index, combined with data from Indonesia's input-output tables regarding the intensity with which manufacturing sectors use services inputs. Controlling for firm-level fixed effects and other relevant policy indicators, it finds, first, that relaxing policies toward foreign direct investment in the service sector was associated with improvements in perceived performance of the service sector. Second, it finds that this relaxation in service sector foreign direct investment policies accounted for 8 percent of the observed increase in manufacturers'total factor productivity over the period. The total factor productivity gains accrue disproportionately to those firms that are relatively more productive, and that gains are related to the relaxation of restrictions in both the transport and electricity, gas, and water sectors. Total factor productivity gains are associated, in particular, with the relaxation of foreign equity limits, screening, and prior approval requirements, but less so with discriminatory regulations that prevent multinationals from hiring key personnel abroad.

Key Words: Services Reform; Total Factor Productivity; FDI; Indonesia

文章名称：服务业改革与制造业生产率：来自印度尼西亚的证据

作者: Duggan Victor, Rahardja Sjamsu, Varela Gonzalo J.

期刊名称：《世界银行政策研究工作论文》

摘要：本文主要研究了1997~2009年对于印度尼西亚服务部门外商直接投资的政策限制对于该国制造业的影响。本文运用的主要数据包括企业级别的要素生产率和OECD的外商直接投资限制指数，以及相对应的印度尼西亚的各个制造业部门的投入产出数据。采用公司的固定效应模型，控制了公司以及其他相关政策的指标变动，我们发现：第一，放宽外商直接投资的限制促进了服务部门的感知性能的改善；第二，对于该种政策的放宽因素占所观察到的制造企业总要素生产率提升的8%。对于那些相较而言更有效率的生产企业，全要素生产收益率更高，而这种变化主要与在运输、电力、天然气和水的方面的限制放宽有关。全要素生产率的提升则与放宽外国股权限制、缩减筛选和事先批准的要求、减少那些影响跨国公司雇用国外关键人员的歧视性规定等有着密切的联系。

关键词：服务业改革；全要素生产率；外商直接投资；印度尼西亚

No.16

Title: Services Trade, Goods Trade and Productivity Growth: Evidence from a Population of Private Sector Frms

Author: Nikolaj Malchow-Møller, Jakob R. Munch, Jan Rose Skaksen

Source: Review of World Economics

Abstract: In this paper, the authors analyze and compare the role of international trade for productivity growth within the service and the manufacturing sector. They distinguish between trade in goods and trade in services within both sectors, and between exports and imports. At the firm level, they and that firms that start to export or import goods experience significant increases in productivity and size. The effects of services trade are typically smaller, confined to exports and vary across sectors. At the sector level, they find that international trade plays a potentially larger role for the productivity development within the service sector than within the manufacturing sector, but it is trade in goods not trade in services that matters most. This suggests that trade intermediaries play an important role for productivity growth in the economy.

Key Words: Growth; Productivity; Services trade; Goods trade; Exports; Imports

文章名称: 服务贸易、货物贸易及生产率增长: 以私营企业的人口为例

作者: Nikolaj Malchow-Møller, Jakob R. Munch, Jan Rose Skaksen

期刊名称: 《世界经济评论》

摘要: 本文作者分析并比较了国际贸易中服务业与制造业对生产率增长的作用。他们比较了货物贸易与服务贸易在两部门中的作用，以及在进口与出口中的不同作用。在企业层面，他们发现那些开始进行商品进出口的公司都经历了生产率及规模的显著增长，在部门层面，他们发现国际贸易对服务业生产率的增长比对制造业生产率的增长有更大的潜在作用，但主要体现在货物贸易而非服务贸易。这揭示了贸易中介在经济活动中对生产率增长的重要作用。

关键词: 增长; 生产率; 服务贸易; 货物贸易; 出口; 进口

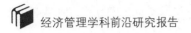
经济管理学科前沿研究报告

No.17

Title: The Paradox of "Preferences": Regional Trade Agreements and Trade Costs in Services

Author: Miroudot S., Shepherd B.

Source: The World Economy

Abstract: We analyse the relationship between regional trade integration and trade costs in services. The analysis relies on theory-consistent bilateral trade costs for 55 countries for 1999-2009 and an analysis of services commitments in 66 regional trade agreements to which these countries are parties. Despite the recent proliferation of services regional trade agreements (RTAs), we find that trade costs are only slightly lower due to these agreements. In addition, we find that the trade cost reductions that do take place tend to happen before the agreement is signed. This is consistent with countries using RTAs as a way of "locking in" reforms. Finally, we find that the preferential margin of services RTAs is thin: members and non-members both see slightly lower trade costs when an RTA is signed. However, the difference between the member and non-member trade cost effects is 28 percent for services and 40 percent for goods, indicating a slimmer margin of preference in the former case. We discuss the possible explanations for these findings in terms of the nature of services RTAs and their relationship with regulatory reform. Based on these results, we argue that regionalism in the case of services seems relatively non-discriminatory and does not lead to substantial trade preferences.

Key Words: Trade Policy; Trade in Services; Regional Trade Agreements; Services Trade Liberalization

文章名称："偏好"的悖论：区域贸易协定与服务业贸易成本

作者：Miroudot S., Shepherd B.

期刊名称：《世界经济》

摘要：本文研究了区域贸易一体化与服务业贸易成本的关系，分析了55个国家1999~2009年的贸易成本，以及这些国家间的66个区域贸易协定中有关服务业的承诺。尽管贸易协定越来越多，我们发现贸易成本因此而降低得十分有限。此外，我们发现贸易成本的降低往往发生于贸易协定签署之前，这与一些国家用贸易协定"锁定"改革一致。最后，我们发现服务业贸易协定的优惠边际微不足道：当一项贸易协定签署以后，成员国与非成员国都只看到很微弱的成本降低。然而，成员国与非成员国的这种差距在服务贸易上是28%，在货物贸易上是40%，这体现了前者的差别更小。我们讨论了服务业区域贸易协定出现这种现象的各种可能原因，以及在制度改革中它们之间的关系。基于这些结果，我们认为，服务业中的区域化思想似乎没有地域歧视，且没有导致较大的贸易优惠。

关键词：贸易政策；服务贸易；区域贸易协定；服务贸易自由化

No.18

Title：Export and FDI Premia among Services Firms in the Developing World

Author：Shepherd B.

Source：Applied Economics Letters

Abstract：There is extensive econometric evidence showing that goods exporters are larger, more productive, and pay higher wages than nonexporters (export premia). However, evidence for firms in the services sector is much more limited. This article uses firm-level data from a range of developing countries to show that export premia also exist for services firms in the developing world. Internationalized services firms display similar characteristics to internationalized manufacturers：they are larger, employ more workers, pay higher wages, invest more heavily and grow faster.

Key Words：Services；Developing Countries；Trade in Services；FDI in Services；Firm-level Data

文章名称：出口与 FDI 在发展中国家服务业企业中的溢价

作者：Shepherd B.

期刊名称：《应用经济学快报》

摘要：许多计量实证研究显示，货物出口商较非出口商更大、生产率更高且支付更高的工资（出口溢价）。然而，对服务业部门的研究很少。本研究利用发展中国家的企业数据，揭示了出口溢价在发展中国家的服务业企业中同样存在。国际化的服务业企业与制造业企业有着相似的特征：它们更大，工人更多，支付的工资更高，投资更大且发展得更快。

关键词：服务业；发展中国家；服务贸易；服务业 FDI；企业数据

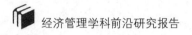

No.19

Title：Exports，Foreign Direct Investments and Productivity：Are Services Firms Ddifferent?

Author：Wagner J.

Source：The Service Industries Journal

Abstract：This paper contributes to the literature on international firm activities by providing the first evidence on the link between productivity and both exports and foreign direct investment（FDI）in services firms from a highly developed country. It uses unique new data from Germany，one of the leading actors in the world market for services. Statistical tests and regression analyses indicate that the productivity pecking order found in numerous studies using data for firms from manufacturing industries–where the firms with the highest productivity engage in FDI while the least productive firms serve the home market only and the productivity of exporting firms is in between–does not exist among firms from services industries. There is evidence that firms with FDI are less productive than firms that export；this finding is in line with recent empirical results reported for software firms from India.

Key Words：Export；Foreign Direct Investment；Productivity

文章名称：出口、外商直接投资与生产率：服务业企业有差异吗?

作者：Wagner J.

期刊名称：《服务业期刊》

摘要：本文检验了发达国家中服务业企业的生产率与出口和外商直接投资之间的关系。研究使用了德国这一全球服务业市场领导者的最新数据，过去对于制造业企业的研究中，企业生产率的排序都遵循着同样的规律，那些最高生产率企业都利用着外商直接投资，而那些最低生产率的企业往往只在本地市场活动。本研究的统计检验及回归分析显示，在服务业企业中，这些现象并未发生。实证结果表明，利用外商直接投资的企业比出口企业生产率更低，这一研究与最近的一项印度软件行业的实证研究一致。

关键词：出口；外商直接投资；生产率

No.20

Title：Structural Transformation，the Mismeasurement of Productivity Growth and the Cost Disease of Services

Author：Young A.

Source：The American Economic Review

Abstract：If workers self-select into industries based upon their relative productivity in different tasks，and comparative advantage is aligned with absolute advantage，then the average efficacy of a sector's workforce will be negatively correlated with its employment share. This might explain the difference in the reported productivity growth of contracting goods and expanding services. Instrumenting with defense expenditures，I find the elasticity of worker efficacy with respect to employment shares is substantially negative，albeit estimated imprecisely. The estimates suggest that the view that goods and services have similar productivity growth rates is a plausible alternative characterization of growth in developed economies.

Key Words：Structural Transformation；Productivity Growth；Services

文章名称：结构变化、生产率增长测度与服务业成本病

作者：Young A.

期刊名称：《美国经济评论》

摘要：假如工人就业的自我选择是基于他们不同岗位生产率的比较，那么比较优势将会与绝对优势一致，部门劳动力的平均生产率将与劳动力的份额呈负相关。这也许可以解释货物合同签订与服务业拓展的生产率差异。通过建立保障支出工具变量，文章发现工人效率的弹性与就业份额呈现出极大的负相关，即使存在着估计的偏差。这一估计表明，货物与服务存在相似的生产率增长，这是某些发达国家经济增长的一个特征。

关键词：结构变化；生产率增长；服务业

No.21

Title：Assessing the Progress of Services Liberalization in the ASEAN–China Free Trade Area（ACFTA）

Author：Yoshifumi Fukunaga，Hikari Ishido

Source：ERIA

Abstract：The aim of this paper is to evaluate the success of progressive services liberalization under the ASEAN China FTA（ACFTA）. First，we calculate the level of commitments by applying the Hoekman Index. Second，we compare the ACFTA 2nd Package with the ACFTA 1st Package and examine the additional liberalization，and the frequency of backtrack. Third，we compare the ACFTA 2nd Package with the GATS commitments by the respective member states. Last，we discuss the policy implications of this analysis to the other negotiations，as well as the need to address GATS–minus commitments found in FTAs.

Key Words：FTA；Services Liberalization；ASEAN；China；RCEP

文章名称：中国—东盟自由贸易区下的服务贸易自由化进程的评价

作者：Yoshifumi Fukunaga，Hikari Ishido

期刊名称：《东盟东亚经济研究所》

摘要：本文旨在对中国—东盟自由贸易区（ACFTA）框架下渐进服务自由化所取得的成就进行评价。首先，作者应用 Hoekman 指数计算了承诺水平。其次，作者比较了中国—东盟自由贸易区《服务贸易协议》第二批市场准入承诺的减让表与第一批减让表，并在此基础上检验了增加的自由化程度以及回溯（Tradeback）现象发生的频率。最后，作者讨论比较了第二批市场准入减让表的承诺与各成员国在服务贸易总协定（GATS）的承诺并强调了需要关注的自由贸易协定中出现的低于服务贸易总协定承诺的现象。

关键词：自由贸易协定；服务自由化；中国—东盟自由贸易区；中国；区域全面经济伙伴关系

No.22

Title: On the Determinants of Trade in Services: Evidence from the MENA Region

Author: Karam F., C. Zaki

Source: Applied Economics

Abstract: This article examines the determinants of aggregate flows of service trade in MENA countries using an adapted version of the gravity model and a panel data set covering the 2000 to 2009 period for 21 countries and 10 sectors. A new determinant of trade performance is introduced: the number of bound commitments undertaken by a sector in the WTO as well as the availability of those commitments by mode of supply. The results show that being a WTO member boosts trade in services. In addition, the number of bound commitments increases exports, imports and trade in services. This positive and significant effect remains robust even after controlling for several econometric issues, namely, the selection bias related to the WTO membership and the endogeneity of commitments.

Key Words: Trade in Services; WTO Commitments; Gravity Models; MENA Region

文章名称: 论服务贸易的决定因素——一个关于中东和北非地区的实证

作者: Karam F., C. Zaki

期刊名称:《应用经济》

摘要: 本文采用调整后的引力模型，利用 2000~2009 年涵盖 21 个国家和 10 个行业的面板数据，探讨了影响中东和北非国家服务贸易流的决定因素。文章加入了一些新的可能影响服务贸易流的因素：国家（地区）在 WTO 中做出的限制性承诺的数目以及这些承诺在供给模式下的有效性。实证结果表明，作为一个 WTO 成员国要提高贸易服务。此外，结合承诺的数量增加出口、进口与服务贸易。这种积极和显著的影响控制了若干计量经济学的问题，即选择偏倚有关世贸组织成员和承诺的内生性。作为 WTO 成员国会对一国的服务贸易有促进作用，限制性承诺的数目越多越能促进进出口服务贸易的增加。在控制了由于 WTO 成员国产生的选择偏差以及承诺之间的内生性等这些计量要素之后，实证结果仍然是显著为正且稳健的。

关键词: 服务贸易；世贸组织的承诺；引力模型；中东和北非地区

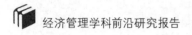

No.23

Title: Measuring the Cost of International Trade in Services

Author: Sebastien Miroudot, Jehan Sauvage, Ben Shepherd

Source: World Trade Review

Abstract: We present a new dataset of international trade costs in services sectors. Using a theory-based methodology combined with data on domestic shipments and cross-border trade, we find that trade costs in services are much higher than in goods sectors: a multiple of two to three times in many cases. Trade costs in services have remained relatively steady over the last ten years, whereas trade costs in goods have fallen overall at an impressive rate. We show that even in a regional grouping that has done much to promote a single market in services-the EU-there remains considerable heterogeneity in trade costs across countries. Our findings generally suggest an important role for future policy reforms to reduce the regulatory burdens facing services sectors and facilitate trade in services.

Key Words: Trade Policy; Trade in Services; Regional Integration; Productivity

文章名称：国际服务贸易成本的测度

作者：Sebastien Miroudot, Jehan Sauvage, Ben Shepherd

期刊名称：《世界贸易评论》

摘要：文章构建了一个新的国际服务贸易成本的数据库，在理论基础上结合国内的出货量和跨境贸易数据对服务贸易成本水平进行了系统性的分析。文章发现，服务贸易的成本比货物贸易的成本高得多，在大多数情况下可以达到2~3倍。近十多年来，服务贸易成本相对保持稳定，而货物贸易成本却以惊人的速度全面下降。我们发现，即使是在一个像欧盟这样已经做过大量工作以实现统一服务市场的区域组织内，国家与国家之间的服务贸易成本仍然存在相当大的差异。文章的研究结果表明：今后的政策改革应该以减少服务部门的监管和干预、促进服务贸易为目标。这样的政策将会发挥重要作用。

关键词：贸易政策；服务贸易；区域一体化；生产率

No.24

Title: The Development of China's Service Trade in Recent Year

Author: Chunling Pan, Jie Lv

Source: Journal of Service Science and Management

Abstract: Services trade is an important component of international trade. Its importance is drawing growing academic and government attention. This paper analyzes the current development of China's service trade. For the transport and tourism are two of the more important services sector, this paper gives more detailed attention. Meanwhile, this paper analyzes the some problems faced by the development of China's service trade.

Key Words: China; Services Trade; Development; Problems

文章名称：中国服务贸易新进展

作者：Chunling Pan, Jie Lv

期刊名称：《服务科学与管理》

摘要：服务贸易是国际贸易的重要组成部分，因此也一直受到学术界与政府的重视。本文分析了中国服务贸易的发展现状。对于运输和旅游这两个比较重要的服务业，本文给予了更详细的关注。同时，本文还分析了中国服务贸易发展面临的一些问题。

关键词：中国；服务贸易；发展；问题

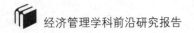
No.25

Title：A Model of International Trade in Banking Services

Author：David VanHoose

Source：Open Economies Review

Abstract：This paper combines essential elements of the theory of intra –industry international trade with an imperfect –competition banking framework to develop a model of intra–industry international trade in banking services. The model yields the prediction that if, for instance，the production of lending services is labor intensive while the provision of deposit services is physical–capital–intensive，banks located in a foreign nation with a relatively larger labor endowment will export lending services while banks based in a domestic country with a relatively larger endowment of physical capital will export deposit services. These efficiency– based trade flows indicate that domestic borrowers and savers will be net recipients of credit and deposits，respectively，with foreign banks obtaining funds that permit them to act as net lenders to the domestic nation by borrowing from domestic banks in a global wholesale interbank funds market. A key implication of the model，therefore，is that attainment of profit – maximizing intra–industry flows of banking–service trade requires the smooth functioning of this interbank market.

Key Words：Trade in Banking services；International Banking

文章名称：国际银行服务贸易的模式

作者：David VanHoose

期刊名称：《开放经济评论》

摘要：文章将产业内贸易理论的基本要素与不完全竞争市场下的银行业相结合，建立了一个国际银行服务业产业内贸易的模型，并利用该模型进行了以下预测：如果贷款服务的产生是劳动力密集型的而存款业务的供给是实物资本密集型的，那么设在劳动力禀赋相对较高的国家的银行将出口贷款业务，而设在实物资本禀赋相对较高的本国国内银行将出口存款业务。这些以效率为基础的贸易流动表明，国内的贷款者和存款者将分别成为净贷款接受方和净存款接受方；相应地，拥有资金的外国银行则允许他们通过在国际大规模银行同业市场上向国内银行借钱，以此来为国内企业充当净借款人，成为净贷方。因此，这个模型的一个重要的应用在于，通过银行间市场的便捷无障碍运作，实现银行服务业产业内贸易的利润最大化。

关键词：银行业服务贸易；国际银行业务

第三章　服务经济学学科 2013~2014 年出版图书和报告精选

第一节

中文图书精选

书名：服务业发展论——产业联系的视角
作者：张月友（著）
出版社：经济科学出版社
出版时间：2014 年 4 月 1 日

　　内容提要：该书首次分离了中国工业和服务业的国内关联与总关联，发现存在中国的产业互促悖论现象，这种现象与中国产业融入经济全球化的非同步性和转轨期加速经济发展的要求，以及制定与此要求相适应的发展战略有关。破解产业互促的中国悖论，客观上要求扩大服务业对外开放，同时适度扬弃出口导向型工业化战略，促进中国产业同步全球化发展。该书提出并论证了"逆向外包"是一种中国推行服务业对外开放的经济全球化新战略。

书名：服务经济发展：中国经济大变局之趋势
作者：周振华（著）
出版社：上海人民出版社
出版时间：2013 年 12 月 1 日

　　内容提要：该书的主要研究对象是服务经济发展，其涵盖了工业经济与服务经济两个不同社会经济形态中的"孕育脱胎"发展和成熟化发展。该书对服务经济发展的分析逻辑是：通过一些概念性的梳理，识别和界定服务经济的内涵及其量化测度，从理论上回答"何为服务经济"的一般性问题，以确立基本的研究前提。然后，通过对服务经济发展动因及其作用机制的分析，阐述服务经济形成与发展的机理，揭示服务经济演进轨迹及其发展趋势性特征，力图回答"服务经济从何处来"的问题，从而构建起服务经济发展的一般理论分析框架。在这一理论框架下，通过中国案例的分析揭示影响服务经济发展的若干重要变量，特别是结合我国实际情况深入分析了发展战略及其模式、市场基础、制度政策环境等对服务经济发展的影响，并分析了服务经济发展中固有的非均衡增长问题。最后，从未来发展的角度，阐述了发展转型与改革深化、信息化创新和国际化等重大问题，从中回答"如何促进服务经济发展"的现实问题。

书名：公路服务产业经济学导论

作者：李晓明（著）

出版社：人民交通出版社

出版时间：2013 年 10 月 1 日

　　内容提要：该书以公路工程和交通工程理论为基础，以微观经济学、福利经济学和管制经济学为主轴，分析了公路服务的生产与成本、交通效用与需求、提供方式与投资决策、市场结构与经营策略、公共管制与管制策略五个方面的基本理论问题，构建了公路服务产业经济分析的理论框架。在此基础上，该书对现行使用者效用调查、交通行为分析、交通量预测、成本效益分析、投融资模式和方法、收费公路通行费确定、经营权转让价格和经营期形成机制、收费公路的公共管制、高速公路管理体制机制和模式等方面存在的问题和争议进行了理论和实证分析，并提出了改进建议。

书名：中国城市服务业集聚路径研究

作者：李盾（著）

出版社：中国市场出版社

出版时间：2013 年 9 月 1 日

　　内容提要：该书尝试在系统化研究、实证研究方面多做努力：一是沿着研究主线，对我国城市服务业集聚演化的路径、动因、效应、对策进行了系统化的研究。二是收集大量服务业相关数据，计算出相关区位熵指数，对工业园区、现代服务业集聚区、中心城市的服务业行业集聚程度进行实证研究，尤其是从全市和市区两个途径、从服务业产值和从业人员两个方面，对中心城市及其所在地区服务业区位熵进行全面的测度，从而得出一些新的观点。

书名： 服务业生产率与服务业发展研究

作者： 刘丹鹭（著）

出版社： 经济科学出版社

出版时间： 2013 年 8 月 1 日

　　内容提要： 该书系统全面地分析了我国服务业生产率、影响服务业生产率的因素及其对我国经济发展的影响。向服务经济为主的产业结构转变是世界经济的发展趋势。发展服务业是扩大内需、打造转型升级的中国经济的必然要求。服务经济增长的核心问题是其生产率的变化。

书名：转型升级与区域服务业发展：理论、规划与案例
作者：薛领、翁瑾等（著）
出版社：北京大学出版社
出版时间：2013 年 2 月 1 日

　　内容提要：该书依据产业经济学、区域经济学的基本原理，在比较全面地掌握国内外服务业相关文献资料的基础上，理论探讨与案例分析相结合，将研究内容集中在我国苏南地区转型升级、服务业的协调发展和系统规划方面，讨论了区域服务业发展过程的影响因素、供给需求、内部结构、空间组织、演进特征、分工机制等重要问题。针对苏南服务经济发展的实践需要和理论需求，重点建立了基于新经济地理学的生活性服务业空间演化模型、基于超边际分析的生产性服务演进机制模型、知识创新与空间集聚的机理模型等。该书还结合我国长三角苏南地区的昆山市、太仓市、常熟市、张家港市、常州市武进区、溧阳市、金坛市等地区的具体案例，具体讨论了商贸流通、休闲经济、商务金融、服务外包以及专业市场等热点领域的地区规划构想、实施方略、具体对策和空间布局问题。

书名：城市生产性服务业发展机制研究
作者：徐雨森（著）
出版社：科学出版社
出版时间：2013 年 5 月 1 日

内容提要：该书针对城市如何发展生产性服务业这一现实问题，将城市（尤其是相关产业管理部门）作为一个能动主体，对如何制定产业发展规划和措施，展开了系统的研究。基于城市视角，提出了城市生产性服务业的四个机制，即与基础产业间的"共生"发展机制、生产性服务业的"自增强"机制、生产性服务业外部市场拓展与国际生产性服务业承接机制，以及政府在生产性服务业发展中的政策引导与生产性服务"供给"机制。该书定位为学术性、应用性兼顾的书籍，力求做到学术性与可读性、理论研究与对策研究的统一，并融入了国际、国内一些城市的实践，以便读者更好地理解其内容。该书既可供生产性服务业相关的产业管理部门在制定产业发展规划、措施时作为参考，也可为各类生产性服务企业的管理者在确定企业发展定位和发展路径时提供借鉴。

书名：现代服务业区域协调发展研究

作者：陈伟达（著）

出版社：科学出版社

出版时间：2013 年 5 月 1 日

内容提要：现代服务业是加快我国经济发展、促进经济转型的重要因素之一，随着区域发展差异成为我国现代服务业的一大特征，区域协调发展对加速现代服务业发展起着极为重要的作用。该书从理论和实践两个方面深入研究了现代服务业区域协调发展，并沿着相关理论分析、现状分析、区域差异表现及影响因素、区域协调发展程度评价及区域协调布局的思路进行递进式研究；同时，现代服务业中起重要作用的部分——生产者服务业与制造业发展的密切关系，使得不同地区生产者服务业和现代服务业的发展在很大程度上受到制造业的影响，因此该书也将生产者服务业作为重要的研究对象。

该书对现代服务业区域协调发展的研究，对促进现代服务业及经济发展具有重要的理论和实践价值，不仅可以作为从事现代服务业及区域协调发展研究与管理人员的参考书，也可以作为高等院校管理学、经济学等相关学科领域研究生、本科生的读物，同时还可以作为政府有关部门工作人员的参考工具。

书名：现代服务业政策问题研究——实证调研与国际经验
作者：乔为国（著）
出版社：社会科学文献出版社
出版时间：2013 年 12 月 19 日

　　内容提要：全书共八章，第二章至第八章为主体部分。第二章和第三章首先对现代服务业概念进行讨论，并综合已有研究提出一个一般性分析框架。第四章至第六章则聚焦电子商务、文化创意、旅游三大现代服务行业，分别考察其历史发展状况和特征，及国际典型国家或地区的发展促进政策，并基于实证调研分析制约产业快速发展的关键问题。第七章则主要考察国际上促进服务业发展的一般性政策实践，并总结概括其关键特征，包括重视创新关键作用、从研发支持向全生命周期延伸、重视创新与商业服务支持网络构建等；也讨论了政策制定、实施与评估机制方面的趋势，如政策证据支持、政策评估与透明、专家委员会方法等。第八章为政策讨论，提出加快我国现代服务业发展的对策，并尝试政策建议的路线图表达。

　　该书对一些问题也有深入或独到的研究，如从商业模式角度分析常被忽视的我国制造与批发业电子商务发展的滞后原因，探讨新兴产业的启动条件，讨论政策诱导性产能过剩等。

书名：高技术服务业外商直接投资对东道国制造业效率影响
的研究

作者：华广敏（著）

出版社：经济管理出版社

出版时间： 2014 年 11 月 1 日

　　内容提要：该书主要研究了高技术服务业 FDI 对东道国制造业效率的影响，在 D–S
框架下，通过拓展知识溢出双增长模型，分析了高技术服务业 FDI 技术溢出内生提高制造
业效率的机理。在理论基础上进行实证分析，运用中介效应检验程序，引入生产制造成本
和创新能力作为中介变量，实证分析中国、美国、日本、韩国、新加坡高技术服务业 FDI
对制造业效率的影响路径并进行跨国比较；从动态角度，运用随机前沿生产函数模型，实
证分析高技术服务业 FDI 对各国技术效率的影响并对不同发展水平国家的技术效率变化进
行比较；选取制造业效率的影响因素进行面板实证分析。通过理论与实证分析，该书提出
了扩大高技术服务业开放、加大高技术服务业政策扶持、合理引导高技术服务业外商直接
投资方向、重视高技术服务业人才培养等措施。

书名：服务业内部结构演进规律与中国服务业结构优化策略研究

作者：邓于君（著）

出版社：经济科学出版社

出版时间：2014 年 9 月 1 日

　　内容提要：该书是作者主持的国家社科基金项目"'十二五'时期优化产业结构的难点与对策研究"（10CJY001）的成果。服务业内部结构长期演进是指，工业化初中期、工业化中后期及后工业化时期，这些不同的发展阶段，服务业内部各分支行业部门的比重呈现不同的升降变化态势，导致不同发展阶段占主导地位的分支、类行业部门有所不同，会发生更替。无疑，在某一阶段，比重持续上升的分支、类服务行业部门代表这一发展阶段服务业内部结构的演进方向。

书名：生产性服务业集聚研究——基于空间计量的实证

作者：王雪瑞（著）

出版社：经济管理出版社

出版时间：2014 年 7 月 1 日

　　内容提要：在多数西方发达国家，生产性服务业的中间投入率逐年升高，不断凸显其对经济增长的重要作用。该书针对我国经济发展的实际。在定量分析的基础上，对我国生产性服务业的内涵、分类进行了重新界定。并以此为基础，利用空间统计、空间计量等方法，对我国生产性服务业集聚问题进行了深入研究和探讨。

　　该书对前人的部分空间计量模型进行了总结和突破，对空间计量模型及其软件的应用给出了清晰的步骤和结果分析，有助于空间计量理论的初学者快速掌握其模型构建、求解和分析。

书名：都市圈视角下的制造业与生产性服务业互动发展研究
作者：刘俊（著）
出版社：科学出版社
出版时间：2014 年 6 月 23 日

　　内容提要：该书从制造业与生产性服务业双向溢出效应入手，系统阐述制造业对生产性服务业发展的拉动作用及生产性服务业对制造业推动作用的内在机理。从地理分布因素、产业分工和产业链管理三个不同的视角分析制造业与生产性服务业的融合发展机制，总结国内外制造业与生产性服务业互动的实践经验，并给出其融合发展的趋势。

书名： 服务外包与社会服务业开放式发展战略

作者： 杨丹辉、王子先（主编）

出版社： 经济管理出版社

出版时间： 2014 年 5 月 1 日

内容提要：该书是国务院研究室工交贸易司、商务部政策研究室和中国社会科学院工业经济研究所共同承担的商务部课题"我国社会服务业对外开放战略研究"的最终成果。全书在服务业全球化进程加快的大背景下，通过深入调研和国际比较，全面、系统地探讨了社会服务业开放的新模式，提出了扩大文化、教育、医疗等社会服务业对外开放的战略思路和政策建议。在理论分析方面，全书以服务业价值链的深度分解和全球治理为切入点，综合运用国际经济学、发展经济学、产业经济学、国际贸易等理论和方法，深入研究社会服务业全球价值链的重构与演化，探讨知识经济与产业融合的理论机理以及服务外包与社会服务业发展之间的开放式互动，系统分析服务全球化、服务业商业模式创新与发展中国家产业升级路径变化之间的关系，提出了"服务全球化条件下，后起国家通过发挥后发优势，参与服务业全球分工，实现服务业跨越式发展和产业升级"的新观点。

书名：生产性服务业发展与区域经济增长研究
作者：段杰（著）
出版社：清华大学出版社
出版时间：2014 年 5 月 1 日

内容提要：生产性服务业是现代经济的重要组成部分和经济增长的主导力量，在世界经济发展和国际竞争中的地位日益显著。该书首先对生产性服务业的内涵与相关理论进行了分析与评价，并对生产性服务业与区域经济增长的关系进行了理论的探讨；同时以深圳为案例进行实证分析。在理论与实证分析的基础上，该书建立了生产性服务业和经济增长之间的双对数产出弹性方程，采用回归估计，借以分析生产性服务业发展对区域经济增长的阶段增长弹性和趋势，以确定二者之间的关系模式以及相关程度；另外，基于现状与特点的分析，该书建立了生产性服务业竞争力的综合评价模型，同时选取主因子分析法作为评价生产性服务业竞争力的方法。最后，该书有针对性地提出了发展生产性服务业以促进经济增长的策略与建议。

第二节

英文图书精选

书名：Multinational Service Firms （RLE International Business）
跨国服务企业 （RLE 国际业务部）
作者：Peter Enderwick
出版社：Routledge
出版时间：Mar.2014
2014 年 3 月

Abstract：This book presents a world survey of multinational firms in the key parts of the service sector. The service sector has grown greatly in importance in recent years in many countries of the world. Many of the key parts of the service sector that are growing most rapidly are dominated by large multinational firms and this has important implications for the future shape of the world economy and for closer economic integration between countries. In addition, the particular style and operations of multinational firms in one sector can provide useful lessons for multinational enterprise in other sectors.

The book examines the operations and the style of the firms considered and explores how they dominate their sectors. It charts how the firms have developed, discusses the critical issues facing them; and suggests how present trends may continue in the future.

内容提要：该书主要介绍了对世界大部分服务行业跨国公司的调查结果。如今在世界上许多国家，服务业占有越来越重要的位置。许多服务行业，特别是增长最迅速的关键性服务行业，往往都是由大型跨国公司控制的，这对世界经济的未来形态及国家之间经济一体化进程具有深远的影响。此外，某一服务行业跨国公司的特定风格和运营方式对其他行业也有有益的启示。该书考察了这些服务行业跨国公司的风格和运营方式，并探讨它们如何管理自己的部门，以及它们目前所面临的关键问题以及未来的发展趋势。

书名：Next Generation Finance：Adapting the Financial Services Industry to Changes in Technology，Regulation and Consumer Behavior

新时代金融服务：适应金融服务行业的变化、技术、管理和消费行为

作者：Paul D. Stallard，Robert Lempka

出版社：Harriman House Publishing

出版时间：Nov.2013

2013 年 11 月

Abstract：If any good has come out of the 2007–2009 financial crisis it must be the realization that financial services will never be the same again. Next Generation Finance–a collection of articles by experts across the spectrum of the finance industry–will open your eyes to what the future is likely to bring and illustrate the road ahead for banks, brokers, investors, and business within and outside financial services. Among the highlights are chapters about："Recovering lost trust", which gives stunning examples of executive naivety and ignorance amidst a time of great change and suggests how things should be managed differently going forward; the "Intelligent Index", which shows how potential investors are able to monitor risk and performance separately for themselves in order to decide what kind of investment vehicle will suit their investment strategy; The "Digital Revolution", which looks at the four significant technological forces at play—The Cloud, Big Data, Mobile and Social–and the issues resulting from the resultant massive increase in processing power. Features："Online Document Storage and Delivery Services", where the author explains how online storage and delivery of documents and information creates the prospect for firms to save money, improve service and retain clients. To avoid a repeat of past crises structural change is required; Next Generation Finance will leave you informed of what shape this change is likely to take and how you can ready yourself and your business to take advantage of it. Don't be left in the wake–prepare for the next generation of finance.

内容提要：2007~2009 年金融危机以来，世界整体经济状况始终令人担忧，但金融服务领域却发生了巨大的变革。该书收录了金融各方面领域专家的文章，向人们展示了在未来的世界里，银行、券商、投资者以及企业内部和外部的金融服务将会是怎么样的。其中重点章节包括："找回已逝的信任"，介绍了很多关于高管在变革时代中做出的幼稚和无知行为，并提出未来应该如何进行调整；"智能指数"，介绍了潜在投资者如何使用投资工具来适应他们的投资策略以管控投资风险和效益的平衡；"数字革命"，介绍了目前四大技术力量——云技术、大数据、移动和社交，以及这种大规模处理能力所带来的种种问题；"在线文档存储和传递服务"，介绍了在线存储和传递文件及信息是如何为企业节省资金，提升服务质量并留住客户的。本书旨在提醒社会避免重复过去的危机，了解时代的变革，更好地利用金融服务。

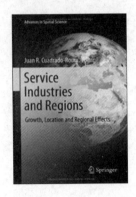

书名：Service Industries and Regions：Growth，Location and Regional Effects

服务行业与区域：成长、位置和地区影响

作者：Juan R. Cuadrado-Roura

出版社：Springer-Verlag Berlin and Heidelberg GmbH & Co. K

出版时间：Mar.2013

2013 年 3 月

Abstract：The service sector in most advanced economies accounts for up to seventy percent of employment and GDP and，given its growing importance，has received much research attention over the last two decades. However，not very much attention has been paid to the relationship between this sector and both its territorial impact and regional effects. The main objective of this book is to offer a comprehensive approach to these aspects，focusing particularly on the location factors of service industries and the importance of some specific services，such as business services and knowledge and information services. The contributions have been prepared by well-known experts in the field from a wide number of countries. The focus of all contributions is not only on theoretical aspects，but also provides empirical analyses on specific countries and topics such as the geographical concentration，globalization impacts，foreign direct investments，and innovation.

内容提要：在大多数发达经济体中，服务业已经占据了 70% 以上的就业比例和 GDP 比例。鉴于其重要性日益增加，人们在过去 20 年已经对其进行了深入的研究。但是，大多数文献忽视了其地域与区域影响以及两种影响之间的联系。该书主要研究服务业的区位因素和一些具体服务的重要性，如商务服务和知识信息服务。关于这方面的研究已经有国内外的知名专家提供了一定的基础，包括理论和某些地域的实证分析，如区域集中、全球化影响、外国直接投资和创新等专题研究。

书名： Popular Music in a Digital Music Economy：Problems and Practices for an Emerging Service Industry
数字音乐经济中的流行音乐：一个新兴服务行业存在的问题与实践

作者： Tim J. Anderson

出版社： Routledge

出版时间： Feb.2014
2014 年 2 月

Abstract： In the late 1990s，the MP3 became the de facto standard for digital audio files and the networked computer began to claim a significant place in the lives of more and more listeners. The dovetailing of these two circumstances is the basis of a new mode of musical production and distribution where new practices emerge. This book is not a definitive statement about what the new music industry is. Rather，it is devoted to what this new industry is becoming by examining these practices as experiments，dedicated to negotiating what is replacing an "object based" industry oriented around the production and exchange of physical recordings. In this new economy，constant attention is paid to the production and licensing of intellectual property and the rise of the "social musician" who has been encouraged to become more entrepreneurial. Finally，every element of the industry now must consider a new type of audience，the "end user"，and their productive and distributive capacities around which services and musicians must orient their practices and investments.

内容提要：20 世纪 90 年代后期，MP3 成为人们听音乐的标配。与此同时，互联网计算机也成为人们下载音乐、听音乐最重要的地方。MP3 和电脑的兴起是建立在新的音乐制作和发行模式基础之上的。该书的主要内容不是针对新兴音乐行业的定义，而是希望通过实验来探索如今的音乐行业将会朝着什么方向发展。在新的音乐经济中，知识产权的创造和许可，以及"社会音乐家"的兴起逐渐成为人们关注的重点。

书名： Knowledge Networks and Tourism
     知识网络和旅游业
作者： Michelle McLeod, Roger Vaughan
出版社： Routledge
出版时间： Nov.2014
     2014 年 11 月

Abstract： The receipt of knowledge is a key ingredient by which the tourism sector can adjust and adapt to its dynamic environment. However although its importance has long been recognized the fragmentation within the sector, largely as a result of it being comprised of small and medium sized businesses, makes understanding knowledge management challenging.

This book applies knowledge management and social network theories to the business of tourism to shed light on successful operations of tourism knowledge networks. It contributes specifically to understanding a network perspective of the tourism sector, the information needs of tourism businesses, social network dynamics of tourism business operation, knowledge flows within the tourism sector and the transformation of the tourism sector through knowledge networks. Social Network Analysis is applied to fully explore the growth and maintenance of tourism knowledge networks and the relationships between tourism sector stakeholders in relation to their knowledge requirements. *Knowledge Networks and Tourism* will be valuable reading for all those interested in successful operations of tourism knowledge networks.

内容提要： 知识的普及使得旅游部门可以不断进行调整以适应其多变的商业环境。但是，虽然人们早已认识到知识的重要性，却由于部门之间不能进行有效沟通（这主要是因为旅游业往往由小型和中小型企业组成），理解知识管理成为旅游行业的巨大挑战。

该书将知识管理和社会网络理论应用在旅游业务方面，有助于具体了解旅游部门的知识网络、旅游部门的信息需求、旅游企业经营的社交网络动态，以及旅游部门之间的知识流动和知识网络改造。该书还具体分析了旅游行业知识网络的发展和维护，以及旅游部门利益与相应知识需求之间的关系。该书适用于对旅游业知识网络运营感兴趣的读者。

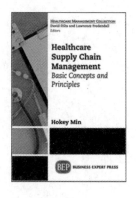

书名：Healthcare Supply Chain Management：Basic Concepts
      and Principles
      医疗保健供应链管理的基本概念和原理
作者：Hokey Min
出版社：Business Expert Press
出版时间：Oct.2014
         2014 年 10 月

Abstract：According to the health data released by the Organization for Economic Cooper-ation and Development（OECD），the United States spends more per capita on healthcare than any other OECD country. Currently，U.S. healthcare spending constitutes \$2.5 trillion，or 17.3 percent of GDP，with healthcare costs increasing 9 percent annually. To reverse this alarming trend，the Obama administration recently led the effort to dramatically reform healthcare policy，laws，and regulations. This book provides you（whether a healthcare policy maker，hospital administrator，pharmaceutical company manager，or other healthcare professional）with practical guidance for leveraging supply chain principles to better manage healthcare resources and control healthcare costs. It introduces basic supply chain management concepts，terminologies，and tenets. Other included topics are strategic alliances among healthcare partners，value analysis of healthcare services and products，the impact of healthcare reforms on healthcare supply chains，and the development of performance metrics for the healthcare supply chain and benchmarking.

内容提要：根据经济合作与发展组织（OECD）发布的健康数据，美国人均医疗保健花费比其他经合组织成员国更多。目前，美国医疗保健支出 2.5 万亿美元，占 GDP 的 17.3%，且此项支出以每年 9% 的速度增加。为了扭转这一趋势，奥巴马政府致力于大规模的医疗政策、法律、法规改革。该书为卫生政策制定者、医院管理者、制药公司的经理及其他医疗专业人士提供了如何利用供应链原则，更好地管理医疗资源，控制医疗费用方面的指导。它介绍了基本的供应链管理的概念、术语和定理，以及其他一些专题，如医疗合作伙伴、医疗服务和产品的价值分析、医疗改革对医疗保健供应链的影响分析，以及医疗保健供应链和基准的性能指标发展。

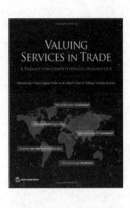

书名：Valuing Services in Trade：A Toolkit for Competitiveness
服务贸易评价：竞争力

作者：Sebastian Saez, World Bank, Daria Taglioni, Erik van der Marel, Veronika Zavacka

出版社：World Bank Publications

出版时间：Sep.2014

2014 年 9 月

Abstract：This Toolkit provides a framework, guidelines, and practical tools for conducting an analysis and diagnostics of trade competitiveness of the services sector. The methods of analysis are fully customized to address the features of the services sector. Successfully tested on country –specific assessments, the methods proposed in this toolkit aim to evaluate the competitiveness of the services sector and identify constraints to improved competitiveness and appropriate policy responses. The output of a services trade competitiveness assessment can be used to assess the overall performance of a country's services sector as well as for individual sub-sectors. In addition to the desk (quantitative) analysis, the success of a services trade competitiveness diagnostics (STCD) will depend on qualitative assessments and input from a wide variety of stakeholders in the country, including government officials and the private sector. A STCD should therefore be conducted in four key steps: preparation of a preliminary trade outcomes assessment based on available hard data; initial desk research and preparation for fieldwork; in-country field research; and finally, analysis and preparation of the final STCD report and policy recommendations.

内容提要：该书主要建立了衡量服务行业贸易竞争力的理论框架和指导原则。衡量方法根据不同服务行业特点制定，且该方法在评估一些国家服务业水平时取得了较好的结果。该书介绍的方法主要用来评估服务业的竞争力，发掘相应的缺陷，以期能够制定合适有效的政策提高服务业竞争力。服务贸易竞争力评估结果可以用于评估一个国家整体的服务业水平，也可以针对其中个别子行业进行评判。除了包括量化分析之外，本检验还包含了质量评估，考察国内的各种利害关系，包括政府官员和私营部门。检验主要包含四个步骤：首先，根据现有的硬盘数据进行初步的贸易成果评估；其次，最初的案例研究和准备实地调查；再次，国内实地调研；最后，分析和准备最后的报告和政策建议。

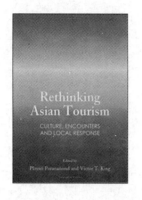

书名： Rethinking Asian Tourism: Culture, Encounters and Local Response

亚洲旅游业的重新思考

作者： Ploysri Porananond, Victor T. King

出版社： Cambridge Scholars Publishing

出版时间： Oct.2014

2014 年 10 月

Abstract: Rethinking Asian Tourism addresses some of the latest developments in on-going tourism research in Southeast Asia and the wider Asia region (encompassing, in geographical terms, Thailand, Vietnam, Indonesia, the Philippines, Malaysia, Japan, and Korea). It examines many of the emerging, as well as established, themes and issues in Asian tourism and promotes the development of critical scholarship within Asia to overcome Anglo-Western ethnocentrism in tourism studies of the region. There is some attention to such familiar concepts as authenticity, commoditization, culture, heritage, and host and guests, but more especially to the diversification of phenomena which traditionally would not have been included within the parameters of tourism studies: retirees and long-stays, gastronomy, family-based leisure, popular culture, and local branding. Above all, the book addresses and develops a conceptual understanding from a multidisciplinary perspective of the character, experiences, encounters, perceptions and motivations of local, national and intra-regional tourism rather than basing concepts, perspectives, emphases and analyses on Western-Asian interactions and on transformations in the West. In this respect it encourages a shift in emphasis towards "Asianising" our understanding of Asian tourism. This is one of the first volumes on Asian tourism written primarily by Asians and, as such, provides them with the opportunity to express their concerns, interests and priorities, rather than depending on the analyses and interpretations of those from outside the region. It also enables a deconstruction of the field of tourism studies, acknowledging that it is an open-ended, shifting, fluid and complex category of encounters and events generated by the processes of physical mobility.

内容提要： 该书阐述了东南亚以及其他亚洲地区（包括泰国、越南、印度尼西亚、菲律宾、马来西亚、日本和韩国）旅游方面研究的最新进展。研究包括许多新兴主题以及一些之前被研究过的关于亚洲旅游业、促进相关学术发展的主题。相比于概念真实性、商品化、文化、遗产和主客关系等主题，人们更加关注多元化现象方面的研究，特别是传统的不会被列入旅游研究的内容，包括长期住宿、美食、以家庭为主的休闲、流行文化和当地品牌等。总之，该书从多学科的角度，而不是从基础概念的角度，分析了西方和亚洲之间的互动以及西方的转变，鼓励人们重新认识亚洲旅游业。该书是亚洲人撰写的关于亚洲旅游业的第一本巨著，以期表达作者对这方面的关切。

书名：The Political Economy of the Service Transition
   服务转型的政治经济学
作者：Anne Wren
出版社：OUP Oxford
出版时间：Jan.2013
   2013 年 1 月

Abstract：Over the past four decades the wealthiest OECD economies–in Europe，North America，and Australasia–have faced massive structural change. Industrial sectors，which were once considered the economic backbone of these societies，have shrunk inexorably in terms of size and economic significance，while service sectors have taken over as the primary engines of output and employment expansion. The impact on labor markets has been profound：in many OECD countries more than three–quarters of employment is now in services，while industrial sectors，on average，account for less than one –fifth. This sectorial shift in the locus of economic activity has potentially radical implications for politics and society. However，these implications are only beginning to be understood. This path –breaking book is a systematic attempt to understand the distinct political economy of service societies. It examines how different types of socio–economic regimes manage the service transition，with a central focus on job creation and destruction and the changing characteristics of labor markets，and shows that the economic，distributional，and political outcomes with which it is associated vary across countries depending on their political–institutional structures.

内容提要：在过去的 40 年里，欧洲、北美洲等都面临着巨大的结构性变化。工业部门曾经被认为是这些经济体的经济支柱，但近些年来在规模和经济方面都遭到了大规模缩减，而服务业部门已经成为产出和就业的主要支柱。在许多 OECD 国家，服务业就业超过 3/4，而工业部门平均占比不到 1/5。行业结构转变对政治和社会产生了巨大的影响，然而人们才开始意识到这些影响。该书旨在分析理解服务业发展带来的政治经济变革，并研究在不同类型的社会经济制度下如何适应服务行业的转变，创造、破坏就业和劳动力市场的变化的特征，以及分析了不相同国家由于政治体制结构不同而带来的相关经济、分配和政治的不同结果。

书名：Slow Growth and the Service Economy
   缓慢增长和服务经济学
作者：Pascal Petit
出版社：Bloomsbury Academic
出版时间：Nov.2013
   2013 年 11 月

Abstract: The slow-down in economic growth and the rise in unemployment in the 1970s revived some of the uncertainties experienced by industrialized economies during the inter-war period. After more than a decade of stagnation, the period of sustained growth in the thirty years following the Second World War now seems increasingly to have been an exceptional phase in an overall development process still dominated by wide fluctuations in economic growth rates. Slow Growth and the Service Economy examines what it means to live in a period of economic recession and analyses social patterns in response to the slowing down of financial and economic growth.

内容提要：20 世纪 70 年代，全球经历的经济增长放缓和失业率上升使得人们又重新担忧，是否会重现两次世界大战之间所经历的工业化经济体的不确定。人们认为，第二次世界大战之后持续增长的 30 年是整体经济发展中的特殊阶段。该书分析了在经济衰退时期人们的生活状态，以及财政和经济增长速度下降时的社会形态。

书名：Managing Services：Challenges and Innovation
管理服务：挑战与创新
作者：Kathryn Haynes，Irena Grugulis
出版社：OUP Oxford
出版时间：May.2013
2013 年 5 月

Abstract：The nature of services in society and the economy is wide-ranging and complex, and the management of services and their innovation provokes a number challenges for practitioners, professionals, and academics. This book provides a range of perspectives on understanding, managing, and reconceptualising service by bringing together contributions from leading figures in service research, to make a timely and significant multi-disciplinary contribution to the theory and practice of service management. The book presents a collection of contemporary perspectives on service management challenges, extending the understanding of service through exploration and critique of service organizational and managerial strategies from selected theoretical and empirical perspectives. Amongst other contributions, it reviews the distinctive role and importance of service to academics, professionals, and practitioners; identifies appropriate bridging strategies; evaluates selected aspects of the practice of service management, and investigates the challenges inherent in managing services; reviews the nature, direction, and applicability of selected theoretical dimensions which inform the understanding of service management; considers contemporary innovations in services and service management; and assesses the opportunities for theory building, to further support understanding of the complexities of service management and its impact on organizations and wider society. It will be of interest to graduate students, academics and practitioners in service management.

内容提要：社会服务的本质往往是广泛且复杂的，所以对于从业者、专家和学者来说，服务的管理和创新并不容易。该书汇集了服务经济方面的最新研究，包括理论和服务管理的实践等，以期为读者提供服务管理行业最前沿的实践指导。该书从理论和实践角度汇集并介绍了当代服务管理观点，批判服务组织和管理战略，衍生了对服务的理解。特别地，该书还强调了服务对学者、专业人士和从业者的重要性；确定了适当的战略；评估了服务管理实践的一些方面，分析了管理服务本身蕴含的挑战；回顾了服务管理的性质和适用性；评估了理论建设对进一步支持服务管理实践及其社会影响复杂性的认识。该书适用于对服务管理感兴趣的研究生、学者和从业者。

书名：Innovations in Services Marketing and Management：
Strategies for Emerging Economies
服务营销创新和管理：新兴经济体战略

作者：Anita Goyal

出版社：Idea Group，U.S.

出版时间：Nov.2013
2013 年 11 月

Abstract：Modern corporations face a variety of challenges and opportunities in the field of sustainable development. Properly managing assets and maintaining effective relationships with customers are crucial considerations in successful businesses.

Innovations in Services Marketing and Management：Strategies for Emerging Economies presents insights into marketing strategies and tactical perspectives in both large and small enterprises. The chapters in this book explore case studies，contemporary research，and theoretical frameworks in effective business management，providing students，academicians，researchers，and managers with the resources and insight necessary to identify key trends in emerging economies and build the next generation of innovative services.

内容提要：现代企业往往面临着可持续发展的挑战和机遇：如何妥善管理资产并保持与客户的有效关系，成为企业成败的关键要素。

该书分析、归纳了服务企业应采取的营销战略，包含有效经营管理的相关案例研究和当代研究和理论框架，使学生、学者、研究人员和管理人员能够更好地理解当前新兴服务业的发展趋势，为新时代服务创新的发展打下基础。

书名：Public–Private Innovation Networks in Services

公共及私人服务网络创新

作者：Faiz Gallouj, Luis Rubalcaba, Paul Windrum

出版社：Edward Elgar Publishing Ltd

出版时间：Jul.2013

2013 年 7 月

Abstract：This book is devoted to the study of public–private innovation networks in services（ServPPINs）. These are a new type of innovation network that have rapidly developed in service economies. ServPPINs are collaborations between public and private service organizations, their objective being the development of new and improved services which encompass both technological and non–technological innovations. The book presents in–depth empirical research from different service sectors across Europe in order to explore the nature of these public private collaborations. It elucidates the processes of formation, entrepreneurship and management, the types of innovations ServPPINs generate, and the nature of the public policies required to support them. This multidisciplinary book will appeal to academics and students in economics, management, and the sociology of services and innovation. Managers in the public and private service sector and public authorities will also find much to interest them.

内容提要：该书主要研究公共及私人服务网络创新（ServPPINs）。这是网络服务的创新发展，并在服务经济中迅速蔓延。ServPPINs 是公共服务机构和私人服务机构之间相互合作，目标是更新并提高服务质量，其中包括技术和非技术的创新发展。该书探讨了欧洲各地不同服务行业中公共及私人服务机构的网络创新案例，阐述了其形成过程、创新和管理，以及支持它们发展所需的公共政策。本书适用于经济、管理、服务和创新社会学的学者，以及在公共和私人服务部门的管理人员。

书名: Driving Service Productivity: Value-Creation Through Innovation

创新驱动服务生产力

作者: John Bessant, Claudia Lehmann, Kathrin M. Moeslein

出版社: Springer

出版时间: Aug.2014

2014 年 8 月

Abstract: In a world moving towards services, driving service productivity is a central challenge for leaders and members of all types of organizations: for service businesses there is a clear need to be "productive", but it is far less clear what this exactly means. In this book, we invite you on a journey that explores the ways, tools and options for driving service productivity. We take an innovator's perspectives and look at the tricky challenge of service productivity as a landscape of options for designing the future of services.

Case examples, from the airport, hotel, healthcare, and professional service industry, offer insights in the methods used and approaches taken in business practice. Research results provide food for thought and valuable advice on the path towards superior service productivity. Throughout the book we also listen to the views and advices of interviewed experts from academia as well as business practice on how to drive service productivity.

A forecast on how service productivity and service innovation might evolve in the future provides us—and hopefully you as a reader—with the necessary food for thought to develop our own understanding of driving service productivity in different business settings. Overall, this book is not a traditional "academic product" that summarizes the views of a few, but a co-created offering that profited enormously from the contributions of so many.

内容提要: 服务业在当今世界经济中越来越重要,推动服务生产力是所有国家和企业面临的主要挑战。对服务业而言,"生产力"的提高至关重要,但学界目前对"生产力"提高却没有明确的定义。该书主要弥补这一空白,探讨如何提高服务生产力。

该书阐述了包含机场、酒店、医疗保健和专业服务等一系列服务行业的现实案例,并提供相关方法和商业实践行为,采纳了来自学术界和商业实践者就如何推动服务生产力的意见,并采访了相关专家。总的来说,该书不是一本传统的"学术产品",它在总结各方观点和意见的基础上让读者更加理解服务生产力提高的问题。

书名：Progressive Trends in Knowledge and System-Based
　　　Science for Service Innovation
　　　知识和系统科学推动下的服务创新
作者：Michitaka Kosaka，Kunio Shirahada
出版社：Idea Group，U.S.
出版时间：Jan.2014
　　　　2014 年 1 月

Abstract：Scientific investigation in the service industry has produced a major effect on productivity and quality in order to lead to new services. With ever-evolving internet technologies and information environments, system science and knowledge science seem to be an effective tool for service innovation in the 21st century. *Progressive Trends in Knowledge and System-Based Science for Service Innovation* illustrates new approaches to service innovation and new methodologies from the knowledge science and system science perspectives. Practitioners and researchers interested in knowing more about practical theories and successful examples in service science will find this book to be a vital asset to their studies.

内容提要：科学发现为服务业的生产力水平和生产效率提高，乃至新服务业的生产效率提高都带来了巨大的影响。21 世纪，随着互联网技术和信息环境的不断发展，系统科学和知识科学对推动服务创新具有重要影响。该书从知识科学和系统科学的角度说明了推动服务创新的新方法，适用于相关从业人员和研究人员。

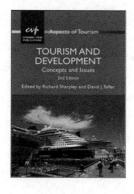

书名：Tourism and Development：Concepts and Issues
　　　旅游业及经济发展
作者：Richard Sharpley，David J. Telfer
出版社：Channel View Publications
出版时间：Nov.2014
　　　　　2014 年 11 月

Abstract： This book explores and challenges the relationship between tourism and development and establishes a conceptual link between the discrete yet interconnected disciplines of tourism studies and development studies. This revised and expanded second edition provides not only a comprehensive theoretical foundation in development studies but also a critical analysis of contemporary themes and issues relevant to the study of tourism and its potential contribution to development. The second edition contains new chapters on the following topics：Tourism and Poverty Reduction Cultural Heritage，Tourism and Socio -economic Development Tourism，Climate Change and Development Human Rights Issues in Tourism Development Tourism，Development and International Studies.

内容提要： 该书探讨了旅游业和经济发展之间的关系，并且在旅游服务研究和经济发展研究这两个看似没有关系、实际相互影响的学科之间建立了概念框架。该书为第二版，在第一版的基础上补充扩展了经济发展研究的理论基础以及旅游服务等研究主题。该书包含以下新的篇章：旅游和扶贫文化遗产、旅游和社会经济发展、气候变化与发展人权问题、发展与国际问题研究。

书名：Paradox and Imperatives in Health Care：Redirecting
Reform for Efficiency and Effectiveness
医疗保健服务的悖论和迫切性

作者：Jeffrey C. Bauer

出版社：Productivity Press

出版时间：Aug.2014
2014 年 8 月

Abstract：The Paradox：Americans are not as healthy as people in dozens of comparable countries that spend 30 percent less on health care，and our medical marketplace overall is plagued by persistent problems of cost，quality，and access. Yet，the world's best individual health systems are located in the US—each a unique result of visionary leadership and private initiative，not government-driven health reform.

The Imperatives：Due to powerful new forces explained in this book，medical spending has stopped growing. Purchasers，payers，and patients are no longer willing or able to keep paying more. To stay in business and improve population health，providers and their business partners must eliminate the shameful waste generated by inefficient and ineffective production processes.

The Solution：Simply repairing or repealing the Affordable Care Act will not get us where we want to go. The fundamental roadblock is a wasteful system，not uninsured Americans. Reform needs to be immediately redirected to creating the best health care system that 17 percent of GDP can buy. Money saved by taking the new path to reform can then be used to improve population health through access for all.

内容提要：美国人的医疗保健费用很高，但往往与那些少花 30%医疗保健费用的国家的人健康水平相当，所以美国的医疗市场一直受到成本、质量以及获得渠道等问题的持续困扰。然而，不能否认的是，美国拥有世界上最好的个人健康系统。

由于政治经济等外界因素影响，医疗支出已停止增长。购买者、支付方和患者都不再愿意或有能力继续支付更多的医疗费用。为了保持企业的持续运行，提高人口健康水平，医疗提供者和他们的商业伙伴必须消除低效和无效生产过程中产生的浪费。

因此，简单地修改或废除医疗法案都不能得到预期的成果，最根本的障碍是制度导致的浪费。改革应该着重于合理利用这 17% GDP 的资金以建立起相应最好的医疗保健制度，而不总是针对那些无法支付保险费用的公民，节约的资金还可以被用来投资改善人口健康。

书名： Public Shared Service Centers：A Theoretical and
Empirical Analysis of US Public Sector Organizations
公共共享服务中心：美国公共组织部门的理论与实证
分析
作者： Gerd Schwarz
出版社： Springer Gabler
出版时间： Jul.2014
2014 年 7 月

Abstract： Gerd Schwarz analyzes the pros and cons of shared service centers for the implementation of IT, finance, personnel and purchasing processes and make design suggestions on the empirical study of American public companies are based at 72. It describes how through the development of shared service centers achieved cost and quality improvements and shows based on the transaction cost approach to outsourcing to the differences in detail.

内容提要： 该书分析了共享服务中心的利弊，包括 IT、财务、人事和采购流程的实施，并在美国上市公司实证研究结果的基础上提出了相应的意见和建议，介绍了如何通过共享服务中心的发展改进交易成本，实现成本和质量的优化和提高。

书名：Managing Consumer Services：Factory or Theater
　　　消费者服务管理
作者：Enzo Baglieri, Uday Karmarkar
出版社：Springer
出版时间：Jun.2014
　　　　 2014 年 6 月

Abstract：This book presents latest research on the evolution of consumer services, as these services continue to become a larger part of the economy in the world. Four core focal points lead the central message of the book：first, the convergence of back and front offices; second, placing the client as a fundamental input of services production and delivery process, and "industrializing" the customers' role to combine efficiency and experience; third, the constitution and role of inputs necessary for the configuration, production and delivery of the service, with the crucial role of "operationalizing" the customers' experience; and fourth, the adoption of new technologies and the appropriate transfer of manufacturing managerial practices through service industrialization.

This is a special volume of articles based on solid research and analysis, including conceptualization of the important issues, as well as recommendations for managers. It presents case histories and managerial practices in some key sectors, such as financial services, health care, tourism/hospitality, entertainment and media, online services and home and personal services.

内容提要：如今，消费者服务已经成为世界经济体中非常重要的一部分，该书就这一问题主要介绍了消费者服务方面的最新研究成果：首先，企业前后台的融合；其次，把客户作为服务生产和交付过程的基本投入，"工业化"客户角色以提高服务效率和质量；再次，生产和提供服务必要的配置；最后，采用新技术并通过服务产业化改进生产管理。

该书包含了重要问题的概念化，并且对管理人员提出了相关建议，涉及的服务部门包括金融服务、医疗保健、旅游和接待服务、娱乐、媒体、网络服务以及家庭和个人服务。

第三节

报告精选

书名：中国服务经济发展报告 2013
作者：陈宪、殷凤、程大中 （主编）
出版时间：2013 年 12 月
出版社：上海交通大学出版社

　　内容提要：现今，世界经济已经步入服务经济发展阶段，发达国家的服务业已经发展成为国民经济的主导产业。与此形成鲜明对比的是，中国服务业明显滞后于世界服务业的发展，加快发展服务业、努力提高服务业的比重和水平，不断优化服务业行业结构，尽快实现制造业和服务业"双轮驱动"的经济发展格局，真正实现集约型增长，是未来 5~10年中国国民经济和社会发展的重心所在。

　　《中国服务经济发展报告 2013》分为主题报告、专题报告、指数发布和统计数据四个组成部分。其中，主题报告研究了中国服务业技术效率测度及影响因素；专题报告分为服务产业与贸易、服务技术与创新、公共服务与管理三个报告；指数报告包含"中国城市服务经济指数 2013"等四个指数的发布，而分析报告的统计数据则涵盖了中国服务经济领域相关的统计数据表格。

书名：中国服务业发展报告 2013——中国区域服务业发展
战略研究

作者：史丹、夏杰长（主编）

出版社：社会科学文献出版社

出版时间：2013 年 8 月

　　内容提要:《中国服务业发展报告 2013——中国区域服务业发展战略研究》由史丹、夏杰长主编。该报告指出，为了促进我国区域服务业均衡发展，提升服务业竞争力水平，须从以下方面着力：一是加快市场化改革进度，创造良好的制度环境；二是促进落后地区服务业投资，提升投资效率；三是扩大区域开放，推动区域服务业发展；四是合理规范地区间税收竞争，尽早推开"营改增"政策；五是鼓励东北和中西部地区承接沿海制造业转移；六是制定更加优惠和灵活的政策，引导人才向落后地区流动；七是优化服务业地区布局，发挥各地区的比较优势，走特色服务业发展道路。

书名： 2013 世界服务业重点行业发展动态
作者： 上海市经济和信息化委员会、上海科学技术情报
　　　　研究所（编著）
出版社： 上海科学技术文献出版社
出版时间： 2013 年 8 月

　　内容提要：《2013 世界服务业重点行业发展动态》按服务业总体发展态势、世界服务业重点行业发展动态来介绍，共分 3 篇 10 章。总论篇介绍世界服务业发展总体态势；行业篇介绍金融服务业、现代物流、信息服务业、专业服务业、科技服务业、环境服务业、创意产业、教育培训业的发展动态；热点篇介绍国外产业分类体系及服务业相关统计问题、世界大数据发展趋势、基于电子商务发展的商业模式创新、基于产业转移到区域总部经济、世界服务业税收制度发展现状特点。

书名： 2013 上海服务业发展报告
作者： 上海市商务委员会
出版社： 上海科学技术文献出版社
出版时间： 2013 年 8 月

　　内容提要： 该报告的主要内容有商务服务业、物流业发展态势、会展业发展态势、电子商务发展态势、其他商务服务业发展态势、服务业管理、上海现代服务业综合试点、2012 年度重大活动、老字号品牌发展、主副食品流通市场管理等。

书名：2013 上海产业和信息化发展报告——生产性服务业
作者：上海市经济和信息化委员会
出版社：上海科学技术文献出版社
出版时间：2013 年 8 月

　　内容提要：该报告基本延续了上一年度的主体框架，在对生产性服务业总体情况概述的基础上，主要聚焦于中口径的生产性服务业，即与产业发展密切相关的生产性服务业具体领域（涉及 199 个小类中的 141 个小类），主要包括生产性服务业（制造业领域）、文化创意产业（创意产业）和信息服务业等行业领域。其中生产性服务业（制造业领域）是指直接或紧密为制造业产业链配套服务的生产性服务业，文化创意产业（创意产业）则是从全市统筹推进的文化创意产业中列出了与制造业发展更为紧密相关的领域。

书名： 2014 上海服务业发展报告
作者： 上海市发展和改革委员会、上海市信息中心
出版社： 上海社会科学院出版社
出版时间： 2014 年 10 月

    内容提要： 该报告是上海市发展和改革委员会组织编撰的年度系列报告，对 2013 年国内外服务业发展特点和趋势进行了分析，回顾了上海服务业发展概况，并展望 2014 年发展重点，全面梳理了国家和上海市出台的服务业相关政策，科学反映了上海服务业发展总体情况。该报告按照《上海市服务业发展"十二五"规划》提出的"大力发展七大支柱服务业、积极培育六大新兴服务业、着力发展四大社会服务业"的主要任务，构建产业篇框架，在上海市服务业重点布局部分增加了自由贸易试验区和前滩国际商务区两个重点板块，力求更加科学、全面地反映上海服务业的发展态势，为相关政府部门、科研院校和社会公众提供参考。

书名：中国服务业发展报告2014——以生产性服务业推动
　　　产业升级

作者：夏杰长、姚战琪、李勇坚（主编）

出版社：社会科学文献出版社

出版时间：2014年12月

内容提要：推进产业结构调整和优化升级，打造中国产业升级版，是应对全球经济困局、切实转变经济发展方式、适应经济新常态的关键举措。要实现这一宏伟目标，必须找准突破口和落实好抓手。以生产性服务业促进制造业升级，依托生产性服务业助推农业现代化，这是我国现阶段和今后一段时期打造中国产业升级版最紧迫也是最务实的选择。

该报告由夏杰长、姚战琪和李勇坚主编，分为总报告和专题报告两部分。其中，总报告为以生产性服务业推动制造业升级和农业现代化，专题报告包括交通运输服务业推动产业升级的机理与对策、软件产业推动产业升级的机理与对策、新兴信息服务业推动产业升级的机理与对策、工业设计推动产业升级的机理与对策、互联网金融推动产业升级的机理与对策、电子商务推动产业升级的机理与对策、节能服务业推动产业升级的机理与对策、生产性服务业集聚推动产业升级的机理与对策、生产性服务业对外开放推动产业升级的机理与对策和信息服务外包推动产业升级的机理与路径。该报告从行业和生产性服务业的发展趋势对生产性服务业推动产业升级进行了全面的梳理和研究。

书名： 2014 现代服务业发展战略报告

作者： 现代服务业领域总体专家组 （著）

出版社： 科学出版社

出版时间： 2014 年 6 月

　　内容提要： 该报告依托重大专项，深入调研现代服务业多个行业领域的发展现状及趋势，为现代服务业各领域深入实施提供战略建议。战略报告紧跟国际前沿，并结合中国特色，整理出符合我国发展的趋势建议。内容高屋建瓴，同时注重国际化，在行业中有较好的权威性，数据大多来自行业著名咨询公司或龙头企业自身掌握的情报。

书名： 国务院关于加快发展生产性服务业　促进产业结构调整升级的指导意见

出版社： 人民出版社

出版时间： 2014 年 8 月

　　内容提要： 国务院印发的《关于加快发展生产性服务业　促进产业结构调整升级的指导意见》（以下简称《指导意见》）是国务院首次对生产性服务业发展做出的全面部署。《指导意见》提出了引导市场主体行为的发展导向，明确了政府创造良好环境的工作重点。《指导意见》强调，要以产业转型升级需求为导向，引导企业进一步打破"大而全"、"小而全"的格局，分离和外包非核心业务，向价值链高端延伸，促进我国产业逐步由生产制造型向生产服务型转变：一是鼓励企业向产业价值链高端发展；二是推进农业生产和工业制造现代化；三是加快生产制造与信息技术服务融合。《指导意见》明确指出，现阶段我国生产性服务业重点发展研发设计、第三方物流、融资租赁、信息技术服务、节能环保服务、检验检测认证、电子商务、商务咨询、服务外包、售后服务、人力资源服务和品牌建设，并提出了发展的主要任务。

第四章 服务经济学学科 2013~2014 年重要会议

第一节 第二届中国（北京）国际服务贸易交易会暨全球服务论坛·北京峰会

会议基本信息：

1. 会议时间：2013 年 5 月 28 日至 6 月 1 日
2. 会议地点：北京市
3. 主办单位：中华人民共和国商务部、北京市人民政府
4. 永久支持单位：世界贸易组织、联合国贸易和发展会议、经济合作与发展组织
5. 会议主题：服务贸易：价值提升新引擎；服务业：可持续发展新领域

会议介绍：

2013 年 5 月 28 日至 6 月 1 日，由中华人民共和国商务部和北京市人民政府共同主办的第二届中国（北京）国际服务贸易交易会（简称"京交会"）暨全球服务论坛·北京峰会在北京举行。

第二届京交会以"服务贸易：价值提升新引擎"为主题，举办了高峰会、专业大会、推介洽谈、综合展示、主题日活动、权威发布六类 148 场次活动，洽谈展览总面积 7.59 万平方米，共有中外企业 1900 余家参展，来自 117 个国家和地区的到会客商及代表累计达 13.8 万人次，同比增长 35.3%。会议期间共达成签约项目 415 个，签约额累计 786.9 亿美元，比首届的 601.1 亿美元增长 30.9%。其中，国际项目 114 个，签约额 108.9 亿美元。

京交会期间，联合国贸发会议与组委会共同举办了全球服务论坛·北京峰会。60 多个国家和地区的近 800 位嘉宾在峰会上围绕"服务业：可持续发展的新领域"进行探讨；组建了全球服务业展望委员会，中国担任本届轮值国主席，为发展中国家和中国在世界服务贸易发展中发挥更大作用创造了条件；发布了《北京宣言》，指出京交会和全球服务论坛在促进服务经济发展和国际服务贸易发展方面发挥的领导力和做出的贡献，提升了各界对发展中国家发展服务业与服务贸易的关注度和支持度。

李克强总理在峰会上发表了题为《把服务业打造成经济社会可持续发展的新引擎》的

主旨演讲，指出服务业日益成为促进世界经济复苏、引领转型发展的新引擎、新方向。大力发展服务业，既是当前稳增长、保就业的重要举措，也是调整优化结构、打造中国经济升级版的战略选择。中国服务业发展滞后，最大的制约是体制机制障碍，出路在于改革开放。服务贸易是跨境的服务业，在经济全球化日益深入的大背景下，服务贸易有很大的发展空间。中国将着力扩大服务贸易规模，拓展服务业外包，促进进出口均衡发展，促进服务领域相互投资。他强调，各国应秉承合作共赢的原则，反对保护主义，消除贸易壁垒，加强在人员流动、资格互认、行业标准制定等方面的协调，推动服务贸易自由化。发达国家应率先开放市场，发展中国家应积极参与服务领域全球治理机制和规则体系建设，逐步提升代表性和话语权。

全球价值链已在当今全球经济中占有主导地位。与会代表特别提出：传统的贸易统计方式只简单记录贸易过程的最后一道程序的总流量，不能反映贸易流程的每个环节增值的实际情况，这样就容易误导人们制定错误的贸易政策。世界贸易组织服务司负责人透露：服务在全球价值链中占有举足轻重的作用；进口中间产品和服务对出口有巨大的促进作用；经济相互依存的实质进一步显现；新兴经济体在全球价值链中的地位日益突出；供需恐慌对上下游生产产生震荡。目前，服务业占美国、英国、德国、法国和意大利等工业国家 GDP 的 2/3，但按附加值计算对出口的贡献率仅为 50%，在中国不足 30%。换句话说，服务业在全球价值链中没有充分发挥其优势。这里揭示的信息是，在以全球价值链为主体的世界中，要想提高生产率，保持国际竞争力，就需要进口高质量的中间产品和服务。

对于服务业增值的前景，与会代表纷纷给出了各自的期待。来自芬兰的一位代表指出，服务业增值在于贸易更加便利化。中国商务部研究院长霍建国认为，目前政府干预太多，政府应进一步调整宏观政策，主要是降低物流成本，以推进服务业增值。德勤大中华区代表表示，服务性企业已成为全球价值链除政府、生产厂商、消费者外的第四个重要力量，各国政府应制定趋同标准，推动服务业发展。瑞典贸易委员会代表指出，服务业的进一步发展还需要人员流动的自由化。世界贸易组织服务司负责人指出，在服务大发展中，运输企业特别要关注其他行业的发展，才能为己所用。

在"21 世纪全球服务经济与服务贸易展望，服务和服务贸易的有利环境"高峰论坛上，卡塔尔、毛里求斯、乌干达、印度等发展中国家的代表在论坛上摒弃客套，就消除贸易壁垒、优化服务贸易环境直抒胸臆。

牙买加代表认为，全球服务贸易意味着不能只在少数国家开展服务贸易，需要更多的国家和组织参与进来，才能促进整个世界服务贸易的进程。区域一体化及区域贸易协定已经存在了，对于一些如律师、医生等可以自由流动的专业领域人员，应该给予他们更为便利的政策，以促进服务贸易。此外，有必要让公共部门参与服务贸易，如住房、教育、保险等部门，这样可以由政府推动服务行业的发展。

毛里求斯代表提出，21 世纪服务业是最重要的，发展中国家已经意识到投资的风险是很高的。所以，服务贸易需要我们设定很好的社会环境，来实现发展目标。WTO 的宗旨是要促进全球发展，要对不发达国家建立一些有利的贸易协定。现在的贸易成本很高，在关税和非关税方面造成了壁垒，大家应该携手合作，建立起相关政策，如对不发达的内陆国家提供激励机制，使其效益最大化，在全球服务贸易中得到蓬勃发展。

乌干达代表表示，服务业在发达与不发达国家 GDP 中的占比都非常大。发展中国家要考虑向哪个方向发展，他们拥有资源，要创造附加价值。但游戏规则中的不公平是存在的，我们如何在游戏规则中应对与其他国家的差距，需要找到解决方案。建议在肯尼亚、坦桑尼亚、卢旺达等小国家召开贸发会，这些国家迫切需要服务业的发展。

印度商务部长表示，现在服务贸易的监管规则多由发达国家制定，发展中国家往往不能满足发达国家的游戏规则，在服务贸易活动中带来相应的成本上升。服务领域要有很好的环境，在外部，要公平，免遭贸易保护主义措施阻挡；在内部，监管机制要简单透明。为了确保服务贸易自由化，发展中国家各政府部门要阻止一些贸易壁垒，创造一个有利的贸易环境，使发展中国家提供的服务能得到顺利采纳。

作为京交会东道主国家的中国商务部副部长姜增伟对此表示，当前，世界已经进入了服务经济时代，服务占世界经济的比重已经接近 70%，服务贸易已经成为世界经济增长的驱动力和新引擎。中国政府将抓住服务经济发展的黄金期，尽快地发展服务贸易，与世界各国在服务领域开展全方位、多层次的合作。中国将继续完善服务贸易发展的政策环境，加快建设服务贸易法律法规体系，完善服务贸易机制，理顺服务出口的税收政策，打造服务贸易的交易平台。一些发展中国家服务贸易起步较晚，发展水平较低，中国要反对贸易保护主义，缔造多边贸易平台，推动全球服务贸易的发展。

世界贸易组织副总干事表示，发展中国家的发展和经济增长是服务贸易领域的重点。中产阶级增长在亚洲非常快，对能源资源以及对服务业领域会有很大需求，农业是最大的需求，这些都创造了服务机遇。我们需要社会主流的参与，来促进服务贸易。对各个价值链的不同环节考虑在哪方面介入，这就要依赖各国的能力。国际社会要对贫困国家有所关注，政府要促进立法、监督，要给予技术援助。政府机构要推动 WTO 贸易协定的实践，在各国之间也要建立多边联系，制定良好的治理政策，才能促进这些国家的发展。同时，发展中国家只要努力，就能在全球服务贸易中获益。

北京市副市长程红表示，北京峰会提升了服务在全球经济发展中重要作用的认识，提升了发展中国家发展服务业和服务贸易的关注度和支持度，同时提高了发展中国家的话语权。

参考资料

[1] 朱天，沈燕云. 服务贸易开启新征程——记第二届京交会"全球服务论坛·北京峰会"[J]. 中国远洋航务，2013（6）：20-21.

[2] 北京市国际服务贸易事务中心. 第二届京交会回顾 [EB/OL]. http://www.ciftis.org/channel/1105.html，2013-06-02/2015-12-31.

[3] 第二届京交会完美收官 [N]. 北京商报，2013-06-06（A09）.

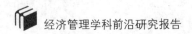

第二节　第 463 次香山科学会议——"现代服务业的科学问题与前沿技术"学术讨论会

会议基本信息：

1. 会议时间：2013 年 6 月 4~5 日
2. 会议地点：北京市
3. 承办单位：科技支撑计划现代服务业领域总体专家组
4. 会议主题：现代服务业的科学问题与前沿技术

会议介绍：

2013 年 6 月 4~5 日，由科技支撑计划现代服务业领域总体专家组承办的第 463 次香山科学会议在北京召开。吴朝晖、陈剑、华中生、徐以汎四位教授担任会议执行主席。来自现代服务业领域总体专家组、高校、科研机构和企业的 33 个单位的 47 位国内知名专家、学者和企业家应邀参加了会议。

会议以"现代服务业的科学问题与前沿技术"为主题，以"现代服务业的前沿支撑技术"、"现代服务业的模式创新与服务运营"、"大数据环境中服务经济研究"为中心议题，探讨如何以服务学为指导，以前沿支撑技术为手段，依托信息科学、现代管理、现代金融等交叉学科，加强对服务科学、管理和工程的研究；研究第三次工业革命和大数据环境下面向现代服务业的移动互联网、物联网、统一通信、语义搜索、服务计算、社会网络、新型人机交互等前沿技术对服务业的推动作用；研究服务模式创新、价值链和生态环境建设以及中国企业自主创新与技术追赶之路。

会议期间，陈俊亮院士、陆汝钤院士和科技部高新司胡世辉副司长做了主题学术报告，吴朝晖教授等四位专家做了中心议题报告，吴健教授等八位专家做了专题报告，15 位专家的精彩报告引起了与会专家、学者和企业家的热烈讨论。

陆汝钤研究员在题为《发展知识服务、推进知识经济》的主题评述报告中指出，知识服务是最重要的服务业之一，发达的知识经济必须具有发达的知识服务。目前开放网络已经成为大众获取知识的首选，但浩如烟海的巨大信息量又让人不堪重负，如何从海量网页中自动提取、整理知识已经成为人们的迫切需求。知识服务需要能够从海量文档中精选出有用文档，通过知识抽取建立索引，经过过滤和融合生成符合用户需求的规范化内容。

在经过广泛交流和深入讨论后，与会专家一致认为：

第一，针对现代服务业系统性、集成性、应用性的特点，应从多视角、多学科交叉融合的角度研讨现代服务业科学问题。既要从信息科学、管理科学、经济学等学科方面开展研究，还要从网络、社会、心理学等方向研究，更要从产业发展、社会发展的角度来研究现代服务业。在工业型社会向服务型社会、信息社会向知识社会转型过程中，应建立起与现代服务业发展相适应的认识论和思维观，克服制造业偏见，树立起全新的范围经济、跨界创新、大规模服务系统的生态涌现等现代服务业认识观。

第二，应当关注平台经济、循环经济，探索平台经济下的服务行为、技术行为改变导致的产业行为变化；研究平台经济对传统经济模式的颠覆性影响，研究虚拟经济成为新经济发展引擎所带来的机遇和挑战；关注知识经济时代，现实经济运行的信息化和全球化两大趋势；关注互联网金融和金融互联网。

在两天的会议中，与会专家、学者和企业家分析了国内外现代服务业的发展现状、趋势与挑战，对服务学内涵与外延、大数据和移动互联网时代的现代服务业前沿支撑技术、现代服务业商业模式创新等问题进行了探讨，并对进一步推进我国现代服务业科学研究、技术创新和产业发展提出了思路和建议。

此次"现代服务业的科学问题与前沿技术"会议是现代服务业领域作为一个新兴学科，首次在香山科学会议召开的学术研讨会，反映了学术界、产业界对我国现代服务业科技创新和产业发展的高度重视，将对我国现代服务业的科学研究、技术创新和产业发展产生重要的推动作用。

参考资料

［1］杨炳忻. 香山科学会议第 461~464 次学术讨论会简述［J］. 中国基础科学，2013（6）：19-24.

［2］中华人民共和国科学技术部. 现代服务业香山科学会议召开［EB/OL］. http://www.most.gov.cn/kjbgz/201307/t20130703_106902.htm，2013-07-04/2015-12-31.

第三节　2013 全球服务外包峰会

会议基本信息：

1. 会议时间：2013 年 9 月 26 日

2. 会议地点：四川省成都市望江宾馆

3. 主办单位：鼎韬服务外包研究院

4. 协办单位：成都服务外包行业协会、肯耐珂萨人才服务公司、成都服务外包平台有限公司

5. 支持单位：成都市商务局

6. 媒体支持：中国外包网、《中国服务外包》杂志社

7. 会议主题：创新驱动增长，变革孕育升级——新产业、新技术与新市场

会议介绍：

作为第十二届华商大会分论坛之一，"2013 全球服务外包创新峰会"于 2013 年 9 月

26 日在成都正式召开。此次峰会由成都市商务局支持，鼎韬服务外包研究院主办，成都市服务外包行业协会、成都服务外包平台有限公司、肯耐珂萨人才服务公司联合协办，会议主题为"创新驱动增长，变革孕育升级——新产业、新技术与新市场"。约 200 名服务外包行业领军人物、政界高层、业界权威专家和学者出席会议。全国服务外包考试管理中心张云飞主任担任会议主持人。与会嘉宾共同在会上就服务外包的产业创新、人才培养等热点行业话题以及跨国服务外包企业中国市场选址要素、战略分析等进行深入的探讨和沟通，充分挖掘服务外包产业发展新机遇，开拓发展新市场。

峰会主办方天津鼎韬外包服务有限公司/中国外包网 CEO 齐海涛上台致辞，成都市商务局局长郭启舟为大会致开幕词，并详细介绍了成都市产业发展的整体情况以及对产业未来发展的期望。

大会共举行了三场高端对话。首轮高端对话为"内需 or 离岸，我国服务外包市场的突破点在哪里?"，北京服务外包企业协会首席服务学家陈刚担任此轮对话主持人。巅峰软件集团董事长张玮表示，目前该公司离岸业务占七成，在岸业务占三成，现在面临的是离岸和在岸业务的管理模式不一样，如何进行协调的问题。浙大网新科技有限公司执行总裁兼服务外包事业集团总裁钟明博提出，做国内市场不能完全复制在离岸市场积累的成功经验，应该在提炼的基础上针对中国国内的情况做一些分化。陈刚指出，离岸还是不能放弃。中国服务外包的定位要根据自身的基因和能力决定市场，内功要练好，方向要端正，关键是人才创新培育走出去的问题。德勤中国业务发展总经理金建认为，中国服务外包创新的突围之路在于建立联盟，要规范、标准，同时要人才创新。"我们现在非常短缺的就是复合型人才，现在的人才在外包服务业要么做发包方，要么做接包方，不能复合。要既能开发，又要给接包方很好的咨询建议，我认为这是大问题。"

第二轮高端对话为"跨国服务外包企业的对华发展战略及投资选址要素"。凯捷咨询（中国）有限公司新科技业务总经理韩俊、Infosys 中国政府公共事务经理刘春杰、赛科斯大中华区总经理张雯、增厦信息技术服务（上海）有限公司大中国区总经理宋孔尧、爱渠西来信息技术（上海）有限公司总经理于忠民作为对话嘉宾在现场共同围绕核心主题，讨论并分享了各自观点。武汉服务外包行业协会顾问王斌耀担任此次高端对话的主持人。

第三轮高端对话由全国服务外包考试管理中心主任张云飞主持，主题为"服务外包创新实践新审视及人才战略"。肯耐珂萨常务副总裁孙元芳、博彦科技股份有限公司副总裁张靖、北京易才博普奥管理顾问有限公司助理副总裁袁静、中软国际教育科技有限公司副总裁于晓东、大众点评员工与组织发展总监徐雅琴等多位人才教育、培训机构以及企业界的高管精英围绕主题展开了热烈的交流和讨论。

鼎韬服务外包研究院副总监、天津鼎韬外包服务有限公司咨询总监沙琦女士在《应对变革，服务外包企业的创新突围之路》演讲中分享了鼎韬的 4M 战略，即 Margin（提升利润空间）、Management（降低运营成本）、Market（关注新市场机会）、Merger（逆向整合提升），从这四个方面进行自我的突破——截流、开源和成长。截流就是通过战略的调整，不断降低内部的管理和运营成本；开源指更多地关注提升现有业务的利润空间，关注新兴市场，寻找一些新兴业务来源；成长即通过并购和整合来实现整个规模倍数性的增长以及未来的快速发展。她提出新兴技术贯穿四个核心要点，大家要把更多的精力放在新兴技术的应用层面。

日立咨询副总裁兼首席运营官陆冰先生围绕云计算、电商等热点话题，发表了题为《云计算的电商创新实务》的精彩演讲。

IBM 全球信息科技服务部大中华区战略与市场部总经理石峰带来了《合作伙伴战略成就业务发展》的报告。他指出服务外包市场正在发生变化，尤其是企业外包的动机发生了变化，由传统的削减成本为目标，变成获得创新和成功的关键能力。根据外包范围与外包动机两个维度，合作伙伴战略可以划分为四类："企业创新者"、"企业优化者"、"专注的创新者"、"专注的优化者"，合作伙伴战略一定要与企业的战略相一致，合作伙伴战略的制定也决定了企业业务的成长速度。

毕马威企业咨询（中国）有限公司咨询总监在《Innovation-Where to Go for China》的演讲中表示，中国服务外包大趋势是低成本简单服务项研发设计和整合服务转化。创新是中国服务外包产业向价值链高端延伸的必由之路。KPO 将成为我国外包服务业参与国际竞争的主要领域。以中国国有和私有企业为主力的在岸市场将进一步调整，以电子商务、物联网等的发展将会带来新的机遇。

株式会社 U-CAN 常务执行董事坂西健治在《基于信赖关系上的中日服务外包新模式》的演讲中详细介绍了 U-CAN 学习法的方式以及效果情况，并从传统型中日外包的发展现状、问题以及改善的建议等方面阐述了自己的看法和观点。

除了精彩深刻的演讲外，由中国外包网和《中国服务外包》杂志联合发起的《见证：中国服务外包崛起的 5 年历程》活动的启动仪式也在峰会上正式举行。

会议现场还发布了《2012 成都服务外包产业人才发展报告》。报告显示，目前成都服务外包产业共有各类专业人才 18.08 万。2012 年，大学及以上学历的从业人员占总数的70%。2012 年薪资涨幅超过 13%，小语种人才数目稀缺。

同时，峰会上还揭晓了"2013 年中国服务外包产业最佳创新实践评选"以及"2012年在华跨国服务外包企业二十强"获奖名单。博彦科技股份有限公司凭借"博彦科技云解决方案"夺得 2013 年中国服务外包产业创新实践年度大奖，国际商业机器中国有限公司荣登跨国服务外包企业二十强榜单榜首。

参考资料

［1］中国外包网. 2013 全球服务外包峰会［EB/OL］. http：//www.chnsourcing.com.cn/special/2013/innovation/，2013-09-26/2015-12-31.

［2］中国外包网. 2013 全球服务外包创新峰会于成都召开［EB/OL］. http：//www.prnasia.com/story/archive/prna_086_1308290_1，2013-09-26/2015-12-31.

［3］中国新闻网. 全球服务外包创新峰会：中国不能复制印度模式［EB/OL］. http：//www.chinanews.com/zgqj/2013/09-26/5327145.shtml，2013-09-26/2015-12-31.

第四节　现代服务业国际高峰会议

会议基本信息：

1. 会议时间：2013 年 10 月 18 日
2. 会议地点：浙江省嘉兴市富悦酒店
3. 主办单位：商务部投资促进局、嘉兴市人民政府
4. 承办单位：嘉兴市秀洲区政府、嘉兴市科技局、北科建集团
5. 会议主题：把脉现代服务业，助推嘉兴新活力

会议介绍：

2013 年 10 月 18 日，以"把脉现代服务业，助推嘉兴新活力"为主题的"现代服务业国际高峰会议"在浙江省嘉兴市富悦酒店成功举行。本次会议由商务部投资促进局与嘉兴市人民政府联合主办，嘉兴市秀洲区政府、嘉兴市科技局、北科建集团共同承办。来自跨国公司、世界 500 强、业内专家学者以及长三角地区的企业家代表共 350 余人参加了会议。

商务部投资促进局副局长杨依杭、嘉兴市副市长柴永强出席会议并致辞。杨依杭副局长在致辞中介绍了投资促进局在促进中外企业相互投资方面采取的一些新举措，今后将进一步加大对重点行业、重点地区以及中小企业的促进力度。

与会的专家、代表围绕会议主题，就经济运行与现代服务业发展、现代服务业发展趋势预测及展望、上海自贸区对服务业发展的影响等议题做了精彩演讲，并进行了研讨交流；就"智慧产业新城"如何率先助力现代服务业成长、助推产业转型升级，共同探讨中国（上海）自由贸易试验区（以下简称上海自贸区）挂牌后，嘉兴现代服务业以及北科建智富城将会迎来的新商机和新机遇。

地处长三角城市群核心的嘉兴作为浙江省 14 个产业集聚区中唯一一个以现代服务业为主导的产业集聚区，目前正在着力打造秀洲区浙江科技孵化城和南湖区的金融小镇。"十二五"期间，嘉兴将立足于重点培养一批包括现代服务业、物联网等具有区域特色的产业集群，而随着上海自贸区的揭牌，与上海仅"一小时之遥"的嘉兴其地缘优势也正在逐步显现。

商务部研究院外资部主任马宇表示，上海自贸区的设立总体来说对嘉兴的发展是有利的，上海自贸区不是嘉兴产业发展的竞争对手，而是合作伙伴关系，从产业结构来说是互补的，是互相促进的，而不是同行业竞争的。

北科建集团总经理郭莹辉也认为，上海自贸区的设立会在产业外溢、人才外溢、服务外溢、信息及技术的外溢和政策的示范效应五大方面对嘉兴现代服务业产生积极的影响。他表示，自贸区的建设将会带动并推进金融、税收、贸易、政府管理等一系列改革措施的出台。在这个进程中，经济发展的潜力将会逐步释放出来，最终会推动大上海区域乃至中

国实现经济的转型和升级。

在本次高峰论坛上，由北科建打造的嘉兴智富城受到了外界的瞩目。

智富城总投资近 100 亿元，占地面积 75.6 公顷，总建筑面积 150 万平方米，园区共规划为三大功能区：智富产业、智富商务和生态住宅区。整个项目建成后预计实现的产值将会达到 250 亿元，年实现税收约 10 亿元，创造就业 5 万人。

据北科建集团总经理郭莹辉介绍，作为嘉兴市发展现代服务业的最大平台，嘉兴智富城是按照北科建集团科技地产模式打造的一个产业导向的城市新区，主要发展高新技术产业和现代服务业。与传统产业园区开发不同，北科建的科技地产开发模式更加强调的是城市和产业的协同，注重政策资源、产业资源、商业资源和企业发展要素的跨界整合和融合，从而来推动产业聚集和产业创新。

参考资料

［1］吴晓春. 把脉现代服务业助推嘉兴新活力——现代服务业国际高峰会议在嘉兴举行［J］. 上海企业，2013 （11）：83.

［2］中华人民共和国商务部.“现代服务业国际高峰会议”在浙江嘉兴成功召开［EB/OL］. http：//www.mofcom.gov. cn/article/shangwubangzhu/201310/20131000358954.shtml，2013-10-21/2015-12-31.

第五节　第三届中国（北京）国际服务贸易交易会

会议基本信息：

1. 会议时间：2014 年 5 月 28 日至 6 月 1 日
2. 会议地点：北京国家会议中心
3. 主办单位：中华人民共和国商务部、北京市人民政府
4. 永久支持单位：世界贸易组织、联合国贸易和发展会议、经济合作与发展组织
5. 会议主题：扩大服务业开放

会议介绍：

2014 年 5 月 28 日至 6 月 1 日，由中国商务部和北京市人民政府共同主办的第三届中国（北京）服务贸易交易会（简称“京交会”）在北京顺利召开。会议以“扩大服务业开放”为主线，以展览展示、论坛活动、洽谈交易三种形式开展了 133 场活动。来自 117 个国家和地区的 15.3 万人次参展参会，比第二届的 13.8 万人次增长 10.9%，其中专业客商 14.5 万人次，比第二届的 12 万人次增长 20.8%，洽谈展览总面积 5 万平方米。

5 月 28 日举行的主题为“服务贸易在全球价值链中的作用”的高峰会备受关注。会议由商务部副部长房爱卿主持。

商务部国际贸易谈判代表兼副部长钟山在会上宣读了副总理汪洋的书面致辞，致辞清

晰地传递了四点信息：一是中国服务业开放是坚定不移的；二是中国服务业开放是循序渐进的；三是中国服务业开放是有制度保障的；四是中国服务业开放是双向互惠的。

接下来，北京市副市长程红代表京交会组委会介绍了京交会及北京服务贸易发展情况。她希望参加第三届京交会的海内外嘉宾和客商充分利用这一平台，加强沟通、交流合作，在互利共赢中共同促进服务业和服务贸易的繁荣发展。

主题演讲中，经济合作与发展组织副秘书长威廉姆·丹佛斯指出，过去的20年里，全球价值链已成为世界贸易中非常重要的要素，与贸易的附加值、服务贸易限制指数等工具一样，可以帮助所有国家找到进一步扩大贸易的方式。

联合国贸发会议秘书长穆希萨·基图伊提出，服务业日益成为高投资回报率的行业，也是发展非常迅速的行业，但发展中国家在服务贸易发展方面还存在一些瓶颈，如对就业贡献率比较低。包括中国在内的发展中国家，在全球价值链中所做的大部分努力，主要集中在工业、制造业以及外包等行业上，但最先进的经济体在价值链当中主导上游和下游，这比中间品的服务贸易创造价值要多得多。他认为，应该重视多边协议，发展中国家尤其需要进行协调，加强合作，扩大投资。同时，相关的贸易工具可以把这些国家带入主流经济体贸易当中。

德意志银行首席执行官于尔根·费琛就城市化趋势为服务业发展带来巨大的潜力及银行业的未来发展趋势同与会嘉宾进行了探讨。英国商业、创新和技能大臣文思·坎布尔就中英两国在经济文化方面的交流融合、扩大共识进行了展望，提出要实现资本的自由流动，就需要有效的国际规则，需要政府共同参与制定国际规则。拉脱维亚议长索尔薇塔·阿博尔京娜围绕中国和拉脱维亚之间巨大的合作潜力发表主题演讲，她真诚希望有更多的中国投资者到拉脱维亚寻求商机与合作。

全国人大常委会副委员长张宝文表示，服务经济的到来，使得服务贸易成为全球价值链中重要的一环，而中国国际贸易发展较快，成为全球价值链中不可忽视的重要组成部分。未来，中国将把服务业作为新一轮开放的战略重点，更大程度地嵌入以服务为主导的全球价值链中，为中国服务业和整体产业升级提供国际化支撑。当今世界是开放的世界，世界各国只有在相互开放中才能寻找到更多更好的合作机会。他希望各国政府和国际组织加强合作，促进全球价值链在服务领域延伸，共同促进贸易自由化，为全球价值链的发展营造良好环境，完善全球价值链，建设全球一体化大市场。

本次高峰会还举办了分论坛，从"服务贸易在全球价值链中扮演的角色及其重要性"、"信息和通信技术作为服务本身和服务贸易的发展渠道"、"发展中国家面临的机遇与挑战"等热点领域进行讨论，以促进全球服务贸易乃至全球经济的均衡发展。

此外，第三届京交会举行了贸发会议小型部长会议和签约仪式，从商业服务，分销服务，教育服务，环境服务，金融服务，健康和社会服务，旅游与旅行相关的服务，娱乐、文化和体育服务，运输服务和其他服务等方面开展了61场行业研讨交流会议，组织了47场推介发布交易洽谈活动，举办了25场国别（地区）主题日及专场活动。

第三届京交会集中展示了中国及与会国家和地区服务贸易发展的最新成就，围绕服务贸易发展的前沿和热点进行了交流研讨，促进了国内外企业的对接洽谈和交易合作。

参考资料

［1］杜兰.全球价值链聚焦服务贸易 ［N］.首都建设报，2014-05-30（2）.

［2］北京市国际服务贸易事务中心.第三届京交会回顾 ［EB/OL］. http：//www.ciftis.org/channel/1127.html，2014-06-02/2015-12-31.

［3］北京市国际服务贸易事务中心.第三届京交会高峰会引关注 ［EB/OL］. http：//city.sina.com.cn/city/t/2014-06-05/151543879.html，2014-06-05/2015-12-31.

第六节　2014 全球服务外包大会

会议基本信息：

1. 会议时间：2014 年 6 月 14~16 日
2. 会议地点：山东省青岛市银沙滩温德姆至尊酒店
3. 主办单位：青岛市人民政府、商务部国际贸易经济合作研究院、山东省商务厅
4. 承办单位：青岛西海岸新区管理委员会、青岛市商务局、商务部《服务外包》杂志社、毕马威企业咨询（中国）有限公司
5. 协办单位：青岛市服务外包协会
6. 支持单位：山东省人民政府
7. 会议主题：创新驱动融合发展

会议介绍：

2014 全球服务外包大会于 2014 年 6 月 14~16 日在青岛银沙滩温德姆至尊酒店举办。本届大会经商务部批准，由青岛市人民政府、商务部国际贸易经济合作研究院、山东省商务厅联合主办，青岛西海岸新区管委会、青岛市商务局、商务部《服务外包》杂志社和毕马威企业咨询（中国）有限公司联合承办。

大会以"创新驱动融合发展"为主题，旨在推动全球经济资源优化配置，促进全球服务外包国际合作，推动建立全球服务外包承接中心、交付中心，培育全球服务外包品牌企业。来自美国、英国、德国、法国、荷兰、俄罗斯、瑞士、波兰、印度、新加坡、日本、韩国、阿联酋等 20 多个国家和地区的著名企业高层、知名专家学者及国家相关部委领导、服务外包企业代表等 500 余人参加了会议。大会深入探讨了全球服务外包发展新趋势、中国服务外包发展新机遇等热点问题，推动了世界各国服务外包园区、企业间的交流合作。

大会主要包括高峰论坛、专题活动、合作对接等八个组成部分。2014 年 6 月 14 日，组织青岛服务外包园区考察等活动；6 月 15 日上午，举行大会高峰论坛，包括领导致辞、中国服务外包示范城市风采城市及颁奖、《服务外包》杂志及网站全新改版启动仪式、主题

演讲、商务部研究院中国外包品牌发展报告权威发布等环节；6月15日下午，举行大会专题论坛和"项目交流与投资合作对接沙龙"，围绕"全球外包业务市场机会及业务需求"、"云计算时代的IT和金融外包"主题，探讨新形势下中国服务外包企业如何对接不断变化的国际市场、服务外包产业如何迎来技术变革与模式创新、跨国公司加速布局在中国的共享服务中心对中国服务外包业界带来的机遇与挑战、政府和各级组织机构如何应对挑战推动外包产业的发展等问题。

商务部服贸司副司长万连坡在会上指出，我国的服务外包产业发展呈现出几个重要特点，首先，我国的服务外包产业近些年持续保持快速增长，美国、欧盟、中国香港和日本是购买国际专业服务的主要发包市场；其次，服务外包示范城市的集聚作用日益突出，就业规模稳步扩大；最后，信息技术外包仍然占据主导地位。

同时，中国国际交流中心副理事长、原商务部魏建国先生也在会上发表了自己的观点："我国的服务外包必须有紧迫感，我们前面的印度、日本、韩国继续在发力，继续在抓服务贸易，抓服务外包。我们不要看到韩国就是大宇，它的文化以及它的旅游、美容在向全世界推广。日本和印度更是在不断发力。"

商务部研究院霍建国院长指出，未来在金融、审计、会计、设计等行业的服务外包会越来越多；服务外包不再局限于国际离岸服务外包，将来国内的服务外包业会迅速发展，这样就会给服务外包这样一个新的业态提供一个更为广阔的空间。他对当前服务业的发展，以及服务业的开放提出几点意见：中共中央、国务院一直在强调转变政府职能，在新一轮的改革开放、在解决政府和市场定位的过程当中，转变政府职能是一个引擎，也是一个突破口，未来发展中新兴的业态以及新的服务模式，将会不断地产生，那么我们在这些发展的把握上，政府将发挥一个十分关键的作用；要主动扩大服务业开放，把握好开放的节奏和顺序，只有引入竞争扩大开放，才能够加快行业竞争力的提升；一定要保持对内开放和对外开放的一致性，处理好这种关系是至关重要的，对于一个企业的健康成长一定要有良好的环境，首先是公平竞争的环境，其次是法制营商的环境；要加快体制机制创新，促进新兴服务业的发展；要创新监管模式，提高风险监管能力，对于金融的风险、电商的风险，以及开放的风险都要提高警惕。

中国服务外包风采城市评选中，共有10个城市上榜。其中，青岛、昆明获评最具发展潜力城市；北京、杭州获评最具影响力城市；济南、南京获评最具特色城市；无锡、苏州获评最佳投资环境城市；南昌、合肥获评中西部最具竞争力城市。

参考资料

[1] 青岛商务局. 2014 全球服务外包大会新闻发布会在青召开［EB/OL］. http://qingdao.mofcom.gov.cn/article/tupianxw/201406/20140600625228.shtml，2014-06-14/2015-12-31.

[2] 中国外包网. 2014 年全球服务外包大会圆满落幕［EB/OL］. http://www.chnsourcing.com.cn/outsourcing-news/article/81807.html，2014-06-16/2015-12-31.

[3] 高杰. 创新驱动助力发展——2014 全球服务外包大会在青岛举办［EB/OL］. http://www.cien.com.cn/html/Home/report/14062374-1.htm，2014-06-30/2015-12-31.

第七节　第四届现代服务业发展论坛

会议基本信息：
1. 会议时间：2014 年 11 月 7 日
2. 会议地点：浙江省杭州市浙江树人大学
3. 主办单位：浙江树人大学、浙江省现代服务业研究中心
4. 支持单位：中国商务出版社、《国际贸易》杂志社和浙江省社会科学界联合会
5. 会议主题：亚洲服务业：发展与创新

会议介绍：

2014 年 11 月 7 日，由浙江树人大学、浙江省现代服务业研究中心共同主办的第四届现代服务业发展论坛在浙江树人大学举行。此次会议得到了中国商务出版社、《国际贸易》杂志社和浙江省社会科学界联合会的大力支持。大会主题是"亚洲服务业：发展与创新"，国际金融危机以来，亚洲各国一直面临着较为严峻的外部环境，而健康发展的服务业是亚洲经济特别是亚洲发展中国家经济保持增长的关键所在，服务业对亚洲未来经济增长至关重要。论坛主办方共收到学术论文 40 篇，来自中国、日本、韩国等地的高校和科研机构的 60 余名服务经济与服务管理领域的专家学者出席了此次大会。

大会开幕式由浙江树人大学副校长陈新民教授主持，校长徐绪卿教授和浙江省社科联科研管理处副处长吴凤钢分别在开幕式上致辞。

会议主题演讲由浙江省现代服务业研究中心首席专家、浙江树人大学现代服务业学院常务副院长夏晴教授主持，韩国忠北大学金相郁、中国社会科学院财经战略研究院副院长夏杰长、台湾正修科技大学副校长郑舜仁、日本神户大学黄磷四位教授学者，分别做了题为《服务产业创新》、《把服务业培育为我国的支柱产业》、《Beyond 4G 时代的挑战与机会》、《日本服务业在中国的开展情况及面临的课题》的主题演讲。

金相郁教授认为，在当今经济关系中，每个经济部门都不是独立存在的，第一产业、第二产业、第三产业之间的关系是动态的，可以相互增强，其中服务业能极大地帮助农业和制造业增值，服务业在经济中扮演的角色也是动态的。在服务经济时代，企业需要从产品主导逻辑向服务主导逻辑转变，并不断地进行服务创新。此外，服务业可以通过创造资源、整合资源、关注客户体验，将其从供应链视角转向网络组织视角，来驱动服务创新，构建服务业创新路径。

夏杰长研究员提出，服务业成为我国支柱产业的条件已经基本具备，从其产业比重、利用外资份额中可以看出服务业发展的主导地位，但我国服务业劳动生产率偏低、非制造业商务活动指数下降等问题依然突出，发展道路任重而道远，需要从以下方面培育并巩固服务业支柱产业的地位：第一，夯实服务业的载体新型城镇化，推动城镇化和服务业互动

发展；第二，加强落后地区生产性服务业投资，提高发达地区现代服务业的辐射力；第三，促进生产性服务业和制造业融合互动发展；第四，打造一批服务业集聚区或功能区；第五，培养服务业创新团队；第六，推动生产性服务业对外开放。他特别强调，在货币财富边际效用递减的同时，人对幸福、全面发展、人文关怀的追求比财富追求更为重要。人文关怀服务业是满足人类情感、心理方面的需求，如婚恋服务业、心理服务业，因此，当前发展人文关怀服务业是一种新的趋势。

郑舜仁教授表示，在当今的 4G 时代，马斯洛的需求层次论被 Wi-Fi 需求、Power 需求打破了，移动上网越来越普及，对通信运营商的成本、营业收入、布局也带来了新的挑战。观察电信运营商和各国政府在 4G 时代的布局，可归纳出四大发展重点：改变服务模式、提供稳健高速的移动上网环境、4G 手持装置多样化、提早布局 5G 服务情境。总体来看，Beyond 4G 时代服务运营商以满足用户使用体验为布局重点来迎接挑战。

黄磷教授指出了当前日本服务业在华投资的现状，日资服务企业已将中国市场由原来的生产基地转为内销基地，扩大在中国的商务活动，其中日资大型零售连锁店、服装零售业和餐饮业等服务企业在中国的规模不断壮大。当前，日本服务企业在华经营所面临的最大问题是员工工资上涨和当地人才能力及服务意识的薄弱。日资企业开拓中国市场需要做好五个方面的工作：明确目标、选择营业地点、注重培训中国员工、全面质量管理、认识日本与中国的"速度"差。

本次大会还安排了两场专题论坛：服务业对外开放和服务业行业创新。与会专家、学者积极参与，各专题论坛座无虚席，气氛热烈，对发言者的点评及讨论充分深入。

"服务业对外开放"专题论坛由浙江省现代服务业研究中心张亚珍教授主持，中国社会科学院对外经贸国际金融中心主任于立新、浙江理工大学经管学院邬关荣、上海大学经济学院杨玲、浙江树人大学现代服务业学院李媛娜和杨莉五位教授学者，分别做了题为《加快我国服务贸易发展路径与体制机制改革》、《上海自贸区建设对浙江服务业的影响》、《生产性服务进口贸易对制造服务化的影响效应》、《两岸服务贸易自由化程度及竞争力比较研究》、《中日韩服务贸易互补性及贸易潜力分析》的专题演讲。他们的观点表明，服务贸易已经日益成为国际贸易最重要的组成部分，亚洲各国都把加快发展服务业、提升服务贸易国际竞争力作为一项国家战略，不断完善服务贸易发展的相关政策。一方面，各国积极参与国际谈判，加快推进区域经济一体化合作进程，提高服务贸易自由化程度；另一方面，通过内部体制机制改革，不断提高本国的服务贸易总量规模，优化服务贸易结构。

"服务业行业创新"专题论坛由科研处姜文杰副处长主持，韩国顺天乡大学郑炳熊、北京联合大学商务学院唐少清、北京航空航天大学经管学院王彬、绍兴文理学院元培学院孙金秀、浙江树人大学管理学院余维臻五位教授学者，分别做了题为《韩国服务产业的现状、问题及趋势》、《北京生活性服务业发展模式的中外比较研究》、《再制造产品的价格和服务竞争策略》、《现代流通业与制造业的协同性研究》、《制造企业服务创新过程中的知识与学习探讨》的专题演讲。上述演讲表明，服务业创新是与世界经济向服务经济转型的进程相适应的，服务创新的作用主要体现在推动服务业的迅速发展和升级，推动服务业与制造业的互动融合，以及降低交易成本和交易风险、促进服务贸易等。服务业创新的趋势具体表现为文化创造推动旅游、娱乐等服务行业的新增长，新制造向新终端服务的转化，新知识、新技术向新服务的转化，服务精细化发展产生大量服务的新业态、新产品、新方式等。

　　会议通过一场主题演讲、两场专题论坛的广泛讨论与交流，对当前亚洲服务业发展中涌现出的新业态与新思路做了基本判断。新业态主要体现在技术创新直接催生的新业态、商业模式创新形成的新业态、产业链细分与融合形成的新业态、新需求拉动产生的新业态四个方面。新思路主要体现在促进制造业与服务业深入融合，推动生产性服务业与生活性服务业协调发展，加快服务业向集群、特色、高端方向转变，积极有序地扩大服务业对外开放等方面。随着服务业在国民经济和世界经济中的地位不断上升，亚洲各国服务业市场化、自由化和国际化程度的日益提高，亚洲服务业必将步入快速健康发展的轨道，特别是服务业的开放和创新发展将是今后较长一段时期亚洲经济发展的重要特征，也是实现亚洲未来经济增长的关键所在。

参考资料

　　[1]浙江树人大学.新业态新思路新发展——第四届现代服务业发展论坛在我校举行［EB/OL］. http：//www.zjsru. edu.cn/2014/1112/2510.html，2014-11-12/2015-12-31.

　　[2]周政，周蕾.亚洲服务业：发展与创新——"第四届现代服务业发展论坛"综述［J］.浙江树人大学学报（人文社会科学版），2015（2）：38-41.

第八节　第三届中国现代服务业学术及产业创新发展国际研讨会

会议基本信息：

1. 会议时间：2014 年 11 月 21 日
2. 会议地点：江苏省宜兴市
3. 主办单位：科技部现代服务业领域总体专家组
4. 承办单位：清控科创控股股份有限公司
5. 支持单位：科技部高新司、宜兴市人民政府
6. 会议主题：科技创新、全球链接

会议介绍：

　　2014 年 11 月 21 日，第三届中国现代服务业学术及产业创新发展国际研讨会于江苏宜兴顺利召开。本次研讨会由科技部现代服务业领域总体专家组主办，科技部高新司、宜兴市人民政府支持，清控科创控股股份有限公司承办。大会邀请了国际国内科技服务业及

产业发展方面的专家、科技服务机构代表、企业家，围绕"科技服务、全球链接"的主题，从全球视角解读科技服务业最新发展趋势与服务模式，把握国内科技服务业最新动向、产业创新前沿趋势。

科技部高新技术发展及产业化司耿战修巡视员及宜兴市人民政府市长张立军首先为大会致辞。耿司长表示，我国政府一直非常重视服务业的发展，尤其是现代服务业的发展，探索促进现代服务业发展的路径、模式、政策和措施，具有非常重要的意义。2014年国务院对科技服务业发展做出了全面部署，此次论坛以科技服务业为主题，可以说恰逢其时，他代表科技部高新司对会议的召开表示热烈的祝贺。张立军市长指出，在经济全球化产业生态化的时代背景下，尤其是在中国经济步入新常态的宏观形势下，加快发展科技服务业对强化创新驱动、推动经济转型显得更重要。宜兴将以这次研讨会的举办为契机，更好地汲取产业前沿信息，更多地汲取创新优质要素，努力在长三角同类城市当中打造科技服务业发展最强、业态最新、层次最高的品牌和示范。

西南交通大学首席教授孙林夫做了《科技服务业的认识与思考》的主旨报告。孙教授指出，云服务、大数据、服务互联、移动物联等技术变革，让社会和经济发展越来越丰富多彩。现代产业发展有三个重大趋势：一是抢占产业制高点；二是占据产业价值链高端；三是打造优势产业链。这是科技服务业发展的基础和前所未有的机遇。科技服务业要对现代产业体系形成很好的支撑，融入现代产业体系中来，又支撑现代产业体系的发展。孙教授介绍了新一代科技服务业的发展方向，并指出现代服务业发展的目标和任务。

接下来，多位专家学者分别进行了精彩的主旨报告演讲。全国人民代表大会财政经济委员会副主任委员辜胜阻做了《打造经济升级版 亟需大力发展科技金融服务》的报告，他认为现在中国正在经历第四次创业浪潮，产业升级需要技术创新与金融创新"双轮驱动"，科技服务必须也要清楚如何使产业链、创新链、金融链联动，并从政府公共服务和资本信贷方面提出了深化金融改革的具体方式。

中国科技发展战略研究院常务副院长王元就创新驱动发展战略的重点内容及对科技服务业带来的影响做了深入阐述。他认为，科技服务业实际上是政府的作用和市场作用之间相互结合、相互融合的重要领域，它既是一个具有经济属性的产业，同时也还存在着大量的公共产品的提供者和准公共产品的服务者，在科技服务业的发展过程当中更多地要考虑公共产品的服务方式、提供方式和微观基础。在发展方式上，科技服务业要重视数据挖掘工作，探索开放资源、打造大众创业的新形式。

来自中国台湾中国生产力中心的陈诗龙协理做了题为《知识服务业与企业转型升级》的发言，详细介绍了中国台湾科技服务业的发展，以及中国台湾中国生产力中心通过知识服务帮助企业转型升级的运营模式和经验，为广大参会嘉宾提供了参考。

500 Startups 大中华区合伙人马睿女士现场分享了其在全球建立孵化网络、探索新的孵化模式的尝试，包括采取平台化、标准化的方式，并提出了合投组合及募资线上化等新型方式，对于中国投资业发展具有非常强的借鉴意义。

来自微软（中国）通用企业客户业务部的总监卿刚和 Pingwest 创始人骆轶航带来了

《中小企业云服务与产业发展》及《美国科技创新对产业的改变》的产业报告。卿刚全方位解读了微软支持中小企业发展的举措及其中小企业云腾计划。骆轶航则在报告中提出2014年需要重新定义中国和硅谷的关系，并介绍了美国硅谷正关注的多个新兴领域。

"科技服务的国际视角"和"科技服务推动产业创新"两个对话使现场讨论气氛格外热烈。

"科技服务的国际视角"对话环节邀请澳大利亚麦考瑞大学杨坚教授、以色列施拉特孵化器中国区负责人王琦、韩国 Lindeman Asia CEO 金夏镇、常州现代服务业研究院院长贡毅博士作为嘉宾，共同探讨了科技服务业在各国的发展以及未来趋势。王琦介绍了以色列政府在全国建有 26 个政府支持的孵化器扮演创新助推器等的重要角色。金夏镇指出韩国现在特别重视已经有的技术怎样创业或者产业化，强调创造经济，就是创新经济的概念。杨坚介绍了在澳大利亚 ARC 有两种，一种是纯研究的，另一种是纵向的与企业相关的，指出政府投入了大量的资金，而且给的优惠政策非常好。

"科技服务推动产业创新"对话嘉宾为浙江大学吴朝晖副校长、Pingwest 创始人骆轶航、Jetbay 创始人潘国章、伏牛堂创始人张天一，以及宜兴本地科技企业江苏宜清光电科技有限公司董事长兼 CEO 刘晨。清控科创董事长秦君女士主持了对话，嘉宾分别属于"60后"、"70后"、"80后"、"90后"，这一场跨界对话探讨了科技发展带来的创业方向和创业方式的改变，以及科技服务业在这场创业浪潮中应该扮演的推动角色。

最后，宜兴市委常委及宜兴经济技术开发区负责人朱晓晔与科技部高新技术发展及产业化司工业发展处处长刘兵分别发言，他们对参加本次国际研讨会的与会嘉宾表达了诚挚的感谢，并希望各界共同努力，推动科技服务业的发展。

此次国际研讨会不仅积极顺应了发展热潮，而且准确把握了经济大势，通过各位专家的探讨交流、思想碰撞为国内科技服务业发展凝聚更多智慧、谋划更多良策，也为宜兴建设科技服务业高地带来更积极的影响和更有力的助推。

参考资料

[1] 李星. 第三届中国现代服务业学术及产业创新发展国际研讨会顺利召开 [EB/OL]. http：//www.wtoutiao.com/a/768259.html，2014-11-22/2015-12-31.

[2] 于凡诺. 三大看点，走进第三届中国现代服务业国际研讨会 [EB/OL]. http：//www.zgkjzx.com/html/special/2014/1124/924.html，2014-11-24/2015-12-31.

[3] 宜兴市科技局. 第三届中国现代服务业学术及产业创新发展国际研讨会在宜兴举行 [EB/OL]. http：//www.jstd.gov.cn/kjdt/sxdt/20141201/16044185971.html，2014-12-01/2015-12-31.

第五章 服务经济学学科 2013~2014 年重要文献索引

第一节 中文文献

[1] 白瑜婷. 服务外包和制造业企业生产率 [J]. 现代管理科学, 2014 (6): 90-92.

[2] 鲍晓华, 陈伟智, 高磊. 服务贸易发展的国际比较及其对我国的启示 [J]. 外国经济与管理, 2013 (12): 70-79.

[3] 鲍晓华, 高磊. 中国专业服务贸易: 发展现状、国际经验及政策建议 [J]. 外国经济与管理, 2014 (9): 61-72.

[4] 鲍宗客, 陈艳莹. 中国生产性服务企业利润率差异性及贡献度分解 [J]. 管理科学, 2013 (4): 89-102.

[5] 毕斗斗, 谢蔓, 方远平. 信息技术与服务业创新的融合与互动关系——基于广东省面板数据的实证分析 [J]. 经济地理, 2013 (10): 88-94.

[6] 蔡宏波, 周成华, 蒙英华. 服务进口与工资差距——基于中国服务业企业数据的实证检验 [J]. 国际贸易问题, 2014 (11): 144-153.

[7] 蔡伟宏, 李惠娟. 空间技术溢出与中国城市服务业增长效率 [J]. 中国科技论坛, 2013 (8): 40-45.

[8] 陈春明, 薛富宏. 科技服务业发展现状及对策研究 [J]. 学习与探索, 2014 (4): 100-104.

[9] 陈恩, 曾纪斌. 台湾服务贸易竞争力及影响因素实证研究 [J]. 国际经济合作, 2014 (4): 66-71.

[10] 陈恩, 刘璟. 粤港澳服务贸易自由化路径研究 [J]. 南方经济, 2013 (11): 74-84.

[11] 陈国权, 于洋. 服务业非集聚化的县政体制影响——基于浙江的研究 [J]. 公共管理学报, 2013 (3): 22-28.

[12] 陈健. 中国服务贸易发展的国别市场竞争力状况和演变趋势 [J]. 国际经贸探索, 2014 (3): 21-31.

[13] 陈景华. 企业异质性、全要素生产率与服务业对外直接投资——基于服务业行业和企业数据的实证检验 [J]. 国际贸易问题, 2014 (7): 112-122.

[14] 陈凯. 中国服务业增长质量的评价指标构建与测度 [J]. 财经科学, 2014 (7): 82-91.

[15] 陈立泰, 张洪玮, 熊海波. 服务业集聚能否促进城镇化进程——基于中国省际面板数据的分析 [J]. 西北人口, 2013 (2): 55-59.

[16] 陈丽丽, 龚静. 区域服务贸易协定、制度因素与服务贸易促进体系研究——基于49国之间双边服务贸易流量面板数据的实证分析 [J]. 国际贸易问题, 2014 (11): 132-143.

[17] 陈启斐, 刘志彪. 需求规模与服务业出口: 一项跨国的经验研究 [J]. 财贸经济, 2014 (7): 82-94.

[18] 陈启斐, 王晶晶, 岳中刚. 扩大内需战略能否扭转我国服务贸易逆差——来自我国和23个OECD国家的面板数据分析 [J]. 国际贸易问题, 2014 (2): 86-95.

[19] 陈卫民, 施美程. 人口老龄化促进服务业发展的需求效应 [J]. 人口研究, 2014 (5): 3-16.

[20] 陈曦, 吕斌. 中小城市服务业集聚区发展模式研究 [J]. 经济地理, 2014 (4): 105-111.

[21] 陈艳莹, 董旭. 服务业与制造业对华FDI区位选择的差异——基于存量调整模型的实证研究 [J]. 世界经济研究, 2013 (3): 53-58.

[22] 陈艳莹, 王二龙. 要素市场扭曲、双重抑制与中国生产性服务业全要素生产率: 基于中介效应模型的实证研究 [J]. 南开经济研究, 2013 (5): 71-82.

[23] 陈一, 王静, 李翼. 我国城镇化进程与服务业融合发展研究 [J]. 未来与发展, 2014 (5): 26-30.

[24] 陈永强, 徐成贤. 国际服务外包促进服务贸易的途径分析 [J]. 国际贸易问题, 2013 (12): 108-116.

[25] 陈永志, 张美涛. 当代服务贸易的新发展及其对国际价值的影响与启示 [J]. 经济学家, 2014 (11): 66-72.

[26] 楚明钦. 生产性服务与装备制造业融合程度的国际比较——基于OECD投入产出表的分析 [J]. 国际经贸探索, 2014 (2): 52-63.

[27] 楚明钦. 装备制造业与生产性服务业产业关联研究——基于中国投入产出表的比较分析 [J]. 中国经济问题, 2013 (3): 79-88.

[28] 崔大树, 杨永亮. 生产性服务业空间分异的动因与表现—— 一个理论分析框架 [J]. 学术月刊, 2014 (3): 94-102.

[29] 崔宏桥, 沈颂东. 吉林省城镇化与服务业协调发展问题研究 [J]. 经济纵横, 2014 (1): 112-115.

[30] 崔敏, 魏修建. 效率演进视角下中国服务业行业发展异质性分析 [J]. 商业经济与

管理，2014（11）：66-78.

[31] 崔萍，邓可斌.服务外包与区域技术创新的互动机制研究——基于接包方的视角[J].国际贸易问题，2013（1）：96-105.

[32] 戴翔.生产率与中国企业"走出去"：服务业和制造业有何不同?[J].数量经济技术经济研究，2014（6）：74-87.

[33] 戴翔，金碚.服务贸易进口技术含量与中国工业经济发展方式转变[J].管理世界，2013（9）：21-31.

[34] 邓丽姝.生产性服务业主导的产业融合——基于北京市投入产出表的实证分析[J].技术经济与管理研究，2013（3）：124-128.

[35] 邓庆.安徽省服务贸易竞争力与开放度关系的实证研究[J].对外经贸，2014（7）：10-13.

[36] 丁守海，陈秀兰，许珊.服务业能长期促进中国就业增长吗[J].财贸经济，2014（8）：127-137.

[37] 丁正山，王毅，尚正永等.乡镇生产性服务业空间集聚特征研究——以江苏省常熟市为例[J].地理科学，2014（8）：938-945.

[38] 董明月.我国服务业发展报告[J].调研世界，2013（2）：13-15.

[39] 杜传忠，邵悦.中国区域制造业与生产性服务业协调发展水平测度及其提升对策[J].中国地质大学学报（社会科学版），2013（1）：87-95.

[40] 杜德瑞，王喆，杨李娟.工业化进程视角下的生产性服务业影响因素研究——基于全国 2002~2011 年 31 个省市面板数据分析[J].上海经济研究，2014（1）：3-17.

[41] 樊秀峰，寇晓晶.国际服务外包对我国制造业纵向技术溢出效应[J].国际经贸探索，2013（5）：52-60.

[42] 范爱军，卞学字.服务贸易与货物贸易对我国收入差距扩大的影响及比较[J].国际贸易问题，2013（6）：98-105.

[43] 范志刚，刘洋，赵江琦.知识密集型服务业服务模块化界定与测度[J].科学学与科学技术管理，2014（1）：85-92.

[44] 方慧，魏文菁.中国服务业 FDI 与服务业结构优化的实证研究[J].山东财政学院学报，2014（3）：49-56.

[45] 方远平，谢蔓，林彰平.信息技术对服务业创新影响的空间计量分析[J].地理学报，2013（8）：1119-1130.

[46] 冯晓玲，王孟孟.中美服务业产业内贸易与服务经济的协同发展研究——基于VAR 模型的实证分析[J].中央财经大学学报，2013（8）：84-90.

[47] 冯晓玲，张建.美国生产性服务业影响因素的技术层面分析——基于 VAR 模型的实证检验[J].国际经贸探索，2013（10）：24-37.

[48] 冯跃.服务业 FDI 对制造业的产业间垂直溢出效应：一个综述[J].经济问题探索，2013（8）：177-185.

[49] 付承伟，唐志鹏，李玉成. 基于投入产出法的京沪生产性服务业比较 [J]. 地理研究，2013（9）：1699-1707.

[50] 傅强，王静. 我国服务业 FDI 结构、技术进步与经济增长 [J]. 工业技术经济，2014（9）：114-121.

[51] 高顺成. 企业服务创新来源及其演进阶段发展条件研究 [J]. 科技进步与对策，2013（5）：90-94.

[52] 郜志雄，卢进勇. 基于货物贸易、服务贸易和 FDI 国际比较视角的中日经贸关系研究 [J]. 现代日本经济，2013（4）：1-10.

[53] 官卫华，陈雯. 大都市现代服务业空间组织机理研究——以南京为例 [J]. 地理科学进展，2013（3）：341-353.

[54] 郭利华，李海霞. 上海金融服务外包发展竞争力分析 [J]. 国际金融研究，2013（7）：68-73.

[55] 韩东林，杜永飞，夏碧芸. 基于因子分析的中国三大区域高技术服务业竞争力评价 [J]. 中国科技论坛，2013（10）：36-42.

[56] 韩峰，洪联英，文映. 生产性服务业集聚推进城市化了吗？ [J]. 数量经济技术经济研究，2014（12）：3-21.

[57] 韩鲁南，关峻，白玉等. 北京市科技服务业发展环境分析及对策研究 [J]. 科技进步与对策，2013（6）：25-29.

[58] 韩伟. 云计算服务市场竞争格局的影响因素分析 [J]. 管理现代化，2013（2）：25-27.

[59] 韩岳峰，张龙. 中日服务贸易竞争力、互补分析及政策比较 [J]. 现代日本经济，2013（3）：59-67.

[60] 郝爱民. 农业生产性服务业对农业的外溢效应与条件研究 [J]. 南方经济，2013（5）：38-48.

[61] 何建民. 我国旅游服务业营业税改增值税的影响机理及影响状况研究 [J]. 旅游科学，2013（1）：29-40.

[62] 何骏. 制造业优势能否助推中国离岸服务外包发展？——基于全球主要离岸服务外包国家面板数据的分析 [J]. 亚太经济，2014（4）：59-63.

[63] 何骏. 服务业集聚能否加快我国引进服务业 FDI？——基于我国东部主要城市面板数据的分析 [J]. 经济管理，2013（3）：26-33.

[64] 何骏，郭岚. 中国服务贸易竞争力提升研究——基于全球主要服务贸易国家面板数据的实证分析 [J]. 山西财经大学学报，2013（3）：44-55.

[65] 何林，刘惠. 生产性服务贸易对中国四类制造业国际竞争力的影响研究 [J]. 软科学，2014（4）：11-14.

[66] 贺正楚，吴艳，蒋佳林等. 生产服务业与战略性新兴产业互动与融合关系的推演、评价及测度 [J]. 中国软科学，2013（5）：129-143.

[67] 贺志姣. 产业生态理论视角下湖北省科技服务业发展政策支持体系研究 [J]. 科技进步与对策, 2014 (21): 104–109.

[68] 赫连志巍. 高端装备制造业技术服务创新路径 [J]. 河北学刊, 2013 (1): 145–148.

[69] 洪涓, 刘甦. 大陆与台湾地区服务贸易国际竞争力比较研究 [J]. 国际经贸探索, 2014 (7): 47–58.

[70] 侯淑霞, 王雪瑞. 生产性服务业集聚与内生经济增长——基于空间联立模型的经验研究 [J]. 财经论丛, 2014 (5): 3–8.

[71] 胡铭. 我国生产性服务业与农业协同发展效应研究 [J]. 农业经济问题, 2013 (12): 25–30.

[72] 胡树华, 王利军, 牟仁艳. 武汉市服务业区域辐射能力及范围研究 [J]. 科技进步与对策, 2013 (13): 42–47.

[73] 胡心宇. 我国服务贸易的发展现状及对策 [J]. 中国市场, 2013 (27): 66–69.

[74] 胡雅蓓. 现代服务业集群创新网络模式研究——以江苏百家省级现代服务业集聚区为例 [J]. 华东经济管理, 2014 (2): 5–9.

[75] 胡元礼, 张书弘. 中国服务贸易竞争力研究 [J]. 商业经济, 2013 (2): 61–62.

[76] 胡宗彪. 企业异质性、贸易成本与服务业生产率 [J]. 数量经济技术经济研究, 2014 (7): 68–84.

[77] 胡宗彪, 王恕立. 中国服务业生产率增长来源: 服务进口还是出口? [J]. 上海经济研究, 2014 (7): 3–13.

[78] 华广敏. 高技术服务业 FDI 对中美制造业效率影响的比较分析——基于中介效应分析 [J]. 世界经济研究, 2013 (3): 80–86.

[79] 黄繁华, 王晶晶. 服务业 FDI、吸收能力与国际 R&D 溢出效应—— 一项跨国经验研究 [J]. 国际贸易问题, 2014 (5): 95–104.

[80] 黄建忠, 吴超. 国际服务贸易摩擦研究: 现状、特征与成因 [J]. 国际贸易问题, 2013 (9): 92–100.

[81] 黄隽. 小微金融服务市场分析 [J]. 中国流通经济, 2013 (5): 95–99.

[82] 黄艳萍. 世界服务贸易发展趋势及中国服务贸易竞争力分析 [J]. 价格月刊, 2014 (2): 42–46.

[83] 黄永春, 郑江淮, 杨以文等. 中国"去工业化"与美国"再工业化"冲突之谜解析——来自服务业与制造业交互外部性的分析 [J]. 中国工业经济, 2013 (3): 7–19.

[84] 霍景东, 夏杰长. 离岸服务外包的影响因素: 理论模型、实证研究与政策建议——基于 20 国面板数据的分析 [J]. 财贸经济, 2013 (1): 119–127.

[85] 霍伟东, 石力. 全面加快海峡两岸服务贸易自由化进程研究 [J]. 山东社会科学, 2014 (1): 106–111.

[86] 吉亚辉, 段荣荣. 生产性服务业与制造业协同集聚的空间计量分析——基于新经

济地理学视角 [J]. 中国科技论坛，2014（2）：79-84.

[87] 籍佳婧. 劳动力市场扭曲对我国服务业就业的影响分析 [J]. 上海经济研究，2013（2）：132-144.

[88] 简兆权，李雷，柳仪. 服务供应链整合及其对服务创新影响研究述评与展望 [J]. 外国经济与管理，2013（1）：37-46.

[89] 江波，李江帆. 政府规模、劳动—资源密集型产业与生产服务业发展滞后：机理与实证研究 [J]. 中国工业经济，2013（1）：64-76.

[90] 江曼琦，席强敏. 生产性服务业与制造业的产业关联与协同集聚 [J]. 南开学报（哲学社会科学版），2014（1）：153-160.

[91] 江小国. 我国服务外包内需市场发展趋势与对策 [J]. 经济纵横，2013（3）：73-76.

[92] 姜珲. 我国服务贸易的国际竞争力与发展研究 [J]. 价格月刊，2014（9）：50-53.

[93] 姜长云. 发展壮大服务业亟待解决的若干障碍 [J]. 经济纵横，2013（8）：40-44.

[94] 姜长云，邱灵. 扩大和深化我国服务业对外开放的新思路 [J]. 经济纵横，2014（10）：20-25.

[95] 蒋庚华. 服务业投入对我国工业离岸货物外包的影响——基于我国工业行业动态面板数据的理论和实证 [J]. 国际贸易问题，2014（1）：108-119.

[96] 蒋峻松，母景平. 中国—东盟自由贸易区会计服务市场需求与供给研究 [J]. 东南亚纵横，2014（5）：41-46.

[97] 蒋丽. 广州市生产性服务业空间分布及成因研究 [J]. 经济地理，2014（3）：106-113.

[98] 焦百强，郭沛. 中国服务贸易商品集中度与竞争力的互动机制——基于中国服务贸易数据的研究 [J]. 国际经贸探索，2013（8）：36-44.

[99] 解柠羽，张扬，郭景福. 生命周期视角下日本服务业发展的演化分析 [J]. 现代日本经济，2014（4）：46-54.

[100] 阙大学. 中日服务贸易的本地市场效应估计 [J]. 南方经济，2013（3）：75-82.

[101] 阙大学，吕连菊. 中国服务贸易的本地市场效应研究——基于中国与 31 个国家（地区）的双边贸易面板数据 [J]. 财经研究，2014（10）：71-83.

[102] 李爱文，肖雅. 21 世纪以来中日服务贸易的贸易结构及比较优势分析 [J]. 国际贸易，2014（7）：60-69.

[103] 李斌，段娅妮，彭星. 贸易便利化的测评及其对我国服务贸易出口的影响——基于跨国面板数据的实证研究 [J]. 国际商务（对外经济贸易大学学报），2014（1）：5-13.

[104] 李博，韩增林. 基于投入产出法的大连市生产性服务业产业关联研究 [J]. 中国人口·资源与环境，2014（S1）：397-400.

[105] 李昌浩，徐琪. 基于平台经济的服务创新模式研究——上海"四新"产业平台经济发展的国际比较 [J]. 上海经济研究，2014（12）：69-77.

[106] 李宏舟，杨敏. 服务外包产业投入产出效率及其影响因素研究 [J]. 财经问题研究，2013（5）：24-31.

[107] 李华敏，黄娟，刘惠. 金融发展对服务贸易出口结构的溢出效应——基于出口复杂度算法的实证研究 [J]. 经济与管理，2014（1）：84-89.

[108] 李惠娟. 中国城市服务业集聚测度——兼论服务业集聚与制造业集聚的关系 [J]. 经济问题探索，2013（4）：13-19.

[109] 李惠茹，张鹏杨. "10+6" 区域服务贸易合作发展的特征及前景探析 [J]. 河北大学学报（哲学社会科学版），2013（2）：39-44.

[110] 李佳洺，孙铁山，张文忠. 中国生产性服务业空间集聚特征与模式研究——基于地级市的实证分析 [J]. 地理科学，2014（4）：385-393.

[111] 李京，宋振宇. 我国服务贸易竞争力分析 [J]. 中国市场，2014（12）：23-24.

[112] 李俊，李钢，武芳等. 服务贸易与服务产业的协调：现状、问题与建议 [J]. 首都经济贸易大学学报，2014（5）：85-91.

[113] 李琦. 国际化进程中南京服务贸易发展研究 [J]. 南京社会科学，2013（1）：145-150.

[114] 李琼. 我国服务贸易国际竞争力及其影响因素实证分析 [J]. 商业时代，2014（26）：36-37.

[115] 李瑞，张正堂. 服务业高绩效工作系统研究述评 [J]. 管理学报，2014（5）：772-779.

[116] 李文. 中国服务贸易与货物贸易的互动关系分析 [J]. 统计与决策，2013（18）：106-109.

[117] 李伍荣，冯源.《国际服务贸易协定》与《服务贸易总协定》的比较分析 [J]. 财贸经济，2013（12）：86-93.

[118] 李晓峰，漆美峰. 中国服务贸易国际竞争力及影响因素的实证研究——基于世界主要国家的面板数据分析 [J]. 学术研究，2013（11）：77-83.

[119] 李晓峰，姚传高. 中印服务贸易竞争优势比较及影响因素的实证研究 [J]. 学术研究，2014（9）：79-85.

[120] 李筱乐. 政府规模、生产性服务业与经济增长——基于我国 206 个城市的面板数据分析[J]. 国际贸易问题，2014（5）：105-112.

[121] 李馨. 中国—东盟自贸区旅游服务贸易壁垒研究——基于对 CAFTA 服务贸易第二批承诺表的观察 [J]. 山东社会科学，2014（5）：131-135.

[122] 李一，孙林岩，冯泰文. 地理视角下中国生产性服务业发展影响因素研究 [J]. 科技进步与对策，2014（2）：51-57.

[123] 李勇坚. 我国服务业利用外资的战略思考 [J]. 全球化，2013（10）：44-58.

[124] 梁玢，张云通，杨开忠. 中国地区间服务贸易差距研究 [J]. 经济与管理研究，2014（9）：16-22.

[125] 梁赫, 张梦新. 服务贸易对浙江经济发展的协整分析 [J]. 华东经济管理, 2013 (11)：6-10.

[126] 梁华峰. 消费性服务业研究综述 [J]. 中国人口·资源与环境, 2014 (S2)：467-472.

[127] 梁琦, 陆剑宝. 传统制造业集群的生产性服务需求——广东、山西两地 4 个制造业集群样本的考察 [J]. 管理评论, 2014 (11)：169-181.

[128] 梁莹莹. 生产性服务贸易竞争力提升的作用研究——基于金融发展视角的实证检验 [J]. 现代管理科学, 2013 (12)：83-85.

[129] 林昌华. 我国信息服务业区域发展效率差异研究 [J]. 重庆邮电大学学报 (社会科学版), 2014 (5)：152-158.

[130] 林峰, 戴磊, 林珊. 从国际服务贸易摩擦透视自由化谈判的利益差异——兼论中国服务贸易发展的战略选择 [J]. 亚太经济, 2014 (6)：44-48.

[131] 林峰, 占芬. 美国服务贸易摩擦的基本特征、内在成因与发展动态 [J]. 国际经贸探索, 2013 (9)：4-13.

[132] 林祺, 林僖. 削减服务贸易壁垒有助于经济增长吗——基于国际面板数据的研究 [J]. 国际贸易问题, 2014 (8)：79-89.

[133] 刘纯彬, 杨仁发. 中国生产性服务业发展的影响因素研究——基于地区和行业面板数据的分析 [J]. 山西财经大学学报, 2013 (4)：30-37.

[134] 刘丹. 服务创新对物流企业绩效影响的实证研究 [J]. 技术经济, 2013 (5)：28-35.

[135] 刘丹鹭. 服务业国际化条件下的创新与生产率——基于中国生产性服务企业数据的研究 [J]. 南京大学学报 (哲学·人文科学·社会科学版), 2013 (6)：40-51.

[136] 刘丹鹭. 进入管制与中国服务业生产率——基于行业面板的实证研究 [J]. 经济学家, 2013 (2)：84-92.

[137] 刘宏, 苏杰芹. 中美服务贸易国际竞争力对比研究 [J]. 首都经济贸易大学学报, 2014 (4)：69-76.

[138] 刘辉, 申玉铭, 柳坤. 中国城市群金融服务业发展水平及空间格局 [J]. 地理学报, 2013 (2)：186-198.

[139] 刘辉, 申玉铭, 王伟等. 北京金融服务业集群的网络特征及影响因素 [J]. 经济地理, 2013 (1)：131-137.

[140] 刘军跃, 李军锋, 钟升. 生产性服务业与装备制造业共生关系研究——基于全国 31 省市的耦合协调度分析 [J]. 湖南科技大学学报 (社会科学版), 2013 (1)：111-116.

[141] 刘开云. 科技服务业研究述评与展望 [J]. 科技进步与对策, 2014 (12)：149-153.

[142] 刘丽慧, 蒋庚华, 郭沛. 中国服务贸易商品结构与经济增长关系的实证检验 [J]. 统计与决策, 2013 (3)：130-132.

[143] 刘丽萍. 基于空间模型的生产性服务业集聚与经济增长关系研究 [J]. 审计与经济研究，2013（6）：91–99.

[144] 刘莉莉，朱欣民. 免费：网络服务市场的破坏性创新 [J]. 云南师范大学学报（哲学社会科学版），2014（1）：97–102.

[145] 刘舜佳，生延超. 服务贸易非物化型知识溢出的空间测度——基于修正的 Coe-Helpman 模型 [J]. 南方经济，2014（11）：43–66.

[146] 刘舜佳，王耀中. 国际研发知识溢出：货物贸易还是服务贸易——基于非物化型知识空间溢出视角的对比 [J]. 国际贸易问题，2014（11）：14–24.

[147] 刘婷婷，曾洪勇，张华. 京津生产性服务业与制造业互动关系比较研究 [J]. 中国人口·资源与环境，2014（S2）：209–215.

[148] 刘伟，冯涛. 要素再配置效应对中国服务业发展的影响研究 [J]. 经济学家，2014（12）：68–78.

[149] 刘文奇，段元萍. 我国服务贸易国际竞争力研究 [J]. 科技与管理，2013（2）：30–33.

[150] 刘小明. 我国医疗服务市场结构特征 [J]. 经济体制改革，2013（2）：180–184.

[151] 刘艳. 生产性服务进口与高技术制成品出口复杂度——基于跨国面板数据的实证分析 [J]. 产业经济研究，2014（4）：84–93.

[152] 刘正. 服务贸易"意大利面条碗"现象及应对策略 [J]. 山东社会科学，2013（11）：152–156.

[153] 柳坤，申玉铭. 中国生产性服务业外向功能空间格局及分形特征 [J]. 地理研究，2014（11）：2082–2094.

[154] 卢明华，杨洁. 北京都市区服务业地域分工及其变化 [J]. 经济地理，2013（2）：97–104.

[155] 罗立彬，孙俊新. 中国文化产品贸易与文化服务贸易竞争力：对比与趋势 [J]. 财贸经济，2013（2）：91–100.

[156] 马风华，李江帆. 城市服务业结构变动与生产率增长关系的实证研究——基于上海的经验数据 [J]. 上海经济研究，2014（5）：93–100.

[157] 马凌远. 中日双边服务贸易成本比较——基于服务行业异质性视角的经验分析 [J]. 商业研究，2014（8）：72–78.

[158] 马鹏，李文秀. 高端服务业集聚效应研究——基于产业控制力视角的分析 [J]. 中国软科学，2014（4）：169–179.

[159] 马鹏，肖宇. 服务贸易出口技术复杂度与产业转型升级——基于 G20 国家面板数据的比较分析 [J]. 财贸经济，2014（5）：105–114.

[160] 毛昊，毛金生. 对我国知识产权服务业发展的思考 [J]. 知识产权，2013（12）：75–80.

[161] 毛艳华，肖延兵. CEPA 十年来内地与香港服务贸易开放效应评析 [J]. 中山大

学学报（社会科学版），2013（6）：160–173.

[162] 梅强，傅金辉，李文元. 高技术服务业开放式创新的价值链模型构建 [J]. 科技进步与对策，2013（24）：65–69.

[163] 蒙英华，李艳丽. 文化货物贸易与文化服务贸易决定因素差异的实证研究 [J]. 经济经纬，2013（3）：52–57.

[164] 牟岚. 中欧服务贸易竞争力比较研究 [J]. 财经问题研究，2014（6）：99–105.

[165] 钮中阳，崔婷婷. 我国金融服务外包决策影响因素研究 [J]. 经济问题，2014（6）：64–68.

[166] 庞瑞芝，邓忠奇. 服务业生产率真的低吗？[J]. 经济研究，2014（12）：86–99.

[167] 彭秋艳，卢灵娇. 服务业 FDI 与服务贸易关系实证研究 [J]. 对外经贸，2013（7）：45–47.

[168] 彭水军，李虹静. 中国服务业发展悖论——基于服务需求视角的实证分析 [J]. 厦门大学学报（哲学社会科学版），2014（4）：24–33.

[169] 彭湘君，曾国平. 基于内生经济增长模型的生产性服务业对制造业效率影响的研究 [J]. 经济问题探索，2014（12）：72–78.

[170] 蒲艳萍，成肖. 金融发展、市场化与服务业资本配置效率 [J]. 经济学家，2014（6）：43–52.

[171] 漆亮亮，康冰. "营改增" 对体育服务业的影响：税变匡算与对策建议 [J]. 体育科学，2014（9）：17–22.

[172] 綦良群，李蒙蒙，王莉静. 区域生产性服务业集群发展机理及影响因素分析 [J]. 中国科技论坛，2014（10）：79–84.

[173] 邱爱莲，崔日明，徐晓龙. 生产性服务贸易对中国制造业全要素生产率提升的影响：机理及实证研究——基于价值链规模经济效应角度 [J]. 国际贸易问题，2014（6）：71–80.

[174] 邱灵. 北京市生产性服务业空间结构演化机理研究 [J]. 中国软科学，2013（5）：74–91.

[175] 容静文. 服务贸易原产地规则在我国的探索和实践 [J]. 技术经济与管理研究，2013（1）：83–86.

[176] 桑百川，郑伟. 拓展中国与金砖国家服务贸易往来的对策研究——基于贸易竞争性和互补性的分析 [J]. 世界经济研究，2014（6）：30–34.

[177] 商海岩. 演进路径、产业黏性与市场适宜性——对农村服务业理论演进及发展现状的分析 [J]. 山东财政学院学报，2014（1）：105–110.

[178] 商泰升，原鹏飞，张明玉. 检测认证服务业统计指标体系设计研究 [J]. 统计研究，2014（10）：16–20.

[179] 上海金融学院课题组，陈霜华，万超等. 上海服务贸易发展的现状、问题与对策 [J]. 科学发展，2013（12）：24–37.

[180] 尚庆琛. 我国服务外包企业国际竞争力与创新战略研究——基于 21 个示范城市的调查 [J]. 科技进步与对策, 2014 (24): 87-92.

[181] 沈鸿, 张捷. 发展服务业能提高国内消费率吗?——基于我国省际动态面板模型的检验 [J]. 经济体制改革, 2014 (4): 24-28.

[182] 沈能. 局域知识溢出和生产性服务业空间集聚——基于中国城市数据的空间计量分析 [J]. 科学学与科学技术管理, 2013 (5): 61-69.

[183] 沈鹏熠. 中国企业承接离岸服务外包关键成功因素实证研究 [J]. 国际经贸探索, 2013 (1): 25-34.

[184] 盛丰. 生产性服务业集聚与制造业升级: 机制与经验——来自 230 个城市数据的空间计量分析 [J]. 产业经济研究, 2014 (2): 32-39.

[185] 盛雷鸣, 彭辉, 史建三. 中国 (上海) 自由贸易试验区建立对法律服务业的影响 [J]. 法学, 2013 (11): 122-131.

[186] 盛龙, 陆根尧. 中国生产性服务业集聚及其影响因素研究——基于行业和地区层面的分析 [J]. 南开经济研究, 2013 (5): 115-129.

[187] 舒燕, 林龙新. 外商直接投资对中国双边服务贸易流量的影响研究——基于服务贸易引力模型的实证分析 [J]. 经济经纬, 2013 (4): 71-75.

[188] 宋加强, 王强. 现代服务贸易国际竞争力影响因素研究——基于跨国面板数据 [J]. 国际贸易问题, 2014 (2): 96-104.

[189] 宋晓雨, 丁正山, 卢晓旭等. 江苏省服务业发展时空格局演变 [J]. 经济地理, 2014 (8): 111-117.

[190] 孙得将, 李江帆. 生产服务业比率时序稳定性研究: 1996~2009 年 [J]. 数量经济技术经济研究, 2013 (10): 35-48.

[191] 孙攀. 中国生产性服务业竞争力研究: 以美国生产性服务业为参照系 [J]. 浙江树人大学学报 (人文社会科学版), 2014 (1): 37-42.

[192] 孙强, 李旭超, 王翔. 服务贸易发展偏离—份额分析——以北京为例 [J]. 经济问题, 2014 (3): 116-120.

[193] 孙少勤, 唐保庆, 杨旻. 我国服务贸易进口对技术创新的影响——基于知识产权保护视角的研究 [J]. 华东经济管理, 2014 (10): 65-71.

[194] 孙晓华, 翟钰, 秦川. 生产性服务业带动了制造业发展吗?——基于动态两部门模型的再检验 [J]. 产业经济研究, 2014 (1): 23-30.

[195] 谭裕华. 工业城市的生产型服务业集聚研究——以东莞为例 [J]. 科技管理研究, 2014 (5): 131-135.

[196] 唐保庆, 仲崇高, 王绮. 服务贸易进口下的知识产权保护最适强度研究 [J]. 统计研究, 2014 (10): 43-48.

[197] 唐姣美, 钟明容. "钻石 10 年": 中国—东盟服务贸易发展的机遇与挑战 [J]. 东南亚纵横, 2013 (11): 23-27.

[198] 唐守廉，徐嘉玮. 中美科技服务业发展现状比较研究 [J]. 科技进步与对策，2013 (9): 41-47.

[199] 田园，付亦重. 中美保险部门服务贸易竞争力比较研究 [J]. 亚太经济，2013 (3): 77-81.

[200] 屠新泉，莫慧萍. 服务贸易自由化的新选项：TISA 谈判的现状及其与中国的关系 [J]. 国际贸易，2014 (4): 41-47.

[201] 万建军，李扬如. 我国服务贸易对经济增长影响的实证研究 [J]. 对外经贸，2014 (10): 15-17.

[202] 万千欢，千庆兰，陈颖彪. 广州市生产性服务业影响因素研究 [J]. 经济地理，2014 (1): 89-93.

[203] 汪旭晖. 基于价值网的高端航运服务业发展机理——国际经验及对东北亚国际航运中心建设的启示 [J]. 商业经济与管理，2013 (3): 5-14.

[204] 王博宇，谢奉军. 江西省服务业发展现状分析报告 [J]. 价格月刊，2013 (5): 81-86.

[205] 王昌林. 中国离岸服务外包比较优势演化与升级路径 [J]. 经济体制改革，2013 (3): 30-33.

[206] 王传荣，商海岩，梁越. 服务业集群生命周期的演进机理及公共政策选择 [J]. 宏观经济研究，2013 (1): 11-16.

[207] 王春艳，程健. 中国服务业 FDI 与服务贸易进口的替代关系 [J]. 技术经济，2013 (10): 106-111.

[208] 王聪，曹有挥，陈国伟. 生产性服务业视角下长三角城市网络特征分析 [J]. 经济地理，2013 (7): 74-80.

[209] 王聪，曹有挥，宋伟轩等. 生产性服务业视角下的城市网络构建研究进展 [J]. 地理科学进展，2013 (7): 1051-1059.

[210] 王峰，何宜晓. 教育服务贸易国际竞争力比较与相关定位 [J]. 改革，2014 (7): 116-125.

[211] 王海江，苗长虹，茹乐峰等. 我国中心城市生产性服务业对外服务能力的空间格局——兼论与制造业分布关系 [J]. 人文地理，2014 (2): 83-89.

[212] 王贺. 浅析中国服务贸易发展现状及对策建议 [J]. 财经问题研究，2014 (S2): 16-19.

[213] 王佳宁，罗重谱. 都市功能区发展现代服务业的管理体制：理论因由与现实操作 [J]. 改革，2014 (10): 54-64.

[214] 王健，范月娇. 我国物流服务业集聚对区域经济增长的动态效应检验与分析——基于动态面板数据模型的实证 [J]. 中国流通经济，2014 (7): 39-46.

[215] 王江，魏晓欣. 北京与其他世界城市高端服务业发展的比较研究 [J]. 经济体制改革，2014 (3): 53-57.

[216] 王晶晶，黄繁华，于诚. 服务业集聚的动态溢出效应研究——来自中国 261 个地级及以上城市的经验证据 [J]. 经济理论与经济管理，2014（3）：48-58.

[217] 王凯，李泳萱，易静等. 中国服务业增长与能源消费碳排放的耦合关系研究 [J]. 经济地理，2013（12）：108-114.

[218] 王利军，胡树华. 我国中心城市服务业辐射力差异比较——以 19 个副省级城市为例 [J]. 科技进步与对策，2014（9）：38-43.

[219] 王恕立，胡宗彪. 服务业双向 FDI 的生产率效应研究——基于人力资本的面板门槛模型估计 [J]. 财经研究，2013（11）：90-101.

[220] 王硕. 生产性服务业区位与制造业区位的协同定位效应——基于长三角 27 个城市的面板数据 [J]. 上海经济研究，2013（3）：117-124.

[221] 王伟. 中国服务贸易发展现状和影响因素分析 [J]. 当代经济，2014（21）：64-66.

[222] 王文佳，左宇珊. 美国服务贸易发展对我国的启示 [J]. 对外经贸，2014（2）：24-25.

[223] 王向. 城市化进程与服务业发展的动态互动关系研究——来自上海的经验（1949~2010）[J]. 上海经济研究，2013（3）：125-134.

[224] 王向，王庆芳. 城市化、服务业增长与城乡收入差距——基于协整方法和结构方程的经验分析 [J]. 现代财经（天津财经大学学报），2013（6）：45-56.

[225] 王晓红，王传荣. 产业转型条件的制造业与服务业融合 [J]. 改革，2013（9）：40-47.

[226] 王秀明. 中国服务业投资效率研究——基于历史数据修正的史实证据 [J]. 财贸经济，2013（3）：123-131.

[227] 王雪瑞. 我国生产性服务业成长与发展现状研究 [J]. 财经理论研究，2013（5）：42-48.

[228] 王耀中，贺辉. 基于中心地理论的服务业空间布局研究新进展 [J]. 湖南财政经济学院学报，2014（4）：124-132.

[229] 王影，石凯. 提升我国生产性服务贸易竞争力的实证研究 [J]. 工业技术经济，2013（10）：32-39.

[230] 王智渊，马晶. 服务业专业化集聚与服务业内部结构演进 [J]. 产业经济评论，2014（4）：14-23.

[231] 魏江，刘洋，赵江琦. 基于知识编码化的专业服务业服务模块化对创新绩效的作用机理研究 [J]. 科研管理，2013（9）：1-10.

[232] 魏君英. 我国服务业发展的影响因素——基于省际面板数据的实证分析 [J]. 经济经纬，2014（5）：75-80.

[233] 魏君英，张明如. 服务贸易对我国服务业就业的影响 [J]. 广东商学院学报，2013（1）：71-78.

[234] 魏作磊，陈丽娴.中国服务业发展物化消耗的国际比较——基于1995~2011年间的投入产出分析 [J].经济学家，2014（9）：96-102.

[235] 魏作磊，佘颖.生产服务业FDI对中国制造业竞争力的影响研究 [J].国际经贸探索，2013（1）：71-79.

[236] 翁春颖.浙江生产性服务业发展影响因素的实证研究 [J].企业经济，2013（4）：123-126.

[237] 吴昌南，陈小兰.我国服务业生产效率区域差异的实证研究——基于高速公路密度和改革力度的视角 [J].经济地理，2014（8）：118-124.

[238] 吴福象，曹璐.生产性服务业集聚机制与耦合悖论分析——来自长三角16个核心城市的经验证据 [J].产业经济研究，2014（4）：13-21.

[239] 吴建楠，曹有挥，程绍铂.南京市生产性服务业空间格局特征与演变过程研究 [J].经济地理，2013（2）：105-110.

[240] 吴晓波，姚明明，吴朝晖等.基于价值网络视角的商业模式分类研究：以现代服务业为例 [J].浙江大学学报（人文社会科学版），2014（2）：64-77.

[241] 吴欣.我国技术贸易、服务贸易与实物贸易关系研究 [J].统计与决策，2014（4）：110-113.

[242] 武晓荣，王晓芳.中国文化服务贸易现状与对策研究 [J].北京联合大学学报（人文社会科学版），2013（4）：36-40.

[243] 席艳乐，李芊蕾.长三角地区生产性服务业与制造业互动关系的实证研究——基于联立方程模型的GMM方法 [J].宏观经济研究，2013（1）：91-99.

[244] 夏晴.论货物贸易与服务贸易的协同发展 [J].国际贸易问题，2004（8）：17-21.

[245] 肖谦，赵海燕.基于马尔科夫模型的物流服务市场占有率的预测 [J].湖南社会科学，2014（4）：132-134.

[246] 肖挺，刘华，叶芃.制造业企业服务创新的影响因素研究 [J].管理学报，2014（4）：591-598.

[247] 肖兴志，李少林.中国服务业扩张模式：平推化还是立体化？[J].数量经济技术经济研究，2013（11）：144-160.

[248] 肖雁飞，张琼，曹休宁等.武广高铁对湖南生产性服务业发展的影响 [J].经济地理，2013（10）：103-107.

[249] 修媛媛，付亦重.中国电信服务贸易管制及政策差异性影响研究 [J].国际经贸探索，2014（5）：91-101.

[250] 徐美芳.服务贸易竞争力提升与上海自贸区贸易自由化探析——以我国保险服务贸易为例 [J].上海经济研究，2014（7）：113-121.

[251] 徐妍.金融服务业"营改增"的目的性实现考量 [J].税务研究，2014（10）：46-49.

[252] 许艳丽，王岚.高技能人才培养与现代服务业需求对接研究 [J].教育发展研究，

2014（19）：8-12.

[253] 宣烨.本地市场规模、交易成本与生产性服务业集聚［J］.财贸经济，2013（8）：117-128.

[254] 宣烨，余泳泽.生产性服务业层级分工对制造业效率提升的影响——基于长三角地区 38 城市的经验分析［J］.产业经济研究，2014（3）：1-10.

[255] 薛贺香.城镇化、农业生产性服务业与农村居民消费互动的实证研究［J］.广东商学院学报，2013（6）：81-88.

[256] 颜莉虹.21 世纪以来台湾服务业发展概况及其发展趋势［J］.台湾研究集刊，2014（3）：64-74.

[257] 杨红，王晶.中日韩三国服务贸易技术结构及其演进研究——基于出口复杂度的实证［J］.国际商务（对外经济贸易大学学报），2014（2）：5-12.

[258] 杨杰.中韩服务贸易结构与竞争力对比分析——基于 2001~2010 年的数据样本［J］.产业经济评论，2014（6）：111-116.

[259] 杨珂玲，蒋杭，张志刚.基于 TOPSIS 法的我国现代服务业发展潜力评价研究［J］.软科学，2014（3）：130-134.

[260] 杨玲.上海生产性服务进口贸易技术溢出效应研究［J］.国际经贸探索，2014（2）：17-27.

[261] 杨玲，郭羽诞.生产性服务贸易出口技术结构对包容性增长的影响研究［J］.世界经济研究，2014（2）：48-53.

[262] 杨玉英，邱灵，洪群联.我国服务经济发展的现状评价和趋势预测［J］.经济纵横，2013（3）：66-72.

[263] 杨长春，方玺.基于 VAR 模型的国际航空客运运输与旅游服务贸易关系的实证分析［J］.国际商务（对外经济贸易大学学报），2014（6）：49-58.

[264] 姚战琪.中国服务业全要素生产率增长的实证分析［J］.黑龙江社会科学，2014（3）：45-55.

[265] 殷凤，张云翼.中国服务业技术效率测度及影响因素研究［J］.世界经济研究，2014（2）：75-80.

[266] 于斌斌，胡汉辉.产业集群与城市化共生演化的机制与路径——基于制造业与服务业互动关系的视角［J］.科学学与科学技术管理，2014（3）：58-68.

[267] 于翠萍.中国服务贸易在世界地位的实证研究［J］.技术经济与管理研究，2013（5）：74-78.

[268] 于珊珊，张平，石世杰.基于重心模型的服务外包产业与科技创新的地域相关性探析［J］.国际商务（对外经济贸易大学学报），2014（1）：110-119.

[269] 于晓燕.东亚区域服务贸易一体化问题研究［J］.亚太经济，2014（2）：109-114.

[270] 袁蓉.江苏服务贸易发展现状及区域竞争力分析［J］.时代金融，2014（35）：72-75.

[271] 袁晓莉，王威.中国在中日韩自贸区服务贸易谈判中的策略选择——基于 RCA 指数视角 [J]. 现代日本经济, 2013 (4): 11-17.

[272] 袁志刚，饶璨. 全球化与中国生产服务业发展——基于全球投入产出模型的研究 [J]. 管理世界, 2014 (3): 10-30.

[273] 原小能，杨向阳. 服务业外商直接投资的生产率效应与行业差异 [J]. 经济经纬, 2014 (2): 68-73.

[274] 张宝友，陈洁. 服务贸易对我国服务业升级的作用研究 [J]. 上海经济研究, 2014 (5): 101-112.

[275] 张冬梅，强永昌. 服务贸易和货物贸易协同发展研究 [J]. 产业经济评论, 2014 (7): 83-95.

[276] 张国军. 我国境外消费教育服务贸易发展现状及对策 [J]. 中国高教研究, 2014 (1): 18-23.

[277] 张红琪，鲁若愚. 多主体参与的服务创新影响机制实证研究 [J]. 科研管理, 2014 (4): 103-110.

[278] 张慧. 中国服务贸易国际竞争力的影响因素及变动情况——基于 1982~2011 年数据的经验研究 [J]. 国际经贸探索, 2014 (6): 56-67.

[279] 张蕾，申玉铭，柳坤. 北京生产性服务业发展与城市经济功能提升 [J]. 地理科学进展, 2013 (12): 1825-1834.

[280] 张龙，盛彬彬，王春秋等. 中日服务贸易竞争力分解与比较研究——基于恒定市场份额和波特竞争优势理论的分析 [J]. 兰州商学院学报, 2014 (5): 33-40.

[281] 张鹏杨，李惠茹. 中国服务贸易发展特征及影响因素的实证分析 [J]. 经济论坛, 2013 (9): 4-9.

[282] 张绍辉. 我国服务贸易与货物贸易协同发展的动因、效应与策略 [J]. 理论学刊, 2014 (4): 55-58.

[283] 张希坤. 美国文化服务贸易发展及对中国的启示研究 [J]. 对外经贸, 2013 (3): 40-42.

[284] 张亚军，干春晖，郑若谷. 生产性服务业与制造业的内生与关联效应——基于投入产出结构分解技术的实证研究 [J]. 产业经济研究, 2014 (6): 81-90.

[285] 张琰. 嵌入性与组织间学习：生产性服务企业创新绩效影响因素的实证研究 [J]. 当代财经, 2013 (1): 85-92.

[286] 张艳，唐宜红，周默涵. 服务贸易自由化是否提高了制造业企业生产效率 [J]. 世界经济, 2013 (11): 51-71.

[287] 张益丰. 生产性服务业产业集聚的有效形成：鲁省证据 [J]. 改革, 2013 (11): 55-64.

[288] 张英. 中美服务贸易竞争力研究 [J]. 哈尔滨商业大学学报 (社会科学版), 2013 (4): 34-43.

[289] 张勇，蒲勇健，陈立泰. 城镇化与服务业集聚——基于系统耦合互动的观点 [J]. 中国工业经济，2013（6）：57-69.

[290] 张月友. 中国服务业悖论：研究进展、述评与化解 [J]. 科学学与科学技术管理，2014（8）：77-85.

[291] 张振刚，陈志明，胡琪玲. 生产性服务业对制造业效率提升的影响研究 [J]. 科研管理，2014（1）：131-138.

[292] 张振刚，李云健，陈志明. 科技服务业对区域创新能力提升的影响——基于珠三角地区的实证研究 [J]. 中国科技论坛，2013（12）：45-51.

[293] 张志明. 中国服务贸易的异质劳动力就业效应——基于行业面板数据的经验研究 [J]. 世界经济研究，2014（11）：49-54.

[294] 张志明，崔日明. 服务贸易、服务业 FDI 与中国服务业就业结构优化——基于行业面板数据的实证检验 [J]. 财经科学，2014（3）：88-95.

[295] 赵放，高伟. 中日服务业产业内贸易影响因素分析 [J]. 商业研究，2013（3）：1-5.

[296] 赵霄伟，姚永玲. 动态外部性、收敛性与中国服务业就业增长的关系——基于传统服务业和现代服务业的比较研究 [J]. 经济问题，2014（7）：52-56.

[297] 钟晓君，刘德学. 服务业外商投资的增长效应：细分服务行业视角 [J]. 亚太经济，2014（3）：105-109.

[298] 钟晓君，刘德学. 服务业 FDI、职工工资与行业收入差距——以广东为例 [J]. 国际经贸探索，2013（3）：48-60.

[299] 钟韵，黄民勃. 城市等级差异下的服务业发展影响要素研究——基于珠三角面板数据的实证分析 [J]. 产经评论，2013（2）：14-22.

[300] 周芳，赵彦云. 基于 CDM 模型的信息服务业与制造业创新过程比较 [J]. 统计研究，2014（8）：24-30.

[301] 周念利，蒋丽梅. 区域服务贸易紧急保障机制的主要特征、争议焦点与中国对策 [J]. 国际经贸探索，2014（4）：109-118.

[302] 周念利，张苗苗，屠新泉. 区域服务贸易安排的"GATS"特征及其成因的政治经济分析 [J]. 国际贸易问题，2013（10）：102-111.

[303] 周鹏，胡凯. 安徽生产性服务业对经济增长贡献的实证研究 [J]. 华东经济管理，2013（3）：25-28.

[304] 周启良，湛柏明. 中韩两国服务贸易国际竞争力的比较研究 [J]. 亚太经济，2013（3）：50-54.

[305] 周少芳. 世界服务贸易的发展特征及中国的对策 [J]. 国际经贸探索，2014（4）：54-64.

[306] 周铁. 广东省服务贸易国际竞争力现状及影响因素研究 [J]. 特区经济，2014（2）：89-92.

[307] 周文博, 樊秀峰, 韩亚峰. 服务业 FDI 技术溢出与服务业全要素生产率增长——理论分析和基于中国的实证检验 [J]. 华东经济管理, 2013 (6): 92-97.

[308] 周孝坤, 刘茜. 西部地区生产性服务业与制造业互动发展实证研究 [J]. 经济问题探索, 2013 (3): 89-96.

[309] 周雪梅. 中韩服务贸易比较研究 [J]. 对外经贸, 2013 (3): 27-29.

[310] 朱福林. 基于 VEC 模型的中国服务贸易与货物贸易增长实证研究 [J]. 工业技术经济, 2013 (12): 101-107.

[311] 朱启荣, 张丽丽. 服务贸易对中国服务业发展的作用机理 [J]. 山东工商学院学报, 2013 (1): 29-33.

[312] 庄惠明, 包婷. 基于服务贸易开放度的中国服务贸易竞争力研究 [J]. 华东经济管理, 2014 (1): 51-54.

[313] 庄芮, 方领. 基于国际竞争力比较的中日韩服务贸易谈判问题探析 [J]. 国际贸易问题, 2013 (9): 74-81.

[314] 邹春萌. 东盟区域服务贸易自由化程度的定量评析 [J]. 亚太经济, 2013 (3): 38-43.

第二节　英文文献

[1] Abidin R., et al.. The Impact of Technology Parks Services on The High Technology Industry: A Case Study On Kulim Hi-Tech Park. Entrepreneurship Vision 2020: Innovation [J]. Development Sustainability, and Economic Growth, 2013, 1-2: 1147-1154.

[2] Adlung R. and H. Mamdouh. How to Design Trade Agreements in Services: Top Down or Bottom-Up? [J]. Journal of World Trade, 2014, 48 (2): 191-218.

[3] Ali A. and I. Hawryszkiewycz. Services to Support Knowledge Sharing in Complex Business Networks, Big Data as the Source [Z]. Proceedings of the 11th International Conference on Intellectual Capital [J]. Knowledge Management and Organisational Learning, 2014: 476-484.

[4] Ammetller G., I. Rodriguez-Ardura, and J. Llados-Masllorens. Entrepreneurial Decisions: Insights into the Use of Support Services for New Business Creation [J]. South African Journal of Business Management, 2014, 45 (4): 11-20.

[5] Anderson J.E., C.A. Milot, and Y.V. Yotov How. Much Does Geography Deflect Services Trade? [J]. Canadian Answers, International Economic Review, 2014, 55 (3): 791-818.

[6] Anton V., K. Gehrke, and F.P. Hessel. The Relevance of Health Services Research

for The Pharmaceutical Industry in Germany – Results of a Representative Online Survey [J]. Value in Health, 2014, 17 (7): A414.

[7] Antonio Alvarez-Gonzalez J. and M. Olga Gonzalez-Morales. The Role of Knowledge-Intensive Business Services in Spanish Local Tourist Production Systems [J]. Tourism Economics, 2014, 20 (2): 355–371.

[8] Arribas I., P. Hernandez, and J.E. Vila. Guanxi, Performance and Innovation in Entrepreneurial Service Projects [J]. Management Decision, 2013, 51 (1–2): 173–183.

[9] Assuncao J.. Eliminating Entry Barriers for the Provision of Banking Services: Evidence from "Banking Correspondents" in Brazil [J]. Journal of Banking & Finance, 2013, 37 (8): 2806–2811.

[10] Bagdoniene L. and R. Hopeniene. Interdependence and Trust in Business Relationships Development: The Differences of Lithuanian Professional Services Providers' and Clinents'Approaches [J]. Inzinerine Ekonomika – Engineering Economics, 2013, 24 (2): 160–168.

[11] Barattieri A.. Comparative Advantage, Service Trade, and Global Imbalances [J]. Journal of International Economics, 2014, 92 (1): 1–13.

[12] Barlet M., A. Briant, and L. Crusson. Location Patterns of Service Industries in France: A Distance-based Approach [J]. Regional Science and Urban Economics, 2013, 43 (2): 338–351.

[13] Berger E. and C. Nakata. Implementing Technologies for Financial Service Innovations in Base of the Pyramid Markets [J]. Journal of Product Innovation Management, 2013, 30 (6): 1199–1211.

[14] Bettencourt L. A. and S. W. Brown. From Goods to Great: Service Innovation in a Productdominant Firm [J]. Business Horizons, 2013, 56 (3): 277–283.

[15] Bettencourt L. A., S. W. Brown, and N. J. Sirianni. The Secret to True Service Innovation [J]. Business Horizons, 2013, 56 (1): 13–22.

[16] Bezerra Barquet A. P., et al.. Employing the Business Model Concept to Support the Adoption of Product-service Systems (PSS) [J]. Industrial Marketing Management, 2013, 42 (5): 693–704.

[17] Biancolino C. A., E. A. Maccari, and M. F. Pereira. Innovation as a Tool for Generating Value in the IT Services Sector [J]. Rbgn – Revista Brasileira De Gestao De Negocios, 2013, 15 (48): 410–426.

[18] Birasnav M.. Knowledge Management and Organizational Performance in the Service Industry: The Role of Transformational Leadership Beyond the Effects of Transactional Leadership [J]. Journal of Business Research, 2014, 67 (8): 1622–1629.

[19] Blindenbach-Driessen F. and J. van den Ende. The Locus of Innovation: The Effect

of a Separate Innovation Unit on Exploration, Exploitation, and Ambidexterity in Manufacturing and Service Firms [J]. Journal of Product Innovation Management, 2014. 31 (5): 1089–1105.

[20] Bogliacino F., M. Lucchese, and M. Pianta. Job Creation in Business Services: Innovation, Demand, and Polarisation [J]. Structural Change and Economic Dynamics, 2013, 25: 95–109.

[21] Boix R., B. De-Miguel-Molina, and J.-L. Hervas-Oliver. Creative Service Business and Regional Performance: Evidence for the European Regions [J]. Service Business, 2013, 7 (3): 381–398.

[22] Bolisani E. and E. Scarso. A New Marketing Audit Tool for Knowledge Intensive Business Services [Z]. Proceedings of the 14th European Conference on Knowledge Management, 2013: 74–81.

[23] Borchert I., B. Gootiiz, and A. Mattoo. Policy Barriers to International Trade in Services: Evidence from a New Database [J]. World Bank Economic Review, 2014, 28 (1): 162–188.

[24] Bos J. W. B., J. W. Kolari, and R. C. R. van Lamoen. Competition and Innovation: Evidence from Financial Services [J]. Journal of Banking & Finance, 2013, 37 (5): 1590–1601.

[25] Bourles R. and A. Cozarenco. State Intervention and the Microcredit Market: The Role of Business Development Services [J]. Small Business Economics, 2014, 43 (4): 931–944.

[26] Breidbach C. F., P. Smith, and L. J. Callagher. Advancing Innovation in Professional Service Firms: Insights from the Service-Dominant Logic [J]. Service Science, 2013, 5 (3): 263–275.

[27] Burger M.J., et al.. The Magnitude and Distance Decay of Trade in Goods and Services: New Evidence for European Countries [J]. Spatial Economic Analysis, 2014, 9(3): 231–259.

[28] Button K. and R. Neiva. European Air Navigation Services Industry Regulatory Reform and Averch-Johnson Effects [J]. International Journal of Transport Economics, 2014, 41 (1): 33–50.

[29] Calmfors L., et al.. Why do People Dislike Low-wage Trade Competition with Posted Workers in the Service Sector? [J]. Journal of Socio-Economics, 2013, 47: 82–93.

[30] Can C.. Research on the Development of Modern Service Industry of Jiaxing City [Z]. 2013 International Conference on Management Innovation and Business Innovation, 2013: 103–107.

[31] Carmona-Lavado A., G. Cuevas-Rodriguez, and C. Cabello-Medina. Service Innovativeness and Innovation Success in Technology-based Knowledge-Intensive Business Services:

An Intellectual Capital Approach [J]. Industry and Innovation, 2013, 20 (2): 133–156.

[32] Carnis L.. The Provision of Lighthouses Services: A Political Economy Perspective [J]. Public Choice, 2013, 157 (1–2): 51–56.

[33] Casado–Diaz A.B., et al.. The Differentiated Effects of CSR Actions in the Service Industry [J]. Journal of Services Marketing, 2014, 28 (7): 558–565.

[34] Catania G.. The Unintended Consequences of Motivational Techniques: Goal Setting and Unethical Behavior in the Maltese Financial Services Industry [Z]. 2nd World Conference on Business. Economics and Management, 2014: 1375–1385.

[35] Cernat L. and Z. Kutlina–Dimitrova. Thinking in a Box: A "Mode 5" Approach to Service Trade [J]. Journal of World Trade, 2014, 48 (6): 1109–1126.

[36] Chang H. H., et al.. Using the Balanced Scorecard on Supply Chain Integration Performance–a Case Study of Service Businesses [J]. Service Business, 2013, 7 (4): 539–561.

[37] Chaparro–Pelaez J., A. Pereira–Rama, and F. Jose Pascual–Miguel Inter–Organizational Information Systems Adoption for Service Innovation in Building Sector [J]. Journal of Business Research, 2014, 67 (5): 673–679.

[38] Chen H. and J. Whalley. China's Service Trade [J]. Journal of Economic Surveys, 2014, 28 (4): 746–774.

[39] Chirumalla K.. Managing Knowledge for Product–Service System Innovation The Role of Web 2.0 Technologies [J]. Research–Technology Management, 2013, 56 (2): 45–53.

[40] Clavier P., H. Lotriet, and J. van Loggerenberg A. First Step Towards Service–Dominant Logic as a New Approach to Overcome Challenges in Business Intelligence [J]. South African Journal of Economic and Management Sciences, 2014, 17 (2): 220–231.

[41] Coleman L. J., P.–L. Wu, and R. Luther. Hair–brained or Great–hair Business? Assessing Alternative Markets and Product–service Designs for Successful Startups by Small–Retail Entrepreneurs [J]. Journal of Business Research, 2014, 67 (6): 1136–1144.

[42] Colombo M.G., A. Croce, and L. Grilli. ICT Services and Small Businesses' Productivity Gains: An Analysis of the Adoption of Broadband Internet Technology [J]. Information Economics and Policy, 2013, 25 (3): 171–189.

[43] Consoli D. and D. Elche. An Analysis of the Knowledge Base of Scientific Research and Development Business Services [J]. R&D Management, 2014, 44 (4): 341–354.

[44] Conti G., A. Lo Turco, and D. Maggioni. Spillovers Through Backward Linkages and the Export Performance of Business Services, Evidence from a Sample of Italian Firms [J]. International Business Review, 2014, 23 (3): 552–565.

[45] Cookson G., S. Jones, and B. McIntosh. Cancelled Procedures: Inequality, Inequity and The National Health Service Reforms [J]. Health Economics, 2013, 22 (7): 870–876.

[46] Corrocher N., L. Cusmano, and C. Lenzi. Growth in Knowledge–Intensive Business Services: Evidence from Lombardy [J]. Industry and Innovation, 2013, 20 (6): 563–584.

[47] Coutelle –Brillet P., A. Riviere, and V.d. Garets. Perceived Value of Service Innovation: A Conceptual Framework [J]. Journal of Business & Industrial Marketing, 2014, 29 (2): 164–172.

[48] Dachyar M. and L. Hananto. Innovation and Quality Service Factors to Customer Loyalty in Indonesia Telecommunication Company by Using Structural Equation Modeling Method [Z]. Management and Technology in Knowledge, Service, Tourism & Hospitality, 2014: 41–44.

[49] Damien B.. Service, Trade in Services and Trade of Services Industries [J]. Journal of World Trade, 2014, 48 (1): 31–58.

[50] Das L. and R. Raut. Impact of Changes in Service Sector in India in Shaping the Future of Business & Society [Z]. Shaping the Future of Business and Society –Symbiosis Institute of Management Studies, 2014: 795–803.

[51] Dash R. K. and P. C. Parida. FDI, Services Trade and Economic Growth in India: Empirical Evidence on Causal Links [J]. Empirical Economics, 2013, 45 (1): 217–238.

[52] de la Mata T.. Does Trade Creation by Social and Business Networks Hold in Services? [J]. Applied Economics, 2014, 46 (13): 1509–1525.

[53] de Matos C. A., J. L. Henrique, and F. de Rosa. Customer Reactions to Service Failure and Recovery in the Banking Industry: The Influence of Switching Costs [J]. Journal of Services Marketing, 2013, 27 (7): 526–538.

[54] Deogaonkar A. and G. Washimkar. Impact of changes in Service Sector in Shaping Business and Society Telecommunication Industry [Z]. Shaping the Future of Business and Society–Symbiosis Institute of Management Studies, 2014: 495–499.

[55] Deppe L., H. Schaeperkoetter, and P. Seidel. Overcoming Obstacles to Innovation Using Internal Service Providers Promotors of Innovation [Z]. Vorausschau Und Technologieplanung, 2013: 157–175.

[56] Desmarchelier B., F. Djellal, and F. Gallouj. Environmental Policies and Eco –innovations by Service Firms: An Agent–based Model [J]. Technological Forecasting and Social Change, 2013, 80 (7): 1395–1408.

[57] Desmarchelier B., F. Djellal, and F. Gallouj Knowledge Intensive Business Services and Long Term Growth [J]. Structural Change and Economic Dynamics, 2013, 25: 188–205.

[58] Destandau F. and S. Garcia. Service Quality, Scale Economies and Ownership: An Econometric Analysis of Water Supply Costs [J]. Journal of Regulatory Economics, 2014, 46 (2): 152–182.

[59] Dias J., F. Schumacher, and E. Tebaldi. Geographic and Sector Externalities from

Highly Qualified Human Capital: The Importance of the Business Service Sector [J]. Applied Economics Letters, 2014, 21 (5): 329–334.

[60] Djellal F., F. Gallouj, and I. Miles. Two Decades of Research on Innovation in Services: Which Place for Public Services? [J]. Structural Change and Economic Dynamics, 2013, 27: 98–117.

[61] Doloreux D. and A. Laperriere. Internationalisation and Innovation in the Knowledge-intensive Business Services [J]. Service Business, 2014, 8 (4): 635–657.

[62] Doloreux D. and R. Shearmur. Innovation Strategies: Are Knowledge–Intensive Business Services Just Another Source of Information? [J]. Industry and Innovation, 2013, 20 (8): 719–738.

[63] Duke E.A., et al.. Payments for Ecosystem Services and Landowner Interest: Informing Program Design Trade-offs in Western Panama [J]. Ecological Economics, 2014, 103: 44–55.

[64] Durdyev S., et al.. Productivity and Service Quality: Factors Affecting in Service Industry [Z]. 2nd World Conference on Business, Economics and Management, 2014: 487–491.

[65] Durst S. and A. L.. Mention, Measuring the Impact of Services Innovation: What Do We Know? [Z]. Proceedings of the 5th European Conference on Intellectual Capital, 2013: 108–113.

[66] Erdem S., D. Campbell, and C. Thompson. Elimination and Selection by Aspects in Health Choice Experiments: Prioritising Health Service Innovations [J]. Journal of Health Economics, 2014, 38: 10–22.

[67] Evangelista R., M. Lucchese, and V. Meliciani. Business Services, Innovation and Sectoral Growth [J]. Structural Change and Economic Dynamics, 2013, 25: 119–132.

[68] Fan C., Z. Chang, and I. Destech Publicat. Grey Relational Evaluation with Service Trade Competitiveness of China and ASEAN 5 [Z]. 2014 International Conference on Economics and Management, 2014: 238–243.

[69] Farrell K. N.. Intellectual Mercantilism and Franchise Equity: A Critical Study of the Ecological Political Economy of International Payments for Ecosystem Services [J]. Ecological Economics, 2014, 102: 137–146.

[70] Feng X. and X. Feng. Measurement of the Competitiveness of Trade in Services [Z]. 2013 Fourth International Conference on Education and Sports Education, 2013: 78–81.

[71] Feng Y., Y. Han, and H. Xia. An Empirical Analysis on FBI and Its Relationship with Creative Service Trade in China [Z]. Proceedings of the Tenth International Forum – International Trade and Investment, 2013: 149–154.

[72] Fischer D. and L. Cordes. From Products to Services–Unlocking New Market Potential

Through Customer-centric Service Innovations [Z] . Vorausschau Und Technologiepl-anung, 2013: 241-260.

[73] Folmer E., M. van Sinderen, and P.O. Luttighuis. Enterprise Interoperability: Information, Services and Processes for the Interoperable Economy and Society [J]. Information Systems and E-Business Management, 2014, 12 (4): 491-494.

[74] Ford D. and S. Mouzas. Service and Value in the Interactive Business Landscape [J]. Industrial Marketing Management, 2013, 42 (1): 9-17.

[75] Frattini F., C. Dell'Era, and A. Rangone. Launch Decisions and the Early Market Survival of Innovations: An Empirical Analysis of the Italian Mobile Value-Added Services (VAS) Industry [J]. Journal of Product Innovation Management, 2013, 30: 174-187.

[76] Freel M., P.J. Robson, and S. Jack. Risk Capital Constraints to Innovation in Services [J]. Journal of Business & Industrial Marketing, 2014, 29 (6): 476-486.

[77] Gallego J., L. Rubalcaba, and C. Hipp. Services and Organisational Innovation: The Right Mix for Value Creation [J]. Management Decision, 2013, 51 (6): 1117-1134.

[78] Gan L., Y. He, and W. Li. The Evaluation of International Competitiveness of Southwest China Tourism Service Trade Based on Cloud Model & Entropy Method [Z] . Proceedings of the Third Symposium of Risk Analysis and Risk Management in Western China, 2013: 309-315.

[79] Gani A. and M.D. Clemes. Modeling the Effect of the Domestic Business Environment on Services Trade [J]. Economic Modelling, 2013, 35: 297-304.

[80] Gao K.. Innovation Model for Industrial Development Service in Luoyang-Based on the Government's Behavior [Z] . 2013 International Conference on Management Innovation and Business Innovation, 2013: 24-30.

[81] Gao X. and L. Ma. Perfection of Long-term Mechanism for Synergetic Development of County Financial Service and Economy [Z] . Proceedings of the 2014 International Conference on E-Education, E-Business and Information Management, 2014: 229-230.

[82] Gaynor M., R. Moreno-Serra, and C. Propper. Death by Market Power: Reform, Competition, and Patient Outcomes in the National Health Service [J]. American Economic Journal-Economic Policy, 2013, 5 (4): 134-166.

[83] Ge C. and K.-W. Huang. Analyzing the Economies of Scale of Software as a Service Software Firms: A Stochastic Frontier Approach [J]. Ieee Transactions on Engineering Management, 2014, 61 (4): 610-622.

[84] Gianiodis P.T., J.E. Ettlie, and J.J. Urbina. Open Service Innovation in the Global Banking Industry: Inside-out Versus Outside-in Strategies [J]. Academy of Management Perspectives, 2014, 28 (1): 76-91.

[85] Goncalves R. and P. P. Barros. Economies of Scale and Scope in the Provision of

Diagnostic Techniques and Therapeutic Services in Portuguese Hospitals [J]. Applied Economics, 2013, 45 (4): 415–433.

[86] Gonzalez R., J. Llopis, and J. Gasco. Innovation in Public Services: The Case of Spanish Local Government [J]. Journal of Business Research, 2013. 66 (10): 2024–2033.

[87] Gottfridsson P.. Different Actors'roles in Small Companies Service Innovation [J]. Journal of Services Marketing, 2014, 28 (7): 547–557.

[88] Gradinaru G.. Business Opportunities Associated with Changes in Ecosystem Services [Z]. Proceedings of the International Conference on Innovation and Entrepreneurship, 2013: 54–62.

[89] Gremyr I., et al.. Understanding New Service Development and Service Innovation Through Innovation Modes [J]. Journal of Business & Industrial Marketing, 2014, 29 (2): 123–131.

[90] Guillin A.. Trade in Services and Regional Trade Agreements: Do Negotiations on Services Have to be Specific? [J]. World Economy, 2013, 36 (11): 1406–1423.

[91] Halajcuk T. and M. Prochazka. Economy Framework of the Medical Service [Z]. Czech Republic, Mezinarodni Vedecka Konference: Hradecke Ekonomicke Dny 2013–Ekonomicky Rozvoj a Management Regionu, 2013: 175–181.

[92] Haller S. A., et al.. Trading Firms in the Services Sectors: Comparable Evidence from Four EU Countries [J]. Review of World Economics, 2014, 150 (3): 471–505.

[93] Hamanaka S.. Services Trade Integration in Asia: Comparison with Europe and North America [J]. Journal of the Asia Pacific Economy, 2014, 19 (1): 137–150.

[94] Hamari J.. Transforming Homo Economicus into Homo Ludens: A Field Experiment on Gamification in a Utilitarian Peer –to –peer Trading Service [J]. Electronic Commerce Research and Applications, 2013, 12 (4): 236–245.

[95] Hare P.. PPP and PFI: The Political Economy of Building Public Infrastructure and Delivering Services [J]. Oxford Review of Economic Policy, 2013, 29 (1): 95–112.

[96] Hausken K. and M. Ncube. Political Economy of Service Delivery: Monitoring Versus Contestation [J]. Developing Economies, 2014, 52 (1): 68–84.

[97] Heiden S. and L. Univ. Marketing Communication 2.0: A Dynamic Approach for the Service Industry Baseb on the Customer Relationship Lifecycle [J]. New Challenges of Economic and Business Development–2013, 2013: 280–291.

[98] Herrera V. and A. E. Post. Can Developing Countries Both Decentralize and Depoliticize Urban Water Services? Evaluating the Legacy of the 1990s Reform Wave [J]. World Development, 2014, 64: 621–641.

[99] Herstad S. J. and B. Ebersberger Urban Agglomerations, Knowledge–Intensive Services and Innovation: Establishing the Core Connections [J]. Entrepreneurship and Regional Devel-

opment, 2014, 26 (3-4): 211-233.

[100] Hidalgo A. and L. D'Alvano. Service Innovation: Inward and Outward Related Activities and Cooperation Mode [J]. Journal of Business Research, 2014, 67 (5): 698-703.

[101] Hong J. and S. Chung. User-oriented Service and Policy Innovation in Shared Research Equipment Infrastructure: An Application of the QFD and Kano's Model to the Gyeonggi Bio-Center [J]. Asian Journal of Technology Innovation, 2013, 21 (1): 86-107.

[102] Hong S. and K. Miyazaki. Technological and non-technological Innovations in B2B Mobile Services in Korea [J]. Asian Journal of Technology Innovation, 2013, 21 (1): 1-20.

[103] Houssou N., et al.. Agricultural Mechanization in Ghana: Is Specialized Agricultural Mechanization Service Provision a Viable Business Model? [J]. American Journal of Agricultural Economics, 2013, 95 (5): 1237-1244.

[104] Hsieh J.-K., et al.. A Practical Perspective on the Classification of Service Innovations [J]. Journal of Services Marketing, 2013, 27 (5): 371-384.

[105] Huang C.-Y. and L. Ji. Knowledge-intensive Business Services and Economic Growth with Endogenous Market Structure [J]. Journal of Macroeconomics, 2013, 38: 95-106.

[106] Huang H.-L.. Performance Effects of Aligning Service Innovation and the Strategic use of Information Technology [J]. Service Business, 2014, 8 (2): 171-195.

[107] Huang J. and N. Liu. A Study on Producer Service's Supporting Effect to the Competitiveness of Automobile Industry: An Empirical Analysis based on China's Input-output Tables, Strategy in Emerging Markets: Management [J]. Finance and Sustainable Development, 2014: 458-463.

[108] Hugh-Jones D.. Why do crises go to waste? Fiscal Austerity and Public Service Reform [J]. Public Choice, 2014, 158 (1-2): 209-220.

[109] Hui Q. and S. Chen. The Innovation Mode of Logistics Service Based on Knowledge Collaboration [Z]. Proceedings of the International Conference on Management and Engineering (Cme 2014), 2014: 901-908.

[110] Ibarra-Rojas O.J., R. Giesen, and Y.A. Rios-Solis An Integrated Approach for Timetabling and Vehicle Scheduling Problems to Analyze the Trade-off between Level of Service and Operating Costs of Transit Networks [J]. Transportation Research Part B-Methodological, 2014, 70: 35-46.

[111] Iparraguirre J., T. Gentry, and D. Pena. Vulnerability of Primary Care Organizations to the National Health Service Reform in England [J]. Applied Economic Perspectives and Policy, 2013, 35 (4): 634-660.

[112] Jacobs W., H.R.A. Koster, and F. van Oort. Co-agglomeration of Knowledge-Intensive Business Services and Multinational Enterprises [J]. Journal of Economic Geography, 2014, 14 (2): 443-475.

［113］Janeiro P., I. Proenca, and V.d.C. Goncalves. Open Innovation: Factors Expla-ining Universities as Service firm Innovation Sources ［J］. Journal of Business Research, 2013, 66 (10): 2017-2023.

［114］Jang J., J. Yang, and A. Hong. Measurement of Knowledge Potential in the ICT Service Industry: A Quantum Mechanics View ［Z］. Proceedings of the 11th International Conference on Intellectual Capital. Knowledge Management and Organisational Learning, 2014: 248-258.

［115］Jensen C. and J. Zhang. Trade in Tourism Services: Explaining Tourism Trade and the Impact of the General Agreement on Trade in Services on the Gains from Trade ［J］. Journal of International Trade & Economic Development, 2013, 22 (3): 398-429.

［116］Jian Z. and Y. Liu. Social Capital, Knowledge Management and Service Innovation Performance-Evidence from South China ［Z］. Strategy in Emerging Markets: Management, Finance and Sustainable Development, 2014: 328-334.

［117］Jiang X. and H. Fu. Evaluation Model for Service Innovation Capability of Digital Publishing Enterprise ［Z］. 2013 International Conference on Economic. Business Management and Education Innovation, 2013: 151-154.

［118］Jiang X. and H. Fu. The Mechanism of Service Innovation Capability Improvement Based on IT Absorption in Digital Publishing Enterprise ［Z］. 2013 International Conference on Economic. Business Management and Education Innovation, 2013: 155-159.

［119］Jiao W. and L. Xu. Study on Development Trends of International Trade in Service and Development Countermeasures of China's Trade in Service ［Z］. Proceedings of the Tenth International Forum-International Trade and Investment, 2013: 71-79.

［120］Jin Y. and X. Zhao. The Tactics on Development of Service Industry in Shenyang ［Z］. 2013 International Conference on Management Innovation and Business Innovation, G. Lee, Editor, 2013: 170-175.

［121］Jirinova K., M. Andera, and K. Kolis. Review of Service Innovation in Czech Companies ［J］. 8th International Days of Statistics and Economics, 2014: 580-587.

［122］Jose Tari J., I. Heras-Saizarbitoria, and G. Dick. Internal and External Drivers for Quality Certification in the Service Industry: Do They Have Different Impacts on Success? ［J］. Service Business, 2014, 8 (2): 337-354.

［123］Kang K. H. and J. Kang. Do External Knowledge Sourcing Modes Matter for Service Innovation? Empirical Evidence from South Korean Service Firms ［J］. Journal of Product Innovation Management, 2014, 31 (1): 176-191.

［124］Karam F. and C. Zaki. On the Determinants of Trade in Services: Evidence from the Mena Region ［J］. Applied Economics, 2013, 45 (33): 4662-4676.

［125］Karia N. and M. H. A. H. Asaari. Entrepreneurial in Emerging Halal-Oriented Economies: Researching Halal Logistics Services [J]. Entrepreneurship Vision 2020: Innovation, Development Sustainability, and Economic Growth, 2013, 1-2, 438-439.

[126] Keiningham T. L., et al.. Service Failure Severity, Customer Satisfaction, and Market Share: An Examination of the Airline Industry [J]. Journal of Service Research, 2014, 17 (4): 415-431.

[127] Kelle M.. Crossing Industry Borders: German Manufacturers as Services Exporters [J]. World Economy, 2013, 36 (12): 1494-1515.

[128] Kersten W., M. Klotzbach, and M. Petersen. Development of a Make-or-buy Decision Support System for Multivendor Capable Service Companies in High Tech Industries [Z]. Vorausschau Und Technologieplanung, 2013: 219-240.

[129] Keske C. M. H. and A. Mayer. Visitor Willingness to Pay U.S. Forest Service Recreation Fees in New West Rural Mountain Economies [J]. Economic Development Quarterly, 2014, 28 (1): 87-100.

[130] Kim J. B.. Entrenchment of Regionalism: WTO Legality of MFN Clauses in Preferential Trade Agreements for Goods and Services [J]. World Trade Review, 2014, 13 (3): 443-470.

[131] Kindstrom D. and C. Kowalkowski. Service Innovation in Product-centric Firms: A Multidimensional Business Model Perspective [J]. Journal of Business & Industrial Marketing, 2014, 29 (2): 96-111.

[132] Kindstrom D., C. Kowalkowski, and E. Sandberg. Enabling Service Innovation: A Dynamic Capabilities Approach [J]. Journal of Business Research, 2013, 66 (8): 1063-1073.

[133] Kitapci O., C. Akdogan, and I. T. Dortyol. The Impact of Service Quality Dimensions on Patient Satisfaction. Repurchase Intentions and Word-of-Mouth Communication in the Public Healthcare Industry [Z]. 2nd International Conference on Strategic Innovative Marketing, 2014: 161-169.

[134] Knutelska M. and D. Sustekova. Internet in the Services of Knowledge-based Economy. Znalosti Pro Trzni Praxi 2013: Verejna Ekonomika -Soucasnost a Perspektiva: Verejna Ekonomika Soucasnost a Perspektiva [Z]. Public Economy -Present Situation and Future Prospects, 2013: 115-120.

[135] Koh H.-J. and N. Riedel. Assessing the Localization Pattern of German Manufacturing and Service Industries: A Distance-based Approach [J]. Regional Studies, 2014, 48 (5): 823-843.

[136] Korczynski M. and C. Evans. Customer Abuse to Service Workers: An Analysis of its Social Creation Within the Service Economy [J]. Work Employment and Society, 2013, 27 (5): 768-784.

[137] Koster H. R. A., J. Van Ommeren, and P. Rietveld. Estimation of Semiparametric

Sorting Models: Explaining Geographical Concentration of Business Services [J]. Regional Science and Urban Economics, 2014, 44: 14–28.

[138] Kowalkowski C., D. Kindstrom, and H. Gebauer. ICT as a Catalyst for Service Business Orientation [J]. Journal of Business & Industrial Marketing, 2013, 28 (6): 506–513.

[139] Kox H. L. M. and G. van Leeuwen. Market Selection and Scale Inefficiency–A New Methodology Applied to EU Business Services [J]. Structural Change and Economic Dynamics, 2013, 25: 77–94.

[140] Kozub K. R., M. A. O'Neill, and A. A. Palmer. Emotional Antecedents and Outcomes of Service Recovery An Exploratory Study in the Luxury Hotel Industry [J]. Journal of Services Marketing, 2014, 28 (3): 233–243.

[141] Kragt M. E. and M.J. Robertson. Quantifying Ecosystem Services Trade–offs from Agricultural Practices [J]. Ecological Economics, 2014, 102: 147–157.

[142] Kunaka C., M.A. Antoci, and S. Saez. Trade Dimensions of Logistics Services: A Proposal for Trade Agreements [J]. Journal of World Trade, 2013, 47 (4): 925–950.

[143] Kuzu O. H. and D. Ozilhan. The Effect of Employee Relationships and Knowledge Sharing on Employees'Performance: An Empirical Research on Service Industry [Z]. 2nd World Conference on Business, Economics and Management, 2014: 1370–1374.

[144] Lacity M. C., L.P. Willcocks, and A. Craig. South Africa's Business Process Outsourcing Services Sector: Lessons for Western–based Client Firms [J]. South African Journal of Business Management, 2014, 45 (4): 45–58.

[145] Lahiri S., B. Elango, and S. K. Kundu. Cross–border Acquisition in Services: Comparing Ownership Choice of Developed and Emerging Economy Mnes in India [J]. Journal of World Business, 2014, 49 (3): 409–420.

[146] Lamin A.. Business Groups as Information Resource: an Investigation of Business Group Affiliation in the Indian Software Services Industry [J]. Academy of Management Journal, 2013, 56 (5): 1487–1509.

[147] Le L. A Case Study on Sustainable Operations Strategies within Knowledge Intensive Service Industry [Z]. Proceedings of the 11th International Conference on Innovation and Management, 2014: 1059–1062.

[148] Lee C. W.. Does Religion Affect International Trade in Services More than Trade in Goods? [J]. Applied Economics Letters, 2013, 20 (10): 998–1002.

[149] Lee K., M. Madanoglu, and J.–Y. Ko. Developing a Competitive International Service Strategy: A Case of International Joint Venture in the Global Service Industry [J]. Journal of Services Marketing, 2013, 27 (3): 245–255.

[150] Lesakova D.. Management in Knowledge Service Networks, Znalosti Pro Trzni Praxi 2013: Verejna Ekonomika –Soucasnost a Perspektiva: Verejna Ekonomika Soucasnost a

Perspektiva [Z]. Public Economy-Present Situation and Future Prospects, 2013: 143-150.

[151] Leticia Santos-Vijande M., et al.. An Integrated Service Recovery System (ISRS) Influence on Knowledge-intensive Business Services Performance [J]. European Journal of Marketing, 2013, 47 (5-6): 934-963.

[152] Levickova V.. Small and Midlle Business in Personal Services [Z]. Mezinarodni Vedecka Konference: Hradecke Ekonomicke Dny 2013 -Ekonomicky Rozvoj a Management Regionu, 2013: 357-362.

[153] Li J.. Intermediate Input Sharing in the Hospital Service Industry [J]. Regional Science and Urban Economics, 2013, 43 (6): 888-902.

[154] Li N. and P. Dimitratos. How do Business-level Strategies Affect Multiple Market Servicing Modes in the Foreign Country? [J]. International Marketing Review, 2014, 31 (5): 526-546.

[155] Li Y. and W. Jiang. Research on 4P Marketing Mix Strategy Innovation of China's Government Public Service [C]. Proceedings of the 11th International Conference on Innovation and Management, 2014, 1-2: 866-869.

[156] Li Z. and T. Liu. Research on the Dynamic Mechanism of College Students' Innovation Service System Based on CAS Theory [Z]. Proceedings of the International Conference on Management and Engineering (Cme 2014), 2014: 582-589.

[157] Lichtenberg F. R.. The Impact of Pharmaceutical Innovation on Disability Days and the Use of Medical Services in the United States, 1997-2010 [J]. Journal of Human Capital, 2014, 8 (4): 432-480.

[158] Lin S.-P., C.-C. Wang, and P.-Y. Huang. Effects of Service Innovation in Cultural Parks on Customer Satisfaction [J]. Acta Oeconomica, 2014, 64: 151-164.

[159] Lin Y.-C. and C.-M. Chen. Research Note: Service Quality and Market Structure in the International Tourist Hotel Industry [J]. Tourism Economics, 2014, 20 (3): 647-654.

[160] Liu C.-X. and G.-F. Shi. Research Overview on Modern Service Industry Clusters [Z]. Proceedings of the 2014 International Conference on Economic Management and Trade Cooperation, 2014: 234-238.

[161] Liu C.-X. and H.-Q. Zhou. Research on the Current Development and Promotion Strategies of Zhejiang Modern Service Industry [Z]. Proceedings of the 2014 International Conference on Economic Management and Trade Cooperation, 2014: 239-243.

[162] Liu C.-X. and L.-Y. Zhu. Typical Case Study on Zhejiang Modern Service Industry Clusters, Haining Warp Knitting Industry and Producer Services Cluster Park [Z]. Proceedings of the 2014 International Conference on Economic Management and Trade Cooperation, 2014: 364-369.

[163] Liu H.-C.. Effects of Human Resource Outsourcing on Service Innovation in Public

Sectors [J]. Acta Oeconomica, 2014, 64: 13-24.

[164] Liu L. and X. Lv. The Mechanism and Empirical Test on the Effect of Technological Innovation on International Service Outsourcing in China [Z]. Thirteenth Wuhan International Conference on E-Business, 2014: 503-509.

[165] Loebler H. and R. F. Lusch Signs and Practices as Resources in IT-Related Service Innovation [J]. Service Science, 2014, 6 (3): 190-205.

[166] Lopez A., A. Niembro, and D. Ramos. Latin America's competitive position in knowledge intensive services trade [J]. Cepal Review, 2014 (113): 21-39.

[167] Loureiro S. M. C., Y. Filipe, and A. R. Pires. Exploring the Antecedents of Brand Equity in Service Industry [J]. Confronting Contemporary Business Challenges through Management Innovation, 2013: 1434-1447.

[168] Lu T.-C., Y.-S. Lin, and J.-L. Hu. FDI and Outsourcing in a Service Industry: Welfare Effects of Liberalising Trade and Investment [J]. Economic Record, 2014, 90: 74-86.

[169] Ma L., K. Huang, and T. Yan. The Innovative Modes of Rural Tourism Based on 4D Service Innovation Model [Z]. Strategy in Emerging Markets: Management, Finance and Sustainable Development, 2014: 679-684.

[170] Maas S., T. Schuster, and E. Hartmann. Pollution Prevention and Service Stewardship Strategies in the Third -Party Logistics Industry: Effects on Firm Differentiation and the Moderating Role of Environmental Communication [J]. Business Strategy and the Environment, 2014, 23 (1): 38-55.

[171] Maggi B. and D. Muro. A Multi-country Non-Linear Dynamical Model for the Study of European Growth Based on Technology and Business Services [J]. Structural Change and Economic Dynamics, 2013, 25: 173-187.

[172] Maglio P. P. and J. Spohrer. A Service Science Perspective on Business Model Innovation [J]. Industrial Marketing Management, 2013, 42 (5): 665-670.

[173] Maignen F.M., et al.. Trends in Early Engagement Between Industry and Hta: Analysis of Scientific Advice Service Provided by Nice Since 2009[J]. Value in Health, 2014, 17 (7): A441.

[174] Marques C. S. E., et al.. Entrepreneurial Orientation and Motivation to Start up a Business: Evidence from the Health Service Industry [J]. International Entrepreneurship and Management Journal, 2013, 9 (1): 77-94.

[175] Mas -Tur A. and D. Ribeiro Soriano. The Level of Innovation Among Young Innovative Companies: The Impacts of Knowledge-Intensive Services Use, Firm Characteristics and the Entrepreneur Attributes [J]. Service Business, 2014, 8 (1): 51-63.

[176] Mates V., M. Rychly, and T. Hruska. Modelling of Context-Adaptable Business Processes and Their Implementation as Service-Oriented Architecture [Z]. 17th International

Conference Enterprise and Competitive Environment 2014, 2014: 412-421.

［177］Mehta A., et al.. Where Have All the Educated Workers Gone? Services and Wage Inequality in Three Asian Economies ［J］. Metroeconomica, 2013, 64 (3): 466-497.

［178］Meng W., et al.. Research on Logistics Service Quality Improvement Based on A-KANO Model: An Application of Express Industry in China ［Z］. Twelfth Wuhan International Conference on E-Business, 2013: 761-768.

［179］Meyronin B. and A. Munos. A Reading of the Innovation of Service by the Concept of Hybridization: The Case of Bercy Village ［Z］. Entrepreneurship Vision 2020: Innovation, Development Sustainability, and Economic Growth, 2013, 1-2: 1053-1065.

［180］Minondo A., Trading Firms in the Spanish Service Sector ［J］. Revista De Economia Aplicada, 2013, 21 (63): 5-28.

［181］Miroudot S., J. Sauvage, and B. Shepherd. Measuring the Cost of International Trade in Services ［J］. World Trade Review, 2013, 12 (4): 719-735.

［182］Miroudot S. and B. Shepherd. The Paradox of "Preferences": Regional Trade Agreements and Trade Costs in Services ［J］. World Economy, 2014, 37 (12): 1751-1772.

［183］Misopoulos F., et al.. Uncovering Customer Service Experiences with Twitter: The Case of Airline Industry ［J］. Management Decision, 2014, 52 (4): 705-723.

［184］Mohamad S. S., et al.. The Influence of Intrinsic Brand Cues in Intangible Service Industries: An Application to Life Insurance Services ［Z］. 4th International Conference on Marketing and Retailing 2013. C. T. B. Chui and W. E. W. Rashid, Editors, 2014: 347-353.

［185］Monteiro A. P. and C. M. Veloso. Measuring Service Quality, Brand Image, Perceived Value, Customers'satisfaction and Behavioural Intentions in the Hotel Industry: A Study of the Hotels in the North of Portugal ［J］. Confronting Contemporary Business Challenges through Management Innovation, 2013: 1568-1582.

［186］Natti S., P. Hurmelinna-Laukkanen, and W. J. Johnston. Absorptive Capacity and Network Orchestration in Innovation Communities-Promoting Service Innovation ［J］. Journal of Business & Industrial Marketing, 2014, 29 (2): 173-184.

［187］Natti S., et al.. The Intermediator Role in Value Co-Creation Within A Triadic Business Service Relationship ［J］. Industrial Marketing Management, 2014, 43 (6): 977-984.

［188］Ndubisi N. O. and J. Agarwal. Quality Performance of SMEs in a Developing Economy: Direct and Indirect Effects of Service Innovation and Entrepreneurial Orientation ［J］. Journal of Business & Industrial Marketing, 2014, 29 (6): 454-468.

［189］Nezval P.. Export Performance of Selected EU Countries and the Share of Trade in Services in Their Foreign Trade ［Z］. Proceedings of the 2nd International Conference on European Integration 2014 (Icei 2014), 2014: 514-523.

［190］Ngidi T. L. and N. Dorasamy. Barriers to Implementation of Batho Pele Framework for Service Delivery in the Public Sector, a Case of South Africa [Z]. Proceedings of the 9th European Conference on Management Leadership and Governance, 2013: 205–213.

[191] Nordin F., D. Brozovic, and M. Holmlund. Disintermediation in Business–to–Business Service Channels: Mechanisms and Challenges [J]. Journal of Business–to–Business Marketing, 2013, 20 (4): 179–192.

[192] O'Cass A. and P. Sok. Exploring Innovation Driven Value Creation in B2B Service Firms: The Roles of the Manager, Employees, and Sustomers in Value Creation [J]. Journal of Business Research, 2013, 66 (8): 1074–1084.

[193] O'Cass A., M. Song, and L. Yuan. Anatomy of of Service Innovation: Introduction to the Special Issue [J]. Journal of Business Research, 2013, 66 (8): 1060–1062.

[194] Ordanini A., A. Parasuraman, and G. Rubera. When the Recipe Is More Important Than the Ingredients: A Qualitative Comparative Analysis (QCA) of Service Innovation Configurations [J]. Journal of Service Research, 2014, 17 (2): 134–149.

[195] Osarenkhoe A., A.–E. Bennani, and M.B. Komunda. Technology–Based Service Encounter–an Empirical Study of the Propensity to Use E–Mail as a Booking Tool in Hotel Industry [Z]. 5th Annual Euromed Conference of the Euromed Academy of Business: Building New Business Models for Success through Competit–iveness and Responsibility, 2013: 1230–1240.

[196] Palo T. and J. Tahtinen. Networked Business Model Development for Emerging Technology–based Services [J]. Industrial Marketing Management, 2013, 42 (5): 773–782.

[197] Pardo Martinez, C.I.. An analysis of eco–efficiency in energy use and CO2 emissions in the Swedish Service Industries [J]. Socio–Economic Planning Sciences, 2013, 47 (2): 120–130.

[198] Parida V., et al.. Mastering the Transition to Product–Service Provision Insights into Business Models, Learning Activities [J]. and Capabilities, Research–Technology Management, 2014, 57 (3): 44–52.

[199] Parker R. and S. Cox. Power Relations and Small and Medium–sized Enterprise Strategies for Capturing Value in Global Production Networks: Visual Effects (VFX) Service Firms in the Hollywood Film Industry [J]. Regional Studies, 2013, 47 (7): 1095–1110.

[200] Patrakosol B. and S. M. Lee. Information Richness on Service Business Websites [J]. Service Business, 2013, 7 (2): 329–346.

[201] Pedro Filho, F. d. S., et al.. Green Products, Services and Business: A Methodology for Capacitation on Innovation [Z]. Proceedings of the 11th International Conference on Inno–vation and Management, 2014, 1–2: 166–178.

[202] Pelzman J.. "Womb for Rent": International Service Trade Employing Assisted Reproduction Technologies (ARTs) [J]. Review of International Economics, 2013, 21 (3):

387–400.

[203] Peng L. and L. Lai. A Service Innovation Evaluation Framework for Tourism Ecommerce in China Based on BP Neural Network [J]. Electronic Markets, 2014, 24 (1): 37–46.

[204] Prajogo D. I., C. M. McDermott, and M. A. McDermott. Innovation Orientations and Their Effects on Business Performance: Contrasting Small–and Medium–sized Service Firms [J]. R&D Management, 2013, 43 (5): 486–500.

[205] Raassens N., S. Wuyts, and I. Geyskens. The Performance Implications of Outsourcing Customer Support to Service Providers in Emerging Versus Established Economies [J]. International Journal of Research in Marketing, 2014, 31 (3): 280–292.

[206] Ramos C., et al.. Business Service Networks and Their Process of Emergence: The Case of the Health Cluster Portugal [J]. Industrial Marketing Management, 2013, 42 (6): 950–968.

[207] Rashid M. H. A., F. S. Ahmad, and A. K. Othman. Does Service Recovery Affect Customer Satisfaction? A Study on Co–Created Retail Industry [Z]. 4th International Conference on Marketing and Retailing 2013, 2014: 455–460.

[208] Robles A. C., Jr. E. U. Trade in Financial Services with ASEAN, Policy Coherence for Development and Financial Crisis [J]. Jcms–Journal of Common Market Studies, 2014, 52 (6): 1324–1341.

[209] Rodriguez M.. Knowledge –Intensive Business Services and R&D Diffusion: A Comparative Assessment of Some EU27 Countries [J]. Inzinerine Ekonomika–Engineering Economics, 2013, 24 (4): 300–308.

[210] Rodriguez M.. Innovation, Knowledge Spillovers and High –Tech Services in European Regions [J]. Inzinerine Ekonomika–Engineering Economics, 2014, 25 (1): 31–39.

[211] Rossi S., et al.. The Logistics Service Providers in Eco–efficiency Innovation: An Empirical Study [J]. Supply Chain Management –an International Journal, 2013, 18 (6): 583–603.

[212] Rui W., et al.. Automotive Service Enterprises' Services Innovation Capacity Assessment Model Based on Evidential Reasoning [Z]. Proceedings of the 11th International Conference on Innovation and Management, 2014, 1–2: 840–844.

[213] Saarijarvi H., C. Gronroos, and H. Kuusela. Reverse Use of Customer Data: Implications for Service–based Business Models [J]. Journal of Services Marketing, 2014, 28 (7): 529–537.

[214] Sakata. I., et al.. Bibliometric Analysis of Service Innovation Research: Identifying Knowledge Domain and Global Network of Knowledge [J]. Technological Forecasting and Social Change, 2013, 80 (6): 1085–1093.

[215] Salminen V., et al.. Business Co-Evolution by Sustainability Service Innovation Model [Z]. Proceedings of the 11th International Conference on Innovation and Management, 2014, 1-2: 132-142.

[216] Saltari E., C.R. Wymer, and D. Federici. The impact of ICT and Business Services on the Italian Economy [J]. Structural Change and Economic Dynamics, 2013, 25: 110-118.

[217] Salunke S., J. Weerawardena, and J. R. McColl-Kennedy. Competing through Service Innovation: The Role of Bricolage and Entrepreneurship in Project-oriented Firms [J]. Journal of Business Research, 2013, 66 (8): 1085-1097.

[218] San Roman E., P. Fernandez Perez, and A. Gil Lopez. As old as History: Family-Controlled business Groups in Transport Services: The Case of SEUR [J]. Business History, 2014, 56 (8): 1201-1222.

[219] Sanchez Fernandez R., G. Swinnen, and M. A. Iniesta Bonillo. Value Creation in Services: An Approach to Utilitarian and Hedonic Dimensions in the Restaurant Industry [J]. Cuadernos De Economia Y Direccion de la Empresa, 2013, 16 (2): 83-94.

[220] Savona M. and W.E. Steinmueller. Service Output, Innovation and Productivity: A Time-based Conceptual Framework [J]. Structural Change and Economic Dynamics, 2013, 27: 118-132.

[221] Sawatani Y. and Y. Fujigaki. Transformation of R&D into a Driver of Service Innovation: Conceptual Model and Empirical Analysis [J]. Service Science, 2014, 6 (1): 1-14.

[222] Schiavone F.. Vintage Innovation: How to Improve the Service Characteristics and Costumer Effectiveness of Products Becoming Obsolete [J]. Ieee Transactions on Engineering Management, 2013, 60 (2): 227-237.

[223] Seifert R. and K. Mather. Neo-Liberalism at Work: A Case Study of the Reform of the Emergency Services in the UK [J]. Review of Radical Political Economics, 2013, 45 (4): 456-462.

[224] Selviaridis K., M. Spring, and L. Araujo. Provider Involvement in Business Service Definition: A Typology [J]. Industrial Marketing Management, 2013, 42(8): 1398-1410.

[225] Seo H.J., Y.S. Lee, and H.S. Kim. Technological Change and Service Industry Market Share [J]. Journal of Korea Trade, 2013, 17 (3): 1-28.

[226] Shao C., T. Ye, and H. Xu. Analysis and Evaluation of Competitiveness of Science and Technology Service Industry in Chinese 31 Cities [Z]. Proceedings of the 11th International Conference on Innovation and Management, 2014, 1-2: 1196-1200.

[227] Shi X., Y. Wu, and D. Zhao. Knowledge Intensive Business Services and Their Impact on Innovation in China [J]. Service Business, 2014, 8 (4): 479-498.

[228] Shi Z.. Influence and Enlightenment to Chinese Higher Education Service Trade

Development by Foreign Universities Stationed [Z]. Proceedings of 2013 International Confer-ence-WTO & Financial Engineering, 2013: 119-123.

[229] Shin H. and A. E. Ellinger. The Effect of Implicit Service Guarantees on Business Performance [J]. Journal of Services Marketing, 2013, 27 (6): 431-442.

[230] Shingal A.. The Services Sector in India's States: A Tale of Growth, Convergence and Trade [J]. World Economy, 2014, 37 (12): 1773-1793.

[231] Singh R. S.. India's Service Sector-Shaping Future of Indian Retail Industry [Z]. Shaping the Future of Business and Society-Symbiosis Institute of Management Studies, 2014: 314-322.

[232] Spacek D. and D. Spalkova. Civil Service Reform in the Czech Republic-Unsolved Issues [Z]. 2013 International Conference on Management Innovation and Business Innovation, 2013: 568-573.

[233] Spring M. and L. Araujo. Beyond the Service Factory: Service Innovation in Manufacturing Supply Networks [J]. Industrial Marketing Management, 2013, 42 (1): 59-70.

[234] Staronova K.. Innovative Elements in Civil Service Reform in Slovakia: A Way to Attract and Retain Young Professionals? [Z]. Proceedings of the 17th International Conference Current Trends in Public Sector Research, 2013: 200-212.

[235] Stubbs J.. Head in the Clouds? Beyond Employment in the Creative Services Industry [J]. Journal of Advertising Research, 2014, 54 (2): 138-140.

[236] Su E. and J. Dou. How Does Knowledge Sharing among Advisors From Different Disciplines Affect the Quality of the Services Provided to the Family Business Client? An Investigation From the Family Business Advisor's Perspective [J]. Family Business Review, 2013, 26 (3): 256-270.

[237] Swietla K.. Innovation in Services in the Contemporary Economy With the Focus on Outsourcing of Accounting Services in the Corporate Sector [J]. Aktualne Problemy Podnikovej Sfery 2014, 2014: 457-462.

[238] Szczygielski K. and W. Grabowski. Innovation Strategies and Productivity in the Polish Services Sector [J]. Post-Communist Economies, 2014, 26 (1): 17-38.

[239] Tang Y. and S. Xie. Innovation Mode of Subject Service in Ubiquitous Knowledge Environment [Z]. Proceedings of the 11th International Conference on Innovation and Manag-ement, 2014, 1-2: 1215-1219.

[240] Teirlinck P. and A. Spithoven. Formal R&D Management and Strategic Decision Making in Small Firms in Knowledge -Intensive Business Services [J]. R&D Management, 2013, 43 (1): 37-51.

[241] Temouri Y., A. Vogel, and J. Wagner. Self-selection Into Export Markets by Business Services Firms -Evidence from France, Germany and the United Kingdom [J].

Structural Change and Economic Dynamics, 2013, 25: 146-158.

[242] Terpstra M. and F. H. M. Verbeeten. Customer Satisfaction: Cost Driver or Value Driver? Empirical Evidence from the Financial Services Industry [J]. European Management Journal, 2014, 32 (3): 499-508.

[243] Thakur R. and D. Hale. Service Innovation: A Comparative Study of U.S. and Indian Service Firms [J]. Journal of Business Research, 2013, 66 (8): 1108-1123.

[244] Trigo A.. The Nature of Innovation in R&D -and Non -R&D -Intensive Service Firms: Evidence from Firm-Level Latent Class Analysis [J]. Industry and Innovation, 2013, 20 (1): 48-68.

[245] Tsou H.-T., J.-S. Chen, and W.-H. Liao. Market and Technology Orientations for Service Delivery Innovation: The Link of Innovative Competence [J]. Journal of Business & Industrial Marketing, 2014, 29 (6): 499-513.

[246] Ujhelyi G., Civil Service Reform [J]. Journal of Public Economics, 2014, 118: 15-25.

[247] Van der Marel E. and B. Shepherd. Services Trade, Regulation and Regional Integration: Evidence from Sectoral Data [J]. World Economy, 2013, 36 (11): 1393-1405.

[248] VanHoose D.. A Model of International Trade in Banking Services [J]. Open Economies Review, 2013, 24 (4): 613-625.

[249] Visnjic Kastalli I., B. Van Looy, and A. Neely. Steering Manufacturing Firms Towards Service Business Model Innovation [J]. California Management Review, 2013, 56 (1): 100-123.

[250] Voigt K.-I., et al.. Condition Monitoring As a Key Technology -An Analysis of Requirements for New Business Models for Remote Services [Z]. Vorausschau Und Technologieplanung, 2013: 369-395.

[251] Von Koskull C. and T. Strandvik. Discovering the Unfolding of Service Innovations [J]. Journal of Business & Industrial Marketing, 2014, 29 (2): 143-150.

[252] Voracek J. and T. Cerman. Modeling and Optimization of Business Services Center [Z]. Mathematical Methods in Economics 2013, 2013: 1010-1015.

[253] Wagner S. M.. Partners for Business -to -Business Service Innovation [J]. Ieee Transactions on Engineering Management, 2013, 60 (1): 113-123.

[254] Wan L. and B.-d. Cheng. The Performance of China's Service Trade 2002-2011: A Dynamic Analysis [Z]. International Conference on E-Commerce and Contemporary Economic Development (Eced 2014), 2014: 271-278.

[255] Wang C.-J. and C.-Y. Tsai. Managing Innovation and Creativity in Organizations: An Empirical Study of Service Industries in Taiwan [J]. Service Business, 2014, 8 (2): 313-335.

[256] Wang H. and J. Li. Market Problems of the Jingju Heritage & Development: An Analysis Based on the Perspective of International Cultural Trade in Services [Z]. Proceedings of the Tenth International Forum-International Trade and Investment, 2013: 169-176.

[257] Wang H., Y. Liu, and Y. Zhou. How to Solve the Global Competition Problems of Service Industry in Developing Countries: Currently Discuss the Cultivate Strategy on International Competitiveness of Chinese Service Industry [Z]. Proceedings of the Twelfth International Symposium-Management Science & Engineering, 2013: 107-112.

[258] Wang H., R. Zhang, and C. Kang. A DEA-based Study on the Operation Efficiency of the Listed Knowledge-intensive Business Service Companies in Beijing [Z]. Proceedings of the 5th, 2013: 1-6.

[259] Wang S. and Z. Teng. The Problems of Service Industry Bidirectional FDI in China [Z]. Proceedings of the 11th International Conference on Innovation and Management, 2014, 1-2: 410-414.

[260] Wang X., C.W.C. Chow, and C.L. Luk. Does Service Employee Arrogance Discourage Sales of Luxury Brands in Emerging Economies? [J]. Psychology & Marketing, 2013, 30 (10): 918-933.

[261] Wang Y. and S. Miao. The Analysis on Competitiveness of Tianjin's Service Trade [Z]. Proceedings of 2013 International Conference-WTO & Financial Engineering, 2013: 91-97.

[262] Wang Y., J. Wu, and Z. Yang. Customer Participation and Project Performance: The Mediating Role of Knowledge Sharing in the Chinese Telecommunication Service Industry [J]. Journal of Business-to-Business Marketing, 2013, 20 (4): 227-244.

[263] Warren V. and B. Davies. Structuring the Unstructured: Service Innovation in a UK Small Business Services Firm [Z]. Proceedings of the 8th European Conference on Innovation and Entrepreneurship, 2013, 2: 641-648.

[264] Wei Y. and J. Pang. Empirical Research on the Relationship between the Service Industry Development and the Economic Growth-Yulin in Guangxi Province Is Taken as an Example [Z]. 2013 International Conference on Economic. Business Management and Education Innovation, 2013: 261-265.

[265] Weng D., H. Li, and X. Wang. The Strategies of Service-oriented Enterprises after Value-added Tax in Place of Business Tax [Z]. 2013 Fourth International Conference on Education and Sports Education, 2013: 141-145.

[266] Wessel T.. Economic Change and Rising Income Inequality in the Oslo Region: The Importance of Knowledge-Intensive Business Services [J]. Regional Studies, 2013, 47 (7): 1082-1094.

[267] Whang Y.-K.. Systemic Innovation and Outsourcing: the Case of the Mobile Data

Services in Korea [J]. Asian Journal of Technology Innovation, 2014, 22 (1): 54-66.

[268] Williams C. C. and A. Martinez-Perez. Why do Consumers Purchase Goods and Services in the Informal Economy? [J]. Journal of Business Research, 2014, 67 (5): 802-806.

[269] Wong K. N. and S. K. Goh. Outward fdi, Merchandise and Services Trade: Evidence From Singapore [J]. Journal of Business Economics and Management, 2013, 14(2): 276-291.

[270] Wood D., et al.. Disruptive Innovation in Public Service Sectors: Ambidexterity and the Role of Incumbents [Z]. Proceedings of the 8th European Conference on Innovation and Entrepreneurship, 2013, 2: 669-676.

[271] Wu C. and Y. Hayashi. The effect of LCCs Operations and Scheduled Services Deregulation on Air Charter Business in Japan [J]. Journal of Transport Geography, 2014, 41: 37-44.

[272] Wu C.-W.. The Study of Service Innovation for Digiservice on Loyalty [J]. Journal of Business Research, 2014, 67 (5): 819-824.

[273] Wu C. H., S.-C. Kao, and H.-H. Lin. Acceptance of Enterprise Blog for Service Industry [J]. Internet Research, 2013, 23 (3): 260-297.

[274] Wu M., E. Gide, and R. Jewell. The EBS Management Model: An Effective Measure of Ecommerce Satisfaction in SMEs in the Service Industry from a Management Perspective [J]. Electronic Commerce Research, 2014, 14 (1): 71-86.

[275] Wu W.-C.. The Relationship Between Working Overtime and Knowledge Sharing in the Food Catering Service Industry-With Work Stress as the Mediator [J]. South African Journal of Economic and Management Sciences, 2013, 16 (5): 74-86.

[276] Xia L. and R. Suri. Trading Effort for Money: Consumers'Cocreation Motivation and the Pricing of Service Options [J]. Journal of Service Research, 2014, 17 (2): 229-242.

[277] Yamakawa Tsuja P. and J. Ostos Marino. The Influence of the Environment on Organizational Innovation in Service Companies in Peru [J]. Rbgn-Revista Brasileira De Gestao De Negocios, 2013, 15 (49): 582-600.

[278] Yang M.-H., S.-S. Weng, and P.-I. Hsiao. Measuring Blog Service Innovation in Social Media Services [J]. Internet Research, 2014, 24 (1): 110-128.

[279] Yang S. and S. Ha. Brand Knowledge Transfer Via Sponsorship in the Financial Services Industry [J]. Journal of Services Marketing, 2014, 28 (6): 452-459.

[280] Yi R.-H. and I. Destech Publicat. The Development of US Food Industry: A Relevant Analysis on Its Relation to Producer Services [Z]. International Conference on Economics and Management Engineering (Iceme 2014), 2014: 350-354.

[281] Yong T.. To Strenghen the Guidance of the City "Blind Flow", and Follow the Multi-level Development of the Service Industry [Z]. 2013 Fourth International Conference on

Education and Sports Education, 2013: 11-15.

[282] Yue G., et al.. Based on E-Business Technology to Construct Logistics Information Service Platform of Renewable Resources-Taking Nanning City As an Example [Z]. Twelfth Wuhan International Conference on E-Business, 2013: 329-335.

[283] Zaefarian G., S. C. Henneberg, and P. Naude. Assessing the Strategic Fit between Business Strategies and Business Relationships in Knowledge-intensive Business Services [J]. Industrial Marketing Management, 2013, 42 (2): 260-272.

[284] Zaghloul M., A. Ali-Eldin, and M. Salem. A Conceptual Framework for Self-service Business Analytics [J]. Creating Global Competitive Economies: 2020 Vision Planning & Implementation, 2013, 1-3: 542-553.

[285] Zahler A., L. Iacovone, and A. Mattoo. Trade and Innovation in Services: Evidence from a Developing Economy [J]. World Economy, 2014, 37 (7): 953-979.

[286] Zapata S.D., et al.. The Economic Impact of Services Provided by an Electronic Trade Platform: The Case of MarketMaker [J]. Journal of Agricultural and Resource Economics, 2013, 38 (3): 359-378.

[287] Zhou H.-Y., Y.-Y. Fan, and I. Destech Publicat. Research on the Specialized Tendency of Technical Innovation Audit Service [Z]. International Conference on Economics and Management Engineering (Iceme 2014), 2014: 446-451.

[288] Zhuo J., et al.. An examination of the Determinants of Service Quality in the Chinese Express Industry [J]. Electronic Markets, 2013, 23 (2): 163-172.

[289] Zieba M.. Knowledge-Intensive Business Services (KIBS) and Their Role in the Knowledge-Based Economy [Z]. Proceedings of the 14th European Conference on Knowledge Management, B. Janiunaite, M. Petraite, and A. Pundziene, Editors, 2013: 785-792.

[290] Zinke C. and S. Praetor. The Role of Social Media for Business and Service Systems [Z]. Proceedings of the 9th European Conference on Innovation and Entrepreneurship, 2014: 625-627.

后　记

　　一部著作的完成需要许多人的默默贡献，闪耀着的是集体的智慧，其中铭刻着许多艰辛的付出，凝结着许多辛勤的劳动和汗水。

　　本书在编写过程中，借鉴和参考了大量的文献和作品，从中得到了不少启悟，也汲取了其中的智慧菁华，谨向各位专家、学者表示崇高的敬意——因为有了大家的努力，才有了本书的诞生。凡被本书选用的材料，我们都将按相关规定向原作者支付稿费，但因为有的作者通信地址不详或者变更，尚未取得联系。敬请您见到本书后及时函告您的详细信息，我们会尽快办理相关事宜。

　　由于编写时间仓促以及编者水平有限，书中不足之处在所难免，诚请广大读者指正，特驰惠意。